Audi 100 & A6
Gör-det-själv handbok

A. K. Legg LAE MIMI och Mark Coombs

(3531-392-4AF1/3504-5AC1)

Modeller som behandlas
Audi 100 och Audi A6 sedan och kombi
1781 cc, 1984 cc & 2309 cc bensinmotorer och 1896 cc & 2460 cc turbodieselmotorer

Behandlar ej V6 bensinmotorer eller Quattro, S4 eller S6 modeller

© Haynes Group Limited 2002

En bok i **Haynes serie Gör-det-själv handböcker**

ISBN 978 0 85733 878 5

Haynes Group Limited
Haynes North America, Inc

www.haynes.com

Innehåll

DIN AUDI 100/A6

Reparationer vid vägkanten

Veckokontroller

UNDERHÅLL

Rutinunderhåll och service

Innehåll

REPARATIONER OCH ÖVERSYN

Motor och tillhörande system

Kraftöverföring

Bromsar och fjädring

Kaross

Kopplingsscheman

REFERENSER

Register

Den nya Audi 100 sedan lanserades våren 1991 med 2.0, 2.3 och 2.8 liters bensinmotorer, och en 2.5 liters turbodieselmotor. **Observera:** *V6-motorer behandlas inte i den här handboken.* En 5-växlad modell med manuell växellåda och en 4-växlad automatväxlad modell fanns på marknaden, och standardutrustningen omfattade servostyrning, låsningsfria bromsar (ABS), centrallås, elektriska fönsterhissar och uppvärmningsbara yttre backspeglar.

En 2.5 liters turbodieselmotor med 6-växlad manuell växellåda lades till utbudet knappt ett halvår senare. 2.6 liters V6-motorer (behandlas ej i denna handbok) kom ut på marknaden ett år senare.

Vid introduktionen av de förbättrade A6 sedanmodellerna och A6 kombimodellerna 1994 var den tekniska specialutrustningen i stort sett samma som för 2 liters Audi 100, men den nya modellen var utrustad med ny motorhuv och grill samt med färgmatchade stötfångare och flera ytterligare justeringar. En 1.9 liters dieselmotor lades till utbudet i början av 1995 och en splitter ny 1.8 liters (med dubbla överliggande kamaxlar) 20-ventilsmotor presenterades senare samma år.

Alla modeller är framhjulsdrivna med individuell fram- och bakfjädring. 4-hjulsdrivna modeller finns på marknaden men de behandlas inte i denna handbok. Krockkudde på förarsidan är standardutrustning på A6-modellerna, och krockkudde på passagerarsidan finns som tillval. Tidiga modeller kunde utrustas med ett kabelstyrt säkerhetssystem vid namn "Procon-Ten" som drar tillbaka ratten framåt och förspänner säkerhetsbältena vid frontalkrock. Systemet använder sig av kablar som leder runt den bakre delen av växellådan och genom rattstången, och som fäster vid ankringspunkter på karossen.

De flesta service- och reparationsarbeten på Audi 100 och A6 bör ligga inom förmågan hos den intresserade hemmekanikern, men på 5-cylindriga modeller kräver topplockets och motorblockets ökade tyngd extra noggrannhet och hjälp av rejäl lyftutrustning.

Audi A6

Audi 100

Din handbok för Audi 100 och A6

Syftet med den här handboken är att hjälpa dig utnyttja din bil på bästa sätt och den kan göra det på flera sätt. Den kan hjälpa dig att avgöra vilka arbeten som måste utföras (även om du väljer att anlita en verkstad för att utföra dem), ge information om rutinunderhåll och service, och den ger dig det logiska tillvägagångssättet vid diagnosställande och reparation när slumpmässiga fel uppstår.

Förhoppningsvis kommer du dock att använda handboken till att försöka klara av arbetet på egen hand. Vad gäller enklare jobb kan det gå snabbare att utföra det själv, än att först boka tid på en verkstad och sedan ta sig dit två gånger för att lämna och hämta bilen. Men kanske viktigast av allt, en hel del pengar kan sparas genom att man undviker verkstadens kostnader för arbetskraft och drift.

Handboken innehåller ritningar och beskrivningar för att visa funktionen hos de olika komponenterna, så att deras utformning blir lättare att förstå. Själva arbetsmomenten är beskrivna och fotograferade i tydlig ordningsföljd, steg för steg. Hänvisningar till "vänster" eller "höger" utgår alltid från en person som sitter i förarsätet och tittar framåt.

Tack till...

Tack till Champion Tändstift som tillhandahållit bilderna över tändstiftens skick. Ett stort tack även till Draper Tools Limited, som tillhandahöll vissa specialverktyg, samt till alla i Sparkford som har hjälpt till med denna handbok.

Den här handboken är inte en direkt ombearbetning av tillverkarnas uppgifter, och publiceringen av den innebär inte att något tekniskt medgivande från fordonstillverkare eller importörer har givits.

Vi är mycket stolta över tillförlitligheten i den information som ges i den här boken, men biltillverkare modifierar och gör konstruktionsändringar under pågående tillverkning om vilka vi inte informeras. Författarna och förlaget kan inte ta på sig något ansvar för förluster, skador eller personskador till följd av fel eller ofullständig information i denna bok

Projektbilar

Den bil som användes mest under förberedelserna av den här handboken, och som finns med på flera av bilderna, var en 1995 års Audi A6 kombi med 2.5 liters TDi turbodieselmotor. Andra modeller som användes var en 1.9 liters turbodiesel A6 sedan och en 1.8 liters bensindriven A6 sedan.

Att arbeta på din bil kan vara farligt. Den här sidan visar potentiella risker och faror och har som mål att göra dig uppmärksam på och medveten om vikten av säkerhet i ditt arbete.

Allmänna faror

Skållning

• Ta aldrig av kylarens eller expansionskärlets lock när motorn är het.
• Motorolja, automatväxellådsolja och styrservovätska kan också vara farligt varma om motorn just varit igång.

Brännskador

• Var försiktig så att du inte bränner dig på avgassystem och motor. Bromsskivor och -trummor kan också vara heta efter körning.

Lyftning av fordon

• Vid arbete nära eller under ett lyft fordon, använd alltid extra stöd i form av pallbockar eller använd ramper. *Arbeta aldrig under en bil som endast stöds av en domkraft.*
• När muttrar eller skruvar med

högt åtdragningsmoment skall lossas eller dras, bör man lossa dem något innan bilen lyfts och göra den slutliga åtdragningen när bilens hjul åter står på marken.

Brand och brännskador

• Bränsle är mycket brandfarligt och bränsleångor är explosiva.
• Spill inte bränsle på en het motor.
• Rök inte och använd inte öppen låga i närheten av en bil under arbete. Undvik också gnistbildning (elektrisk eller från verktyg).
• Bensinångor är tyngre än luft och man bör därför inte arbeta med bränslesystemet med fordonet över en smörjgrop.
• En vanlig brandorsak är kortslutning i eller överbelastning av det elektriska systemet. Var försiktig vid reparationer eller ändringar.
• Ha alltid en brandsläckare till hands, av den typ som är lämplig för bränder i bränsle- och elsystem.

Elektriska stötar

• Högspänningen i tändsystemet kan vara farlig, i synnerhet för personer med hjärtbesvär eller pacemaker. Arbeta inte med eller i närheten av tändsystemet när motorn går, eller när tändningen är på.

• Nätspänning är också farlig. Se till att all nätansluten utrustning är jordad. Man bör skydda sig genom att använda jordfelsbrytare.

Giftiga gaser och ångor

• Avgaser är giftiga. De innehåller koloxid vilket kan vara ytterst farligt vid inandning. Låt aldrig motorn vara igång i ett trångt utrymme, t ex i ett garage, med stängda dörrar.
• Även bensin och vissa lösnings- och rengöringsmedel avger giftiga ångor.

Giftiga och irriterande ämnen

• Undvik hudkontakt med batterisyra, bränsle, smörjmedel och vätskor, speciellt frostskyddsvätska och bromsvätska. Sug aldrig upp dem med munnen. Om någon av dessa ämnen sväljs eller kommer in i ögonen, kontakta läkare.
• Långvarig kontakt med använd motorolja kan orsaka hudcancer. Bär alltid handskar eller använd en skyddande kräm. Byt oljeindränkta kläder och förvara inte oljiga trasor i fickorna.
• Luftkonditioneringens kylmedel omvandlas till giftig gas om den exponeras för öppen låga (inklusive cigaretter). Det kan också orsaka brännskador vid hudkontakt.

Asbest

• Asbestdamm kan ge upphov till cancer vid inandning, eller om man sväljer det. Asbest kan finnas i packningar och i kopplings- och bromsbelägg. Vid hantering av sådana detaljer är det säkrast att alltid behandla dem som om de innehöll asbest.

Speciella faror

Flourvätesyra

• Denna extremt frätande syra bildas när vissa typer av syntetiskt gummi i t ex O-ringar, tätningar och bränsleslangar utsätts för temperaturer över 400 °C. Gummit omvandlas till en sotig eller kladdig substans som innehåller syran. *När syran väl bildats är den farlig i flera år. Om den kommer i kontakt med huden kan det vara tvunget att amputera den utsatta kroppsdelen.*
• Vid arbete med ett fordon, eller delar från ett fordon, som varit utsatt för brand, bär alltid skyddshandskar och kassera dem på ett säkert sätt efteråt.

Batteriet

• Batterier innehåller svavelsyra som angriper kläder, ögon och hud. Var försiktig vid påfyllning eller transport av batteriet.
• Den vätgas som batteriet avger är mycket explosiv. Se till att inte orsaka gnistor eller använda öppen låga i närheten av batteriet. Var försiktig vid anslutning av batteriladdare eller startkablar.

Airbag/krockkudde

• Airbags kan orsaka skada om de utlöses av misstag. Var försiktig vid demontering av ratt och/eller instrumentbräda. Det kan finnas särskilda föreskrifter för förvaring av airbags.

Dieselinsprutning

• Insprutningspumpar för dieselmotorer arbetar med mycket högt tryck. Var försiktig vid arbeten på insprutningsmunstycken och bränsleledningar.

⚠ *Varning: Exponera aldrig händer eller annan del av kroppen för insprutarstråle; bränslet kan tränga igenom huden med ödesdigra följder*

Kom ihåg...

ATT

• Använda skyddsglasögon vid arbete med borrmaskiner, slipmaskiner etc, samt vid arbete under bilen.

• Använda handskar eller skyddskräm för att skydda händerna.

• Om du arbetar ensam med bilen, se till att någon regelbundet kontrollerar att allt står väl till.

• Se till att inte löst sittande kläder eller långt hår kommer i vägen för rörliga delar.

• Ta av ringar, armbandsur etc innan du börjar arbeta på ett fordon - speciellt med elsystemet.

• Försäkra dig om att lyftanordningar och domkraft klarar av den tyngd de utsätts för.

ATT INTE

• Ensam försöka lyfta för tunga delar - ta hjälp av någon.

• Ha för bråttom eller ta osäkra genvägar.

• Använda dåliga verktyg eller verktyg som inte passar. De kan slinta och orsaka skador.

• Låta verktyg och delar ligga så att någon riskerar att snava över dem. Torka upp olje- och bränslespill omgående.

• Låta barn eller husdjur leka nära en bil under arbetets gång.

Följande sidor är tänkta att vara till hjälp vid hantering av vanligen förekommande problem. Mer detaljerad felsöknings-information finns i slutet av boken och beskrivningar för reparationer finns i bokens olika huvudkapitel.

Om bilen inte startar och startmotorn inte går runt

☐ Om bilen har automatväxellåda, se till att växelväljaren står på P eller N.

☐ Öppna motorhuven och kontrollera att batteripolerna är rena och ordentligt åtdragna.

☐ Slå på strålkastarna och försök starta motorn. Om strålkastarna försvagas mycket vid startförsöket är batteriet troligen urladdat. Lös problemet genom att använda startkablar och en väns bil (se nästa sida).

Om bilen inte startar trots att startmotorn går runt som vanligt

☐ Finns det bränsle i tanken?

☐ Finns det fukt i elsystemet under motorhuven? Slå av tändningen och torka bort synlig fukt med en torr trasa. Spraya vattenavvisande medel (WD-40 eller liknande) på tänd- och bränslesystemets elektriska kontakter som visas i bilderna. Var extra noga med tändspolens kontaktdon och tändkablarna. (Observera att dieselmotorer sällan har problem med fukt.)

A Kontrollera batterianslutningarnas skick och att de är ordentligt åtdragna.

B Kontrollera att kontakten till bränsle-insprutningssystemets luftflödesmätare sitter ordentligt.

C Kontrollera att kontakten till tänd-systemets Hallgivare sitter ordentligt.

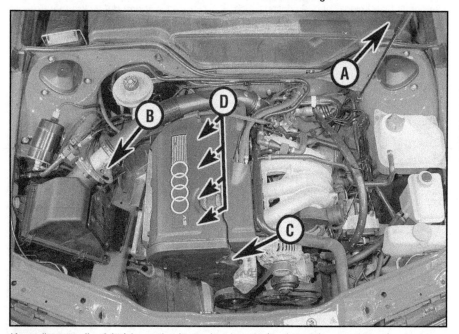

D Kontrollera att tändkablarna är ordentligt anslutna till tändstiften (bensinmotorer). För att kunna göra det måste man först ta bort motorns toppkåpa.

Kontrollera att alla elektriska anslutningar sitter korrekt (med tändningen avslagen) och spraya dem med vattenavvisande medel om problemet misstänks bero på fukt.

Starthjälp

När en bil startas med hjälp av ett laddningsbatteri, observera följande:

✔ Innan det fulladdade batteriet ansluts, slå av tändningen.

✔ Se till att all elektrisk utrustning (lysen, värme, vindrutetorkare etc.) är avslagen.

✔ Observera eventuella speciella föreskrifter som är tryckta på batteriet.

✔ Kontrollera att laddningsbatteriet har samma spänning som det urladdade batteriet i bilen.

✔ Om batteriet startas med startkablar från batteriet i en annan bil, får bilarna INTE VIDRÖRA varandra.

✔ Växellådan ska vara i neutralläge (PARK för automatväxellåda).

1 Koppla den ena änden av den röda startkabeln till den positiva (+) polen på det urladdade batteriet.

2 Anslut den andra änden av den röda startkabeln till den positiva (+) polen på det fulladdade batteriet.

3 Anslut den ena änden av den svarta startkabeln till den negativa (-) polen på det fulladdade batteriet.

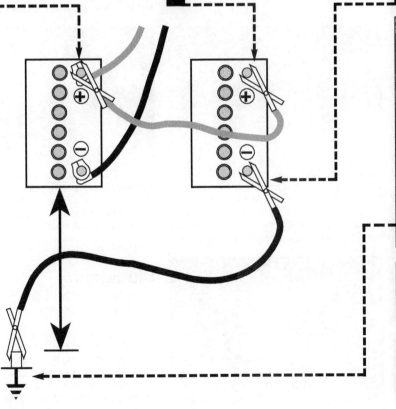

4 Anslut den andra änden på den svarta kabeln till en bult eller ett fäste på motorblocket, på ett visst avstånd från batteriet, på den bil som ska startas.

5 Se till att startkablarna inte kommer i kontakt med fläkten, drivremmarna eller andra rörliga delar av motorn.

6 Starta motorn med laddningsbatteriet och låt den gå på tomgång. Slå på lysen, bakruteavimmare och värmefläktsmotor och koppla sedan loss startkablarna i omvänd ordning mot anslutning. Slå av lysen etc.

Hjulbyte

⚠️ **Varning:** *Byt aldrig hjul i en situation där du riskerar att bli påkörd av ett annat fordon. Försök stanna i en parkeringsficka eller på en mindre avtagsväg om du befinner dig på en högtrafikerad väg. Håll uppsikt över passerande trafik under hjulbytet – det är annars lätt att bli distraherad av arbetet.*

Förberedelser

☐ När en punktering inträffar, stanna så snart säkerheten medger detta.

☐ Parkera om möjligt på plan, fast mark på avstånd från annan trafik.

☐ Använd vid behov varningsblinkers.

☐ Använd en varningstriangel (obligatorisk utrustning) för att göra andra trafikanter uppmärksamma på din närvaro.

☐ Dra åt handbromsen och lägg i ettan eller backen (eller "P" på automatväxellåda).

☐ Blockera det hjul som sitter diagonalt mitt emot det hjul som ska tas bort, några stora stenar kan användas till detta.

☐ Om underlaget är mjukt, använd en plankbit el.dyl. för att sprida tyngden under domkraften.

1 Reservhjulet är placerat under en lucka i bagageutrymmet. Ta bort golvmattan och lyft upp luckan.

2 Domkraft och nödvändiga verktyg finns bredvid reservhjulet, fastsatta med en bult.

3 Skruva loss hållaren och lyft ut reservhjulet ur bagageutrymmet.

4 Bänd bort eventuell navkapsel från hjulet med hjälp av en skruvmejsel. Dra bort eventuell hjulsida från hjulet med bifogad krok. Om det sitter hattar på alla bultar, använd verktyget till att dra bort dem.

5 Lossa alla hjulbultar ett halvt varv. Använd den speciella adaptern om en av bultarna är en låsbult.

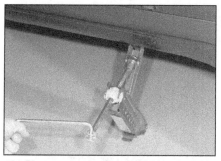

6 Placera domkraftshuvudet under den förstärkta stödpunkten närmast det hjul som ska bytas. Stödpunkten är märkt med en rutersymbol inpressad i kanten under bilen. Vrid handtaget för att lyfta hjulet.

7 Skruva ur bultarna och lyft bort hjulet från bilen. På senare modeller, skruva in riktaren när den första bulten tagits bort så blir det lättare att passa in reservhjulet.

8 Placera det demonterade hjulet under bilen som en skyddsåtgärd om domkraften skulle ge vika.

9 Passa in reservhjulet och dra åt bultarna en aning med nyckeln. Sänk ner bilen och dra åt bultarna ordentligt, i diagonal ordningsföljd. Montera eventuell hjulsida/navkapsel. Observera att hjulbultarna ska dras åt till angivet moment så snart som möjligt.

Slutligen...

☐ Ta bort hjulblockeringen.

☐ Lägg tillbaka domkraft och verktyg på sin rätta plats.

☐ Kontrollera lufttrycket på det nymonterade däcket. Om det är lågt eller om en tryckmätare inte finns till hands, kör långsamt till närmaste bensinstation och kontrollera/justera trycket.

☐ Se till att det skadade däcket eller hjulet repareras så snart som möjligt.

Att hitta läckor

Pölar på garagegolvet (eller där bilen parkeras) eller våta fläckar i motorrummet tyder på läckor som man måste försöka hitta. Det är inte alltid så lätt att se var läckan är, särskilt inte om motorrummet är mycket smutsigt. Olja eller andra vätskor kan spridas av fartvinden under bilen och göra det svårt att avgöra var läckan egentligen finns.

 Varning: De flesta oljor och andra vätskor i en bil är giftiga. Vid spill bör man tvätta huden och byta indränkta kläder så snart som möjligt

 Lukten kan vara till hjälp när det gäller att avgöra varifrån ett läckage kommer och vissa vätskor har en färg som är lätt att känna igen. Det är en bra idé att tvätta bilen ordentligt och ställa den över rent papper över natten för att lättare se var läckan finns. Tänk på att motorn ibland bara läcker när den är igång.

Olja från sumpen

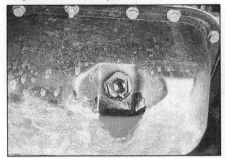

Motorolja kan läcka från avtappningspluggen . . .

Olja från oljefiltret

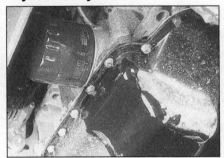

. . . eller från oljefiltrets packning.

Växellådsolja

Växellådsolja kan läcka från tätningarna i ändarna på drivaxlarna.

Frostskydd

Läckande frostskyddsvätska lämnar ofta kristallina avlagringar liknande dessa.

Bromsvätska

Läckage vid ett hjul är nästan alltid bromsvätska.

Servostyrningsvätska

Servostyrningsvätska kan läcka från styrväxeln eller dess anslutningar.

Bogsering

När ingenting annat hjälper kan du behöva bli bogserad hem – eller det kan naturligtvis hända att du bogserar någon annan. Bogsering längre sträckor bör överlåtas till verkstäder eller bärgningsfirmor. Vad gäller kortare sträckor går det utmärkt med bogsering av en annan privatbil, men tänk på följande:

☐ Använd en riktig bogserlina – de är inte dyra.
☐ Slå alltid på tändningen när bilen bogseras, så att rattlåset släpper och så att blinkers och bromsljus fungerar.

☐ Fäst endast bogserlinan till de därför avsedda bogseröglorna.
☐ Lossa handbromsen och ställ växellådan i neutralläge innan bogseringen börjar.
☐ Observera att det krävs högre bromspedaltryck än vanligt eftersom vakuumservon bara fungerar när motorn är igång.
☐ På modeller med servostyrning kommer det också att behövs större kraft än vanligt för att vrida ratten.
☐ Föraren av den bogserade bilen måste vara noga med att hålla bogserlinan spänd hela tiden för att undvika ryck.

☐ Försäkra er om att båda förarna känner till den planerade färdvägen innan ni startar.
☐ Bogsera kortast möjliga sträcka och kom ihåg att högsta tillåtna hastighet vid bogsering är 30 km/tim. Kör försiktigt och sakta ner mjukt och långsamt vid korsningar.
☐ För modeller med automatväxellåda gäller särskilda föreskrifter. Vid minsta tvekan, bogsera inte eftersom detta kan resultera i skador på växellådan.
☐ Bogseringsöglor finns fram och bak på bilen. Man kommer åt den främre öglan genom att ta bort den lilla grillen.

Inledning

Det finns ett antal mycket enkla kontroller som endast tar några minuter i anspråk, men som kan bespara dig mycket besvär och stora kostnader.

Dessa *Veckokontroller* kräver inga större kunskaper eller specialverktyg, och den korta tid de tar att utföra kan visa sig vara väl använd, till exempel;

☐ Att hålla ett öga på däckens lufttryck förebygger inte bara att de slits ut i förtid utan det kan också rädda ditt liv.

☐ Många motorhaverier orsakas av elektriska problem. Batterirelaterade fel är speciellt vanliga och en snabb kontroll med regelbundna mellanrum förebygger oftast de flesta av dessa problem.

☐ Om en läcka uppstår i bromssystemet kan det hända att du märker det först när bromsarna slutar fungera. Genom regelbundna kontroller av oljenivån blir du varnad i god tid.

☐ Om olje- eller kylvätskenivån blir för låg är det betydligt billigare att laga läckan direkt, än att bekosta dyra reparationer av de motorskador som annars kan uppstå.

Kontrollpunkter i motorrummet

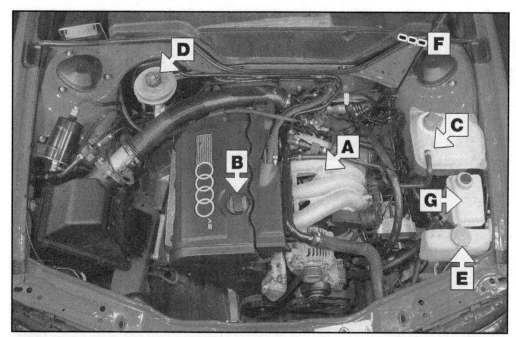

◀ **1.8 liters 4-cylindrig bensinmotor**

A *Mätsticka för motorolja*

B *Lock för påfyllning av motorolja*

C *Kylsystemets expansionskärl*

D *Bromsoljebehållare*

E *Spolarvätskebehållare*

F *Batteri*

G *Behållare för servostyrningsvätska*

◀ **1.9 liters 4-cylindrisk dieselmotor**

A *Mätsticka för motorolja*

B *Lock för påfyllning av motorolja*

C *Kylsystemets expansionskärl*

D *Bromsoljebehållare*

E *Spolarvätskebehållare*

F *Batteri*

G *Behållare för servostyrningsvätska*

◄ 2.5 liters 5-cylindrig dieselmotor

A Mätsticka för motorolja

B Lock för påfyllning av motorolja

C Kylsystemets expansionskärl

D Bromsoljebehållare

E Spolarvätskebehållare

F Batteri

G Behållare för servostyrningsvätska

Motorns oljenivå

Innan du börjar

✔ Parkera bilen på plan mark.

✔ Oljenivån måste kontrolleras innan bilen körs, eller åtminstone 5 minuter efter det att motorn stängts av.

HAYNES TiPS *Om oljenivån kontrolleras omedelbart efter körning kommer en del olja att befinna sig i motorns övre utrymmen, vilket ger en felaktig nivå på oljestickan!*

Korrekt olja

Moderna motorer ställer höga krav på rätt olja. Det är mycket viktig att man använder en lämplig olja till sin bil (se *Smörjmedel och vätskor*).

Bilvård

● Om olja behöver fyllas på ofta, undersök om det förekommer oljeläckor. Placera ett rent papper under motorn över natten och se om det finns fläckar på det på morgonen. Finns där inga läckor kan det hända att motorn bränner olja (se *Felsökning*).

● Oljenivån ska alltid vara mellan den övre och den nedre markeringen på oljestickan. Om oljenivån är för låg kan motorn ta allvarlig skada. Om man fyller på för mycket olja kan oljetätningarna gå sönder.

1 Mätstickan är placerad på vänster sida om motorn (se Kontrollpunkter i motorrummet på sidorna 0•10 och 0•11 för exakt placering). Dra upp oljemätstickan

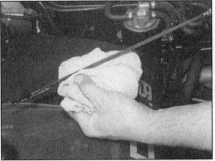

2 Torka av oljan från mätstickan med en ren trasa eller en bit papper. Stick in den rena mätstickan i röret och dra ut den igen.

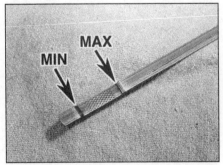

3 Notera oljenivån på mätstickans ände, som ska vara mellan märkena "MAX" och "MIN". Ungefär en liter olja höjer nivån från det nedre till det övre märket.

4 Oljan fylls på uppe på motorn. Vrid av locket och fyll på olja – använd en tratt för att minimera oljespillet. Häll i oljan långsamt och kontrollera med jämna mellanrum på mätstickan så att rätt mängd fylls på. Fyll inte på för mycket.

Bromsoljenivå

Innan du börjar

✔ Renlighet är av högsta vikt när man arbetar med bromssystemet. Var noga med att torka rent runt påfyllningslocket innan olja fylls på. Använd bara ren bromsolja.
✔ Se till att bilen står på plan mark.

HAYNES TiPS *Nivån i oljebehållaren sjunker en aning allt eftersom broms-klossarna slits. Nivån får dock aldrig sjunka under MIN-markeringen.*

Säkerheten främst!

● Om bromsolja måste fyllas på ofta betyder det att det finns en läcka i bromssystemet. Detta måste undersökas omedelbart.
● Misstänker man att systemet läcker får bilen inte köras förrän bromssystemet har kontrollerats. Ta aldrig några risker med bromsarna.

Varning: Bromsolja kan skada dina ögon och bilens lack, så var ytterst försiktig vid hanteringen. Använd inte olja ur kärl som har stått öppna en längre tid. Bromsolja absorberar fukt från luften vilket kan orsaka farlig förlust av bromsverkan.

1 Bromshuvudcylindern och oljebehållaren sitter på vakuumservoenheten i motorrummet, på torpedväggens högra sida. "MAX"- och "MIN"-markeringar finns på sidan av behållaren och oljenivån måste alltid hållas mellan dessa två märken.

2 Om olja behöver fyllas på, torka rent området runt påfyllningslocket med en ren trasa innan du öppnar locket. Undersök behållaren och byt ut oljan om det är smuts i den.

3 Var försiktig vid påfyllningen så att det inte kommer olja på lackerade delar. Använd endast hydraulolja av specificerad typ. Blandar man oljor av olika typ kan systemet ta skada och/eller bromsegenskaperna kan försämras. Skruva på locket när nivån är korrekt och torka upp eventuellt spill.

Kylvätskenivå

Varning: Skruva aldrig av expansionskärlets lock när motorn är varm eftersom det föreligger risk för brännskador. Låt inte behållare med kylvätska stå öppna – vätskan är giftig.

Bilvård

● Ett slutet kylsystem ska inte behöva fyllas på regelbundet. Om kylvätskan ofta behöver fyllas på har bilen troligen en läcka i kylsystemet. Kontrollera kylaren, alla slangar och fogytor efter stänk och våta märken och åtgärda eventuella problem.

● Det är viktigt att frostskyddsvätska används i kylsystemet året runt, inte bara under vintermånaderna. Fyll inte på med enbart vatten, då sänks frostskyddets koncentration.

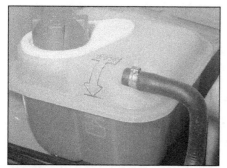

1 Kylvätskenivån varierar med motorns temperatur. När motorn är kall ska nivån vara upp till "MAX"-märket på sidan av expansionskärlet. När motorn är varm ökar nivån något.

2 Vänta tills motorn är kall. Täck över expansionskärlet med en trasa och vrid påfyllningslocket tills trycket släpps ut. Vänta tills allt övertryck försvunnit (när det slutar pysa), skruva sedan sakta loss locket. Om det nu fortsätter att pysa, vänta tills det slutat innan locket tas av.

3 Fyll på en blandning av vatten och frostskyddsvätska i expansionskärlet tills nivån når upp till "MAX"-märket. Sätt på locket och skruva åt det så långt det går.

Servostyrningens oljenivå

Observera: *Servostyrningsbehållaren används även som behållare för hydraulolja till självreglerande bakfjädringssystem (om monterat).*

HAYNES TiPS *För att kontrollen ska vara rättvisande får ratten inte vridas efter det att motorn stängts av.*

Innan du börjar

✔ Se till att bilen står på plan mark. På modeller med självreglerande bakfjädring, se till att bilen är tom.
✔ Med motorn gående på tomgång, vrid ratten långsamt fram och tillbaka till fullt utslag 2 eller 3 gånger och rikta sedan hjulen rakt fram. Stäng av motorn.

Säkerheten främst!

● Om servostyrningsolja behöver fyllas på ofta betyder det att systemet läcker. Undersök och åtgärda detta omedelbart.

1 Oljebehållaren är placerad på vänster sida i motorrummet. Skruva försiktigt bort locket, som även är försett med en mätsticka.

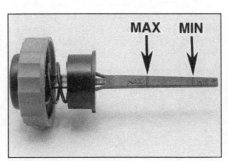

2 Kontrollera att oljenivån är mellan "MIN"- och "MAX"-märkena på mätstickan, gärna i närheten av "MAX"-märket. Vid behov, torka av mätstickan med en ren trasa, stick ner den i hålet och ta upp den igen.

3 När behållaren behöver fyllas på, häll på angiven vätsketyp tills nivån når "MAX"-märket. Sätt sedan tillbaka locket och skruva åt.

Batteri

Varning: Läs "Säkerheten främst!" i början på den här boken innan några som helst arbeten utförs på batteriet.

✔ Se till att batteriplåten är i gott skick och att batterihållaren sitter ordentligt. Rost på plåten, hållaren och batteriet kan avlägsnas med en lösning av vatten och bikarbonat. Skölj noggrant alla rengjorda delar med vatten. Alla rostskadade metalldelar ska först målas med en zinkbaserad grundfärg och därefter lackeras.
✔ Kontrollera regelbundet (ungefär var tredje månad) batteriets laddningstillstånd enligt kapitel 5A.
✔ Om batteriet är urladdat och du måste använda startkablar för att starta bilen, se *Reparationer vid vägkanten*.

1 På modeller utan luftkonditionering eller pollenfilter är batteriet placerat i den bakre vänstra delen av motorrummet, under en svart plastkåpa. På modeller med luftkonditionering och/eller pollenfilter sitter batteriet under baksätet.

2 Batteriets utsida ska kontrolleras regelbundet med avseende på sprickor och andra skador. Kontrollera att batteriets kabelklämmor sitter ordentligt för bästa ledareffekt. De ska inte kunna rubbas. Kontrollera även kablarna beträffande sprickor och skadade ledare.

HAYNES TiPS
Korrosion på batteriet kan minimeras genom att man applicerar lite vaselin på batteriklämmorna och polerna när man dragit åt dem.

3 Om korrosion finns, ta bort kablarna från batteripolerna och rengör dem med en liten stålborste innan de sätts tillbaka.

4 Biltillbehörsbutiker säljer ett bra verktyg för rengöring av batterianslutningar och poler.

Däckens skick och lufttryck

Det är mycket viktigt att däcken är i bra skick och har korrekt lufttryck - däckhaverier är farliga i alla hastigheter.

Däckslitage påverkas av körstil - hårda inbromsningar och accelerationer eller snabb kurvtagning, samverkar till högt slitage. Generellt sett slits framdäcken ut snabbare än bakdäcken. Axelvis byte mellan fram och bak kan jämna ut slitaget, men om detta är för effektivt kan du komma att behöva byta alla fyra däcken samtidigt.

Ta bort spikar och stenar som bäddats in i mönstret innan dessa tränger genom och orsakar punktering. Om borttagandet av en spik avslöjar en punktering, stick tillbaka spiken i hålet som markering, byt omedelbart hjul och låt en däckverkstad reparera däcket.

Kontrollera regelbundet att däcken är fria från sprickor och blåsor, speciellt i sidoväggarna. Ta av hjulen med regelbundna mellanrum och rensa bort all smuts och lera från inte och yttre ytor. Kontrollera att inte fälgarna visar spår av rost, korrosion eller andra skador. Lättmetallfälgar skadas lätt av kontakt med trottoarkanter vid parkering, stålfälgar kan bucklas. En ny fälg är ofta enda sättet att korrigera allvarliga skador.

Nya däck måste alltid balanseras vid monteringen men det kan vara nödvändigt att balansera om dem i takt med slitage eller om balansvikterna på fälgkanten lossnar.

Obalanserade däck slits snabbare och de ökar även slitaget på fjädring och styrning. Obalans i hjulen märks normalt av vibrationer, speciellt vid vissa hastigheter, i regel kring 80 km/tim. Om dessa vibrationer bara känns i styrningen är det troligt att enbart framhjulen behöver balanseras. Om istället vibrationerna känns i hela bilen kan bakhjulen vara obalanserade. Hjulbalansering ska utföras av däckverkstad eller annan verkstad med lämplig utrustning.

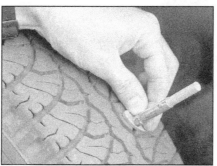

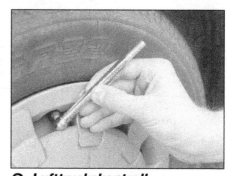

1 Mönsterdjup - visuell kontroll
Originaldäcken har slitagevarningsband (B) som uppträder när mönsterdjupet slitits ned till ca 1,6 mm. Bandens lägen anges av trianglar på däcksidorna (A).

2 Mönsterdjup - manuell kontroll
Mönsterdjupet kan även avläsas med ett billigt verktyg kallat mönsterdjupmätare.

3 Lufttryckskontroll
Kontrollera regelbundet lufttrycket i däcken när dessa är kalla. Justera inte lufttrycket omedelbart efter det att bilen har körts eftersom detta leder till felaktiga värden.

Däckslitage

Slitage på sidorna

Lågt däcktryck (slitage på båda sidorna)
Lågt däcktryck orsakar överhettning i däcket eftersom det ger efter för mycket, och slitbanan ligger inte rätt mot underlaget. Detta orsakar förlust av väggrepp och ökat slitage.
Kontrollera och justera däcktrycket
Felaktig cambervinkel (slitage på en sida)
Reparera eller byt ut fjädringsdetaljer
Hård kurvtagning
Sänk hastigheten!

Slitage i mitten

För högt däcktryck
För högt däcktryck orsakar snabbt slitage i mitten av däckmönstret, samt minskat väggrepp, stötigare gång och fara för skador i korden.
Kontrollera och justera däcktrycket

Om du ibland måste ändra däcktrycket till högre tryck specificerade för max lastvikt eller ihållande hög hastighet, glöm inte att minska trycket efteråt.

Ojämnt slitage

Framdäcken kan slitas ojämnt som följd av felaktig hjulinställning. De flesta bilåterförsäljare och verkstäder kan kontrollera och justera hjulinställningen för en rimlig summa.
Felaktig camber- eller castervinkel
Reparera eller byt ut fjädringsdetaljer
Defekt fjädring
Reparera eller byt ut fjädringsdetaljer
Obalanserade hjul
Balansera hjulen
Felaktig toe-inställning
Justera framhjulsinställningen
Notera: *Den fransiga ytan i mönstret, ett typiskt tecken på toe-förslitning, kontrolleras bäst genom att man känner med handen över däcket.*

Däckens lufttryck

Observera: *Däcktrycken gäller originaldäcken och de kan alltså variera om andra typer av däck monterats. Kontakta vid behov däcktillverkaren eller återförsäljaren för korrekt däcktryck.*

Audi 100	Fram	Bak
4-cylindriga modeller:		
195/65R 15- och 205/60 R 15 däck:		
Halvt lastad	1,9 (28)	1,9 (28)
Fullt lastad	2,2 (32)	2,5 (36)
215/60 R 15 däck:		
Halvt lastad	1,8 (26)	1,8 (26)
Fullt lastad	2,0 (29)	2,3 (33)
5-cylindriga modeller:		
195/65R 15 och 205/60 R 15 däck:		
Halvt lastad	2,3 (33)	2,3 (33)
Fullt lastad	2,7 (39)	2,8 (41)
215/60 R 15 däck:		
Halvt lastad	2,1 (31)	2,1 (31)
Fullt lastad	2,5 (36)	2,6 (38)

Audi A6

Däckens lufttryck för dessa modeller finns uppräknade på insidan av tankluckan.

Spolarvätskenivå

Bilvård

● Spolarvätsketillsatser rengör inte bara rutan utan fungerar även som frostskydd så att spolarvätskan inte fryser under vintern. Fyll inte på med enbart vatten eftersom spolarvätskan då späds ut och kan frysa.

⚠ *Varning: Använd aldrig motorfrostskyddsvätska i spolarsystemet, det kan skada lacken.*

1 Behållaren för vindrute- och strålkastarspolningen är placerad till vänster i motorrummet på Audi A6 och på höger sida av torpedväggen på Audi 100.

2 Spolarvätska ska hällas i spolarsystemet i den koncentration som anges på flaskan. En spolarvätskebehållare för bakrutan finns placerad baktill till höger i bagageutrymmet.

Elsystem

✔ Kontrollera alla yttre lampor samt signalhornet. Se aktuella avsnitt i kapitel 12 för närmare information om någon av kretsarna inte fungerar.

✔ Se över alla tillgängliga kontaktdon, kablar och kabelklämmor så att de sitter ordentligt och inte är klämda eller skadade.

HAYNES TiPS *Om du är ensam och måste kontrollera bromsljus och blinkers, backa upp mot en vägg eller garageport och sätt på ljusen. Det reflekterade skenet visar om de fungerar eller inte.*

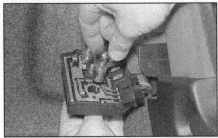

1 Om ett enstaka ljus inte fungerar är det antagligen glödlampan som är trasig. Om båda bromsljusen är ur funktion kan kontakten vara defekt (se kapitel 9).

2 Om mer än en blinkers eller strålkastare inte fungerar har troligen en säkring gått eller ett fel uppstått i kretsen (se kapitel 12). Säkringsdosan sitter under en lucka på instrumentbrädan på förarsidan. Ytterligare säkringar finns i motorrummet på torpedväggens högra sida och på sidorna om förarsidans och passagerarsidans fotbrunnar. Se kapitel 12 för mer information. Dra ut den trasiga säkringen direkt från säkringsdosan och sätt dit en ny säkring av samma typ. Säkringar finns att köpa i biltillbehörsbutiker. Det är viktigt att hitta orsaken till att säkringen gick sönder (se *Elektrisk felsökning* i kapitel 12).

Torkarblad

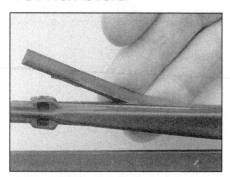
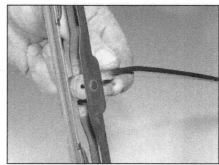

1 Kontrollera torkarbladens skick. Om de är spruckna eller ser gamla ut, eller om rutan inte torkas ordentligt, ska de bytas ut. Torkarblad bör bytas en gång om året som en rutinåtgärd.

2 Böj ut torkararmen så långt från rutan det går innan den spärras. Vrid bladet 90°, tryck sedan ner låspiggen med en skruvmejsel eller med fingrarna.

3 Dra ut torkarbladet ur torkararmens böjda ände och låt armen glida ut genom hålet i bladet. När ett nytt blad sätts på plats, se till att bladet fäster ordentligt i armen och att det är korrekt riktat.

Smörjmedel och vätskor

Motor (bensin)	Motorolja med specifikation VW 500 00 eller VW 501 01, viskositet SAE 10W-30 till 15W-50
	(Duckhams Hypergrade Petrol Engine Oil eller Duckhams QXR Premium Petrol Engine Oil)
Motor (diesel)	Motorolja med specifikation VW 500 00 eller VW 505 00, viskositet SAE 10W-30 till 15W-50
	(Duckhams Hypergrade Diesel Engine Oil eller Duckhams QXR Premium Diesel Engine Oil)
Kylsystem	Frostskyddsmedel G 011 V8C eller TL-VW 774 C
	(Duckhams Antifreeze and Summer Coolant)
Manuell växellåda (012)	Syntetisk växelolja G50, viskositet SAE 75W-90
	(Duckhams Hypoid Gear Oil 75W-90 GL-4)
Manuell växellåda (01E)	Syntetisk växelolja G052 911A, viskositet SAE 75W-90
	(Duckhams Hypoid Gear Oil 75W-90 GL-4)
Automatväxellåda	Dexron II typ ATF
	(Duckhams ATF Autotrans III)
Slutväxel (automatväxellåda)	Syntetisk växelolja G50, viskositet SAE 75W-90
	(Duckhams Hypoid Gear Oil 75W-90 GL-4)
Bromssystem	Hydraulolja till DOT 4
	(Duckhams Universal Brake and Clutch Fluid)
Servostyrningssystem	Audi/VAG hydraulolja G 002 000

Kapitel 1 Del A Rutinunderhåll och service – modeller med bensinmotor

Innehåll

Svårighetsgrader

| Enkelt, passar novisen med lite erfarenhet | Ganska enkelt, passar nybörjaren med viss erfarenhet | Ganska svårt, passar kompetent hemmamekaniker | Svårt, passar hemmamekaniker med erfarenhet | Mycket svårt, för professionell mekaniker |

Smörjmedel och vätskor .... Se slutet av *Veckokontroller*

Volymer	4-cylindrig motor	5-cylindrig motor
Motorolja (inklusive filter)	3,0 liter	4,5 liter
Kylsystem	7,0 liter	8,0 liter

Växellåda
Manuell växellåda	2,4 liter
Automatväxellåda:	
Första påfyllning	5,5 liter
Oljebyte	3,5 liter
Slutväxel för automatväxellåda	1,0 liter

Servostyrning
Modeller med självreglerande bakre fjädring	2,5 liter
Modeller med vanlig bakre fjädring	1,1 liter

Bränsletank
Samtliga modeller (cirka)	80 liter

Motor
Oljefilter:
alla utom motorkod ACE	Champion C160
motorkod ACE	Champion C149

Kylsystem
Frostskyddsblandning:
40% frostskyddsvätska	skydd ner till -25°C
50% frostskyddsvätska	skydd ner till -35°C

Bränslesystem
Luftfilter	Champion U572
Bränslefilter	Champion L217

Tändsystem
Tändläge	Se kapitel 5B	
Tändstift:	**Typ***	**Elektrodavstånd***
Motorkod AAD	Champion N7BYC	Ej justerbart
Motorkod AAE och ABK	Champion RN8VTYC4	Ej justerbart
Motorkod ACE och ADR	Champion RC8VTYC4	Ej justerbart
Motorkod AAR	Champion RN10VTYC4	Ej justerbart

Tändstiftsrekommendationerna är de som ges av Champion Spark Plug. Om någon annan typ av tändstift används, rådfråga tillverkaren angående elektrodavstånd.

Bromsar
Minsta tjocklek på främre bromsklossarnas belägg	2,0 mm
Minsta tjocklek på bakre bromsklossar (inklusive fästplatta)	7 mm
Minsta tjocklek på bromsbackarnas belägg	2,5 mm

Drivrem
Avböjning:
Ny generatorkilrem	2,0 mm
Gammal generatorkilrem	5,0 mm
Servostyrningens kilrem (ny eller gammal)	10,0 mm
Luftkonditioneringskompressorns kilrem	5,0 mm

Åtdragningsmoment
	Nm
Anslutningsmutter för påfyllningsrör till automatväxellåda (097)	80
Generatorns fästbult	35
Generatorns spännarlänk	20
Generatorns spännarmutter	35
Hjulbultar	110
Inspektionsplugg för automatväxellåda (01N)	15
Oljepåfyllnings-/nivåplugg för slutväxel (automatväxellåda)	25
Påfyllnings-/nivåplugg för manuell växellåda:	
012 växellåda	25
01E växellåda	40
Servostyrningspumpens fäste	25
Skvallerrör för automatväxellåda (01N)	2
Oljesumpens avtappningsplugg	30
Tändstift:	
Motorkod ADR, AAE, ABK	30
Motorkod ACE, AAD, AAR	20

Underhållsintervallen i denna handbok är angivna efter förutsättningen att du, och inte verkstaden, utför arbetet. Dessa är de längsta intervall vi rekommenderar för bilar i dagligt bruk. Om du vill hålla bilen i konstant toppskick bör du utföra vissa moment oftare. Vi uppmuntrar tätt och regelbundet underhåll eftersom det höjer bilens effektivitet, prestanda och andrahandsvärde.

Alla Audi A6-modeller har en display för serviceintervall på instrumentbrädan. Varje gång motorn startas tänds panelen under ett par sekunder, och visar något av följande.

In 0 – ingen service krävs

OEL – 15 000 km service krävs

In 1 – 12 månaders, 30 000 km eller 60 000 km service krävs, beroende på hur långt bilen gått

In 2 – 24 månaders service krävs

Detta är en påminnelse om att det är dags för service, t.ex.: när Audi-mekanikern byter olja programmeras displayen om till att visa OEL när bilen har gått ytterligare 15 000 km. När det är dags för service visas detta 100 mil eller 10 dagar i förväg.

Om bilen är ny måste all service utföras av en auktoriserad verkstad för att fabriksgarantin ska gälla.

Var 400:e km eller varje vecka

☐ Se *Veckokontroller*

Var 15 000:e km

OEL på displayen på Audi A6

☐ Byt motorolja och filter (avsnitt 3)

Observera: *Det är bra för motorn om olja och filter byts ofta. Vi rekommenderar att du byter olja oftare än vad som anges här, eller minst två gånger om året.*

☐ Kontrollera främre bromsklossarnas tjocklek (avsnitt 4)

☐ Rensa torpedväggens dräneringshål (avsnitt 5)

☐ Återställ servicedisplayen på Audi A6 (avsnitt 6)

Var 12:e månad

In 1 på displayen på Audi A6

☐ Kontrollera funktionen hos spolaren för vindrutan/bakrutan/strålkastarna (avsnitt 7)

☐ Kontrollera strålkastarinställningen (avsnitt 8)

☐ Smörj alla gångjärn och lås (avsnitt 9)

☐ Kontrollera batteriets elektrolytnivå (avsnitt 10)

☐ Leta efter fel i styrenhetens minne (avsnitt 11)

☐ Kontrollera alla komponenter och slangar under motorhuven vad gäller läckage (avsnitt 12)

☐ Kontrollera frostskyddsvätskans koncentrationen i kylsystemet (avsnitt 13)

☐ Byt tändstift på modeller som går på **blyat** bränsle (avsnitt 14)

☐ Kontrollera drivremmens skick och byt ut den om det behövs (kilrem) (avsnitt 15)

☐ Kontrollera skicket på alla bromsslangar och rör (avsnitt 16)

☐ Kontrollera tjockleken på de bakre bromsklossarna/backarna (avsnitt 17)

☐ Kontrollera skicket på avgassystemet och dess fästen (avsnitt 18)

☐ Kontrollera skick och åtdragning för styrningens och fjädringens komponenter (avsnitt 19)

☐ Provkör bilen (avsnitt 20)

Var 30 000:e km

In 1 på displayen på Audi A6

Observera: *Utför följande arbete utöver det som anges för 12-månadersservice.*

☐ Kontrollera solluckan. Smörj glidskenorna (avsnitt 21)

☐ Byt tändstift (**blyfria** modeller fram t.o.m. 1993) (avsnitt 22)

☐ Kontrollera oljenivån i det självreglerande fjädringssystemet, endast 1991 års modeller (avsnitt 23)

☐ Kontrollera drivremmens skick (kuggrem), och byt ut den om det behövs (avsnitt 24)

☐ Byt bränslefilter (avsnitt 25)

☐ Byt pollenfilter (avsnitt 26)

☐ Kontrollera underredestätningen (avsnitt 27)

☐ Kontrollera automatväxellådans oljenivå (avsnitt 28)

☐ Kontrollera oljenivån i slutväxeln (avsnitt 29)

☐ Kontrollera oljenivån i manuell växellåda (avsnitt 30)

Var 60 000:e km

In 1 på displayen på Audi A6

Observera: *Utför följande arbete utöver det som anges för 12 månaders och 30 000 km service.*

☐ Byt luftfilter (avsnitt 31)

☐ Byt tändstift (fr.o.m. 1994 års modeller). **Observera:** *Vart 3:e år om mindre än 65 000 km* (avsnitt 32)

☐ Kontrollera oljenivån i det självreglerande fjädringssystemet , fr.o.m. 1992 års modeller (avsnitt 33)

☐ Byt drivrem på modeller med 4-cylindriga motorer (avsnitt 34)

☐ Byt olja i automatväxellådan. **Observera:** *Vart 4:e år om sträckan är mindre än 65 000 km* (avsnitt 35)

☐ Byt kamrem (avsnitt 36)

Observera: *Tillverkarens rekommendation är att kamremmen byts ut efter 120 000 km, men vi rekommenderar att den byts efter 60 000 km, särskilt om bilen främst används till korta resor med många start och stopp. Hur lång tid som ska gå mellan rembytena är upp till den enskilde bilägaren, men eftersom motorn kommer att skadas allvarligt om remmen går av med motorn igång, rekommenderar vi att man tar det säkra för det osäkra.*

Vartannat år (oavsett körsträcka)

In 2 på displayen på Audi A6

☐ Byt bromsolja (avsnitt 37)

☐ Byt kylvätska (avsnitt 38)

Motorrum på en modell med 1.8 liters DOHC 20-ventils bensinmotor

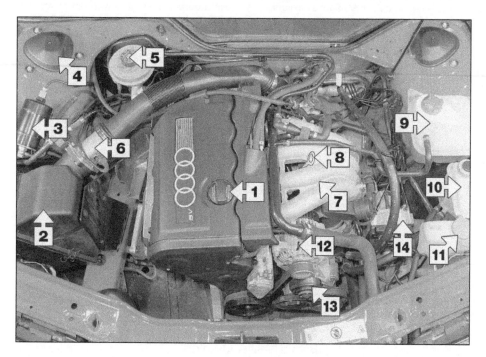

1 Motorns oljepåfyllningslock
2 Luftrenare
3 Bränslefilter
4 Övre fjäderbensinfästning
5 Bromsvätskebehållare
6 Luftflödesmätare
7 Insugningsrör
8 Mätsticka för motorolja
9 Kylsystemets expansionskärl
10 Behållare för servostyrningsvätska
11 Spolarvätskebehållare
12 Generator
13 Kylfläktens remöverföring
14 ABS-enhet

Främre underrede på en modell med 1.8 liters DOHC 20-ventils bensinmotor

1 Främre avgasrör
2 Framfjädringens bärarm
3 Krängningshämmare
4 Bromsok
5 Signalhorn
6 Motorns främre kardanstag
7 Oljesumpens avtappningsplugg
8 Servostyrningspump
9 Drivaxel
10 Manuell växellåda
11 Oljefilter

Bakre underrede (typexempel)

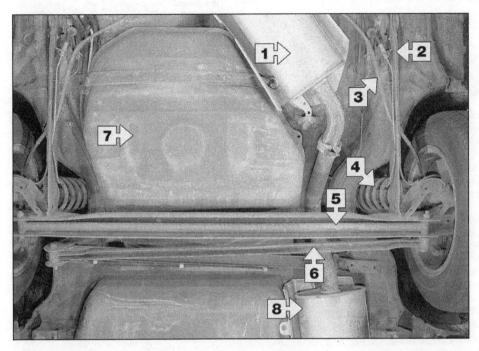

1 Mellanliggande ljuddämpare
2 Bakfjädringens hängarm
3 Handbromsvajer
4 Bakre fjäderben och spiralfjäder
5 Bakaxelbalk
6 Panhardstag
7 Bränsletank
8 Bakre avgasrör och ljuddämpare

1 Inledning

Detta kapitel är utformat för att hjälpa hemma-mekaniker att underhålla sin bil för att få ut god säkerhet, driftsekonomi, lång tjänstgöring och toppprestanda.

Kapitlet innehåller ett underhållsschema som följs av avsnitt som i detalj tar upp varje post på schemat. Inspektioner, justeringar, byte av delar och annat nyttigt är inkluderat. Se de tillhörande bilderna av motorrummet och bottenplattan vad gäller de olika delarnas placering.

Underhåll av bilen enligt schemat för tid/körsträcka och de följande avsnitten ger ett planerat underhållsprogram som bör resultera i en lång och pålitlig tjänstgöring för bilen. Planen är heltäckande, så underhåll av bara vissa delar men inte andra, vid angivna tidpunkter, ger inte samma resultat.

När du arbetar med bilen kommer du att upptäcka att många av arbetena kan – och bör – utföras samtidigt, antingen på grund av arbetets art eller för att två annars orelaterade delar finns nära varandra. Om bilen t.ex. lyfts upp av någon anledning, kan inspektion av avgassystemet utföras samtidigt som styrning och fjädring kontrolleras.

Första steget i detta underhållsprogram är förberedelser innan arbetet påbörjas. Läs igenom relevanta avsnitt, gör sedan upp en lista på vad som behövs och skaffa fram verktyg och delar. Om problem dyker upp, rådfråga en specialist på reservdelar eller vänd dig till återförsäljarens serviceavdelning.

2 Regelbundet underhåll

1 Om underhållsschemat följs noga från det att bilen är ny, om vätske-/oljenivåer kontrolleras ofta och om delar som är utsatta för stort slitage byts enligt rekommendationerna kommer motorn att hållas i bra skick. Behovet av extra arbete kommer att minimeras.

2 Det kan hända att motorn ibland går dåligt på grund av brist på regelbundet underhåll. Detta är mer troligt med en begagnad bil som inte fått tät och regelbunden service. I sådana fall kan extra arbeten behöva utföras, förutom det normala underhållet.

3 Om motorn misstänks vara sliten ger ett kompressionsprov (se relevant del av kapitel 2) värdefull information om de inre huvud-delarnas skick. Ett kompressionsprov kan användas som beslutsgrund för att avgöra omfattningen på det kommande arbetet. Om provet avslöjar allvarligt inre slitage kommer underhåll enligt detta kapitel inte att nämnvärt förbättra prestandan. Underhåll kan då vara ett slöseri med tid och pengar om inte motorn renoveras först.

4 Följande är vad som oftast krävs för att förbättra prestanda på en motor som går allmänt illa:

I första hand

a) Rengör, undersök och testa batteriet (se Veckokontroller).
b) Kontrollera alla motorrelaterade vätskor (se Veckokontroller).
c) Kontrollera skick och spänning för drivremmen (avsnitt 15 och 24).
d) Byt tändstift (avsnitt 14, 22 eller 32).
e) Undersök fördelarlock och rotorarm, där sådana finns (kapitel 5B).
f) Kontrollera luftfiltrets skick och byt vid behov (avsnitt 31).
g) Kontrollera bränslefiltret (avsnitt 25).
h) Kontrollera skicket på samtliga slangar och leta efter läckor (avsnitt 12).

5 Om ovanstående inte ger resultat, gör följande:

I andra hand

Alla punkter under I första hand, och därefter följande:

a) Kontrollera laddningssystemet (se relevant del av kapitel 5).
b) Kontrollera tändsystemet (se relevant del av kapitel 5).
c) Kontrollera bränslesystemet (se relevant del av kapitel 4).
d) Byt tändkablar (se kapitel 5B)

Var 15 000:e km

OEL på displayen på Audi A6

3 Motorolja och filter – byte

Observera: *Det är bra för motorn om olja och filter byts ofta. Vi rekommenderar att du byter olja oftare än vad som anges här, eller minst två gånger om året.*

1 Täta byten av olja och filter är det viktigaste förebyggande underhåll du kan utföra själv. När motoroljan slits blir den förtunnad och förorenad vilket leder till ökat motorslitage.

2 Innan arbetet påbörjas, ta fram alla verktyg och material som behövs. Se till att ha gott om trasor och gamla tidningar för att torka upp spill. Motoroljan ska helst vara varm eftersom den då rinner ut lättare och även tar med sig slam. Se dock till att inte vidröra avgassystemet eller andra heta delar vid arbete under bilen. Använd handskar för att undvika skållningsrisker och för att skydda huden mot irritationer och skadliga föroreningar i begagnad motorolja. Bilens undersida kan bättre kommas åt om bilen lyfts, köras upp på en ramp eller ställs på pallbockar (se *Lyftning och stödpunkter*). Oavsett metod, se till att bilen står plant eller, om den lutar, att oljeavtappningspluggen är längst ner på motorn. Lyft bilen och demontera den undre skyddskåpan från motorn.

3 Använd en hyls- eller ringnyckel och lossa pluggen ungefär ett halvt varv. Placera avtappningskärlet under pluggen och skruva ur pluggen helt **(se Haynes tips)**. Ta bort pluggens tätningsring.

4 Ge den gamla oljan tid att rinna ut, och tänk på att det kan bli nödvändigt att flytta på uppsamlingskärlet när oljeflödet minskar.

5 När all olja har tappats ur, torka av avtappningspluggen med en ren trasa och sätt på en ny tätningsbricka. Rengör området kring pluggen och skruva in den. Dra åt pluggen ordentligt.

6 Om filtret också ska bytas, ställ behållaren på plats under oljefiltret, som sitter baktill till vänster på motorblocket på 4-cylindriga motorer, till höger på motorblocket på 5-cylindriga motorer.

7 Lossa först filtret med ett oljefilterverktyg, om det behövs, och skruva sedan loss det för hand **(se bild)**. Häll ut oljan från filtret i kärlet.

8 Torka bort all olja, smuts och slam från filtrets tätningsyta på motorn med en ren trasa. Kontrollera på det gamla filtret att ingen del av gummitätningen sitter fast på motorn. Om någon del av tätningen fastnat ska den försiktigt avlägsnas.

9 Lägg på ett tunt lager ren motorolja på det nya filtrets tätningsring och skruva fast filtret på motorn. Dra åt filtret ordentligt, men endast för hand – använd **inte** något verktyg.

10 Ta bort all gammal olja och alla verktyg under bilen, sätt tillbaka den undre skyddskåpan och sänk sedan ner bilen.

11 Dra ut mätstickan och skruva loss oljepåfyllningslocket på ventilkåpan **(se bild)**. Fyll motorn med rätt klass och typ av olja (se *Smörjmedel och vätskor*). En oljekanna eller tratt kan minska spillet. Börja med att hälla i halva den angivna mängden olja, och vänta sedan ett par minuter så att oljan hinner sjunka ner i sumpen. Fortsätt fylla på små mängder i taget till dess att nivån når det nedre märket på mätstickan. Ytterligare cirka 1,0 liter tar upp nivån till mätstickans övre märke. Skruva på påfyllningslocket.

12 Starta motorn och låt den gå på tomgång i ett par minuter. Leta efter läckor runt oljefiltertätningen och sumpens avtappningsplugg. Observera att det kan ta ett par sekunder innan oljetryckslampan släcks sedan motorn startats första gången efter ett oljebyte. Detta beror på att oljan cirkulerar runt i kanalerna och det nya filtret innan trycket byggs upp.

Dra snabbt undan armen när olje-avtappningspluggen skruvats ur, så att oljan rinner ner i kärlet och inte in i din ärm.

Varning: På modeller med turboaggregat, lämna motorn på tomgång tills varningslampan för oljetryck slocknar. Om varvtalet ökas när varningslampan lyser skadas turboaggregatet!

13 Stäng av motorn och vänta ett par minuter på att oljan ska rinna tillbaka till sumpen. När den nya oljan har cirkulerat runt motorn och fyllt filtret ska oljenivån kontrolleras igen, fyll på mer vid behov.

14 Sluthantera den uttjänta oljan på ett säkert sätt, se *Allmänna reparationsanvisningar* i avsnittet *Referenser* i slutet av boken.

4 Bromsklossar fram – kontroll

1 Dra åt handbromsen och ställ upp framvagnen på pallbockar. Lyft av framhjulen.

2 En fullständig kontroll innebär att klossarna demonteras och rengörs. Kontrollera även okens funktion och undersök bromsskivornas skick. Se kapitel 9 **(se Haynes tips)**.

3 Om belägget på någon kloss är slitet till angiven minimitjocklek eller tunnare *måste alla fyra klossarna bytas.*

3.7 Placering av oljefilter (1.8 liter)

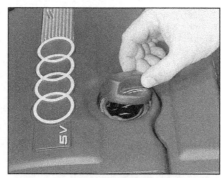

3.11 Locket för oljepåfyllning skruvas av (1.8 liter)

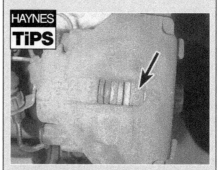

För en snabbkontroll kan bromsklossarnas tjocklek kontrolleras via öppningen i bromsoket.

5 Torpedväggens dräneringshål – rensning

1 Öppna motorhuven, koppla loss vatten-avvisaren och ta bort den från baksidan av torpedväggen i motorrummet.
2 Ta bort alla löv och allt skräp runt fläkt-motorhuset och kontrollera att dränerings-ventilerna längst ner i torpedväggskammaren är fria. Kontrollera dräneringsventilens/ventilernas funktion genom att hälla lite vatten för att se att det snabbt dräneras bort. Om en ventil misstänks vara skadad bör den bytas ut.
3 Om allt är bra, sätt tillbaka vattenavvisaren och se till att den sitter fast ordentligt.

6 Serviceintervalldisplay – återställning

Observera: Detta gäller endast Audi A6.
1 När allt underhåll som krävs har utförts måste den relevanta servicedisplaykoden återställas.

2 Displaykoden återställs med ett speciellt elektronisk instrument som kopplas in i bilens diagnosuttag. Det går dock att få tag i liknande instrument från motortillverkare eller biltillbehörsbutiker.
3 Efter varje servicetillfälle är displayen programmerad att visa följande:

OEL service – efter ytterligare 15 000 km

In 1 service – efter ytterligare 365 dagar och 30 000 km

In 2 service – efter ytterligare 730 dagar

Var 12:e månad

In 1 på displayen på Audi A6

7 Spolsystem – kontroll

1 Kontrollera att alla spolarmunstycken är öppna och att de ger en kraftig stråle. Strålarna bör riktas mot en punkt strax ovanför mitten av rutan/strålkastaren. På vindrutespolare som har två munstycken riktar du det ena något över mitten på rutan och det andra något under, så att rutan blir helt täckt. Justera vid behov munstyckenas inriktning med en nål.

8 Strålkastarinställning – kontroll

1 Se kapitel 12.

9 Gångjärn och lås – smörjning

1 Smörj gångjärnen på motorhuv, dörrar och baklucka med en tunn smörjolja. Smörj också alla spärrar, lås och låsgrepp. Kontrollera samtidigt säkerhet och funktion för alla lås, och justera dem om det behövs (se kapitel 11).
2 Smörj motorhuvens låsmekanism och vajer med lämpligt fett.

10 Batteriets elektrolytnivå – kontroll

1 Om ett vanligt standardbatteri är monterat kan elektrolytnivån kontrolleras och, om det behövs, fyllas på. På vissa batterier sitter MIN- och MAX-markeringarna på batteriets utsida, så att nivån kan kontrolleras utan att man behöver öppna battericellerna. Om det inte finns några yttre markeringar, ta loss locket/locken från cellerna och kontrollera att elektrolytnivån ligger ungefär 2 eller 3 mm ovanför blyplattorna. Vissa batterier har en nivåmätare av plast på insidan.
2 Om så behövs, fyll på battericellerna med destillerat eller avjoniserat vatten.
3 Sätt tillbaka locken på cellerna.

11 Motorstyrningssystemets styrenhet – kontroll av minne

Denna kontroll kan bara utföras av en Audi/VAG-verkstad som har nödvändig utrustning. Om en felkod visas måste problemet rättas till för att motorn ska gå ordentligt.

12 Läckagekontroll

1 För att komma åt motorn både ovan- och underifrån, demontera motorns övre skydds-kåpa, ställ upp framvagnen på pallbockar (se *Lyftning och stödpunkter*) och ta bort den undre skyddskåpan. Undersök motorns fogytor, packningar och tätningar, leta efter tecken på vatten- eller oljeläckage. Var speciellt uppmärksam på områdena kring kamaxelkåpan, topplocket, oljefiltret och sumpfogen. Tänk på att det med tiden är naturligt med en viss genomsippring i dessa områden – vad du letar efter är en indikation på allvarligt läckage (**se Haynes tips**). Om ett läckage påträffas, byt den defekta packningen eller tätningen enligt beskrivning i relevant kapitel i denna handbok.

2 Kontrollera även åtdragning och skick för alla motorrelaterade rör och slangar. Kontrollera att alla kabelband och fäst-klämmor finns på plats och är i bra skick. Defekta eller saknade klämmor kan leda till skavning på slangar, rör och kablar, vilket kan orsaka allvarligare problem i framtiden.
3 Undersök noga alla kylar- och värme-slangar utmed hela deras längd. Byt alla slangar som är spruckna, svullna eller skadade på annat sätt. Sprickor är lättare att se om slangen trycks ihop. Var uppmärksam på slangklämmorna, dessa kan klämma åt slangarna för hårt och punktera dem, vilket leder till kylvätskeläckage.
4 Undersök alla delar av kylsystemet (slangar, fogytor, etc.) vad gäller läckor. Kylvätske-läckage visar sig vanligen som vita eller rostfärgade avlagringar i området nära läckan. I det fall problem av denna natur föreligger ska relevant del eller packning bytas enligt beskrivning i kapitel 3.
5 Undersök i förekommande fall om automat-växellådans oljekylarslangar visar tecken på defekter eller läckor.
6 Ställ bakvagnen på pallbockar och under-sök bränsletanken och påfyllningsröret vad

Kylvätskeläckage visar sig vanligen som vita eller rostfärgade avlagringar i området nära läckan.

gäller läckor, sprickor eller andra skador. Anslutningen mellan påfyllningsröret och tanken är speciellt kritisk. Ibland läcker ett påfyllningsrör av gummi eller en slang beroende på att slangklämmorna är för löst åtdragna eller att gummit åldrats.

7 Undersök noga alla gummislangar och metallrör från tanken. Leta efter lösa anslutningar, åldrade slangar, veck på rör och andra skador. Var extra uppmärksam på ventilationsrör och slangar som ofta är lindade runt påfyllningsröret och kan bli igensatta eller veckade. Följ ledningarna till bilens front och kontrollera dem hela vägen. Byt ut skadade sektioner vid behov.

8 I motorrummet, kontrollera alla anslutningar för bränsleslangar och rör, och att inga bränsle- och vakuumslangar är veckade, skavda eller åldrade.

9 Kontrollera i förekommande fall skicket på servostyrningens slangar och rör.

10 Efter avslutat arbete, sätt tillbaka motorns undre och övre skyddskåpa och sänk ner bilen.

13 Frostskydd – kontroll

> ⚠️ **Varning: Vänta till dess att motorn är helt kall innan detta arbete påbörjas. Låt inte frostskyddsmedel komma i kontakt med huden eller lackerade ytor på bilen. Spola omedelbart bort eventuellt spill med stora mängder vatten.**

1 Observera att en testare krävs för att kontrollera kylarvätskans koncentration. En sådan kan köpas relativt billigt i de flesta bildelsaffärer.

2 Se till att motorn är helt kall och skruva loss påfyllningslocket från expansionskärlet. Följ instruktionerna för testaren och kontrollera att kylvätskeblandningen ger tillräckligt skydd vid temperaturer väl under fryspunkten. Om kylvätskan har bytts med angivna intervall bör detta inte vara något problem. Om kylvätskeblandningen däremot inte är stark nog

att ge ett fullgott skydd, måste du tappa ur kylsystemet och fylla på ny kylvätska (se avsnitt 38).

3 När testet är klart, kontrollera att kylvätskenivån är korrekt (se *Veckokontroller*) och sätt tillbaka expansionskärlets lock ordentligt.

14 Tändstift (modeller som tar blyat bränsle) – byte

1 Det är av avgörande betydelse att tändstiften fungerar som de ska för att motorn ska gå jämnt och effektivt. Det är ytterst viktigt att monterade tändstift är av rätt typ för den aktuella motorn (en passande typ specificeras i början av detta kapitel). Om denna typ används och motorn är i bra skick ska tändstiften inte behöva åtgärdas mellan schemalagda byten. Rengöring av tändstift är sällan nödvändig och ska inte utföras utan specialverktyg, eftersom det är lätt att skada elektrodernas spetsar.

2 Demontera först motorns övre skyddskåpa. Om markeringarna på tändkablarna inte är synliga, märk kablarna 1 till 4 motsvarande den cylinder de leder till (cylinder 1 är på motorns kamremssida). Dra loss tändkablarna från stiften genom att dra i tändhatten, inte i kabeln eftersom detta kan bryta av ledaren.

3 Det är en god idé att avlägsna all smuts från tändstiftsurtagen med en ren borste, dammsugare eller tryckluft innan tändstiften skruvas ur, för att förhindra att smuts ramlar in i cylindrarna.

4 Skruva loss tändstiften med en tändstiftsnyckel eller passande hylsnyckel. Håll hylsan rakt riktad mot tändstiftet – om den tvingas åt sidan kan porslinsisolatorn brytas av. När ett stift skruvats ur ska det undersökas enligt följande:

5 En undersökning av tändstiften ger en god indikation av motorns skick. Om isolatorns spets är ren och vit utan avlagringar, indikerar detta en mager bränsleblandning eller ett stift med för högt värmetal (ett stift med högt

värmetal överför värme långsammare från elektroden medan ett med lågt värmetal överför värmen snabbare).

6 Om isolatorns spets är täckt med en hård svartaktig avlagring, tyder detta på att bränsleblandningen är för fet. Om tändstiftet är svart och oljigt är det troligt att motorn är ganska sliten, förutom att bränsleblandningen är för fet.

7 Om isolatorns spets är täckt med en ljusbrun till gråbrun avlagring är bränsleblandningen korrekt och motorn är troligen i bra skick.

8 Tändstiftets elektrodavstånd är av avgörande betydelse, eftersom ett felaktigt avstånd påverkar gnistans storlek och effektivitet negativt. På motorer som använder tändstift med flera elektroder, rekommenderas att tändstiften byts istället för att man försöker justera avstånden.

9 Justera avståndet genom att mäta det med ett bladmått eller en trådtolk och sedan bända upp eller in den yttre elektroden tills rätt avstånd uppnås. Mittelektroden får inte böjas eftersom detta kan spräcka isolatorn och förstöra tändstiftet, om inget värre. Om bladmått används är avståndet korrekt när bladet har snäv glidpassning **(se bilder)**.

10 Det finns speciella verktyg för justering av tändstiftens elektrodavstånd att köpa i de flesta biltillbehörsaffärer, eller från tändstiftstillverkare **(se bild)**.

11 Innan du sätter i tändstiften, kontrollera att de gängade kontakthylsorna sitter tätt och att stiftens utsida och gängor är rena. Det är ofta svårt att skruva i nya tändstift utan att dra dem snett. Detta kan undvikas med ett stycke gummislang **(se Haynes tips)**.

12 Ta loss gummislangen (om du använt en sådan) och dra åt stiftet till angivet moment med hjälp av en tändstiftshylsa och momentnyckel. Upprepa med de resterande tändstiften.

13 Anslut tändkablarna i rätt ordning, och sätt tillbaka alla delar du tagit loss för att komma åt tändstiften.

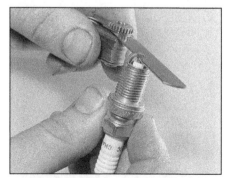

14.9a Använd ett bladmått för att kontrollera avståndet mellan elektroderna när tändstiftet monteras . . .

14.9b . . . eller använd en trådtolk . . .

14.10 . . . och justera vid behov avståndet genom att böja elektroden

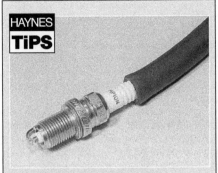

HAYNES TiPS

Det är ofta svårt att montera tändstiften utan att felgänga dem. Detta kan undvikas genom att man sätter en kort bit gummislang över änden på tändstiftet. Den flexibla slangen fungerar som universalknut och hjälper till att rikta tändstiftet efter hålet. Om tändstiftet börjar ta snedgäng glider slangen på tändstiftet och förhindrar på så sätt att gängorna förstörs

15 Drivrem (kilrem) – kontroll och byte

1 Om så behövs, ta bort eventuella kåpor för att komma åt drivremmen.

2 På en ADR motor driver den automatiskt spända kuggremmen generatorn och servo-styrningspumpen. Kylvätskepumpen drivs av en separat kilrem från PAS-remskivan, och luftkonditioneringskompressorn drivs av en kuggrem från en andra remskiva på vevaxeln **(se bild)**.

3 På AAE, ABK och AAD motorer driver huvudkilremmen generatorn och kylvätske-pumpen, och på modeller med luftkonditio-nering driver en andra kilrem kompressorn från vevaxeln.

4 På ACE och AAR motorer driver huvud-kilremmen servostyrningspumpen och kyl-vätskepumpen, och generatorn drivs av en kuggrem från vevaxeln. På modeller med luftkonditionering driver en ytterligare kilrem kompressorn från vevaxelns främre del.

5 Undersök hela kilremmen, leta efter tecken på skada eller slitage i form av repor, nötning, fransning och sprickbildning. En spegel och en ficklampa kan vara bra att ha, och motorn kan vridas runt med hjälp av en skiftnyckel på vevaxelns remskiva så att hela remmen kan undersökas.

6 Kontrollera drivremmens spänning genom att trycka ner remmen mitt emellan rem-skivorna på den längsta fria delen av remmen. Om du trycker hårt med tummen ska drivremmen kunna tryckas ner så långt som anges i specifikationerna. **Observera:** *Det går inte att justera kylvätskepumpens drivrem på en ADR motor.*

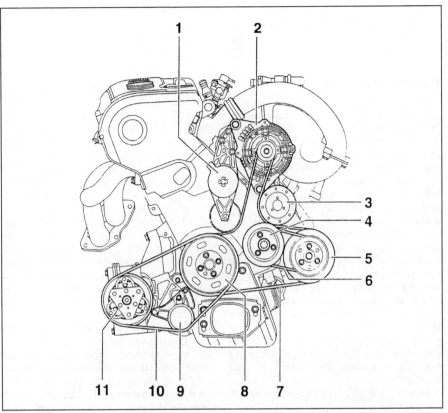

15.2 Drivremskonfiguration på ADR motor

1	Automatisk spännare	6	Kilrem	10	Kuggrem för luftkonditio-neringskompressor
2	Växelströmsgenerator	7	Huvuddrivrem	11	Luftkonditionerings-kompressor
3	Remöverföring	8	Vibrationsdämpare		
4	Kylvätskepump	9	Spännare		
5	Servostyrningspump				

7 Om justering av generatorns eller servo-styrningspumpens drivrem krävs, lossa generatorns/servostyrningspumpens fäst-bultar och justeringsmutter och vrid sedan justerbulten tills rätt spänning uppnåtts. Håll fast justerbulten och dra åt låsmuttern, och sedan fästbultarna.

8 Om justering av luftkonditionerings-kompressorn på en 4-cylindrig motor behövs,

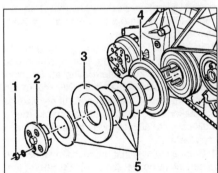

15.8 Luftkonditioneringskompressorns remskivekomponenter (4-cylindrig motor)

1	Muttrar	4	Inre remskivehalva
2	Nav	5	Mellanlägg
3	Yttre remskivehalva		

måste antalet mellanlägg mellan remskivans två halvor ändras. Skruva först loss muttrarna och ta bort den yttre halvan av remskivan, lägg sedan till eller ta bort så många mellanlägg som behövs och sätt till sist tillbaka remskivehalvan och dra åt muttrarna. Observera att muttrarna måste dras åt gradvis allt eftersom motorn långsamt vrids runt med hjälp av en skiftnyckel på bulten på remskivan **(se bild)**.

9 För att byta ut drivremmen, skruva loss fästbultarna och släpp spänningen tills remmen kan tas bort. Observera dock att man kan behöva ta bort en annan rem för att komma åt den rem som ska bytas. Sätt den nya remmen på plats och justera den enligt beskrivningen i föregående punkter.

16 Bromsslangar och rör – kontroll

1 Undersök alla slangar och metallrör i bromssystemet efter tecken på skada eller åldrande. Alla skadade rör/slangar måste bytas (se kapitel 9).

17 Bromskloss/bromsback bak – kontroll

Bakre skivbromsar

1 Dra åt handbromsen och ställ bakvagnen på pallbockar (se *Lyftning och stödpunkter*). Ta av bakhjulen.

2 Bromsklossens tjocklek kan snabbkontrolleras via inspektionshålet på bromsokets baksida. Mät tjockleken på bromsklossbeläggen, inklusive täckplåten, med en stållinjal. Detta får inte vara mindre än vad som anges i specifikationerna.

3 Genom bromsokets inspektionshål kan man grovt uppskatta hur bromsklossarna ser ut. Vid en ingående kontroll ska bromsklossarna demonteras och rengöras. Kontrollera även okens funktion och undersök bromsskivornas skick. Kapitel 9 innehåller en detaljerad beskrivning av hur man undersöker bromsskivan angående slitage och/eller skada.

4 Om belägget på någon kloss är slitet ned till eller under angiven minimitjocklek *måste alla fyra klossarna bytas*. Se kapitel 9 för mer information.

5 Efter avslutat arbete, sätt tillbaka hjulen och ställ ner bilen.

Bakre trumbromsar

6 Klossa framhjulen och ställ upp bakvagnen på pallbockar.

7 Friktionsmaterialets tjocklek på ena bromsbacken kan snabbkontrolleras genom hålet i bromsskölden om gummipluggen petas ut. Om en stav med samma diameter som den specificerade minsta tjockleken på belägget placeras mot belägget kan slitaget utvärderas. En inspektionslampa krävs troligtvis. Om belägget på någon back är slitet ned till eller under specificerat minimum måste alla fyra bromsbackarna bytas ut som en uppsättning.

8 En fullständig kontroll kräver att broms-

19.4 Kontrollera om det föreligger slitage i hjullagren genom att ta tag i hjulet och försöka vicka på det

trumman demonteras och rengörs. Detta ger även tillfälle att kontrollera hjulcylindrarna och bromstrummans skick (se kapitel 9).

18 Avgassystem – kontroll

1 Se till att motorn är kall och undersök hela avgassystemet ända från motorn till avgasröret. Det enklaste sättet att kontrollera avgassystemet är att lyfta bilen, eller ställa den på pallbockar, så att avgassystemets delar är väl synliga och lätt åtkomliga.

2 Kontrollera om avgasrör eller anslutningar visar tecken på läckage, allvarlig korrosion eller andra skador. Kontrollera också att alla fästen och upphängningar är i gott skick och att alla relevanta bultar och muttrar är väl åtdragna. Läckage i någon fog eller annan del visar sig vanligen som en sotfläck i närheten av läckan.

3 Skaller och andra missljud kan ofta härledas till avgassystemet, speciellt fästen och upphängningar. Om någon komponent kan komma i kontakt med kaross eller fjädring ska avgassystemet säkras med nya fästen. I annat fall kan fogarna delas (där möjligt) och rören krökas efter behov för att skapa nödvändigt spelrum.

19 Styrning, fjädring och drivaxelkomponenter – kontroll

Framvagnens fjädring och styrningen

1 Ställ upp framvagnen på pallbockar.

2 Undersök om spindelledens dammskydd eller kuggstångsdamaskerna är spruckna, skadade eller slitna. Varje defekt på dessa komponenter leder till förlust av smörjning, vilket tillsammans med intrång av vatten och smuts leder till snabb utslitning av styrväxel eller spindelleder.

3 På bilar med servostyrning ska slangarna till denna kontrolleras vad gäller skavning och allmänt skick, kontrollera även att inte rör- eller slanganslutningar läcker. Försäkra dig också om att det inte läcker olja ur styrväxelns damasker när den är under tryck, detta indikerar i så fall läckande oljetätningar inne i styrväxeln.

4 Greppa hjulet längst upp och längst ner och försök vicka på det **(se bild)**. Ett ytterst litet spel är normalt, men om rörelsen är betydande krävs en närmare undersökning för att fastställa orsaken. Fortsätt rucka på hjulet medan en medhjälpare trycker på bromspedalen. Om spelet försvinner eller minskar markant är det troligen fråga om ett defekt

hjullager. Om spelet finns kvar när bromsen är nedtryckt tyder det på slitage i fjädringens leder eller fästen.

5 Greppa sedan hjulet på sidorna och försök rucka på det igen. Märkbart spel är antingen orsakat av slitage i hjullager eller styrstagets spindelleder. Om den inre eller yttre spindelleden är sliten är det synliga spelet tydligt.

6 Använd en stor skruvmejsel eller ett plattjärn och leta efter glapp i fjädringsfästenas bussningar genom att bända mellan relevant komponent och dess fästpunkt. En viss rörelse är att vänta eftersom bussningarna är av gummi, men större slitage är tydligt. Kontrollera även skicket på synliga gummibussningar, leta efter delningar, sprickor eller föroreningar i gummit.

7 Ställ ned bilen på marken och låt en medhjälpare vrida ratten fram och tillbaka ungefär ett åttondels varv åt vardera hållet. Det ska inte finnas något, eller bara ytterst lite, spel mellan rattens och hjulens rörelser. Om det finns spel, kontrollera noga leder och fästen enligt ovan och dessutom rattstångens kardanknutar och själva styrväxelns drev och kuggstång.

Fjäderben/stötdämpare

8 Leta efter tecken på oljeläckage kring fjäderbenet/stötdämparen eller gummidamasken runt kolvstången. Om det finns spår av olja är fjäderbenet/stötdämparen defekt och ska bytas. **Observera:** *Fjäderben/ stötdämpare ska alltid bytas parvis på samma axel.*

9 Fjäderbenets/stötdämparens effektivitet kan kontrolleras genom att bilen gungas i varje hörn. I normala fall ska bilen återta planläge och stanna efter en nedtryckning. Om den höjs och återvänder med en studs är troligen fjäderbenet/stötdämparen defekt. Undersök även om övre och nedre fästen till fjäderben/stötdämpare visar tecken på slitage.

Drivaxlar

10 Ställ upp bilen på pallbockar, ge fullt rattutslag och snurra sedan långsamt på hjulet. Undersök den yttre drivknutens gummidamasker genom att klämma på dem så att vecken öppnas. Leta efter spår av sprickor, delningar och åldrat gummi som kan släppa ut fett och släppa in vatten och smuts i drivknuten. Kontrollera även damaskernas fästklämmor vad gäller åtdragning och skick. Upprepa dessa kontroller på de inre drivknutarna. Om skador eller slitage påträffas bör damaskerna bytas enligt beskrivningen i kapitel 8.

11 Kontrollera samtidigt drivknutarnas skick genom att först hålla fast drivaxeln och sedan försöka snurra på hjulet. Håll sedan fast innerknuten och försök vrida på drivaxeln. En

märkbar rörelse indikerar slitage i knutarna, slitage i drivaxelspåren eller att drivaxelns fästmutter är lös.

20 Landsvägsprov

Instrument och elektrisk utrustning

1 Kontrollera funktionen för alla instrument och all elektrisk utrustning.
2 Kontrollera att instrumenten ger korrekta avläsningar och slå i tur och ordning på all elektrisk utrustning för att kontrollera att den fungerar korrekt.

Styrning och fjädring

3 Leta efter onormalt uppträdande i styrning, fjädring, köregenskaper och "vägkänsla".
4 Kör bilen och kontrollera att det inte förekommer ovanliga vibrationer eller missljud.
5 Kontrollera att styrningen känns positiv, utan överdrivet "fladder" eller kärvningar, lyssna efter missljud från fjädringen vid kurvtagning och gupp.

Drivlina

6 Kontrollera hur motorn, kopplingen (där tillämpligt), växellådan och drivaxlarna fungerar.
7 Lyssna efter ovanliga ljud från motor, koppling och växellåda.
8 Kontrollera att motorns tomgång är jämn och att den inte tvekar vid gaspådrag.
9 Kontrollera att kopplingen, i förekommande fall, fungerar smidigt och progressivt, att drivkraften tas upp mjukt och att pedalvägen inte är för lång. Lyssna även efter missljud när kopplingspedalen är nedtryckt.
10 På modeller med manuell växellåda kontrollerar du att alla växlar går i mjukt utan missljud, och att växelspaken inte känns onormalt vag eller ryckig.
11 På modeller med automatväxellåda, kontrollera att alla växlingar är ryckfria och mjuka och att inte motorvarvet ökar mellan växlar. Kontrollera att alla lägen kan väljas med stillastående bil. Om problem föreligger måste dessa tas om hand av en Audi/VAG-verkstad.

Bromssystemets funktion och effektivitet

12 Kontrollera att bilen inte drar åt endera sidan vid inbromsning och att hjulen inte låser för tidigt vid hård inbromsning.
13 Kontrollera att inte ratten vibrerar vid inbromsning.
14 Kontrollera att handbromsen fungerar korrekt utan för lång spakrörelse och att den håller bilen stilla i en backe.
15 Testa bromsservons funktion enligt följande. Stäng av motorn, tryck ner bromspedalen 4 eller 5 gånger för att häva vakuumet. Håll pedalen nedtryckt och starta motorn. När motorn startar ska bromspedalen märkbart ge efter när vakuumet byggs upp. Låt motorn gå i minst två minuter och stäng sedan av den. Om pedalen trycks ner nu ska det gå att höra ett väsande från servon. Efter 4 eller 5 nedtryckningar ska det inte höras mer väsande och det ska kännas ett större motstånd i pedalen.

Var 30 000:e km

In 1 på displayen på Audi A6

21 Sollucka – kontroll och smörjning

1 Skjut solluckan helt bakåt så att styrskenorna syns på båda sidor.
2 Ta bort all smuts från skenorna och smörj sedan båda mekanismerna med silikonbaserat smörjmedel (Audi/VAG rekommenderar Lubricant D007000A2, som du inköpas hos Audi-försäljare).
3 Torka bort allt överflödigt smörjmedel och stäng solluckan.

22 Tändstift (modeller t.o.m. 1993 som tar blyfritt bränsle) – byte

Se avsnitt 14.

23 Självreglerande fjädrings-system (1991 års modeller) – kontroll av oljenivå

1 Det självreglerande bakre fjädringssystemet delar samma oljebehållare som servostyrningssystemet. Se Veckokontroller för information om hur man kontrollerar nivån.

24 Drivrem (kuggrem) – kontroll och byte

1 Om så behövs, ta bort eventuella kåpor för att komma åt drivremmen.
2 Undersök hela drivremmen, leta efter tecken på skada och slitage i form av repor, nötning, fransning och sprickbildning. En spegel och en ficklampa kan vara bra att ha, och motorn kan vridas runt med hjälp av en skiftnyckel på vevaxelns remskiva så att hela remmen kan undersökas.
3 Om en automatisk spännare är monterad kan den kuggdrivremmen demonteras genom att spännaren vrids medurs med en skiftnyckel på den övre tappen (se kapitel 2A eller 2B). Observera dock att alla kilremmar som drivs av vevaxeln måste demonteras innan den kuggremmen tas bort.
4 På modeller som har en enda drivrem till generatorn, tryck ner drivremmen mitt emellan remskivorna och kontrollera att spelet motsvarar det som anges i specifikationerna. Om justering krävs, lossa generatorns fästbultar och justeringsmutter och vrid justerbulten tills rätt spänning uppnåtts. Håll fast justerbulten och dra åt låsmuttern, därefter fästbultarna.

5 På en ADR motor där luftkonditioneringskompressorn drivs av en kuggrem, dra åt handbromsen och ställ framvagnen på pallbockar (se Lyftning och stödpunkter). Skruva loss kardanstaget från motorns framsida och från tvärbalken, och skruva sedan loss spännarens bultar. Släpp spänningen och ta bort remmen, om det behövs, eller vrid spännaren medurs med en momentnyckel satt till 20 Nm på den speciella sexkanten. Dra åt bultarna med rätt spänning anbragd (se bild).

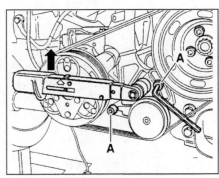

24.5 Justering av luftkonditioneringskompressorns kuggrem med hjälp av en skiftnyckel (1.8 liter)

A Spännarens fästbultar

25.2 Lossa bränslefiltrets bultar
(1.8 liter)

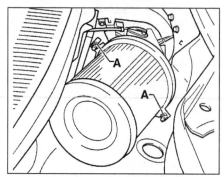

26.2 På Audi 100, skruva loss
fästmuttrarna (A) och ta bort pollenfiltret
från huset

9 Ta ur filtret, notera hur det är monterat och kasta det sedan.
10 Ta bort allt skräp från utrymmet vid torpedväggen, sätt i ett nytt filter i huset och se till att det sitter åt rätt håll. Montera kåpan på huset och dra åt fästbultarna ordentligt.
11 Sätt tillbaka vattenavvisaren, se till att den sitter säkert på plats och stäng motorhuven.

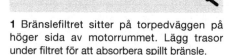

25 Bränslefilter – byte

1 Bränslefiltret sitter på torpedväggen på höger sida av motorrummet. Lägg trasor under filtret för att absorbera spillt bränsle.
2 Observera hur filtret är monterat och lossa anslutningsbultarna på båda sidorna medan du håller fast sexkanterna på filtret med en annan skiftnyckel. Skruva loss anslutningsbultarna och ta bort brickorna (se bild).
3 Skruva loss fästmuttrarna och ta bort filtret.
4 Sätt ett nytt filter på plats och lås fast det med klämman. Dra åt muttrarna. Se till att filtret sitter rättvänt, med pilen för flödesriktning riktad mot motorn.
5 Anslut in- och utgångsslangarna till filtret med nya tätningsbrickor och dra åt anslutningsbultarna ordentligt.

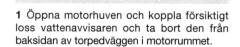

26 Pollenfilter – byte

1 Öppna motorhuven och koppla försiktigt loss vattenavvisaren och ta bort den från baksidan av torpedväggen i motorrummet.

Audi 100

Observera: *Pollenfilter var inte monterade som standard på tidiga Audi 100.*
2 Lossa fästmuttrarna och vrid filtret så att det lossnar från pinnbultarna och ta loss det från fläktmotorhuset (se bild).
3 Ta bort allt skräp från utrymmet vid torpedväggen och sätt sedan i ett nytt filter i huset. Se till att filtret sitter korrekt på pinnbultarna och dra åt fästmuttrarna ordentligt.
4 Sätt tillbaka vattenavvisaren och se till att den sitter säkert på plats, och stäng motorhuven.

Audi A6 utan luftkonditionering

5 Lossa fästklämmorna och ta bort filtret från sidan av fläktmotorhuset (se bild). På vissa modeller kan det krävas att man tar bort batteriet för att komma åt ta bort filtret (se kapitel 5A för mer information).
6 Ta bort allt skräp från utrymmet vid torpedväggen och sätt i ett nytt filter i huset, fäst det med klämmorna och se till att det sitter fast ordentligt.
7 Sätt tillbaka vattenavvisaren och se till att den sitter säkert på plats, stäng motorhuven.

Audi A6 med luftkonditionering

8 Skruva loss de tre fästbultarna ovanpå förångarhuset och lyft av filterkåpan (se bild).

27 Underredestätning – kontroll

Observera: *Denna kontroll måste utföras av en Audi/VAG-verkstad för att rostskyddsgarantin ska gälla.*

1 Ställ upp bilen på pallbockar och undersök underredestätningen noggrant. Om någon del av underredestätningen uppvisar synliga skador bör det skadade området repareras för att förhindra senare problem med korrosion.

28 Automatväxellåda – kontroll av oljenivå

Observera: *Detta avsnitt gäller endast modeller med 097 växellåda. Se avsnitt 35 för information om hur man kontrollerar oljenivån på modeller med 01N växellåda.*

1 Kör bilen en kort sträcka så att växellådan värms upp till normal arbetstemperatur och parkera bilen på plan mark. Oljenivån kontrolleras med hjälp av mätstickan på motorns bakre vänstra del.
2 Låt motorn gå på tomgång med handbromsen åtdragen och växelspaken i läge P (parkering), dra ut oljemätstickan och torka bort all olja från den med en ren trasa eller en bit hushållspapper. Stick in den rena mätstickan i röret och dra ut den igen. Notera oljenivån på mätstickan. Den bör ligga mellan markeringarna MAX och MIN (se bild).

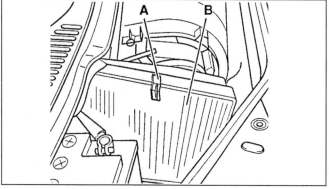

26.5 På Audi A6 som inte är utrustade med luftkonditionering, lossa fästklämman (A) och ta bort pollenfiltret (B)

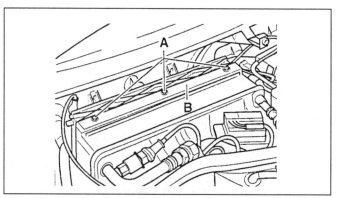

26.8 På Audi A6 med luftkonditionering, lossa de tre skruvarna (A) och ta bort pollenfiltrets kåpa (B) från förångaren

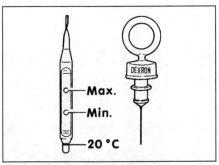

28.2 Nivåmarkeringar på oljemätstickan på en 097 automatväxellåda

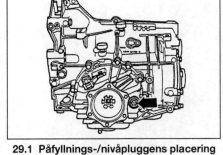

29.1 Påfyllnings-/nivåpluggens placering på en automatväxellåda

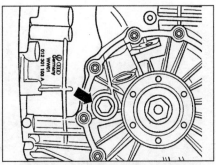

30.1 Oljepåfyllnings-/nivåpluggens placering på en 012 manuell växellåda

3 Om påfyllning krävs, fyll på så mycket olja av rätt typ som behövs genom mätsticksröret. Använd en tratt med finmaskig sil för att undvika spill och att smuts kommer in i växellådan.

Observera: *Fyll aldrig på så mycket att oljenivån går över det övre märket.*

4 Kör bilen en kortare sträcka efter påfyllningen så att den nya oljan fördelas i växellådan, och kontrollera sedan nivån igen och fyll på mer olja vid behov.

5 Håll alltid oljenivån mellan de två märkena på mätstickan. Om nivån tillåts sjunka under det undre märket kan oljebrist uppstå, vilket kan leda till allvarliga skador på växellådan. Om nivån är för hög kan olja läcka ut. I bägge fallen påverkar en felaktig oljenivå växellådans arbete negativt.

6 Regelbundet behov av påfyllning indikerar en läcka som måste spåras och åtgärdas innan problemet blir allvarligare.

29 Slutväxel (modeller med automatväxellåda) – kontroll av oljenivå

1 Slutväxelns oljepåfyllnings-/nivåplugg sitter på automatväxellådans vänstra sida, bakom den vänstra drivaxelns inre drivknut **(se bild)**. Dra åt handbromsen och ställ framvagnen på pallbockar (se *Lyftning och stödpunkter*). Demontera motorns undre skyddskåpa. För att mätvärdena ska bli korrekta måste bilen stå plant.

2 Skruva loss påfyllnings-/nivåpluggen och kontrollera att oljenivån ligger vid påfyllningshålets undre kant. Om det behövs, fyll på olja av rätt typ i påfyllnings-/nivåhålet. Om påfyllning av olja behövs regelbundet tyder det på läckage som då måste åtgärdas.

3 Sätt tillbaka pluggen och dra åt den till angivet moment, ställ sedan ner bilen.

30 Manuell växellåda – kontroll av oljenivå

1 På en 012 växellåda sitter pluggen för oljepåfyllning/-nivå till vänster om den manuella växellådan, under hastighetsmätarens givare, och på vissa modeller kan den vara dold av ett värmeskydd **(se bild)**. På äldre versioner av 01E växellåda sitter oljepåfyllnings-/nivåpluggen på vänster sida av växellådan bakom drivaxeln, medan den

på senare versioner sitter framför drivaxeln på vänster sida.

2 Dra åt handbromsen och ställ upp bilen på pallbockar (se *Lyftning och stödpunkter*). Demontera motorns undre skyddskåpa. För att mätvärdena ska bli korrekta måste bilen stå plant.

3 Skruva loss påfyllnings-/nivåpluggen. En insexnyckel krävs till vissa versioner.

4 På 012 växellåda, kontrollera att oljenivån ligger 7,0 mm under påfyllningshålets undre kant. Använd en böjd metallbit, t.ex. en svetstråd.

5 På tidig 01E växellåda, kontrollera att oljenivån ligger 6,0 mm under påfyllningshålets undre kant. Använd en böjd metallbit, t.ex. en svetstråd.

6 På en senare 01E växellåda, kontrollera att oljenivån ligger vid påfyllningshålets undre kant.

7 Om så behövs, fyll på angiven olja i påfyllnings-/nivåhålet. Om olja måste fyllas på regelbundet tyder det på läckage som i så fall måste åtgärdas.

8 Sätt tillbaka pluggen och dra åt till angivet moment, ställ sedan ner bilen.

Var 60 000:e km

In 1 på displayen på Audi A6

31 Luftfilter – byte

1 Öppna klämmorna och lyft av locket från luftfiltret. Observera att på modeller med ACE, AAD och AAR motor är luftflödesmätaren och bränslefördelaren kopplade till den övre kåpan **(se bild)**.

2 Ta ur luftfiltret och notera hur det är monterat **(se bild)**.

3 Torka rent huset och sätt i det nya luftfiltret, se till att det sitter åt rätt håll.

31.1 Bänd upp fästklämmorna . . .

31.2 . . . lyft upp locket och ta bort luftfiltret

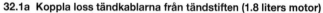

32.1a Koppla loss tändkablarna från tändstiften (1.8 liters motor)

32.1b Använd en hylsa och ett förlängningsskaft för att skruva ur tändstiften (1.8 liters motor)

4 Sätt tillbaka locket och lås fast det med klämmorna.

32 Tändstift (modeller fr.o.m. 1994) – byte

1 Se avsnitt 14 (se bilder).

33 Självreglerande fjädring (fr.o.m. 1992 års modeller) – kontroll av oljenivå

1 Det självreglerande bakre fjädringssystemet delar behållare med servostyrningssystemet. Se Veckokontroller för information om hur man kontrollerar nivån.

34 Drivrem (4-cylindriga motorer) – byte

Se avsnitt 15 eller 24.

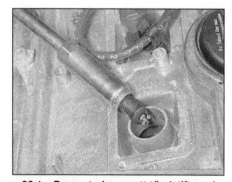

32.1c Demontering av ett tändstift med flera elektroder (1.8 liters motor). Försök inte justera avståndet mellan elektroderna på den här typen av tändstift

35 Automatväxellåda – byte av olja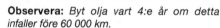

Observera: Byt olja vart 4:e år om detta infaller före 60 000 km.

1 Dra åt handbromsen och ställ upp framvagnen på pallbockar (se Lyftning och stödpunkter). Demontera motorns undre skyddskåpa.

097 växellåda

2 Ställ en passande behållare under växellådan. Torka rent oljesumpen och skruva sedan loss anslutningsmuttern på den nedre påfyllningsslangen och dra ut slangen. Låt oljan rinna ner i kärlet.
3 Sätt tillbaka slangen och dra åt anslutningsmuttern till angivet moment.
4 Montera den undre skyddskåpan och sänk ner bilen.
5 Fyll på växellådan genom att först hälla i 3,0 liter angiven olja genom påfyllningsröret med en tratt med ett finmaskigt nät.
6 Ställ växeln till P och låt motorn gå på tomgång med alla tillbehör avslagna. Tryck ner fotbromsen och välj sedan varje position med växelspaken, vänta ungefär 3 sekunder i varje position. Flytta tillbaka växelspaken till position P.
7 Med motorn fortfarande på tomgång, dra ut oljemätstickan och torka ren den, stick in den helt och dra ut den igen. Gör de justeringar som behövs för att erhålla rätt nivå.
8 Leta efter tecken på läckor, slå sedan av tändningen.
9 Nivån bör kontrolleras igen när motorn har nått normal arbetstemperatur, enligt beskrivningen i avsnitt 28.

01N växellåda

Observera: För en exakt oljenivåkontroll använder Audi-mekanikerna en elektronisk testare som kopplas in i växellådans elektroniska system. Med tanke på detta är det

bäst att låta en Audi/VAG-verkstad utföra arbetet. Utför bara följande moment om du sedan låter en Audi/VAG-verkstad kontrollera nivån när du är klar.

10 Observera att växellådan måste fyllas på från bilens undersida, så se till att bilen står plant.
11 Ställ en passande behållare under växellådan. Torka rent oljesumpen och skruva sedan loss inspektionspluggen, följt av skvallerröret, från oljesumpens undersida (se bild). Låt oljan rinna ner i kärlet.
12 Montera skvallerröret och dra åt till angivet moment.
13 Ta bort tätningskåpan och pluggen från påfyllningsslangen som sitter på sidan av oljesumpen. **Observera:** Tätningskåpan och pluggen måste bytas varje gång de tas loss.
14 Fyll på olja tills det börjar rinna ut ur skvallerröret.
15 Ställ växeln till P och låt motorn gå på

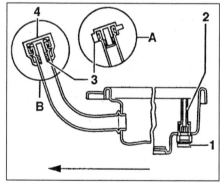

35.11 Komponenter för oljebyte på 01N automatisk växellåda

1 Mätsticka
2 Skvallerrör
3 Tätningskåpa och plugg
4 Tätningskåpa B måste bytas ut mot en ny om den tagits bort
A Tidig tätningskåpa
B Senare tätningskåpa

tomgång. Om det behövs, fyll på mer vätska tills det rinner ut genom skvallerröret.

16 Tryck ner fotbromsen och välj sedan varje position med växelspaken, och vänta ungefär 3 sekunder i varje position. Flytta tillbaka växelspaken till position P.

17 I detta läge ansluter Audi-mekanikern testapparaturen för att kontrollera att vätsketemperaturen ligger mellan 35°C och 40°C.

18 Låt motorn gå på tomgång, och låt överflödig olja rinna ut ur skvallerröret.

19 Slå av motorn, och sätt sedan tillbaka

inspektionspluggen med en ny tätning och dra åt den till angivet moment.

20 Sätt på en ny tätningskåpa och en plugg i påfyllningsslangen.

21 Sänk ner bilen.

36 Kamrem – byte

Se kapitel 2A (4-cylindriga motorer) eller 2B (5-cylindriga motorer).

Observera: *Tillverkarens rekommendation är att kamremmen byts ut efter 12 000 mil, men vi rekommenderar att den byts efter 6 000 mil, särskilt om bilen främst används till korta resor med många start och stopp. Hur lång tid som ska gå mellan rembytena är upp till den enskilde bilägaren, men eftersom motorn kommer att skadas allvarligt om remmen går av med motorn igång, rekommenderar vi att man tar det säkra före det osäkra.*

Vartannat år

In 2 på displayen på Audi A6

37 Bromsolja – byte

⚠ **Varning: Hydraulisk bromsolja kan skada dina ögon och bilens lack, så var ytterst försiktig vid hanteringen. Använd aldrig olja som stått i ett öppet kärl under någon längre tid eftersom den absorberar luftens fuktighet. För mycket fukt i bromsoljan kan orsaka en livsfarlig förlust av bromseffekt.**

1 Arbetet liknar i stort det som beskrivs för avluftning i kapitel 9, förutom det att bromsoljebehållaren måste tömmas med hjälp av en ren bollspruta eller liknande innan arbetet påbörjas, och plats måste ges för den gamla olja som töms vid avluftning av en del av kretsen.

2 Arbeta enligt beskrivningen i kapitel 9 och öppna den första avluftningsskruven i turordningen, och pumpa sedan försiktigt på bromspedalen tills nästan all gammal olja runnit ut ur huvudcylinderbehållaren.

 Gammal hydraulolja är alltid mycket mörkare än ny olja, vilket gör att det är enkelt att skilja dem åt.

3 Fyll på med ny olja till MAX-märket, och fortsätt pumpa tills bara ny olja finns i behållaren och ny olja börjar komma ut ur avluftningsskruven. Dra åt skruven och fyll på behållaren till MAX-nivån.

4 Gå igenom resterande avluftningsskruvar i ordningsföljd och pumpa till dess att ny olja kommer ur dem. Var noga med att alltid hålla behållarens nivå över strecket "MIN", i annat fall kan luft komma in i systemet vilket leder till att arbetet tar längre tid.

5 Kontrollera avslutningsvis att alla avluftningsskruvar är ordentligt åtdragna och att deras dammskydd sitter på plats. Torka bort

all spilld olja och kontrollera oljenivån i huvudcylinderbehållaren igen.

6 Försäkra dig om att bromsarna fungerar innan bilen tas i trafik.

38 Kylvätska – byte

Avtappning av kylsystem

⚠ **Varning: Vänta till dess att motorn är helt kall innan detta arbete påbörjas. Låt inte frostskyddsmedel komma i kontakt med huden eller lackerade ytor på bilen. Spola omedelbart bort eventuellt spill med stora mängder vatten. Lämna aldrig frostskyddsmedel i ett öppet kärl eller i en pöl på uppfarten eller garagegolvet. Barn och husdjur kan attraheras av den söta doften och frostskyddsmedel kan vara livsfarligt att förtära.**

1 Se till att motorn är helt kall, dra åt handbromsen och ställ upp framvagnen på pallbockar. Skruva loss fästskruvarna och lossa fästena. Ta bort den undre skyddskåpan för att komma åt kylarens undersida.

2 Skruva loss expansionskärlets påfyllningslock och ställ en passande behållare under avtappningshålet under kylaren.

3 Lossa avtappningspluggen (du behöver inte ta bort den helt) och tappa ur kylarvätskan i behållaren. Om så önskas kan man ansluta ett stycke gummislang till avtappningshålet för att styra avtappningen. När kylvätskan slutar rinna, tappa ur motorn enligt följande.

4 På 4-cylindrig motor, lossa slangklämmorna och ta loss kylvätskeslangarna från kylvätskepumpen/termostathuset.

5 På 5-cylindrig motor, lossa fästklämman och koppla loss värmepaketets slang från baksidan av motorblocket.

6 Om kylvätskan tappats ur av någon annan orsak än byte kan den återanvändas, under förutsättning att den är ren och mindre än två år gammal, även om detta inte är att rekommendera.

7 Sätt i och dra åt kylarens avtappningsplugg ordentligt när du tappat ur vätskan, och återanslut kylvätskeslangarna.

Spolning av kylsystem

8 Om kylvätskebyte inte utförts regelbundet eller om frostskyddet spätts ut, kan kylsystemet med tiden komma att förlora i effektivitet p.g.a. att kylvätskekanalerna sätts igen av rost, kalkavlagringar och annat sediment. Kylsystemets effektivitet kan återställas genom att systemet spolas ur.

9 Kylaren ska spolas ur separat från motorn så att onödiga föroreningar undviks.

Spolning av kylare

10 Innan kylaren spolas ur, dra åt dess avtappningsplugg ordentligt.

11 Lossa de övre och nedre slangarna och alla andra relevanta slangar från kylaren enligt beskrivningen i kapitel 3.

12 Stick in en trädgårdsslang i det övre kylarinloppet. Spola in rent vatten i kylaren och fortsätt spola tills det kommer rent vatten ur kylarens nedre utlopp.

13 Om det efter en rimlig tid fortfarande inte kommer ut rent vatten kan kylaren spolas ur med kylarrengöringsmedel. Det är viktigt att spolmedelstillverkarens anvisningar följs noga. Om kylaren är svårt förorenad, stick in slangen i det nedre utloppet och spola ur kylaren baklänges.

Spolning av motor

14 Börja med att demontera termostaten enligt beskrivning i kapitel 3, och sätt sedan tillfälligt tillbaka termostatlocket.

15 Lossa övre och nedre kylarslangarna från kylaren och stick in trädgårdsslangen i övre kylarslangen. Spola in rent vatten, fortsätt att spola till dess att rent vatten rinner ut ur den nedre slangen.

16 När spolningen är klar ska termostaten sättas tillbaka och slangarna anslutas enligt beskrivningen i kapitel 3.

Fyllning av kylsystemet

17 Kontrollera innan påfyllningen inleds att alla slangar och slangklämmor är i gott skick och att klämmorna är väl åtdragna. Observera att frostskydd ska användas året runt för att förhindra korrosion i motorn (se följande underavsnitt). Kontrollera även att kylarens avtappningsplugg sitter fast ordentligt och att alla slangar som tagits loss vid urtappningen sätts tillbaka ordentligt och fixeras med fästklämmorna.

18 Montera den undre skyddskåpan och ställ sedan ner bilen.

19 Skruva av expansionskärlets lock och fyll systemet långsamt tills kylvätskenivån når markeringen MAX på sidan av expansionskärlet.

20 Sätt tillbaka och dra åt expansionskärlets påfyllningslock.

21 Starta motorn och låt den gå tills den når normal arbetstemperatur.

22 Stanna motorn, låt den svalna och kontrollera sedan kylvätskenivån igen enligt beskrivningen i *Veckokontroller*. Fyll på mera vätska om det behövs och sätt tillbaka locket.

Frostskyddsblandning

Observera: *Om originalkylvätska från Audi/VAG används måste du se till att det är rätt typ för motorn. Audi/VAG tillverkar två olika typer av kylarvätska, G11 som är mörkblå/grön och G12 som är skär. Se till att den typ av kylvätska som används till påfyllning av kylsystemet har samma färg som den som tappades ur. Om du inte är säker på vilken typ av kylvätska som ska användas, kontakta närmaste Audi/VAG-återförsäljare eller verkstad. G11 och G12 får aldrig blandas, eftersom detta kan skada kylsystemet (kylvätskan blir brun om de två blandas).*

23 Frostskyddvätskan måste alltid bytas med angivna mellanrum. Detta inte bara för att bibehålla de frostskyddande egenskaperna, utan även för att förhindra korrosion som annars kan uppstå allt eftersom korrosionshämmarna gradvis tappar effektivitet.

24 Använd endast etylenglykolbaserad frostskyddsvätska som är lämpad för motorer med blandade metaller i kylsystemet. Mängden frostskyddsvätska och olika skyddsnivåer anges i specifikationerna.

25 Innan frostskydd fylls på ska kylsystemet vara helt tömt, helst genomspolat och alla slangar ska vara kontrollerade vad gäller skick och fastsättning.

26 När kylsystemet fyllts med frostskydd är det klokt att sätta en etikett på expansionskärlet som anger typ och koncentration för använt frostskydd, samt datum för påfyllningen. Varje efterföljande påfyllning ska göras med samma typ och koncentration av frostskyddsmedel.

27 Använd inte motorfrostskyddsvätska i vindrutespolvätskan, eftersom den skadar lacken. Spolarvätska bör hällas i spolarsystemet i den koncentration som anges på flaskan.

Kapitel 1 Del B Rutinunderhåll och service – modeller med dieselmotor

Innehåll

| Smörjmedel och vätskor .... | Se slutet av *Veckokontroller* |

Volymer

Motorolja (inklusive filter)

4-cylindrig motor	3,5 liter
5-cylindrig motor	5,0 liter

Kylsystem

4- och 5-cylindriga motorer	6,5 liter

Växellåda

Manuell växellåda	2,4 liter
Automatväxellåda:	
Första påfyllning	5,5 liter
Oljebyte	3,5 liter
Slutväxel för automatväxellåda	1,0 liter

Servostyrning

Alla modeller (ca):	
Modeller med självreglerande bakre fjädring	2,5 liter
Modeller med vanlig bakre fjädring	1,1 liter

Bränsletank

Alla modeller (ca)	80 liter

Motor

Oljefilter:

Motorkod 1Z, AHU	Champion C150
Motorkod AAT (manuell växellåda i A6)	Champion C150
Motorkod AAT (automatväxellåda i A6), AEL	Champion C152
Motorkod ABP, AAT (till VIN 4A-N-250-000 i 100)	Champion C150
Motorkod AAT (fr.o.m. VIN 4A-P-000-001 i 100)	Champion C112
Motorkod AEL, AAS	Champion C152

Kylsystem

Frostskyddsblandning:

40% frostskydd	skydd ner till -25°C
50% frostskydd	skydd ner till -35°C

Observera: *Se instruktioner från frostskyddsvätskans tillverkare för de senaste rekommendationerna.*

Bränslesystem

Luftfilter:

Motorkod 1Z, AHU	Champion U572
Alla övriga motorkoder	Champion U633
Bränslefilter:	
Motorkod 1Z, AHU, ABP, AAT (i A6), AEL	Champion L144
Motorkod AAT (i 100)	Champion L118
Motorkod AAS	Champion L117

Bromsar

Minsta bromsklosstjocklek	2,0 mm
Minsta tjocklek på bromsbackarnas belägg	2,5 mm

Drivrem

Kilremmens avböjning (1Z och AHU motorer)	5,0 mm

Åtdragningsmoment

	Nm
Anslutningsmutter för påfyllningsrör till automatväxellåda (097)	80
Bränslefiltrets anslutningsbult (5-cylindriga motorer)	25
Generatorns fästbult	35
Generatorns spännarlänk	20
Generatorns spännarmutter	35
Hjulbultar	110
Inspektionsplugg för automatväxellåda (01N)	15
Oljepåfyllnings-/nivåplugg för slutväxel	25
Oljesumpens avtappningsplugg	30
Påfyllnings-/nivåplugg för manuell växellåda:	
012 växellåda	25
01E växellåda	40
Servostyrningspumpens fäste	25
Skvallerrör för automatväxellåda (01N)	2

Underhållsintervallen i denna handbok är angivna efter förutsättningen att du, och inte verkstaden, utför arbetet. Dessa är de längsta intervall vi rekommenderar för bilar i dagligt bruk. Om du vill hålla bilen i konstant toppskick bör du utföra vissa moment oftare. Vi uppmuntrar tätt och regelbundet underhåll eftersom det höjer bilens effektivitet, prestanda och andrahandsvärde.

Alla Audi A6-modeller har en display för serviceintervall på instrumentbrädan. Varje gång motorn startas tänds panelen under ett par sekunder, och visar något av följande.

In 0 - ingen service krävs

OEL - 15 000 km service krävs

In 1 – 12 månaders, 30 000 km eller 60 000 km service krävs, beroende på hur långt bilen gått

In 2 – 24 månaders service krävs

Detta är en påminnelse om att det är dags för service. Om Audi-mekanikern t.ex. byter olja, programmeras displayen att visa OEL när bilen har gått ytterligare 15 000 km. När det är dags för service visas detta 100 mil eller 10 dagar i förväg.

Om bilen är ny måste all service utföras av en auktoriserad verkstad för att fabriksgarantin ska gälla.

Var 400:e km eller varje vecka
- [ ] Se *Veckokontroller*

Var 7 500:e km – modeller med motorkod AAS
- [ ] Byt motorns olja och filter (avsnitt 3)

Var 15 000:e km

OEL på displayen på Audi A6

- [ ] Byt motorns olja och filter (avsnitt 3)
  Observera: *Det är bra för motorn om olja och filter byts ofta. Vi rekommenderar att du byter olja oftare än vad som anges här, eller minst två gånger om året.*
- [ ] Kontrollera främre bromsklossars tjocklek (avsnitt 4)
- [ ] Rensa torpedväggens dräneringshål (avsnitt 5)
- [ ] Tappa ur vatten ur bränslefiltret (avsnitt 6)
- [ ] Återställ servicedisplayen (avsnitt 7)

Var 12:e månad

In 1 på displayen på Audi A6

- [ ] Kontrollera funktionen hos spolsystemet för vindrutan/bakrutan/strålkastarna (avsnitt 8)
- [ ] Kontrollera strålkastarinställningen (avsnitt 9)
- [ ] Smörj alla gångjärn och lås (avsnitt 10)
- [ ] Kontrollera batteriets elektrolytnivå (avsnitt 11)
- [ ] Leta efter fel i styrenhetens minne (avsnitt 12)
- [ ] Kontrollera alla komponenter/slangar vad gäller läckage (avsnitt 13)
- [ ] Kontrollera frostskyddsvätskekoncentrationen i kylsystemet (avsnitt 14)
- [ ] Kontrollera drivremmens skick (kilrem) och byt ut den om det behövs (avsnitt 15)
- [ ] Undersök alla bromsslangar och rör (avsnitt 16)
- [ ] Kontrollera tjockleken på de bakre bromsklossarna/-backarna (avsnitt 17)
- [ ] Undersök avgassystemet och dess fästen (avsnitt 18)
- [ ] Kontrollera skick och åtdragning för styrningens och fjädringens komponenter (avsnitt 19)
- [ ] Undersök om kamremmen är skadad och se till att den är korrekt spänd, endast 4-cylindriga motorer (avsnitt 20)
- [ ] Provkör bilen (avsnitt 21)

Var 30 000:e km

In 1 på displayen på Audi A6

Observera: *Utför följande arbete utöver det som anges för 12 månaders service.*

- [ ] Kontrollera solluckan. Smörj glidskenorna (avsnitt 22)
- [ ] Undersök drivremmen (kuggrem) och byt ut den om det behövs (avsnitt 23)
- [ ] Undersök om kamremmen är skadad, se till att den är korrekt spänd, 5-cylindriga motorer (avsnitt 24)
- [ ] Undersök om insprutningspumpens drivrem är skadad, se till att den är korrekt spänd, 2.5 liters 5-cylindriga motorer (avsnitt 25)
- [ ] Byt bränslefilter (avsnitt 26)
- [ ] Kontrollera oljenivån i den självreglerande fjädringen, endast 1991 års modeller (avsnitt 27)
- [ ] Byt pollenfilter (avsnitt 28)
- [ ] Kontrollera underredestätningen (avsnitt 29)
- [ ] Kontrollera automatväxellådans oljenivå (avsnitt 30)
- [ ] Kontrollera oljenivån i slutväxeln (avsnitt 31)
- [ ] Kontrollera oljenivån i den manuell växellåda (avsnitt 32)

Var 60 000:e km

In 1 på displayen på Audi A6

Observera: *Utför följande arbete utöver det som anges för 12 månaders och 30 000 km service.*

- [ ] Byt luftfilter (avsnitt 33)
- [ ] Kontrollera det självreglerande fjädringssystemets oljenivå, 1992 års modeller och framåt (avsnitt 34)
- [ ] Byt olja i automatväxellådan. **Observera:** *Vart 4:e år om sträckan är kortare än 60 000 km* (avsnitt 35)
- [ ] Byt kamrem (avsnitt 36)
- [ ] Byt insprutningspumpens drivrem (avsnitt 37)

Observera: *Tillverkarens rekommendation är att kamremmen på 1.9 liters motorer, och insprutningspumpens drivrem, byts ut efter 120 000 km, men vi rekommenderar byte efter 60 000 km, särskilt om bilen främst används till korta resor med många start och stopp. Hur lång tid som ska gå mellan rembytena är upp till den enskilde bilägaren, men eftersom motorn kommer att skadas allvarligt om remmen går av med motorn igång, rekommenderar vi att man tar det säkra före det osäkra.*

Vartannat år (oavsett körsträcka)

In 2 på displayen på Audi A6

- [ ] Byt bromsolja (avsnitt 38)
- [ ] Byt kylvätska (avsnitt 39)

Motorrum på en modell med 1.9 liters 4-cylindrig turbodieselmotor

1 Motorns oljepåfyllningslock
2 Luftflödesmätare
3 Luftrenare
4 EGR-ventil
5 Övre fjäderbensinfästning
6 Bromsvätskebehållare
7 Luftrör från turbo
8 Bränslefilter
9 Kylsystemets expansionskärl
10 Behållare för servostyrningsvätska
11 Spolarvätskebehållare
12 ABS-enhet
13 Mätsticka för motorolja
14 Drivrem för kylvätskepump och servostyrning
15 Drivrem för växelströmsgenerator och luftkonditionering

Främre underrede på en modell med 1.9 liters 4-cylindrig turbodieselmotor

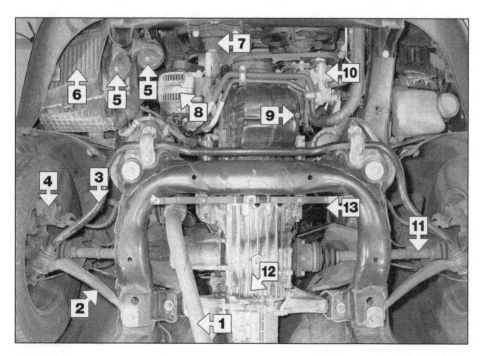

1 Främre avgasrör
2 Framfjädringens bärarm
3 Krängningshämmare
4 Bromsok
5 Signalhorn
6 Mellankylare
7 Motorns främre kardanstag
8 Växelströmsgenerator
9 Oljesumpens avtappningsplugg
10 Servostyrningspump
11 Drivaxel
12 Manuell växellåda
13 Oljefilter

Motorrum på en 2.5 liters modell med 5-cylindrig turbodieselmotor

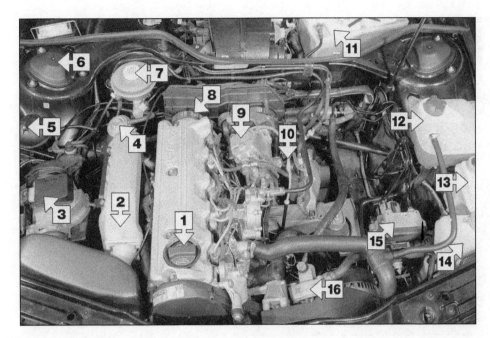

1 Motorns oljepåfyllningslock
2 Insugningsrör
3 Luftflödesmätare och luftrenare
4 EGR-ventil
5 Vacuumackumulator
6 Främre fjäderbens övre infästning
7 Bromsvätskebehållare
8 Drivrem för insprutningspump
9 Insprutningspump
10 Mätsticka för motorolja
11 Batteri
12 Kylsystemets expansionskärl
13 Behållare för servostyrningsvätska
14 Spolarvätskebehållare
15 ABS-enhet
16 Servostyrningspump

Främre underrede på en 2.5 liters modell med 5-cylindrig turbodieselmotor

1 Främre avgasrör
2 Framfjädringens bärarm
3 Krängningshämmare
4 Bromsok
5 Signalhorn
6 Mellankylare
7 Motorns främre kardanstag
8 Oljefilter
9 Oljesumpens avtappningsplugg
10 Servostyrningspump
11 Drivaxel
12 Den manuella växellådans
   avtappningsplugg

Bakre underrede (typexempel)

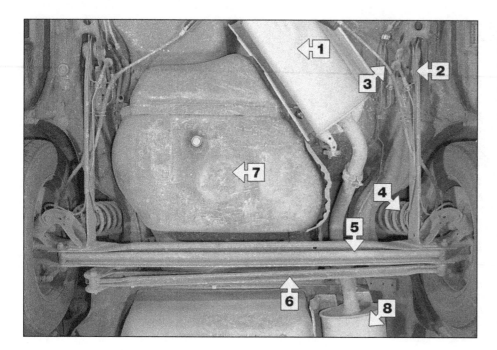

1 Mellanliggande ljuddämpare
2 Bakfjädringens hängarm
3 Handbromsvajer
4 Bakre fjäderben och spiralfjäder
5 Bakaxelbalk
6 Vevstake
7 Bränsletank
8 Bakre avgasrör och ljuddämpare

1 Inledning

Detta kapitel är utformat för att hjälpa hemmamekanikern att underhålla sin bil för att få ut god säkerhet, driftsekonomi, lång tjänstgöring och toppprestanda.

Kapitlet innehåller ett underhållsschema som följs av avsnitt som i detalj tar upp varje post på schemat. Inspektioner, justeringar, byte av delar och annat nyttigt är inkluderat. Se de tillhörande bilderna av motorrummet och bottenplattan vad gäller de olika delarnas placering.

Underhåll av bilen enligt schemat för tid/körsträcka och de följande avsnitten ger ett planerat underhållsprogram som bör resultera i en lång och pålitlig tjänstgöring för bilen. Planen är heltäckande, så underhåll av bara vissa delar men inte andra vid angivna tidpunkter, ger inte samma resultat.

När du arbetar med bilen kommer du att upptäcka att många av arbetena kan - och bör - utföras samtidigt, antingen på grund av arbetets art eller för att två annars orelaterade delar finns nära varandra. Om bilen lyfts upp av någon orsak kan inspektion av avgassystemet utföras samtidigt som styrning och fjädring kontrolleras.

Första steget i detta underhållsprogram är förberedelser innan arbetet påbörjas. Läs igenom relevanta avsnitt, gör sedan upp en lista på vad som behövs och skaffa fram verktyg och delar. Om problem dyker upp, rådfråga en specialist på reservdelar eller vänd dig till återförsäljarens serviceavdelning.

2 Regelbundet underhåll

1 Om underhållsschemat följs noga från det att bilen är ny, om vätske-/oljenivåer kontrolleras och delar som är utsatta för stort slitage byts enligt rekommendationerna kommer motorn att hållas i bra skick. Behovet av extra arbete kommer att minimeras.
2 Det kan hända att motorn ibland går dåligt på grund av brist på regelbundet underhåll. Detta är mer troligt med en begagnad bil som inte fått tät och regelbunden service. I sådana fall kan extra arbeten behöva utföras, förutom det normala underhållet.
3 Om motorn misstänks vara sliten ger ett kompressionsprov (se relevant del av kapitel 2) värdefull information om de inre huvuddelarnas skick. Ett kompressionsprov kan användas som beslutsgrund för att avgöra omfattningen på det kommande arbetet. Om provet avslöjar allvarligt inre slitage kommer underhåll enligt detta kapitel inte att nämnvärt förbättra motorns prestanda. Det kan vara så att underhåll då är ett slöseri med tid och pengar innan motorn renoverats.
4 Följande är vad som oftast krävs för att förbättra prestanda på en motor som går allmänt illa:

I första hand

a) Rengör, undersök och testa batteriet (se Veckokontroller).

b) Kontrollera alla motorrelaterade vätskor (se Veckokontroller).

c) Kontrollera skick och spänning för drivremmen (avsnitt 15 eller 23).

d) Kontrollera luftfiltrets skick och byt vid behov (avsnitt 33).

e) Byt bränslefilter (avsnitt 26).

f) Kontrollera skicket på samtliga slangar och leta efter läckor (avsnitt 13).

5 Om ovanstående inte ger resultat, gör följande:

I andra hand

Alla punkter under I första hand, och därefter följande:

a) Kontrollera laddningssystemet (se kapitel 5A).

b) Kontrollera förvärmningssystemet (se kapitel 5C).

b) Kontrollera bränslesystemet (se kapitel 4C).

Var 15 000:e km

OEL på displayen på Audi A6

3 Motorolja och filter – byte

Observera: *På modeller med motorkod AAS ska motoroljan och filtret bytas var 7 500 km.*

Observera: *Det är bra för motorn om olja och filter byts ofta. Vi rekommenderar att du byter olja oftare än vad som anges här, eller minst två gånger om året.*

1 Täta byten av olja och filter är det viktigaste förebyggande underhåll du kan utföra själv. När motoroljan blir gammal blir den förtunnad och förorenad vilket leder till ökat motorslitage.

2 Börja med att ta fram alla verktyg och allt material som behövs. Se till att ha gott om trasor och gamla tidningar för att torka upp spill. Motoroljan ska helst vara varm eftersom den då rinner ut lättare och även tar med sig slam. Se dock till att inte vidröra avgassystemet eller andra heta delar vid arbete under bilen. Använd handskar för att undvika skållningsrisker och för att skydda huden mot irritationer och skadliga föroreningar i begagnad motorolja. Bilens undersida kan kommas åt om bilen lyfts upp, körs upp på en ramp eller ställs på pallbockar (se *Lyftning och stödpunkter*). Oavsett metod, se till att bilen står plant eller, om den lutar, att oljeavtappningspluggen är längst ner på motorn. Lyft bilen och demontera den undre skyddskåpan från motorn.

3 Använd hyls- eller ringnyckel och lossa pluggen ungefär ett halvt varv. Placera avtappningskärlet under avtappningspluggen och skruva ur pluggen helt **(se bild)**. Ta bort pluggens tätningsring.

Observera: *På senare AAT och AEL motorer är ett returrör från vevhusventilationens oljeseparator anslutet till avtappningspluggen med en banjoanslutning. Kontrollera tätningsbrickorna och byt ut dem om det behövs.*

4 Ge den gamla oljan tid att rinna ut, och tänk på att det kan bli nödvändigt att flytta på uppsamlingskärlet när oljeflödet minskar.

5 När all olja har tappats ur, torka av avtappningspluggen med en ren trasa och sätt på en ny tätningsbricka. Rengör området kring pluggen och skruva in den. Dra åt pluggen ordentligt. **Observera:** *På senare AAT och AEL motorer, byt ut tätningsbrickorna på banjoanslutningen.*

6 Om filtret också ska bytas, ställ behållaren på plats under oljefiltret, som sitter baktill till vänster på motorblocket på 4-cylindriga motorer **(se bild)** och till höger på motorblocket på 5-cylindriga motorer.

7 Använd vid behov en filternyckel och lossa på filtret, skruva sedan loss det för hand. **Observera:** *Om ett originalfilter från Audi är*

monterat, titta efter om det finns demonteringsklackar på undersidan av filtret. Filtret kan i så fall skruvas loss med hjälp av en skruvmejsel eller metallstav som sätts mot klackarna (se bilder). Häll ut oljan från filtret i kärlet.

8 Torka bort all olja, smuts och slam från filtrets tätningsyta på motorn med en ren trasa. Kontrollera på det gamla filtret att ingen del av gummitätningen sitter fast på motorn. Om någon del av tätningen fastnat ska den försiktigt avlägsnas.

9 Lägg på ett tunt lager ren motorolja på det nya filtrets tätningsring och skruva fast filtret på motorn. Dra åt filtret ordentligt, men endast för hand - använd **inte** något verktyg.

10 Ta bort all gammal olja och alla verktyg under bilen, sätt tillbaka den undre skyddskåpan och ställ sedan ner bilen.

11 Dra ut mätstickan och skruva loss oljepåfyllningslocket på ventilkåpan. Fyll motorn med rätt klass och typ av olja (se *Smörjmedel och vätskor*). En oljekanna eller

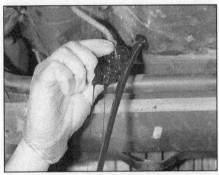

3.3 Ta bort avtappningspluggen och tappa ut motoroljan

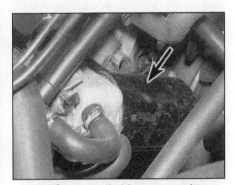

3.6 På den 4-cylindriga motorn sitter oljefiltret på vänstra sidan av motorn

3.7a Använd en skruvmejsel för att lossa oljefiltret om det finns klackar i botten på filtret

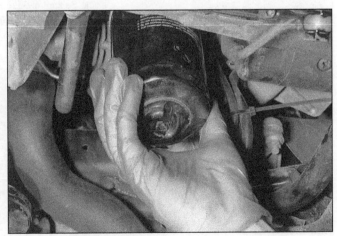

3.7b Oljefiltret skruvas loss på en 5-cylindrig motor

3.11a Ta bort mätstickan . . .

3.11b . . . och locket för påfyllning av olja
(2.5 liters 5-cylindrig motor)

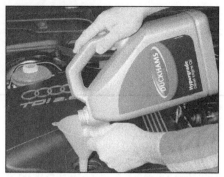

3.11c Använd en tratt vid påfyllning av olja

tratt kan minska spillet **(se bilder)**. Börja med att hälla i halva den angivna mängden olja, och vänta sedan ett par minuter så att oljan hinner sjunka ner i sumpen. Fortsätt fylla på små mängder i taget till dess att nivån når det nedre märket på mätstickan. Ytterligare cirka 1,0 liter tar upp nivån till mätstickans övre märke. Skruva på påfyllningslocket.

12 Starta motorn och låt den gå på tomgång i ett par minuter. Leta efter läckor runt oljefiltertätningen och sumpens avtappnings-plugg. Observera att det kan ta ett par sekunder innan oljetryckslampan släcks sedan motorn startats första gången efter ett oljebyte. Detta beror på att oljan cirkulerar

HAYNES
TiPS

För en snabbkontroll kan bromsklossarnas tjocklek kontrolleras via öppningen i bromsoket.

runt i kanalerna och det nya filtret innan trycket byggs upp.

Varning: På modeller med turboaggregat, lämna motorn på tomgång tills varningslampan för oljetryck slocknar. Ökas varvtalet när varningslampan lyser skadas turboaggregatet!

13 Stäng av motorn och vänta ett par minuter på att oljan ska rinna tillbaka till sumpen. När den nya oljan har cirkulerat runt motorn och fyllt filtret ska oljenivån kontrolleras igen, fyll på mer vid behov.

14 Sluthantera den uttjänta oljan på ett säkert sätt, se *Allmänna reparationsanvisningar* i avsnittet *Referenser* i slutet av boken.

4 Bromsklossar fram – kontroll

1 Dra åt handbromsen och ställ upp fram-vagnen på pallbockar. Lyft av framhjulen.
2 En fullständig kontroll innebär att klossarna demonteras och rengörs. Kontrollera även okens funktion och undersök bromsskivornas skick. Se kapitel 9 **(se Haynes tips)**.
3 Om belägget på någon kloss är slitet till angiven minimitjocklek eller tunnare *måste alla fyra klossarna bytas.*

5 Torpedväggens dräneringshål – rensning

1 Öppna motorhuven och koppla loss vattenavvisaren och ta bort den från baksidan av torpedväggen i motorrummet.
2 Ta bort alla löv och allt skräp runt fläkt-motorhuset och kontrollera att dränerings-ventilerna längst ner i torpedväggskammaren är fria. Kontrollera dräneringsventilens/-ventilernas funktion genom att hälla lite vatten för att se att det snabbt dräneras bort. Om en ventil misstänks vara skadad bör den bytas ut.
3 Om allt är som det ska, sätt tillbaka vattenavvisaren och se till att den sitter fast ordentligt.

6 Bränslefilter – avtappning

4-cylindrig motor

1 Bränslefiltret sitter på torpedväggen längst bak i motorrummet. Lossa först klamrarna och koppla loss slangarna framtill till höger och baktill till vänster på filtret **(se bild)**.
2 Lossa klämmuttern och lyft ur bränslefiltret utan att koppla loss de kvarvarande två slangarna **(se bild)**.

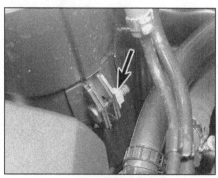

6.1 Koppla loss dessa slangar innan oljefiltret tas bort på en 4-cylindrig motor

6.2 Lossa den här muttern för att ta bort oljefiltret på en 4-cylindrig motor

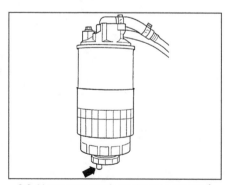

6.3 Vattenavtappningsskruv i botten på oljefiltret

6.7 Placeringen av oljefiltrets ventilskruv på 5-cylindriga motorer

3 Håll filtret upprätt och ställ en behållare under det. Öppna avtappningsskruven och tappa ut ungefär 1 dl vätska. Dra åt skruven **(se bild)**.
4 Sätt filtret på plats i klämman och dra åt fästmuttern.
5 Återanslut slangarna och dra åt slangklämmorna.

6 Starta motorn och leta efter bränsleläckage.

5-cylindrig motor

7 Bränslefiltret sitter på vänster sida av motorn. Lossa ventilskruven ovanpå fästbygeln **(se bild)**.
8 På tidiga modeller med motorkod AAT och ABP, sitter en vattenavtappningsventil på filtrets undersida. På övriga motorer finns istället en avtappningsskruv. Sätt först fast en slangbit på avtappningsventilen eller skruven, och placera den andra änden i en lämplig behållare.
9 Tryck upp ventilen, eller lossa skruven, och tappa ur ungefär 1 dl vätska. Släpp ventilen/ dra åt skruven.
10 Ta bort behållaren och ta loss avtappningsslangen, dra sedan åt ventilskruven.
11 Starta motorn och låt den gå på tomgång. Leta efter bränsleläckage. Tryck ner gaspedalen snabbt flera gånger och kontrollera att det inte är några bubblor i bränslet som rinner igenom den genomskinliga slangen från filtret till insprutningspumpen.

7 Serviceintervalldisplay
– återställning

Observera: *Detta avsnitt gäller endast A6-modeller.*

1 När allt underhåll som krävs har utförts måste den relevanta servicedisplaykoden återställas.
2 Displaykoden återställs med ett speciellt elektronisk instrument som kopplas in i bilens diagnosuttag. Dock går det att få tag i liknande verktyg från motortillverkare eller biltillbehörsbutiker.
3 Efter varje servicetillfälle är displayen programmerad att visa följande:

OEL service - efter ytterligare 15 000 km
In 1 service - efter ytterligare 365 dagar och 30 000 km
In 2 service - efter ytterligare 730 dagar

Var 12:e månad

In 1 på displayen på Audi A6

8 Spolsystem – kontroll

1 Kontrollera att alla spolarmunstycken är öppna och att de ger en kraftig stråle. Strålarna bör riktas mot en punkt strax ovanför mitten av rutan/strålkastaren. På vindrutespolare som har två munstycken, rikta det ena något över mitten på rutan och det andra något under, så att rutan blir helt täckt. Justera vid behov munstyckenas inriktning med en nål.

9 Strålkastarinställning – kontroll

1 Se kapitel 12.

10 Gångjärn och lås – smörjning
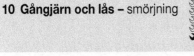

1 Smörj gångjärnen på motorhuv, dörrar och baklucka med en tunn smörjolja. Smörj också alla spärrar, lås och låsgrepp. Kontrollera samtidigt säkerhet och funktion för alla lås, och justera dem om det behövs (se kapitel 11).
2 Smörj motorhuvens låsmekanism och vajer med lämpligt fett.

11 Batteriets elektrolytnivå – kontroll

1 Om ett vanligt standardbatteri är monterat kan elektrolytnivån kontrolleras och, om det behövs, fyllas på. På vissa batterier sitter MIN- och MAX-markeringarna på batteriets utsida, så att nivån kan kontrolleras utan att man behöver öppna battericellerna. Om det inte finns några yttre märken, ta loss locket/locken från cellerna och kontrollera att elektrolytnivån ligger ungefär 2 eller 3 mm ovanför blyplattorna. Vissa batterier har en nivåmätare i plast på insidan.
2 Om så behövs, fyll på battericellerna med destillerat eller avjoniserat vatten.
3 Sätt tillbaka locken på cellerna.

Kylvätskeläckage visar sig vanligen som vita eller rostfärgade avlagringar i området nära läckan.

12 Motorstyrningssystemets styrenhet – kontroll av minne

1 Denna kontroll kan bara utföras av en Audi/VAG-verkstad som har nödvändig utrustning. Om en felkod visas måste problemet rättas till för att motorn ska gå ordentligt.

13 Läckagekontroll

1 För att komma åt motorn både ovan- och underifrån, demontera motorns övre skyddskåpa, ställ framvagnen på pallbockar (se *Lyftning och stödpunkter*) och ta bort den undre skyddskåpan. Undersök motorns fogytor, packningar och tätningar, leta efter tecken på vatten- eller oljeläckage. Var speciellt uppmärksam på områdena kring kamaxelkåpan, topplocket, oljefiltret och sumpfogen. Tänk på att det med tiden är naturligt med en viss genomsippring i dessa områden - vad du letar efter är en indikation på allvarligt läckage **(se Haynes tips)**. Om ett läckage påträffas, byt den defekta packningen eller tätningen enligt beskrivning i relevant kapitel i denna handbok.
2 Kontrollera även åtdragning och skick för alla motorrelaterade rör och slangar.

Kontrollera att alla kabelband och fästklämmor finns på plats och är i bra skick. Defekta eller saknade klämmor kan leda till skavning på slangar, rör och kablar, vilket kan orsaka allvarligare problem i framtiden.

3 Undersök noga alla kylar- och värmeslangar utmed hela deras längd. Byt alla slangar som är spruckna, svullna eller skadade på annat sätt. Sprickor är lättare att se om slangen trycks ihop. Var uppmärksam på slangklämmorna, dessa kan klämma åt slangarna för hårt och punktera dem, vilket leder till kylvätskeläckage.

4 Undersök alla delar av kylsystemet (slangar, fogytor, etc.) vad gäller läckor. Kylvätskeläckage visar sig vanligen som vita eller rostfärgade avlagringar i området nära läckan. I det fall sådana här problem föreligger ska relevant del eller packning bytas enligt beskrivning i kapitel 3.

5 Undersök i förekommande fall om automatväxellådans oljekylarslangar visar tecken på defekter eller läckor.

6 Ställ bakvagnen på pallbockar och undersök bensintanken och påfyllningsröret efter tecken på läckor, sprickor eller andra skador. Anslutningen mellan påfyllningsröret och tanken är speciellt kritisk. Ibland läcker ett påfyllningsrör av gummi eller en slang beroende på att slangklämmorna är för löst åtdragna eller att gummit åldrats.

7 Undersök noga alla gummislangar och metallrör från tanken. Leta efter lösa anslutningar, åldrade slangar, veck på rör och andra skador. Var extra uppmärksam på ventilationsrör och slangar som ofta är lindade runt påfyllningsröret och kan bli igensatta eller veckade. Följ ledningarna till bilens front och kontrollera dem hela vägen. Byt ut skadade sektioner vid behov.

8 Kontrollera alla anslutningar för bränsleslangar och rör i motorrummet, samt att inga bränsle- och vakuumslangar är veckade, skavda eller slitna.

9 Kontrollera i förekommande fall skicket på servostyrningens slangar och rör.

10 När arbetet är slutfört, sätt tillbaka motorns undre och övre skyddskåpa och ställ ner bilen.

14 Frostskydd – kontroll

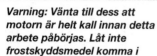

⚠️ **Varning: Vänta till dess att motorn är helt kall innan detta arbete påbörjas. Låt inte frostskyddsmedel komma i kontakt med huden eller lackerade ytor på bilen. Spola omedelbart bort eventuellt spill med stora mängder vatten.**

1 Observera att en testare krävs för att kontrollera kylvätskans koncentration. En sådan kan köpas relativt billigt i de flesta bildelsaffärer.

2 Se till att motorn är helt kall och skruva loss påfyllningslocket från kylvätskans expansionskärl. Följ instruktionerna för testaren och kontrollera att kylvätskeblandningen ger tillräckligt skydd vid temperaturer väl under fryspunkten. Om kylvätskan har bytts med angivna intervall bör detta inte vara något problem. Om kylvätskeblandningen däremot inte är stark nog att ge ett fullgott skydd, måste du tappa ur kylsystemet och fylla på ny kylvätska (se avsnitt 39).

3 När testet är klart, kontrollera att kylvätskenivån är korrekt (se *Veckokontroller*) och sätt tillbaka expansionskärlets lock ordentligt.

15 Drivrem (kilrem) – kontroll och byte

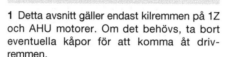

1 Detta avsnitt gäller endast kilremmen på 1Z och AHU motorer. Om det behövs, ta bort eventuella kåpor för att komma åt drivremmen.

2 På 1Z och AHU motorer driver huvudkilremmen kylvätskepumpen och servostyrningspumpen, och en kuggrem driver generatorn (och en växelströmskompressor om en sådan finns) från vevaxelns framände.

3 Undersök hela kilremmen, leta efter tecken på skada och slitage i form av repor, nötning, fransning och sprickbildning. En spegel och en ficklampa kan vara bra att ha, och motorn kan vridas runt med hjälp av en skiftnyckel på vevaxelns remskiva så att hela remmen kan undersökas.

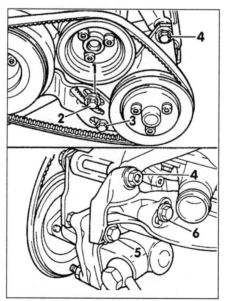

15.5 Demontering av kilrem på en 4-cylindrig motor

1	Justeringsmutter	4	Mutter
2	Låsbult	5	Bult
3	Bult	6	Bult

4 Kontrollera drivremmens spänning genom att trycka ner remmen mitt emellan remskivorna på den längsta fria delen av remmen. Om du trycker hårt med tummen ska drivremmen kunna tryckas ner så långt som anges i specifikationerna.

5 Om justering krävs, lossa servostyrningspumpens fästbultar och justeringsmutter, vrid sedan justeringsbulten tills rätt spänning uppnåtts. Håll fast justerbulten och dra åt låsmuttern, och sedan fästbultarna **(se bild)**.

6 Om drivremmen ska bytas ut, lossa fästbultarna och släpp spänningen tills remmen kan tas loss. Sätt den nya remmen på plats och justera den enligt beskrivningen i de föregående punkter.

16 Bromsslangar och rör – kontroll

1 Undersök alla slangar och metallrör i bromssystemet för att se om de är skadade eller slitna. Alla skadade rör/slangar måste bytas (se kapitel 9).

17 Bromskloss/-back bak – kontroll

Bakre skivbromsar

1 Dra åt handbromsen och ställ upp bakvagnen på pallbockar (se *Lyftning och stödpunkter*). Ta av bakhjulen.

2 Bromsklossens tjocklek kan snabbkontrolleras via inspektionshålet på bromsokets baksida. Mät tjockleken på bromsklossbeläggen, inklusive täckplåten, med en ställinjal. Detta får inte vara mindre än vad som anges i specifikationerna.

3 Genom bromsokets inspektionshål kan man grovt uppskatta hur bromsklossarna ser ut. Vid en ingående kontroll ska bromsklossarna demonteras och rengöras. Kontrollera även okens funktion och undersök bromsskivornas skick. Kapitel 9 innehåller en detaljerad beskrivning av hur man undersöker om bromsskivan är sliten eller skadad.

4 Om belägget på någon kloss är slitet till angiven minimitjocklek eller tunnare *måste alla fyra klossarna bytas*. Se kapitel 9 för mer information.

5 Efter avslutat arbete, sätt tillbaka hjulen och ställ ner bilen.

Bakre trumbromsar

6 Klossa framhjulen och ställ bakvagnen på pallbockar.

7 Friktionsmaterialets tjocklek på ena bromsbacken kan snabbkontrolleras genom hålet i bromsskölden om gummipluggen petas ut. Om en stav med samma diameter som den specificerade minsta tjockleken på belägget placeras mot belägget kan slitaget utvärderas.

En inspektionslampa krävs troligtvis. Om belägget på någon back är slitet ned till eller under specificerat minimum måste alla fyra bromsbackarna bytas som en uppsättning.

8 En fullständig kontroll kräver att bromstrumman demonteras och rengörs. Detta ger även tillfälle att kontrollera hjulcylindrarna och bromstrummans skick (se kapitel 9).

18 Avgassystem – kontroll

1 Med kall motor, undersök hela avgassystemet ända från motorn till avgasröret. Det enklaste sättet att kontrollera avgassystemet är att använda en lyft, eller ställa bilen på pallbockar, så att avgassystemets delar är väl synliga och lätt åtkomliga.

2 Kontrollera om avgasrör eller anslutningar visar tecken på läckage, allvarlig korrosion eller andra skador. Kontrollera också att alla fästen och upphängningar är i gott skick och att alla relevanta bultar och muttrar är väl åtdragna. Läckage i någon fog eller annan del visar sig vanligen som en sotfläck i närheten av läckan.

3 Skaller och andra missljud kan ofta härledas till avgassystemet, speciellt fästen och upphängningar. Om någon komponent kan komma i kontakt med kaross eller fjädring ska avgassystemet säkras med nya fästen. I annat fall kan fogarna delas (där möjligt) och rören krökas efter behov för att skapa nödvändigt spelrum.

19 Styrning, fjädring och drivaxelkomponenter – kontroll

Kontroll av framvagnens fjädring och styrning

1 Ställ framvagnen på pallbockar.
2 Undersök om spindelledens dammskydd och/eller kuggstångsdamaskerna är spruckna, skadade eller slitna. Varje defekt på dessa komponenter leder till förlust av smörjning, vilket tillsammans med intrång av vatten och smuts leder till snabb utslitning av styrväxel eller spindelleder.
3 På bilar med servostyrning ska slangarna till denna kontrolleras vad gäller skavning och allmänt skick, kontrollera även att inte rör- eller slanganslutningar läcker. Försäkra dig också om att det inte läcker olja ur styrväxelns damasker när den är under tryck, detta indikerar i så fall läckande oljetätningar inne i styrväxeln.
4 Greppa hjulet längst upp och längst ner och försök vicka på det **(se bild)**. Ett ytterst litet spel är normalt, men om rörelsen är

19.4 Kontrollera om det föreligger slitage i hjullagren genom att ta tag i hjulet och försöka vicka på det.

betydande krävs en närmare undersökning för att fastställa orsaken. Fortsätt rucka på hjulet medan en medhjälpare trycker på bromspedalen. Om spelet försvinner eller minskar markant är det troligen fråga om ett defekt hjullager. Om spelet finns kvar när bromsen är nedtryckt finns det slitage i fjädringens leder eller fästen.

5 Greppa sedan hjulet på sidorna och försök rucka på det igen. Märkbart spel är antingen orsakat av slitage i hjullager eller styrstagets spindelleder. Om den inre eller yttre spindelleden är sliten är det synliga spelet tydligt.

6 Använd en stor skruvmejsel eller ett plattjärn och leta efter glapp i fjädringsfästenas bussningar genom att bända mellan relevant komponent och dess fästpunkt. En viss rörelse är att vänta eftersom bussningarna är av gummi, men större slitage är tydligt. Kontrollera även skicket på synliga gummibussningar, leta efter delningar, sprickor eller föroreningar i gummit.

7 Ställ bilen på marken och låt en medhjälpare vrida ratten fram och tillbaka ungefär ett åttondels varv åt vardera hållet. Det ska inte finnas något, eller bara ytterst lite, spel mellan rattens och hjulens rörelser. Om det finns spel, kontrollera noga leder och fästen enligt ovan och dessutom rattstångens kardanknut och själva styrväxelns drev och kuggstång.

Kontroll av fjäderben/stötdämpare

8 Leta efter tecken på oljeläckage kring fjäderbenet/stötdämparen eller gummidamasken runt kolvstången. Om det finns spår av olja är fjäderbenet/stötdämparen defekt och ska bytas.

Observera: *Fjäderben/ stötdämpare ska alltid bytas parvis på samma axel.*

9 Fjäderbenets/stötdämparens effektivitet kan kontrolleras genom att bilen gungas i varje hörn. I normala fall ska bilen återta

planläge och stanna efter en nedtryckning. Om den höjs och återvänder med en studs är troligen fjäderbenet/stötdämparen defekt. Undersök även om övre och nedre fästen till fjäderben/stötdämpare visar tecken på slitage.

Drivaxlar

10 Ställ bilen på pallbockar, ge fullt rattutslag och snurra sedan långsamt på hjulet. Undersök den yttre drivknutens gummidamasker genom att klämma på dem så att vecken öppnas. Leta efter spår av sprickor, delningar och åldrat gummi som kan släppa ut fett och släppa in vatten och smuts i drivknuten. Kontrollera även damaskernas fästklämmor vad gäller åtdragning och skick. Upprepa dessa kontroller på de inre drivknutarna. Om skador eller slitage påträffas bör damaskerna bytas enligt beskrivningen i kapitel 8.

11 Kontrollera samtidigt drivknutarnas skick genom att först hålla fast drivaxeln och sedan försöka snurra på hjulet. Håll sedan fast innerknuten och försök vrida på drivaxeln. En märkbar rörelse indikerar slitage i knutarna, slitage i drivaxelspåren eller att drivaxelns fästmutter är lös.

20 Kamrem (4-cylindriga motorer) – kontroll

1 Lossa fjäderklamrarna och ta bort den övre kamremskåpan framtill på motorn (se kapitel 2C om det behövs).
2 Undersök om kamremmen är sliten, fransig, sprucken eller på annat sätt skadad. Leta också efter spår av olja som kan ha kommit från en läckande oljetätning. Kamremmens fulla längd bör kontrolleras genom att motorn vrids runt med en skiftnyckel på bulten på vevaxelns remskiva.
3 Med hjälp av en ställinjal eller ett skjutmått, mät bredden på kamremmen på flera ställen. Om den är mindre än 22,0 mm på något ställe måste kamremmen bytas enligt beskrivningen i kapitel 2C.
4 Montera avslutningsvis den övre kamremskåpan.

21 Landsvägsprov

Instrument och elektrisk utrustning

1 Kontrollera funktionen för alla instrument och all elektrisk utrustning.
2 Kontrollera att instrumenten ger korrekta avläsningar och slå i tur och ordning på all

elektrisk utrustning för att kontrollera att den fungerar korrekt.

Styrning och fjädring

3 Leta efter onormalt uppträdande i styrning, fjädring, köregenskaper och "vägkänsla".
4 Kör bilen och kontrollera att det inte förekommer ovanliga vibrationer eller missljud.
5 Kontrollera att styrningen känns positiv, utan överdrivet "fladder" eller kärvningar, lyssna efter missljud från fjädringen vid kurvtagning och gupp.

Drivlina

6 Kontrollera hur motorn, kopplingen (där tillämpligt), växellådan och drivaxlarna fungerar.
7 Lyssna efter ovanliga ljud från motor, koppling och växellåda.
8 Kontrollera att motorns tomgång är jämn

och att den inte tvekar vid gaspådrag.
9 Kontrollera att kopplingen, i förekommande fall, fungerar smidigt och progressivt, att drivkraften tas upp mjukt och att pedalvägen inte är för lång. Lyssna även efter missljud när kopplingspedalen är nedtryckt.
10 På modeller med manuell växellåda, kontrollera att alla växlar går i mjukt utan missljud, och att växelspaken inte känns onormalt vag eller ryckig.
11 På modeller med automatväxellåda kontrollerar du att alla växlingar är ryckfria och mjuka och att inte motorvarvet ökar mellan växlar. Kontrollera att alla lägen kan väljas med stillastående bil. Om problem föreligger ska dessa tas om hand av en Audi/VAG-verkstad.

Kontrollera bromssystemets funktion och effektivitet

12 Kontrollera att bilen inte drar åt endera

sidan vid inbromsning och att hjulen inte låser för tidigt vid hård inbromsning.
13 Kontrollera att det inte förekommer vibrationer i ratten vid inbromsning.
14 Kontrollera att handbromsen fungerar korrekt utan för lång spakrörelse och att den håller bilen stilla i en backe.
15 Testa bromsservons funktion enligt följande. Stäng av motorn, tryck ner bromspedalen 4 eller 5 gånger för att häva vakuumet. Håll pedalen nedtryckt och starta motorn. När motorn startar ska bromspedalen märkbart ge efter när vakuumet byggs upp. Låt motorn gå i minst två minuter och stäng sedan av den. Om pedalen nu trycks ner nu ska man kunna höra ett väsande från servon. Efter 4 eller 5 nedtryckningar ska väsandet upphöra och det ska kännas ett större motstånd i pedalen.

Var 30 000:e km

In 1 på displayen på Audi A6

22 Sollucka – kontroll och smörjning
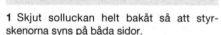

1 Skjut solluckan helt bakåt så att styrskenorna syns på båda sidor.
2 Ta bort all smuts från skenorna och smörj båda mekanismerna med silikonbaserat smörjmedel (Audi/VAG rekommenderar Lubricant D007000A2, som du kan få tag i hos din Audi-försäljare).
3 Torka bort allt överflödigt smörjmedel och stäng solluckan.

23 Drivrem (kuggrem) – kontroll och byte

1 På 1Z och AHU motorer driver huvudkilremmen kylvätskepumpen och servostyrningspumpen, och en kuggrem driver generatorn (och en luftkonditioneringskompressor om en sådan finns) från vevaxelns framände **(se bild)**.
2 På ABP, AAT, AEL och AAS motorer driver huvudkilremmen servostyrningspumpen, kylfläkten och generatorn. På modeller med luftkonditionering driver den även luftkonditioneringskompressorn.
3 Om det behövs, ta bort eventuella kåpor för att komma åt drivremmen.
4 Undersök hela remmen efter tecken på skada och slitage i form av repor, nötning, fransning och sprickbildning. En spegel och

en ficklampa kan vara bra att ha, och motorn kan vridas runt med hjälp av en skiftnyckel på vevaxelns remskiva så att hela remmen kan undersökas.
5 Drivremmen spänns automatiskt. Om drivremmen ska bytas måste den automatiska spännaren lossas. På en ABP, AAT och AEL motorer kan spännaren hållas lossad med en speciell sprint. Vrid spännaren medurs med en skiftnyckel och, om det behövs, stoppa in en passande metallsprint, bult eller borr för att hålla spännaren i sitt lossade läge **(se bild)**. Ta bort drivremmen från vevaxeln, generatorns och servostyrningspumpens remskivor, och från under fläktens mellan- och spännarremskivor. Sätt på den nya drivremmen och se till att den sitter rätt i spåren på remskivorna.
6 Om den gamla drivremmen ska åter-

användas, markera dess rotationsriktning så att den kan sättas tillbaka åt samma håll.

24 Kamrem (5-cylindriga motorer) – kontroll

1 Lossa fjäderklamrarna och ta bort den övre kamremskåpan framtill på motorn (se kapitel 2D om det behövs).
2 Undersök om kamremmen är sliten, fransig, sprucken eller på annat sätt skadad. Leta också efter spår av olja som kan ha kommit från en läckande oljetätning. Kamremmens fulla längd bör kontrolleras genom att motorn vrids runt med en skiftnyckel på bulten på vevaxelns remskiva.

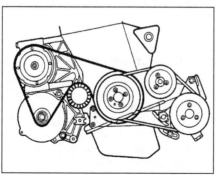
23.1 Drivremskonfiguration på 4-cylindriga motorer (modeller med luftkonditionering)

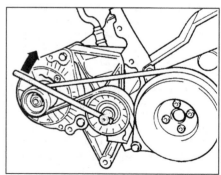
23.5 Den automatiska spännaren lossas (4-cylindriga motorer)

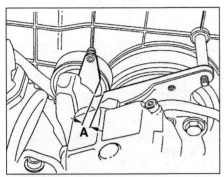

25.4 Kontrollera spelet A vid kontroll av insprutningspumpens drivrem (2.5 liters motor)

3 På modeller som tillverkats fram t.o.m. 1994, kontrollera att kamremmen sitter mitt på kamaxeldrevet. Om inte kan det bero på att kamremmens nedre mellanremskiva inte har monterats korrekt, och den bör då bytas enligt beskrivningen i kapitel 2D. Kontrollera även kamremmens spänning enligt beskrivningen i kapitel 2D, och justera den om det behövs.

4 På modeller som tillverkats fr.o.m. 1995, kontrollera att kamremsspänningen är korrekt genom att undersöka pekarna på spännaren. Om de två pekarna är mer än 3,0 mm ifrån varandra, återställ spännaren enligt beskrivningen i kapitel 2D.

5 Sätt avslutningsvis tillbaka den övre kamremskåpan.

25 Insprutningspumpens drivrem (2.5 liters motor) – kontroll

1 Skruva loss insprutningspumpens drivremskåpa eller motorns övre skyddskåpa (efter modell) så att du kommer åt drivremmen.

2 Undersök om drivremmen är sliten, fransig, sprucken eller på annat sätt skadad. Leta också efter spår av olja som kan ha kommit från en läckande oljetätning. Kamremmens fulla längd bör kontrolleras genom att motorn vrids runt med en skiftnyckel på bulten på vevaxelns remskiva.

3 Helst bör drivremsspänningen kontrolleras med en speciell spänningsfjäder från Audi/VAG, men om en sådan inte finns till hands kan spänningen kontrolleras med den fjädervågsmetod som beskrivs i kapitel 2D. Har en insprutningspumpsdrivrem monterats förut kan det räcka med en visuell inspektion.

4 Kontrollera spännararmens position i förhållande till stoppklacken (se bild). Finns det inget mellanrum betyder det att drivremmen har töjts ut för mycket och den måste då bytas ut enligt beskrivningen i kapitel 2D.

5 När du är klar sätter du tillbaka pumpkåpan eller motorkåpan.

26 Bränslefilter – byte

4-cylindriga motorer

1 Bränslefiltret sitter på torpedväggen längst bak i motorrummet. Lossa först klämmorna och koppla loss slangarna framtill till höger och baktill till vänster på filtret.

2 Lossa klämmuttern och lyft ur bränslefiltret utan att koppla loss de kvarvarande två slangarna.

3 Ställ en behållare under filtret för att fånga upp bränsle.

4 Håll filterlocket stilla med hjälp av en skiftnyckel på den stora sexkanten och skruva loss bränslefiltret med ett oljefilterverktyg.

5 Fyll det nya filtret med rent bränsle och smörj också lite bränsle på gummitätningen.

6 Skruva på filtret på locket och dra åt det endast med handkraft. Där tillämpligt, sätt i plastinlägget.

7 Sätt filtret på plats i fästbygeln och dra åt klämmuttern.

8 Återanslut slangarna och dra åt slangklämmorna.

9 Starta motorn och leta efter bränsleläckage.

5-cylindriga motorer

10 Bränslefiltret sitter på motorfästet på vänster sida av motorn. Koppla först loss kablarna till vattennivågivaren (om monterad) (se bild).

11 Ställ en behållare under filtret för att fånga upp bränsle.

12 Skruva loss anslutningsbulten från filtrets ovansida samtidigt som du håller banjobulten stilla med en annan skiftnyckel (se bild). Ta

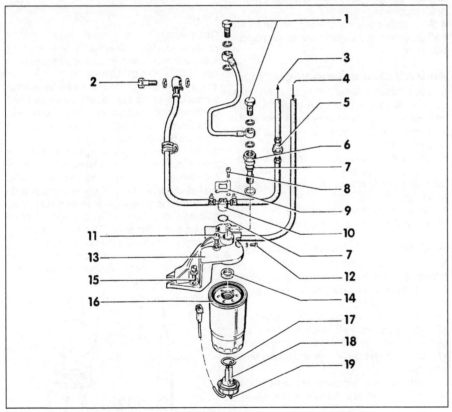

26.10 Bränslefilterkomponenter på 5-cylindriga motorer

1 Anslutningsbult (matning)	8 Skruv	14 Tätning
2 Anslutningsbult (retur)	9 Platta	15 Bult
3 Retur till bränsletank	10 Kontrollventil	16 Bränslefilter
4 Matning från bränsletank	11 Ventilskruv	17 O-ringstätning
5 Backventil	12 Banjobultslås	18 Vattennivågivare
6 Banjobult	13 Filterlock	19 Dräneringsventil
7 O-ringstätning		

26.12 Lossa anslutningsbulten på filtrets ovansida (5-cylindrig motor)

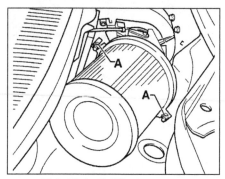

28.2 På Audi 100, skruva loss fästmuttrarna (A) och ta bort pollenfiltret från huset

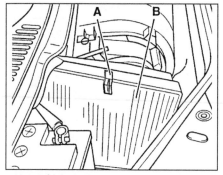

28.5 På Audi A6 utan luftkonditionering, lossa fästklämman (A) och ta bort pollenfiltret (B)

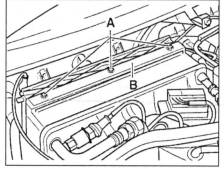

28.8 På Audi A6 med luftkonditionering, lossa de tre skruvarna (A) och ta bort pollenfilterkåpan (B) från förångaren

loss bulten, koppla loss bränsleledningen och ta bort tätningsbrickorna.

13 Håll filtret stilla med ett oljefilterverktyg och skruva loss banjobulten från huvudets ovansida - om det behövs, skruva loss låsbulten först. Vrid inte filtret. Ta bort O-ringstätningen.

14 Dra försiktigt ut filtret och töm det i behållaren.

15 Flytta vattennivågivaren/avtappnings-pluggen till det nya filtret och sätt på en ny O-ringstätning.

16 Fyll det nya filtret med rent bränsle och smörj också lite bränsle på gummitätningen.

17 Sätt filtret på filterhuvudet och sätt i banjobulten med en ny O-ringstätning. Dra åt banjobulten ordentligt.

18 Återanslut bränsleledningen till banjo-bulten med nya tätningsbrickor. Dra åt anslutningsbulten till angivet moment.

19 Om tillämpligt, återanslut kablarna till vattennivågivaren.

20 Starta motorn och låt den gå på tomgång. Leta efter bränsleläckage. Tryck ner gas-pedalen snabbt flera gånger och kontrollera att det inte finns några bubblor i bränslet som rinner igenom den genomskinliga slangen från filtret till insprutningspumpen.

27 Självreglerande fjädring (1991 års modeller) – kontroll av oljenivå

1 Det självreglerande bakre fjädringssystemet delar oljebehållare med servostyrnings-systemet. Se *Veckokontroller* för information om hur man kontrollerar nivån.

28 Pollenfilter – byte

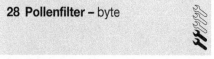

1 Öppna motorhuven, koppla försiktigt loss vattenavvisaren och ta bort den från baksidan av torpedväggen i motorrummet.

Audi 100

Observera: *Pollenfilter var inte monterade som standard på tidiga Audi 100.*

2 Lossa fästmuttrarna och vrid filtret så att det lossnar från pinnbultarna och ta loss det från fläktmotorhuset **(se bild)**.

3 Ta bort allt skräp från utrymmet vid torped-väggen och sätt i ett nytt filter i huset. Se till att filtret sitter korrekt på pinnbultarna och dra åt fästmuttrarna ordentligt.

4 Sätt tillbaka vattenavvisaren och se till att den sitter säkert på plats, och stäng motor-huven.

Audi A6 utan luftkonditionering

5 Lossa fästklämmorna och ta bort filtret från sidan av fläktmotorhuset **(se bild)**. På vissa modeller kan man behöva ta bort batteriet för att komma åt att ta bort filtret (se kapitel 5A för mer information).

6 Ta bort allt skräp från utrymmet vid torped-väggen. Sätt i ett nytt filter i huset, fäst det med klämmorna och se till att det sitter fast ordentligt.

7 Sätt tillbaka vattenavvisaren, se till att den sitter säkert på plats och stäng motorhuven.

Audi A6 med luftkonditionering

8 Skruva loss de tre fästbultarna ovanpå förångarhuset och lyft av filterkåpan **(se bild)**.

9 Ta ut filtret, notera hur det är monterat och kassera det sedan.

10 Ta bort allt skräp från utrymmet vid torpedväggen. Sätt i ett nytt filter i huset och se till att det sitter åt rätt håll. Sätt tillbaka kåpan på huset och dra åt fästbultarna ordentligt.

11 Sätt tillbaka vattenavvisaren, se till att den sitter säkert på plats och stäng motorhuven.

29 Underredestätning – kontroll

Observera: *Denna kontroll måste utföras av en Audi/VAG-verkstad för att rostskydds-garantin ska gälla.*

1 Ställ bilen på pallbockar och undersök underredestätningen noggrant. Om någon del av underredestätningen uppvisar synliga skador bör det skadade området repareras för att inte problem ska uppstå med korrosion.

30 Automatväxellåda – kontroll av oljenivå

Observera: *Detta avsnitt gäller endast modeller med 097 växellåda. Se avsnitt 35 för information om hur man kontrollerar oljenivån på modeller med 01N växellåda.*

1 Kör bilen en kort sträcka så att växellådan värms upp till normal arbetstemperatur och parkera bilen på plan mark. Oljenivån kontrolleras med hjälp av mätstickan på motorns bakre vänstra del.

2 Låt motorn gå på tomgång med hand-bromsen åtdragen och växelspaken i läge P (parkering), dra ut oljemätstickan och torka bort all olja från den med en ren trasa eller en bit hushållspapper. Stick in den rena mät-stickan i röret och dra ut den igen. Notera oljenivån på mätstickan. Den bör ligga mellan markeringarna MAX och MIN **(se bild)**.

3 Om påfyllning krävs, fyll på så mycket olja av rätt typ som behövs genom mätsticksröret.

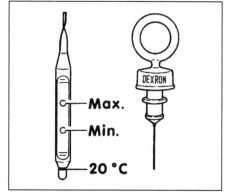

30.2 Nivåmarkeringar på oljemätstickan för en 097 automatisk växellåda

Använd en tratt med finmaskig sil för att undvika spill och att smuts kommer in i växellådan. **Observera:** *Fyll aldrig på så mycket att oljenivån går över det övre märket.*

4 Kör bilen en kortare sträcka efter påfyllningen så att den nya oljan fördelas i växellådan, och kontrollera sedan nivån igen och fyll på mer olja vid behov.

5 Håll alltid oljenivån mellan de två märkena på mätstickan. Om nivån tillåts sjunka under det undre märket kan oljesvält uppstå, vilket kan leda till allvarliga skador på växellådan. Om nivån är för hög kan den komma att matas ut. I båda fallen påverkar en felaktig oljenivå växellådans arbete negativt.

6 Regelbundet behov av påfyllning indikerar en läcka som då måste spåras och åtgärdas innan problemet blir allvarligare.

31 Slutväxel (modeller med automatväxellåda) – kontroll av oljenivå

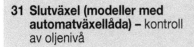

1 Slutväxelns oljepåfyllnings-/nivåplugg sitter på automatväxellådans vänstra sida, bakom den vänstra drivaxelns inre drivknut **(se bild)**. Dra åt handbromsen och ställ upp bilen på pallbockar (se *Lyftning och stödpunkter*). Demontera motorns undre skyddskåpa. För att mätvärdena ska bli korrekta måste bilen stå plant.

2 Skruva loss påfyllnings-/nivåpluggen och kontrollera att oljenivån ligger vid påfyllningshålets undre kant. Om det behövs, fyll på olja av rätt typ i påfyllnings-/nivåhålet. Om påfyllning behövs ofta tyder det på ett läckage som då måste spåras och åtgärdas.

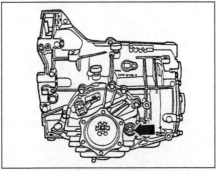

31.1 Påfyllnings-/nivåpluggens placering på en automatväxellåda

3 Sätt tillbaka pluggen och dra åt den till angivet moment, ställ sedan ner bilen.

32 Manuell växellåda – kontroll av oljenivå

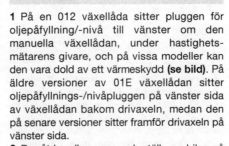

1 På en 012 växellåda sitter pluggen för oljepåfyllning/-nivå till vänster om den manuella växellådan, under hastighetsmätarens givare, och på vissa modeller kan den vara dold av ett värmeskydd **(se bild)**. På äldre versioner av 01E växellådan sitter oljepåfyllnings-/nivåpluggen på vänster sida av växellådan bakom drivaxeln, medan den på senare versioner sitter framför drivaxeln på vänster sida.

2 Dra åt handbromsen och ställ upp bilen på pallbockar (se *Lyftning och stödpunkter*). Demontera motorns undre skyddskåpa. För

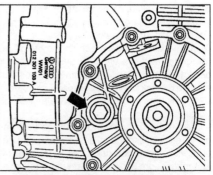

32.1 Oljepåfyllnings-/nivåpluggens placering på en 012 manuell växellåda

att mätvärdena ska bli korrekta måste bilen stå plant.

3 Skruva loss påfyllnings-/nivåpluggen. En insexnyckel krävs till vissa versioner.

4 På 012 växellåda, kontrollera att oljenivån ligger 7,0 mm under påfyllningshålets undre kant. Använd en böjd metallbit, t.ex. en svetstråd.

5 På en tidig 01E växellåda, kontrollera att oljenivån ligger 6,0 mm under påfyllningshålets undre kant. Använd en böjd metallbit, t.ex. en svetstråd.

6 På en senare 01E växellåda, kontrollera att oljenivån ligger vid påfyllningshålets undre kant.

7 Om så behövs, fyll på angiven olja i påfyllnings-/nivåhålet. Om påfyllning av olja behövs ofta tyder det på läckage som då måste spåras och åtgärdas.

8 Sätt tillbaka pluggen och dra åt den till angivet moment, ställ sedan ner bilen.

Var 60 000:e km

In 1 på displayen på Audi A6

33 Luftfilter – byte

1 Öppna klämmorna och lyft av locket från luftfiltret.

2 Ta ut luftfiltret och notera hur det är monterat **(se bild)**.

3 Torka rent huset och sätt i det nya luftfiltret, var noga med att montera det åt rätt håll.

4 Sätt tillbaka locket och lås fast det med klämmorna.

34 Självreglerande fjädring (fr.o.m. 1992 års modeller) – kontroll av oljenivå

1 Det självreglerande bakre fjädringssystemet delar vätskebehållare med servostyrnings-

systemet. Se *Veckokontroller* för information om hur man kontrollerar nivån.

35 Automatväxellåda – byte av olja

Observera: *Byt olja vart 4:e år om detta infaller före 60 000 km.*

1 Dra åt handbromsen och ställ framvagnen på pallbockar (se *Lyftning och stödpunkter*). Demontera motorns undre skyddskåpa.

097 växellåda

2 Ställ en passande behållare under växellådan. Torka rent oljesumpen, skruva loss anslutningsmuttern på den nedre påfyllningsslangen och dra ut slangen. Låt oljan rinna ner i kärlet.

3 Sätt tillbaka slangen och dra åt anslutningsmuttern till angivet moment.

4 Montera den undre skyddskåpan och ställ ner bilen.

33.2 Luftfiltret demonteras på en 5-cylindrig motor

5 Fyll på växellådan genom att först hälla i 3,0 liter angiven olja genom påfyllningsröret med en tratt med ett finmaskigt nät.

6 Ställ växeln till läge P och låt motorn gå på tomgång med alla tillbehör avslagna. Tryck ner fotbromsen och välj sedan varje position med växelspaken, vänta ungefär 3 sekunder i varje position. Flytta tillbaka växelspaken till position P.

7 Med motorn fortfarande gående på tomgång, dra ut oljemätstickan och torka av den, stick in den helt och drar ut den igen. Gör de justeringar som behövs för att erhålla rätt nivå.

8 Leta efter tecken på läckor och slå sedan av tändningen.

9 Nivån bör kontrolleras igen när motorn har nått normal arbetstemperatur, enligt beskrivningen i avsnitt 30.

01N växellåda

Observera: *För en exakt oljenivåkontroll använder Audi-mekanikerna en elektronisk testare som kopplas in i växellådans elektroniska system. Med tanke på detta är det bäst att låta en Audi/VAG-verkstad utföra arbetet. Utför bara följande moment om du sedan låter en Audi/VAG-verkstad kontrollera nivån.*

10 Observera att växellådan måste fyllas på från bilens undersida, så se till att bilen står plant.

11 Ställ en passande behållare under växellådan. Torka rent oljesumpen och skruva loss inspektionspluggen, följt av skvallerröret, från oljesumpens undersida **(se bild)**. Låt oljan rinna ner i kärlet.

12 Montera skvallerröret och dra åt till angivet moment.

13 Ta bort tätningskåpan och pluggen från påfyllningsslangen som sitter på sidan av

oljesumpen. **Observera:** *Tätningskåpan och pluggen måste bytas varje gång de tas loss.*

14 Fyll på olja tills det börjar rinna ut ur skvallerröret.

15 Ställ växeln till P och låt motorn gå på tomgång. Om det behövs, fyll på mer vätska tills det rinner ut genom skvallerröret.

16 Tryck ner fotbromsen och välj varje position med växelspaken, vänta ungefär 3 sekunder i varje position. Flytta tillbaka växelspaken till position P.

17 I detta läge ansluter Audi-mekanikern testapparaturen för att kontrollera att vätsketemperaturen ligger mellan 35°C och 40°C.

18 Låt motorn gå på tomgång, och låt överflödig olja rinna ut ur skvallerröret.

19 Slå av motorn, sätt tillbaka inspektionspluggen med en ny tätning och dra åt den till angivet moment.

20 Sätt på en ny tätningskåpa och en plugg i påfyllningsslangen.

21 Ställ ner bilen.

36 Kamrem – byte

Se kapitel 2C eller 2D.

Observera: *Tillverkarens rekommendation är att kamremmen på 1.9 liters motorer byts ut efter 120 000 km, men vi rekommenderar byte efter 60 000 km, särskilt om bilen främst används till korta resor med många start och stopp. Hur lång tid som ska gå mellan rembytena är upp till den enskilde bilägaren, men eftersom motorn kommer att skadas allvarligt om remmen går av med motorn igång, rekommenderar vi att man tar det säkra före det osäkra.*

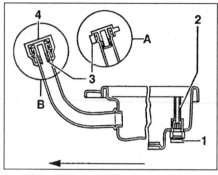

35.11 Avtappningskomponenter för oljesumpen på 01N växellåda

1 Inspektionsplugg
2 Skvallerrör
3 Tätningskåpa och plugg
4 Tätningskåpa B måste bytas ut efter demontering
A Tidig tätningskåpa
B Senare tätningskåpa

37 Insprutningspumpens drivrem (5-cylindriga motorer) – byte

Se kapitel 2D.

Observera: *Tillverkarens rekommendation är att insprutningspumpens drivrem byts ut efter 120 000 km, men vi rekommenderar att den byts efter 60 000 km, särskilt om bilen främst används till korta resor med många start och stopp. Hur lång tid som ska gå mellan rembytena är upp till den enskilde bilägaren, men eftersom motorn kommer att skadas allvarligt om remmen går av med motorn igång, rekommenderar vi att man tar det säkra före det osäkra.*

Vartannat år

In 2 på displayen på Audi A6

38 Bromsolja – byte

⚠️ **Varning: Hydraulisk bromsolja kan skada dina ögon och bilens lack, så var ytterst försiktig vid hanteringen. Använd aldrig olja som stått i ett öppet kärl under någon längre tid eftersom den absorberar luftens fuktighet. För mycket fukt i bromsoljan kan orsaka en livsfarlig förlust av bromseffekt.**

1 Arbetet liknar i stort det som beskrivs för avluftning i kapitel 9, förutom det att bromsoljebehållaren måste tömmas med hjälp av en

ren bollspruta eller liknande innan du börjar, och du måste lämna plats för den gamla olja som töms vid avluftning av en del av kretsen.

2 Arbeta enligt beskrivningen i kapitel 9 och öppna den första avluftningsskruven i turordningen, pumpa sedan försiktigt på bromspedalen tills nästan all gammal olja runnit ut ur huvudcylinderbehållaren.

 HAYNES TiPS *Gammal hydraulolja är alltid mycket mörkare än ny olja, vilket gör att det är enkelt att skilja dem åt.*

3 Fyll på med ny olja till MAX-märket, fortsätt pumpa tills bara ny olja finns i behållaren och

ny olja börjar komma ut vid avluftningsskruven. Dra åt skruven och fyll på behållaren till MAX-nivån.

4 Gå igenom resterande avluftningsskruvar i ordningsföljd och pumpa till dess att ny olja kommer ut vid dem. Var noga med att alltid hålla behållarens nivå över strecket "MIN", i annat fall kan luft komma in i systemet vilket leder till att arbetet tar längre tid.

5 Kontrollera avslutningsvis att alla avluftningsskruvar är ordentligt åtdragna och att deras dammskydd sitter på plats. Torka bort all spilld olja och kontrollera oljenivån i huvudcylinderbehållaren igen.

6 Försäkra dig om att bromsarna fungerar innan bilen tas i trafik.

39 Kylvätska – byte

Avtappning av kylsystem

Varning: Vänta till dess att motorn är helt kall innan detta arbete påbörjas. Låt inte frostskyddsmedel komma i kontakt med huden eller lackerade ytor på bilen. Spola omedelbart bort eventuellt spill med stora mängder vatten. Lämna aldrig frostskyddsmedel i ett öppet kärl eller i en pöl på uppfarten eller garagegolvet. Barn och husdjur kan attraheras av den söta doften och frostskyddsmedel kan vara livsfarligt att förtära.

1 Se till att motorn är helt kall, dra åt handbromsen och ställ framvagnen på pallbockar. Skruva loss fästskruvarna och lossa fästena och ta bort den undre skyddskåpan för att komma åt kylarens undersida.

2 Skruva loss expansionskärlets påfyllningslock och ställ en passande behållare under avtappningshålet under kylaren.

3 Lossa avtappningspluggen (du behöver inte ta bort den helt) och tappa ur kylarvätskan i behållaren. Om så önskas, kan man ansluta ett bit gummislang till avtappningshålet för att styra avtappningen. När kylvätskan slutar rinna, tappa ur motorn enligt följande.

4 På 4-cylindriga motorer, lossa slangklämmorna och lossa kylvätskeslangarna från kylvätskepumpen/termostathuset.

5 På 5-cylindriga motorer, lossa fästklämmorna och koppla loss kylvätskeslangarna från termostathuset och slangen från motorblocket som sitter direkt bakom termostaten.

6 Om kylarvätskan tappats ur av någon annan orsak än byte kan den återanvändas, under förutsättning att den är ren och mindre än två år gammal, även om detta inte är att rekommendera.

7 Sätt i och dra åt kylarens avtappningsplugg ordentligt när du tappat ur vätskan, och återanslut kylvätskeslangarna.

Spolning av kylsystem

8 Om kylvätskebyte inte utförts regelbundet eller om frostskyddet spätts ut, kan kylsystemet med tiden komma att förlora effektivitet på grund av att kylvätskekanalerna sätts igen av rost, kalkavlagringar och annat sediment. Kylsystemets effektivitet kan återställas genom att systemet spolas ur.

9 Kylaren ska spolas ur separat från motorn så att onödiga föroreningar undviks.

Spolning av kylare

10 Innan du spolar ur kylaren, dra åt dess avtappningsplugg ordentligt.

11 Lossa de övre och nedre slangarna och alla andra relevanta slangar från kylaren enligt beskrivningen i kapitel 3.

12 Stick in en trädgårdsslang i det övre kylarinloppet. Spola in ett flöde med rent vatten i kylaren, fortsätt spola till dess att rent vatten rinner ur kylarens nedre utlopp.

13 Om det efter en rimlig tid fortfarande inte kommer ut rent vatten kan kylaren spolas ur med kylarrengöringsmedel. Det är viktigt att spolmedelstillverkarens anvisningar följs noga. Om kylaren är svårt förorenad, stick in slangen i nedre utloppet och spola ur kylaren baklänges.

Spolning av motor

14 Börja med att demontera termostaten enligt beskrivning i kapitel 3, sätt sedan tillfälligt tillbaka termostatlocket.

15 Lossa de övre och nedre kylarslangarna från kylaren och stick in trädgårdsslangen i övre kylarslangen. Spola in rent vatten, fortsätt att spola till dess att rent vatten rinner ur nedre slangen.

16 När spolningen är klar ska termostaten sättas tillbaka och slangarna anslutas enligt beskrivningen i kapitel 3.

Fyllning av kylsystem

17 Kontrollera innan påfyllningen inleds att alla slangar och slangklämmor är i gott skick och att klämmorna är väl åtdragna. Observera att frostskydd ska användas året runt för att förhindra korrosion i motorn (se följande underavsnitt). Kontrollera även att kylarens avtappningsplugg sitter fast ordentligt och att alla slangar som tagits loss vid urtappningen sätts tillbaka ordentligt och fixeras med fästklämmorna.

18 Montera den undre skyddskåpan ordentligt och ställ ner bilen.

19 Skruva av expansionskärlets lock och fyll systemet långsamt tills kylvätskenivån når markeringen MAX på sidan av expansionskärlet.

20 Sätt tillbaka och dra åt expansionskärlets påfyllningslock.

21 Starta motorn och låt den gå tills den når normal arbetstemperatur.

22 Stanna motorn, låt den svalna och kontrollera kylvätskenivån igen enligt beskrivningen i *Veckokontroller*. Fyll på mer vätska om så behövs och sätt tillbaka locket.

Frostskyddsblandning

Observera: *Om originalvätska från Audi/VAG används måste du se till att det är rätt typ för motorn. Audi/VAG tillverkar två olika typer av kylarvätska, G11 som är mörkblå/grön, och G12 som är skär. Se till att den typ av kylarvätska som används till påfyllning av kylsystemet har samma färg som den som tappades ur. Om du inte är säker på vilken typ av kylarvätska som ska användas, kontaktar du närmaste Audi/VAG-återförsäljare eller verkstad. G11 och G12 får aldrig blandas, eftersom detta kan skada kylsystemet (kylarvätskan blir brun om de två blandas).*

23 Frostskyddsvätskan måste alltid bytas med angivna mellanrum. Detta inte bara för att bibehålla de frostskyddande egenskaperna utan även för att förhindra korrosion som annars kan uppstå därför att korrosionshämmarna gradvis tappar effektivitet.

24 Använd endast etylenglykolbaserad frostskyddsvätska som är lämpad för motorer med blandade metaller i kylsystemet. Mängden frostskyddsvätska och olika skyddsnivåer anges i specifikationerna.

25 Innan frostskydd fylls på ska kylsystemet vara helt tömt, helst genomspolat och alla slangar ska vara kontrollerade vad gäller skick och fastsättning.

26 När kylsystemet fyllts med frostskydd är det klokt att sätta en etikett på expansionskärlet som anger typ och koncentration för använt frostskydd, samt datum för påfyllningen. Varje efterföljande påfyllning ska göras med samma typ och koncentration av frostskyddsmedel.

27 Använd inte motorfrostskyddsvätska i vindrutespolvätskan, eftersom den skadar lacken. Spolarvätska bör hällas i spolarsystemet i den koncentration som anges på flaskan.

Anteckningar

Kapitel 2 Del A
Reparationer med motorn kvar i bilen – 4-cylindriga bensinmotorer

Innehåll

Svårighetsgrader

Enkelt, passar novisen med lite erfarenhet		Ganska enkelt, passar nybörjaren med viss erfarenhet		Ganska svårt, passar kompetent hemmamekaniker		Svårt, passar hemmamekaniker med erfarenhet		Mycket svårt, för professionell mekaniker	

Specifikationer

Allmänt

Motorkod*

1781 cc, Bosch Motronic 3,2 insprutning, 92 kW	ADR
1984 cc, Bosch Mono-Motronic insprutning, 74 kW	AAE
1984 cc, Bosch KE-Motronic insprutning, 103 kW	ACE
1984 cc, Volkswagen Digifant insprutning, 85 kW	ABK
1984 cc, Bosch KE-Motronic insprutning, 85 kW	AAD

***Observera:** Se "Bilens identifikationsnummer" för kodmärkningens placering på motorn.

Lopp:

ADR	81,0 mm
AAE, ACE, ABK, AAD	82,5 mm

Kolvslag:

ADR	86,4 mm
AAE, ACE, ABK, AAD	92,8 mm

Kompressionsförhållande:

ADR	10,3:1
AAE	9,0:1
ACE	10,8:1
ABK	10,5:1
AAD	10,4:1

Kompressionstryck (slitagegräns):

ADR	7,5 bar
AAE , ACE, ABK, AAD	7,0 bar
Maximal skillnad mellan cylindrar	3,0 bar
Tändföljd	1 - 3 - 4 - 2
Placering för cylinder nr 1	Kamremsänden

Smörjsystem

Oljepump, typ	Sumpmonterad, driven från mellanaxeln
Normalt oljetryck:	
ADR	3,0 till 5,0 bar (vid 3000 varv/minut, oljetemperatur 80°C)
AAE , ACE, ABK, AAD	Minst 2,0 bar (vid 2 000 varv/minut, oljetemperatur 80°C)
Dödgång i oljepump	0,2 mm (slitagegräns)
Oljepumpens axialspel	0,15 mm (slitagegräns)

Åtdragningsmoment

Nm

ADR motor

Avgasgrenrör	25
Drivplattans fästbultar:	
Steg 1	60
Steg 2	Vinkeldra 90°
Fästbultar för luftkonditioneringskompressorns drivremsspännare	20
Generatorlänk till topplock	20
Generatorfäste/pivåbult	35
Hallgivare till topplock	10
Hallgivarplatta till insugningsrör	25
Insugningsrör	10
Kamaxeldrevets bult	100
Kamaxelkåpans muttrar	10
Kamaxellageröverfall	10
Kamremsspännarens låsbult	25
Kylvätskepumpens remskivehalvor	25
Mellanaxeldrev	100
Mellanaxelfläns	25
Oljefilterhus	25
Ramlageröverfall, bultar:	
Steg 1	65
Steg 2	Vinkeldra ytterligare 90°
Storändslagrens överfallsbultar/muttrar:	
Steg 1	30
Steg 2	Vinkeldra ytterligare 90°
Sump	20
Svänghjulets fästbultar:	
Steg 1	60
Steg 2	Vinkeldra 180° (eller 2 x 90°)
Topplocksbultar:	
Steg 1	60
Steg 2	Vinkeldra 180° (eller 2 x 90°)
Vevhusventil	20
Vevaxeldrev:	
Steg 1	90
Steg 2	Vinkeldra 90°
Vevaxelns bakre oljetätningshus:	
M6-bultar	10
M8-bultar	20
Vevaxelns främre oljetätningshus:	
M6-bultar	10
M8-bultar	25

Alla motorer utom ADR

Främre avgasröret till grenröret	35
Generatorfäste/styrbult	35
Generatorlänk till topplock	20
Hallgivare till topplock	10
Hallgivarplatta till insugningsrör	25
Kamaxelkåpa	10
Kamaxellageröverfall	20
Kamremskåpa	10
Kamremmens bakspärr	20
Kamremsspännarens fästmutter	10
Kylvätskepumpens remskiva	20
Luftkonditioneringskompressor till hus	25
Luftkonditioneringskompressorns drivremsspännare, fästbultar	20

Åtdragningsmoment

Nm

Alla motorer utom ADR (forts)

Lyftögla för motor	20
Mellanaxelns drevbult	80
Mellanaxelns fläns, bultar	25
Motorfäste till kaross	45
Motorstöd till motorfäste	40
Oljefilterhus	25
Oljepumpfäste	20
Oljepumpskåpa	10
Oljetemperaturgivare	10
Ramlageröverfall, bultar	65
Remskiva för luftkonditioneringskompressor	20
Servostyrningspump	20
Storändslagrens överfallsbultar/muttrar:	
Steg 1	30
Steg 2	Vinkeldra ytterligare 90°
Sump	20
Svänghjul/drivplatta, fästbultar:	
Steg 1	30
Steg 2	Vinkeldra 90°
Topplocksbultar:	
Steg 1	40
Steg 2	60
Steg 3	Vinkeldra 180° (eller 2 x 90°)
Topplocksutsläpp	10
Vevaxeldrev:	
Steg 1	90
Steg 2	Vinkeldra 180°
Vevaxelns bakre oljetätningshus:	
M6-bultar	10
M8-bultar	20
Vevaxelns främre oljetätningshus:	
M6-bultar	10
M8-bultar	25
Vevhusventil	20

1   Allmän information

Hur detta kapitel används

Kapitel 2 är indelat i fem avsnitt: A, B, C, D och E. Reparationer som kan utföras med motorn kvar i bilen beskrivs i del A (4-cylindriga bensinmotorer), del B (5-cylindriga bensinmotorer), del C (4-cylindriga diesel-motorer) och del D (5-cylindriga diesel-motorer). Del E behandlar demontering av motorn/växellådan som en enhet, och beskriver hur man tar isär och renoverar motorn.

I delarna A, B, C och D antas att motorn är på plats i bilen, med alla hjälpaggregat monterade. Om motorn lyfts ur för renovering kan den preliminära isärtagning som beskrivs ignoreras.

Åtkomlighet till motorrummet kan under-lättas genom att motorhuven demonteras enligt beskrivningen i kapitel 11.

Beskrivning av motorn

I detta kapitel betecknas motorer genom-gående med sina respektive motorkoder, snarare än slagvolymen. En lista över de motorer som tas upp, inklusive deras beteckningar, finns i specifikationerna i detta kapitel.

Motorerna är vattenkylda 4-cylindriga radmotorer med enkel eller dubbla över-liggande kamaxlar, där motorblocken är i gjutjärn och topplocken av aluminiumbaserad lättmetallegering. Alla är monterade på längden i bilens främre del, med växellådan monterad baktill på motor. Vevaxeln har fem lager och tryckbrickor är monterade på det mittersta huvudlagret för att kontrollera vevaxelns axialspel. Kamaxeln drivs med en kuggrem från vevaxelns drev. På ADR och ACE motorer med dubbla överliggande kamaxlar, driver kamremmen avgaskamaxeln som i sin tur driver insugningskamaxeln genom en kedja i bakdelen på kamaxlarna. På ADR motorn finns en mekanisk kamaxel-justerare i mitten av kedjan för att automatiskt variera insugningskamaxelns ventilinställning. Remmen driver även mellanaxeln som används för att driva oljepumpen och, på vissa motorer, strömfördelaren. Ventilerna styrs från kamaxeln med hydrauliska ventil-lyftare och ventilspelet justeras automatiskt.

Topplocket innehåller den enkla eller de dubbla kamaxlarna som drivs av den kuggade kamremmen. I topplocket finns även insugnings- och avgasventilerna som stängs med enkla eller dubbla spiralfjädrar. Ventilerna löper i styrningar som är inpressade i topplocket. Kamaxeln påverkar ventilerna direkt via hydrauliska lyftare, även dessa monterade i topplocket. Dessutom innehåller topplocket oljekanaler för matning och smörjning av lyftarna.

Kylvätska pumpas runt i systemet av en remdriven pump. Kylsystemet beskrivs i detalj i kapitel 3.

Smörjmedel pumpas under tryck runt i motorn av en pump som drivs av mellanaxeln. Olja dras från sumpen genom en sil och tvingas sedan genom det externa utbytbara oljefiltret. Från filtret fördelas oljan till topplocket där den smörjer kamaxelns lager och ventillyftarna liksom till vevhuset där den smörjer ramlager, vevstakslager, kolvbultar och cylinderlopp. Två oljetryckskontakter är placerade på oljefilterhuset, den nedre arbetar vid 0,3 bar och den övre vid 1,8 bar.

Reparationer som kan utföras med motorn kvar i bilen:

Följande arbeten kan utföras utan att motorn lyfts ur bilen:

a) Drivremmar – demontering och montering.

b) Kamaxlar – demontering och montering.*

c) Kamaxeloljetätning – byte.

d) Kamaxeldrev – demontering och montering.

e) Kylvätskepump – demontering och montering (se kapitel 3).

f) Vevaxelns oljetätningar – byte.

g) Vevaxelns drev – demontering och montering.

h) Topplock – demontering och montering. *

i) Motorfästen – inspektion och byte.

j) Mellanaxelns oljetätning – byte.

k) Oljepump och upptagare – demontering och montering.

l) Sump – demontering och montering.

m) Kamrem, drev och kåpa – demontering, inspektion och montering.

*Topplockets isärtagning beskrivs i detalj i kapitel 2E, inklusive detaljer kring demontering av kamaxel och hydrauliska ventillyftare.

Observera: Det är möjligt att demontera kolvar och vevstakar (sedan topplock och sump demonterats) utan att lyfta ur motorn, men det rekommenderas inte. Arbete av denna typ är mycket enklare att utföra med motorn på en arbetsbänk, enligt beskrivningen i kapitel 2E.

2 Ventilinställningsmärken – allmän information och användning

Allmän information

1 Dreven på vevaxeln, kamaxeln och mellanaxeln drivs alla av kamremmen och roterar således i fas med varandra. När kamremmen tas bort för underhåll eller reparation kan axlarna rotera oberoende av varandra, vilket gör att synkroniseringen mellan dem går förlorad.

2 De motorer som beskrivs i detta kapitel är konstruerade så att kolvarna kommer att slå i ventilerna om vevaxeln dras runt med kamremmen borttagen. Därför är det viktigt att korrekt synkronisering mellan kamaxeln, vevaxeln och mellanaxeln bevaras medan kamremmen är demonterad. Detta uppnås genom att man ställer motorn i ett referensläge (kallat övre dödpunkt eller mer vanligt ÖD) innan kamremmen tas bort och att axlarna sedan låses där till dess att kamremmen åter finns på plats. Om motorn har tagits isär för renovering kan den ställas till ÖD vid hopsättningen för att korrekt axelsynkronisering ska garanteras.

3 ÖD är den högsta punkt en kolv når i sin

2.4a ÖD-tändinställningsmärken på vevaxelns remskiva och nedre kamremskåpan (ADR motor)

2.5 ÖD-tändinställningsmärken på kamaxeldrevet och inre kamremskåpan (ADR motor)

cylinder – i en fyrtaktsmotor når varje kolv ÖD två gånger per arbetscykel, en gång i kompressionstakten och en gång i avgastakten. Generellt sett avser ÖD, som referensläge, cylinder nr 1 i kompressionstakten. Observera att cylindrarna är numrerade från ett till fyra, med början vid motorns kamremssida.

4 Vevaxelns remskiva har ett märke som, när det är i linje med ett referensmärke på kamremskåpan, anger att cylinder nr 1 (och således även nr 4) är vid ÖD **(se bild)**.

5 Kamaxeldrevet (avgaskamaxeln på motorer med dubbla överliggande kamaxlar) är även utrustat med ett tändinställningsmärke. När detta är i linje med ett märke på den inre kamremskåpan är cylinder nr 1 i ÖD-kompression **(se bild)**.

6 Dessutom har svänghjulet/drivplattan ÖD-märken som blir synliga om man tar bort skyddskåpan från växellådans balanshjulskåpa.

Inställning av ÖD för cylinder nr 1

7 Innan arbetet påbörjas, se till att tändningen är avslagen och förhindra att bilen börjar rulla genom att lägga växeln i friläge, dra åt handbromsen och klossa hjulen.

8 Där så behövs, ta bort motorns övre kåpa **(se bild)**.

9 På motorer med fördelare, notera positionen för tändkabeln till cylinder nr 1 på

fördelardosans lock, ta sedan bort locket och gör ett märke på själva fördelaren. Detta hjälper dig att avgöra när kolv nr 1 är i ÖD-läge.

10 Ta ur alla tändstift enligt beskrivningen i kapitel 1A.

11 Vrid motorn medurs med hjälp av en nyckel på vevaxelns remskiva och sätt en lämplig gummiplugg över tändstift nr 1 för att avgöra när kolv nr 1 når sin kompressionstakt (man känner trycket genom tändstiftshålet). På motorer med strömfördelare kommer rotorarmen att nå märket som gjordes i punkt 8.

12 Fortsätt vrida motorn medurs tills ÖD-märket på vevaxelns remskiva eller svänghjulet/drivplattan är i linje med motsvarande märke på kamaxelkåpan eller växelhuset. För ytterligare kontroll, ta bort övre yttre kamremskåpan för att frilägga ÖD-märkena på kamaxelns kamremsdrev. Även den nedre kamremskåpan kan om så behövs demonteras för kontroll av märkena på vevaxelns remskiva och mellanaxeldrevet.

3 Kompressionsprov

1 Om motorns prestanda sjunker eller om misständningar uppstår som inte kan hänföras till tändning eller bränslesystem, kan

2.8a Lossa klamrarna . . .

2.8b . . .och ta bort motorns övre kåpa (ADR motor)

ett kompressionstest ge ledtrådar till motorns skick. Om kompressionsprov tas regelbundet kan de ge förvarning om problem innan några andra symptom uppträder.

2 Motorn måste vara uppvärmd till normal arbetstemperatur, batteriet måste vara fulladdat och alla tändstift måste vara urskruvade (se kapitel 1A). Dessutom behövs en medhjälpare. Demontera i förekommande fall den övre motorkåpan.

3 Koppla ur tändsystemet på motorer med fördelare genom att dra ur tändkablarna från fördelarlocket och jorda det till motorblocket. Använd en skarvsladd eller liknande för att ge god anslutning. På motorer utan fördelare, koppla loss kablarna från tändspolen (se kapitel 5B).

4 Montera kompressionsprovaren i tändstiftshålet för cylinder nr 1 – en kompressionsprovare som skruvas in i tändstiftsgängan är att föredra.

5 Låt en medhjälpare trampa gasen i botten och dra runt motorn på startmotorn. Efter ett eller två varv ska trycket byggas upp till ett maxvärde och stabiliseras. Anteckna den högsta avläsningen.

6 Upprepa testet på övriga cylindrar och notera trycket i var och en. Håll gasspjället vidöppet.

7 Alla cylindrar ska ha liknande tryck. En skillnad på mer än 3 bar mellan två av cylindrarna indikerar ett fel. Trycket ska byggas upp snabbt i en frisk motor. Lågt tryck i första slaget följt av ett gradvis stigande indikerar slitna kolvringar. Lågt tryck som inte höjs indikerar läckande ventiler eller trasig topplockspackning (eller ett sprucket topplock).

8 Se specifikationerna i detta kapitel, jämför de avlästa kompressionsvärdena med dem som anges av tillverkaren.

9 Om trycket i en cylinder är mycket lägre än i de andra, utför följande test för att hitta orsaken. Häll i en tesked ren olja i cylindern genom tändstiftshålet och upprepa provet.

10 Om oljan tillfälligt förbättrar kompressionen indikerar detta att slitage på kolvringar eller lopp orsakar tryckfallet. Om ingen förbättring sker tyder det på läckande/brända ventiler eller trasig topplockspackning.

11 Lågt tryck i två angränsande cylindrar är nästan helt säkert ett tecken på att topplockspackningen mellan dem är trasig.

12 Om en cylinder har omkring 20% lägre tryck än de andra och motorns tomgång är något ojämn, kan detta orsakas av en sliten kamlob.

13 När proverna är genomförda, skruva i tändstift och kablar och sätt tillbaka kåpan igen.

4   Kamrem – demontering, inspektion och montering

Allmän information

1 Den kuggade kamremmens huvudsakliga funktion är att driva kamaxlarna, men den driver även mellanaxeln. Om remmen slirar eller brister med motorn igång rubbas ventilsynkroniseringen, vilket kan leda till kontakt mellan kolvar och ventiler och därmed åtföljande allvarliga motorskador. Därför är det viktigt att kamremmen är korrekt spänd och att den undersöks med jämna mellanrum efter tecken på slitage eller åldrande.

2 Observera att demontering av den *inre* delen av kamremskåpan på AAE, ABK, och AAD motorer, beskrivs som en del av demonteringen av topplocket. Se avsnitt 11 längre fram i detta kapitel.

Demontering

3 Lossa batteriets jordledning (minuspolen) innan du börjar arbeta (se kapitel 5A).

4 Dra åt handbromsen och lyft med hjälp av en domkraft upp framvagnen på pallbockar (se *Lyftning och stödpunkter*).

5 Om så behövs för att skapa bättre arbetsutrymme, demontera kylaren (se kapitel 3). Demontera växelströmsgeneratorns, servostyrningspumpens samt luftkonditioneringskompressorns (om sådan finns) drivremmar på det sätt som beskrivs i avsnitt 6 **(se bild)**.

6 Skruva bort motorns undre skyddskåpa. Demontera i förekommande fall den övre motorkåpan.

7 Om man vill komma åt lättare kan man ta bort växelströmsgeneratorn, servostyrningspumpen och luftkonditioneringskompressorn,

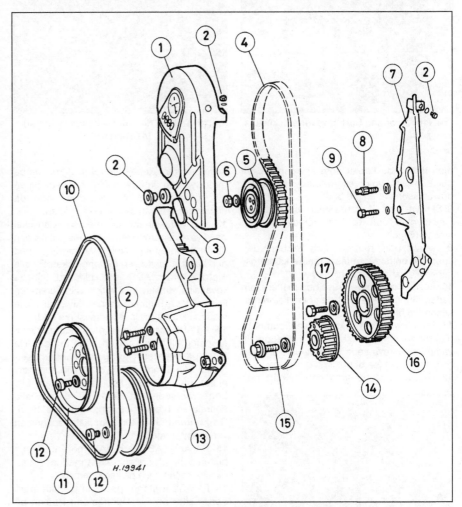

4.5 Drivrems- och kamremskomponenter (AAE, ACE, ABK och AAD motorer)

1	Övre kamremskåpa	7	Bakre kamremskåpa	13	Nedre kamremskåpa
2	Mutter	8	Pinnbult	14	Vevaxeldrev
3	Plugg	9	Bult	15	Bult
4	Kamrem	10	Drivrem	16	Mellanaxeldrev
5	Spännare	11	Remskiva	17	Bult
6	Mutter	12	Bult		

4.7 Ta bort drivremsspännaren (ADR motor)

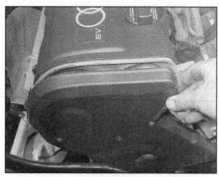

4.10 Demontera den övre kamremskåpan (ADR motor)

4.11a Ta bort bultarna . . .

4.11b . . .och ta bort vevaxelremskivan

4.12 Ta bort den nedre kamremskåpan (ADR motor)

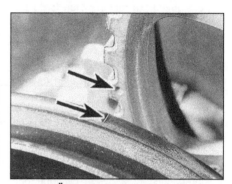

4.13 ÖD-markeringar på vevaxelns remskiva och mellanaxeldrevet (alla motorer utom ADR)

men lämna de kablar som är kopplade till pumpen och kompressorn. Skruva även loss drivremsspännaren **(se bild)**.

8 Skruva bort bultarna med hjälp av en insexnyckel och ta bort remskivan från vattenpumpen.

9 Skruva bort muttern och ta bort den speciella bulten som fäster nedre kamremskåpan vid vattenpumpen.

10 Lossa klamrarna, skruva bort muttern (om sådan finns) och ta bort den övre kamremskåpan **(se bild)**.

11 Märk vevaxelns remskiva/vibrationsdämparen och vevaxeldrevet i relation till varandra. Skruva sedan bort remskivan med en insexnyckel **(se bild)**.

12 Skruva bort bultarna och ta bort den

4.14 Vrid spännhjulet motsols med hjälp av en insexnyckel, använd sedan en borr för att hålla det på plats (ADR motor)

nedre kamremskåpan **(se bild)**. Beroende på motortyp kan en insexnyckel behövas till en av bultarna. Plocka bort den särskilda distansbrickan från överdelen av kåpan.

13 Vrid vevaxeln medurs med en hylsnyckel på vevaxelns remskivebult tills märket på den bakre delen av kamaxeldrevet är i linje med den vänstra överdelen av topplocket. På alla motorer utom ADR, sätt tillfälligt tillbaka vevaxelns remskiva/ vibrationsdämparen och kontrollera att märket på remskivan är i linje med märket på mellanaxeldrevet **(se bild)**.

14 På ADR motor, ha en passande borr eller en plugg till hands för att sätta in i det lilla hålet på överdelen av fjäderspännarhuset. Använd en 8 mm insexnyckel, vrid spännarhjulet moturs mot fjäderspänningen tills borren/pluggen kan sättas dit för att hålla spännaren i dess lossade läge **(se bild)**. Skruva **inte** bort bulten som fäster spännaren vid excenternavet.

15 PÅ AAE, ABK och AAD motorer, lossa bulten och vrid spännarnavet medurs för att minska spänningen på kamremmen.

16 På ACE motorer, passa in två lika stora borrar eller en 90° låsringstång i hålen på spännarnavet och håll navet på plats. Skruva sedan loss muttern och släpp på trycket för att minska spänningen på remmen.

17 Märk kamremmen med en pil för att visa dess normala rotationsriktning, ta sedan bort den från spännaren, kamaxeldrevet, mellanaxeldrevet och vevaxeldrevet.

Observera: *Om kamremmen ska återanvändas måste den sättas tillbaka på samma sätt.* **Böj inte** kamremmen hårt om den ska återanvändas.

Inspektion

18 Undersök remmen noga, leta efter spår av föroreningar från kylarvätska eller olja. Om sådana spår finns ska föroreningskällan först av allt åtgärdas innan något annat utförs. Kontrollera remmens skick vad gäller skador eller slitage, speciellt kring tändernas framkanter. Byt ut kamremmen om det råder minsta tvivel om dess skick, priset på en ny kamrem är försumbart jämfört med de reparationskostnader som kan uppstå om en rem brister när motorn går. Remmen måste bytas om den har gått så långt som anges av tillverkaren (se kapitel 1A). Har den gått mindre är det ändå en bra idé att byta ut den, oavsett skick, som förebyggande åtgärd.

Observera: *Om kamremmen inte ska monteras omedelbart är det en god idé att sätta en varningslapp på ratten, för att påminna dig själv och andra om att inte starta motorn.*

Montering

19 Montera tillfälligt tillbaka vibrationsdämparens remskiva på vevaxeldrevet och fäst med en bult. Se till att tändinställningsmärkena på kamaxeldrevet, vibrationsdämparen och mellanaxeldrevet fortfarande är i linje.

4.20a Kamremmen på mellanaxeldrevet

4.20b Kamremmen på spännarhjulet

4.22a Använd en låsringstång för att vrida spännarnavet

4.22b Det ska precis gå att vrida kamremmen 90°

4.22c Vrid åt spännarmuttern

4.26 Vrid åt vibrationsdämparens bultar med hjälp av en momentnyckel

20 Placera kamremmen på dreven och runt spännarhjulet och, om originalremmen återanvänds, se till att den sitter åt rätt håll **(se bild)**. Remmen måste nu vara spänd.

21 På ADR motor, använd en 8 mm insexnyckel för att vrida spännarhjulet moturs. Plocka sedan bort borren/pluggen och släpp hjulet så att remmen spänns.

22 På AAE, ABK och AAD motorer använder Audi-mekaniker ett specialverktyg som kan haka i de båda hålen i spännarhjulet men det går bra att använda en 90° låsringstång eller två lika stora borrar och en hävarm. Vrid spännaren moturs så att det precis går att vrida kamremmen 90° med tumme och pekfinger på en punkt mellan kamaxel- och mellanaxeldrev. Dra åt muttern till angivet moment **(se bild)**.

23 På ACE motorer, med muttern lös, vrid excenternavet moturs så långt som möjligt för att spänna kamremmen, vrid sedan navet medurs tills visarna på navet är i linje. Dra åt muttern till angivet moment. Använd verktygen som beskrivs i punkt 22.

24 Använd en hylsnyckel på vevaxelns remskivebult, vrid motorn två hela varv medurs, sätt sedan tillbaka den i ÖD-läge och kontrollera att tändinställningsmärkena är i linje. På ACE motorer, kontrollera att visarna på spännarhjulets nav är i linje, tryck sedan på kamremmen med tummen och kontrollera att visarna rör sig i relation till varandra – när du släpper remmen ska visarna hamna i linje igen.

25 Ta bort vibrationsdämparen. Sätt sedan tillbaka den nedre kamremskåpan och dra åt bultarna.

26 Montera vibrationsdämparen och dra åt fästbultarna **(se bild)**.

27 Sätt tillbaka den övre kamremskåpan och dra åt eventuell mutter.

28 Sätt tillbaka specialbulten som fäster nedre kamremskåpan vid vattenpumpen.

29 Sätt tillbaka remskivan på vattenpumpen och dra åt bultarna med en insexnyckel.

30 Montera tillbaka växelströmsgenerator, servostyrningspump och luftkonditionering.

31 Sätt tillbaka den undre skyddskåpan under motorn. Montera i förekommande fall tillbaka den övre motorkåpan.

32 Sätt tillbaka och spänn drivremmarna enligt beskrivningen i kapitel 1A.

33 Sänk ner bilen och återanslut batteriets minusledare.

5 Kamremsspännare och drev – demontering, inspektion och montering

Demontering

1 Demontera kamremmen enligt beskrivningen i avsnitt 4.

Spännare

2 För att ta bort spännare och hjul på ADR motorer, se till att fjädern hålls säkert på plats

av borren/pluggen (se avsnitt 4), skruva sedan bort bulten från excenternavet. Skruva loss spännarens fästbultar inklusive den på navet och ta bort spännaren från den främre delen av motorn **(se bild)**.

3 För att ta bort spännarkomponenterna på AAE, ABK och AAD motorer, skruva loss bulten från spåret och skruva sedan bort spännarenheten från den främre delen av motorn. Skruva bort muttern och ta bort spännarhjulet från pinnbulten.

4 För att ta bort spännarkomponenterna på ACE motorer, skruva loss muttern och ta bort navet från pinnbulten i främre delen av motorn.

Kamaxeldrev

5 Skruva bort kamaxeldrevets bult medan du håller drevet på plats med det verktyg som

5.2 Kamremsspännare (ADR motor)

5.5a Ett hemgjort verktyg används för att hålla kamaxeldrevet medan bulten lossas

5.5b Ta bort kamaxeldrevets bult och bricka . . .

5.5c . . . och woodruffkilen

visas. Ta bort bulten, brickan, drevet och kilen **(se bilder)**.

Mellanaxeldrev

6 Skruva loss mellanaxeldrevets bult medan du håller drevet med verktyget som visas i punkt 5. Ta bort bult, drev och nyckel.

Vevaxeldrev

7 Skruva loss vevaxeldrevets bult och ta bort drevet. Bulten är väldigt hårt åtdragen och vevaxeln måste hållas still. På modeller med manuell växellåda, lägg i högsta växel och tryck kraftigt på bromspedalen. På modeller med automatväxellåda, skruva loss växellådans främre kåpa och använd en bredbladig skruvmejsel i startkransen för att hålla vevaxeln på plats. Observera att på ADR motorer har bulten ett 19 mm dubbelhexagont huvud.

Inspektion

8 Rengör alla drev och undersök om de är slitna eller skadade. Snurra på justeringshjulet och kontrollera att det snurrar jämnt.
9 Undersök om spännaren är sliten och/eller skadad och byt vid behov.

Montering

Vevaxeldrev

10 Placera drevet på vevaxeln och dra åt bulten till angivet moment medan vevaxeln hålls på plats med samma metod som vid demonteringen **(se bild)**. **Observera:** Vrid inte

5.10 Dra åt vevaxeldrevets bult

vevaxeln eftersom kolvarna då kan komma i kontakt med ventilerna.
11 Montera kamremmen enligt beskrivningen i avsnitt 4.

Mellanaxeldrev

12 Placera nyckeln på mellanaxeln och sätt tillbaka drevet och bulten. Dra åt bulten till angivet moment medan du håller fast drevet på samma sätt som vid demonteringen.
13 Montera kamremmen enligt beskrivningen i avsnitt 4.

Kamaxeldrev

14 Sätt nyckeln på kamaxeln och sätt tillbaka drevet, brickan och bulten. Dra åt bulten till angivet moment medan drevet hålls fast på samma sätt som vid demonteringen. Observera att på ADR motorer måste drevet placeras så att den smala "läppen" är vänd mot bilens framsida.
15 Montera kamremmen enligt beskrivningen i avsnitt 4.

Spännare

16 Montera spännaren och spännarhjulet och dra åt spännarens karossfästbultar till angivet moment. På ADR motorer, se till att fjädern hålls på plats av borret/pluggen. På AAE, ABK och AAD motorer, lämna bultarna lösa i spåret under det här steget, men dra åt excenternavets mutter. På ACE motorer, lämna muttern lös under det här steget.
17 Montera kamremmen enligt beskrivningen i avsnitt 4.

---

6 Drivrem – demontering, montering och spänning

1 Beroende på bilens specifikation och typ av motor kan en, två eller tre drivremmar finnas monterade. På ADR motorer driver huvuddrivremmen växelströmsgenerator och servostyrningspumpen från vevaxelns remskiva medan kylvätskepumpen drivs från servostyrningspumpen via en andra drivrem. På ADR motorer med luftkonditionering drivs

kompressorn av en separat drivrem från vevaxelns remskiva. Huvud- och kompressordrivremmarna på ADR motorer är kuggade medan kylvätskepumpens drivrem är en kilrem. På alla andra 4-cylindriga motorer drivs växelströmsgeneratorn och kylvätskepumpen av huvuddrivremmen och, där sådana finns, luftkonditioneringskompressorn och servostyrningspumpen av separata drivremmar från vevaxelns remskiva. Drivremmarna på dessa motorer är kilremmar – spänningen på luftkonditioneringens drivrem justeras med mellanlägg och spänningen på servostyrningspumpens drivrem genom att pumpen flyttas.
2 På ADR motorer justeras huvuddrivremmen automatiskt och kylvätskepumpens drivrem går inte att justera. Kompressorns drivrem justeras med en momentnyckel.
3 På alla andra 4-cylindriga motorer justeras huvuddrivremmens spänning genom att växelströmsgeneratorn flyttas och kompressordrivremmen justeras med mellanlägg mellan remskivans halvor.
4 Om drivremmarna ska demonteras, dra åt handbromsen och ställ med hjälp av en domkraft upp framvagnen på pallbockar (se *Lyftning och stödpunkter*). Där så behövs, ta bort den nedre skyddskåpan från undersidan av motorrummet.

ADR motor

Demontering

5 Om drivremmen ska återanvändas måste dess rotationsriktning markeras så att den kan sättas tillbaka på samma sätt.
6 På modeller med luftkonditionering, skruva loss motorns främre kardanstag från motor och tvärbalk. Skruva sedan bort bultarna och ta bort drivremsspännaren från främre delen av motorn. Ta av drivremmen från remskivorna.
7 För att kunna ta bort huvuddrivremmen måste man först lossa den automatiska spännaren och hålla den på plats med en särskild sprint. Vrid spännaren medurs med hjälp av en lämplig nyckel tills sprinthålen är i linje och stoppa in en passande metallsprint, bult eller borr för att hålla spännaren i lossat

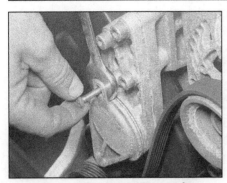

6.7a En bult används för att hålla drivremsspännaren i dess lossade position (ADR motor)

6.7b Drivremmen tas bort från generatorns remskiva (ADR motor)

läge **(se bilder)**. Ta bort drivremmen från vevaxelns, generatorns och servostyrnings-pumpens remskivor, och från riktarens och spännarens remskivor.

8 Vid borttagning av kylvätskepumpens drivrem, håll först servostyrningspumpens remskiva på plats med hjälp av en skruv-mejsel som sticks in från pumpens bakre del, skruva sedan bort bultarna som fäster remskivan vid kylvätskepumpen. Ta bort drivremmen och remskivans båda halvor.

Montering och spänning

9 Placera kylvätskepumpens drivrem på servostyrningspumpens remskiva. Montera sedan löst ihop remskivans halvor och drivremmen på kylvätskepumpen och fäst bultarna löst.

10 Tryck ihop de båda remskivehalvorna medan du vrider remskivorna och drar åt fästbultarna. Remmen får inte fastna mellan remskivans båda halvor. Dra avslutningsvis åt bultarna till angivet moment.

11 Placera huvuddrivremmen på rem-skivorna, vrid sedan spännaren medurs och ta bort den fasthållande sprinten. Släpp spännaren så att drivremmen spänns och se till att den är rätt placerad på alla remskivor.

12 På modeller med luftkonditionering, placera drivremmen på kompressorns och vevaxelns remskivor. Montera sedan tillbaka spännaren och dra åt fästbultarna hårt. Se till att drivremmen ligger rätt på spännar-remskivan.

13 Spänn drivremmen genom att vrida sex-kanten på spännaren till ett moment på 25 Nm. Behåll det här momentet och dra åt justerings- och pivåbultar.

Alla motorer utom ADR

Demontering

14 Vid demontering av luftkonditionerings-kompressorns drivrem, håll fast remskivan, skruva ur bultarna och ta bort remskivans halvor från kompressorn tillsammans med drivremmen.

15 Vid demontering av servostyrnings-pumpens drivrem, lossa pumpens fästbultar i justeringsspåren och flytta pumpen mot vevaxelns remskiva. Ta av drivremmen från remskivorna.

16 För att ta bort växelströmsgeneratorns/kylvätskepumpens huvuddrivrem, lossa växel-strömsgeneratorns fäst- och justerlänksbultar, lossa sedan låsbulten och vrid kuggstångs-muttern för att flytta växelströmsgenerator tillbaka längs kuggstången. Ta av drivremmen från remskivorna.

Montering och justering

17 Placera huvuddrivremmen på remskivorna och vrid justerbulten tills drivremmen är i läge.

18 Det finns två metoder att spänna drivremmen. Enligt den första metoden, vrid spännarens kuggstångsmutter för att flytta bort växelströmsgeneratorn från motorn tills drivremsavböjningen mellan remskivorna är

ungefär 2,0 mm under hårt tumtryck. Om en begagnad drivrem återmonteras bör avvikelsen vara 5,0 mm. Håll spännarens kuggstångsmutter i det här läget, dra sedan åt låsbulten följt av pivåbultar och länkbultar.

19 För den andra metoden att spänna driv-remmen krävs en momentnyckel. Kontrollera först att pivåbulten är lös och att växel-strömsgeneratorn rör sig fritt. Dra åt spännarens kuggstångsmutter till 8 Nm för en ny rem eller 4 Nm för en begagnad rem med hjälp av en momentnyckel. Dra sedan åt pivåbulten för att hålla växelströmsgeneratorn i detta läge. Dra åt låsbulten och länkbulten och se till att växelströmsgeneratorn inte rör sig ur läge.

7 Kamaxelkåpa – demontering och montering

ADR motor

Demontering

1 Ta bort kåporna från överdelen av motor där så behövs.

2 Lossa klamrarna och ta bort luftintagsröret mellan luftrenaren och gasspjällhuset.

3 Koppla loss kablarna från tändspolen baktill på motorns ovansida. Skruva även bort muttern och koppla ifrån jordkabeln.

4 Skruva bort fästbultarna, koppla sedan bort tändkablarna från tändstiften och ta bort tändspolen **(se bild)**.

5 Skruva successivt loss fästmuttrarna och ta bort kamaxelkåpan från topplocket.

6 Ta bort huvudpackningen och den mittre packningen från topplocket.

7 Ta bort oljeavvisaren från kamaxelkåpan.

Montering

8 Rengör kamaxelkåpans och topplockets ytor och sätt dit de nya packningarna.

9 Montera oljeavvisaren på kamaxelkåpan.

10 Placera kamaxelkåpan på topplockets pinnbultar och dra successivt åt muttrarna till angivet moment.

11 Montera tändspolen och anslut tänd-kablarna till tändstiften.

12 Återanslut jordkabeln och tändspolens kablar.

13 Sätt tillbaka luftintagsröret och spänn åt klamrarna.

14 Montera kåporna till överdelen av motor där så behövs.

Alla motorer utom ADR

Demontering

15 Lossa klamrarna och skruva bort muttern (om sådan finns), ta sedan bort den övre kamremskåpan från den främre delen av motorn.

16 Skruva loss muttrarna och ta bort kamremmens bakre övre kåpa från främre delen av ventilkåpan **(se bild)**.

17 Skruva loss återstående muttrar från

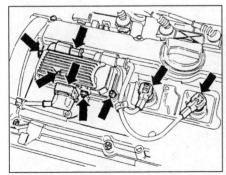

7.4 Ta bort tändspolen och tändkablarna (ADR motor)

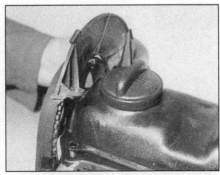

7.16 Ta bort kamremmens bakre övre kåpa (ej ADR motor)

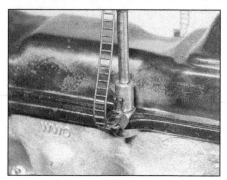

7.17 Skruva loss muttrarna . . .

7.18a . . . ta bort förstärkningsremsorna. . .

7.18b . . . och lyft av kamaxelkåpan (ej ADR motorer)

kamaxelkåpan. Observera placeringen av kabelfästbanden och jordpolen (se bild).
18 Ta bort förstärkningsremsorna och lyft bort kamaxelkåpan (se bilder).
19 Ta bort oljeavvisaren (se bild).
20 Ta bort packningen från pinnbultarna på topplocket (se bild).
21 Ta bort den främre lagerkåpans packning. Ta även bort gummipluggen från den bakre delen av topplocket (se bilder).

Montering

22 Rengör kamaxelkåpans och topplockets ytor.
23 Montera gummipluggen på bakre delen av topplocket och den främre lagerkåpans packning.
24 Montera en ny packning över pinnbultarna på överdelen av topplocket.
25 Sätt tillbaka oljeavvisaren.
26 Sätt tillbaka kamaxelkåpan och förstärkningsremsorna.
27 Montera kamremmens bakre övre kåpa, skruva sedan fast ventilkåpans muttrar och dra åt den till angivet moment.
28 Sätt tillbaka den övre kamremskåpan, dra åt muttern och tryck dit klamrarna.

7.19 Ta bort oljeavvisaren

7.20 Kamaxelkåpans packning tas bort

8 Kamaxelns oljetätning – byte

1 Demontera kamaxeldrevet enligt beskrivningen i avsnitt 5.
2 Borra två små hål i den befintliga oljetätningen, snett mitt emot varandra. Skruva i två självgängande skruvar i hålen, dra sedan med hjälp av två tänger i skruvhuvudena för att få ut oljetätningen. Var noga med att inte borra hål i tätningshuset eller kamaxelns lageryta.

3 Torka rent kamaxelns tätninghus och tätningsyta med en dammfri trasa. Ta bort filspån eller borrskägg som kan orsaka att tätningen läcker.
4 Smörj den nya oljetätningens kant och ytterkant med ren motorolja och tryck på den över kamaxeln tills den är rakt över huset.
5 Använd hammare och passande hylsa och driv in tätningen i huset. **Observera:** *Välj en hylsa som bara trycker på tätningens hårda yttersida, och inte på innerkanten som lätt kan skadas.*
6 Montera kamaxeldrevet enligt beskrivningen i avsnitt 5.

7.21a Ta bort främre lagerkåpans packning . . .

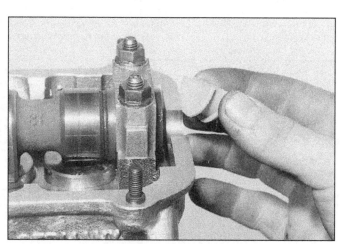

7.21b . . . och den bakre gummipluggen

9 Mellanaxelns oljetätning – byte

1 Demontera mellanaxeldrevet enligt beskrivningen i avsnitt 5.
2 Borra två små hål i den befintliga oljetätningen, snett mitt emot varandra. Skruva i två självgängande skruvar i hålen, dra sedan med hjälp av två tänger i skruvhuvudena för att få ut oljetätningen. Var försiktig så att du inte borrar igenom till tätningsflänsen. En alternativ metod är att skruva loss flänsen, ta bort den inre O-ringen från det inre spåret och pressa ut tätningen **(se bilder)**.
3 Rengör tätningsflänsen och tätningsytan på kamaxeln med en dammfri trasa. Ta bort filspån eller borrskägg som kan orsaka att tätningen läcker.
4 Smörj in inner- och ytterkanten av den nya oljetätningen med ren motorolja och driv in den i huset för hand efter att du sett till att den slutna änden av tätningen är riktad utåt. **Observera:** *På ADR motorer, smörj inte in oljetätningen om en tätningshylsa används.*
5 Använd hammare och passande hylsa och driv in tätningen i huset. **Observera:** *Välj en hylsa som bara trycker på tätningens hårda yttersida, och inte på innerkanten som lätt kan skadas.*
6 När flänsen tagits bort, byt ut O-ringen, montera tillbaka flänsen och dra åt bultarna till angivet moment.
7 Montera mellanaxeldrevet enligt beskrivningen i avsnitt 5.

10 Vevaxelns oljetätningar – byte

Vevaxelns främre oljetätning

1 Demontera kamremmen och vevaxeldrevet enligt beskrivningen i avsnitt 5.
2 Tätningen kan bytas ut utan att huset tas bort genom att man borrar två små hål snett mitt emot varandra, sätter in självgängande

9.2a Ta bort O-ringen från det inre spåret på den mellanliggande axelns oljetätningsfläns

9.2b Oljetätningen tas bort från den mellanliggande axelns oljetätningsfläns

skruvar och vrider runt skruvarna med en tång **(se bild)**. Alternativt kan man skruva loss huset (inklusive relevanta sumpbultar) och ta bort packningen, och sedan driva ut oljetätningen på en arbetsbänk. På ADR motorer, ta bort även mellanaxeldrevet för bättre åtkomlighet. Om sumppackningen skadas när huset tas bort, måste sumpen demonteras och en ny packning sättas dit. Sumpen måste dock sättas tillbaka *efter* huset.
3 Doppa den nya tätningen i motorolja och driv in den i huset med en träkloss eller en hylsa tills den är i nivå med kanten **(se bild)**. Se till att tätningens slutna ände är vänd utåt.
4 Sätt på huset, med en ny packning, och dra åt bultarna jämnt i diagonal ordningsföljd.
5 Montera kamremmen och vevaxeldrevet enligt beskrivningen i avsnitt 5.

Vevaxelns bakre oljetätning (svänghjulssidan)

6 Demontera svänghjulet/drivplattan enligt beskrivningen i avsnitt 13.
7 Tätningen kan bytas ut utan att huset tas bort genom att man borrar två små hål snett mittemot varandra, sätter in självgängande skruvar och vrider runt skruvarna med tång **(se bild)**. Alternativt kan man skruva loss huset (inklusive relevanta sumpbultar) och ta bort packningen, och sedan driva ut oljetätningen på en arbetsbänk. Om sump-

packningen skadas när huset tas bort måste sumpen demonteras och en ny packning sättas dit. Sumpen måste dock sättas tillbaka *efter* huset.
8 Driv ut den gamla tätningen ur huset, doppa sedan den nya tätningen i motorolja och driv in den i huset med en träklots eller en hylsa tills den är i nivå med kanten. Se till att tätningens slutna ände är vänd utåt.
9 Sätt på huset, med en ny packning, och dra åt bultarna jämnt i diagonal ordningsföljd.
10 Montera svänghjulet/drivplattan enligt beskrivningen i avsnitt 13.

11 Topplock – demontering och montering

Observera: *Demontering och renovering av topplock beskrivs i kapitel 2E.*

ADR motor

Demontering

1 Lossa batteriets jordledning (minuspolen) (se kapitel 5A).
2 Demontera den undre skyddskåpan under motorrummet. Om så behövs kan framvagnen tillfälligt lyftas upp. Demontera i förekommande fall den övre motorkåpan.
3 Skruva loss muttrarna och ta loss det främre avgasröret från grenröret. Stöd

10.2 Ta bort vevaxelns främre oljetätning

10.3 Använd en hylsa och en hammare för att driva in vevaxelns främre oljetätning i huset

10.7 Ta bort vevaxelns bakre oljetätning

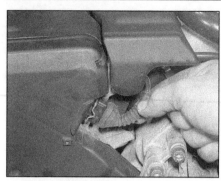

11.12 Koppla loss kablaget från Hallgivaren (ADR motor)

avgasröret på en pallbock och ta vara på packningen.
4 Skruva loss muttrarna och bultarna och ta loss grenröret från topplocket. Ta reda på packningen.
5 Tappa ur kylsystemet enligt beskrivningen i kapitel 1A. Tappa även ur kylarvätskan från motorn genom att koppla loss den lilla slangen från termostathuset.
6 Lossa klämman och koppla loss den övre slangen från kylvätskeröret.
7 Koppla loss kablarna från insugningsrörets varierbara chokeventil bakom växelströmsgeneratorn.
8 Koppla loss kablarna från temperaturgivaren för insugsluft nedanför chokeventilen.

9 Lossa klämman och koppla loss expansionskärlets slang från kylvätskeröret på överdelen av motorn.
10 Lossa klamrarna och ta bort luftintagsröret från luftrenaren och gasspjällhuset.
11 Koppla loss kablarna från bränsleinsprutarna.
12 Koppla loss kablaget från Hallgivaren på främre vänstra sidan av topplocket (se bild).
13 Koppla bort kablarna från den automatiska kamaxeljusteringsventilen baktill på topplocket.
14 Koppla loss kablarna från tändspolen baktill på motorns ovansida. Skruva även loss jordkabeln.
15 Skruva loss fästmuttrarna från tändspolen. Koppla ifrån tändkablarna från tändstiften och ta bort tändspolen.
16 Koppla loss kablarna från temperaturgivaren/-givarna på topplockets baksida. **Observera:** *Den andra givaren finns endast på modeller med luftkonditionering.*
17 Koppla loss kablarna från gasspjällkontakten.
18 Koppla loss kablarna till växelströmsgeneratorns varningslampa på kylvätskerörets fäste bak på topplocket.
19 Lossa kabelhärvan från kabelfästena och placera den på torpedväggen.
20 Koppla ifrån bränslematnings- och returslangarna vid bränslefördelarskenan och plugga igen dem så de inte läcker bränsle.
21 Haka loss gasvajern från gasspjällarmen, koppla loss den från stödet och lägg den åt sidan.
22 Koppla loss luftkonditioneringens vakuumslangar och bromsservoenhetens vakuumslang.
23 Skruva loss insugningsrörets stödfäste nära bränsletrycksregulatorn.
24 Koppla loss värmepaketets slangar på torpedväggen. Insugningsslangen kopplas bort genom att klämman lyfts med hjälp av en skruvmejsel, och returslangen kopplas loss genom att klämman lossas.
25 Skruva bort det bakre kylvätskeröret.
26 Demontera drivremmen enligt beskrivningen i avsnitt 6.
27 Skruva loss bultarna som fäster insugningsröret vid topplocket **(se bild)**.
28 Skruva loss insugningsröret vid de nedre gummibussningårna, ta bort grenröret från topplocket och lägg det åt sidan. Ta reda på packningen.
29 Koppla ifrån syresensorkablarna från torpedväggen.
30 Lösgör och skruva loss den övre kamremskåpan.
31 Demontera kamremmen från kamaxeldrevet enligt beskrivningen i avsnitt 4. Observera att vevaxelns remskiva och den nedre kamremskåpan inte behöver tas bort.
32 Använd en räfflad hylsnyckel för att skruva bort topplocksbultarna ett varv i taget, i omvänd ordning mot åtdragningsföljden **(se bild 11.39)** och ta bort dem tillsammans med deras brickor.

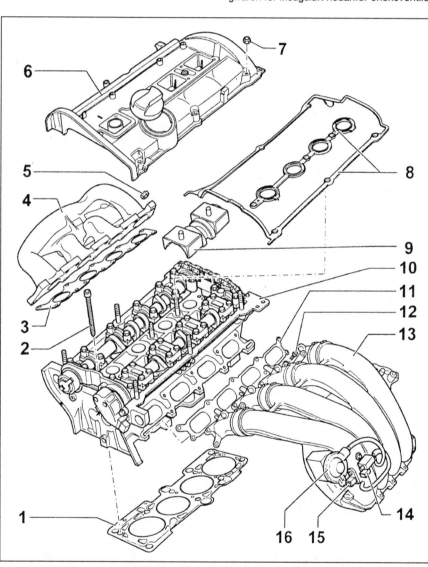

11.27 Topplockets yttre komponenter

1 Topplockspackning	7 Kamaxelkåpans muttrar	13 Insugningsrör
2 Topplocksbultar	8 Kamaxelkåpans packning	14 Insugningsrörets styrventil
3 Avgasgrenrörets packning	9 Oljeavvisare	15 Insugningsrörets
4 Avgasgrenrör	10 Topplock	temperaturgivare
5 Avgasgrenrörets muttrar	11 Insugningsrörets packning	16 Vakuumenhet för styrventil
6 Kamaxelkåpa	12 Insugningsrörets bultar	

33 Ta bort alla bultar och lyft av topplocket från motorblocket. Om det sitter fast kan det knackas loss med en träklubba. Stick inte in något verktyg i packningsfogen.
34 Ta bort topplockspackningen från blocket.

Montering

35 Rengör fogytorna på topplocket och blocket noga. Torka även bort eventuell olja eller kylarvätska från bulthålen i blocket. Om detta inte görs kommer inte bara åtdragningsmomentet att visa fel, utan risken finns även att blocket skadas. Topplocksbultarna måste bytas ut varje gång de skruvas loss.
36 Placera en ny packning på blocket med katalognumret eller orden OBEN TOP uppåt. Se till att styrstiften är i rätt läge.
37 Sänk försiktigt ner topplocket på motorblocket. Använd ingen tätningsmassa på topplocksfogen.
38 Sätt i topplocksbultarna, tillsammans med deras brickor, och dra till att börja med åt dem med en räfflad hylsnyckel.
39 Dra åt alla bultar i den angivna ordningen **(se bild)** till momentet för steg 1 som anges i specifikationerna.
40 Vinkeldra bultarna i samma ordningsföljd till vinkel angiven för steg 2.
41 Montera kamremmen enligt beskrivningen i avsnitt 4.
42 Montera den övre kamremskåpan.
43 Återanslut syresensorkablarna på torpedväggen.
44 Montera insugningsröret tillsammans med en ny packning och dra åt bultarna till angivet moment. Dra åt fästena för de nedre gummibussningarna.
45 Montera och spänn drivremmen enligt beskrivningen i avsnitt 6.
46 Montera det bakre kylvätskeröret, återanslut sedan värmepaketets slangar och pressa ihop klamrarna.
47 Sätt tillbaka insugningsrörets stödfäste.
48 Återanslut luftkonditioneringens vakuumslangar och bromsservoenhetens vakuumslang.
49 Montera och justera gasvajern.
50 Återanslut bränslematnings- och returslangarna.
51 Återanslut kablaget till växelströmsgeneratorns varningslampa, gasspjällkontakten, den automatiska kamaxeljusteringsventilen och temperaturgivaren.
52 Montera tändspolen och återanslut tändkablarna.
53 Återanslut kablarna till Hallgivare, insprutare, temperaturgivaren för insugsluft och insugningsrörets variabla chokeventil. Fäst motorns kabelhärva med fästband där det behövs.
54 Sätt tillbaka luftintagsröret och spänn åt klamrarna.
55 Återanslut expansionskärlets slang till kylvätskeröret och spänn åt klämman.
56 Återanslut den övre slangen till kylvätskeröret och spänn åt klämman.

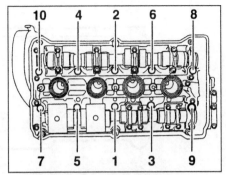

11.39 Ordningsföljd för åtdragning av topplocksbultar (ADR motor)

57 Fyll på kylsystemet igen enligt beskrivningen i kapitel 1A.
58 Montera grenröret med en ny packning och dra åt alla muttrar och bultar.
59 Montera det främre avgasröret på grenröret tillsammans med en ny packning och dra åt muttrarna.
60 Montera den undre skyddskåpan under motorrummet och återanslut batteriets minusledare. Sätt i förekommande fall tillbaka den övre motorkåpan.

Alla motorer utom ADR

Demontering

61 Lossa batteriets jordledning (minuspolen) (se kapitel 5A).
62 Demontera den undre skyddskåpan under motorrummet. Om så behövs kan framvagnen tillfälligt lyftas upp. Demontera i förekommande fall den övre motorkåpan.
63 Skruva loss muttrarna och ta loss avgasröret från grenröret. Stöd avgasröret på en pallbock och ta vara på packningen.
64 Skruva loss muttrarna och bultarna och ta loss grenröret från topplocket. Ta reda på packningen.
65 Tappa ur kylsystemet enligt beskrivningen i kapitel 1A. Tappa även ur kylvätskan från motorn genom att koppla loss den lilla slangen från termostathuset.
66 Demontera insugningsröret enligt beskrivningen i kapitel 4.
67 Koppla loss tändkablarna och ta ur tändstiften enligt beskrivningen i kapitel 1A.

11.76 Topplocket lyfts från blocket (ej ADR motor)

11.75 Topplocksbultarna tas bort (ej ADR motor)

68 Demontera kamremmen från kamaxeldrevet enligt beskrivningen i avsnitt 4. Observera att vevaxelns remskiva och den nedre kamremskåpan inte behöver tas bort.
69 Om topplocket ska tas isär när det demonteras kan kamaxeln och ventillyftarna tas bort nu, enligt beskrivningen i kapitel 2E.
70 Demontera växelströmsgeneratorn enligt beskrivningen i kapitel 5A.
71 Skruva loss jordkabeln från topplocket.
72 Koppla loss värmeslangen, den övre slangen och förbikopplingsslangen från topplocket.
73 Koppla loss kablarna från temperaturgivarna.
74 Skruva loss den bakre kamremskåpan.
75 Använd en räfflad hylsnyckel för att skruva bort topplocksbultarna ett varv i taget, i omvänd ordning mot åtdragningsföljden **(se bild 11.82)** och ta bort dem tillsammans med deras brickor **(se bild)**.
76 När alla bultar är borttagna, lyft topplocket från blocket **(se bild)**. Om det sitter fast kan det knackas loss med en träklubba. Stick inte in något verktyg i packningsfogen.
77 Ta bort topplockspackningen från blocket **(se bild)**.

Montering

78 Rengör fogytorna på topplocket och blocket noga. Torka även bort eventuell olja eller kylarvätska från bulthålen i blocket. Om detta inte görs kommer inte bara åtdragningsmomentet att visa fel, utan risken finns

11.77 Topplockspackningen tas bort från blocket (ej ADR motor)

11.79 OBEN TOP-markering på topplockspackningen (ej ADR motor)

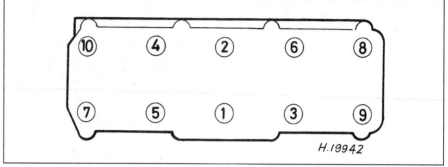

11.82 Ordningsföljd för åtdragning av topplocksbultar (ej ADR motor)

även att blocket skadas. Topplocksbultarna måste bytas ut varje gång de skruvas loss.

79 Montera en ny packning på blocket, med katalognumret eller orden OBEN TOP uppåt **(se bild)**. Se till att styrstiften är i rätt läge.

80 Sänk försiktigt ner topplocket på motorblocket. Använd ingen tätningsmassa på topplocksfogen.

81 Sätt i topplocksbultarna, tillsammans med deras brickor, och dra till att börja med åt dem med en räfflad hylsnyckel.

82 Dra åt alla bultar i den angivna ordningen **(se bild)** till momentet för steg 1 som anges i specifikationerna.

83 Dra åt bultarna i samma ordningsföljd till momentet angivet för steg 2.

84 Vinkeldra bultarna i samma ordningsföljd till vinkel angiven för steg 3 **(se bild)**. Ett halvt varv (180°) utan att stanna eller två kvarts varv (90°) går bra.

85 Montera den bakre kamremskåpan. Sätt i och dra åt bultarna.

86 Återanslut kablarna till temperaturgivarna.

87 Återanslut värmeslangen, den övre slangen och förbikopplingsslangen.

88 Sätt tillbaka jordkabeln. Sätt i och dra åt bulten.

89 Montera växelströmsgeneratorn enligt beskrivningen i kapitel 5A.

90 Om de demonterats, sätt tillbaka kamaxeln och ventillyftarna enligt beskrivningen i kapitel 2E.

91 Montera kamremmen enligt beskrivningen i avsnitt 4.

92 Återanslut tändstiften och tändkablarna enligt beskrivningen i kapitel 1A.

93 Montera grenröret med en ny packning och dra åt alla muttrar och bultar.

94 Montera det främre avgasröret på grenröret tillsammans med en ny packning och dra åt muttrarna.

95 Fyll på kylsystemet igen enligt beskrivningen i kapitel 1A.

96 Montera den undre skyddskåpan under motorrummet och återanslut batteriets minusledare. Montera i förekommande fall den övre motorkåpan.

12 Hydrauliska ventillyftare – funktionskontroll

> ⚠️ **Varning: När hydrauliska ventillyftare monterats måste du vänta i minst 30 minuter (helst till nästa dag) innan motorn startas, så att lyftarna får tid att sätta sig. I annat fall kan ventilhuvudena slå i kolvarna.**

1 De hydrauliska ventillyftarna är självjusterande och kräver ingen tillsyn vid drift.

2 Om de hydrauliska ventillyftarna blir för högljudda kan deras funktion kontrolleras enligt följande.

3 Kör motorn tills den når normal arbetstemperatur. Stäng av motorn och demontera ventilkåpan enligt beskrivning i avsnitt 7.

4 Vrid kamaxeln genom att vrida på vevaxeln med en hylsnyckel tills den första kamloben över cylinder nr 1 pekar uppåt.

5 Pressa ventillyftaren nedåt med ett verktyg som inte är av metall, och kontrollera sedan glappet med ett bladmått. Om detta överstiger 0,2 mm (ADR motor) eller 0,1 mm (alla utom ADR motorer) innan ventilen börjar öppna sig bör ventillyftaren bytas ut.

6 Demontering och montering av hydrauliska ventillyftare beskrivs som en del av topplocksrenovering – se kapitel 2E för mer information.

13 Svänghjul/drivplatta – demontering, inspektion och montering

Demontering

1 På modeller med manuell växellåda, demontera växellådan (se kapitel 7A) och kopplingen (se kapitel 6).

2 På modeller med automatväxellåda, demontera växellådan enligt beskrivningen i kapitel 7B.

3 Svänghjulets/drivplattans bultar sitter oregelbundet för att det inte ska gå att montera fel. Skruva loss bultarna samtidigt som svänghjulet/drivplattan hålls stilla. Sätt tillfälligt i en bult i motorblocket och använd en skruvmejsel till att hålla svänghjulet/drivplattan, eller tillverka ett specialverktyg **(se bild)**.

4 Lyft svänghjulet/drivplattan från vevaxeln. Om en drivplatta demonteras måste mellanläggets och distansbrickans positioner noteras.

Inspektion

5 Undersök om svänghjulet/drivplattan visar tecken på slitage eller skada. Undersök om startkransen har slitna kuggar. Om drivplattan eller dess startkrans är skadad måste hela drivplattan bytas. Dock kan svänghjulets startkrans bytas separat från svänghjulet, detta arbete bör överlåtas till en Audi/VAG-verkstad. Om kopplingsfriktionsytan är

11.84 Vinkeldragning av topplocksbultarna (ej ADR motor)

13.3 Verktyg för att hålla svänghjulet/drivplattan på plats

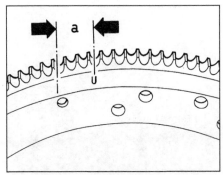

13.6 Markering för tändinställning mått 'a'

Mått 'a' = 14,6 mm från mitten av ÖD-märket

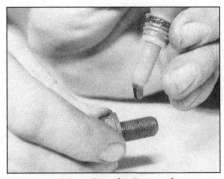

13.8a Lägg låsvätska på svänghjulets/drivplattans bultar

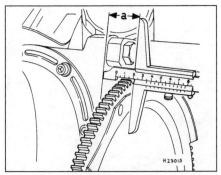

13.8b Drivplattans position mått 'a'

Mått 'a' = 27 mm ± 1 mm

missfärgad eller överdrivet repig kan den eventuellt slipas om, men detta arbete bör överlåtas till en Audi/VAG-verkstad.

6 Observera att om svänghjulet/drivplattan byts ut, har den nya delen bara en ÖD-markering. Den måste märkas med tänd-inställningen enligt informationen som visas **(se bild)**.

7 Med svänghjulet borttaget, kontrollera nållagret i änden av vevaxeln med avseende på slitage genom att vrida det med ett finger. Om det finns tecken på slitage eller om lagret har gått torrt måste det bytas. Använd en lageravdragare som kopplar i den bakre delen av lagret. Driv det nya lagret på plats tills dess yttre ände är 1,5 mm under änden på vevaxeln.

Montering

8 Monteringen sker i omvänd ordning, men stryk låsvätska på de (nya) bultarnas gängor innan de sätts i och dra sedan åt dem till angivet moment. Om en ny drivplatta ska monteras måste dess position kontrolleras och justeras. Avståndet från blockets baksida till momentomvandlarens *fästyta* på driv-plattan måste vara 27 mm ± 1 mm. Om det behövs, demontera drivplattan och sätt en distansbricka bakom den för att få rätt mått **(se bilder)**. Den uppstickande piggen på andra sidan mellanlägget måste vara riktad mot momentomvandlaren.

---

14 Motorfästen – inspektion och byte

Inspektion

1 Om bättre åtkomlighet behövs, ställ fram-vagnen på pallbockar och demontera den undre skyddskåpan.
2 Se efter om fästgummina är spruckna, förhårdnande eller delade från metallen på någon punkt. Byt fästet om det har sådana skador eller om slitage är tydligt.

3 Kontrollera att alla fästets förband är ordentligt åtdragna, använd om möjligt momentnyckel.
4 Använd en stor skruvmejsel eller ett bräckjärn och kontrollera slitaget i fästet genom att bryta mot det och leta efter spel. Där detta inte är möjligt, låt en medhjälpare vicka på motorn/växellådan, framåt/bakåt och i sidled medan du studerar fästet. Ett visst spel är att vänta även från nya delar, medan ett större slitage märks tydligt. Om för stort spel förekommer, kontrollera först att fästets förband är väl åtdragna och byt sedan slitna delar enligt beskrivningen nedan.

Byte

Främre kardanstag

5 Åtkomligheten förbättras om man drar åt handbromsen och ställer upp framvagnen på pallbockar (se *Lyftning och stödpunkter*).
6 Skruva loss bultarna och ta bort kardan-staget och gummifästet från den främre delen av topplocket.
7 Skruva loss fästet från den främre listen.
8 Sätt det nya kardanstaget och fästet på plats i omvänd ordning.

Höger eller vänster motorfäste

9 Dra åt handbromsen och ställ framvagnen på pallbockar (se *Lyftning och stödpunkter*).
10 Avlasta motorns vikt med en lyft.

14.11 Motorfäste (visas med motorn demonterad)

13.8c Åtdragning av svänghjulets/drivplattans bultar

11 Skruva loss fästmuttrarna, lyft motorn och dra bort fästet från motorfästet och kryss-rambalken **(se bild)**.
12 Montera det nya fästet i omvänd ordning mot demonteringen.

---

15 Sump – demontering och montering

Demontering

1 Dra åt handbromsen och ställ med hjälp av en domkraft framvagnen på pallbockar (se *Lyftning och stödpunkter*).
2 Skruva loss motorns undre skyddskåpa.
3 Ställ en behållare under sumpen, skruva ur avtappningspluggen och tappa ur motoroljan. Rengör, sätt tillbaka och dra åt pluggen när du har tappat ur all olja. Ta ur oljemätstickan från motorn.
4 Ta upp motorns vikt med en motorlyft.
5 Skruva loss och ta bort växellådans främre kåpa.
6 Skruva loss motorfästets nedre muttrar.
7 Ta upp vikten för den främre fjädrings-tvärbalken på en garagedomkraft, och skruva sedan loss tvärbalkens främre fästbultar och sänk ner tvärbalken något.

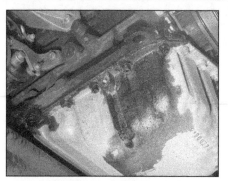

15.8 Oljesump (ADR motor)

16.2a Ta bort oljepumpens utsugningsrör . . .

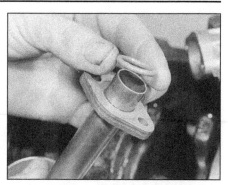

16.2b . . . och o-ringstätning

8 Skruva bort sumpbultarna **(se bild)**.
9 Demontera sumpen och ta bort packningen. Om den sitter fast kan den försiktigt knackas loss med en klubba.

Montering

10 Rengör sumpens och blockets fogytor.
11 Sätt en ny packning på sumpen, och passa sedan in sumpen mot motorblocket och sätt i bultarna. Använd ingen tätningsmassa. Dra åt bultarna till angivet moment i diagonal ordningsföljd.
12 Lyft den främre fjädringstvärbalken och dra åt fästbultarna. Sänk ner motorn på tvärbalken och koppla loss lyftanordningen.
13 Skruva i motorfästets nedre muttrar och dra åt till angivet moment.

14 Sätt tillbaka växellådans främre kåpa och dra åt bultarna.
15 Sätt tillbaka oljemätstickan.
16 Montera den undre skyddskåpan och sänk ner bilen.
17 Fyll motorn med rätt mängd olja enligt beskrivningen i kapitel 1A.

16 Oljepump och oljeupptagare – demontering, inspektion och montering

Demontering

1 Demontera sumpen enligt beskrivningen i avsnitt 15.
2 Skruva loss bultarna med hjälp av en

insexnyckel och ta bort utsugningsröret från oljepumpen. Ta bort O-ringstätningen **(se bilder)**.
3 Skruva loss oljepumpens stora fästbultar och dra bort pumpen från blocket **(se bilder)**.
4 Skruva loss de två bultarna och lyft bort kåpan. Observera att kåpan även inkluderar övertrycksventilen.

Inspektion

5 Rengör komponenterna och kontrollera om de är slitna eller skadade.
6 Kontrollera dödgången mellan kuggarna med hjälp av ett bladmått som i bilden, och jämför det med vad som anges i specifikationerna. På liknande sätt kontrolleras drevens axialspel med hjälp av en ställinjal över pumpens ytterkant. Om de är utanför de angivna gränserna ska pumpen bytas ut. Om inte, montera kåpan och dra åt bultarna **(se bilder)**.

Montering

7 Fyll pumpen med olja genom att sänka ner den i olja och vrida runt drivaxeln.
8 Rengör fogytorna, montera sedan oljepumpen på blocket, sätt i fästbultarna och dra åt dem till angivet moment.
9 Placera en ny O-ringstätning på änden av utsugningsröret. Sätt på slangen på oljepumpen, sätt i bultarna och dra åt dem till angivet moment.
10 Montera sumpen enligt beskrivningen i avsnitt 15.

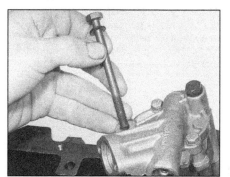

16.3a Skruva loss oljepumpens stora fästbultar . . .

16.3b . . . och ta bort oljepumpen

16.6a Kontroll oljepumpdrevens dödgång . . .

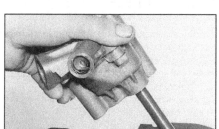

16.6b . . . och axialspel

16.6c Åtdragning av oljepumpkåpans bultar

Kapitel 2 Del B
Reparationer med motorn kvar i bilen –
5-cylindriga bensinmotorer

Innehåll

Svårighetsgrader

| Enkelt, passar novisen med lite erfarenhet | Ganska enkelt, passar nybörjaren med viss erfarenhet | Ganska svårt, passar kompetent hemmamekaniker | Svårt, passar hemmamekaniker med erfarenhet | Mycket svårt, för professionell mekaniker |

Specifikationer

Allmänt
Motorkod:*
  2309 cc, Bosch KEIII Jetronic insprutning, 98 kW .... AAR
Lopp .... 82,5 mm
Kolvslag .... 86,4 mm
Kompressionsförhållande 10,0:1
Kompressionstryck (slitagegräns) .... 8,0 bar
Maximal skillnad mellan cylindrar .... 3,0 bar
Tändföljd .... 1 - 2 - 4 - 5 - 3
Placering för cylinder nr 1 .... Kamremsänden
* Observera: Se "Bilens identifikationsnummer" för kodmärkningens placering på motorn.

Smörjsystem
Oljepump, typ .... Monterad på motorblockets framsida och drivs direkt från vevaxeln
Normalt oljetryck .... Minst 2,0 bar (vid 2 000 varv/minut, oljetemperatur 80°C)

Åtdragningsmoment

	Nm
Avgasgrenrör	25
Cylinderloppets oljesprutningsmunstycke	10
Främre avgasrör till grenrör	40
Fläkt	20
Hallgivarplatta till insugningsrör	25
Hallgivare till topplock	10
Insugningsrör	20
Kamaxelkåpa:	
Steg 1	5
Steg 2	10
Steg 3	12
Kamaxellageröverfall	20
Kamdrevets bult	65
Kamrem, inre och nedre yttre kåpor	10
Kamremsspännarens mutter	20
Motorfäste	45
Oljefilterhus	25
Oljepumpens upptagningsrör	10
Oljepump till block:	
Kort	10
Lång	20
Oljesump:	
M6-bultar	10
M8-bultar	20
Oljesumpens avtappningsplugg	40
Ramlageröverfall, bultar	65
Storändslagrens överfall, bultar/muttrar*:	
Steg 1	30
Steg 2	Vinkeldra ytterligare 90°
Stöd till motorfäste	40
Svänghjul/drivplatta:	
Standard svänghjul:	
Steg 1	30
Steg 2	Vinkeldra 90°
Tvådelat svänghjul:	
Steg 1	40
Steg 2	Vinkeldra 180°
Topplocksbultar:	
Steg 1	40
Steg 2	60
Steg 3	Vinkeldra 180° (eller 2 x 90°)
Vevaxelns remskiva/drev, bult	450
Vevaxelns remskiva/vibrationsdämpare till vevaxel	20
Vevaxelns bakre oljetätningshus:	
M6-bultar	10
M8-bultar	20
Vevhusventil	20

1 Allmän information

Hur detta kapitel används

Kapitel 2 är indelat i fem avsnitt: A, B, C, D och E. Reparationer som kan utföras med motorn kvar i bilen beskrivs i del A (4-cylindriga bensinmotorer), del B (5-cylindriga bensinmotorer), del C (4-cylindriga diesel-motorer) och del D (5-cylindriga diesel-motorer). Del E behandlar demontering av motorn/växellådan som en enhet, och beskriver hur man tar isär och renoverar motorn.

I delarna A, B, C och D antas att motorn är på plats i bilen, med alla hjälpaggregat monterade. Om motorn lyfts ur för renovering kan den preliminära isärtagning som beskrivs ignoreras.

Åtkomligheten till motorrummet kan under-lättas genom att motorhuven demonteras enligt beskrivningen i kapitel 11.

Beskrivning av motorn

I detta kapitel betecknas motorer genom-gående med sina respektive motorkoder, snarare än slagvolymen. En lista över de motorer som tas upp, inklusive deras beteckningar, finns i specifikationerna.

Motorerna är vattenkylda femcylindriga radmotorer med enkel eller dubbla över-liggande kamaxlar där motorblocken är i gjutjärn och topplocken av aluminiumbaserad lättmetallegering. Alla är monterade på längden i bilens främre del, med växellådan monterad baktill på motorn. Vevaxeln är av typen med sex lager, och ramlagerskålarna till nr 4 (från fronten) innehåller separata tryck-brickor för kontroll av vevaxelns axialspel. Kamaxeln drivs av en kuggrem från vev-axeldrevet, och remmen driver även vatten-pumpen på vänster sida av motorblocket. Avgaskamaxeln drivs med en kuggrem från vevaxelns kedjedrev. Ett drev på kamaxelns bakre del driver fördelaren.

Ventilerna drivs från kamaxeln via hydrauliska ventillyftare.

Motorn har ett fullständigt smörjsystem. En

oljepump finns monterad på vevaxelns främre del. Oljefiltret är av kassettyp och sitter monterat på motorblockets högra sida.

Reparationer som kan utföras med motorn kvar i bilen:

Följande arbeten kan utföras utan att motorn lyfts ur bilen:
a) Drivremmar – demontering och montering.
b) Kamaxel – demontering och montering.*
c) Kamaxeloljetätning – byte.
d) Kamaxeldrev – demontering och montering.
e) Kylvätskepump – demontering och montering (se kapitel 3).
f) Vevaxelns oljetätningar – byte.
g) Vevaxelns drev – demontering och montering.
h) Topplock – demontering och montering.*
i) Motorfästen – inspektion och byte.
j) Oljepump och upptagare – demontering och montering.
k) Sump – demontering och montering.
l) Kamrem, drev och kåpa – demontering, inspektion och montering.

*Topplockets isärtagning beskrivs i kapitel 2E, inklusive detaljer kring demontering av kamaxel och hydrauliska ventillyftare.

Observera: Det går att demontera kolvar och vevstakar (sedan topplock och sump demonterats) utan att lyfta ur motorn. Detta tillvägagångssätt är dock inte att rekommendera. Arbete av denna typ är mycket enklare att utföra med motorn på en arbetsbänk, enligt beskrivningen i kapitel 2E.

2 Ventilinställningsmärken – allmän information och användning

Allmän information

1 Vevaxeln, kamaxeln och kylvätskepumpen drivs av kamremmen. Vevaxel- och kamaxeldreven går i takt med varandra för att försäkra korrekt ventilinställning.
2 De motorer som beskrivs i detta kapitel är konstruerade på ett sådant sätt att kolvarna kommer att slå i ventilerna om vevaxeln dras runt medan kamremmen är borttagen. Därför är det viktigt att rätt synkronisering mellan kamaxeln och vevaxeln bibehålls medan kamremmen är demonterad. Detta uppnås genom att man ställer motorn i ett referensläge (kallat övre dödpunkt eller mer vanligt ÖD) innan kamremmen tas bort och att axlarna sedan låses där till dess att kamremmen åter finns på plats. Om motorn har tagits isär för renovering kan den ställas till ÖD vid hopsättningen för att korrekt axelsynkronisering ska garanteras.
3 ÖD är den högsta punkt en kolv når i sin cylinder – i en fyrtaktsmotor når varje kolv ÖD

två gånger per arbetscykel, en gång i kompressionstakten och en gång i avgastakten. Generellt sett avser ÖD, som referensläge, cylinder nr 1 i kompressionstakten. Observera att cylindrarna är numrerade från ett till fem, med början vid motorns kamremssida.
4 Vevaxelns remskiva har ett märke som, när det är i linje med ett referensmärke på oljepumpskåpan, anger att cylinder nr 1 är vid ÖD.
5 Kamaxeldrevet är även utrustat med ett tändinställningsmärke. När detta är i linje med ett märke på den inre kamremskåpan är cylinder nr 1 i ÖD-kompression.
6 Dessutom har svänghjulet/drivplattan ÖD-märken som blir synliga om man tar bort skyddskåpan från växellådans balanshjulskåpa. Ytterligare markeringar finns även på kamaxeldreven på motorer med dubbla överliggande kamaxlar.

Inställning av ÖD för cylinder nr 1

7 Innan arbetet påbörjas, se till att tändningen är avslagen och förhindra att bilen börjar rulla genom att lägga växeln i friläge, dra åt handbromsen och klossa hjulen.
8 På motorer med fördelare, notera positionen för tändkabeln till cylinder nr 1 på fördelardosans lock, ta bort locket och gör ett märke på själva fördelaren. Detta hjälper dig att avgöra när kolv nr 1 är i ÖD.

9 Ta ur alla tändstift enligt beskrivningen i kapitel 1A.
10 Vrid motorn medurs med hjälp av en nyckel på vevaxelns remskiva och sätt en lämplig gummiplugg (eller verktygshandtag) över tändstift nr 1 för att avgöra när kolv nr 1 når sin kompressionstakt (man känner trycket genom tändstiftshålet). På motorer med strömfördelare kommer rotorarmen att nå märket som gjordes i punkt 8.
11 Fortsätt vrida motorn medurs tills ÖD-märket på svänghjulet/drivplattan är i linje med motsvarande märke på växellådshuset. För ytterligare kontroll, lossa klamrarna och ta bort den övre yttre kamremskåpan för att exponera ÖD-märkena på kamaxelns kamremsdrev. Markeringen på kamaxeldrevets inre yta måsta justeras mot den övre kanten på kamaxelkåpan. Även den nedre kamremskåpan kan om så behövs tas bort för kontroll av märkena på vevaxelns remskiva och oljepumpens hus **(se bilder)**.

3 Kompressionsprov

1 Om motorns prestanda sjunker eller om misständningar uppstår som inte kan hänföras till tändning eller bränslesystem, kan ett kompressionsprov ge ledtrådar till motorns skick. Om kompressionsprov tas regelbundet

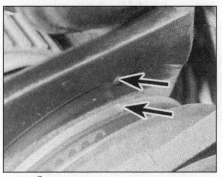

2.11a ÖD-inställningsmärken på vevaxelns remskiva och nedre kamremskåpan

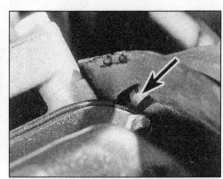

2.11b ÖD-inställningsmärke bak på kamaxeldrevet

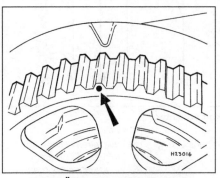

2.11c ÖD-markering framtill på kamaxeldrevet (övre kamremskåpan demonterad)

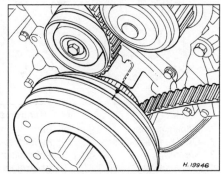

2.11d ÖD-märken på vevaxelns remskiva och oljepumphuset

kan de ge förvarning om problem innan några andra symptom uppträder.

2 Motorn måste vara uppvärmd till normal arbetstemperatur, batteriet måste vara fulladdat och alla tändstift måste vara urskruvade (se kapitel 1A). Dessutom behövs en medhjälpare.

3 Koppla ur tändsystemet på motorer med fördelare genom att dra ur tändkablarna från fördelarlocket och jorda den till motorblocket. Använd en skarvsladd eller liknande för att ge god anslutning. På motorer utan fördelare, koppla loss kablarna från tändspolen (se kapitel 5B).

4 Montera kompressionsprovaren i tändstifts-hålet i cylinder nr 1 – en kompressionsprovare som skruvas i tändstiftsgängan är att föredra.

5 Låt en medhjälpare trampa gasen i botten, dra sedan runt motorn på startmotorn. Efter ett eller två varv ska trycket byggas upp till ett maxvärde och stabiliseras. Anteckna den högsta avläsningen.

6 Upprepa testet på övriga cylindrar och notera trycket i var och en. Håll gasspjället vidöppet.

7 Alla cylindrar ska ha liknande tryck. En skillnad på mer än 3 bar mellan två av cylindrarna indikerar ett fel. Trycket ska byggas upp snabbt i en väl fungerande motor. Lågt tryck i första slaget följt av ett gradvis stigande indikerar slitna kolvringar. Lågt tryck som inte höjs indikerar läckande ventiler eller trasig topplockspackning (eller ett sprucket topplock).

8 Se specifikationerna i detta kapitel och jämför de avlästa kompressionsvärdena med dem som angivits av tillverkaren.

9 Om trycket i en cylinder är mycket lägre än i de andra, utför följande test för att hitta orsaken. Häll i en tesked ren olja i cylindern genom tändstiftshålet och upprepa därefter provet.

10 Om oljan tillfälligt förbättrar kompress-ionen indikerar detta att slitage på kolvringar eller lopp orsakar tryckfallet. Om ingen förbättring sker tyder det på läckande/brända ventiler eller trasig topplockspackning.

11 Lågt tryck i två angränsande cylindrar är nästan helt säkert ett tecken på att topp-lockspackningen mellan dem är trasig.

12 Om en cylinder har omkring 20% lägre tryck än de andra och motorns tomgång är något ojämn, kan detta orsakas av en sliten kamlob.

13 När proverna är genomförda, skruva i tändstift och kablar igen.

---

4 Kamrem – demontering, inspektion och montering

Demontering

1 Kamremmens primära funktion är att driva kamaxeln, men den driver även kylvätske-pumpen (se bild). Om remmen slirar eller brister med motorn igång rubbas ventil-synkroniseringen, vilket kan leda till kontakt mellan kolvar och ventiler och åtföljande allvarliga motorskador. Därför är det viktigt att kamremmen är korrekt spänd, och att man med jämna mellanrum undersöker om den är sliten eller åldrad.

2 Lossa batteriets jordledning (minuspolen) innan du börjar arbeta (se kapitel 5A).

3 Dra åt handbromsen och ställ framvagnen på pallbockar (se *Lyftning och stödpunkter*). Demontera skyddskåpan från motorrummets undersida och lossa den främre fästtappen.

4 Demontera den främre stötfångaren enligt beskrivningen i kapitel 11.

5 Demontera båda strålkastarna enligt beskrivningen i kapitel 12.

6 Koppla loss vajern från motorhuvslåset, lossa tvärbalken från motorrummets sidor och främre stöd och ta bort den.

7 Skruva loss kylarens fästbultar enligt beskrivningen i kapitel 3. Koppla inte loss slangarna från kylaren.

8 Kylaren måste nu lossas från fästet och dess högra sida dras fram för att ge arbetsutrymme framför motorn. Skruva loss fästbygeln från kylarens högra sida. Skruva loss kylarens fästbultar och dra kylaren framåt. Audi-mekanikerna använder ett speciellt stödfäste som håller bort kylaren från motorn, men en trä- eller metallbit fungerar lika bra.

9 Demontera fläktenheten enligt beskriv-ningen i kapitel 3.

10 Demontera drivremmen enligt beskriv-ningen i avsnitt 6.

11 Skruva loss och ta bort drivrems-spännaren.

12 Vrid runt vevaxeln och ställ motorn i ÖD enligt beskrivningen i avsnitt 2. Ta samtidigt bort de övre och nedre kamremskåporna. Den övre kåpan tas bort genom att man lossar fjäderklamrarna och den nedre kåpan genom att man skruvar bort de två fästbultarna.

13 Håll vevaxeln stilla medan du lossar vibrationsdämparens mittbult. Audi-mekanik-erna använder ett speciellt verktyg som fäster inuti vibrationsdämparen, men på modeller med manuell växellåda kan det räcka att lägga i 4:an och låta en medhjälpare trampa hårt på

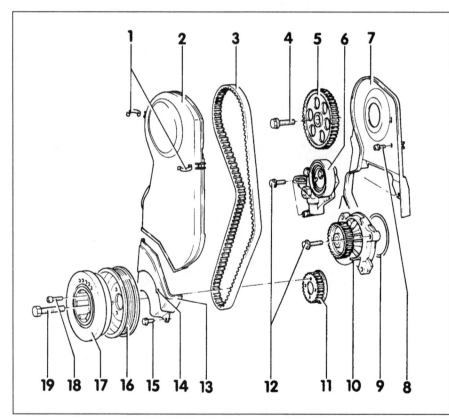

4.1 Kamremskomponenter

1 Fjäderklammer	8 Bult	15 Bult
2 Övre kamremskåpa	9 Kylvätskepumpens O-ring	16 Vevaxelremskiva
3 Kamrem	10 Kylvätskepump	17 Vibrationsdämpare
4 Kamaxeldrevets bult	11 Vevaxeldrev	18 Vibrationsdämparens/
5 Kamaxeldrev	12 Bultar	remskivans fästbult
6 Spännare	13 Nedre kamremskåpa	19 Vevaxelremskivans bult
7 Bakre kamremskåpa	14 ÖD-markering	

4.20 Vevaxeldrevet och vibrationsdämparen passas ihop med vevaxeln - lägg märke till klacken (vid pilen), som är en del av drevet

bromsen. Denna metod kan inte användas på modeller med automatväxellåda, utan då måste kåpan skruvas loss från moment-omvandlarhuset och en medhjälpare får sätta en bredbladig skruvmejsel mot startkransens kuggar. Den sistnämnda metoden kan också användas på modeller som har manuell växellåda.

14 Lossa endast spännarens fästbultar. De två övre befinner sig i justeringsurtag och den undre fungerar som pivåpunkt.

15 Markera kamremmens rotationsriktning med en pil. **Observera:** *Om kamremmen ska återanvändas måste den sättas tillbaka på samma sätt.* **Böj inte** kamremmen hårt om den ska återanvändas.

16 Vrid spännaren moturs för att frigöra spänningen i kamremmen, ta sedan loss kamremmen från kamaxelns och kylvätske-pumpens drev.

17 Skruva loss och ta bort den bult som fäster vibrationsdämparen och drevet vid vevaxeln.

18 Ta bort vibrationsdämparen tillsammans med kamremmen från vevaxeln.

Inspektion

19 Undersök remmen noga, leta efter spår av föroreningar från kylarvätska eller olja. Om sådana spår finns måste föroreningskällan först av allt åtgärdas innan något annat utförs. Kontrollera remmens skick vad gäller skador eller slitage, speciellt kring tändernas fram-kanter. Byt ut kamremmen om det råder minsta tvivel om dess skick, priset på en ny kamrem är försumbart jämfört med de reparationskostnader som kan uppstå om en rem brister när motorn går. Remmen måste bytas om den har gått så långt som anges av tillverkaren (se kapitel 1A). Har den gått mindre är det ändå en bra idé att byta ut den, oavsett skick, som förebyggande åtgärd. **Observera:** *Om kamremmen inte ska monteras omedelbart är det en bra idé att sätta en varningslapp på ratten, för att*

påminna dig själv och andra om att inte starta motorn.

Montering

20 Placera kamremmen och vibrations-dämparen (med kedjedrev) på vevaxeln och kontrollera att klacken på drevet går in i urtaget på vevaxeln **(se bild)**. Se till att remmen inte fastnar mellan kedjedrevet och oljepumphuset. Placera kamremmen i kylpumpens och kamaxelns kedjedrev och runt spännaren. Om det är originalremmen som används, se till att du fäster den på rätt sätt.

21 Smörj in bulthuvudets kontaktyta samt bultens gäng med lämpligt tätningsmedel, sätt in den och dra åt den till angivet moment medan vevaxeln hålls på plats enligt den metod som beskrivs i punkt 13.

22 Kontrollera att vevaxeln och kamaxeln är placerade på så sätt att ÖD-markeringarna är korrekt justerade enligt beskrivningen i avsnitt 2.

23 Böj spännaren medurs för att spänna kamremmen. Kamremmen måste spännas på exakt följande sätt. Använd en skiftnyckel på sexhörningen, vrid denna medurs så långt att det med tumme och pekfinger precis går att vrida kamremmen 90° på en punkt mellan kamaxelns och kylvätskepumpens drev. Dra åt spännarens bultar när allt befinner sig i rätt läge. En mer ungefärlig metod att spänna kamremmen består i att använda ett vrid-moment på 25 Nm på sexhörningen, för att sedan dra åt bultarna.

24 Låt vevaxeln gå runt två fullständiga varv och kontrollera sedan kamremsspänningen på nytt. Upprepa spänningsproceduren om det behövs.

25 Montera drivremsspännaren och dra åt bultarna.

26 Montera och spänn drivremmen enligt beskrivningen i avsnitt 6.

27 Montera fläkten enligt beskrivningen i kapitel 3.

28 Montera kylaren, stödfästena och luft-trummorna och fäst bultarna.

29 Sätt tillbaka tvärbalken och motor-huvslåset och dra åt bultarna.

30 Montera strålkastarna enligt beskriv-ningen i kapitel 12.

31 Montera den främre stötfångaren enligt beskrivningen i kapitel 11.

32 Montera den undre skyddskåpan och ställ ner bilen.

33 Återanslut batteriets minuspol.

5 Kamremsspännare och drev – demontering, inspektion och montering

Demontering

1 Lossa batteriets jordledning (minuspolen) (se kapitel 5A).

Spännare

2 Dra åt handbromsen och ställ framvagnen på pallbockar (se *Lyftning och stödpunkter*). Demontera skyddskåpan från motorrummets undersida och lossa den främre fästtappen.

3 Demontera den främre stötfångaren enligt beskrivningen i kapitel 11.

4 Demontera båda strålkastarna enligt beskrivningen i kapitel 12.

5 Koppla loss vajern från motorhuvslåset, lossa sedan tvärbalken från motorrummets sidor och främre stöd och ta bort den.

6 Skruva loss kylarens fästbultar enligt beskrivningen i kapitel 3. Koppla inte loss slangarna från kylaren.

7 Kylaren måste nu lossas från fästet och dess högra sida dras fram för att ge arbets-utrymme framför motorn. Skruva loss fäst-bygeln från kylarens högra sida. Skruva loss kylarens fästbultar och dra kylaren framåt. Audi-mekanikerna använder ett speciellt stödfäste som håller bort kylaren från motorn, men en trä- eller metallbit fungerar lika bra.

8 Demontera fläkten enligt beskrivningen i kapitel 3.

9 Demontera drivremmen enligt beskriv-ningen i avsnitt 6.

10 Skruva loss drivremsspännaren.

11 Vrid runt vevaxeln och ställ motorn i ÖD enligt beskrivningen i avsnitt 2. De övre och nedre kamremskåporna måste tas bort.

12 Lossa spännarens bultar, vrid den sedan moturs och lossa kamremmen. Ta bort bultarna och dra ut spännaren.

Kamaxeldrev

13 Dra åt handbromsen och ställ upp framvagnen på pallbockar (se *Lyftning och stödpunkter*). Demontera skyddskåpan från motorrummets undersida och lossa den främre fästtappen.

14 Demontera den främre stötfångaren enligt beskrivningen i kapitel 11.

15 Demontera båda strålkastarna enligt beskrivningen i kapitel 12.

16 Koppla loss vajern från motorhuvslåset, lossa sedan tvärbalken från motorrummets sidor och främre stöd och ta bort den.

17 Skruva loss kylarens fästbultar enligt beskrivningen i kapitel 3. Koppla inte loss slangarna från kylaren.

18 Kylaren måste nu lossas från fästet och dess högra sida dras fram för att ge arbetsutrymme framför motorn. Skruva loss fästbygeln från kylarens högra sida. Skruva loss kylarens fästbultar och dra kylaren framåt. Audi-mekanikerna använder ett speciellt stödfäste som håller bort kylaren från motorn, men en trä- eller metallbit fungerar lika bra.

19 Demontera fläktenheten enligt beskriv-ningen i kapitel 3.

20 Demontera drivremmen enligt beskriv-ningen i avsnitt 6.

HAYNES TiPS

För att tillverka ett verktyg att hålla kamaxeldrevet på plats med, använd två stålremsor, 6 mm tjocka, 30 mm breda och 60 respektive 20 cm långa (alla mått är ungefärliga). Skruva ihop de båda remsorna löst så att en gaffelliknande ände skapas och så att den kortare remsan kan svänga fritt. Fäst en bult med mutter och låsmutter i ändarna på gaffelns ben, som ska fungera som stödpunkter. Dessa kopplas ihop med hålen i drevet och bör sticka ut ungefär 30 mm

21 Skruva loss och ta bort drivrems-spännaren.
22 Vrid runt vevaxeln och ställ motorn i ÖD enligt beskrivningen i avsnitt 2. De övre och nedre kamremskåporna måste tas bort.
23 Skruva loss spännarens bultar, vrid den sedan moturs och lossa kamremmen från kamaxeldrevet.
24 Skruva loss kamaxeldrevets bult medan drevet hålls fast med ett verktyg som passar i kedjehjulets hål **(se Haynes tips)**. Ta bort bulten, brickan, drevet och kilen.

Vevaxeldrev
25 Demontera kamremmen enligt beskrivningen i avsnitt 4.
26 Placera vevaxeldrevet/ vibrationsdämparen på arbetsbänken, skruva loss bultarna och frigör drevet från remskivan och vibrationsdämparen.

Inspektion
27 Rengör alla drev och undersök om de är slitna eller skadade. Snurra på spännarhjulet och kontrollera att det snurrar jämnt.
28 Undersök om spännaren är sliten och/eller skadad och byt vid behov.

Montering
Vevaxeldrev
29 Montera på nytt ihop vevaxeldrev, remskiva och vibrationsdämpare och dra åt bultarna till angivet moment.
30 Montera kamremmen enligt beskrivningen i avsnitt 4.
31 Återanslut batteriets minuspol.

Kamaxeldrev
32 Sätt kilen på kamaxeln och sätt tillbaka drevet, brickan och bulten. Dra åt bulten till

angivet moment medan drevet hålls fast på samma sätt som vid demonteringen.
33 Resten av monteringen sker i omvänd ordning mot demonteringen, men se avsnitt 4 beträffande spänning av kamremmen.

Spännare
34 Resten av monteringen sker i omvänd ordning mot demonteringen, men se avsnitt 4 beträffande spänning av kamremmen.

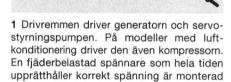

6 Drivrem – demontering och montering

1 Drivremmen driver generatorn och servo-styrningspumpen. På modeller med luft-konditionering driver den även kompressorn. En fjäderbelastad spännare som hela tiden upprätthåller korrekt spänning är monterad **(se bild)**.

Demontering
2 För att demontera drivremmen, dra åt handbromsen och ställ upp framvagnen på pallbockar (se *Lyftning och stödpunkter*). Demontera skyddskåpan från motorrummets undersida och lossa den främre fästtappen.
3 Demontera den främre stötfångaren enligt beskrivningen i kapitel 11.
4 Demontera båda strålkastarna enligt beskrivningen i kapitel 12.
5 Koppla loss vajern från motorhuvslåset, lossa tvärbalken från motorrummets sidor och främre stöd och ta bort den.
6 Om drivremmen ska återanvändas måste dess rotationsriktning markeras, så att den kan monteras tillbaka på samma sätt.
7 Skruva loss och ta bort fläkten. Skruva loss fästmuttern bakom fläkten med hjälp av en tunn skiftnyckel.
8 Ha en sprint redo att sätta in i hålet i spännaren för att hålla den på plats medan drivremmen tas bort.
9 Använd en skiftnyckel, vrid spännaren moturs och sätt in sprinten i hålet.
10 Notera hur drivremmen är dragen, ta loss den från remskivorna och överföringen och ta bort den från motorn.

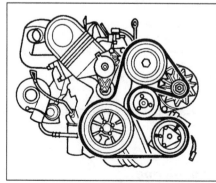

6.1 Drivremskonfiguration på modeller med luftkonditionering

Montering
11 Placera drivremmen runt remskivorna och överföringen, se till att den sitter rätt i spåren.
12 Vrid spännaren medurs med hjälp av nyckeln och ta loss sprinten, släpp sedan spännaren försiktigt och se till att drivremmen hamnar rätt på remskivorna.
13 Montera fläkten och dra fast fästmuttern.
14 Sätt tillbaka tvärbalken och återanslut vajern.
15 Montera strålkastarna enligt beskrivningen i kapitel 12.
16 Montera den främre stötfångaren enligt beskrivningen i kapitel 11.
17 Montera den undre skyddskåpan och sänk ner bilen.

7 Kamaxelkåpa – demontering och montering

Demontering
1 Koppla ifrån gasvajern från gasspjällhuset enligt beskrivningen i kapitel 4 och lägg den åt sidan.
2 Koppla ifrån vevhusventilationsslangen från kamaxelkåpan.
3 Skruva loss muttrarna och lyft av kamaxel-kåpan tillsammans med förstärkningslisterna och packningen.
4 Ta bort packningen från kåpan. Ta även bort den halvcirkelformade gummipluggen från den bakre delen av topplocket, om så behövs.

Montering
5 Rengör kamaxelkåpans och topplockets ytor och sätt dit den nya gummipluggen och packningen.
6 Montera tillbaka kåpan och förstärknings-listerna och dra sedan fast bultarna till angivet moment.
7 Koppla tillbaka vevhusventilationsslangen på kamaxelkåpan.
8 Återanslut gasvajern enligt beskrivningen i kapitel 4.

8 Kamaxelns oljetätning – byte

1 Demontera kamaxeldrevet enligt beskrivningen i avsnitt 5.
2 Borra två små hål i den befintliga olje-tätningen, snett mittemot varandra. Skruva i två självgängande skruvar i hålen och dra med hjälp av två tänger i skruvhuvudena för att få ut oljetätningen. Var noga med att inte borra hål i tätningshuset eller kamaxelns lageryta.
3 Torka rent kamaxelns tätningshus och tätningsyta med en dammfri trasa. Ta bort

filspån eller borrskägg som kan orsaka att tätningen läcker.

4 Smörj den nya oljetätningens kant och ytterkant med ren motorolja och tryck på den över kamaxeln tills den är rakt över huset.

5 Använd hammare och en hylsa med lämplig diameter och driv in tätningen i huset tills den befinner sig i jämnhöjd med husets yta. **Observera:** *Välj en hylsa som bara trycker på tätningens hårda yttersida, och inte på innerkanten som lätt kan skadas. Driv inte in tätningen helt och hållet i huset. Då kan returhålet för olja täppas till.*

6 Montera kamaxeldrevet enligt beskrivningen i avsnitt 5.

9 Vevaxelns oljetätningar – byte

Vevaxelns främre oljetätning

1 Demontera kamremmen och vevaxeldrevet enligt beskrivningen i avsnitt 5.

2 Tätningen kan bytas ut utan att oljepumpen tas bort om man borrar två små hål snett mittemot varandra, sätter in självgängande skruvar och vrider runt skruvarna med en tång.

3 Doppa den nya tätningen i motorolja och driv in den i huset med en träkloss eller en hylsa tills den är i nivå med kanten. Se till att tätningens slutna ände är vänd utåt. Om tätningen åstadkommit ett djupt spår i änden på vevaxeln är det godtagbart att driva ner tätningen helt och hållet i huset, så att den nya flänsen bildar en jämn beläggning på vevaxelns yta.

4 Montera kamremmen och vevaxeldrevet enligt beskrivningen i avsnitt 5.

Vevaxelns bakre oljetätning (svänghjulssidan)

5 Demontera svänghjulet/drivplattan enligt beskrivningen i avsnitt 12.

6 Tätningen kan bytas ut utan att oljepumpen tas bort genom att man borrar två små hål på

diagonalt motsatt sida, sätter in självgängande skruvar och vrider runt skruvarna med en tång. Alternativet är att skruva loss huset (inklusive relevanta sumpbultar) och ta bort packningen, och sedan driva ut oljetätningen på en arbetsbänk. Om sumppackningen skadas när huset tas bort, måste sumpen demonteras och en ny packning sättas dit. Sumpen måste dock sättas tillbaka *efter* huset.

7 Doppa den nya tätningen i motorolja och driv in den i huset med en träkloss eller en hylsa tills den är i nivå med kanten. Se till att tätningens slutna ände är vänd utåt.

8 Montera svänghjulet/drivplattan enligt beskrivningen i avsnitt 12.

10 Topplock – demontering och montering

Observera: *Demontering och renovering av topplock beskrivs i kapitel 2E.*

Demontering

1 Lossa batteriets jordledning (minuspolen) (se kapitel 5A).

2 Demontera motorns övre kåpa och den undre skyddskåpan från motorrummet. Om så behövs kan framvagnen tillfälligt lyftas upp.

3 Demontera drivremmen enligt beskrivningen i avsnitt 6.

4 Skruva loss muttrarna och ta loss avgasröret från grenröret. Stöd avgasröret på en pallbock och ta vara på packningen.

5 Skruva loss muttrarna och bultarna och ta loss grenröret från topplocket. Ta vara på packningen.

6 Tappa ur kylsystemet enligt beskrivningen i kapitel 1A.

7 Koppla ifrån gasvajern och farthållarlänkaget om så behövs.

8 Demontera insugningsröret enligt beskrivningen i kapitel 4.

9 Koppla loss tändkablarna och ta ur tändstiften enligt beskrivningen i kapitel 1A.

10 Ta bort strömfördelaren enligt beskrivningen i kapitel 5B.

11 Demontera kamremmen från kamaxeldrevet enligt beskrivningen i avsnitt 5. Observera att vevaxelns remskiva/vibrationsdämparen inte behöver tas bort. Se till att inte vevaxeln eller kamaxeln vrids medan kamremmen är borttagen.

12 Ta bort kamaxeldrevet och spännaren enligt beskrivningen i avsnitt 5, skruva sedan loss kamremmens bakre kåpa från topplocket.

13 Ta bort kamaxelkåpan enligt beskrivningen i avsnitt 7, ta därefter bort bromsvakuumpumpen och tryckkolven från topplockets vänstra sida enligt beskrivningen i kapitel 9. Observera att tryckkolven måste vara borttagen för att man ska kunna komma åt en av topplocksbultarna. Ta bort O-ringstätningen från spåret i vakuumpumphuset.

14 Om topplocket ska tas isär när det demonterats kan kamaxeln och ventillyftarna tas bort nu, enligt beskrivningen i kapitel 2E.

15 Märk alla bränsle- och vakuumslangar med markeringstejp och koppla loss de som påverkar borttagningen av topplocket.

16 Märk alla kablar med markeringstejp, och koppla ifrån de som påverkar borttagningen av topplocket.

17 Använd en räfflad nyckel och skruva bort topplockets bultar ett varv i taget i motsatt riktning mot den som visas **(se bild 10.21)**.

18 Ta bort alla bultar och lyft av topplocket från motorblocket. Om det sitter fast kan det knackas loss med en läder- eller plastklubba **(se bild)**. Ta bort packningen.

Montering

19 Kontrollera att blockets överdel är helt ren, placera sedan den nya packningen på det med artikelnumret eller markeringen TOP uppåt.

20 Kontrollera att topplockets yta är fullständigt ren. Sätt in två långa stänger i topplockets bulthål i motsatta ändar av blocket, för att sätta dit packningen och för att passa in topplocket **(se bild)**. Sänk ner

10.18 Topplocket tas bort från blocket

10.20 Styrstängernas placering vid montering av topplock

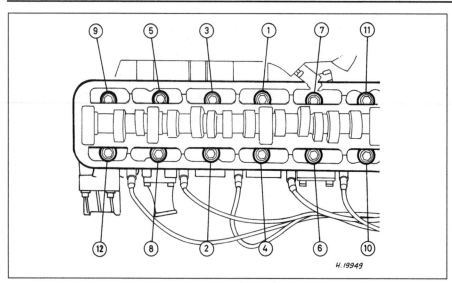

10.21 Ordningsföljd för åtdragning av topplocksbultar

topplocket över blocket, ta bort stängerna och sätt in bultarna och brickorna. Använd ingen tätningsmassa på topplocksfogen.

21 Dra åt alla bultar i den angivna ordningen **(se bild)** enligt de tre stegen som anges i specifikationerna för det angivna momentet.

22 Återanslut alla kablar och bränsle- och vakuumslangar.

23 Om de tagits bort, montera kamaxeln och ventillyftarna enligt beskrivningen i kapitel 2E.

24 Montera kamaxelkåpan enligt beskrivningen i avsnitt 7.

25 Montera den bakre kamremskåpan och därefter kamaxeldrevet och spännarna enligt beskrivningen i avsnitt 5.

26 Sätt tillbaka och spänn kamremmen enligt beskrivningen i avsnitt 4.

27 Montera strömfördelaren enligt beskrivningen i kapitel 5B.

28 Återanslut tändstiften och tändkablarna enligt beskrivningen i kapitel 1A.

29 Montera bromsvakuumpumpen enligt beskrivningen i kapitel 9.

30 Montera insugningsröret enligt beskrivningen i kapitel 4.

31 Sätt tillbaka gasvajern och farthållarlänkaget om så behövs.

32 Fyll kylsystemet enligt beskrivningen i kapitel 1.

33 Montera grenröret med en ny packning och dra åt alla muttrar och bultar.

34 Sätt tillbaka drivremmarna enligt beskrivningen i avsnitt 6.

35 Sätt tillbaka den undre skyddskåpan och återanslut batteriets minusledare.

11 Hydrauliska ventillyftare – funktionskontroll

⚠️ **Varning: När hydrauliska ventillyftare monterats, vänta i minst 30 minuter (helst till nästa dag) innan motorn startas, så att lyftarna får tid att sätta sig. I annat fall kan ventilhuvudena slå i kolvarna.**

1 De hydrauliska ventillyftarna är självjusterande och kräver ingen tillsyn vid drift.

2 Om de hydrauliska ventillyftarna blir för högljudda kan deras funktion kontrolleras enligt följande.

3 Kör motorn tills den når normal arbetstemperatur. Stäng av motorn och demontera ventilkåpan enligt beskrivning i avsnitt 7.

4 Vrid kamaxeln genom att vrida på vevaxeln med en hylsnyckel tills den första kamloben över cylinder nr 1 pekar uppåt.

5 Pressa ventillyftaren nedåt med ett verktyg som inte är av metall, och kontrollera sedan glappet med ett bladmått. Om detta överstiger 0,1 mm innan ventilen börjar öppna sig bör ventillyftaren bytas ut.

6 Demontering och montering av hydrauliska ventillyftare beskrivs som en del av topplocksrenovering – se kapitel 2E för mer information.

12 Svänghjul/drivplatta – demontering, inspektion och montering

Demontering

1 På modeller med manuell växellåda, demontera växellådan (se kapitel 7A) och kopplingen (se kapitel 6).

2 På modeller med automatväxellåda, demontera växellådan enligt beskrivningen i kapitel 7B.

3 Svänghjulets/drivplattans bultar sitter oregelbundet för att det inte ska gå att montera fel. Skruva loss bultarna samtidigt som du håller svänghjulet/drivplattan stilla. Sätt tillfälligt i en bult i motorblocket och använd en skruvmejsel till att hålla svänghjulet/drivplattan, eller tillverka ett specialverktyg **(se bild)**.

4 Lyft svänghjulet/drivplattan från vevaxeln. Om en drivplatta demonteras måste mellanläggets och distansbrickans positioner noteras.

Inspektion

5 Undersök om svänghjulet/drivplattan visar tecken på slitage eller skada. Undersök om startkransen har slitna kuggar. Om drivplattan eller dess startkrans är skadad måste hela drivplattan bytas. Svänghjulets startkrans kan dock bytas separat från svänghjulet, men detta arbete bör överlåtas till en Audi/VAG-verkstad. Om kopplingsfriktionsytan är missfärgad eller överdrivet repig kan den eventuellt slipas om, men det bör utföras av en Audi/VAG-verkstad.

6 Observera att om svänghjulet/drivplattan byts ut, har den nya delen bara en ÖD-markering. Ett märke med tändinställningen måste göras på den enligt informationen som visas **(se bild)**.

7 Kontrollera nållagret i änden av vevaxeln med avseende på slitage genom att vrida det med ett finger. Om det syns tecken på slitage eller om lagret har gått torrt, måste det bytas. Gör detta genom att lossa låsringen och använda en lagerborttagare som passar

12.3 Svänghjulet fixerat i rätt position med hjälp av ett hemgjort verktyg

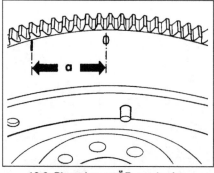

12.6 Placering av ÖD-markering
a = 36,5 mm

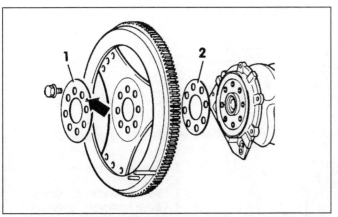

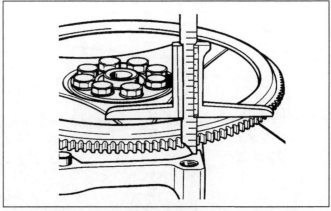

12.8a Distansbricka (1) och mellanlägg (2) för automatväxellåda

Observera: *Den uppstickande piggen (vid pilen) måste vara riktad mot momentomvandlaren*

12.8b Använd ett skjutmått för att kontrollera avståndet från den bakre ytan av blocket till momentomvandlarens fästyta på drivplattan

lagrets bakre del för att ta bort det. Vrid det nya lagret i position och sätt tillbaka låsringen.

Montering

8 Monteringen sker i omvänd ordning, men stryk låsvätska på de (nya) bultarnas gängor innan du sätter i dem och drar åt dem till angivet moment. Om en ny drivplatta ska monteras måste dess position kontrolleras och justeras. Avståndet från blockets baksida till momentomvandlarens *fästyta* på driv-plattan måste vara 21,3 till 22,9 mm. Om det behövs, demontera drivplattan och sätt en distansbricka bakom den för att få rätt mått **(se bilder)**. Den uppstickande piggen på andra sidan mellanlägget måste vara riktad mot momentomvandlaren.

13 Motorfästen – inspektion och byte

Inspektion

1 Om bättre åtkomlighet behövs, ställ fram-vagnen på pallbockar och demontera den undre skyddskåpan.
2 Se efter om fästgummina är spruckna, förhårdnade eller delade från metallen på någon punkt. Byt fästet om det har sådana skador eller om slitage är tydligt.
3 Kontrollera att alla fästets förband är väl åtdragna, använd om möjligt momentnyckel.
4 Använd en stor skruvmejsel eller ett bräckjärn och kontrollera slitaget i fästet genom att bryta mot det och leta efter spel. Där detta inte är möjligt, låt en medhjälpare vicka på motorn/växellådan, framåt/bakåt och i sidled medan du studerar fästet. Ett visst spel är att vänta även från nya delar men större slitage är tydligt. Om för stort spel förekommer, kontrollera först att fästets förband är väl åtdragna och byt sedan slitna delar enligt beskrivningen nedan.

Byte

5 Dra åt handbromsen och ställ med hjälp av en domkraft framvagnen på pallbockar (se *Lyftning och stödpunkter*).
6 Avlasta motorns vikt med en lyftanordning eller en domkraft och ett träblock under sumpen. Kontrollera att allt står stadigt.
7 Skruva loss muttrarna från de vänstra och högra motorfästena, höj sedan upp motorn lite grann och skruva loss fästena från kryssrambalken.
8 För att ta bort momentfästet, skruva loss tvärbalken från underredet, skruva loss fästet från tvärbalken samt fästbygeln på motorns högra sida.
9 Montera de nya fästena i omvänd ordning mot demonteringen.

14 Sump – demontering och montering

Demontering

1 Dra åt handbromsen och ställ upp framvagnen på pallbockar (se *Lyftning och stödpunkter*).
2 Skruva loss motorns undre skyddskåpa. Ta ur oljemätstickan från motorn.
3 Ställ en behållare under sumpen, skruva ur avtappningspluggen och tappa ur motoroljan. Rengör, sätt tillbaka och dra åt pluggen när du har tappat ur all olja.
4 Skruva loss och ta bort växellådans främre kåpa, gå sedan till avsnitt 13 och ta bort momentfästet och tvärbalken.
5 För att kunna ta bort de två bakre bultarna på sumpen måste vevaxeln vridas så att de båda utskurna sektionerna i sumpen och svänghjulet ligger i linje med varandra **(se bild)**. Gör detta med en skiftnyckel på vevaxeldrevets bult.
6 Lossa skruvarna och koppla loss kablarna

och slanghållarna från undersidan av den främre fjädringstvärbalken.
7 Vila motorns vikt i en lyftanordning.
8 Skruva loss motorfästets nedre muttrar.
9 Ta upp vikten för den främre fjädrings-tvärbalken på en garagedomkraft, skruva loss tvärbalkens främre fästbultar och sänk ner tvärbalken något.
10 Skruva loss och ta bort sumpbultarna.
11 Demontera sumpen och ta bort pack-ningen. Om den sitter fast kan den försiktigt knackas loss med en klubba.

Montering

12 Rengör sumpens och blockets fogytor.
13 Sätt en ny packning på sumpen, passa in sumpen mot motorblocket och sätt i bultarna. Använd ingen tätningsmassa. Dra åt bultarna stegvis till angivet moment i diagonal ordningsföljd.
14 Lyft upp framvagnsfjädringens tvärbalk och sätt tillbaka och dra fast fästbultarna till angivet moment. Sänk ner motorn på tvärbalken och koppla loss lyftanordningen.
15 Skruva i motorfästets undre muttrar och dra åt dem till angivet moment.
16 Sätt tillbaka momentfästet, tvärbalken och växellådans främre kåpa och dra åt bultarna.

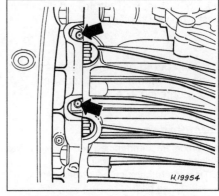

14.5 Bakre sumpbultar (vid pilarna)

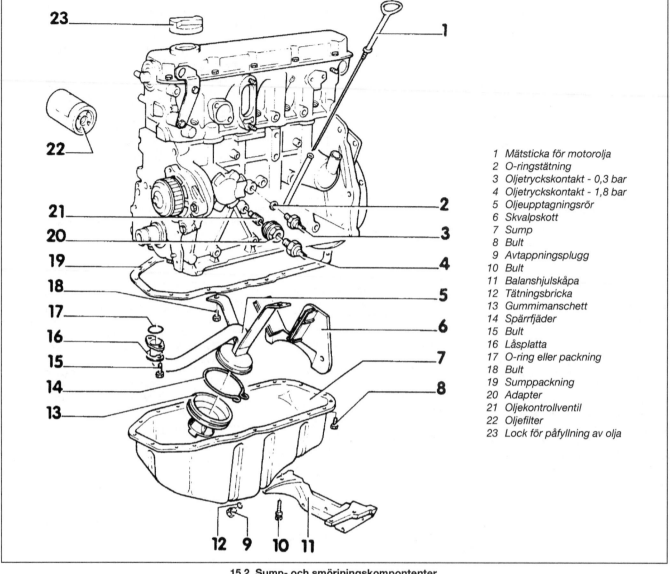

1 Mätsticka för motorolja
2 O-ringstätning
3 Oljetryckskontakt - 0,3 bar
4 Oljetryckskontakt - 1,8 bar
5 Oljeupptagningsrör
6 Skvalpskott
7 Sump
8 Bult
9 Avtappningsplugg
10 Bult
11 Balanshjulskåpa
12 Tätningsbricka
13 Gummimanschett
14 Spärrfjäder
15 Bult
16 Låsplatta
17 O-ring eller packning
18 Bult
19 Sumppackning
20 Adapter
21 Oljekontrollventil
22 Oljefilter
23 Lock för påfyllning av olja

15.2 Sump- och smörjningskompontenter

17 Sätt tillbaka oljemätstickan.
18 Montera den undre skyddskåpan och sänk ner bilen.
19 Fyll motorn med rätt mängd olja enligt beskrivningen i kapitel 1A.

15 Oljepump och oljeupptagare – demontering, inspektion och montering

Demontering

1 Demontera kamremmen och vevaxeldrevet enligt beskrivningen i avsnitt 5.
2 Demontera sumpen enligt beskrivningen i avsnitt 14 **(se bild)**.
3 Skruva loss den inre kamremskåpan där så behövs.

4 Slå tillbaka flikarna på låsplattan med en skruvmejsel eller liknande verktyg. Skruva loss bultarna på oljeupptagarens stödfästen på vevhuset, skruva sedan loss flänsen från

botten av oljepumpen och ta bort låsplattan **(se bilder)**. Ta bort röret och lägg undan packningen eller O-ringen.
5 Skruva loss fästbultarna och dra ut olje-

15.4a Oljepumpens upptagningsrör

15.4b Oljeupptagningsrörets fläns längst ner på oljepumpen

15.5 Oljepumpen tas bort från den främre delen av motorblocket

15.6 Oljepump utan kåpa

pumpen över vevaxeln och från motor-blockets framsida **(se bild)**. Ta vara på brickan.

Inspektion

6 Skruva loss de försänkta skruvarna som fäster pumpkåpan och lyft av kåpan, så att kugghjulen kan ses **(se bild)**.
7 Kontrollera att den synliga sidan av kugghjulen är markerade. Om inte, markera dem så att du vet vilken sida som är vänd mot motorn innan de tas bort.
8 Skruva loss övertrycksventilens plugg och ta bort den liksom tätningsringen, fjädern och tryckkolven **(se bild)**.
9 Rengör alla delar noga och undersök om pumphuset och/eller kåpan visar tecken på slitage eller skador. Undersök om över-trycksventilens tryckkolv och dess fäste är sliten eller skadad, och kontrollera att fjädern inte är skadad eller deformerad. Undersök om kugghjulen är slitna eller skadade. Nya kugghjul kan monteras in, men i så fall parvis.
10 Ta loss oljetätningen från pumpens framsida. Olja in den nya tätningens kant, sätt i tätningen med den slutna sidan utåt och knacka in tätningen helt med en träbit. Om det

finns repor på vevaxeln där kanten på tätningen ligger, kan man trycka ner tätningen till botten, så att kanten ligger mot en oskadad del av vevaxeln.
11 Montera ihop pumpen och sätt tillbaka kåpan. Det inre kugghjulet har sidan med spår vänd mot vevaxeln, och även om det yttre kugghjulet kan sättas i åt endera hållet bör det monteras på samma sätt som innan det togs ut. Några kugghjul har en triangel instansad på den sida som ska vara vänd mot pump-kåpan. Innan du sätter tillbaka kåpan måste du fylla mellanrummen mellan kugghjulen med olja, så att oljekretsen fylls direkt när motorn startas.
12 Dra åt kåpans nedsänkta skruvar ordent-ligt.
13 Sätt tillbaka övertrycksventilens delar och sätt fast pluggen ordentligt.

Montering

14 Placera en ny packning på topplockets framsida och fäst den med lite fett.
15 Sätt tillbaka oljepumpen på blocket och se till att spåren på det inre kugghjulet hakar i tandningen på vevaxeln. Eftersom olje-

15.8 Oljeövertrycksventilens komponenter tas bort

tätningen befinner sig över slutet av vevaxeln ska du kontrollera att den inte är skadad.
16 Skruva i bultarna och dra åt dem i diagonal ordningsföljd till angivet moment.
17 Sätt på huset, med en ny packning eller O-ring, och dra åt bultarna. Där så behövs, böj låsningsflikarna över bultarna.
18 Montera kamremmens inre kåpa, sumpen, kamremmen och drevet enligt beskrivningarna i avsnitt 14 och 5.

Anteckningar

Kapitel 2 Del C
Reparationer med motorn kvar i bilen – 4-cylindriga dieselmotorer

Innehåll

Svårighetsgrader

Enkelt, passar novisen med lite erfarenhet 	**Ganska enkelt,** passar nybörjaren med viss erfarenhet	**Ganska svårt,** passar kompetent hemmamekaniker 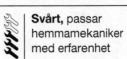	**Svårt,** passar hemmamekaniker med erfarenhet **Mycket svårt,** för professionell mekaniker 

Specifikationer

Allmänt

Motorkod: *
1896 cc, elektronisk direktinsprutning, turboladdning, 66 kW . . . . . . 1Z , AHU
Lopp:
  1Z, AHU . . . . 79,5 mm
Kolvslag:
  1Z, AHU . . . . 95,5 mm
Kompressionsförhållande:
  1Z, AHU . . . . 19,5 : 1
Kompressionstryck (slitagegräns):
  1Z, AHU . . . . 19,0 bar
  Maximal skillnad mellan cylindrar . . . . 5,0 bar
Tändföljd . . . . 1 - 3 - 4 - 2
Placering för cylinder nr 1 . . . . Kamremsänden
* Observera: Se "Bilens identifikationsnummer" för kodmärkningens placering på motorn.

Smörjsystem

Oljepump, typ . . . . Sumpmonterad, driven från mellanaxeln
Oljetryck (oljetemperatur 80°C):
  Tomgång . . . . 1,0 till 2,5 bar
  Vid 3 000 varv per minut . . . . 3,0 till 5,0 bar
Dödgång i oljepump . . . . 0,20 mm (slitagegräns)
Oljepumpens axialspel . . . . 0,15 mm (slitagegräns)

Drivremmar

Spänning för generatorns/luftkonditioneringens kilrem . . . . Justeras automatiskt
Spänning för PAS-pumpens kilrem (avböjning mitt emellan remskivorna):
  Ny rem . . . . 2,0 mm
  Använd rem . . . . 5,0 mm

Åtdragningsmoment

	Nm
Avgasrör till turboaggregat	25
Generatorns fästbult	25
Hallgivare till topplock	10
Hallgivarplatta till insugningsrör	25
Hastighetsgivare till vevaxel:	
Steg 1	10
Steg 2	Vinkeldra ytterligare 90°
Inre kamremskåpa	10
Insugningsrörets fästbultar	25
Kamaxelkåpa	10
Kamaxellageröverfall	20
Kamdrevets bult	80
Kamremsspännarens mutter	20
Kuggremsarm till element	10
Kuggremsspännarelement	25
Kylvätskepump till block:	
Steg 1	20
Steg 2	Vinkeldra ytterligare 90°
Kylvätskepumpens remskiva	25
Luftkonditioneringskompressor till fästbygel	20
Luftkonditioneringskompressorns fästbygel/generatorns	
fästbygel till blocket	25
Mellanaxeldrev	45
Mellanaxelns fläns, bultar	25
Momentomvandlare till drivplatta	35
Motorns lyftögla till topplock	20
Motorns mellanplatta	10
Motorns övre skyddskåpa	5
Nedre yttre kamremskåpa	10
Oljefilterhus till block	25
Oljekylare till filterhus	25
Oljepumpens fästbult	25
Oljepumpskåpa	10
Ramlageröverfall, bultar:	
Steg 1	65
Steg 2	Vinkeldra ytterligare 90°
Servostyrningspumpens remskiva	25
Storändslagrens överfallsbultar/muttrar:	
Steg 1	30
Steg 2	Vinkeldra ytterligare 90°
Sugslang till oljepump	10
Sump	20
Svänghjul/drivplatta:	
Steg 1	60
Steg 2	Vinkeldra ytterligare 90°
Topplockets bultar*:	
Steg 1	40
Steg 2	60
Steg 3	Vinkeldra ytterligare 90°
Steg 4	Vinkeldra ytterligare 90°
Vakuumpumpens klämma	20
Vevaxeldrevets bult (räfflad typ)*:	
Steg 1	90
Steg 2	Vinkeldra ytterligare 90°
Vevaxelns bakre oljetätningshus:	
M6-bultar	10
M8-bultar	20
Vevaxelns främre oljetätningshus:	
M6-bultar	10
M8-bultar	25
Vevaxelns remskiva/vibrationsdämpare till drev	25
Vevhusventil	20
Växellådans kåpa/fästbygel till block	45
Övre kåpa till motor	5

*Använd nya muttrar/bultar

1 Allmän information

Hur detta kapitel används

Kapitel 2 är indelat i fem avsnitt: A, B, C, D och E. Reparationer som kan utföras med motorn kvar i bilen beskrivs i del A (4-cylindriga bensinmotorer), del B (5-cylindriga bensinmotorer), del C (4-cylindriga diesel-motorer) och del D (5-cylindriga diesel-motorer). Del E behandlar demontering av motorn/växellådan som en enhet, och beskriver hur man tar isär och renoverar motorn.

I delarna A, B, C och D antas att motorn är på plats i bilen, med alla hjälpaggregat monterade. Om motorn lyfts ur för renovering kan den preliminära isärtagning som beskrivs ignoreras.

Åtkomligheten till motorrummet kan underlättas genom att motorhuven demonteras enligt beskrivningen i kapitel 11.

Beskrivning av motorn

I detta kapitel betecknas motorer genomgående med sina respektive motorkoder, snarare än slagvolymen. En lista över de motorer som tas upp, inklusive deras beteckningar, finns i specifikationerna i början av detta kapitel.

Motorerna är vattenkylda 4-cylindriga radmotorer med enkel överliggande kamaxel, motorblocken är i gjutjärn och topplocken av aluminiumbaserad lättmetallegering. Alla är monterade på längden i bilens främre del, med växellådan monterad baktill på motorn.

Topplocket innehåller kamaxeln som drivs från vevaxeln med en tandrem. I topplocket finns även insugs- och avgasventilerna som stängs med enkla eller dubbla spiralfjädrar. Ventilerna löper i styrningar som är inpressade i topplocket. Kamaxeln påverkar ventilerna direkt via hydrauliska lyftare, även dessa monterade i topplocket. Dessutom innehåller topplocket oljekanaler för matning och smörjning av lyftarna.

Motorerna är kodade 1Z och AHU och är av direktinsprutningstyp. Till skillnad från insprutningsmotorer där topplocket innehåller virvelkammare, är kolvkronorna formade till förbränningskammare.

Vevaxeln bärs upp av fem ramlager och axialspelet regleras av tryckbrickor på var sida om det mittre ramlagret (nr 3).

Motorerna har en kamremsdriven mellan-axel som driver bromsservons vakuumpump och oljepumpen.

Kylarvätska pumpas runt i systemet av en remdriven pump. Kylsystemet beskrivs i detalj i kapitel 3.

Motorns smörjning pumpas runt av en pump som drivs av mellanaxeln. Olja dras från sumpen genom en sil och tvingas sedan genom det externa utbytbara oljefiltret. Från filtret fördelas oljan till topplocket där den smörjer kamaxelns lager och ventillyftarna, liksom till vevhuset där den smörjer ramlager, vevstakslager, kolvbultar och cylinderlopp. Motorerna har oljemunstycken monterade längst ner i varje cylinder – dessa sprutar olja på kolvarnas undersidor för att förbättra kylningen. En oljekylare, som matas med motorkylvätska och sitter monterad på oljefilterhuset, sänker oljans temperatur innan den går in i motorn.

Reparationer som kan utföras med motorn på plats i bilen:

Följande arbeten kan utföras utan att motorn lyfts ur bilen:

a) Drivremmar – demontering och montering.
b) Kamaxel – demontering och montering.*
c) Kamaxeloljetätning – byte.
d) Kamaxeldrev – demontering och montering.
e) Kylvätskepump – demontering och montering (se kapitel 3).
f) Vevaxelns oljetätningar – byte.
g) Vevaxelns drev – demontering och montering.
h) Topplock – demontering och montering.*
i) Motorfästen – inspektion och byte.
j) Mellanaxeloljetätning – byte.
k) Oljepump och upptagare – demontering och montering.
l) Sump – demontering och montering.
m) Kamrem, drev och kåpa – demontering, inspektion och montering.

*Topplockets isärtagning beskrivs i detalj i kapitel 2E, inklusive detaljer kring demontering av kamaxel och hydrauliska ventillyftare.

Observera: Det går att demontera kolvar och vevstakar (sedan topplock och sump demonterats) utan att lyfta ur motorn. Detta tillvägagångssätt är dock inte att rekommendera. Arbete av denna typ är mycket enklare att utföra med motorn uppsatt i en arbetsbänk – se kapitel 2E.

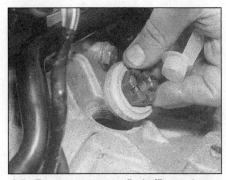

2.5a En stor mutter används för att skruva loss proppen från växellådans svänghjulskåpa

2 Ventilinställningsmärken – allmän information och användning

Allmän information

1 Vevaxeln, kamaxeln och kylvätskepumpen drivs av kamremmen. Vevaxel- och kamaxel-dreven går i takt med varandra för att försäkra korrekt ventilinställning.

2 De motorer som beskrivs i detta kapitel är konstruerade på ett sådant sätt att kolvarna kommer att slå i ventilerna om vevaxeln dras runt medan kamremmen är borttagen. Därför är det viktigt att rätt synkronisering mellan kamaxeln och vevaxeln bibehålls medan kamremmen är demonterad. Detta uppnås genom att man ställer motorn i ett referensläge (kallat övre dödpunkt eller mer vanligt ÖD) innan kamremmen tas bort och att axlarna sedan låses där till dess att kamremmen åter finns på plats. Om motorn har tagits isär för renovering kan den ställas till ÖD vid hopsättningen för att korrekt axelsynkronisering ska garanteras.

3 ÖD är den högsta punkt en kolv når i sin cylinder – i en fyrtaktsmotor når varje kolv ÖD två gånger per arbetscykel, en gång i kompressionstakten och en gång i avgastakten. Generellt sett avser ÖD, som referensläge, cylinder nr 1 i kompressionstakten. Observera att cylindrarna är numrerade från ett till fyra, med början vid motorns kamremssida.

Inställning av ÖD för cylinder nr 1

4 Demontera kamaxelkåpan och drivremmarna enligt beskrivningen i avsnitt 6 och 7. Demontera även kamremmens övre yttre kåpa enligt beskrivningen i avsnitt 4. Ta ur glödstiften enligt beskrivningen i kapitel 5C, så att det blir lättare att vrida runt motorn.

5 Om en sådan finns, ta bort inspektions-proppen från växellådshuset, om så behövs med hjälp av en stor mutter för att skruva loss den (se bilder). Vrid vevaxeln medurs med en hylsnyckel eller en skiftnyckel, tills tänd-inställningsmärket på kanten av svänghjulet/

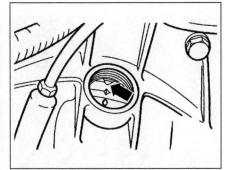

2.5b Tändinställningsmärke på kanten av svänghjulet (märkt med pil) och mätaren på huset

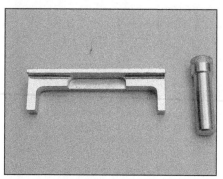

2.6 Motorlåsverktyg

2.7 Haka i låsbalken i skåran i kamaxeln

drivplattan står mitt emot märket på huset **och** inställningshålet på bränsleinsprutningsdrevet står mitt emot hålet på stödfästet.

6 För att låsa motorn i ÖD-läge måste man låsa kamaxeln (inte drevet) och insprutningspumpen i ett referensläge med speciella låsverktyg. Det går att tillverka egna verktyg, men på grund av de exakta mått och den bearbetning som krävs rekommenderar vi starkt att en uppsättning låsverktyg hyrs eller lånas från en Audi/VAG-verkstad eller inköps från en välkänd verktygstillverkare. Sykes Pickavant tillverkar exempelvis en sats låsredskap för kamaxel och insprutningspump speciellt för de motorer som tas upp i detta kapitel **(se bild)**.

7 Låt kanten på låsbalken greppa i spåret på kamaxelns ände **(se bild)**.

8 Vrid kamaxeln något med låsbalken på plats (genom att vrida vevaxeln medurs, som tidigare), så att låsbalken tippas åt ena sidan och dess ena ände vidrör topplocket. Mät spelet mellan balken och topplocket i balkens andra ände med ett bladmått.

9 Vrid tillbaka kamaxeln något och dra ut bladmåttet. Lås nu låsbalken i mittläget genom att sticka in två bladmått, vart och ett med *halva* det ursprungligen uppmätta avståndet, på var sida om kamaxeln mellan varje ände av låsbalken och topplocket. Detta centrerar kamaxeln och ställer ventilinställningen till referensläget **(se bild)**.

10 Stick in låssprinten genom justeringshålet i bränsleinsprutningspumpens drev, och in i

stödfästet bakom drevet. Detta låser bränsleinsprutningspumpen i ÖD-referensläget **(se bild)**.

11 Motorn är nu ställd till ÖD på cylinder nr 1.

3 Kompressionsprov

Kompressionsprov

Observera: *För detta prov måste en kompressionsprovare speciellt avsedd för dieselmotorer användas.*

1 Om motorns prestanda sjunker eller om misständningar uppstår, kan ett kompressionsprov ge ledtrådar till motorns skick. Om kompressionsprov tas regelbundet kan de ge förvarning om problem innan några andra symptom uppträder.

2 En kompressionsprovare speciellt avsedd för dieselmotorer måste användas eftersom trycket är så mycket högre. Provaren är ansluten till en adapter som skruvas in i glödstifts- eller insprutarhålet. Det är inte troligt att det är ekonomiskt försvarbart att köpa en sådan provare för sporadiskt bruk, men det kan gå att låna eller hyra en. Om detta inte är möjligt, låt en verkstad utföra kompressionsprovet.

3 Såvida inte specifika instruktioner som medföljer provaren anger annat ska följande iakttagas:

a) *Batteriet ska vara väl laddat, luftfiltret måste vara rent och motorn ska hålla normal arbetstemperatur.*

b) *Alla insprutare eller glödstift ska tas bort innan testet påbörjas. Om insprutarna skruvas ur ska även flamskyddsbrickorna tas bort, i annat fall kan de blåsas ut.*

c) *Stoppsolenoidens och bränslemätarens kablar måste kopplas loss för att förhindra att motorn startas eller att bränsle matas fram.* **Observera:** *Som ett resultat av att kablarna kopplats loss kommer fel att lagras i styrenhetens minne. Dessa måste raderas efter kompressionsprovet.*

4 Det finns ingen anledning att hålla gaspedalen nedtryckt under provet eftersom en dieselmotors luftintag inte är strypt.

5 Tillverkarna anger en slitagegräns för kompressionstryck – se specifikationerna. Rådfråga en Audi/VAG-verkstad eller dieselspecialist om du är tveksam om ett avläst tryck är godtagbart.

6 Orsaken till dålig kompression är svårare att fastställa på en dieselmotor än en bensinmotor. Effekten av att tillföra olja i cylindrarna (våt testning) är inte entydig, eftersom det finns en risk att oljan sätter sig i urtagen på kolvkronorna istället för att ledas till kolvringarna. Följande är dock en grov diagnos.

7 Alla cylindrar ska ha liknande tryck. En skillnad på mer än 5,0 bar mellan två av cylindrarna indikerar ett fel. Trycket ska byggas upp snabbt i en väl fungerande motor. Lågt tryck i första slaget följt av ett gradvis stigande indikerar slitna kolvringar. Lågt tryck som inte höjs indikerar läckande ventiler eller trasig topplockspackning (eller ett sprucket topplock).

8 Lågt tryck i två angränsande cylindrar är nästan helt säkert ett tecken på att topplockspackningen mellan dem är trasig. Förekomsten av kylvätska i oljan bekräftar detta.

Tryckförlusttest

9 Ett tryckförlusttest mäter hur snabbt trycket sjunker på tryckluft som förs in i cylindern. Det är ett alternativ till kompressionsprov som på många sätt är överlägset, eftersom den utströmmande luften anger var tryckfallet uppstår (kolvringar, ventiler eller topplockspackning).

10 Den utrustning som krävs för tryckförlusttest är som regel inte tillgänglig för hemmamekaniker. Om dålig kompression misstänks ska detta prov därför utföras av en verkstad med lämplig utrustning.

4 Kamrem – demontering, inspektion och montering

Demontering

1 Kamremmens primära funktion är att driva kamaxeln, men den driver även bränsle-

2.9 Kamaxel centrerad och låst med hjälp av låsbalk och bladmått

2.10 Insprutningspumpens drev låst med hjälp av låssprint

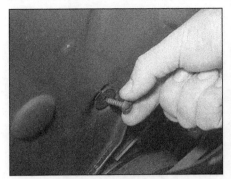

4.5a Lossa skruven . . .

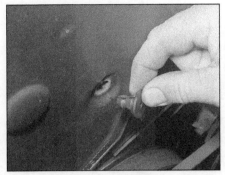

4.5b . . . ta bort insatsen . . .

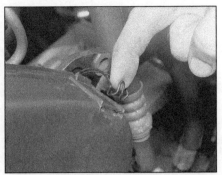

4.5c . . . lossa sedan fjäderklamrarna . . .

insprutningspumpen och mellanaxeln. Om remmen slirar eller brister med motorn igång rubbas ventilsynkroniseringen vilket kan leda till kontakt mellan kolvar och ventiler och därmed åtföljande allvarliga motorskador.

2 Därför är det ytterst viktigt att kamremmen är korrekt spänd och att den inspekteras regelbundet vad gäller tecken på slitage eller åldrande.

3 Observera att demontering av den *inre* delen av kamremskåpan beskrivs som en del av demonteringen av topplocket. Se avsnitt 11 längre fram i detta kapitel.

4 Innan arbetet påbörjas, koppla ur batteriet (se kapitel 5A) och demontera motorns övre skyddskåpa.

5 Lossa översta delen av den yttre kamremskåpan genom att öppna fjäderklamrarna av metall och i tillämpliga fall skruva loss skruvarna och ta bort insatsen. Lyft av kåpan från motorn **(se bilder)**.

6 Demontera drivremmarna enligt beskrivningen i avsnitt 6, skruva sedan loss skruvarna och lyft av kylvätskepumpens remskiva.

7 Se avsnitt 2 och ställ in motorn till ÖD-läget på cylinder nr 1 med hjälp av ventilinställningsmärkena.

8 Skruva därefter loss fästskruvarna och ta bort remskivan för kuggremmen (tillsammans med kilremmens remskiva, om en sådan finns) från vevaxeldrevet **(se bild)**. Avsluta sedan med att kontrollera att motorn fortfarande står i ÖD.

> **HAYNES TiPS**
> *För att förhindra att drivremmens remskiva vrids runt när fästbultarna lossas, lägg i den högsta växeln (endast för modeller med manuell växellåda) och låt en medhjälpare trampa hårt på fotbromsen. Alternativt kan remskivan hållas fast med ett oljefilterverktyg eller liknande.*

9 Skruva loss fästskruvarna, lossa klamrarna eller muttrarna och lyft av den nedre kamremskåpan **(se bild)**.

10 Se avsnitt 5 och släpp spänningen på kamremmen genom att lossa spännarens

fästmutter något och vrida bort spännaren från remmen.

11 Undersök om det finns märken för rotationsriktning på kamremmen. Om sådana saknas, gör egna med TippEx eller en färgklick – man får inte på något sätt skära i eller skåra remmen.

Varning: Om kamremmen ser ut att vara i bra skick och därmed kan återanvändas, är det viktigt att den monteras för samma rotationsriktning – i annat fall slits den ut mycket snabbare.

12 Dra av remmen från dreven. Undvik att vrida eller böja remmen för mycket om den ska återanvändas.

Inspektion

13 Undersök noga om remmen är förorenad av kylvätska eller smörjmedel. Om detta är fallet måste föroreningskällan först av allt åtgärdas innan något annat utförs. Kontrollera också om remmen är sliten eller skadad, speciellt kring tändernas framkanter. Byt ut kamremmen om det råder minsta tvivel om dess skick, priset på en ny kamrem är försumbart jämfört med de reparationskostnader som kan uppstå om en rem brister när motorn går. Remmen måste bytas om den har gått så långt som anges av tillverkaren (se kapitel 1B). Har den gått mindre är det ändå en bra idé att byta ut den, oavsett skick, som förebyggande åtgärd.

4.5d . . . och lyft kamremskåpan från motorn

14 Om kamremmen inte ska monteras omedelbart är det en bra idé att sätta en varningslapp på ratten, för att påminna dig själv och andra om att inte starta motorn.

Montering

15 Kontrollera att vevaxeln och kamaxeln fortfarande står i ÖD för cylinder nr 1, enligt beskrivningen i avsnitt 2.

16 Följ beskrivningen i avsnitt 5 och lossa kamaxeldrevets bult ett halvt varv. Lossa drevet från kamaxeln genom att försiktigt knacka på det med en dorn i mjuk metall

4.8 Vevaxelns drivremsskivor tas bort

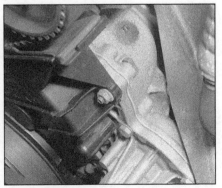

4.9 Nedre kamremskåpa

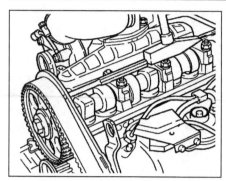

4.16 Kamaxeldrevet lossas med hjälp av en pinndorn

4.19a Kamremmen placerad över spännrullen . . .

4.19b . . . och under den övre rullen

instucken i hålet i den inre kamremskåpan **(se bild).**

17 Dra kamremmen löst under vevaxeldrevet

Varning: Följ märkena för rotationsriktning.

18 Låt kamremmens tänder greppa i vevaxeldrevet och för remmen på plats över dreven på kamaxeln och insprutningspumpen. Kontrollera att tänderna sätter sig korrekt på dreven. **Observera:** *Små justeringar av kamdrevets (och i tillämpliga fall insprutningspumpdrevets) läge kan krävas för att göra detta.*

19 Dra den flata sidan av remmen över mellanaxelns drev och spännrullen och under den övre rullen – undvik att böja remmen över sig själv eller vrida den överdrivet när detta utförs **(se bilder)**.

20 Ta bort låssprinten från bränsleinsprutningspumpens drev (se avsnitt 2).

21 Kontrollera att remmen är stram överallt, utom i den del som passerar över spännrullen.

22 Vrid spännarremsskivan medurs med hjälp av en skiftnyckel tills hacket och den upphöjda kanten på remskivan och navet står mitt emot varandra **(se bild)**. Spännaren är halvautomatisk, och kommer att ge kamremmen rätt spänning om hacket och kanten står mitt emot varandra.

23 Dra åt spännarens låsmutter till angivet moment.

24 Kontrollera att inställningspekarna på

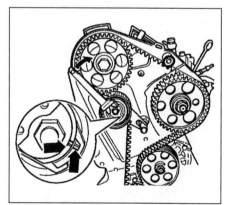

4.22 Inställningsmärken på den automatiska spännarens remskiva och nav

spännarens hjulnav står mitt emot varandra, och tryck sedan hårt på kamremmen med tummen och kontrollera att pekarna rör sig i förhållande till varandra – när du släpper trycket ska pekarna hamna mitt emot varandra igen.

25 Kontrollera nu att vevaxeln fortfarande står i ÖD-läge för cylinder nr 1 (se avsnitt 2).

26 Dra åt kamaxeldrevets bult till angivet moment enligt beskrivningen i avsnitt 5 medan drevet hålls stilla med specialverktyget.

27 Se avsnitt två och ta bort kamaxelns låsstav.

28 Vrid vevaxeln två hela varv med hjälp av en skiftnyckel eller hylsnyckel på vevaxelremskivans. Ställ tillbaka motorn i ÖD-läge för cylinder nr 1 enligt beskrivningen i avsnitt 2 och kontrollera att insprutningspumpdrevets låssprint fortfarande kan stickas in.

29 Sätt tillbaka den nedre kamremskåpan och fäst den med klamrarna och skruvarna. Sätt även tillbaka den övre kåpan och fäst den med klamrarna, insatserna och skruvarna.

30 Montera tillbaka vevaxeldrivremmens remskiva och dra åt fästskruvarna till angivet moment, på samma sätt som vid demonteringen. Lägg märke till att de asymmetriskt placerade hålen bara medger ett monteringsläge.

31 Montera kylvätskepumpens remskiva och dra åt fästskruvarna till angivet moment.

32 Sätt tillbaka och spänn drivremmarna enligt beskrivningen i avsnitt 6.

33 Återanslut batteriet (se kapitel 5A).

34 Kontrollera avslutningsvis bränsleinsprutningspumpens synkronisering enligt beskrivningen i kapitel 4C.

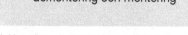

5 Kamremsspännare och drev
– demontering och montering

1 Koppla ur batteriet innan du börjar arbeta (se kapitel 5A).

2 För att komma åt de komponenter som beskrivs i detta avsnitt, demontera drivremmarna enligt beskrivningen i avsnitt 6.

Kamremmens spännare

Demontering

3 Se relevanta stycken i avsnitt 2 och 4 och ställ motorn i ÖD-läge för cylinder nr 1, ta sedan loss den övre delen av den yttre kamremskåpan.

4 Lossa fästmuttern i spännarremskivans nav och vrid spännaren motsols, så att spänningen på kamremmen släpper. Skruva ur muttern och ta bort brickan.

5 Dra av spännaren från pinnbulten.

6 Torka ren spännaren men använd inga lösningsmedel som kan förorena lagren. Snurra rullen på navet för hand. Kärv rörelse eller för stort spel indikerar allvarligt slitage. Eftersom inget underhåll kan utföras på spännaren måste den bytas mot en ny.

Montering

7 Skjut på spännaren på pinnbulten och, om det behövs, passa in den kluvna delen av fästplattan mot kamremsstolpen.

8 Sätt tillbaka spännarens bricka och fästmutter – dra inte åt muttern helt än.

9 Sätt tillbaka och spänn kamremmen enligt beskrivningen i avsnitt 4.

10 Aktivera bränslesystemet genom att ansluta kablarna till bränsleavstängningssolenoiden.

11 Sätt tillbaka kamremskåporna enligt beskrivningen i avsnitt 4, sätt sedan tillbaka drivremmarna (avsnitt 6) och återanslut batteriet (kapitel 5A).

Kamaxeldrev

Demontering

12 Ställ motorn i ÖD-läge för cylinder nr 1 enligt beskrivningen i avsnitt 2 och 4, och ta sedan bort den övre delen av den yttre kamremskåpan.

13 Demontera kamaxelkåpan enligt beskrivningen i avsnitt 7.

14 Lossa fästmuttern i spännarremskivans nav och vrid spännaren motsols, så att spänningen på kamremmen släpper. Ta försiktigt av kamremmen från kamdrevet.

15 Kamdrevet måste hållas fast medan bulten skruvas ur. Om du inte har något

För att tillverka ett verktyg att hålla kamaxeldrevet på plats med, använd två stålremsor, 6 mm tjocka, 30 mm breda och 60 respektive 20 cm långa (alla mått är ungefärliga). Skruva ihop de båda remsorna löst så att en gaffelliknande ände skapas och så att den kortare remsan kan svänga fritt. Fäst en bult med mutter och låsmutter vid ändarna på gaffelns ben, som fungerar som stödpunkter. Dessa ska kopplas ihop med hålen i drevet och bör sticka ut ungefär 30 mm

5.17 Ta bort kamaxeldrevet

5.28a Sätt in vevaxeldrevets bult . . .

specialverktyg från Audi/VAG, kan du tillverka ett eget verktyg **(se Haynes tips)**.

16 Håll fast kamaxeldrevet med det egentillverkade verktyget och lossa fästbulten ett halvt varv. Lossa drevet från kamaxeln genom att försiktigt knacka på det med en dorn i mjuk metall instucken i hålet i den inre kamremskåpan.

17 Skruva loss bulten och ta bort kamaxeldrevet från kamaxelns ände **(se bild)**.

18 När drevet tagits bort, undersök om kamaxelns oljetätning läcker. Gå vid behov till avsnitt 8 och följ instruktionerna för byte.

19 Torka rent drevets och kamaxelns kontaktytor.

Montering

20 Sätt på drevet på kamaxeln och sätt in fästbulten och dra åt den för hand.

21 Följ beskrivningen i avsnitt 2 och 4 och kontrollera att motorn fortfarande står i ÖD-

läge för cylinder nr 1, sätt sedan tillbaka och spänn kamremmen.

22 Montera den övre kamremskåpan och kamaxelkåpan, sätt tillbaka drivremmarna (avsnitt 6) och återanslut batteriet (kapitel 5A).

Vevaxeldrev

Demontering

23 Demontera kamremmen och de övre och nedre yttre kamremskåporna enligt beskrivningen i avsnitt 4. Om kamremmen ska återanvändas måste dess rotationsriktning markeras.

24 Vevaxeldrevet måste fixeras medan fästbulten lossas. Om du inte har något specialverktyg från Audi/VAG för låsning av svänghjulet/drivplattan, lås vevaxeln i läge genom att demontera startmotorn enligt beskrivningen i kapitel 5A så att startkransen syns. Låt en medhjälpare hålla en bredbladig skruvmejsel mellan startkransens kuggar och växellådshuset medan drevets fästbult lossas.

25 Ta ut bulten, ta bort brickan och lyft av drevet.

26 När drevet har tagits loss, kontrollera om vevaxelns oljetätning läcker. Se vid behov avsnitt 10 och byt ut den.

27 Torka rent drevets och vevaxelns fogytor.

Montering

28 Passa in drevet mot vevaxeln så att tappen på insidan av drevet passar in i fördjupningen på vevaxelns ände. Sätt i

fästbulten och dra åt den till angivet moment för steg 1 medan vevaxeln hålls stilla på samma sätt som vid demonteringen. Vinkeldra sedan bulten till angiven vinkel **(se bilder)**.

29 Se beskrivningen i avsnitt 2 och 4 och kontrollera att motorn fortfarande står i ÖD för cylinder nr 1, sätt sedan tillbaka och spänn kamremmen. Montera de yttre kamremskåporna, sätt tillbaka drivremmarna (avsnitt 6) och återanslut batteriet (kapitel 5A).

Mellanaxelns drev

Demontering

30 Demontera kamremmen och de övre och nedre yttre kåporna enligt beskrivningen i avsnitt 4. Om kamremmen ska återanvändas måste dess rotationsriktning markeras.

31 Mellanaxelns drev måste hållas stilla medan bulten lossas. Om ett specialverktyg från Audi/VAG inte finns till hands, kan ett eget verktyg tillverkas enligt beskrivningen i avsnittet om demontering av kamaxeldrevet. Alternativt kan drevet hållas stilla med hjälp av en metallpinne eller hylsnyckel instucken i ett av hålen i drevet **(se bild)**.

32 Skruva loss fästbulten och dra loss drevet från mellanaxelns ände. Ta ut Woodruffkilen ur kilspåret.

33 När drevet tagits bort, undersök om mellanaxelns oljetätning läcker. Se vid behov avsnitt 9 och byt den.

34 Torka rent drevets och axelns fogytor.

5.28b . . . dra åt den till momentet för steg 1 . . .

5.28c . . . och sedan till vinkeln för steg 2

5.31 Använd en hylsnyckel för att hålla mellanaxeldrevet fixerat medan bulten lossas

6.8 Kilremmen tas bort

6.12 Servostyrningspumpens låsbult dras åt medan justeringsmuttern hålls fast med en annan nyckel

Montering

35 Sätt i Woodruffkilen i kilspåret med den plana ytan upp. Trä på drevet på axeln så att spåret i drevet greppar kring kilen.

36 Sätt i och dra åt drevets fästbult till angivet moment och håll drevet stilla på samma sätt som vid demonteringen.

37 Se beskrivningen i avsnitt 2 och 4 och kontrollera att motorn fortfarande står i ÖD-läge för cylinder nr 1, sätt sedan tillbaka och spänn kamremmen. Montera de yttre kamremskåporna, sätt tillbaka drivremmarna (avsnitt 6) och återanslut batteriet (kapitel 5A).

Insprutningspumpens drev

38 Se kapitel 4C.

---

6 Drivrem – demontering, montering och spänning

Allmän information

1 Det finns två drivremmar, en som driver kylvätskepumpen och servostyrningspumpen, och en som driver generatorn. Båda remmarna drivs från remskivor på främre delen av vevaxeln.

2 Drivremmen för kylvätskepumpen/servostyrningspumpen är en kilrem och dess remskivor har v-formade spår, medan generatorn (och luftkonditioneringskompressorn om en sådan finns) har en kuggrem.

3 Kilremmens spänning styrs genom att man flyttar hela servostyrningspumpen.

4 Kuggremmen har en fjäderspännare som automatiskt lägger på rätt spänning på remmen.

Kilrem

Demontering

5 Dra åt handbromsen och ställ framvagnen på pallbockar (se *Lyftning och stödpunkter*). Demontera motorns undre skyddskåpa.

6 Arbeta under motorns framdel, lossa låsbulten mitt på justeringsmuttern på servostyrningspumpen och lossa därefter den nedre fästbulten.

7 Lossa servostyrningspumpens styrbult och vrid sedan justeringsmuttern moturs för att släppa spänningen på kilremmen.

8 Ta bort kilremmen från servostyrningspumpens, kylvätskepumpens och vevaxelns remskivor **(se bild)**.

9 Undersök om remmen är sliten eller skadad och byt den vid behov.

Montering och spänning

10 Monteringen sker i omvänd ordning, men spänn remmen enligt följande.

11 Spänn remmen genom att vrida servostyrningspumpen åt motorns vänstra sida.

12 Vrid justeringsmuttern medurs med en skiftnyckel tills remmens avböjning är 5,0 mm för en ny rem eller 2,0 mm för en gammal rem när du trycker hårt på den med tummen mitt emellan vevaxelns och servostyrningspumpens remskivor. Håll fast justeringsmuttern i denna position och dra åt låsbulten på justeringsmuttern **(se bild)**.

13 Dra åt servostyrningspumpens nedre fästbult och pivåbulten till angivet moment.

14 Sänk ner bilen.

Kuggrem

Demontering

15 Dra åt handbromsen och ställ upp framvagnen på pallbockar (se *Lyftning och stödpunkter*).

16 Demontera kilremmen enligt tidigare beskrivning i detta avsnitt.

17 Bänd loss kåpan från spännarens remskiva under motorns främre del med hjälp av en skruvmejsel.

18 Undersök om remmen har markeringar för rotationsriktning. Om sådana saknas, gör egna med TippEx eller lite färg.

19 Släpp spänningen på remmen genom att vrida bulten mitt på spännarens remskiva medurs med en 17 mm hylsnyckel eller

6.19 En ställbar skruvnyckel används till att minska drivremmens spänning

skiftnyckel. Ta bort remmen från vevaxelns, generatorns, spännarens och, om en sådan finns, luftkonditioneringskompressorns remskivor **(se bild)**.

Montering och spänning

20 Sätt remmen på vevaxelns, generatorns, spännarens och, om en sådan finns, luftkonditioneringskompressorns remskivor. Se till att remmen fäster i spåren på remskivorna.

21 Vrid spännarens bult moturs med hjälp av hylsnyckeln, sätt på remmens bakre del på spännarens remskiva och släpp spännaren så att den spänner remmen. Kontrollera en gång till att remmen har hakat i spåren på remskivorna.

22 Tryck fast kåpan över spännarremskivan.

23 Montera tillbaka kilremmen enligt beskrivningen tidigare i detta avsnitt.

24 Ställ ner bilen.

---

7 Kamaxelkåpa – demontering och montering

Demontering

1 Skruva loss motorns övre skyddskåpa, koppla loss vevhusets ventilationsslang och

7.1 Vevhusets regulatorventil och slangar

7.2 Fästmutter för kamaxelkåpan

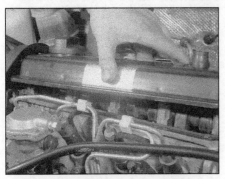

7.3 Kamaxelkåpan tas bort från topplocket

regulatorventil från kamaxelkåpan och ta loss muffen **(se bild)**.
2 Ta bort skyddslocken och skruva loss kamaxelkåpans tre fästmuttrar. Ta bort brickorna och tätningarna och anteckna i vilken ordning de tagits bort **(se bild)**.
3 Lyft av kåpan från topplocket **(se bild)**. Om den sitter fast, försök inte bända loss den – lossa den istället genom att knacka lätt runt kanterna med en gummiklubba.
4 Ta loss kamaxelkåpans packning **(se bild)**. Undersök den noga och byt ut den om den visar tecken på skador eller slitage.
5 Rengör fogytorna på topplock och kamaxelkåpa noga, ta bort alla spår av olja

och gammal packning, men var dock noga med att inte skada ytorna.

Montering

6 Montera kamaxelkåpan i motsatt ordning och tänk på följande:
a) *Se till att packningen sitter korrekt på topplocket, var noga med att inte rubba den när kamaxelkåpan sätts på plats (se bild).*
b) *Dra åt kamaxelkåpans fästmuttrar till angivet moment.*

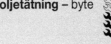

8 Kamaxelns oljetätning – byte

1 Demontera drivremmarna enligt beskrivningen i avsnitt 6.
2 Demontera kamremsspännare, kamaxel och insprutningspumpens drev enligt beskrivningen i avsnitt 5.
3 Skruva loss den inre kamremskåpan.
4 Ta bort kamaxelkåpan enligt beskrivningen i avsnitt 7.
5 Se relevant avsnitt i kapitel 2E och gör följande:
a) *Skruva loss muttrarna och ta loss lageröverfallet för kamaxel nr 1, dra sedan av den gamla kamaxeloljetätningen.*

b) *Smörj ytan på den nya oljetätningen med ren motorolja och trä på den på kamaxeländen.*
c) *Lägg på ett tunt lager passande tätningsmedel på lageröverfallets fogyta, sätt sedan tillbaka det och se till att oljetätningen ligger korrekt mot huvudet och överfallet (se bild). Dra åt fästmuttrarna stegvis till angivet moment.*
6 Montera kamaxelkåpan enligt beskrivningen i avsnitt 7.
7 Sätt tillbaka den inre kamremskåpan och dra åt bultarna.
8 Montera kamaxelns och insprutningspumpens drev och kamremsspännaren enligt beskrivningen i avsnitt 5.
9 Sätt tillbaka drivremmarna enligt beskrivningen i avsnitt 6.

9 Mellanaxelns oljetätning – byte

1 Demontera mellanaxeldrevet enligt beskrivningen i avsnitt 5.
2 Demontera mellanaxelns fläns enligt beskrivningen i kapitel 2E och byt axelns och flänsens oljetätningar.
3 Montera mellanaxeldrevet enligt beskrivningen i avsnitt 5.

7.4 Kamaxelkåpans packning tas bort

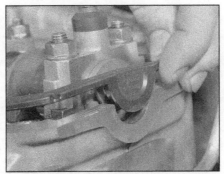

7.6 Se till att kamaxelkåpans packning placeras korrekt på topplocket

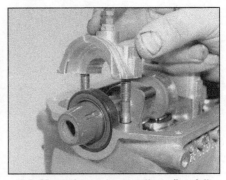

8.5 Montering av kamaxellageröverfall

10.2 Vevaxelns främre oljetätning tas bort med hjälp av självgängande skruvar

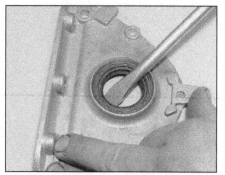

10.12 Den gamla oljetätningen bänds loss från vevaxelns främre oljetätningshus

10.14 Packning för vevaxelns främre oljetätningshus sätts på plats

10 Vevaxelns oljetätningar – byte

Vevaxelns främre oljetätning

1 Demontera vevaxeldrevet enligt beskrivningen i avsnitt 5.
2 Borra två små hål i den befintliga oljetätningen, snett mittemot varandra. Skruva i två självgängande skruvar i hålen och dra ut oljetätningen genom att dra i skruvskallarna med två tänger **(se bild)**. Var noga med att inte borra hål i tätningshuset eller kamaxelns lageryta.
3 Rengör tätningshusets och vevaxelns fogyta genom att torka av dem med en luddfri trasa – undvik lösningsmedel som kan komma in i vevhuset och påverka smörjningen. Ta bort filspån eller borrskägg som kan orsaka att tätningen läcker.
4 Smörj den nya tätningens kant med ren motorolja och placera den över huset.
5 Använd hammare och passande hylsa och driv in tätningen i huset. **Observera:** *Välj en hylsa som bara trycker på tätningens hårda yttersida och inte på den inre kanten, som lätt kan skadas.*
6 Montera vevaxeldrevet enligt beskrivningen i avsnitt 5.

Vevaxelns främre oljetätningshus – byte av packning

7 Demontera vevaxeldrevet enligt beskrivningen i avsnitt 5.

8 Demontera sumpen enligt beskrivningen i avsnitt 15.
9 Lossa stegvis och skruva ur oljetätningshusets fästbultar.
10 Lyft av huset från motorblocket tillsammans med oljetätningen. Om man vrider lite blir det lättare att dra tätningen längs axeln.
11 Ta bort den gamla packningen från tätningshuset på motorblocket. Rengör husets och blockets ytor.
12 Om det behövs, bänd loss den gamla oljetätningen från huset med en skruvmejsel **(se bild)**.
13 Torka rent oljetätningshuset och se efter om det finns spår av skevhet eller sprickor. Lägg huset på en arbetsyta med fogytan nedåt. Tryck in den nya tätningen med en träkloss som press så att den nya tätningen går in rakt i huset.
14 Smörj vevhusets fogyta med fett och lägg den nya packningen på plats **(se bild)**.
15 Linda vevaxelns ände med tejp för att skydda oljetätningen när huset sätts tillbaka.
16 Smörj den inre kanten på vevaxelns oljetätning med ren motorolja och trä på hus och tätning på vevaxelns ände. Skjut försiktigt på tätningen längs axeln med en skruvande rörelse tills huset är jäms med vevhuset **(se bild)**.
17 Sätt i bultarna och dra åt dem stegvis till angivet moment.
18 Montera sumpen enligt beskrivningen i avsnitt 15.

19 Montera vevaxeldrevet enligt beskrivningen i avsnitt 5.

Vevaxelns bakre oljetätning och hus (svänghjuls-/drivplattsänden)

Observera: *Oljetätningen sitter ihop med huset och hela enheten måste bytas i ett stycke.*
20 Demontera växellådan enligt beskrivningen i kapitel 7.
21 Demontera svänghjulet (manuell växellåda) eller drivplattan (automatväxellåda) enligt beskrivningen i avsnitt 13 i detta kapitel.
22 Skruva loss fästbultarna och lyft av mellanplattan från motorblocket.
23 Demontera sumpen enligt beskrivningen i avsnitt 15.
24 Lossa stegvis och skruva ur oljetätningshusets fästbultar.
25 Lyft av huset från motorblocket tillsammans med oljetätningen. Om man vrider lite blir det lättare att dra tätningen längs axeln.
26 Ta loss den gamla packningen från motorblocket och torka rent blocket innan du sätter på den nya oljetätningen och det nya huset.
27 Smörj blockets fogyta med fett och lägg den nya packningen på plats **(se bild)**.
28 En skyddskåpa av plast medföljer vevaxeloljetätningar från Audi/VAG. Om denna placeras över vevaxeländen skyddar den mot skador på tätningens inre kant vid mon-teringen **(se bild)**. Om denna huv saknas, vira tejp runt vevaxelns ände.

10.16 Passa in tätningen och dess hus på änden på vevaxeln

10.27 Packning för vevaxelns bakre oljetätningshus sätts på plats

10.28 En skyddande plastkåpa medföljer vevaxeloljetätningar från Audi/VAG

10.29 Vevaxelns bakre oljetätningshus placeras ovanpå den skyddande plastkåpan

10.30 Bultarna till vevaxelns bakre oljetätningshus dras åt

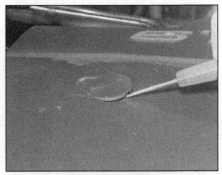

11.5a Bänd bort plastlocken . . .

29 Smörj oljetätningens inre kant med ren motorolja och passa in tätningen och huset mot vevaxelns ände. Skjut försiktigt på tätningen längs axeln med en skruvande rörelse tills huset är jäms med vevhuset **(se bild)**.
30 Sätt i fästbultarna och dra åt dem stegvis till angivet moment **(se bild)**.
31 Montera sumpen enligt beskrivningen i avsnitt 15.
32 Montera mellanplattan på motorblocket och sätt i och dra åt fästbultarna.
33 Montera svänghjulet (manuell växellåda) eller drivplattan (automatväxellåda) enligt beskrivningen i avsnitt 13 i detta kapitel.
34 Montera växellådan enligt beskrivningen i kapitel 7.

11.5b . . . ta bort muttrarna . . .

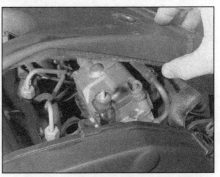

11.5c . . . och lyft av motorns övre skyddskåpa

11 Topplock – demontering och montering

Observera: *Demontering och renovering av topplock beskrivs i kapitel 2E.*

Demontering

1 Lossa batteriets jordledning (minuspolen) (se kapitel 5A).
2 Tappa ur motoroljan enligt beskrivs i kapitel 1B.

3 Tappa ur kylsystemet enligt beskrivningen i kapitel 1B.
4 Demontera drivremmarna enligt beskrivningen i avsnitt 6.
5 Demontera motorns övre skyddskåpa och demontera kamaxelkåpan enligt beskrivningen i avsnitt 7 **(se bild)**.
6 Placera motorn i ÖD-läge för cylinder nr 1 enligt beskrivningen i avsnitt 2.
7 Demontera kamremsspännaren och kamaxelns och insprutningspumpens drev enligt beskrivningen i avsnitt 5.
8 Skruva loss den inre kamremskåpan från motorblocket **(se bilder)**.
9 Lossa klämmorna och koppla loss kylarslangarna från topplocket.

10 Lossa klämmorna och koppla loss expansionskärlsslangen och värmepaketets inlopps- och utloppsslangar från topplocket **(se bild)**.
11 Se kapitel 4C och gör följande:
a) *Koppla loss bränsletillförselslangarna från insprutarna och insprutningspumpens huvud. Koppla även loss spillslangarna från insprutarna.*
b) *Koppla loss insprutarluftningsslangen från insprutningspumpens bränslereturport.*
c) *Koppla loss alla elkablar för bränslesystemet vid relevanta kontaktdon och märk de olika kablarna så att det blir lätt att ansluta dem senare.*

11.8a Skruva bort fästbultarna . . .

11.8b . . . och lyft av den inre kamremskåpan

11.10 Värmarutloppsslang bak på topplocket

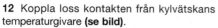

11.12 Koppla loss anslutningskontakten från kylvätskans temperaturgivare

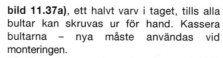

11.16 Topplocket lyfts bort från blocket

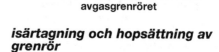

11.20 Värmeskölden tas bort från avgasgrenröret

12 Koppla loss kontakten från kylvätskans temperaturgivare (se bild).
13 Se kapitel 4D och gör följande:
a) Skruva loss bultarna och ta loss avgasröret från grenrörets fläns.
b) Demontera turboaggregatet från grenröret.
c) Demontera i förekommande fall EGR-ventilen och tillhörande rör från insugningsröret och grenröret.
d) Koppla loss matarkabeln från glödstiftet på cylinder nr 4.
14 Skruva loss fästskruven och koppla loss motorkabelhärvans kontaktdon från topplocket.
15 Lossa stegvis topplocksbultarna i motsatt ordning mot den som anges för montering (se

bild 11.37a), ett halvt varv i taget, tills alla bultar kan skruvas ur för hand. Kassera bultarna – nya måste användas vid monteringen.
16 Kontrollera att ingenting sitter kvar på topplocket och lyft sedan av det från motorblocket. Ta om möjligt hjälp av någon – topplocket är tungt, speciellt som det lyfts ur komplett med insugningsrör och avgasgrenrör (se bild).
17 Ta bort packningen från blockets ovansida, och notera styrstiften. Om dessa sitter löst, dra ut dem och förvara dem tillsammans med topplocket. Kassera inte packningen i detta skede – den behövs för identifiering.
18 Se kapitel 2E om topplocket ska tas isär för översyn/renovering.

isärtagning och hopsättning av grenrör

19 Lägg topplocket på en arbetsyta och skruva loss insugningsrörets fästbultar. Lyft av insugningsröret och ta loss packningen.
20 Skruva loss värmeskölden (se bild) och skruva sedan stegvis loss grenrörets fäst-muttrar. Lyft undan grenröret från topplocket och ta bort packningarna.
21 Kontrollera att insugningsrörets och avgasgrenrörets fogytor är helt rena. Montera avgasgrenröret med nya packningar. Packningarna måste vara rättvända, annars stör de insugningsrörets packning. Dra åt grenrörets fästmuttrar till angivet moment (se bilder).
22 Sätt tillbaka värmeskölden på pinn-bultarna på grenröret, sätt sedan i och dra åt fästmuttrarna.
23 Placera en ny insugningsrörspackning på topplocket och sätt insugningsröret på plats. Sätt i fästbultarna och dra åt dem till angivet moment (se bilder).

Förberedelser inför montering

24 Fogytorna mellan motorblock och topplock måste vara noggrant rengjorda innan topplocket monteras. Använd en skrapa av hård plast eller trä och ta bort alla packningsrester och allt sot, rengör även kolvkronorna. Var mycket försiktig vid rengöringen, lättmetallen skadas lätt. Se även till att sot inte kommer in i olje- och vattenkanalerna – detta är särskilt viktigt när

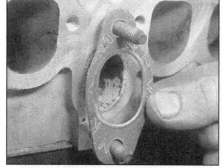

11.21a Passa in de nya grenrörspackningarna ...

11.21b ... montera sedan grenröret och dra åt muttrarna till angivet moment

11.23a Montera den nya insugningsrörs-packningen på topplocket ...

11.23b ... och lyft insugningsröret på plats

11.23c Dra åt insugningsrörets fästbultar till angivet moment

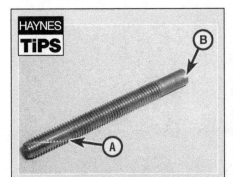

Om en gängtapp inte finns till hands kan man skära en skåra (A) genom gängorna i en av de gamla topplocksbultarna och använda den istället. Efter användning kan bultskallen kapas av, så kan stiftet användas som styrstift vid montering av topplocket. Skär ett spår för en skruvmejsel (B) i toppen på bulten så att bulten kan skruvas loss.

det gäller smörjningen eftersom sotpartiklar kan sätta igen oljekanaler och strypa olje-matningen till motordelar. Använd tejp och papper till att försegla kanaler och bulthål i blocket.

25 Undersök om fogytorna på motor-blocket/vevhuset och topplocket har hack, djupa repor eller andra skador. Smärre skador kan korrigeras försiktigt med slippapper, men observera att fräsning av topplocket inte kan göras – se kapitel 2E.

26 Om topplockets fogyta misstänks vara skev ska den kontrolleras med en stållinjal, se vid behov kapitel 2C. Se del E i detta kapitel, om det behövs.

27 Rensa gängorna i topplocksbultarnas hål med en passande gängtapp. Om en sådan inte finns kan ett ersättningsverktyg tillverkas **(se Haynes tips)**.

28 På båda de motorer som beskrivs i detta kapitel finns risken att kolvkronorna slår i och skadar ventilhuvudena om kamaxeln vrids runt medan kamremmen är borttagen och vevaxeln ställd i ÖD-läge. Därför måste vevaxeln ställas i ett annat läge innan topplocket monteras. Vrid vevaxeln, med en

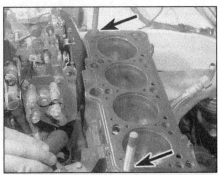

11.32 Två av de gamla topplocksbultarna (vid pilarna) används som styrstift

hylsnyckel på vevaxelremskivans mittbult, i normal rotationsriktning så att alla fyra kolvarna är halvvägs ner i loppen med kolv 1 på väg upp – ungefär 90° före ÖD.

Montering

29 Kontrollera på den gamla topplocks-packningen vilka märkningar den har. Dessa förekommer antingen som hack eller hål, och ett katalognummer, på packningens kant. Under förutsättning att inte nya kolvar monterats måste den nya topplockspack-ningen vara av samma typ som den gamla.

30 Om nya kolvar har monterats som en del av en motorrenovering, måste kolvutsticket först mätas enligt beskrivningen i avsnitt 15 i kapitel 2E innan en ny topplockspackning införskaffas. Köp sedan en ny packning efter mätresultatet (se kapitel 2E, Specifikationer).

31 Lägg den nya topplockspackningen på blocket så att den greppar i styrstiften. Se till att tillverkarens TOP-markering och artikel-nummer är vända uppåt.

32 Skär av skallarna på två gamla topp-locksbultar. Skär upp spår för en skruvmejsel i den övre änden på båda bultarna. Dessa kan sedan användas som styrstift och hjälpa till att få topplocket på plats **(se bild)**.

33 Ta hjälp av någon och placera topplocket och insugningsröret/grenröret mitt på blocket, se till att styrstiften greppar i urtagen på topplocket. Kontrollera att topplocks-packningen är korrekt placerad innan topp-lockets hela vikt tillåts vila på den.

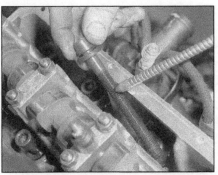

11.36 Smörj topplocksbultarna med olja och placera dem sedan i respektive hål

34 Skruva ur de hemmagjorda styrstiften med en skruvmejsel.

35 Lägg lite fett på topplocksbultarnas gängor och på bultskallarnas undersidor.

36 Olja in bultgängorna och skruva försiktigt in varje bult i sitt hål (låt dem inte falla in) och skruva in och dra åt dem endast med fingrarna **(se bild)**.

37 Arbeta stegvis i visad ordningsföljd och dra åt topplocksbultarna till momentet för steg 1 med momentnyckel och passande hylsa **(se bilder)**. Upprepa sedan åtdragningsföljden för moment enligt steg 2.

38 När alla bultar dragits åt till steg 2 ska de vinkeldras med hylsa och förlängningsskaft till steg 3 i samma ordningsföljd. En vinkelmätare rekommenderas för steg 3 för exakthet. Om en vinkelmätare inte finns tillgänglig, gör uppriktningsmärken med vit färg på bultskallen och topplocket innan åtdrag-ningen. Använd märket till att kontrollera att bulten dragits i korrekt vinkel. Upprepa förfarandet för steg 4 **(se bild)**.

Observera: Ingen efterdragning av topplocks-bultarna krävs efter att motorn startats.

39 Ställ motorn i ÖD-läge för cylinder nr 1 enligt beskrivningen i avsnitt 2.

40 Resten av monteringen sker i omvänd ordning mot demonteringen, men utför följande efter avslutat arbete:

a) Fyll på kylsystemet med rätt mängd ny kylvätska enligt beskrivningen i kapitel 1B.
b) Fyll på motorn med rätt typ och mängd av olja enligt beskrivningen i kapitel 1B.

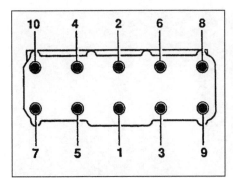

11.37a Ordningsföljd för åtdragning av topplocksbultar

11.37b Topplocksbultarna dras åt med hjälp av en momentnyckel

11.38 Vinkeldragning av topplocksbultarna

12 Hydrauliska ventillyftare – funktionskontroll

⚠️ **Varning: När hydrauliska ventillyftare monterats, vänta i minst 30 minuter (helst till nästa dag) innan motorn startas, så att lyftarna får tid att sätta sig. I annat fall kan ventilhuvudena slå i kolvarna.**

1 De hydrauliska ventillyftarna är självjusterande och kräver ingen tillsyn vid drift.
2 Om de hydrauliska ventillyftarna blir för högljudda kan deras funktion kontrolleras enligt följande.
3 Kör motorn tills den når normal arbetstemperatur, öka sedan varvtalet till ungefär 2 500 varv per minut i 2 minuter.
4 Om ventillyftarna ger ifrån sig oregelbundna missljud huvudsakligen när bilen körs korta sträckor, men försvinner om motorn körs enligt beskrivningen i avsnitt 3, byt oljekvarhållningsventilen i oljefilterhuset.
5 Om en ventillyftare ger ifrån sig regelbundna missljud måste den defekta ventillyftaren bytas. Man kan ta reda på vilken det är som är defekt genom att slå av motorn och demontera kamaxelkåpan enligt beskrivningen i avsnitt 7.
6 Vrid sedan kamaxeln genom att vrida på vevaxeln med en hylsnyckel tills den första kamloben över cylinder nr 1 pekar uppåt.
7 Pressa ventillyftaren nedåt med ett verktyg som inte är av metall och kontrollera sedan glappet med ett bladmått. Om detta är mer än 0,2 mm måste ventillyftaren bytas.
8 Demontering och montering av hydrauliska ventillyftare beskrivs som en del av topplocksrenovering – se kapitel 2E.

13 Svänghjul/drivplatta – demontering, inspektion och montering

Demontering

1 På modeller med manuell växellåda, demontera växellådan (se kapitel 7A) och kopplingen (se kapitel 6).
2 På modeller med automatväxellåda, demontera växellådan enligt beskrivningen i kapitel 7B.
3 Svänghjulets/drivplattans bultar sitter oregelbundet för att det inte ska gå att montera fel. Skruva loss bultarna samtidigt som svänghjulet/drivplattan hålls stilla. Sätt tillfälligt i en bult i motorblocket och använd en skruvmejsel till att hålla svänghjulet/drivplattan på plats, eller tillverka ett specialverktyg.
4 Lyft svänghjulet/drivplattan från vevaxeln. Om en drivplatta demonteras måste mellan-

läggets och distansbrickans positioner noteras.

Inspektion

5 Undersök om svänghjulet/drivplattan visar tecken på slitage eller skada. Undersök om startkransen har slitna kuggar. Om drivplattan eller dess startkrans är skadad måste hela drivplattan bytas. Svänghjulets startkrans kan dock bytas separat från svänghjulet, men detta arbete bör överlåtas till en Audi/VAG-verkstad. Om kopplingens friktionsyta är missfärgad eller mycket repig kan den eventuellt slipas om, men det bör utföras av en Audi/VAG-verkstad. Byt alltid ut svänghjulets/drivplattans bultar.

Montering

6 Monteringen sker i omvänd ordning, men stryk låsvätska på de (nya) bultarnas gängor innan de sätts tillbaka och dras åt till angivet moment. Om en ny drivplatta ska monteras måste dess position kontrolleras och eventuellt. Avståndet från blockets baksida till momentomvandlarens *fästyta* på drivplattan måste vara 27 mm ± 1 mm. Om det behövs, demontera drivplattan och sätt en distansbricka bakom den för att få rätt mått. Den uppstickande piggen på det yttre mellanlägget måste vara riktad mot momentomvandlaren.

14 Motorfästen – inspektion och byte

14.6 Motorfästets främre kardanstag

Inspektion

1 Om bättre åtkomlighet behövs, ställ framvagnen på pallbockar och demontera den undre skyddskåpan.
2 Se efter om fästgummina är spruckna, förhårdnande eller delade från metallen på någon punkt. Byt fästet om det har sådana skador eller om slitage är tydligt.
3 Kontrollera att alla fästets förband är väl åtdragna, använd om möjligt momentnyckel.

4 Använd en stor skruvmejsel eller ett bräckjärn och kontrollera slitaget i fästet genom att bryta mot det och leta efter spel. Där detta inte är möjligt, låt en medhjälpare vicka på motorn/växellådan, framåt/bakåt och i sidled medan du studerar fästet. Ett visst spel är att vänta även från nya delar, men större slitage är tydligt. Om för stort spel förekommer, kontrollera först att fästets förband är väl åtdragna och byt sedan slitna delar enligt beskrivningen nedan.

Byte

Främre kardanstag

5 För att förbättra åtkomligheten, dra åt handbromsen och ställ framvagnen på pallbockar (se *Lyftning och stödpunkter*).
6 Skruva loss bultarna och ta bort kardanstaget och gummifästet från den främre delen av topplocket (se bild).
7 Skruva loss fästet från den främre listen.
8 Sätt det nya kardanstaget och fästet på plats i omvänd ordning.

Höger eller vänster motorfäste

9 Dra åt handbromsen och ställ framvagnen på pallbockar (se *Lyftning och stödpunkter*).
10 Ta upp motorns vikt i en lyftanordning.
11 Skruva loss den övre fästmuttern, lyft sedan motorn och skruva loss fästet från bygeln (se bilder).
12 Montera det nya fästet i omvänd ordning mot vid demonteringen.

14.11a Det högra motorfästets övre mutter

14.11b Det högra motorfästets nedre muttrar och bultar

14.11c Vänster motorfäste

15 Sump – demontering, inspektion och montering

Demontering

1 Dra åt handbromsen och ställ framvagnen på pallbockar (se *Lyftning och stödpunkter*).
2 Skruva loss motorns undre skyddskåpa.
3 Ställ en behållare under sumpen, skruva ur avtappningspluggen och tappa ur motoroljan. Rengör, sätt tillbaka och dra åt pluggen när du har tappat ur all olja. Ta ur oljemätstickan från motorn.
4 Avlasta motorns vikt med hjälp av en lyftanordning.
5 Skruva loss motorfästets nedre muttrar.
6 Ta upp vikten för den främre fjädringstvärbalken på en garagedomkraft, skruva sedan loss tvärbalkens främre fästbultar och sänk ner tvärbalken något.
7 Skruva loss och ta bort växellådans främre kåpa/fästbygel.
8 Skruva loss sumpbultarna.
9 Demontera sumpen och ta bort packningen. Om den sitter fast kan den försiktigt knackas loss med en klubba.

Montering

10 Rengör sumpens och blockets fogytor.
11 Sätt en ny packning på sumpen, passa sedan in sumpen mot motorblocket och sätt i bultarna. Använd ingen tätningsmassa. Dra åt bultarna till angivet moment i diagonal ordningsföljd.
12 Sätt tillbaka växellådans främre kåpa/fästbygel och dra åt bultarna.
13 Lyft den främre fjädringstvärbalken och dra åt fästbultarna. Sänk ner motorn på tvärbalken och koppla loss lyftanordningen.
14 Skruva i motorfästets nedre muttrar och dra åt dem till angivet moment.
15 Sätt tillbaka oljemätstickan.
16 Montera den undre skyddskåpan och sänk ner bilen.
17 Fyll motorn med rätt mängd olja enligt beskrivningen i kapitel 1B.

16 Oljepump och oljeupptagare – demontering, inspektion och montering

Demontering

1 Demontera sumpen enligt beskrivningen i avsnitt 15.
2 Skruva loss oljepumpens stora fästbultar och dra bort pumpen från blocket **(se bild)**.

3 Lägg pumpen på en arbetsbänk, skruva loss bultarna och ta bort sugslangen från oljepumpen. Ta bort O-ringen.
4 Skruva loss de två bultarna och lyft av kåpan.

Inspektion

5 Rengör komponenterna och kontrollera om de är slitna eller skadade.
6 Kontrollera dödgången mellan kuggarna med hjälp av ett bladmått och jämför det med

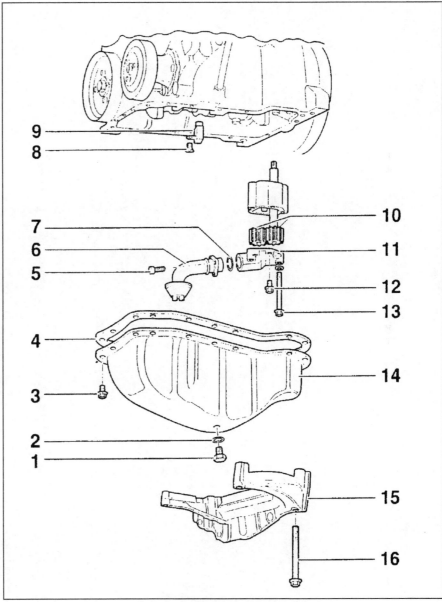

16.2 Oljepump- och sumpkomponenter

1 Oljeavtappningsplugg
2 Tätningsbricka
3 Sumpens fästbultar
4 Sumppackning
5 Utsugningsrörets fästbultar
6 Utsugningsrör
7 O-ring
8 Fästskruv för oljespraymunstycke
9 Oljespraymunstycke
10 Oljepumpdrev
11 Kåpa
12 Kåpans fästbult
13 Oljepumpens fästbultar
14 Sump
15 Motorns/växellådans stödfäste
16 Stödfästesbultar

vad som anges i specifikationerna. Kontrollera också drevens axialspel med hjälp av en stållinjal över pumpens ytterkant. Om de är utanför de angivna gränserna måste pumpen bytas ut. Om inte, montera tillbaka kåpan och drar åt bultarna.

Montering

7 Fyll pumpen med olja genom att sänka ner den i olja och vrida runt drivaxeln.

8 Rengör fogytorna och montera oljepumpen på blocket, sätt i fästbultarna och dra åt dem till angivet moment.

9 Sätt en ny O-ringstätning på änden av sugslangen. Sätt på slangen på oljepumpen, sätt i bultarna och dra åt dem till angivet moment.

10 Montera sumpen enligt beskrivningen i avsnitt 15.

Kapitel 2 Del D
Reparationer med motorn kvar i bilen –
5-cylindriga dieselmotorer

Innehåll

Svårighetsgrader

Enkelt, passar novisen med lite erfarenhet 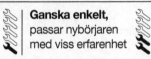	Ganska enkelt, passar nybörjaren med viss erfarenhet	Ganska svårt, passar kompetent hemmamekaniker	Svårt, passar hemmamekaniker med erfarenhet	Mycket svårt, för professionell mekaniker

Specifikationer

Allmänt
Motorkod:*
2370 cc, indirekt insprutning, sugmotor, 164 kW	AAS
2460 cc, elektronisk direktinsprutning, turboladdad, 85 kW	ABP, AAT
2460 cc, elektronisk direktinsprutning, turboladdad, 103 kW	AEL

Lopp:
AAS	79,5 mm
ABP, AAT, AEL	81,0 mm

Kolvslag:
AAS	95,5 mm
ABP, AAT, AEL	95,5 mm

Kompressionsförhållande:
AAS	23,0 : 1
ABP, AAT, AEL	20,5 : 1

Kompressionstryck (slitagegräns):
AAS	26,0 bar
ABP, AAT, AEL	24,0 bar
Maximal skillnad mellan cylindrar	5,0 bar
Tändföljd	1 - 2 - 4 - 5 - 3
Placering för cylinder nr 1	Kamremsänden

* **Observera:** Se "Bilens identifikationsnummer" för kodmärkningens placering på motorn.

Smörjsystem
Oljepump, typ	Monterad på motorblockets framsida, driven direkt från vevaxeln
Normalt oljetryck	Minst 2,0 bar (vid 2000 varv/minut, oljetemperatur 80°C)

Åtdragningsmoment

	Nm
Avgasrör till grenrör (AAS motor)	40
Avgasrör till turboaggregat (ABP, AAT och AEL motorer)	40
Bromsvakuumpump till topplock:	
ABP, AAT och AEL motorer	10
AAS motor	20
Bränsleinsprutningspumpens drev på bakre delen av kamaxeln:	
ABP, AAT och AEL motorer	100
AAS motor	160
Bränsleinsprutningspumpens drevbult	50
Bränsleinsprutningspumpens drivremskåpa:	
Till topplock	20
Till insprutningspump	10
Bränsleinsprutningspumpens drivremsspännare	45
Bränsleinsprutningspump till fäste (AAS motor)	25
Bränsleinsprutningspumpens fäste till block (AAS motor)	50
Cylinderloppets oljesprutningsmunstycke	10
Drivremsspännare	20
Fläktfäste	10
Fläkt till axel	20
Främre fjädringstvärbalk, fästbultar:	
Steg 1	
AAS motor	110
ABP, AAT och AEL motorer	100
Steg 2	Vinkeldra ytterligare 90°
Hallgivare till topplock	10
Hallgivarplatta till insugningsrör	25
Inre kamremskåpa	10
Kamaxeldrevets bult	
ABP, AAT och AEL motorer	
Steg 1	30
Steg 2	Vinkeldra ytterligare 90°
AAS motor	
Bult märkt 8.8	85
Bult märkt 10.9:	
Steg 1	30
Steg 2	Vinkeldra ytterligare 90°
Kamaxelkåpa	10
Kamaxellageröverfall	20
Kamaxelns främre/bakre lageröverfall till topplock	20
Kamremsspännarens mutter	45
Kamremsöverföring	10
Oljefilterhus	25
Oljepump till block	20
Oljeupptagningsrör till oljepump och block	10
Oljeövertrycksventil till pumphus:	
Plugg utan oljetemperaturgivare	40
Plugg med oljetemperaturgivare	30
Ramlageröverfall, bultar:	
AAS	65
ABP, AAT, AEL:	
Steg 1	30
Steg 2	Vinkeldra ytterligare 90°
Servostyrningspump och fäste	20
Storändslagrens överfallsbultar/muttrar:	
Steg 1	30
Steg 2	Vinkeldra ytterligare 90°
Sump	20
Svänghjul/drivplatta:	
Steg 1	30
Steg 2	Vinkeldra ytterligare 90°
Topplockets bultar:*	
Steg 1	40
Steg 2	60
Steg 3	Vinkeldra ytterligare 180° (eller 2 x 90°)
Steg 4	Låt motorn gå tills den når normal driftstemperatur
Steg 5**	Vinkeldra ytterligare 90°
Steg 6 (endast ABP motorer)	Vinkeldra ytterligare 90° efter 1000 km

Vevaxelns bakre oljetätningshus:

M6-bultar	10
M8-bultar	20

Vevaxeldrevets/vibrationsdämparens mittbult
ABP, AAT och AEL motorer fram till 11/94:

Steg 1	160
Steg 2	Vinkeldra ytterligare 180°

ABP, AAT och AEL motorer från och med 11/94:

Steg 1	220
Steg 2	Vinkeldra ytterligare 270°
AAS motor	450
Vevhusventil	20
Vevhusventilationstrumma i vevhus (ABP, AAT och AEL motorer)	10

Vibrationsdämparens bultar till vevaxeldrevet

Steg 1	20
Steg 2	Vinkeldra ytterligare 90°
Växelströmsgenerator och fäste	45
Yttre kamremskåpan	20

*Använd nya bultar
**Behövs inte på AAT och AEL motorer med topplockspackning i metall, men behövs på AAT och AEL motorer med en blå triangel bredvid katalognumret på topplockspackningen

1 Allmän information

Hur detta kapitel används

Kapitel 2 är indelat i fem avsnitt: A, B, C, D och E. Reparationer som kan utföras med motorn kvar i bilen beskrivs i del A (4-cylindriga bensinmotorer), del B (5-cylindriga bensinmotorer), del C (4-cylindriga diesel-motorer) och del D (5-cylindriga diesel-motorer). Del E behandlar demontering av motorn/växellådan som en enhet, och beskriver hur man tar isär och renoverar motorn.

I delarna A, B, C och D antas att motorn är på plats i bilen, med alla hjälpaggregat monterade. Om motorn lyfts ur för renovering kan den preliminära isärtagning som beskrivs ignoreras.

Åtkomligheten till motorrummet kan underlättas genom att motorhuven demont-eras enligt beskrivningen i kapitel 11.

Beskrivning av motorn

I detta kapitel betecknas motorer genom-gående med sina respektive motorkoder, snarare än slagvolymen. En lista över de motorer som tas upp, inklusive deras beteck-ningar, finns i specifikationerna i början av detta kapitel.

Motorerna är vattenkylda 5-cylindriga radmotorer med enkel överliggande kamaxel, motorblocken är i gjutjärn och topplocken av aluminiumbaserad lättmetallegering. Alla är monterade på längden i bilens främre del, med växellådan monterad baktill på motorn.

Topplocket innehåller kamaxeln som drivs från vevaxeln med en tandad kamrem. I topplocket finns även insugnings- och avgasventilerna som stängs med enkla eller dubbla spiralfjädrar. Ventilerna löper i styrningar som är inpressade i topplocket.

Kamaxeln påverkar ventilerna direkt via hydrauliska lyftare, även dessa monterade i topplocket. Dessutom innehåller topplocket oljekanaler för matning och smörjning av de hydrauliska ventillyftarna.

Motorerna benämns AAS för 2.4 liters turbodiesel, och ABP, AAT och AEL för 2.5 liters turbodiesel. Alla motorer har direkt-insprutning där virvelkamrarna är integrerade med kolvtopparna.

Vevaxeln är av typen med sex lager, och ramlagerskålarna för lager nr 4 (från fronten) innehåller separata tryckbrickor för kontroll av vevaxelns axialspel. Kamaxeln drivs av en tandad rem från vevaxeldrevet, och remmen driver även vattenpumpen på vänster sida av motorblocket.

Ventilerna drivs från kamaxeln via hydrauliska ventillyftare. Bränsleinsprutnings-pumpen är remdriven från ett drev på den bakre delen av kamaxeln. Bromsvakuum-pumpen är placerad på vänster sida om topplocket och drivs av en tryckkolv från kamaxeln.

Motorn har ett fullständigt smörjsystem. En oljepump finns monterad på vevaxelns främre del. Oljefiltret är av kassettyp och sitter monterat på motorblockets högra sida.

Reparationer som kan utföras med motorn på plats i bilen:

Följande arbeten kan utföras utan att motorn lyfts ur bilen:
a) Drivremmar – demontering och montering.
b) Kamaxel – demontering och montering.*
c) Kamaxeloljetätning – byte.
d) Kamaxeldrev – demontering och montering.
e) Kylvätskepump – demontering och montering (se kapitel 3)
f) Vevaxelns oljetätningar – byte.
g) Vevaxelns drev – demontering och montering.

h) Topplock – demontering och montering.*
i) Motorfästen – inspektion och byte.
j) Oljepump och upptagare – demontering och montering.
k) Sump – demontering och montering.
l) Kamrem, drev och kåpa – demontering, inspektion och montering.

*Topplockets isärtagning beskrivs i kapitel 2E, inklusive detaljer kring demontering av kamaxel och hydrauliska ventillyftare.

Observera: Det går att demontera kolvar och vevstakar (sedan topplock och sump demont-erats) utan att lyfta ur motorn. Detta tillvägagångssätt är dock inte att rekommen-dera. Arbete av denna typ är mycket enklare att utföra med motorn uppsatt i en arbetsbänk – se kapitel 2E.

2 Ventilinställningsmärken – allmän information och användning

Allmän information

1 Kamaxeldrevet och kylvätskepumpsdrevet drivs av kamremmen från vevaxelns drev. Vevaxel- och kamaxeldreven går i takt med varandra för att försäkra korrekt ventil-inställning.

2 De motorer som beskrivs i detta kapitel är konstruerade så att kolvarna kommer att slå i ventilerna om vevaxeln dras runt medan kamremmen är borttagen. Därför är det viktigt att rätt synkronisering mellan kamaxeln och vevaxeln bibehålls medan kamremmen är demonterad. Detta uppnås genom att man ställer motorn i ett referensläge (kallat övre dödpunkt eller mer vanligt ÖD) innan kamremmen tas bort och att axlarna sedan låses där till dess att kamremmen åter finns på plats. Om motorn har tagits isär för renovering måste den ställas till ÖD vid hopmonteringen för att korrekt axelsynkroni-sering ska kunna garanteras.

3 ÖD är den högsta punkt en kolv når i sin cylinder – i en fyrtaktsmotor når varje kolv ÖD två gånger per arbetscykel, en gång i kompressionstakten och en gång i avgastakten. Generellt sett avser ÖD, som referensläge, cylinder nr 1 i kompressionstakten. Observera att cylindrarna är numrerade från ett till fem, med början vid motorns kamremssida.

Ställa in ÖD på cylinder nr 1

4 Ta bort glödstiften enligt beskrivning i 5C för att göra det lättare att vrida motorn.

5 Vrid vevaxeln medurs med en hylsnyckel tills ÖD-markeringen på kanten av svänghjulet/drivplattan hamnar i linje med kamaxelkanten på balanshjulkåpans gjutgods **och** ÖD-markeringen på bränsleinsprutningspumpens drev kommer i linje med märket på pumphuset. **Observera:** *På ABP, AAT och AEL motorer finns en 32 mm sexkantsbult på servostyrningens remskiva, med vilken man kan dra runt motorn utan att man behöver komma åt vevaxeldrevets bult.* Man kan avgöra när kolv nr 1 börjar att röra sig uppåt i cylindern genom att lyssna efter luft som pressas ut ur hålet för glödstift nr 1. Alternativt kan kamaxelkåpan tas bort så att positionen för kamloberna för cylinder nr 1 syns. När båda pekar uppåt står cylinder nr 1 som högst. **Observera:** *Beroende på metoden som används för att synkronisera insprutningspumpen dynamiskt, kan det hända att*

ÖD-markeringen på pumpens remskiva inte passar in exakt med markeringen på pumphuset. Detta sker p.g.a. att pumpen vridits på sitt fäste för finjustering av synkroniseringen.

6 Om motorn ställs in till ÖD för att kamremmen ska tas bort, måste kamaxeln vara låst i sitt ÖD-läge. Detta betyder att det bakre drevet måste tas bort innan man kan placera den speciella låsbalken i spåret på kamaxeln. Skruva loss kåpan från den bakre delen av motorn, se sedan avsnitt 6 för ytterligare information om demontering av drevet. På AAS motorer måste bränsleinsprutningspumpens drev låsas i ÖD-läge med en speciell låssprint.

7 Det absolut bästa verktyget för att låsa kamaxeln är den speciella U-formade låsbalken, men en improviserad balk kan tillverkas av en metallstång under förutsättning att den passar in i kamaxelspåret. En uppsättning låsverktyg brukar gå att låna eller hyra hos en Audi/VAG-handlare eller köpa hos en välsorterad verktygsleverantör **(se bild)**.

8 Med det bakre drevet borttaget, för in kanten av låsbalken i spåret på kamaxelns ände **(se bilder)**.

9 Om låsbalken rör sig något på topplocket, vrid kamaxeln en aning (genom att vrida vevaxeln medurs som tidigare) så att låsbalken gungar åt en sida och ena änden på balken kommer i kontakt med topplockets yta. I andra änden av balken, mät avståndet mellan balken och topplocket med ett

bladmått. Vrid nu tillbaka kamaxeln en aning och ta bort bladmåttet. Tanken är nu att få låsbalken i rätt nivå genom att sätta två bladmått, vardera med en tjocklek motsvarande *halva* det tidigare uppmätta spelet, mellan varje ände av låsbalken och topplocket. Detta centrerar kamaxeln och ställer ventilsynkroniseringen till ÖD-referensläget **(se bild)**.

10 Motorn är nu satt till ÖD på cylinder nr 1.

3 Kompressionsprov

Kompressionsprov

Observera: *För detta moment måste en kompressionsprovare speciellt avsedd för dieselmotorer användas.*

1 Om motorns prestanda sjunker eller om misständningar uppstår, kan ett kompressionsprov ge ledtrådar till motorns skick. Om kompressionsprov tas regelbundet kan de ge förvarning om problem innan några andra symptom uppträder.

2 En kompressionsprovare speciellt avsedd för dieselmotorer måste användas eftersom trycket är så mycket högre. Provaren är ansluts till en adapter som skruvas in i glödstifts- eller insprutningshålet. Det är inte troligt att det är ekonomiskt försvarbart att köpa en sådan provare för sporadiskt bruk, men det kan gå att låna eller hyra en. Om detta inte är möjligt, låt en verkstad utföra kompressionsprovet.

3 Såvida inte specifika instruktioner som medföljer provaren anger annat ska följande iakttagas:

a) *Batteriet ska vara väl laddat, luftfiltret måste vara rent och motorn ska hålla normal arbetstemperatur.*

b) *Alla insprutare eller glödstift ska tas bort innan testet påbörjas. Om insprutarna skruvas ur ska även flamskyddsbrickorna tas bort, i annat fall kan de blåsas ut under provet.*

c) *Stoppsolenoidens och bränslemätarens kablar måste kopplas loss för att förhindra att motorn startas eller att bränsle matas fram.* **Observera:** *Som ett resultat av att kablarna kopplats loss, kommer fel att lagras i styrenhetens minne. Dessa måste raderas efter kompressionsprovet.*

4 Det finns ingen anledning att hålla gaspedalen nedtryckt under provet eftersom en dieselmotors luftintag inte är strypt.

5 Tillverkarna anger en slitagegräns för kompressionstryck – se specifikationerna. Rådfråga en Audi/VAG-verkstad eller dieselspecialist om du är tveksam om ett avläst tryck är godtagbart.

2.7 Motorlåsverktyg

2.8a Låsbalken ihakad i skåran i kamaxeln

2.8a Hemgjord låsbalk ihakad i skåran i kamaxeln

2.9 Inställning av kamaxeln till ÖD med hjälp av låsbalken och två bladmått

4.7 Strålkastarnas fästskruvar tas bort

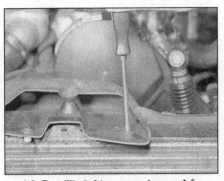

4.8 Den lilla lufttrumman lossas från kylarens ovansida

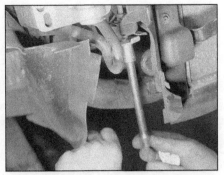

4.10a Lossa kylarens nedre fästmutter . . .

6 Orsaken till dålig kompression är svårare att fastställa på en dieselmotor än på en bensinmotor. Effekten av att tillföra olja i cylindrarna (våt testning) är inte entydig, eftersom det finns en risk att oljan sätter sig i urtagen på kolvkronorna istället för att ledas till kolvringarna. Följande kan dock ses som en grov diagnos.

7 Alla cylindrar ska ha liknande tryck. En skillnad på mer än 5,0 bar mellan två av cylindrarna indikerar ett fel. Trycket ska byggas upp snabbt i en väl fungerande motor. Lågt tryck i första slaget följt av ett gradvis stigande indikerar slitna kolvringar. Lågt tryck som inte höjs indikerar läckande ventiler eller trasig topplockspackning (eller ett sprucket topplock).

8 Lågt tryck i två angränsande cylindrar är nästan helt säkert ett tecken på att topplockspackningen mellan dem är trasig.

Tryckförlusttest

9 Ett tryckförlusttest mäter hur snabbt trycket sjunker på tryckluft som förs in i cylindern. Det är ett alternativ till kompressionsprov som på många sätt är överlägset, eftersom den utströmmande luften anger var tryckfallet uppstår (kolvringar, ventiler eller topplockspackning).

10 Den utrustning som krävs för tryckförlusttest är som regel inte tillgänglig för hemmamekaniker. Om dålig kompression misstänks måste detta prov därför utföras av en verkstad med lämplig utrustning.

4 Kamrem – demontering, inspektion och montering

Demontering

1 Kamremmens primära funktion är att driva kamaxeln, men den driver även kylvätskepumpen. Insprutningspumpen drivs från den bakre änden av kamaxeln via en extra drivrem. Om kamremmen slirar eller brister med motorn igång rubbas ventilsynkroni-

seringen, vilket kan leda till kontakt mellan kolvar och ventiler och därmed åtföljande allvarliga motorskador.

2 Därför är det ytterst viktigt att kamremmen är korrekt spänd och att den inspekteras regelbundet vad gäller tecken på slitage eller åldrande.

3 Observera att demontering av den *inre* delen av kamremskåpan beskrivs som en del av demonteringen av topplocket. Se avsnitt 11 längre fram i detta kapitel.

4 Koppla ur batteriet innan du börjar arbeta (se kapitel 5A).

5 Dra åt handbromsen och ställ med hjälp av en domkraft upp framvagnen på pallbockar (se *Lyftning och stödpunkter*). Demontera den undre skyddskåpan under motorrummet.

6 Demontera den främre stötfångaren enligt beskrivningen i kapitel 11.

7 Ta bort båda främre strålkastarna enligt instruktioner i kapitel 12 (**se bild**). På modeller med AAT motor måste man ta bort den lilla lufttrumman mellan mellankylaren och luftrenaren.

8 Koppla loss vajern från motorhuvslåset, lossa sedan tvärbalken från motorrummets sidor och främre stöd och ta bort den. Ta även bort den lilla lufttrumman från kylarens ovansida (**se bild**).

9 Skruva loss kylarens övre fästbultar enligt beskrivningen i kapitel 3 och ta bort fästbyglarna. Koppla inte loss slangarna från kylaren.

10 Kylaren måste nu lossas från fästena och dess högra sida dras fram för att ge arbetsutrymme framför motorn. Gör det genom att skruva loss fästbygeln från kylarens högra sida, och på en AAS motor även ta bort lufttrummorna, och sedan skruva loss kylarens nedre fästmuttrar och dra fram kylarens högra sida. Audi-mekanikerna använder ett speciellt stödfäste som håller bort kylaren från den främre delen av motorn, men en trä- eller metallstång fungerar lika bra (**se bild**). Ett annat sätt som ger mycket mer arbetsutrymme är att ta bort kylaren helt, enligt beskrivningen i kapitel 3.

11 Ta bort drivremmen enligt beskrivningen i avsnitt 7 (**se bilder**).

4.10b . . . vrid sedan ut kylaren och stöd med en metallstång

4.11a Vrid drivremsspännaren medurs . . .

4.11b . . . och ta bort drivremmen från remskivorna (fläkten är demonterad på bilden)

4.12a Skruva loss fläkten . . .

4.12b . . . håll sedan remskivan på plats och lossa muttern . . .

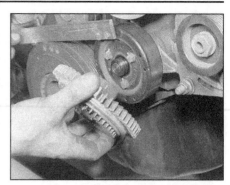

4.12c . . . och ta bort fläktenheten

4.12d Ett hemgjort verktyg används för att hålla fläktens fläns/remskiva på plats

4.13a Ta bort drivremmens övre skydd . . .

12 Ta bort fläkten, se vid behov kapitel 3. Skruva först loss fläkten, håll sedan flänsen/ remskivan stilla medan viskosenheten skruvas bort. Utrymmet mellan hålen i flänsen/ remskivan är ungefär 18 mm. Ett bra fast-hållningsverktyg kan tillverkas av en metallbit och två bultar som hakar i flänshålen **(se bilder)**.
13 Skruva loss och ta bort drivremmens övre skydd, spännaren och fjäderfästet och dra bort enheten **(se bilder)**.
14 Demontera kamaxelkåpan enligt beskriv-ningen i avsnitt 8.
15 Skruva loss kåpan från motorns baksida för att komma åt insprutningspumpens drivrem.
16 Lossa fjäderklamrarna och ta bort kam-remmens främre övre kåpa. Skruva även bort den nedre yttre kåpan **(se bilder)**.
17 Vrid runt vevaxeln och ställ motorn i ÖD enligt beskrivningen i avsnitt 2. ÖD-markeringarna på svänghjulet och bränsle-insprutningspumpen måste vara inpassade mot varandra. Även tändinställningsmärket på undersidan av vevaxelns remskiva och den inre kamremskåpan måste vara i linje **(se bild)**. Den här proceduren omfattar även demontering av bränsleinsprutningspumpens drivrem och montering av kamremmens låsbalk.
18 Håll vevaxeln stilla medan vibrations-dämparens mittbult lossas. Audi-mekanikerna

4.13b . . . skruva sedan loss drivremsspännarens fästbultar . . .

4.13c . . . och fjäderfästet . . .

4.13d . . . och ta bort hela enheten

4.16a Kamremmens främre övre kåpa tas bort. . . .

4.16b . . . liksom dess undre yttre kåpa

4.17 ÖD-inställningsmärken i underkant på vevaxelns remskiva och kamremskåpan

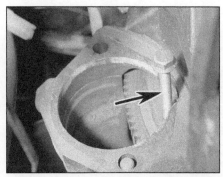

4.18a Använd en bult i ett av svänghjulets hål för att hålla vevaxeln på plats medan vibrationsdämparens bult lossas

4.18b Vibrationsdämparens mittbult lossas

använder ett speciellt verktyg som fäster inuti vibrationsdämparen, men på modeller med manuell växellåda kan det räcka med att lägga i 4:an och låta en medhjälpare trampa hårt på bromsen. Denna metod kan inte användas på modeller med automatväxellåda, utan då måste kåpan skruvas loss från moment-omvandlarhuset och en medhjälpare sätta en bredbladig skruvmejsel mot startkransens kuggar. På modeller med manuell växellåda, ta bort startmotorn (se kapitel 5A) och sätt antingen en skruvmejsel i kuggarna på startkransen eller en bult i ett av hålen på svänghjulets framsida. Ta bort vibrations-dämparbulten – observera att vibrations-dämparens mittbult måste bytas ut varje gång den tas bort. **(se bilder).**

19 Medan vevaxeln fortfarande hålls stilla, skruva loss bultarna som fäster vibrations-dämparen vid vevaxeldrevet **(se bilder).**

20 Ta bort vibrationsdämparen från vevaxel-drevet **(se bild).** Om drevet vill följa med dämparen, skruva tillfälligt i två bultar några varv och slå försiktigt på dem när dämparen tas bort för att hålla drevet på plats.

21 Skruva loss den nedre kamremskåpan från blocket.

22 På modeller från före 1995, lossa bulten för kamremmens spännare på motorns

4.18c Vibrationsdämparens mittbult tas bort

framsida, vrid spännaren medsols för att släppa spänningen på remmen och skruva sedan fast bulten igen. På senare modeller, lossa spännbulten och vrid spännaren moturs.

23 Markera kamremmens rotationsriktning med en pil. **Observera:** *Om kamremmen ska återanvändas måste den sättas tillbaka på samma sätt.* Böj **inte** kamremmen hårt om den ska återanvändas.

24 Lossa kamremmen från vevaxeldrevet, kamaxeldrevet och kylvätskepumpens drev **(se bild).**

4.19 Bultarna som fäster vibrations-dämparen vid vevaxeldrevet tas bort

Inspektion

25 Undersök noga om remmen är förorenad av kylvätska eller olja. Om så är fallet måste föroreningskällan först av allt åtgärdas innan något annat utförs. Undersök också om remmen är skadad eller sliten, speciellt kring tändernas framkanter. Byt ut kamremmen om det råder minsta tvivel om dess skick, priset på en ny kamrem är försumbart jämfört med de reparationskostnader som kan uppstå om en rem brister när motorn går. Remmen måste

4.20 Vibrationsdämparen tas bort

4.24 Kamremmen tas bort från dreven

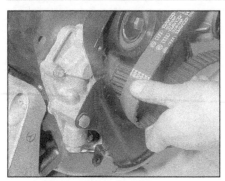

4.28 Dra kamremmen löst runt vevaxeldrevet

4.29 Kamremmen fästs på kamaxeldrevet

4.33 Dra åt spännarens mittre mutter när kamremmen spänns (modeller från 1995 och framåt)

bytas om den har gått så långt som anges av tillverkaren (se kapitel 1B). Har den gått mindre är det ändå en bra idé att byta ut den, oavsett skick, som förebyggande åtgärd. **Observera:** *Om kamremmen inte ska monteras omedelbart är det en god idé att sätta en varningslapp på ratten, för att påminna dig själv och andra om att inte starta motorn.*

Montering

26 Kontrollera att vevaxeln och kamaxeln fortfarande står i ÖD för cylinder nr 1, enligt beskrivningen i avsnitt 2.
27 Lossa kamaxeldrevets bult ett halvt varv enligt beskrivningen i avsnitt 6. Lossa drevet

4.34 Kamaxeldrevets mittbult dras åt medan drevet hålls fast med ett hemgjort verktyg

från kamaxeln genom att försiktigt knacka på det med en dorn i mjuk metall instucken i hålet i den inre kamremskåpan.
28 Fäst kamremmen löst runt vevaxeldrevet **(se bild)**.
Varning: Följ märkena för rotationsriktning.
29 Låt kamremmens tänder greppa i vevaxeldrevet och för sedan remmen på plats över kylvätskepumpens drev och kamaxeldrevet **(se bild)**. Kontrollera att tänderna sätter sig korrekt på dreven.
30 Dra den plana sidan av remmen över överföringsrulle och spännrulle – undvik att böja eller vrida remmen mer än nödvändigt när du gör detta.
31 Kontrollera att remmen är stram överallt, utom i den del som passerar över spännrullen.
32 På modeller tillverkade innan 1995, vrid spännaren moturs för att spänna kamremmen. Spännarnavet har två hål; sätt i två borrar och använd en hävarm eller ett krökt låsringsborttagningsverktyg för att vrida navet. Vrid spännaren moturs så att det med tumme och pekfinger precis går att vrida kamremmen 90° på en punkt mellan kamaxeldrevet och kylvätskepumpens drev. Dra åt bulten till angivet moment.
33 På 1995 års modeller och framåt, låt spännarens mittre mutter vara lös, vrid den stora sexhörningen medurs tills spännarens visare är i linje med varandra, vrid sedan sexhörningen ytterligare tills justeringsvisaren befinner sig ungefär 3 mm förbi den fasta

visaren. Släpp nu justeringsvisaren så att båda visarna åter hamnar i linje med varandra. Håll sexhörningen i det här läget och dra åt muttern till angivet moment **(se bild)**.
34 Dra kamaxeldrevets bult till angivet moment och vinkel samtidigt som du håller drevet på plats enligt beskrivningen i avsnitt 6. Var noga med att inte skada eller böja låsbalken när detta görs **(se bild)**.
35 Ta bort låsbalken från den bakre delen av kamaxeln.
36 Vrid vevaxeln två hela varv, kontrollera sedan att ÖD-markeringarna är i linje enligt beskrivningen i avsnitt 2. Kontrollera att det är möjligt att sätta i låsbalken i kamaxelspåret och se även till att kamremsspänningen är korrekt. På modeller från 1995 och framåt får visarna inte vara mer än 3 mm från att vara i linje.
37 Montera den nedre kamremskåpan på blocket och dra åt bultarna.
38 Smörj in gängorna och huvudet på vevaxeldrevets/vibrationsdämparens mittbult.
39 Sätt tillbaka vibrationsdämparen på vevaxeldrevet och fästbultarna mellan dämpare och drev samt den nya mittbulten och brickan. Håll vevaxeln på plats med samma metod som användes vid demonteringen och dra åt de fyra dämparbultarna till angivet moment **(se bilder)**.
40 Dra åt drevets/dämparens mittbult till angivet moment och vinkel **(se bild)**.
41 Montera bränsleinsprutningspumpens

4.39a Montering av vibrationsdämparen

4.39b Vibrationsdämparens/drevets mittbult skruvas i

4.40 Använd färgfläckar på bultarna för att ange åtdragningsvinkel

drivrem enligt beskrivningen i avsnitt 2 och 5, sätt sedan tillbaka drivremskåpan och dra åt bultarna.

42 Montera den nedre yttre kamremskåpan och sedan den övre kåpan och fäst med fjäderklamrar **(se bilder)**.

43 Montera kamaxelkåpan enligt beskrivningen i avsnitt 8.

44 Montera drivremsspännaren och sätt tillbaka drivremmen enligt beskrivning i avsnitt 7.

45 Montera fläktenheten enligt beskrivningen i kapitel 3.

46 Montera kylaren, stödfästena och lufttrummorna och fäst bultarna.

47 Sätt tillbaka tvärbalken och motorhuvslåset och dra åt bultarna.

48 Sätt tillbaka de främre strålkastarna enligt beskrivningen i kapitel 12, och på AAT motorer även mellankylarens lufttrumma.

49 Montera den främre stötfångaren enligt beskrivningen i kapitel 11.

50 Montera den undre skyddskåpan och ställ ner bilen.

51 Återanslut batteriets minusledare (se kapitel 5A).

52 Om kylaren demonterats, fyll på kylsystemet enligt beskrivningen i kapitel 1B.

4.42a Montera den nedre yttre kåpan . . .

4.42b . . . och skruva i bultarna

4.42c Passa in den övre kamremskåpan . . .

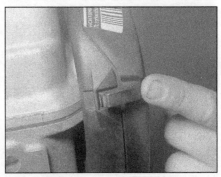
4.42d . . . och fäst den med fjäderklamrarna

5 Bränsleinsprutningspumpens drivrem – demontering, inspektion och montering

Demontering

1 Skruva loss kåpan från motorns baksida för att komma åt insprutningspumpens drivrem.

2 Ta bort glödstiften enligt beskrivning i kapitel 5C för att underlätta vridning av motorn.

3 Vrid långsamt motorn medurs med en hylsnyckel på vevaxeldrevets bult tills ÖDmarkeringen på kanten av svänghjulet/drivplattan kommer i linje med inställningskanten på balanshjulkåpans gjutgods **och** ÖD-markeringen på bränsleinsprutningspumpens drev kommer i linje med märket på pumphuset. **Observera:** *På ABP, AAT och AEL motorer finns en 32 mm sexkantsbult på servostyrningens remskiva, med vilken man kan dra runt motorn utan att behöva komma åt vevaxeldrevets bult.* Man kan avgöra när kolv nr 1 börjar att röra sig uppåt i cylindern genom att lyssna efter luft som pressas ut ur hålet för glödstift nr 1. Alternativt kan kamaxelkåpan tas bort så att positionen för kamloberna för cylinder nr 1 syns. När båda pekar uppåt står cylinder nr 1 som högst.

Observera: *Beroende på metoden som används för att synkronisera insprutningspumpen dynamiskt, kan det hända att ÖDmarkeringen på pumpens remskiva inte passar in exakt med markeringen på pumphuset. Detta sker p.g.a. att pumpen vridits på sitt fäste för finjustering av synkroniseringen. Om märkena inte hamnar korrekt i linje, gör nya inställningsmärken som kan användas vid montering av drivremmen.*

ABP, AAT och AEL motorer

4 Observera att spänningen av drivremmen ger ett hum om hur man återmonterar den. **Observera:** *Spännaren är försedd med fästen för en spännarfjäder som ska spänna drivremmen när den sätts tillbaka. Fjädern är i själva verket ett Audi/VAG serviceverktyg, och finns inte för allmänheten att få tag på.* Lossa muttern på pumpens drivremsspännare för att minska spänningen på drivremmen. Lossa drivremmen från insprutningspumpens drev och kamaxeldrevet **(se bilder)**.

AAS motorer

5 På AAS motorer, stick in en låssprint genom tändinställningshålen i bränsleinsprutningspumpens drev och in i pumphuset för att låsa drevet. Håll drevet på den bakre delen av kamaxeln på plats med ett lämpligt verktyg fäst i drevhålen (se avsnitt 6),

skruva sedan loss fästbultarna och ta bort drevet och drivremmen. Lossa drivremmen från insprutningspumpens drev.

Inspektion

6 Undersök noga om remmen är förorenad av kylvätska eller smörjmedel. Om så är fallet måste föroreningskällan först av allt åtgärdas innan något annat utförs. Undersök också om remmen är skadad eller sliten, speciellt kring tändernas framkanter. Byt remmen om dess skick är tvivelaktigt. Remmen måste bytas ut om den har gått sin specificerade sträcka (se kapitel 1B).

Montering

ABP, AAT och AEL motorer

7 Placera spännaren och armen med framsidorna uppåt så att spännaren trycker på drivremmen när fjädern sätts dit. Muttern

5.4a Lossa spännarmuttern . . .

5.4b . . . och ta loss bränsleinsprutningspumpens drivrem från drevet

måste lossas ett helt varv om den är åtdragen så att spännaren får fri rörlighet.

8 Kontrollera att ÖD-markeringen fortfarande är i linje på svänghjulet/drivplattan och på insprutningspumpen.

9 Placera drivremmen på kamaxeldrevet och insprutningspumpens drev samt över överföringsremskivan och spännarremskivan. Remmen måste vara spänd när den är i bottenläge och om den är slak på något ställe måste detta placeras nedanför spännaren.

10 Om du har tillgång till en specialfjäder, haka fast den på spännarmen så att drivremmen spänns. Om inte, låt en medhjälpare fästa en fjädervåg vid armen och dra motsvarande ungefär 2,5 kg **(se bild)**. Medan spänningen verkar, vrid vevaxeln ungefär ett halvt varv medurs, dra sedan åt spännarmuttern till angivet moment.

11 Kontrollera och vid behov justera insprutningspumpens synkronisering enligt beskrivningen i kapitel 4C.

12 Sätt tillbaka glödstiften, montera drivremskåpan och dra åt bultarna.

AAS motorer

13 För drivremmen på plats över insprutningspumpens drev, placera sedan kamaxeldrevet i remmen och montera drevet på kamaxeln.

14 Sätt i en bult och dra åt den till 50 Nm medan drevet hålls på plats med verktyget (se avsnitt 6). Låssprinten är fortfarande instucken genom insprutningspumpens drev och det är viktigt att inte drivremmen sträcks medan bulten dras åt.

15 Lossa bulten ungefär ett halvt varv och kontrollera att drevet är fritt att vrida sig på kamaxeln.

16 Drivremmens spänning måste nu kontrolleras. Audi-mekaniker använder ett specialverktyg för detta, men en ungefärlig kontroll kan göras enligt följande. Det ska precis vara möjligt att, med endast tumme och pekfinger, vrida remmen 90° på en punkt mitt emellan kamaxeldrevet och insprutningspumpens drev.

17 Kontrollera att ÖD-markeringarna fortfarande är i linje med varandra, dra sedan åt kamaxeldrevets bult till angivet moment

medan drevet hålls på plats.

18 Om drivremsspänningen är felaktig måste insprutningspumpens monteringskonsol flyttas på motorblocket vilket kan göras om bultarna lossas. Dra åt bultarna till angivet moment efter justeringen, utför sedan spänningsproceduren en gång till.

19 Kontrollera och (vid behov) justera insprutningspumpens synkronisering enligt beskrivningen i kapitel 4C.

20 Sätt tillbaka glödstiften, montera drivremskåpan och dra åt bultarna.

6 Kamremsspännare och drev – demontering och montering

Kamremmens spännare

Demontering

1 Lossa batteriets jordledning (minuspolen) (se kapitel 5A).

2 Dra åt handbromsen och ställ med hjälp av en domkraft upp framvagnen på pallbockar (se *Lyftning och stödpunkter*). Demontera skyddskåpan från motorrummets undersida och lossa den främre fästtappen.

3 Demontera den främre stötfångaren enligt beskrivningen i kapitel 11.

4 Ta bort båda strålkastarna enligt beskrivningen i kapitel 12. På modeller med AAT motor måste man ta bort den lilla lufttrumman mellan mellankylaren och luftrenaren.

5 Koppla loss vajern från motorhuvslåset, lossa sedan tvärbalken från motorrummets sidor och främre stöd och ta bort den. Ta även bort den lilla lufttrumman ovanpå kylaren.

6 Skruva loss kylarens övre fästbultar enligt beskrivningen i kapitel 3 och ta bort fästbyglarna. Koppla inte loss slangarna från kylaren.

7 Kylaren måste nu lossas från fästena och dess högra sida dras fram för att ge arbetsutrymme framför motorn. Gör det genom att skruva loss fästbygeln från kylarens högra sida, och på en AAS motor även ta bort lufttrummorna, och sedan skruva loss kylarens nedre fästmuttrar och dra fram

kylarens högra sida. Audi-mekanikerna använder ett speciellt stödfäste som håller bort kylaren från motorn, men en trä- eller metallbit fungerar lika bra. Ett alternativ som ger mycket mer arbetsutrymme är att ta bort kylaren helt, enligt beskrivningen i kapitel 3.

8 Ta bort drivremmen enligt beskrivningen i avsnitt 7.

9 Demontera fläkten enligt beskrivningen i kapitel 3. Skruva först loss fläkten, håll sedan flänsen stilla medan viskoenheten skruvas bort från drivaxeln. Utrymmet mellan hålen i flänsen/remskivan är ungefär 18 mm. Ett bra fasthållningsverktyg kan tillverkas av en metallbit och två bultar som hakar i flänshålen.

10 Skruva loss drivremsspännaren.

11 Vrid runt vevaxeln och ställ motorn i ÖD enligt beskrivningen i avsnitt 2. ÖD-markeringarna på svänghjulet och bränsleinsprutningspumpen måste vara inpassade mot varandra. Den här proceduren omfattar även demontering av bränsleinsprutningspumpens drivrem och montering av kamremmens låsbalk.

12 På modeller från före 1995, lossa bulten för kamremmens spännare på motorns framsida, vrid spännaren medsols för att släppa spänningen på remmen och skruva sedan fast bulten igen. På senare modeller, lossa spännbulten och vrid den automatiska spännaren moturs.

13 Ta loss bulten och dra bort spännaren från motorblocket. På 1995 års modeller och senare kan det vara svårt att demontera den senare typen av automatisk spännare på grund av att vibrationsdämparen är i vägen. Demontera i så fall dämparen enligt beskrivningen i avsnitt 4 **(se bild)**.

Montering

14 Montera spännaren och sätt dit bulten – dra inte åt bulten under det här steget. På senare modeller, se till att spännarens platta hakar i sprinten på den bakre kåpan **(se bild)**.

15 Sätt tillbaka och spänn kamremmen enligt beskrivningen i avsnitt 4.

16 På 1995 års modeller och senare, om vibrationsdämparen tagits bort, montera denna enligt beskrivningen i avsnitt 4.

5.10 En fjädervåg används för att spänna insprutningspumpens drivrem

6.13 Kamremsspännaren demonteras

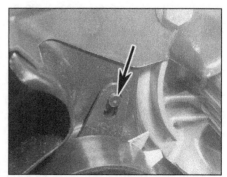

6.14 På senare modeller, se till att spännarplattan hakar i sprinten

17 Montera drivremsspännaren och drivremmen enligt beskrivningen i avsnitt 7.
18 Montera fläkten enligt beskrivningen i kapitel 3.
19 Montera kylaren enligt beskrivningen i kapitel 3.
20 Återanslut motorhuvens låsvajer och montera tvärbalken och den lilla lufttrumman.
21 Montera strålkastarna och den främre stötfångaren, och på AAT motorer även mellankylarens lufttrumma.
22 Montera den undre skyddskåpan och ställ ner bilen.
23 Återanslut batteriet.

Främre kamaxeldrev

Demontering

24 Lossa batteriets jordledning (minuspolen) (se kapitel 5A).
25 Dra åt handbromsen och ställ med hjälp av en domkraft upp framvagnen på pallbockar (se *Lyftning och stödpunkter*). Demontera skyddskåpan från motorrummets undersida och lossa den främre fästtappen.
26 Demontera den främre stötfångaren enligt beskrivningen i kapitel 11.
27 Ta bort båda strålkastarna enligt beskrivningen i kapitel 12. På modeller med AAT motor måste man ta bort den lilla lufttrumman mellan mellankylaren och luftrenaren.
28 Koppla loss vajern från motorhuvslåset, lossa sedan tvärbalken från motorrummets sidor och främre stöd och ta bort den. Ta även bort den lilla lufttrumman ovanpå kylaren.
29 Skruva loss kylarens övre fästbultar enligt beskrivningen i kapitel 3 och ta bort fästbyglarna. Koppla inte loss slangarna från kylaren.
30 Kylaren måste nu lossas från fästena och dess högra sida dras fram för att ge arbetsutrymme framför motorn. Gör detta genom att skruva loss fästbygeln från kylarens högra sida, och på en AAS motor ta även bort lufttrummorna, och sedan skruva loss kylarens nedre fästmuttrar och dra fram kylarens högra sida. Audi-mekanikerna använder ett speciellt stödfäste som håller

bort kylaren från motorn, men en trä- eller metallbit fungerar lika bra. Ett alternativ som ger mycket mer arbetsutrymme är att ta bort kylaren helt, enligt beskrivningen i kapitel 3.
31 Demontera drivremmen enligt beskrivningen i avsnitt 7.
32 Demontera fläktenheten enligt beskrivningen i kapitel 3.
33 Skruva loss drivremsspännaren.
34 Vrid runt vevaxeln och ställ motorn i ÖD enligt beskrivningen i avsnitt 2. ÖD-markeringarna på svänghjulet och bränsleinsprutningspumpen måste vara inpassade mot varandra. Den här proceduren omfattar även demontering av bränsleinsprutningspumpens drivrem och montering av kamaxelns låsbalk.
35 Lossa bulten på kamremsspännaren på den främre delen av motorn, vrid sedan spännaren för att minska spänningen på remmen.
36 Lossa kamremmen från kamaxeldrevet och spännaren och bind upp den på ena sidan. Var noga med att inte böja eller skada remmen.

> ⚠ *Varning: Vrid inte kamaxeln eller vevaxeln medan kamremmen är borttagen, då skadas kolvkronor och ventiler.*

37 Demontera kamaxelkåpan enligt beskrivningen i avsnitt 8.
38 Lossa kamaxeldrevets bult ett halvt varv medan drevet hålls fast med ett verktyg som passar i kedjehjulets hål (se Haynes tips).
39 Lossa drevet från kamaxeln genom att försiktigt knacka på det med en dorn i mjuk metall instucken genom hålet i den inre kamremskåpan. Ta bort bulten och drevet från kamaxeln (se bilder).

Montering

40 Torka rent drevets och kamaxelns fogytor.
41 Placera drevet på kamaxeln, sätt i fästbulten och dra åt den för hand. Se till att drevet kan rotera fritt.
42 Montera och spänn kamremmen enligt beskrivningen i avsnitt 4.

För att tillverka ett verktyg att hålla kamaxeldrevet på plats med, använd två stålremsor, 6 mm tjocka, 30 mm breda och 60 respektive 20 cm långa (alla mått är ungefärliga). Skruva ihop de båda remsorna löst så att en gaffelliknande ände skapas och så att den kortare remsan kan svänga fritt. Fäst en bult med mutter och låsmutter vid ändarna på gaffelns ben, som fungerar som stödpunkter. Dessa kopplas ihop med hålen i drevet och bör sticka ut ungefär 30 mm

43 Montera kamaxelkåpan enligt beskrivningen i avsnitt 8.
44 Montera drivremsspännaren och drivremmen enligt beskrivningen i avsnitt 7.
45 Montera fläkten enligt beskrivningen i kapitel 3.
46 Montera kylaren enligt beskrivningen i kapitel 3.
47 Återanslut motorhuvens låsvajer och sätt tillbaka tvärbalken.
48 Montera strålkastare och främre stötfångare.
49 Montera den undre skyddskåpan och ställ ner bilen.
50 Återanslut batteriet.

Bakre kamaxeldrev
Demontering
51 Ta bort bränsleinsprutningspumpens drivrem enligt beskrivningen i avsnitt 5.

6.39a Det främre drevet lossas från kamaxeln med hjälp av en dorn av mjuk metall

6.39b Skruva loss bulten . . .

6.39c . . . och ta bort det främre drevet från kamaxeln

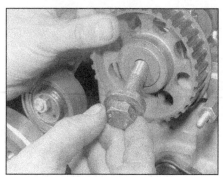

6.53a Skruva loss bulten . . .

6.53b . . . och ta bort kamaxelns bakre drev

6.58 Vevaxeldrevet tas bort från den främre delen av vevaxeln

52 Håll det bakre drevet stilla med hjälp av ett passande verktyg instucket i hålen på drevet, lossa sedan bulten.
53 Skruva loss bulten och ta bort drevet från kamaxelns ände **(se bild)**.

Montering

54 Placera drevet på änden av kamaxeln och sätt dit bulten löst.
55 Montera bränsleinsprutningspumpens drivrem enligt beskrivningen i avsnitt 5.
56 Genomför insprutningspumpens tänd-inställningsprocedur enligt beskrivningen i kapitel 4C.

Vevaxeldrev

Demontering

57 Demontera kamremmen enligt beskriv-ningen i avsnitt 4.
58 Ta bort vevaxeldrevet från vevaxelns ände. Om det sitter hårt, använd två skruv-mejslar eller hävarmar för att få bort det **(se bild)**.
59 Torka rent drevets och vevaxelns fogytor.

Montering

60 Torka rent drevets och vevaxelns fogytor.
61 Trä på vevaxeldrevet på änden av vev-axeln och se till att tappen på drevets insida hakar i fördjupningen i änden av vevaxeln. Om det är svårt att trä på drevet på vevaxeln kan det slås på plats med hjälp av en träkloss, se

bara till att inte slå det så långt att det kommer i kontakt med oljepumpshuset.
62 Montera kamremmen enligt beskrivningen i avsnitt 4.

Insprutningspumpens drev

63 Se kapitel 4C.

---

7 Drivrem – demontering, montering och spänning

1 Drivremmen driver generatorn och servo-styrningspumpen. På modeller med luft-konditionering driver den även kompressorn. En fjäderbelastad spännare är monterad som hela tiden upprätthåller korrekt spänning **(se bild)**.

Demontering

2 Om drivremmen ska demonteras, dra åt handbromsen och ställ framvagnen på pall-bockar (se *Lyftning och stödpunkter*). Demontera skyddskåpan från motorrummets undersida och lossa den främre fästtappen.
3 Demontera den främre stötfångaren enligt beskrivningen i kapitel 11.
4 Demontera båda strålkastarna enligt beskrivningen i kapitel 12.
5 Koppla loss vajern från motorhuvslåset, lossa sedan tvärbalken från motorrummets sidor och främre stöd och ta bort den.
6 Om drivremmen ska återanvändas måste

dess rotationsriktning markeras, så att den monteras tillbaka på samma sätt.
7 Skruva loss och ta bort fläkten. Skruva loss fästmuttern bakom fläkten med hjälp av en tunn skiftnyckel. Ta även bort fläktramen.
8 Ha en sprint redo att sätta in i hålet i spännaren för att hålla den på plats medan drivremmen tas bort.
9 Vrid spännaren moturs med en skiftnyckel och sätt in sprinten i hålet.
10 Notera drivremmens dragning, ta loss den från remskivorna och överföringen och ta bort den från motorn.

Montering

11 Placera drivremmen runt remskivorna och överföringen, se till att den sitter rätt i spåren.
12 Vrid spännaren medurs med hjälp av nyckeln och ta loss sprinten, släpp sedan spännaren försiktigt och se till att drivremmen hamnar rätt på remskivorna.
13 Montera fläkten och dra fast fästmuttern.
14 Sätt tillbaka tvärbalken och återanslut vajern.
15 Montera strålkastarna enligt beskriv-ningen i kapitel 12.
16 Montera den främre stötfångaren enligt beskrivningen i kapitel 11.
17 Montera den undre skyddskåpan och ställ ner bilen.

---

8 Kamaxelkåpa – demontering och montering

Demontering

1 Ta bort motorns plastkåpa (där sådan finns), koppla loss vevhusets ventilationsslang och oljeseparatorslangar från kamaxelkåpan (AAT, ABP och AEL motorer) **(se bild)** eller övertrycksventilen (AAS motorer). PÅ AAT, ABP och AEL motorer är övertrycksventilen integrerad i kamaxelkåpan. På AAS motorer kan, om det behövs, övertrycksventilen och gummimuffen tas bort från kåpan i det här stadiet.
2 Ta bort skyddslocken där sådana finns och

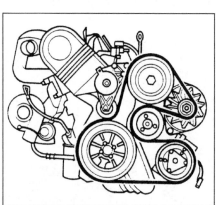

7.1 Drivrem på modeller med luftkonditionering

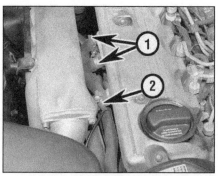

8.1 Oljeseparatorslangar (1) och vevhusventilationsslang (2) på AAT motorn

8.2a Lossa muttrarna . . .

8.2b . . . ta bort muttrarna . . .

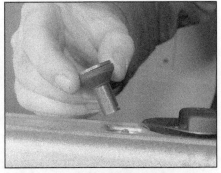
8.2c . . . och ta upp tätningarna och kragarna

skruva loss kamaxelkåpans tre fästmuttrar – ta bort tätningarna och kragarna och notera i vilken ordning de tas bort **(se bilder)**.
3 Lyft av kåpan från topplocket **(se bild)**. Om den sitter fast, försök inte bända loss den – knacka istället försiktigt runt kanterna med en gummiklubba.
4 Ta bort kamaxelkåpans packning. Undersök packningen noga och byt ut den om den visar tecken på skador eller slitage **(se bild)**.
5 Rengör fogytorna på topplock och kamaxelkåpa noga, ta bort alla spår av olja och gammal packning, var dock noga med att inte skada ytorna.

Montering

6 Montera kamaxelkåpan i motsatt ordning och tänk på följande:
a) *Se till att packningen sitter korrekt på topplocket och var försiktig så att den inte rubbas när kamaxelkåpan sätts på plats.*
b) *Dra åt kamaxelkåpans fästmuttrar till angivet moment.*

9 Kamaxelns oljetätningar – byte

Främre oljetätning

1 Demontera drivremmen enligt beskrivningen i avsnitt 7.
2 Demontera kamremsspännaren och kamaxeldrevet enligt beskrivningen i avsnitt 6.
3 Skruva loss den yttre nedre kamremskåpan.
4 Skruva loss den inre kamremskåpan.
5 Demontera kamaxelkåpan enligt beskrivningen i avsnitt 8.
6 Det finns två sätt att demontera oljetätningen. Använd en skruvmejsel och bänd försiktigt ut oljetätningen. Var noga med att inte skada kamaxelns yta. Rengör sätet i lageröverfallet och smörj sedan olja på kanterna av den nya oljetätningen. Vira tejp runt änden på kamaxeln, montera den nya oljetätningen och knacka försiktigt in den i rätt läge med en tub eller hylsa mot tätningens

8.3 Lyft kamaxelkåpan från topplocket . . .

8.4 . . . och ta bort packningen

hårda yttre yta **(se bilder)**. Ta sedan bort tejpen.
7 Om oljetätningen sitter hårt i lageröverfallet bör den andra metoden användas. Se relevant avsnitt i kapitel 2E och gör följande:
a) *Skruva loss muttrarna och ta loss kamaxellageröverfall nr 1, dra sedan av den gamla kamaxeloljetätningen.*
b) *Smörj ytan på den nya kamaxeloljetätningen med ren motorolja och trä på den på kamaxeländen.*
c) *Lägg på ett tunt lager passande tätningsmedel på lageröverfallets fogyta, och sätt sedan tillbaka det och se till att oljetätningen ligger korrekt mot huvudet och överfallet. Dra åt fästmuttrarna stegvis till angivet moment.*
8 Montera kamaxelkåpan enligt beskrivningen i avsnitt 8.

9 Montera den inre kamremskåpan och dra åt bultarna.
10 Montera den nedre kamremskåpan och dra åt bultarna.
11 Montera kamaxeln och kamremsspännaren enligt beskrivningen i avsnitt 6.
12 Montera drivremmen enligt beskrivningen i avsnitt 7.

Bakre oljetätning

13 Demontera kamaxelkåpan enligt beskrivningen i avsnitt 8.
14 Ta bort bränsleinsprutningspumpens drivrem enligt beskrivningen i avsnitt 5. På AAS motorer omfattar den här proceduren även demontering av drevet från änden på kamaxeln.
15 På ABP, AAT och AEL motorer, skruva loss kamaxeldrevets bult medan drevet hålls i

9.6a Sätt den nya oljetätningen på plats över skyddstejpen på kamaxeln . . .

9.6b . . . och driv in den på rätt plats med hjälp av en lämplig hylsa

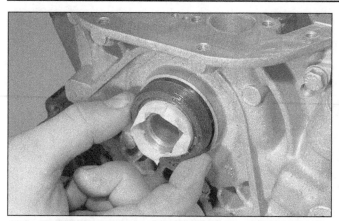

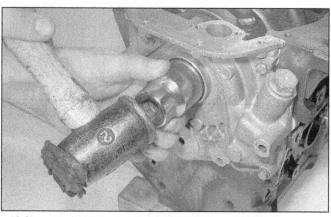

10.3a Placera den nya främre oljetätningen över skyddstejpen . . .

10.3b . . . och driv in den i oljepumphuset med hjälp av en hylsa

10.7 Fästbultarna till vevaxelns bakre oljetätning skruvas bort

sitt läge med ett verktyg som passar i drevets hål. Ta bort bulten och dra bort drevet från kamaxeln.

16 Se relevant avsnitt i kapitel 2E, och gör följande:

a) Skruva loss muttrarna och ta loss lageröverfallet för kamaxel nr 1, och dra sedan av den gamla kamaxeloljetätningen.

b) Smörj ytan på den nya kamaxeloljetätningen med ren motorolja, och trä på den på kamaxeländen. Vira tejp runt änden på kamaxeln för att undvikta skador på oljetätningen vid montering. Ta sedan bort tejpen igen.

c) Lägg på ett tunt lager passande tätningsmedel på lageröverfallets fogyta,

sätt tillbaka det och se till att oljetätningen ligger korrekt mot topplocket och överfallet. Dra åt fästmuttrarna stegvis till angivet moment.

17 Montera kamaxeldrevet och dra åt fästbultarna till angivet moment, medan drevet hålls på plats med samma metod som användes vid demonteringen.

18 Montera bränsleinsprutningspumpens drivrem enligt beskrivningen i avsnitt 5.

19 Montera kamaxelkåpan enligt beskrivningen i avsnitt 8.

10 Vevaxelns oljetätningar – byte

Vevaxelns främre oljetätning

1 Demontera kamremmen och vevaxeldrevet enligt beskrivningen i avsnitt 6.

2 Tätningen kan bytas ut utan att oljepumpen tas bort genom att man borrar två små hål i den snett mitt emot varandra, sätter i självgängande skruvar och vrider runt skruvarna med en tång.

3 Vira tejp runt änden på vevaxeln för att undvika skador på den nya oljetätningen. Doppa den nya tätningen i motorolja och driv in den i oljepumphuset med en träkloss eller en hylsa tills den är i nivå med kanten. Se till

att tätningens slutna ände är vänd utåt. Om tätningen åstadkommit ett djupt spår i änden på vevaxeln är det godtagbart att driva ner tätningen helt och hållet i huset, så att den nya tätningens kant vilar mot en oförstörd yta på vevaxeln (se bild).

4 Ta bort tejpen.

5 Montera kamremmen och vevaxeldrevet enligt beskrivningen i avsnitt 6.

Vevaxelns bakre oljetätning (svänghjulssidan)

6 Oljetätningen är i ett stycke med oljetätningshuset och det är således inte möjligt att byta ut enbart tätningen. Ta först bort svänghjulet/drivplattan enligt beskrivningen i avsnitt 13, demontera sedan sumpen enligt beskrivningen i avsnitt 15.

7 Skruva loss fästbultarna och ta bort huset tillsammans med oljetätningen från motorblocket (se bild). Ta bort packningen från styrstiften på motorblocket.

8 Rengör ytorna på blocket och vevaxeln.

9 Placera den nya packningen på motorblocket (se bild).

10 Det nya oljetätningshuset levereras med ett skydd som sitter kvar tills huset monteras. Placera husenheten över änden på vevaxeln och tryck ner det på styrstiften (se bild).

11 Ta försiktigt bort skyddet och se till att oljetätningens kanter är korrekt placerade på vevaxeln (se bild).

10.9 Packningen till vevaxelns bakre oljetätningshus tas bort från blocket

10.10 Placera den nya oljetätningen och huset på vevaxeln med skyddskåpan . . .

10.11 . . . och ta bort skyddskåpan

11.2a Bänd bort plastlocket. . .

11.2b . . . skruva sedan bort muttrarna . . .

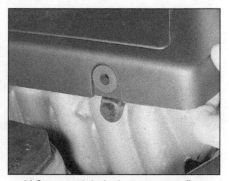

11.2c . . . och haka loss motorns övre skyddskåpa från sprintarna

12 Sätt i bultarna och dra åt dem till angivet moment.
13 Montera sumpen (avsnitt 15) och svänghjulet/drivplattan (avsnitt 13).

11 Topplock – demontering, inspektion och montering

Observera: *Isärtagning och renovering av topplock beskrivs i kapitel 2E.*

Demontering

1 Lossa batteriets jordledning (minuspolen) (se kapitel 5A).
2 Ta bort motorns övre kåpa och sedan den undre skyddskåpan från undersidan av motorrummet **(se bilder)**. Om så behövs kan framvagnen tillfälligt lyftas upp.
3 Tappa ur motoroljan enligt beskrivningen i kapitel 1B.
4 Tappa ur kylsystemet enligt beskrivningen i kapitel 1B.
5 Lossa klamrarna och koppla ifrån alla kylvätske- och vakuumslangar från topplocket, notera deras placering.
6 Demontera drivremmen enligt beskrivningen i avsnitt 7.
7 Demontera kamremsspännaren och kamaxeldrevet enligt beskrivningen i avsnitt 6. Det här momentet omfattar även att ställa motorn i ÖD på cylinder nr 1.

8 Skruva loss den yttre nedre kamremskåpan. Om så behövs, skruva bort fläktenheten först enligt beskrivningen i kapitel 3.
9 Skruva loss och ta bort den övre inre kamremskåpan **(se bilder)**.
10 Demontera kamaxelkåpan enligt beskrivningen i avsnitt 8.
11 Ta bort bränsleinsprutningspumpens drivrem enligt beskrivningen i avsnitt 5.
12 Koppla loss och ta bort bränsletillförselns insprutningsrör från insprutarna och insprutningspumpens huvud enligt beskrivningen i kapitel 4C. Koppla även loss spillslangarna från insprutarna.
13 Koppla loss bränslesystemets och kylsystemets alla elkablar från relevanta

kontaktdon och givare. Märk alla kablar för att underlätta senare återmontering **(se bild)**. Koppla även bort matningskablarna från glödstiften. På AAT motorer, koppla ifrån kablarna från insprutarens lyftgivare på insprutare nr 4 genom att koppla loss kablarna vid torpedväggen.
14 På AAT, ABP och AEL motorer, ta bort turboaggregatet enligt beskrivningen i kapitel 4D. Om det är svårt att komma åt turboaggregatet, ta bort det tillsammans med avgasgrenröret. Om du väljer att göra detta, skruva loss muttrarna och koppla loss det främre avgasröret från turboaggregatet **(se bild)**.
15 På AAS motorer, ta loss det främre

11.9a Skruva loss de korta bultarna . . .

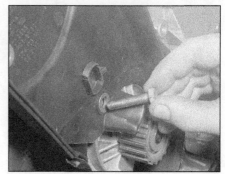

11.9b . . . och de långa . . .

11.9c . . . och ta bort kamremmens övre inre kåpa

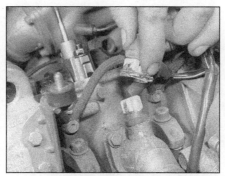

11.13 Kontakten kopplas loss från en kylvätsketemperaturgivare

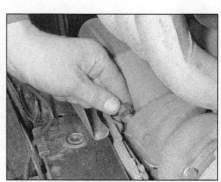

11.14 Främre avgasröret kopplas bort från turboaggregatet (AAT motor)

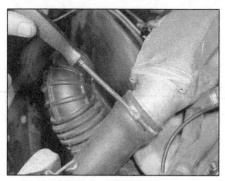

11.16 Luftslangen till insugningsröret kopplas loss (AAT motor)

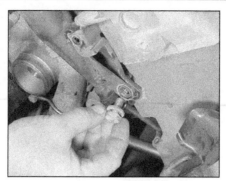

11.17a Skruva loss fästbultarna . . .

11.17b . . . och ta bort vevhus-ventilationens oljeseparator

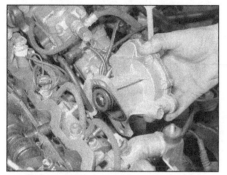

11.18a Ta bort bromsvakuumpumpen . . .

11.18b . . . och tryckkolven från topplocket på AAT motorn . . .

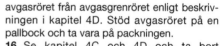

avgasröret från avgasgrenröret enligt beskrivningen i kapitel 4D. Stöd avgasröret på en pallbock och ta vara på packningen.

16 Se kapitel 4C och 4D och ta bort insugnings- och avgasgrenrören **(se bild)**.

17 Skruva loss och ta bort vevhusventilationens oljeseparator från den högra sidan av motorn **(se bilder)**.

18 Ta bort bromssystemets vakuumpump och tryckkolv från vänstra sidan av topplocket enligt beskrivningen i kapitel 9. Observera att tryckkolven måste tas bort för att man ska kunna komma åt en av topplocksbultarna. Ta bort O-ringstätningen från spåret i vakuumpumpshuset **(se bilder)**.

19 Följ åtdragningsföljden i omvänd ordning **(se bild 11.36a)**, lossa stegvis topplocksbultarna ett halvt varv i taget tills alla bultar kan skruvas ur för hand och tas bort tillsammans med sina brickor. Kassera bultarna – de måste bytas varje gång de skruvas ur **(se bild)**.

20 Kontrollera att ingenting sitter kvar på topplocket, lyft sedan bort det från motorblocket. Ta om möjligt hjälp av någon, topplocket är tungt **(se bild)**.

21 Ta bort packningen från ovansidan av blocket, observera identifikationshålen på dess högra sida. Om styrhstiften sitter löst, dra ut dem och förvara dem tillsammans med topplocket **(se bilder)**. Kassera inte packningen i detta skede – den behövs för identifiering.

22 Se kapitel 2E om topplocket ska tas isär för översyn/renovering.

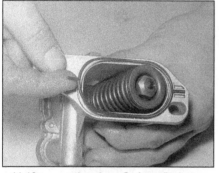

11.18c . . . och ta bort O-ringstätningen från spåret

11.19 En topplocksbult tas bort (AAT motor)

11.20 Topplocket lyfts bort från motorblocket (AAT motor)

11.21a Topplockspackningens identifikationshål (AAT motor)

11.21b Styrstift för topplocksplacering (AAT motor)

11.23a Bränsleinsprutningspumpens drivremsspännare tas bort (AAT motor)

11.23b Skruva loss bultarna . . .

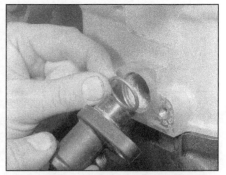

11.23c . . . och ta bort det bakre kylvätskeutsläppet från topplocket (AAT motor)

Inspektion

23 Fogytorna mellan topplocket och motor-blocket/vevhuset måste vara noggrant ren-gjorda innan topplocket monteras. Använd en skrapa av hård plast eller trä och ta bort alla packningsrester och allt sot, rengör även kolvkronorna. Var dock mycket försiktig vid rengöringen, lättmetallen skadas lätt. Se även till att sot inte kommer in i olje- och vattenkanalerna – detta är särskilt viktigt när det gäller smörjningen eftersom sotpartiklar kan sätta igen oljekanaler och strypa oljematningen till motordelar. Använd tejp och papper till att täcka för kanaler och bulthål i blocket. För att undvika skador på bränsle-insprutningspumpens drivremsspännare och bakre kylvätskeutsläppet, ta tillfälligt bort dessa från den bakre delen av topplocket **(se bilder)**.

24 Undersök om fogytorna på motorblock/vevhus och topplock har hack, djupa repor eller andra skador. Smärre skador kan korri-geras försiktigt med slippapper, men obser-vera att fräsning av topplocket inte kan göras – se kapitel 2E.

25 Om topplockspackningen misstänks vara skev, kontrollera detta med en stållinjal. Se vid behov det E i detta kapitel.

26 Rensa gängorna i topplocksbultarnas hål med en passande gängtapp. Om en sådan inte finns kan ett ersättningsverktyg tillverkas **(se Haynes tips)**.

27 I alla de motorer som tas upp i detta kapitel kan kolvkronorna komma åt, och

skada, ventilhuvudena om kamaxeln vrids medan kamremmen är borttagen och vevaxeln står i ÖD på kolv nr 1. Därför måste vevaxeln ställas ur ÖD-läge innan topplocket monteras. Vrid vevaxeln med hjälp av en hylsnyckel över mittbulten på vevaxelns remskiva.

Montering

28 Se efter vilka märkningar den gamla topplockspackningen har. Dessa förekommer antingen som hack eller hål, och ett katalognummer, på packningens kant. Under förutsättning att inte nya kolvar monterats måste den nya topplockspackningen vara av samma typ som den gamla.

29 Om nya kolvar har monterats som en del av en motorrenovering, måste kolvutsticket mätas enligt beskrivningen i kapitel 2E innan en ny topplockspackning införskaffas. Köp sedan en ny packning efter mätresultatet (se specifikationerna i kapitel 2E).

30 Lägg en ny topplockspackning på blocket och passa in den mot styrstiften. Se till att tillverkarens TOP-märke och katalognummer är vända uppåt **(se bilder)**.

31 Skär av skallarna på två gamla topp-locksbultar. Ta upp spår för en skruvmejsel i övre änden på vardera bulten. Skruva i bultarna i motsatta hål i motorblockets ändar för att garantera att topplocket hamnar korrekt i linje med blocket.

32 Ta hjälp av någon och placera topplock och insugnings-/grenrör mitt på blocket, se till

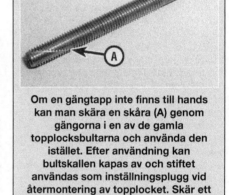

HAYNES TIPS

Om en gängtapp inte finns till hands kan man skära en skåra (A) genom gängorna i en av de gamla topplocksbultarna och använda den istället. Efter användning kan bultskallen kapas av och stiftet användas som inställningsplugg vid återmontering av topplocket. Skär ett spår för en skruvmejsel (B) längst upp på bulten så att den kan skruvas loss.

att styrstiften greppar i urtagen på topplocket. Kontrollera att topplockspackningen är korrekt placerad innan du låter topplockets hela vikt vila på den.

33 Skruva loss de hemgjorda inställnings-bultarna med en skruvmejsel **(se bild)**.

34 Lägg lite fett på topplocksbultarnas gängor och på bultskallarnas undersidor.

11.30a Placera den nya topplocks-packningen på motorblocket (AAT motor)

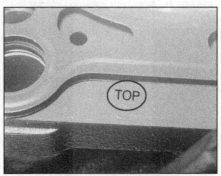

11.30b TOP-markering på topplockspackningen (AAT motor)

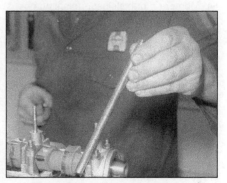

11.33 Inställningsbultarna tas bort från topplocket (AAT motor)

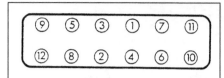

11.36a Ordningsföljd för åtdragning av topplocksbultar

35 Sätt på brickorna och skruva försiktigt in alla bultar i respektive hål (*låt dem inte falla in*) och skruva in dem för hand så mycket det går med bara fingrarna.
36 Arbeta stegvis och i visad ordningsföljd, dra åt topplocksbultarna till momentet för steg 1 med en momentnyckel och hylsa. Upprepa proceduren i samma ordning för åtdragning till momentet för steg 2 **(se bilder)**.
37 När alla bultar dragits till steg 2 ska de vinkeldras till angiven vinkel för steg 3 med en hylsa och ett förlängningsskaft. Använd samma ordningsföljd som tidigare **(se bild)**. En vinkelmätare rekommenderas för steg 3 för exakthet. Om en vinkelmätare inte finns tillgänglig, gör uppriktningsmärken med vit färg på bultskallen och topplocket innan åtdragningen. Använd märket till att kontrollera att bulten dragits i korrekt vinkel. **Observera:** *Se Specifikationer för närmare information om ytterligare åtdragning av topplocksbultarna efter att ha kört motorn till normal arbetstemperatur.*
38 Montera bromsvakuumpumpen enligt beskrivningen i kapitel 9.
39 Montera insugnings- och avgasgrenrören enligt beskrivningen i kapitel 4C och 4D.
40 På AAT, ABP och AEL motorer, sätt tillbaka turboaggregatet om det demonterats, se beskrivning i kapitel 4D.
41 På AAS motorer, montera det främre avgasröret tillsammans med en ny packning på avgasgrenröret enligt beskrivningen i kapitel 4D.
42 Återanslut glödstiftets matningskabel och alla kablar till kyl- och bränslesystemet som kopplades loss vid demonteringen.
43 Återanslut spillslangarna till insprutarna och insprutningsrören för bränsletillförsel enligt beskrivningen i kapitel 4C.
44 Montera bränsleinsprutningspumpens drivrem enligt beskrivningen i avsnitt 5.
45 Montera kamaxelkåpan enligt beskrivningen i avsnitt 8.
46 Montera den övre inre kamremskåpan och dra åt bultarna. Observera att bulten nedanför kamaxeln måste få låsningsmedel på gängorna innan den skruvas i och dras åt.
47 Montera den yttre nedre kamremskåpan och dra åt bultarna. Om tillämpligt, montera fläktenheten.
48 Ställ motorn till ÖD och montera kamremsspännare, kamaxeldrev och kamrem enligt beskrivningen i avsnitt 6.
49 Montera drivremmen enligt beskrivningen i avsnitt 7.

11.36b Momentdragning av topplocksbultarna

50 Återanslut kylvätskeslangarna till topplocket och spänn åt klamrarna.
51 Fyll kylsystemet enligt beskrivning i kapitel 1B.
52 Fyll motorn med ny olja av rätt typ och mängd enligt beskrivningen i kapitel 1B.
53 Montera den undre skyddskåpan och ställ ner bilen.
54 Återanslut batteriets jordledning (minuspolen) (se kapitel 5A).
55 Starta motorn och låt den gå tills den når normal arbetstemperatur.
56 Stanna motorn och ta bort kamaxelkåpan enligt beskrivningen i avsnitt 8.
57 Följ ordningsföljden för åtdragning och dra åt topplocksbultarna till deras angivna vinklar för steg 5. **Observera:** *På modeller med ABP, AAT och AEL motorer tillverkade innan november 1994, måste topplocksbultarna vinkeldras ytterligare 90° när fordonet gått 1 000 km. Angående senare modeller, se Specifikationer.*
58 Montera kamaxelkåpan enligt beskrivningen i avsnitt 8.

12 Hydrauliska ventillyftare – funktionskontroll

⚠️ **Varning:** *Efter montering av de hydrauliska ventillyftarna, vänta minst 30 minuter (eller helst till dagen efter) och vrid långsamt vevaxeln två hela varv innan du startar motorn. Då får ventillyftarna tid att ställa in sig, annars kommer ventilhuvudena att slå i kolvarna.*

1 De hydrauliska ventillyftarna är självjusterande och kräver ingen tillsyn vid drift.
2 Om de hydrauliska ventillyftarna blir för högljudda kan deras funktion kontrolleras enligt följande.
3 Kör motorn tills den når normal arbetstemperatur, öka sedan varvtalet till ungefär 2 500 varv per minut i 2 minuter.
4 Om en ventillyftare ger ifrån sig regelbundna missljud måste den defekta ventillyftaren bytas. För att ta reda på vilken som är

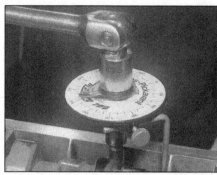

11.37 Vinkeldragning av topplocksbultarna

skadad, slå av motorn och ta bort kamaxelkåpan enligt beskrivningen i avsnitt 8.
5 Vrid sedan kamaxeln genom att vrida på vevaxeln med en hylsnyckel tills den första kamloben över cylinder nr 1 pekar uppåt.
6 Pressa ventillyftaren nedåt med ett verktyg som inte är av metall och mät glappet med ett bladmått. Om detta är mer än 0,1 mm bör ventillyftaren bytas.
7 Demontering och montering av hydrauliska ventillyftare beskrivs som en del av topplocksrenovering – se kapitel 2E för mer information

13 Svänghjul/drivplatta – demontering, inspektion och montering

Demontering

1 På modeller med manuell växellåda, demontera växellådan (se kapitel 7A) och kopplingen (se kapitel 6).
2 På modeller med automatväxellåda, demontera växellådan enligt beskrivningen i kapitel 7B.
3 Svänghjulets/drivplattans bultar sitter oregelbundet för att det inte ska gå att montera fel. Använd en torxnyckel och skruva bort bultarna medan svänghjulet/drivplattan hålls på plats **(se bilder)**. Sätt tillfälligt i en bult i motorblocket och använd en bredbladig skruvmejsel till att hålla svänghjulet/drivplattan, eller tillverka ett hållverktyg.

13.3a Lossa svänghjulsbultarna med hjälp av en torxnyckel

13.3b Svänghjulsbultarna tas bort

13.4 Ta bort svänghjulet från vevaxeln

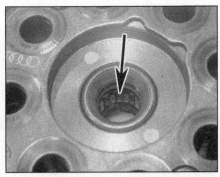

13.6 Nållager i svänghjulet

4 Lyft svänghjulet/drivplattan från vevaxeln **(se bild)**. Om en drivplatta demonteras måste mellanläggets och distansbrickans positioner noteras.

Inspektion

5 Undersök om svänghjulet/drivplattan visar tecken på slitage eller skada. Undersök också om startkransen har slitna kuggar. Om drivplattan eller dess startkrans är skadad måste hela drivplattan bytas. Svänghjulets startkrans kan dock bytas separat från svänghjulet, men detta arbete bör överlåtas till en Audi/VAG-verkstad. Om kopplings-friktionsytan är missfärgad eller överdrivet repig kan den eventuellt slipas om, men det bör utföras av en Audi/VAG-verkstad. Byt alltid ut svänghjulets/drivplattans bultar.

14.7 Värmeskölden tas bort från det högra motorfästet

6 Kontrollera om nållagret i svänghjulets mitt är slitet genom att vrida det med ett finger **(se bild)**. Om det syns tecken på slitage eller om lagret har gått torrt måste det bytas. Placera då svänghjulet med motorsidan överst och använd en dorn för att driva ut lagret bakifrån. Montera det nya lagret genom att placera den andra sidan av svänghjulet uppåt och driva in lagret på plats tills det är i nivå med kopplingssidan. Lagrets slutna sida måste vara vänd mot motorn.

Montering

7 Monteringen går till som demonteringen men i omvänd ordning. Lägg låsningsmedel på de nya bultarnas gängor innan de skruvas i och dras åt till angivet moment för steg 1 och angiven vinkel för steg 2. Observera att bulthålen leder in i vevhuset och att det därför är viktigt att förse bultarna med låsnings-medel.

14 Motorfästen – inspektion och byte

Inspektion

1 Om bättre åtkomlighet behövs, ställ fram-vagnen på pallbockar och demontera den undre skyddskåpan.

2 Se efter om fästgummina är spruckna, förhårdnande eller delade från metallen på någon punkt. Byt fästet om det har sådana skador eller om slitage är tydligt.
3 Kontrollera att alla fästets förband är väl åtdragna, använd om möjligt momentnyckel.
4 Använd en stor skruvmejsel eller ett bräckjärn och kontrollera slitaget i fästet genom att bryta mot det och leta efter spel. Där detta inte är möjligt, låt en medhjälpare vicka på motorn/växellådan, framåt/bakåt och i sidled medan du studerar fästet. Ett visst spel är att vänta även från nya delar med större slitage är tydligt. Om för stort spel förekommer, kontrollera först att fästets förband är väl åtdragna och byt sedan slitna delar enligt beskrivningen nedan.

Byte

5 Dra åt handbromsen och ställ med hjälp av en domkraft framvagnen på pallbockar (se *Lyftning och stödpunkter*).
6 Vila motorns vikt i en lyftanordning.
7 När det högra fästet ska demonteras, skruva först bort muttrarna och ta bort värmeskölden ovanför fästet **(se bild)**.
8 För att demontera fästet, skruva loss den övre muttern, lyft motorn och skruva loss fästet från fästbygeln **(se bild)**.
9 Vid demontering av det främre kardan-staget, skruva loss bultarna för att lossa fästbygeln från kryssrambalken, ta sedan loss kardanstaget från motorblocket **(se bilder)**.

14.8 Motorfäste och fästbygel (visas med motorn borttagen)

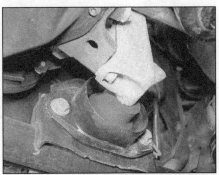

14.9a Motorns främre kardanstagsfäste (AAT motor)

14.9b Skruva loss bultarna . . .

14.9c . . . och ta bort fästbygeln . . .

14.9d . . . skruva sedan loss staget från motorblocket (AAT motor)

15.3 Returrör för vevhusventilationens oljeseparator (AAT motor)

10 Montering av det nya fästet sker i omvänd ordning mot demonteringen.

15 Sump – demontering, inspektion och montering

Demontering

1 Dra åt handbromsen och ställ framvagnen på pallbockar (se *Lyftning och stödpunkter*).
2 Skruva loss motorns undre skyddskåpa. Ta ur oljemätstickan från motorn.
3 Ställ en behållare under sumpen, skruva ur avtappningspluggen och tappa ur motoroljan. Rengör, sätt tillbaka och dra åt pluggen när

15.7a Använd en torxnyckel för att lossa sumpbultarna . . .

all olja tappats ur. *Observera: På senare AAT och AEL motorer är ett returrör från vevhusventilationens oljeseparator anslutet till avtappningspluggen med en banjoanslutning. Kontrollera tätningsbrickorna och byt vid behov ut dem (se bild).*
4 Lossa skruvarna och koppla loss kablarna och slanghållarna från undersidan av den främre fjädringstvärbalken.
5 Framfjädringens tvärbalk måste nu sänkas för att sumpen ska kunna tas bort. När detta görs, skruva loss tvärbalkens främre fästbultar till de sista tre gängorna. Stöd tvärbalken med en garagedomkraft medan du skruvar ur bultarna, för att hindra den från att ramla av. På så sätt kan bultarna skruvas ut helt och sedan skruvas in tre gängor innan domkraften tas bort. *Observera: Tillverkaren rekommenderar att bultarna byts ut.*
6 För att komma åt de två bakre sumpbultarna måste man vrida vevaxeln så att fördjupningarna i sumpen och svänghjulet kommer i linje med varandra. Gör detta med en skiftnyckel på vevaxeldrevets bult.
7 Skruva bort sumpbultarna med hjälp av en torxnyckel **(se bilder)**.
8 Demontera sumpen och ta bort packningen. Om den sitter fast, knacka försiktigt loss den med en klubba **(se bild)**.
Observera: På AAS motorer inkluderar packningen en avskärmningsplåt.

Montering

9 Rengör sumpens och blockets fogytor.
10 Sätt en ny packning på sumpen, passa in sumpen mot motorblocket och sätt i bultarna. Använd ingen tätningsmassa. Dra åt bultarna stegvis till angivet moment i diagonal ordningsföljd.
11 Dra åt tvärbalkens främre fästbultar till angivet moment.
12 Sätt tillbaka kablarna och slangstöden på tvärbalken.
13 Sätt tillbaka oljemätstickan.
14 På senare AAT och AEL motorer, montera banjoanslutningen tillsammans med nya tätningsbrickor och dra åt bulten till angivet moment **(se bild)**.
15 Montera den undre skyddskåpan och ställ ner bilen.
16 Fyll motorn med rätt mängd olja enligt beskrivningen i kapitel 1B.

16 Oljepump och oljeupptagare – demontering, inspektion och montering

Demontering

1 Demontera kamremmen och vevaxeldrevet enligt beskrivningen i avsnitt 6.
2 Demontera sumpen enligt beskrivningen i avsnitt 15.
3 På ABP, AAT och AEL motorer, skruva loss

15.7b . . . och ta sedan bort bultarna

15.8 Sumppackningen tas bort

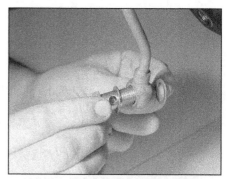

15.14 Använd nya tätningsbrickor vid montering av returröret för vevhusventilationens oljeseparator på sumpen

16.3a Skruva loss bultarna . . .

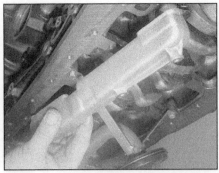

16.3b . . . och ta bort vevhusventilationens trumma (AAT motor)

16.4a Ta bort låsringen med hjälp av en låsringstång . . .

och ta bort vevhusventilationstrumman från blockets undersida (se bilder).

4 Använd låsringstång för att vidga och ta bort låsringen från filtret på undersidan av oljeupptagaren (se bilder).

5 Slå tillbaka flikarna på låsplattan med en skruvmejsel eller liknande. Skruva loss bultarna på oljeupptagarens stödfästen på vevhuset, skruva sedan loss flänsen från botten av oljepumpen och ta bort låsplattan. Dra bort oljeupptagaren och ta vara på packningen eller O-ringen (se bilder).

6 Skruva ur fästbultarna och dra bort olje-pumpen över vevaxeln och från den främre delen av motorblocket. Ta vara på pack-ningen. Observera att den inre kamremskåpan är fäst med några av oljepumpens fästbultar (se bilder).

16.4b . . . och fortsätt sedan med oljeupptagningsrörets filter (AAT motor)

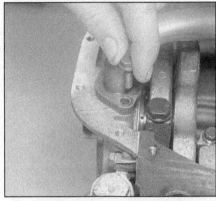

16.5a Skruva loss bultarna från oljepumpen . . .

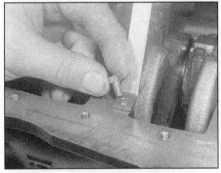

16.5b . . . och från stödfästet . . .

16.5c . . . och ta bort oljeupptagningsröret (AAT motor)

16.5d O-ringstätningen tas bort från spåret (AAT motor)

16.6a Den inre kamremskåpan är fäst vid oljepumpen med långa bultar

16.6b Demontera oljepumpen . . .

16.6c . . . och ta bort packningen (AAT motor)

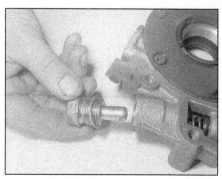

16.9a Ta bort oljepumpens övertrycksventil . . .

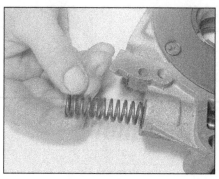

16.9b . . . fjäder . . .

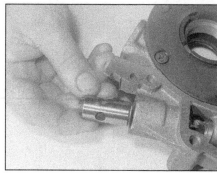

16.9c . . . och tryckkolv (AAT motor)

Inspektion

7 Skruva loss de försänkta skruvarna som fäster pumpkåpan och lyft av kåpan, så att dreven visas.

8 Kontrollera att den synliga sidan av kugghjulen är markerade. Om inte, markera dem så att du vet vilken sida som är vänd mot motorn innan de tas bort.

9 Skruva loss övertrycksventilens plugg och ta bort den liksom tätningsringen, fjädern och tryckkolven **(se bilder)**.

10 Rengör alla delar noga och undersök om pumphuset och/eller kåpan visar tecken på slitage eller skador. Undersök också övertrycksventilens tryckkolv och dess fäste och kontrollera att fjädern inte är skadad eller deformerad. Undersök om dreven är slitna

eller skadade. Nya drev säljs inte hos tillverkaren, därför måste hela oljepumpen bytas ut om dreven är utslitna.

11 Använd en skruvmejsel och bänd försiktigt ut oljetätningen ur pumpens framdel – detta kan vara svårt om tätningens kant är svag, och om så är fallet bör en dorn användas från pumpens inre ände. Olja in den nya tätningens kant, sätt i tätningen med den slutna sidan utåt och knacka in tätningen helt med en träbit. Om det finns repor på vevaxeln där kanten på tätningen ligger, kan man trycka ner tätningen till botten så att tätningens kant ligger mot en oskadad del av vevaxeln **(se bild)**.

12 Montera ihop pumpen och sätt tillbaka kåpan. Det inre kugghjulet har sidan med spår vänd mot vevaxeln, och även om det yttre

kugghjulet kan sättas i åt endera hållet bör det sättas i på samma sätt som innan det demonterades. Några kugghjul har en triangel instansad på den sida som ska vara vänd mot pumpkåpan. Innan kåpan sätts tillbaka måste mellanrummen mellan kugghjulen fyllas med olja, så att oljekretsen fylls direkt när motorn startas.

13 Dra åt kåpans nedsänkta skruvar ordentligt.

14 Sätt ihop övertrycksventilens komponenter och dra åt pluggen ordentligt **(se bild)**.

Montering

15 Placera en ny packning på styrhylsan på topplockets framsida och fäst den med lite fett.

16 Sätt tillbaka oljepumpen på blocket och se till att spåret på det inre kugghjulet hakar i klacken på vevaxeln. Se till att inte tätningen skadas när den placeras över vevaxelns ände.

17 Skruva i bultarna och dra dem i diagonal ordningsföljd till angivet moment.

18 Montera oljeupptagaren tillsammans med en ny packning eller O-ring, och dra åt bultarna. Böj låsflikarna över bultarna för att spärra dem.

19 Sätt tillbaka filtret och fäst det med låsringen.

20 På ABP, AAT och AEL motorer, montera vevhusventilationstrumman och dra åt bultarna till angivet moment.

21 Montera sumpen, kamremmen och drevet enligt beskrivningen i avsnitt 15 och 6.

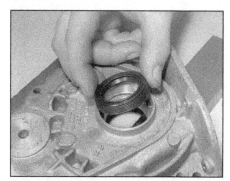

16.11 Sätt en ny oljetätning på oljepumpen

16.14 Övertrycksventilens plugg dras åt (AAT motor)

Kapitel 2 Del E
Demontering och renovering av motor

Innehåll

Svårighetsgrader

Enkelt, passar novisen med lite erfarenhet	Ganska enkelt, passar nybörjaren med viss erfarenhet	Ganska svårt, passar kompetent hemmamekaniker	Svårt, passar hemmamekaniker med erfarenhet	Mycket svårt, för professionell mekaniker

Specifikationer

Motorkoder
Se kapitel 2A, 2B, 2C eller 2D.

Topplock
Topplockets packningsyta, maximal skevhet
Alla motorer utom dieselmotorer med koderna AAS, AAT, ABP, AEL	0,1 mm
Dieselmotor koder AAS, AAT, ABP, AEL	0,2 mm

Minsta topplockshöjd:
Bensinmotor kod ADR	139,25 mm
Bensinmotor koder AAE, ABK, AAD	132,6 mm
Bensinmotor kod ACE	118,1 mm
Bensinmotor kod AAR	132,75 mm
Dieselmotor	Topplocket kan ej bearbetas

Val av topplockspackning (1Z, AHU dieselmotorer):
Kolvutstick 0,91 till 1,00 mm	1 hack/hål
Kolvutstick 1,01 till 1,10 mm	2 hack/hål
Kolvutstick 1,11 till 1,20 mm	3 hack/hål

Val av topplockspackning (AAS dieselmotor):
Kolvutstick 0,66 till 0,86 mm	1 hack/hål (1,53 mm tjockt)
Kolvutstick 1,01 till 1,10 mm	2 hack/hål (1,57 mm tjocka)
Kolvutstick 1,11 till 1,20 mm	3 hack/hål (1,61 mm tjocka)

Val av topplockspackning (ABP, AAT, AEL dieselmotorer):
Kolvutstick 0,76 till 1,01 mm	1 hack/hål (1,53 mm tjockt)
Kolvutstick 1,02 till 1,05 mm	2 hack/hål (1,57 mm tjocka)
Kolvutstick 1,06 till 1,13 mm	3 hack/hål (1,61 mm tjockt)

Minimidimensioner från ventilskaft (centrum) till topplockets yta:
	Insugsventil	Avgasventil
Bensinmotor kod ADR	33,2 mm	33,0 mm
Bensinmotor koder AAE, ABK, AAD, AAR	33,8 mm	34,1 mm
Bensinmotor kod ACE	34,4 mm	34,7 mm
Dieselmotorer	35,8 mm	36,1 mm

Kolvar och kolvringar

Kolvdiameter:
  Bensinmotor kod ADR:
    Standard .... 80,985 mm
    1:a överstorlek .... 81,235 mm
    2:a överstorlek .... 81,485 mm
    Maximal avvikelse .... 0,04 mm
  Bensinmotor kod AAE, ACE, ABK, AAD, AAR:
    Standard .... 82,480 mm
    1:a överstorlek .... 82,730 mm
    2:a överstorlek .... 82,980 mm
    Maximal avvikelse .... 0,04 mm
  Dieselmotor kod 1Z, AHU:
    Standard .... 79,170 mm
    1:a överstorlek .... 79,720 mm
    2:a överstorlek .... 79,970 mm
    Maximal avvikelse .... 0,04 mm
  Dieselmotor kod AAS:
    Standard .... 79,480 mm
    1:a överstorlek .... 79,730 mm
    2:a överstorlek .... 79,980 mm
    Maximal avvikelse .... 0,04 mm
  Dieselmotorkod ABP, AAT, AEL:
    Standard .... 80,960 mm
    1:a överstorlek .... 81,210 mm
    Maximal avvikelse .... 0,04 mm
Spel mellan ring och spår:
  4-cylindrig bensinmotor kod ADR:
    Ny:
      Kompressionsringar .... 0,02 till 0,07 mm
      Oljekontrollring .... 0,02 till 0,06 mm
    Slitagegräns .... 0,12 mm
  4-cylindrig bensinmotor kod AAE, ABK, AAD:
    Ny (kompression och oljekontrollring) .... 0,02 till 0,50 mm
    Slitagegräns .... 0,15 mm
  4-cylindrig bensinmotor kod ACE:
    Ny:
      Kompressionsringar .... 0,02 till 0,07 mm
      Oljekontrollring .... 0,02 till 0,06 mm
    Slitagegräns .... 0,15 mm
  5-cylindrig bensinmotor kod ADR:
    Ny:
      Kompressionsringar .... 0,02 till 0,07 mm
      Oljekontrollring .... 0,02 till 0,06 mm
    Slitagegräns .... 0,15 mm
  4-cylindrig dieselmotor kod 1Z, AHU:
    Ny:
      Övre kompressionsring .... 0,06 till 0,09 mm
      Andra kompressionsring .... 0,05 till 0,08 mm
      Oljekontrollring .... 0,03 till 0,06 mm
    Slitagegräns:
      Kompressionsringar .... 0,25 mm
      Oljekontrollring .... 0,15 mm
  5-cylindrig dieselmotor kod AAS:
    Ny:
      Övre kompressionsring .... 0,09 till 0,12 mm
      Andra kompressionsring .... 0,05 till 0,08 mm
      Oljekontrollring .... 0,03 till 0,06 mm
    Slitagegräns:
      Kompressionsringar .... 0,25 mm
      Oljekontrollring .... 0,15 mm
  5-cylindrig dieselmotor kod AAT:
    Ny:
      Övre kompressionsring .... 0,07 till 0,105 mm
      Andra kompressionsring .... 0,05 till 0,075 mm
      Oljekontrollring .... 0,03 till 0,065 mm

Kolvar och kolvringar (forts)
Slitagegräns:
    Kompressionsringar .... 0,25 mm
    Oljekontrollring .... 0,15 mm
Spelrum för kolvringens ändgap (ring 15 mm från botten av lopp):
  4-cylindrig bensinmotor kod ADR:
    Ny:
      Kompressionsringar .... 0,15 till 0,40 mm
      Oljering .... 0,25 till 0,50 mm
      Tredelad ring .... mindre än 1,00 mm
    Slitagegräns:
      Kompressionsringar .... 0,80 mm
      Oljering .... 1,0 mm
      Tredelad ring .... 1,30 mm
  4-cylindrig bensinmotor kod AAE, ABK, AAD:
    Ny:
      Kompressionsringar .... 0,30 till 0,45 mm
      Oljering .... 0,25 till 0,45 mm
      Slitagegräns .... 1,0 mm
  4-cylindrig bensinmotor kod ACE:
    Ny:
      Kompressionsringar .... 0,20 till 0,40 mm
      Oljering .... 0,25 till 0,50 mm
      Slitagegräns .... 1,0 mm
  5-cylindrig bensinmotor kod AAR:
    Ny:
      Kompressionsringar .... 0,02 till 0,07 mm
      Oljeskrapring .... 0,02 till 0,06 mm
      Slitagegräns .... 0,15 mm
  4-cylindrig dieselmotor kod 1Z, AHU:
    Ny:
      Kompressionsringar .... 0,20 till 0,40 mm
      Oljering .... 0,25 till 0,50 mm
      Slitagegräns .... 1,0 mm
  5-cylindrig dieselmotor kod AAS:
    Ny:
      Kompressionsringar .... 0,20 till 0,40 mm
      Oljering .... 0,25 till 0,50 mm
    Slitagegräns:
      Övre kompressionsring .... 1,20 mm
      Nedre kompressionsring .... 0,60 mm
      Oljering .... 1,20 mm
  5-cylindrig dieselmotor kod ABP, AAT och AEL:
    Ny:
      Övre kompressionsring .... 0,25 till 0,45 mm
      Nedre kompressionsring .... 0,20 till 0,40 mm
      Oljering .... 0,25 till 0,50 mm
      Slitagegräns .... 1,00 mm

Ventiler
Ventilskaftets diameter:
  Insug:
    ADR .... 5,95 till 5,97 mm
    AAE, ABK, AAD, AAR, 1Z, AHU, AAS, ABP, AAT, AEL .... 7,97 mm
    ACE .... 6,97 mm
  Avgas:
    ADR .... 5,94 till 5,95 mm
    AAE, ABK, AAD, AAR, 1Z, AHU, AAS, ABP, AAT, AEL .... 7,95 mm
    ACE .... 6,94 mm
Maximal ventiltallriksavböjning (ventilskaftets ände i jämnhöjd med
styrningens överkant:
  Insug:
    ADR .... 0,8 mm
    AAE, ACE, ABK, AAD, AAR .... 1,0 mm
    1Z, AHU, AAS, ABP, AAT, AEL .... 1,3 mm
  Avgas:
    ADR .... 0,8 mm
    AAE, ACE, ABK, AAD, AAR .... 1,3 mm
    1Z, AHU, AAS, ABP, AAT, AEL .... 1,3 mm

Kamaxel

Maximalt axialspel:

AAE, ACE, ABK, AAD, AAR, 1Z, AHU, AAS, ABP, AAT, AEL . . . . 0,15 mm

ADR . . . . 0,20 mm

Maximalt kast, samtliga motorer . . . . 0,01 mm

Maximalt kamaxellagerspel, samtliga motorkoder . . . . 0,10 mm

Mellanaxel

Maximalt axialspel:

ADR, AAE, ACE, ABK, AAD, 1Z, AHU . . . . 0,25 mm

Motorblock

Loppets diameter:

Motorkod ADR:

Standard . . . . 81,01 mm

1:a överstorlek . . . . 81,26 mm

2:a överstorlek . . . . 81,51 mm

Maximalt loppslitage . . . . 0,10 mm

Motorkod AAE, ACE, ABK, AAD, AAR:

Standard . . . . 82,51 mm

1:a överstorlek . . . . 82,76 mm

2:a överstorlek . . . . 83,01 mm

Maximalt loppslitage . . . . 0,08 mm

Motorkod 1Z, AHU, AAS:

Standard . . . . 79,51 mm

1:a överstorlek . . . . 79,76 mm

2:a överstorlek . . . . 80,01 mm

Maximalt loppslitage:

1Z, AHU . . . . 0,10 mm

AAS . . . . 0,08 mm

Motorkod ABP, AAT, AEL

Standard . . . . 81,01 mm

1:a överstorlek . . . . 81,26 mm

Maximalt loppslitage . . . . 0,08 mm

Vevstakar

Spel storändssida (maximalt):

ADR, AAE, ABK, AAD, 1Z, AHU . . . . 0,7 mm

ACE, AAR, AAS, ABP, AAT, AEL . . . . 0,4 mm

Vevaxel

Djup för nållager . . . . 1,5 mm

Axialspel:

Nytt:

Bensinmotor koder ADR, AAR . . . . 0,07 till 0,23 mm

Bensinmotor koder AAE, ABK och AAD . . . . 0,017 till 0,17 mm

Bensinmotor kod ACE . . . . 0,07 till 0,17 mm

Dieselmotor koder 1Z, AHU . . . . 0,07 till 0,17 mm

Dieselmotor koder AAS, ABP, AAT, AEL . . . . 0,07 till 0,18 mm

Slitagegräns:

Bensinmotor kod ADR . . . . 0,30 mm

Bensinmotor kod AAR . . . . 0,25 mm

Bensinmotor koder AAE, ACE, ABK och AAD . . . . 0,25 mm

Dieselmotor koder 1Z, AHU . . . . 0,37 mm

Dieselmotor koder AAS, ABP, AAT, AEL . . . . 0,25 mm

Maximalt ramlagerspel:

Bensinmotor koder ADR, AAE, ACE, ABK och AAD . . . . 0,17 mm

Bensinmotor kod AAR . . . . 0,10 mm

Dieselmotor koder 1Z, AHU . . . . 0,17 mm

Dieselmotor koder AAS, ABP, AAT och AEL . . . . 0,16 mm

Ramlagertapparnas diameter:

4-cylindrig bensinmotor koder ADR, AAE, ACE, ABK och AAD:

Standardstorlek . . . . 54,00 mm $^{-0,022}_{-0,042}$

1:a understorlek . . . . 53,75 mm $^{-0,022}_{-0,042}$

2:a understorlek . . . . 53,50 mm $^{-0,022}_{-0,042}$

3:e understorlek . . . . 53,25 mm $^{-0,022}_{-0,042}$

Vevaxel (forts)

Ramlagertapparnas diameter (fortsättning):
  5-cylindrig bensinmotor kod ADR:
    Standardstorlek . . . . $58,00\text{ mm }^{-0,022}_{-0,042}$
    1:a understorlek . . . . $57,75\text{ mm }^{-0,022}_{-0,042}$
    2:a understorlek . . . . $57,50\text{ mm }^{-0,022}_{-0,042}$
    3:e understorlek . . . . $57,25\text{ mm }^{-0,022}_{-0,042}$
  4-cylindrig dieselmotor koder 1Z, AHU:
    Standardstorlek . . . . $54,00\text{ mm }^{-0,022}_{-0,042}$
    1:a understorlek . . . . $53,75\text{ mm }^{-0,022}_{-0,042}$
    2:a understorlek . . . . $53,50\text{ mm }^{-0,022}_{-0,042}$
    3:e understorlek . . . . $53,25\text{ mm }^{-0,022}_{-0,042}$
  5-cylindrig dieselmotor koder AAS, ABP, AAT och AEL:
    Standardstorlek . . . . $58,00\text{ mm }^{-0,022}_{-0,042}$
    1:a understorlek . . . . $57,75\text{ mm }^{-0,022}_{-0,042}$
    2:a understorlek . . . . $57,50\text{ mm }^{-0,022}_{-0,042}$
    3:e understorlek . . . . $57,25\text{ mm }^{-0,022}_{-0,042}$
Storändslagertapparnas diameter:
  Alla motorer, bensin och diesel:
    Standardstorlek . . . . $47,80\text{ mm }^{-0,022}_{-0,042}$
    1:a understorlek . . . . $47,55\text{ mm }^{-0,022}_{-0,042}$
    2:a understorlek . . . . $47,30\text{ mm }^{-0,022}_{-0,042}$
    3:e understorlek . . . . $47,05\text{ mm }^{-0,022}_{-0,042}$
Lagertapp, maximal orundhet (typisk) . . . .   0,03 mm

Åtdragningsmoment

Se kapitel 2A, 2B, 2C eller 2D.

1 Allmän information

1 Den här delen av kapitel 2 redogör för hur man demonterar motorn från bilen och för renoveringsarbeten för topplock, motorblock och andra inre komponenter i motorn.
2 Informationen omfattar allt från råd om hur man förbereder en renovering och hur man köper reservdelar, till detaljerade steg-för-steg procedurer som behandlar demontering, inspektion, renovering och montering av motorns inre komponenter.
3 Från och med avsnitt 5 bygger alla instruktioner på att motorn har tagits ut ur bilen. För information om reparationer med motorn kvar i bilen, liksom om demontering och montering av de externa delar som krävs för en fullständig renovering, se lämpliga avsnitt om reparationer med motorn kvar i bilen i del A till D av det här kapitlet samt avsnitt 6 i denna del. Bortse från de demonteringsåtgärder som beskrivs i de relevanta reparationsavsnitten med motorn kvar i bilen – de är inte längre aktuella när motorn väl tagits ut ur bilen.
4 Förutom åtdragningsmomenten, som återfinns i de relevanta beskrivningarna av reparationer med motorn kvar i bilen i kapitel 2A till 2D, finns alla specifikationer rörande motorrenovering i inledningen till den här delen av kapitel 2.

2 Motorrenovering – allmän information

1 Det är inte alltid så lätt att avgöra när, eller om, en motor ska genomgå en fullständig renovering, eftersom ett flertal faktorer måste beaktas.
2 En lång körsträcka är inte nödvändigtvis någon indikation om att en renovering behövs, lika lite som att en kort körsträcka garanterar att det inte behövs någon sådan. Förmodligen är servicegraden den viktigaste faktorn. En motor som fått regelbundna och täta olje- och filterbyten, liksom annat nödvändigt underhåll, bör kunna ge många tusen driftssäkra kilometer. Å andra sidan kan en vanskött motor kräva en renovering på ett tidigt stadium.
3 Överdriven oljekonsumtion är ett symtom på att kolvringar, ventiltätningar och/eller ventilstyrningar kräver åtgärder. Kontrollera dock att oljeläckage inte är orsaken till oljeåtgången, innan slutsatsen dras att ringarna och/eller styrningarna är slitna. Utför ett kompressionsprov enligt beskrivning i del A, B, C eller D i detta kapitel för att avgöra den troliga orsaken till problemet.
4 Kontrollera oljetrycket med en mätare som sätts in på oljetryckskontaktens plats och jämför trycket med det som anges. Om trycket är ytterst lågt är troligen ram- och storändslagren och/eller oljepumpen utslitna.
5 Förlust av motorstyrka, hackig körning, knackningar eller metalliska motorljud, kraftigt ventilregleringsljud och hög bränslekonsumtion kan också vara tecken på att en renovering kan behövas, i all synnerhet om alla dessa symtom visar sig samtidigt. Om en grundlig service inte hjälper, kan en större mekanisk genomgång vara den enda lösningen.
6 En motorrenovering innebär att alla interna delar återställs till de specifikationer som gäller en ny motor. Under en renovering byts alla kolvar och kolvringar ut. Ram- och storändslager byts ut och vevaxeln kan vid behov bytas ut för att förnya axeltapparna. Även ventilerna måste gås igenom, eftersom de vid det här laget troligen är slitna. Medan motorn renoveras kan man också passa på att renovera andra delar, t.ex. startmotorn och generatorn. Slutresultatet ska vara en nära nog ny motor som kan köras bekymmersfritt i många mil. **Observera:** *Viktiga kylsystemsdelar, t.ex. slangar, termostat och kylvätskepump, ska också gås igenom i samband med att motorn renoveras. Kylaren bör också undersökas noggrant, den får inte vara tilltäppt eller läcka. Det är också en god idé att byta ut oljepumpen när motorn renoveras.*
7 Innan renoveringen av motorn påbörjas, läs igenom hela beskrivningen för att bli bekant med omfattningen och förutsättningarna för arbetet. Det är inte svårt att renovera en motor

förutsatt att alla instruktioner följs noggrant, att man har tillgång till de verktyg och den utrustning som behövs samt noga iakttar alla specifikationer. Däremot kan arbetet ta tid. Planera för att bilen inte kommer att kunna köras under minst två veckor, särskilt om delar måste tas till en verkstad för reparation eller renovering. Kontrollera att det finns reservdelar tillgängliga och att alla nödvändiga specialverktyg och utrustning kan erhållas i förväg. Större delen av arbetet kan utföras med vanliga handverktyg, även om vissa precisionsmätverktyg krävs för att avgöra om delar måste bytas ut. Ofta kan en verkstad åta sig att ansvara för inspektionen av delar och ge råd om renovering eller utbyte. **Observera:** *Vänta alltid tills motorn helt demonterats, och tills alla delar (speciellt motorblocket och vevaxeln) har inspekterats, innan beslut fattas om vilka service- och reparationsåtgärder som måste utföras av en verkstad. Tillståndet på dessa delar spelar en avgörande roll när man ska bestämma sig för om man ska renovera den gamla motorn eller köpa en redan renoverad motor. Köp alltså inga delar och utför inte heller något renoveringsarbete på andra delar förrän de noggrant har inspekterats.* Generellt sett är tiden den största utgiften vid en renovering, så det lönar sig inte att sätta in slitna eller undermåliga delar.

8 Slutligen vill vi framhålla att alla delar måste sättas ihop med stor noggrannhet i en absolut ren arbetsmiljö, detta för att den renoverade motorn ska få maximal livslängd och orsaka så få problem som möjligt.

3 Motorrenovering – förberedelser och försiktighetsåtgärder

Om du bestämt dig för att motorn måste lyftas ut för renovering eller större reparationer måste flera förberedande steg vidtas.

En lämplig arbetsplats är synnerligen viktigt. Tillräckligt med arbetsutrymme och plats att förvara bilen krävs. Om en verkstad eller ett garage inte finns tillgängligt krävs åtminstone en solid, plan och ren arbetsyta.

Rensa om möjligt några hyllor och använd dem till att förvara motordelar och tillbehör allt eftersom de demonteras och tas isär. Det gör att komponenterna får större chans att hållas rena och hela under renoveringsarbetet. Att lägga ut delarna i grupper tillsammans med respektive bultar/skruvar/muttrar etc. sparar tid och undviker att delar blandas ihop vid monteringen.

Rengör motorrummet och motorn innan urlyftningen inleds, eftersom det ger bättre överblick och hjälper till att hålla verktygen rena.

En medhjälpare bör finnas närvarande, eftersom det finns vissa moment då en person

inte ensam på ett säkert sätt kan utföra allt som krävs för att lyfta ur motorn. Säkerhet är av största vikt med tanke på de potentiella risker som hör samman med detta arbete. En andra person bör alltid finnas till hands för hjälp i ett nödläge. Om det är första gången du lyfter ur en motor är råd och hjälp från en mer erfaren person till stor nytta.

Planera arbetet i förväg. Skaffa alla verktyg och all utrustning som behövs innan arbetet påbörjas. Tillgång till följande redskap gör arbetet med att lyfta ur och installera motorn/växellådan säkert och relativt enkelt: en garagedomkraft – anpassad till en högre vikt än den sammanlagda vikten av motorn och växellådan, en komplett uppsättning nycklar och hylsor enligt beskrivningen i slutet av handboken, träblock och en mängd trasor och rengöringsmedel för att torka upp spill av olja, kylvätska och bränsle. Ett urval förvaringslådor av plast kan vara till god hjälp för att hålla samman isärtagna delar. Om någon utrustning ska hyras, se då till att den är inbokad i förväg och gör allt som går att göra utan den först. Detta kan spara både tid och pengar.

Planera för att bilen kommer att vara ur drift ganska lång tid, speciellt om motorn ska renoveras. Läs igenom hela detta avsnitt och skapa en strategi baserad på dina egna erfarenheter och vilka resurser du har i form av verktyg, tid och arbetsutrymme. Vissa moment av renoveringen kanske måste utföras av en Audi-återförsäljare eller en bilverkstad – dessa är oftast tämligen fullbokade så det kan vara klokt att rådgöra med dem innan motorn lyfts ur eller tas isär, så att du får en uppfattning om den tid som går åt för att utföra hela arbetet.

När motorn lyfts ur bilen, arbeta metodisk vid demonteringen av de yttre komponenterna. Märk upp kablar och slangar när de lossas för att underlätta monteringen.

Var alltid ytterst försiktig när motorn lyfts ut ur motorrummet. Vårdslöshet kan orsaka allvarliga olyckor. Om hjälp behövs är det bättre att vänta på den än att riskera personskador och/eller skador på komponenter genom att fortsätta på egen hand. Med god planering och gott om tid kan ett arbete av denna natur utföras framgångsrikt och olycksfritt, trots att det är frågan om ett omfattande arbete.

För alla de modeller som beskrivs i den här handboken lyfts motorn ut ur motorrummet med växellådan kvar. Observera att motorn och växellådan helst ska lyftas ur med bilen stående på alla fyra hjulen, men drivaxlar och främre avgasrör är lättare att demontera om framvagnen tillfälligt ställs på pallbockar.

4 Motor – demontering och montering

Bensinmotorer – demontering

1 Parkera bilen på en stabil och plan yta. Se till att ha tillräckligt med arbetsutrymme runt om.

2 Demontera motorhuven enligt beskrivningen i kapitel 11. I modeller med 5-cylindrig motor är detta valfritt eftersom kylaren och främre krysspanelen då måste demonteras, och motorn bara behöver lyftas upp lite grann för att gå fri från kryssrambalken.

3 Lossa batteriets jordledning (minuspolen) och för undan den från polen (se kapitel 5A). **Observera:** *Om bilen har en ljudanläggning med stöldskyddskod, se till att koden finns uppskriven innan batteriet kopplas ur·*

4 Gör följande enligt beskrivningen i kapitel 1A:
a) *Om motorn ska tas isär, tappa ur motoroljan.*
b) *Tappa ur kylsystemet.*

5 Dra åt handbromsen och ställ med hjälp av en domkraft upp framvagnen på pallbockar (se *Lyftning och stödpunkter*).

6 Lossa skruvarna till motorrummets undre skyddskåpa och ta bort denna.

7 Där så behövs, ta bort motorns övre kåpa.

8 Koppla loss kylvätskeslangen från kylaren och expansionskärlet.

Modeller med 4-cylindrig motor

9 Demontera den elektriska kylfläkten från kylarens baksida enligt beskrivningen i kapitel 3.

Modeller med 5-cylindrig motor

10 Ta bort den främre stötfångaren och låstvärbalken från motorrummets främre del (se kapitel 11). Ta också bort fläktenheten enligt beskrivningen i kapitel 3 och om så behövs även varmluftsslangen och lufthuven.

11 I modeller utan luftkonditionering tar du bort kylaren enligt beskrivningen i kapitel 3. Du måste också skruva loss oljekylaren och sedan fästa den med snöre vid sidan

12 På modeller med luftkonditionering, ta loss panelen från kylarens högra sida och skruva loss kylarens fästbultar. Skruva loss fästbygeln från kylarens högra sida. Ta bort kylarens fästbultar och dra kylaren framåt. Audi-mekanikerna använder ett speciellt stödfäste som håller bort kylaren från motorn, men en trä- eller metallbit fungerar lika bra.

13 På modeller med AAR motor, koppla loss slangarna och ta bort kylvätskeröret från motorns vänstra sida. Ta också bort kåpan från höger drivaxel och det främre avgasröret och katalysatorn från avgasgrenröret.

14 Skruva loss bultarna och ta bort främre avgasröret från växellådans fäste. Skruva loss anslutningsmuttrarna och koppla ifrån bränslerören från bränslefördelaren – plugga igen eller tejpa över rörens mynningar för att hindra damm och smuts från att tränga in.

Alla modeller

15 Notera placeringen och dragningen av motorns kablar och härva, koppla sedan på ett systematiskt sätt loss kablarna och anteckna exakt var respektive kabel hör hemma. Beroende på orsaken till demonteringen kan vissa kablar sitta kvar på motorn och kontaktdonen kopplas loss från torpedväggens högra sida. Kablarna till följande komponenter måste kopplas loss, efter tillämplighet:
a) Bränsleinsprutare (se kapitel 4)
b) Hallgivare på kamremskåpans främre vänstra sida
c) Kamaxelgivare på topplockets bakre vänstra sida
d) Tändspole och tändkablar som befinner sig ovanpå kamaxelkåpan på ADR motorer
e) Kylarvätskans temperaturgivare på topplockets bakre del
f) Gasspjällhus och, där så behövs, tomgångshastighetens styrventil och kallstartsventilen
g) Motorns jordkabel
h) Växelströmsgenerator
i) Oljetryckskontakter
16 Koppla ifrån luftintagsröret som leder från luftrenaren till gasspjällhuset.
17 Koppla ifrån bränsleinmatnings- och returslangarna samt gasvajern enligt beskrivningen i kapitel 4.
18 Koppla ifrån alla vakuumslangar (inklusive bromsservovakuumslangen) och anteckna deras placering.
19 Koppla loss slangarna från värmepaketet på torpedväggen. På 5-cylindriga motormodeller måste man frigöra torpedväggskåpan för att komma åt slangarna.
20 På modeller med manuell växellåda, koppla loss kablarna för backljuskontakten på växellådan.
21 Ta bort drivremmen/remmarna enligt beskrivningen i kapitel 1A.
22 Om så behövs, skruva loss och tar bort motorfästets kardanstag och stopp från motorn och tvärbalken enligt beskrivningen i kapitel 2A eller 2B.
23 På modeller med luftkonditionering, demontera kompressorn från motorn utan att koppla loss kylvätskeslangarna, enligt beskrivningen i kapitel 3. Bind fast kompressorn mot ena sidan av motorrummet.
24 Följ beskrivningen i kapitel 10, ta loss servostyrningspumpen från motorn utan att koppla ifrån de hydrauliska slangarna och fäst pumpen vid sidan av motorrummet.
25 På modeller med automatväxellåda, skruva loss fästbygeln som håller fast slangarna för växellådsoljan till motorsumpen, och för slangarna åt sidan.
26 Demontera startmotorn enligt beskrivningen i kapitel 5A.

27 På modeller med automatväxellåda, vrid runt motorn tills bultarna mellan momentomvandlare och svänghjul syns i startmotoröppningen och skruva loss bultarna. Motorn måste vridas runt för att man ska komma åt alla tre bultarna.
28 Koppla loss det främre avgasröret från grenröret enligt beskrivningen i kapitel 4D.
29 Skruva loss bultarna som fäster växellådan vid motorn men låt den översta bulten vara kvar tills vidare.
30 Använd en lyftanordning för att lyfta upp motorn så att den inte belastar motorrummet. Lyft motorn mitt på, så att den håller sig horisontell medan den kopplas loss från växellådan.
31 Skruva loss bultarna från de vänstra och högra motorfästena.
32 Stöd växellådan med en garagedomkraft och en träkloss.
33 Skruva loss den sista bulten från växellådan, ta hjälp av någon och skjut motorn framåt och håll den i samma nivå. På modeller med automatväxellåda, du se till att momentomvandlaren sitter kvar i växellådan i full kontakt med den ingående axeln. Lyft upp motorn ur motorrummet utan att skada omkringliggande komponenter. På modeller med 4-cylindriga motorer måste man försöka undvika att skada tvärbalken i motorrummets främre del.
34 Ta vara på styrstiften från motorblockets bakre del om de är lösa. På ADR motorer måste man ta bort den mellanliggande plattan från motorns bakre del.
35 På modeller med manuell växellåda, demontera kopplingen enligt beskrivningen i kapitel 6.

Bensinmotorer – montering

36 Monteringen sker i omvänd ordning, men på modeller med manuell växellåda ska först räfflorna på den ingående axeln smörjas med lite fett med hög smältpunkt. Lägg lite fett på urkopplingslagrets fogyta, men **inte** på styrhylsan. Se till att alla motor- och växellådsfästen är fria från belastning och dra åt alla muttrar och bultar till angivet moment. Montera, och om det behövs justera, alla motorrelaterade komponenter och system enligt beskrivning i relevanta kapitel. Se till att motorn har fyllts med olja och att kylsystemet har fyllts enligt beskrivningen i kapitel 1A innan motorn startas.

Dieselmotorer – demontering

37 Parkera bilen på en stabil och plan yta. Se till att ha tillräckligt med arbetsutrymme runt om.
38 Demontera motorhuven enligt beskrivningen i kapitel 11. I modeller med 5-cylindrig motor är detta valfritt eftersom kylaren och främre krysspanelen då måste demonteras, och motorn bara behöver lyftas upp lite grann för att gå fri från kryssrambalken.

39 Lossa batteriets jordledning (minuspolen) och för undan den från polen (se kapitel 5A). **Observera:** *Om bilen har en radio med stöldskyddskod, se till att koden finns uppskriven innan batteriet kopplas ur.*
40 Utför följande enligt beskrivningen i kapitel 1B:
a) Om motorn ska tas isär, tappa ur motoroljan.
b) Tappa ur kylsystemet.
41 Dra åt handbromsen och ställ framvagnen på pallbockar (se Lyftning och stödpunkter).
42 Ta loss skruvarna till motorrummets undre skyddskåpa och ta bort denna.

Modeller med 4-cylindrig motor

43 Ta bort motorns övre kåpa.
44 Demontera den elektriska kylfläkten från kylarens baksida enligt beskrivningen i kapitel 3.
45 Skruva loss och ta bort lufttrumman till luftrenaren på kylaren.
46 Demontera luftrenaren enligt beskrivningen i kapitel 4C.
47 Skruva loss solenoidventilen för tryckkontroll.
48 Ta bort luftslangen mellan mellankylaren och insugningsröret, och mellan mellankylaren och turboaggregatet.
49 Skruva loss främre avgasröret från turboaggregatet och fäst grenröret vid sidan.

Modeller med 5-cylindrig motor

50 Ta bort den främre stötfångaren och tvärbalken från motorrummets främre del (se kapitel 11). Demontera fläktenheten enligt beskrivningen i kapitel 3.
51 I modeller utan luftkonditionering, ta bort kylaren enligt beskrivningen i kapitel 3. Skruva också loss oljekylaren och bind upp den med en vajer eller ett snöre vid sidan.
52 På modeller med luftkonditionering, ta loss panelen från kylarens högra sida och skruva loss kylarens fästbultar. Ta bort fästbultarna och dra kylaren framåt. Audimekanikerna använder ett speciellt stödfäste som håller bort kylaren från motorn, men en trä- eller metallbit fungerar lika bra.
53 På fordonets undersida, skruva loss underredets stödtvärbalk för stänkskyddet som befinner sig bakom växellådan på ABP, AAT och AEL motorer. På modeller med AAS motorer, skruva loss det främre fästet och kardanstaget enligt beskrivningen i kapitel 2D.
54 Skruva loss kåpan från motorns baksida för att komma åt insprutningspumpens drivrem.
55 Demontera luftrenaren enligt beskrivningen i kapitel 4C.
56 Ta bort luftslangen mellan mellankylaren och insugningsröret, och mellan mellankylaren och turboaggregatet.
57 Koppla ifrån vakuumslangarna från EGR-ventilen och insugningsröret.
58 Koppla bort jordledningen från det högra

4.58 Koppla bort jordledningen från det högra motorfästet

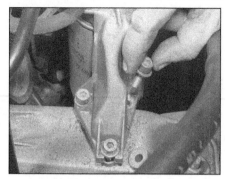

4.59a Skruva loss bultarna ...

4.59b ... och ta bort bränslefiltrets stödfäste från det vänstra motorfästet

motorfästet. Märk jordledningen så att du inte blandar ihop den med startkabeln (se bild).
59 Ta bort bränslefiltrets stödfäste från det vänstra motorfästet. Den främre bulten behöver bara lossas eftersom stödet är slitsat (se bilder).
60 På motorer utom AAS, ta bort det främre motorfästets kardanstag från motorn och tvärbalken enligt beskrivningen i kapitel 2D (se bild).

Alla modeller

61 Lossa kylvätskeslangarna från kylaren, expansionskärlet och topplocket.
62 Koppla bort kablarna från växelströms-generatorn och ta bort jordledningen.

63 Notera placeringen och dragningen av motorns kablar och härva, koppla sedan på ett systematiskt sätt ifrån kablarna medan du antecknar exakt var respektive kabel hör hemma (se bilder). Beroende på orsaken till demonteringen kan vissa kablar sitta kvar på motorn och kontaktdonen kopplas loss från torpedväggens högra sida. Kablarna till följande komponenter måste kopplas loss:
a) EGR-ventil
b) Luftflödesmätare
c) Solenoidventilen för tryckkontroll
d) Insugningsrörets temperaturgivare
e) Glödstift
64 Koppla loss bränsle- och returslangarna

från insprutningspumpen och plugga igen öppningarna.
65 Koppla bort gasvajern enligt beskrivningen i kapitel 4C.
66 Koppla loss vakuumslangarna (inklusive bromsservovakuumslangen från vakuum-pumpen) och anteckna deras placering.
67 Koppla loss slangarna från värmepaketet på torpedväggen.
68 På modeller med manuell växellåda, koppla loss kablarna för backljuskontakten på växellådan. Koppla också loss kablarna från hastighetsmätarens givare.
69 Ta bort drivremmen/remmarna enligt beskrivningen i kapitel 1B.
70 På modeller som är utrustade med luft-konditionering, demontera kompressorn från motorn utan att koppla loss kylvätske-slangarna, enligt beskrivningen i kapitel 3. Bind fast kompressorn mot ena sidan av motorrummet.
71 Se beskrivningen i kapitel 10, ta bort servostyrningspumpen från motorn utan att koppla ifrån de hydrauliska slangarna och fäst pumpen vid sidan av motorrummet (se bilder).
72 På modeller med automatväxellåda, skruva loss fästbygeln som håller fast slang-arna för växellådsoljan till motorsumpen och för slangarna åt sidan.
73 Demontera startmotorn enligt beskrivningen i kapitel 5A.

4.60 Främre motorfästets kardanstag och stopp (AAT motor)

4.63a Kontaktdon för motorns kabelhärva (AAT motor)

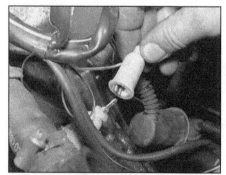

4.63b Kablage kopplas bort från en motortemperaturgivare (AAT motor)

4.71a Skruva loss bultarna ...

4.71b ... och ta bort motorns vridtapp och servostyrningspumpens remskiva

4.71c Skruva loss fästbultarna . . .

4.71d . . . och ta bort servostyrnings-pumpen och dess slangar

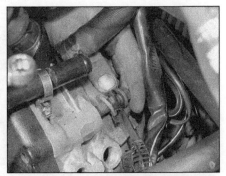

4.77 Skruva loss bultarna som fäster växellådan vid motorn. Lägg märke till kabelhärvans stödfäste

74 På modeller med automatväxellåda, vrid runt motorn tills bultarna mellan moment-omvandlare och svänghjul syns i startmotoröppningen och skruva loss bultarna. Motorn måste vridas runt för att man ska komma åt alla tre bultar.
75 Om monterad, demontera kåpan från den högra drivaxeln.
76 Demontera det främre avgasröret enligt beskrivningen i kapitel 4D.
77 Skruva loss bultarna som fäster växellådan vid motorn men låt den översta bulten vara kvar tills vidare. På en AAT motor, notera kabelstödsfästets placering på den övre vänstra bulten (se bild).
78 Använd en lyftanordning för att lyfta upp motorn så att den inte belastar motorrummet. Lyft motorn mitt på, så att den håller sig horisontell medan den kopplas loss från växellådan.
79 Skruva loss muttrarna och brickorna från de vänstra och högra motorfästena (se bilder).
80 Stöd växellådan med en garagedomkraft och en träkloss.
81 Skruva loss den sista skruven från växellådan, skjut motorn framåt i horisontellt läge och sänk ner den på golvet (se bild). På modeller med automatväxellåda, se till att momentomvandlaren sitter kvar i växellådan i full kontakt med den ingående axeln. Ta vara

på styrstiften från motorblockets bakre del om de är lösa.
82 På modeller med manuell växellåda, demontera kopplingen enligt beskrivningen i kapitel 6.

Dieselmotorer – montering

83 Monteringen sker i omvänd ordning, men på modeller med manuell växellåda måste först räfflorna på den ingående axeln smörjas med lite fett med hög smältpunkt. Lägg lite fett på urkopplingslagrets fogyta, men **inte** på styrhylsan. Se till att alla motor- och växellådsfästen är fria från belastning, och dra åt alla muttrar och bultar till angivet moment. Montera, och om det behövs justera, alla motorrelaterade komponenter och system enligt beskrivning i relevanta kapitel. Se till att motorn har fyllts med olja och att kylsystemet har fyllts enligt beskrivningen i kapitel 1B innan motorn startas.

5 Motorrenovering – förberedande information

Det är mycket enklare att ta isär och arbeta med en motor om den är uppsatt i ett flyttbart motorställ. Dessa kan ofta hyras från en verktygsuthyrningsfirma. Innan motorn sätts upp istället måste svänghjulet demonteras så

att ställets bultar kan dras fast i änden på motorblocket. **Observera:** *Mät inte cylinder-loppets dimensioner med motorn monterad i en sådan här ställning.*
Om ett ställ inte finns tillgängligt går det att ta isär motorn på en stabil arbetsbänk eller på golvet. Var försiktig så att inte motorn välter om arbetet görs utan ställ.
Om en renoverad motor ska införskaffas måste först alla hjälpaggregat demonteras, så att de kan flyttas över till utbytesmotorn (precis som om du själv renoverar motorn). Dessa komponenter inkluderar följande:

Bensinmotorer

a) Växelströmsgenerator (inklusive fästbyglar) och startmotor (kapitel 5A).
b) Tändsystems- och högspänningskomponenter, inklusive alla givare, fördelare, tändkablar och tändstift (kapitel 1A och 5B).
c) Bränsleinsprutningens komponenter (kapitel 4A eller 4B).
d) Alla elektriska brytare, omkopplare, aktiverare och givare samt motorns kabelhärva (kapitel 4A, 4B eller kapitel 5B).
e) Insugningsrör och avgasgrenrör (kapitel 4).
f) Motorns oljemätsticka och -rör (kapitel 2A eller 2B).
g) Motorfästen (kapitel 2A eller 2B).

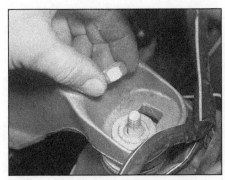

4.79a Skruva loss motorns fästmuttrar . . .

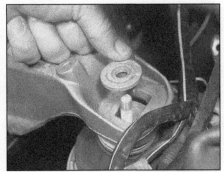

4.79b . . . och ta bort brickorna

4.81 Motorn lyfts ut ur bilen (AAT motor)

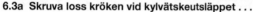

6.3a Skruva loss kröken vid kylvätskeutsläppet . . .

6.3b . . . och ta vara på packningen

h) Svänghjul/drivplatta (kapitel 2A eller 2B).
i) Kopplingens komponenter (kapitel 6) – manuell växellåda.

Dieselmotorer

a) Växelströmsgenerator (inklusive fästbyglar) och startmotor (kapitel 5A).
b) Glödstift/förvärmningskomponenter (kapitel 5C).
e) Samtliga bränslesystemets komponenter, inklusive insprutningspump, alla givare och aktiverare (kapitel 4C).
d) Vakuumpumpen (kapitel 9).
e) Alla elektriska brytare, omkopplare, aktiverare och givare samt motorns kabelhärva (kapitel 4C, kapitel 5C).
f) Insugningsrör och avgasgrenrör samt i förekommande fall, turboaggregat (kapitel 4C, 4D).
g) Motoroljans mätsticka och rör (kapitel 2C eller 2D)
h) Motorfästen (kapitel 2C eller 2D).
i) Svänghjul/drivplatta (kapitel 2C eller 2D).
j) Kopplingens komponenter (kapitel 6) – manuell växellåda.

Observera: Vid demonteringen av yttre komponenter från motorn, var mycket uppmärksam på detaljer som kan underlätta eller vara viktiga vid hopsättningen. Anteckna monteringslägen för packningar, tätningar, distanser, stift, brickor, bultar och andra smådelar.

Om du skaffar ett "kort" block (motorblock/vevhus, vevaxel, kolvar och vevstakar monterade) måste topplock, sump, oljepump (4-cylindrig motor), kamrem (med spännare och kåpor), drivrem (med spännare), kylvätskepump, termostathus, kylvätskekrökar, oljefilterhus samt i förekommande fall oljekylare också demonteras.

Om en fullständig renovering ska göras kan motorn tas isär i den ordning som anges nedan:

a) Insugningsrör och avgasgrenrör (se kapitel 4).
b) Kamrem, drev och spännare (se kapitel 2A, 2B, 2C eller 2D).

c) Topplock (se kapitel 2A, 2B, 2C eller 2D).
d) Svänghjul/drivplatta (se kapitel 2A, 2B, 2C eller 2D).
e) Sump (se kapitel 2A, 2B, 2C eller 2D).
f) Oljepump (se kapitel 2A, 2B, 2C eller 2D).
g) Kolvar och vevstakar (se avsnitt 7).
h) Vevaxel (se avsnitt 8).

6 Topplock – isärtagning, rengöring, inspektion och hopsättning

Observera: Nya och renoverade topplock finns att köpa från Audi och motorspecialister. Specialverktyg krävs för isärtagning och inspektion och nya delar kan vara svåra att få tag på. Det kan därför vara mer praktiskt för en hemmamekaniker att köpa ett färdigrenoverat topplock än att ta isär och renovera det ursprungliga topplocket.

Isärtagning

1 Ta bort topplocket från motorblocket enligt beskrivningen i del A till D i det här kapitlet.
2 På en dieselmotor, demontera insprutare och glödstift (se kapitel 4C och 5C).
3 Där tillämpligt, se kapitel 3 och ta bort kylvätskans utgångskrök tillsamman med dess packning/O-ring **(se bilder)**.
4 Skruva i förekommande fall loss kylvätske-

givaren och oljetryckskontakten från topplocket.
5 Det är viktigt att grupper av delar hålls samman när de demonterats och om de kan återanvändas att de monteras i samma grupper. Om de monteras slumpmässigt leder ökat slitage till snabbare haveri. Att förvara grupper av delar i plastpåsar eller lådor hjälper till att hålla reda på dem – märk dem efter monteringsplats, exempelvis "avgas 1", "insug 2" etc. **(se bild).** (Cylinder nr 1 är den närmast kamremmen.)
6 Kontrollera att tillverkarens identifikationsmärken är synliga på kamaxelns lageröverfall. Om du inte hittar några, gör egna med en ritsnål eller körnare.
7 Kamaxellageröverfallen måste nu demonteras enligt följande.

Motorkod ADR

8 Skruva loss Hallgivaren framtill på främre insugskamaxeln, ta bort bulten från kamaxeln och ta loss den koniska brickan och Hallgivarplattan.
9 Den automatiska kamaxeljusteraren måste nu låsas före demonteringen. Audi-tekniker använder specialverktyget 3366 för att göra det **(se bild).** Alternativt kan man tillverka ett liknande verktyg.
10 Rengör kedjan och kamaxeldreven i linje med pilarna överst på kamaxelns bakre

6.5 Samla komponenter i märkta påsar eller askar

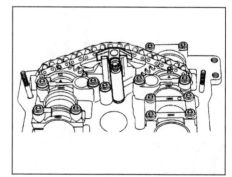

6.9 Använd specialverktyg 3366 för att spärra den automatiska kamaxeljusteraren

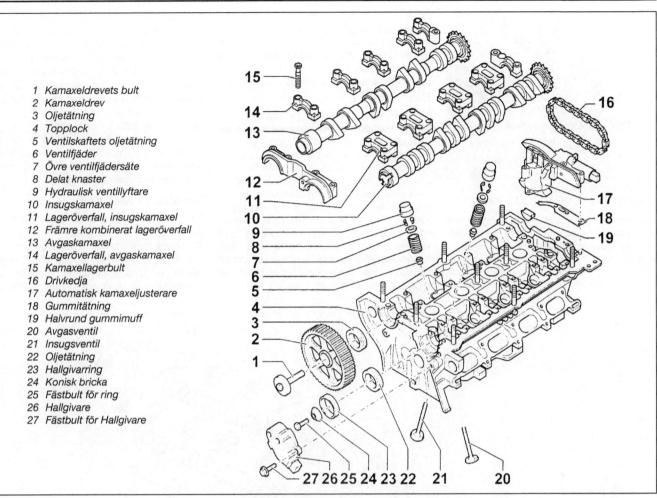

1 Kamaxeldrevets bult
2 Kamaxeldrev
3 Oljetätning
4 Topplock
5 Ventilskaftets oljetätning
6 Ventilfjäder
7 Övre ventilfjädersäte
8 Delat knaster
9 Hydraulisk ventillyftare
10 Insugskamaxel
11 Lageröverfall, insugskamaxel
12 Främre kombinerat lageröverfall
13 Avgaskamaxel
14 Lageröverfall, avgaskamaxel
15 Kamaxellagerbult
16 Drivkedja
17 Automatisk kamaxeljusterare
18 Gummitätning
19 Halvrund gummimuff
20 Avgasventil
21 Insugsventil
22 Oljetätning
23 Hallgivarring
24 Konisk bricka
25 Fästbult för ring
26 Hallgivare
27 Fästbult för Hallgivare

6.11 Topplockskomponenter – motorkod ADR

lageröverfall, och märk sedan drevens och kedjans läge i relation till varandra. Observera att avståndet mellan de två märkena måste vara 16 valsar på kedjan.

11 Lossa stegvis bultarna från lageröverfall 3 och 5 och därefter 1 och 6 på både insugs- och avgaskamaxeln **(se bild).**
Observera: *Överfallen är numrerade från topplockets bakre del, och nummer 6 är ett kombinerat överfall som gränslar över främre delen av båda kamaxlarna.*
12 Skruva loss den automatiska kamaxeljusterarens fästbultar.
13 Lossa stegvis bultarna från lageröverfall 4 och 2 på både insugs- och avgaskamaxlarna, lyft sedan båda kamaxlarna från topplocket tillsammans med den automatiska justeraren och kedjan.
14 Lossa justeraren från kedjan och ta bort kedjan från kamaxeldrevet. Ta bort oljetätningen från respektive kamaxels främre del.

Motorkoder AAE, ABK, AAD, 1Z, AHU

15 Lossa stegvis bultarna från lageröverfall 5, 1 och 3 först, sedan från lageröverfall 2 och 4 **(se bild).** Lossa muttrarna diagonalt i tur och ordning ett halvt varv i taget tills de kan tas

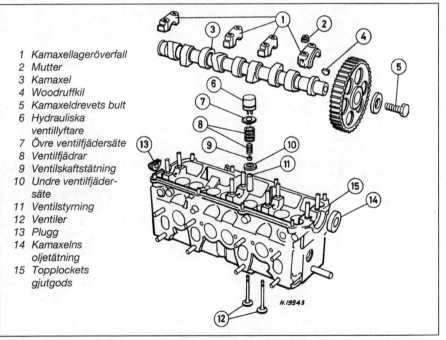

1 Kamaxellageröverfall
2 Mutter
3 Kamaxel
4 Woodruffkil
5 Kamaxeldrevets bult
6 Hydrauliska ventillyftare
7 Övre ventilfjädersäte
8 Ventilfjädrar
9 Ventilskaftstätning
10 Undre ventilfjädersäte
11 Ventilstyrning
12 Ventiler
13 Plugg
14 Kamaxelns oljetätning
15 Topplockets gjutgods

6.15 Topplockskomponenter - motorkoder AAE, ABK, AAD, 1Z och AHU

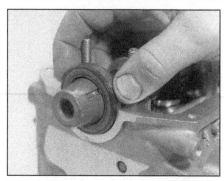

6.16 Kamaxelns oljetätning tas bort – motorkoder AAE, ABK, AAD, 1Z, AHU

loss, och ta sedan bort lageröverfallen. Håll reda på överfallen och notera var de hör hemma. **Observera:** *Kamaxelns lageröverfall är numrerade från 1 till 5, räknat från kamremssidan.*

16 Dra av oljetätningen från främre delen av kamaxeln och kassera den, eftersom en ny måste användas vid hopsättningen **(se bild).**

17 Lyft försiktigt kamaxeln från topplocket, håll den vågrät och med stöd i båda ändar så att axeltapparna och loberna inte skadas. Ta bort oljetätningen från kamaxelns främre del.

Motorkod ACE

18 Ta bort strömfördelaren (se kapitel 5B).

19 På insugskamaxeln, skruva loss fästmuttrarna från lageröverfall 5 och 7 plus det ytterligare överfall som befinner sig vid kedjedrevet, och därpå lageröverfall 6 och 8. Lossa muttrarna växelvis och diagonalt ett halvt varv i taget. På avgaskamaxeln, skruva loss och tar bort fästmuttrarna från lageröverfall 1 och 3 plus de ytterligare överfall som befinner sig vid kedjedrevet och kamremsdrevet, och därpå lageröverfall 2 och 4. Lossa muttrarna växelvis och diagonalt ett halvt varv i taget. Ta bort alla lageröverfall, håll reda på dem och notera var de ska sitta.

Observera: *Avgaskamaxelns lageröverfall är numrerade 1 till 4, räknat från kamremsänden – insugskamaxelns lageröverfall är numrerade från 5 till 8 från samma ställe* **(se bild).**

20 Lyft försiktigt bort båda kamaxlarna från topplocket tillsammans med kedjan. Ta bort oljetätningen från avgaskamaxelns främre del.

21 Markera kedjans rotationsriktning för att se till att den sätts tillbaka i samma riktning – använd en färgklick för detta ändamål. Använd inte en ritsspets eller körnare eftersom de kan skada kedjan. Lossa kedjan från dreven på kamaxlarnas bakre del.

Motorkoder AAR, AAS

22 Ta bort strömfördelaren på AAS motorn (se kapitel 5B).

23 Lossa stegvis bultarna från lageröverfall 2 och 4 först, sedan från lageröverfall 1 och 3 **(se bilder).** Lossa muttrarna diagonalt i tur och ordning ett halvt varv i taget tills de kan

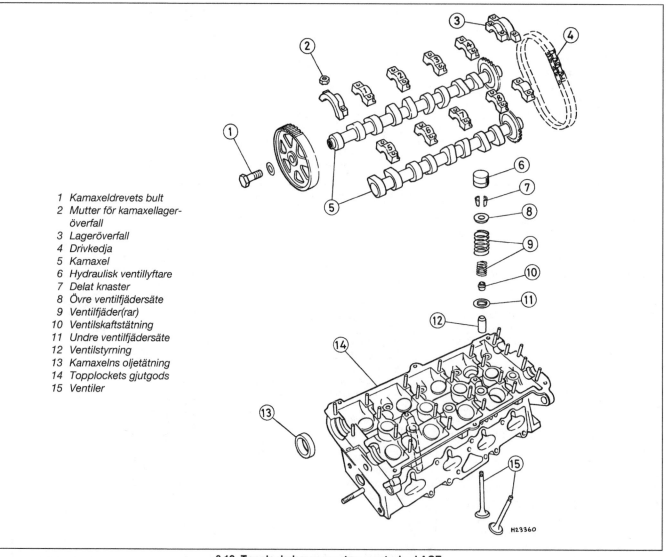

1 Kamaxeldrevets bult
2 Mutter för kamaxellager-
   överfall
3 Lageröverfall
4 Drivkedja
5 Kamaxel
6 Hydraulisk ventillyftare
7 Delat knaster
8 Övre ventilfjädersäte
9 Ventilfjäder(rar)
10 Ventilskaftstätning
11 Undre ventilfjädersäte
12 Ventilstyrning
13 Kamaxelns oljetätning
14 Topplockets gjutgods
15 Ventiler

H23360

6.19 Topplockskomponenter – motorkod ACE

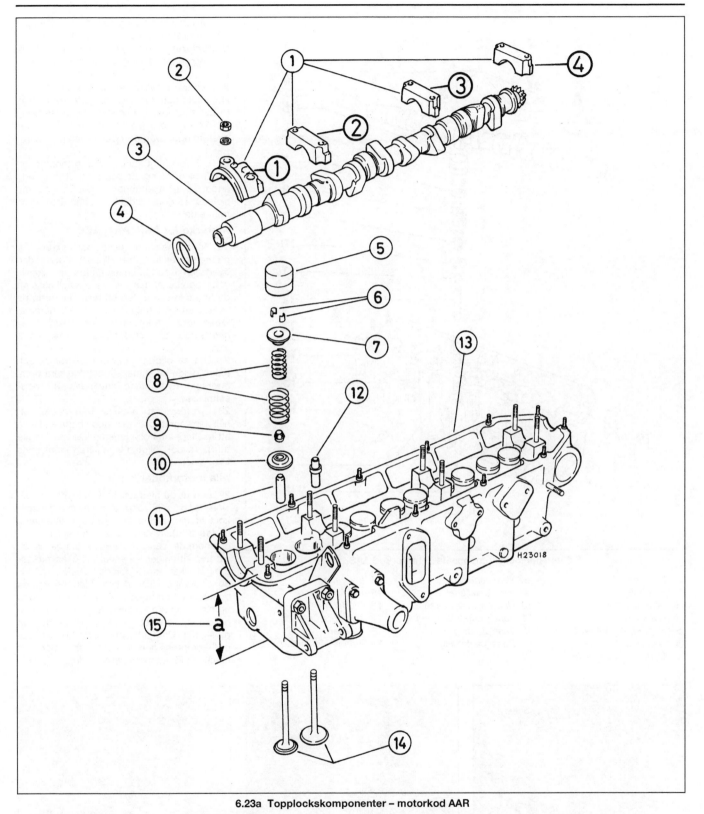

6.23a Topplockskomponenter – motorkod AAR

1 Lageröverfall	6 Delat knaster	10 Undre ventilfjädersäte	13 Topplock
2 Mutter	7 Övre ventilfjädersäte	11 Ventilstyrning	14 Ventiler
3 Kamaxel	8 Ventilfjädrar	12 Serviceventilstyrning med	15 Mått för minimihöjd (se
4 Oljetätning	9 Ventilskaftets oljetätning	stoppring	specifikationer)
5 Hydrauliska ventillyftare			

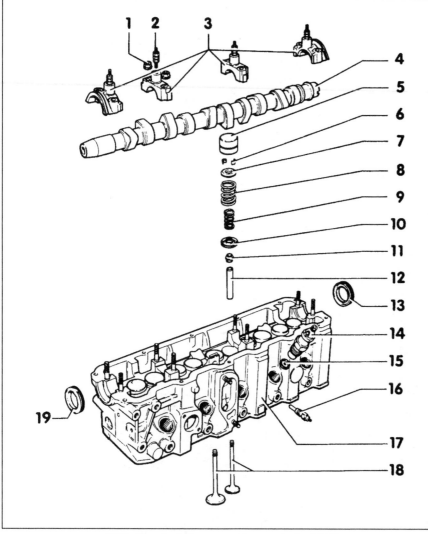

6.23b Topplockskomponenter – motorkod AAS

1 Mutter	8 Yttre ventilfjäder	14 Insprutare
2 Pinnbult	9 Inre ventilfjäder	15 Värmesköld
3 Lageröverfall	10 Undre ventilfjädersäte	16 Glödstift
4 Kamaxel	11 Ventilskaftets oljetätning	17 Topplock
5 Hydraulisk ventillyftare	12 Ventilstyrning	18 Ventiler
6 Delat knaster	13 Bakre oljetätning	19 Främre oljetätning
7 Övre ventilfjädersäte		

tas loss och ta bort lageröverfallen. Håll reda på överfallen och notera var de hör hemma.

Observera: *Kamaxelns lageröverfall är numrerade från 1 till 4, räknat från kamremssidan.*

24 Dra av oljetätningen från främre delen av kamaxeln och kassera den, eftersom en ny måste användas vid hopsättningen **(se bild)**. På AAS motorn måste man också ta bort oljetätningen från den bakre delen av kamaxeln.

25 Lyft försiktigt kamaxeln från topplocket, och håll den vågrätt och med stöd i båda ändar så att axeltapparna och loberna inte skadas. Ta bort oljetätningen från kamaxelns främre del.

Motorkoder ABP, AAT, AEL

26 Börja med att lossa och skruva ur muttrarna från lageröverfall 2 och 4 och sedan överfallen 1 och 3. Lossa muttrarna växelvis och diagonalt ett halvt varv i taget till dess att de kan skruvas ur **(se bilder)**. Håll reda på överfallen och notera var de hör hemma.

Observera: *Kamaxelns lageröverfall är numrerade från 1 till 4, räknat från kamremssidan.*

27 Dra av oljetätningarna från främre och bakre delen av kamaxeln och kassera dem, eftersom nya måste användas vid hopsättningen.

28 Lyft försiktigt kamaxeln från topplocket, håll den vågrätt och med stöd i båda ändar så att axeltapparna och loberna inte skadas **(se bild)**. Ta bort oljetätningen från kamaxelns främre del.

Alla motorkoder

29 Lyft ut de hydrauliska ventillyftarna från sina lopp och förvara dem med ventilkontaktytan vänd nedåt så att oljan inte rinner ur **(se bild)**. Notera varje lyftares position eftersom de måste monteras i sina gamla hål vid hopsättningen – i annat fall ökas slitagetempot vilket leder till förtida haveri.

30 Ställ topplocket på ena sidan. Använd en ventilfjäderkompressor och tryck i tur och ordning ihop alla ventilfjädrar, dra ut knastren när övre fjädersätet tryckts ner tillräckligt långt på skaftet. Om fjädersätet sitter fast, knacka på kompressionens övre käft med en hammare för att lossa det **(se bild)**.

6.26a Skruva loss muttrarna . . .

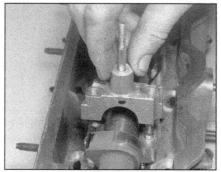

6.26b . . . och ta bort kamaxellageröverfallen (AAT motor)

6.28 Kamaxeln lyfts från topplocket (AAT motor)

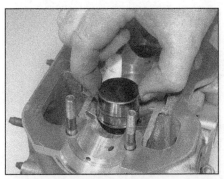

6.29 De hydrauliska ventillyftarna lyfts från sina lopp (AAT motor)

6.30 Ventilfjädrarna trycks ihop med hjälp av ventilfjäderkompressor

6.31a Ta bort det övre fjädersätet . . .

31 Lossa ventilfjäderkompressorn och ta bort det övre fjädersätet, ventilfjädern(fjädrarna) och, utom på ADR motorer, det nedre fjädersätet **(se bilder)**. **Observera:** *Beroende på modell och specifikation kan motorn ha koncentriska dubbla ventilfjädrar eller en enkel ventilfjäder.*
32 Använd ett par tänger eller ett speciellt demonteringsverktyg för att ta bort ventilskaftets oljetätning. Dra ut själva ventilen från topplockspackningssidan. Upprepa proceduren för de återstående ventilerna **(se bilder)**.

Rengöring

33 Använd ett passande avfettningsmedel och avlägsna alla spår av oljeavlagringar från topplocket, var extra noga med lagerytor, ventillyftarnas lopp, ventilstyrningar och oljekanaler. Skrapa bort alla packningsrester från fogytorna, var dock noga med att inte repa dem eller göra hack. Om smärgelduk används, använd inte grövre än 100. Vänd på topplocket och skrapa bort alla sotavlagringar från förbränningskamrarna och portarna. Avsluta med att tvätta hela topplocket med ett lämpligt lösningsmedel för att avlägsna allt kvarvarande skräp.
34 Rengör ventilernas tallrikar och skaft med en fin stålborste. Om ventilen har mycket sot, skrapa först bort det mesta med ett slött blad och borsta sedan bort resten.
35 Rengör resterande delar noga med

lösningsmedel och låt dem torka helt. Kassera alla oljetätningar, nya måste användas när topplocket sätts ihop.

Inspektion

Topplock

Observera: *På dieselmotorer kan topplock och ventiler inte bearbetas (även om ventiltallrikarna kan slipas in), nya eller utbytesenheter måste köpas.*
36 Undersök noga om gjutgodset är skadat eller sprucket. Var extra uppmärksam kring ventilsäten och tändstiftshål. Om sprickor finns inom detta område anger Audi/VAG att topplocket kan återanvändas om sprickorna inte är bredare än 0,5 mm. Allvarligare skador innebär att komponenten måste bytas.

37 Lätt gropiga eller brända ventilsäten kan repareras med inslipning av ventilerna vid hopsättningen, detta beskrivs längre fram i detta kapitel. Svårt slitna eller skadade ventilsäten kan renoveras genom omfräsning, men detta arbete bör överlämnas till en verkstad.
38 Mät upp eventuell skevhet på packningsytorna med stållinjal och bladmått. Gör en mätning i längdled på både insugningsrörets och grenrörets fogytor. Gör flera mätningar tvärs över topplockets fogyta mot blocket för utvärdering av skevhet i alla plan **(se bild)**. Jämför avlästa mått med specifikationerna. Om fogytan är förvrängd eller inte överensstämmer med specifikationen kanske det går att få det återställt i en verkstad.

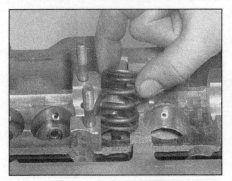

6.31b . . . och ventilfjädern

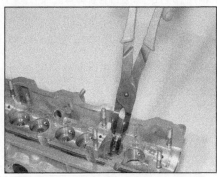

6.32a Använd ett demonteringsverktyg . . .

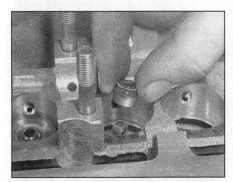

6.32b . . . för att demontera ventilskaftets oljetätning

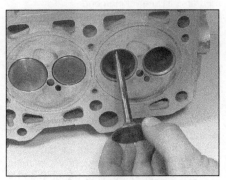

6.32c Ta bort ventilerna

6.38 Topplockets skevhet mäts

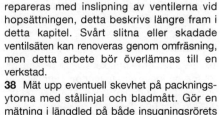

6.43 Kamaxelns axialspel kontrolleras med hjälp av en mätklocka

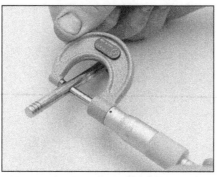

6.55 Använd en mikrometer för att mäta ventilskaftens diameter

6.58 Mät ventilens maximala avböjning i styrningen med hjälp av en mätklocka

39 Minsta topplockshöjd (måttet mellan fogytorna till cylindern och ventilkåpan) anges i specifikationerna i de fall tillverkaren angett den.

Kamaxel

40 Se efter om kamaxeln visar tecken på slitage på lober och lagerytor. Normalt ska dessa ytor ha en matt glans, leta efter repor, erosion eller gropar eller områden som verkar högpolerade – dessa är tecken på att slitage har börjat uppstå. Slitaget sker snabbt när de härdade ytorna på kamaxeln skadats, så byt alltid slitna delar. **Observera:** *Om dessa symptom syns på kamlobernas spetsar, kontrollera då motsvarande lyftare eftersom de då troligtvis också är slitna.*

41 Undersök i förekommande fall fördelarens drivning vad gäller slitage eller skador. Slack i drivningen, som orsakas av slitna kuggar, påverkar tändläget.

42 Om de bearbetade ytorna på kamaxeln verkar missfärgade eller "blåanlöpta" är det troligt att de vid något tillfälle överhettat, förmodligen beroende på otillräcklig smörjning. Detta kan ha förvrängt kamaxeln, så kontrollera kastet enligt följande: Placera kamaxeln mellan två V-block och använd en mätklocka till att mäta den mittre lagertappens kast. Om det överskrider vad specifikationerna i början av detta kapitel anger bör ett kamaxelbyte övervägas.

43 Mät kamaxelns axialspel genom att provisoriskt montera kamaxeln på topplocket med första och sista lageröverfallet, vars bultar ska dras till första stegets moment. Montera en mätklocka stabilt på topplockets kamdrevssida och rikta in sonden längs med kamaxeln. Tryck kamaxeln så långt den går mot ena änden av topplocket och placera mätklockans sond mot kamaxelns ände och nollställ mätklockan. Tryck sedan kamaxeln så långt den går åt andra hållet och anteckna mätklockans avläsning. Verifiera avläsningen genom att trycka tillbaka kamaxeln och kontrollera att mätklockan visar noll igen **(se bild)**. **Observera:** *De hydrauliska ventillyftarna får* ***inte*** *vara monterade när denna mätning utförs.*

44 Kontrollera att kamaxelns axialspel ligger inom specifikationerna. Slitage utanför gränsvärdet är troligtvis inte begränsat till en enstaka komponent, vilket innebär att byte av kamaxel, topplock och lageröverfall måste övervägas.

45 Kamaxellagerspelet måste nu mätas. En metod (som är svår att använda utan en uppsättning mikrometrar eller interna/externa skjutmått) är att mäta kamaxellagrets yttre diameter och den interna diameter som bildas av lageröverfallen och topplocket. Skillnaden mellan dessa två mått utgör lagerspelet.

46 En annan (mer precis) metod att mäta lagerspel är användandet av Plastigauge. Plastigauge består av fina trådar av perfekt rundad plast som trycks in mellan lageröverfallet och axeltappen. När sedan överfallet tas bort har plasten deformerats och mäts med en speciell kortmätare som medföljer Plastigaugetråden. Lagerspelet avgörs med hjälp av detta mätverktyg. Plastigauge kan ibland vara svårt att få tag i, men större bilverkstäder bör kunna hänvisa till en försäljare. Tillvägagångssättet för att använda Plastigauge är följande.

47 Se till att topplock, lageröverfall och kamaxelns lagerytor är helt rena och torra. Lägg kamaxeln på plats i topplocket.

48 Lägg en bit Plastigauge överst på vardera lagertappen.

49 Placera lageröverfallen i position över kamaxeln och skruva stegvis fast fästmuttrarna till angivet moment. **Observera:** *Där åtdragningsmoment anges i flera steg, dra överfallens muttrar endast till första steget. Vrid inte på kamaxeln med överfallen på plats eftersom det påverkar mätningen.*

50 Skruva av skruvarna och ta försiktigt bort överfallen på nytt, lyft dem rakt av från kamaxeln för att inte störa remsorna med Plastigauge. De måste ligga kvar på kamaxelns lageryta.

51 Håll kortet med mätskalan (medföljer satsen) mot vardera lagertappen, matcha bredden på den hoptryckta tråden med de graderade märkena på kortet för att avläsa lagerspelet.

52 Jämför de uppmätta lagerspelen med specifikationerna. Om de ligger utanför angivna toleranser ska kamaxel och topplock bytas.

53 I DOHC motorer måste dessa mätningar göras på båda kamaxlarna.

54 Avsluta med att ta bort överfall och kamaxel och rengör dem från alla spår av Plastigauge.

Ventiler och sammanhörande komponenter

Observera: *För samtliga motorer gäller att ventiltallrikarna inte kan fräsas om men att de kan slipas in.*

55 Undersök varje ventil noga för att leta efter spår av slitage. Kontrollera att ventilskaften inte har vändkanter, brännmärken eller varierande diameter. Mät ventilskaftens diameter på flera ställen utmed deras längd med en mikrometer **(se bild)**.

56 Ventiltallrikarna får inte vara spruckna, djupt repade eller hårt brända. Smärre skavanker kan åtgärdas med inslipning vid hopsättningen, vilket beskrivs längre fram i detta avsnitt.

57 Kontrollera att ventilskaftens ändar inte har djupa gropar eller intryck, dessa är i förekommande fall orsakade av defekta hydrauliska ventillyftare.

58 Stick in varje ventil i respektive styrning i topplocket och montera en mätklocka mot ventiltallrikens kant. För ventilen så att skaftets övre ände är i jämnhöjd med ventilstyrningens överkant och mät ventilens maximala avböjning i sidled **(se bild)**.

59 Om måttet överstiger det värde som anges i specifikationerna måste både ventilen och ventilstyrningen bytas ut. **Observera:** *Ventilstyrningarna är presspassade i topplocket och demontering av dem kräver tillgång till en hydraulisk press. Det är därför bäst att överlåta detta arbete till en verkstad.*

60 Använd skjutmått och mät den obelastade längden på varje ventilfjäder. I och med att tillverkaren inte angett något mått är det enda sättet att kontrollera fjäderlängden att jämföra med en ny. Ventilfjädrar byts vanligen rutin-

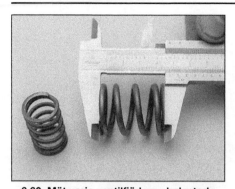

6.60 Mät varje ventilfjäders obelastade längd

6.61 En ventilfjäders vinkelräthet kontrolleras

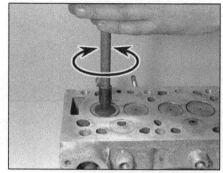
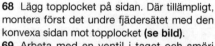

6.63 Inslipning av en ventil

mässigt vid en större motorrenovering **(se bild)**.

61 Ställ varje fjäder på sin ände på en plan yta mot en vinkelhake **(se bild)**. Kontrollera visuellt om fjädern är rak och byt ut den om den verkar vara vriden.

Hopsättning

62 För att få en gastät passning mellan ventiler och säten måste ventilerna slipas in. För att utföra detta krävs fin/grov ventilslippasta och ett slipverktyg – detta kan antingen vara en käpp med sugkopp eller automatiskt och drivet av ett roterande elverktyg.

63 Lägg på lite *finkornig* slippasta på ventil-tallrikens tätningsyta. Vänd på topplocket så att förbränningskamrarna pekar uppåt och stick in ventilen i sin egen styrning. Anslut slipverktyget till ventiltallriken och slipa in ventilen i sätet med en roterande rörelse framåt och bakåt. Lyft på ventilen med jämna mellanrum och fördela slippastan jämnt **(se bild)**.

64 Fortsätt denna process till dess att kontakten mellan ventilen och sätet visar en obruten, mattgrå ring med jämn bredd på båda ytorna. Upprepa proceduren med resterande ventiler.

65 Om ventilerna och sätena är så medfarna att grov slippasta måste användas, tänk då på att det finns ett maximalt utsprång för slutet av ventilskaftet från ventilstyrningen. Se

specifikationerna i början av det här kapitlet för minimimåttet från slutet av ventilskaftet till topplockets övre yta. Om dimensionen inte ligger inom denna gräns p.g.a. inslipning kanske de hydrauliska ventillyftarna inte fungerar som de ska.

66 Under förutsättning att reparation är möjlig, följ beskrivningen i föregående punkt, men börja med den grovkorniga pastan till dess att en matt yta uppstår på både ventilens säte och tallrik. Tvätta sedan bort den grova pastan med lösningsmedel och upprepa med den fina pastan till dess att önskad yta uppstår.

67 När alla ventiler är inslipade, tvätta bort alla spår av slippasta från topplock och ventiler och låt dem torka helt.

68 Lägg topplocket på sidan. Där tillämpligt, montera först det undre fjädersätet med den konvexa sidan mot topplocket **(se bild)**.

69 Arbeta med en ventil i taget och smörj ventilskaftet med ren motorolja. Stick in ventilen i styrningen. Montera en skyddshylsa av plast (följer med ventilens oljetätning) över skaftets ände – detta skyddar oljetätningen vid monteringen **(se bild)**.

70 Doppa den nya ventiloljetätningen i ren motorolja och trä försiktigt på den på ventilskaftets ände – se till att inte skada tätningen när den passerar över ventilskaftets ände. Använd en lämplig hylsa eller ett specialverktyg för att pressa den på plats **(se bilder)**. Ta bort skyddshylsan.

71 Placera nu ventilfjädern/fjädrarna över

6.68 Montera det undre fjädersätet med den konvexa ytan mot topplocket

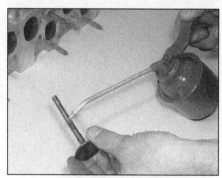

6.69a Smörj ventilskaftet med ren motorolja innan det sätts in

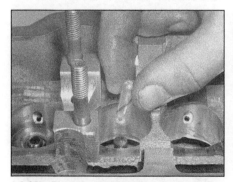

6.69b Placera skyddshylsan över ventil-skaftet innan skafttätningen monteras

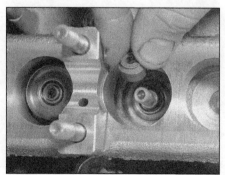

6.70a Sätt ny ventilskaftstätning över ventilen

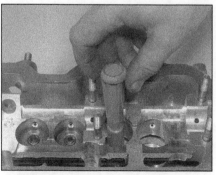

6.70b Ett särskilt monteringsverktyg används för att pressa tätningen på plats

6.71 En ventilfjäder passas in

6.72a Sätt det övre sätet över toppen på
ventilfjädern

6.72b Använd fett för att hålla de två
knasterhalvorna i spåret

ventilskaftet **(se bild)**. Där så behövs, se till att
fjädrarna placeras rätt på det nedre sätet.
72 Placera övre sätet över fjäderns överdel
och använd en ventilfjäderkompressor och
tryck ihop så att det övre sätet går förbi
knasterspåret i ventilskaftet. Montera det
delade knastret, håll de två halvorna i spåret
med en fettklick **(se bilder)**. Släpp långsamt
kompressorn, kontrollera att knastret förblir
på plats när fjädern expanderar. Om det sitter
korrekt ska det övre fjädersätet tvinga ihop
knasterhalvorna och hålla fast dem ordentligt i
spåret i ventilskaftets ände.
73 Upprepa proceduren med resterande
ventildelar. Låt komponenterna sätta sig väl
efter monteringen genom att slå på
ventilskaftens ändar med en klubba. Använd
trämellanlägg så att inte ändarna skadas.

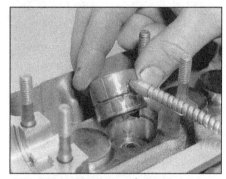

6.74 Sätt ventillyftarna på plats i sina lopp
i topplocket

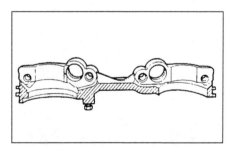

6.82 Lägg ett tunt lager tätningsmedel på
det kombinerade främre lageröverfallets
fogyta, det streckade området på bilden
(ADR motor)

Kontrollera innan du fortsätter med nästa steg
att knastren sitter stadigt på ventilskaften.
74 Smörj de hydrauliska ventillyftarnas sidor
med ren motorolja och placera dem i sina
lopp i topplocket. Tryck ner dem till dess att
de kommer i kontakt med ventilerna och smörj
sedan kamlobernas kontaktytor **(se bild)**.

Motorkod ADR

75 Smörj kamaxelns och topplockets lager-
tappar med ren motorolja.
76 Spänn kedjan med kamaxeldreven så att
avståndet mellan markeringarna på dreven är
16 valsar. Placera justeraren mellan kedje-
valsarna och sänk försiktigt ner kamaxlarna
på plats i topplocket. Stöd axlarnas ändar när
de monteras, så att inte loberna och axel-
tapparna skadas.
77 Doppa de nya oljetätningarna i motorolja
och placera dem framtill på respektive
kamaxel. Se till att tätningarnas slutna ändar
är vända utåt från kamaxlarna och var noga
med att inte skada tätningens kanter. Passa in
tätningarna mot sätena i topplocket.
78 Sätt i fästbultarna till den automatiska
kamaxeljusteraren och dra åt dem till angivet
moment.
79 Olja in de övre ytorna på kamaxellagrets
axeltappar och anslut sedan lageröverfall 2
och 4 till båda kamaxlarna. Se till att de sitter
korrekt och på rätt platser och dra åt
fästbultarna stegvis till angivet moment.
80 Placera lageröverfallen till lager 1 i över

6.86 Smörj kamaxellagren med ren
motorolja . . .

respektive kamaxel och skruva stegvis fast
fästbultarna till angivet moment.
81 Ta bort låsverktyget från den automatiska
kamaxeljusteraren.
82 Lägg på ett tunt lager passande tätnings-
medel på det kombinerade främre lager-
överfallets fogyta, sätt tillbaka överfallet och
se till att oljetätningarna ligger korrekt mot
sätena **(se bild)**. Dra åt bultarna stegvis till
angivet moment.
83 Sätt lageröverfallen 3 och 5 på plats och
skruva stegvis fast fästbultarna till angivet
moment.
84 Montera Hallgivarens platta och den
koniska brickan framtill på insugskamaxeln
och dra åt bultarna till angivet moment.
85 Montera Hallgivaren och dra åt fästbulten.

Motorkoder AAE, ABK, AAD, 1Z, AHU

86 Smörj kamaxelns och topplockets lager-
ytor med ren motorolja **(se bild)**.
87 Sänk försiktigt kamaxeln på plats i
topplocket och se till att kamloberna för
cylinder nr 1 pekar uppåt. Stötta axelns båda
ändar för att undvika skador på lober och
lagertappar **(se bild)**.
88 Doppa de nya oljetätningarna i motorolja
och montera dem framtill på kamaxeln. Se till
att tätningens slutna ände är vänd utåt från
kamaxeln och var noga med att inte skada
tätningens kant. Passa in tätningen mot fästet
i topplocket.
89 Lageröverfallen har sina respektive

6.87 . . . sänk sedan ner kamaxeln på
topplocket (motorkoder AAE, ABK, AAD,
1Z, AHU)

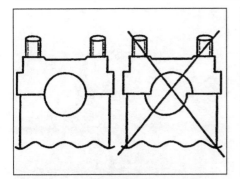

6.89a Kamaxellageröverfallen är borrade så att de bara passar ihop på ett sätt (motorkoder AAE, ABK, AAD, 1Z, AHU)

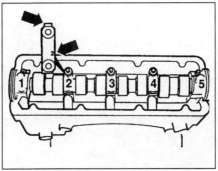

6.89b Lageröverfallen monteras enligt bilden (motorkoder AAE, ABK, AAD, 1Z, AHU)

6.90 Smörj in fogytorna på överfall nr 1 med tätningsmedel (motorkoder AAE, ABK, AAD, 1Z, AHU)

cylindernummer påstämplade och har en utskjutande tapp på ena sidan. Om överfallen är rätt monterade ska det gå att se numren från topplockets avgassida och tapparna ska vara vända mot topplockets insugssida. Olja in de övre ytorna på kamaxellagertapparna och montera lageröverfall 2 och 4. Se till att de sitter korrekt och på rätt platser och dra åt fästbultarna stegvis till angivet moment **(se bilder)**.

90 Smörj fogytorna för överfall nr 1 med tätningsmedel, montera det samt överfall 1, 3 och 5 över kamaxeln och dra stegvis åt muttrarna till angivet moment **(se bild)**.

Motorkod ACE

91 Smörj kamaxelns och topplockets lagerytor med ren motorolja.
92 Placera kedjan på insugs- och avgaskamaxeldreven (med hänsyn till de riktningsmarkeringar som gjordes tidigare) så att tändinställningsmärkena ställs in. Sänk ner kamaxlarna och kedjan över topplocket och se till att markeringarna förblir i linje med varandra **(se bild)**.
93 Doppa den nya oljetätningen i motorolja och placera den framtill på kamaxeln. Se till att tätningens slutna ände är vänd utåt från kamaxeln och var noga med att inte skada tätningens kant. Passa in tätningen mot sätet i topplocket.

94 Lageröverfallen har försänkningar i ena hörnet och de måste vara vända mot topplockets insugssida **(se bild)**.
95 Montera överfall nr 6 och 8 över insugskamaxeln och dra muttrarna växelvis och diagonalt till angivet moment.
96 Montera återstående överfall över insugskamaxeln (inklusive överfallet intill drivkedjan) och dra muttrarna till angivet moment.
97 Montera överfall nr 2 och 4 över avgaskamaxeln och dra åt muttrarna till angivet moment.
98 Smörj in fogytorna på lageröverfallen vid änden (intill drivkedjan och kamremsdreven) med tätningsmedel.
99 Montera de återstående lageröverfallen för avgaskamaxeln och skruva stegvis fast fästbultarna till angivet moment. När det främre överfallet sätts tillbaka, se till att oljetätningen är helt insatt och att den ligger mot sitt säte.
100 Montera strömfördelaren (se kapitel 5B).

Motorkoder AAR, AAS

101 Smörj kamaxelns och topplockets lagerytor med ren motorolja.
102 Sänk försiktigt kamaxeln på plats i topplocket och se till att kamloberna för cylinder nr 1 pekar uppåt. Stöd axelns ändar när den monteras, så att inte loberna och axeltapparna skadas.

103 Doppa den/de nya oljetätningen/-arna i motorolja och montera den/dem framtill (och eventuellt baktill) på kamaxeln. Se till att tätningens slutna ände är vänd utåt från kamaxeln och var noga med att inte skada tätningens kant. Passa in tätningen mot sätet i topplocket.
104 Smörj fogytorna för lageröverfall nr 4 med tätningsmedel.
105 Olja in de övre ytorna på kamaxellagertapparna och montera lageröverfall nr 2 och 4. Se till att de sitter korrekt och på rätt platser och dra åt fästbultarna stegvis till angivet moment.
106 Smörj fogytorna för lageröverfall nr 1 med tätningsmedel och montera det och överfall nr 3 över kamaxeln och dra stegvis åt muttrarna till angivet moment.
107 Sätt tillbaka strömfördelaren på AAS motorn (se kapitel 5B).

Motorkod ABP, AAT, AEL

108 Smörj kamaxelns och topplockets lagerytor med ren motorolja **(se bild)**.
109 Sänk försiktigt kamaxeln på plats i topplocket och se till att kamloberna för cylinder nr 1 pekar uppåt. Stöd axelns ändar när den monteras, så att inte loberna och axeltapparna skadas.
110 Doppa de nya oljetätningarna i motorolja och placera dem fram- och baktill på

6.92 Se till att tändinställningsmärkena stannar i linje (motorkod ACE)

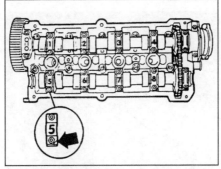

6.94 På motorkod ACE har lageröverfallen försänkningar (vid pilen)

6.108 Smörj kamaxelns lagerytor med ren motorolja (ABP, AAT och AEL motorer)

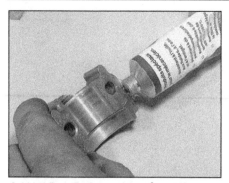

6.111 Lägg tätningsmedel på lageröverfall nr 4 (ABP, AAT och AEL motorer)

6.112 Lageröverfall nr 4 placeras på pinnbultarna (ABP, AAT och AEL motorer)

6.115 Montera kylarvätskekröken med en ny O-ring eller packning

kamaxeln. Se till att tätningarnas slutna ände är vänd utåt från kamaxeln och var noga med att inte skada tätningens kant. Passa in tätningarna mot sätena i topplocket.

111 Smörj in fogytorna på lageröverfall 4 med tätningsmedel **(se bild)**.

112 Olja in de övre ytorna på kamaxellagertapparna och montera lageröverfall nr 2 och 4 **(se bild)**. Se till att de sitter korrekt och på rätt platser och dra åt fästbultarna stegvis till angivet moment. För att försäkra att kamaxeln skruvas fast jämnt, sätt först dit lageröverfall nr 2, pressa ner kamaxeln och montera sedan överfall nr 4.

113 Smörj fogytorna för lageröverfall nr 1 med

tätningsmedel, montera det och överfall nr 3 över kamaxeln och dra stegvis åt muttrarna till angivet moment.

Alla motorkoder

114 Sätt i förekommande fall tillbaka kylvätskegivaren och oljetryckskontakten på topplocket.

115 Där så är lämpligt , se kapitel 3 och sätt tillbaka kylvätskans utgångskrök tillsamman med en ny packning/O-ring **(se bild)**.

116 På dieselmotorer, sätt tillbaka insprutare och glödstift (se kapitel 4C och 5C).

117 Sätt tillbaka topplocket enligt beskrivningen i del A till D i det här kapitlet.

3 Använd bladmått och mät spelet mellan storänden och balansen på varje vevstake och anteckna dessa värden att referera till senare.

4 Vrid vevaxeln till dess att kolv nr 1 är vid nedre dödpunkt. På 4-cylindriga motorer kommer även kolv nr 4 att befinna sig vid nedre dödpunkt. Om de inte redan är märkta ska storändslageröverfallen och vevstakarna märkas med respektive kolvs nummer med en körnare eller ritsnål **(se bild)**. Anteckna hur överfallen är vända i förhållande till vevstaken, det kan vara svårt att se tillverkarens markeringar i detta skede, så rista in riktningspilar på båda för att säkerställa korrekt hopsättning.

5 Skruva bort fästbultarna/muttrarna ett halvt varv i taget tills de, och överfallet, kan tas bort **(se bilder)**. Ta vara på nedre lagerskålen och tejpa fast den på överfallet för säker förvaring. Om lagerskålarna ska användas igen måste de monteras på sina ursprungliga vevstakar.

6 Där lageröverfallen är fästa med bultar ska du vira tejp runt de gängade ändarna av bultarna för att hindra att de skadar vevstakstappar och lopp när kolvarna tas bort **(se bild)**.

7 Driv ut kolven ur loppets övre del med en plugg eller ett hammarskaft. När kolven och staken tittar ut ur loppet, ta reda på den övre lagerskålen och tejpa fast den på vevstaken för säker förvaring **(se bild)**. I motorer utrustade med kolvavkylningsmunstycken i

7.4 Märk storändslageröverfallen och vevstakarna med respektive kolvnummer (vid pilarna)

7 Kolvar och vevstakar – demontering och inspektion

Demontering

1 Se del A, B, C eller D i detta kapitel och demontera topplock, svänghjul, sump med skvalpskott, oljepump och upptagare.

2 Undersök om cylinderloppens övre delar har kanter på det ställe där kolvarna når sin övre dödpunkt. Dessa kanter måste i så fall tas bort, annars kan kolvarna skadas när de skjuts ut ur sina lopp. Använd en skrapa eller en brotsch för att ta bort kanterna.

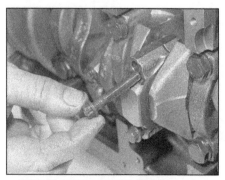

7.5a Skruva loss överfallsbultarna . . .

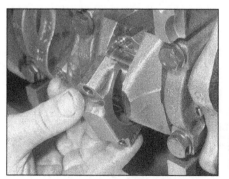

7.5b . . . och ta bort överfallet

7.6 Vira tejp runt gängorna på pinnbultarna

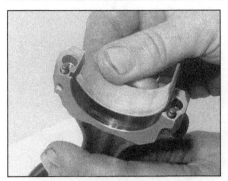

7.7 Den övre lagerskålen tas bort från vevstaken

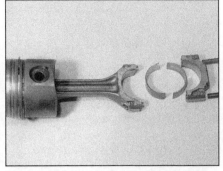

7.8 Behåll kolv-/vevstakskomponenterna i sina cylindergrupper

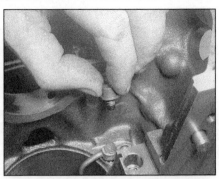

7.9a Ta bort fästskruvarna från kolvens kylmunstycke (vid pilarna) . . .

botten på cylindrarna, se till att vevstaken inte skadar munstycket när kolven tas ut.

8 På 4-cylindriga motorer, ta bort kolv nr 4 och vevstaken på samma sätt, men vrid sedan vevaxeln ett halvt varv för att ta bort kolvarna nr 2 och 3 och vevstakarna. På 5-cylindriga motorer, vrid vevaxeln för att få kolv nr 2 till nedre dödpunkt och ta sedan bort kolven. Ta bort kolvarna nr 4, 5 och 3 på samma sätt. Kom ihåg att förvara komponenterna i sina respektive cylinder-grupper medan de är isärtagna **(se bild)**.

9 Där så behövs, ta bort de återstående skruvarna från kolvens kylmunstycken från cylinderns nedre del **(se bilder)**.

Inspektion

10 Stick in en liten, flatklingad skruvmejsel i urtagningsspåret och bänd ut kolvbultens låsringar på varje kolv. Tryck ut kolvbulten och dela på kolv och stake **(se bilder)**. Kassera låsringarna, nya måste användas vid hopsättningen. Om kolvbulten är svår att ta bort, värm kolven till 60°C med varmt vatten, då expanderar den och delarna kan lättare tas isär.

11 Innan kolvarna kan inspekteras måste de befintliga kolvringarna tas bort med ett kolvringsverktyg, eller ett gammalt bladmått om ett specialredskap inte finns tillgängligt. Dra alltid av de övre kolvringarna först, bänd ut dem så att de går fria från kolvkronan. Kolvringar är sköra och bryts av om de böjs för mycket – detta skapar då vassa kanter, så

skydda ögon och händer. Kassera avdragna kolvringar, nya måste användas när motorn sätts ihop **(se bild)**.

12 Använd en bit gammal kolvring och skrapa ur sot ur ringspåren, men var noga med att inte göra repor eller hack i spåren eller spårens kanter.

13 Skrapa noga bort allt sot från kolv-topparna **(se bild)**. En handhållen stålborste (eller finkornig smärgelduk) kan användas när de flesta avlagringar skrapats bort. Var noga med att inte skrapa bort metall från kolven, den är relativt mjuk. **Observera:** *Se till att alla kolvar märks under rengöringen så att du vet var de hör hemma.*

14 När avlagringarna är borta ska kolvar och vevstakar rengöras med fotogen eller lämpligt lösningsmedel och torkas noga. Försäkra dig

om att oljereturhålen i ringspåren är helt rena.

15 Undersök om kolven visar tecken på kraftigt slitage eller skador. Visst normalt slitage är att förvänta i form av vertikala mönster på kolvens tryckytor och lite glapp för övre kompressionsringen i sitt spår. Större slitage måste undersökas noga för att utvärdera om kolven är användbar och varför slitaget uppstått.

16 Repor på kolvkjolen kan indikera överhettning, orsakat av otillräcklig kylning eller smörjning. Brännmärken på kjolen anger att förbiblåsning uppstått, kanske på grund av slitet lopp eller slitna kolvringar. Brända områden på kolvkronan är vanligen ett tecken på förtändning, spikning eller detonation. I extrema fall kan kolvkronan smälta vid körning under sådana förhållanden. Korrosionsgropar

7.9b . . . och dra bort munstyckena från sina fästen

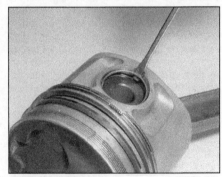

7.10a Stoppa in en liten skruvmejsel i spåret och bänd loss kolvbultens låsringar

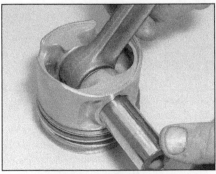

7.10b Skjut ut kolvbulten och sära på kolven och vevstaken

7.11 Ett bladmått kan användas för att ta bort kolvringarna

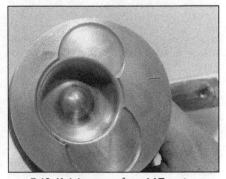

7.13 Kolvkronan på en AAT motor

7.18 Mät diametern på alla fyra kolvarna med hjälp av en mikrometer

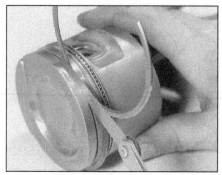

7.19 Avståndet mellan kolvring och spår mäts med ett bladmått

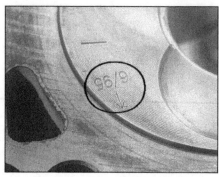

7.21a Kolvkronan är märkt med en pil som ska peka mot motorns kamremsände

på kolvkronan indikerar att kylvätska läckt ut i förbränningskammaren. Fel som orsakar dylika symptom måste åtgärdas innan motorn sätts ihop och tas i drift, annars uppstår samma skada snart igen.

17 Kontrollera om kolvar, vevstakar, kolvbultar och lageröverfall har sprickor. Lägg vevstakarna på en plan yta och syna dem i längdled för att kontrollera att de inte är böjda eller vridna. Om du tvivlar på deras skick, låt en mekanisk verkstad mäta upp dem. Undersök om lilländens bussningslager i vevstakarna visar tecken på slitage eller sprickbildning.

18 Mät alla fyra kolvarnas diameter på en punkt 10 mm ovanför kjolens nederkant med en mikrometer, mät i rät vinkel mot kolvbulten **(se bild)**. Jämför mätresultatet med specifikationerna. Om kolvdiametern ligger utanför angivna toleranser för den givna storleken måste den bytas. **Observera:** *Om motorblocket borrats om under en tidigare renovering kan kolvar i överstorlek redan finnas monterade.* Anteckna alla mått och använd dem till att kontrollera kolvspelet när cylinderloppen mäts enligt beskrivning senare i detta kapitel.

19 Placera en ny kolvring i tillämpligt spår och mät spelet mellan ring och spår med bladmått **(se bild)**. Lägg märke till att ringarna har olika bredder, så använd rätt ring för spåret. Jämför måttet med specifikationerna – om spelet är utanför angivna toleranser måste kolven bytas. Bekräfta genom att mäta kolvringens bredd med en mikrometer.

20 Undersök om lilländens lager och kolvbult visar tecken på slitage och skada. Om så är fallet måste kolvbulten bytas ut och en ny bussning sättas in på vevstaken. Detta arbete måste överlåtas till en motorrenoveringsspecialist eller verkstad.

21 Kolvens riktning i relation till vevstaken måste vara korrekt vid hopsättningen av de två. Kolvkronan är märkt med en pil (som kan vara dold av sotavlagringar) **(se bild)**. Pilen måste peka mot motorns kamremsände när kolven är på plats. Vevstaken och överfallet har frästa urtag nära fogytorna – dessa urtag ska vara vända åt samma håll som pilen på kolvkronan (d.v.s. mot motorns kamremsände) om de är korrekt monterade **(se bild)**.

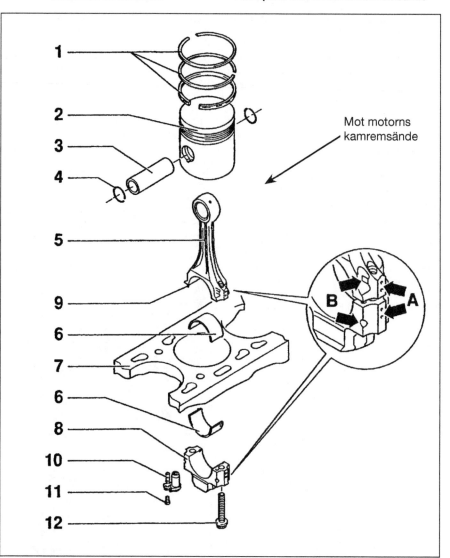

Mot motorns kamremsände

7.21b Kolvsammansättning (motorkod AAS visas här – andra motorkoder är likartade)

1 Kolvringar	8 Storändslageröverfall	12 Bultar till storändslageröverfall
2 Kolv	9 Styrstift (där tillämpligt)	
3 Kolvbult	10 Oljemunstycke för kylning av kolv (där tillämpligt)	A Identifikationsmärken för vevstake/lageröverfall
4 Låsring	11 Fästskruv för oljemunstycke	B Orienteringsmärken för vevstake/lageröverfall
5 Vevstake		
6 Storändslagerskål		
7 Motorblockets översida		

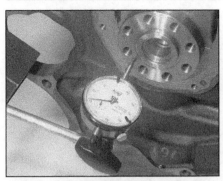

8.3 Vevaxelns axialspel mäts med en mätklocka

8.4 Vevaxelns axialspel mäts med bladmått

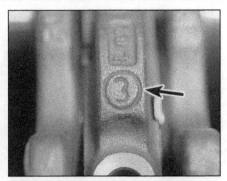

8.5 Tillverkarens identifikationsmärken på ramlageröverfallen (vid pilen)

Montera ihop komponenterna så att detta villkor är uppfyllt. **Observera:** *På diesel-motorerna ABP, AAT och AEL har vev-stakarnas storändar förskjutna styrstift som passar i hål i överfallen. Styrstiften måste sättas fast i vevstakarna och inte i överfallen.* **22** Smörj kolvbult och lilländsbussning med ren motorolja. Tryck in kolvbulten i kolven, genom bussningen. Anslut två nya låsringar till kolven vid båda ändarna av kolvbulten. Upprepa med övriga kolvar.

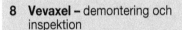

8 Vevaxel – demontering och inspektion

Demontering

Observera: *Om inget arbete ska utföras på kolvar och vevstakar är det inte nödvändigt att demontera topplocket och kolvarna. Det räcker med att trycka upp kolvarna så långt i loppet att vevstakarna går fria från vev-tapparna. Användning av motorställ rekommenderas starkt.*
1 Se kapitel 2A, 2B, 2C eller 2D och gör följande:
a) *Demontera kamrems- och vevaxeldrev.*
b) *Demontera kopplingsdelarna och svänghjulet eller drivplattan (efter tillämplighet).*

c) *Demontera sump, skvalpskott, oljepump och upptagningsrör.*
d) *Ta bort vevaxelns bakre oljetätning och hus. På 4-cylindriga motorer, ta bort främre oljetätning och hus.*
2 Ta bort kolvar och vevstakar eller koppla loss dem från vevaxeln enligt beskrivningen i avsnitt 7 (se "Observera" ovan).
3 Med motorblocket upp och ner på bänken, utför en kontroll av vevaxelns axialspel enligt följande. **Observera:** *Detta kan endast utföras medan vevaxeln fortfarande är monterad i motorblocket/vevhuset, men kan röras fritt.* Placera en mätklocka så att sonden är i linje med vevaxelns längdriktning och i kontakt med en fast punkt på vevaxelns ände. Tryck vevaxeln utmed sin längdaxel så långt den går och nollställ mätklockan. Tryck sedan vevaxeln så långt den går åt andra hållet och avläs det spel som noteras på mätklockan **(se bild)**. Jämför med specifikationerna för att fastställa om nya tryckbrickor behövs.
4 Om mätklocka saknas kan bladmått användas. Tryck först vevaxeln i riktning mot motorns svänghjulsände, använd sedan ett bladmått för att mäta avståndet mellan vevstakstappen för cylinder nr 3 (på 4-cylindriga motorer) eller vevstakstappen för cylinder nr 4 (på 5-cylindriga motorer) och huvudlagrets tryckbricka **(se bild)**. Jämför med specifikationerna.
5 Lägg märke till tillverkarens identifikationsmärken på ramlageröverfallen. Numret

anger överfallets position i vevhuset, räknat från motorns kamremssida **(se bild)**.
6 Skruva bort överfallens fästbultar/muttrar ett halvt varv i taget tills de kan tas bort **(se bilder)**. Använd en mjuk klubba och knacka lätt på överfallen för att lossa dem från vevhuset. Ta reda på nedre lagerskålarna och tejpa fast dem på överfallen för säker förvaring. Märk dem som identifieringshjälp, men gör inga repor eller märken i dem.
7 Lyft försiktigt ut vevaxeln, var noga med att inte rubba de övre lagerskålarna **(se bild)**.
8 Dra ut de övre lagerskålarna från vevhuset och tejpa fast dem på respektive överfall. Ta bort de två tryckbrickslagren från vardera sidan av lagersadel 3 (på 4-cylindriga motorer) eller lagersadel 4 (på 5-cylindriga motorer).
9 När lagerskålarna demonterats, observera de urtag som är frästa på överfallen och vevaxeln – dessa ger styrning för de klackar som sticker ut från lagerskålarna så att de inte kan monteras felvänt.

Inspektion

10 Tvätta av vevaxeln med lämpligt lösnings-medel och låt den torka. Spola ur oljehålen noga, se till att de inte är igensatta – använd piprensare eller en nålborste om så behövs.
11 Undersök ramlager- och vevstaks-tapparna noggrant. Om vevaxeln är ojämnt sliten, sprucken, repad eller gropig måste vevaxeln slipas om av en verkstad och monteras på motorn med lager i understorlek.
12 Använd en mikrometer och mät varje

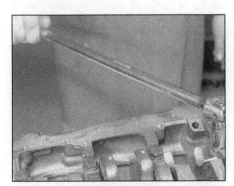

8.6a Ramlageröverfallets bultar lossas

8.6a Ramlageröverfallets bultar tas bort

8.7 Vevaxeln lyfts upp ur vevhuset

2E•24 Demontering och renovering av motor

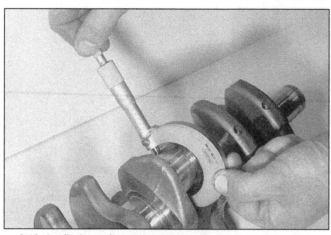

8.12 Använd en mikrometer för att mäta ramlagertapparnas diameter

9.2 Kontrollera mellanaxelns axialspel med en mätklocka

ramlagertapps diameter **(se bild)**. Gör flera mätningar på varje tapps yta för att se efter om den är ojämnt sliten. Diameterskillnader mätta med 90° mellanrum indikerar att tappen är orund. Diameterskillnader i längdled indikerar en konisk lagertapp. Även här gäller att om slitage upptäcks måste vevaxeln slipas om på verkstad och lager i understorlek kommer att behövas.

13 Kontrollera oljetätningstapparna i vardera vevaxeländen. Om de är repiga eller skadade kan de göra att nya tätningar läcker när motorn sätts ihop. Det kan vara möjligt att reparera axeltappen – rådfråga en verkstad eller Audi/VAG-återförsäljare.

14 Mät vevaxelns skevhet genom att sätta

upp en mätklocka på det mittersta ramlagret (på 4-cylindriga motorer) eller på ramlager 3 och 4 (på 5-cylindriga motorer) och rotera axeln i V-block. Maximal avvikelse anger kastet. Se till att skydda lagertappens yta och oljetätningarnas anliggningsytor vid mätningen. Tillverkaren anger inte maximalt godtagbart kast, men använd 0,03 mm som ett ungefärligt maxvärde. Om kastet är större än så ska ett byte av vevaxeln övervägas – rådfråga en Audi/VAG-återförsäljare eller specialist på motorrenoveringar.

15 Se avsnitt 11 för detaljer om inspektion av ram- och storändslager.

9 Mellanaxel – demontering och montering

Observera: *Det här avsnittet gäller endast 4-cylindriga motorer (ADR, AAE, ACE, ABK, AAD, 1Z, AHU).*

Demontering

1 Se kapitel 2A eller C och gör följande. Observera att om motorn redan är uttagen behöver inte vissa av de preliminära åtgärderna vidtas:
a) *Demontera kamremmen.*
b) *Demontera mellanaxelns drev.*

c) *Där tillämpligt, demontera strömfördelaren på AAE, ACE, ABK och AAD motorer.*

2 Innan axeln demonteras måste axialspelet kontrolleras. Montera en mätklocka på blocket med sonden i linje med mellanaxelns längdled. Tryck in axeln så långt det går i blocket, nollställ mätklockan och dra ut axeln så långt det går. Notera uppmätt distans och jämför den med specifikationerna – byt mellanaxel om axialspelet överskrider gränsvärdet **(se bild)**.

3 Skruva ur bultarna och dra ut mellanaxelns fläns. Ta vara på O-ringen och pressa ut oljetätningen **(se bilder)**.

4 Dra ut mellanaxeln från blocket och inspektera drevet i axelns ände, om kuggarna är för slitna eller skadade ska mellanaxeln bytas.

5 Om oljetätningen läcker, kontrollera om axelns anliggningsyta är repad eller skadad.

Montering

6 Smörj mellanaxelns lagerytor och drev ordentligt med ren motorolja och för in axeln i blocket, placera axeltappen vid främre änden i stödlagret.

7 Pressa in en ny oljetätning i huset i mellanaxelns fläns och montera en ny O-ring på flänsens inre tätningsyta.

8 Smörj tätningsläppen med ren motorolja och trä på fläns och tätning på mellanaxelns

9.3a Lossa fästbultarna en aning (vid pilarna). . .

9.3b . . . och dra ut mellanaxelflänsen

9.3c Tryck ut oljetätningen . . .

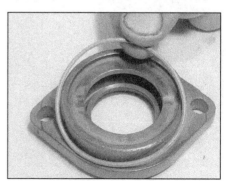

9.3d . . . och ta vara på O-ringstätningen

10.1a En lyftögla demonteras . . .

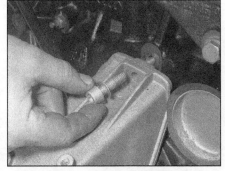

10.1b . . . ett motorfäste . . .

10.1c . . . kylvätskepumpen . . .

ände. Se till att O-ringen sitter korrekt och skruva i flänsbultarna, dra dem till angivet moment. Kontrollera att mellanaxeln kan rotera fritt.

9 Se kapitel 2A eller C och gör följande:

a) *Montera drevet på mellanaxeln och dra den mittre bulten till angivet moment.*

b) *Montera kamremmen.*

c) *Där tillämpligt, montera strömfördelaren på AAE, ACE, ABK och AAD motorer.*

10 Motorblock/vevhus – rengöring och inspektion

Rengöring

1 Ta efter tillämplighet bort alla yttre komponenter, som lyftöglor, fästbyglar, kylvätskepump, fläktkoppling, fästeshus för oljefilter, bränsleinsprutningspumpens fästkonsol och elektriska brytare/givare från motorblocket **(se bilder)**. För en fullständig rengöring ska frostpluggarna helst tas ut. Borra ett litet hål i vardera pluggen och skruva i en plåtskruv. Dra ut pluggen genom att dra i skruven med en tång eller använd en glidhammare.

2 Skrapa bort alla packningsrester från blocket och vevhuset, se till att inte skada fogytorna.

3 Ta bort alla oljekanalpluggar (om sådana finns). Dessa pluggar sitter vanligen mycket hårt – det kan bli nödvändigt att borra ur dem och gänga om hålen. Använd nya pluggar när motorn sätts ihop.

4 Om motorblocket är extremt smutsigt ska det ångtvättas. Rengör sedan alla oljekanaler och oljehål en gång till. Spola alla interna passager med varmt vatten till dess att vattnet som rinner ut är rent. Torka noga och lägg på en tunn oljefilm på alla fogytor och cylinderlopp för att förhindra rost. Om du har tillgång till tryckluft, använd den till att skynda på torkandet och blåsa rent i alla oljehål och kanaler.

 Varning: Bär skyddsglasögon vid arbete med tryckluft!

5 Om gjutdelarna inte är för smutsiga går det att göra en godtagbar rengöring med hett tvålvatten och en styv borste. Tag god tid på dig och gör ett grundligt arbete. Oavsett

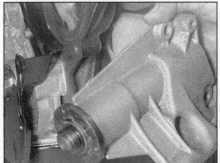

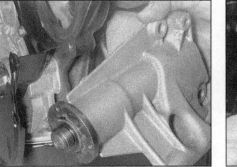

10.1d . . . fläktkopplingen . . .

tvättmetod, se till att rengöra alla oljehål och kanaler mycket noga och att torka alla delar ordentligt. Skydda cylinderloppen enligt ovan för att förhindra rost.

6 Alla gängade hål måste vara rena för att ge korrekt åtdragningsmoment vid hopsättningen. Rengör gängorna med en gängtapp i korrekt storlek införd i hålen, ett efter ett, för att avlägsna rost, korrosion, gänglås och slam. Det återställer även eventuella skadade gängor **(se bild)**. Använd om möjligt tryckluft för att rengöra hålen från det skräp som skapas vid detta arbete. **Observera:** *Var extra noga med att avlägsna all vätska från blinda gänghål eftersom blocket kan spräckas av hydraultryck om en bult skruvas in i ett hål som innehåller vätska.*

7 Lägg på ett lämpligt tätningsmedel på de

10.1f . . . och packning . . .

10.1g . . . och bränsleinsprutnings-pumpens fästkonsol

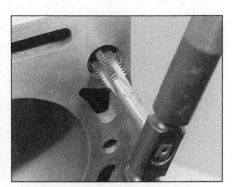

10.6 Använd en gängtapp av lämplig storlek för att rengöra gängorna i motorblocket

nya oljekanalpluggarna och för in dem i hålen i blocket. Dra åt dem rejält.

8 Om motorn inte omedelbart ska sättas ihop, täck då över blocket med ett skynke av plast så att det hålls rent, rostskydda alla fogytor och cylinderlopp enligt ovan.

Inspektion

9 Inspektera gjutdelarna, leta efter sprickor och korrosion och efter defekta gängor i hålen. Om det har förekommit internt vattenläckage kan det vara värt besväret att låta en renoveringsspecialist kontrollera motorblocket/vevhuset med specialutrustning. Byt ut defekta delar om de inte går att reparera.

10 Kontrollera att det inte förekommer repor i cylinderloppen. Om sådana förekommer, kontrollera också kolvarna (se avsnitt 7 i detta kapitel). Om skadan är i ett tidigt skede kan det vara möjligt att reparera blocket med omborrning. Rådfråga en motorverkstad.

11 För en exakt utvärdering av slitaget på cylinderloppen krävs att diametern mäts på ett flertal punkter enligt följande. Stick in en håltolk i lopp nr 1 och ta tre mått i linje med vevaxelns längdriktning, ett cirka 10 mm under vändkanten, ett halvvägs ner i loppet och ett cirka 10 mm ovanför loppets nederkant. **Observera:** *Placera blocket rakt på en arbetsbänk under detta arbete, eftersom felaktiga resultat kan uppkomma om motorn är monterad i ett ställ.*

12 Vrid håltolken 90° så att den är i rät vinkel mot vevaxelns längdriktning och upprepa mätningarna enligt paragraf 11 **(se bild)**. Anteckna alla sex måtten och jämför dem med specifikationerna. Om skillnaden i diameter mellan två lopp överskrider slitagegränsen eller om någon cylinder överskrider maximal diameter måste *alla fyra* loppen borras om och kolvar i överstorlek monteras.

13 Gå till de tidigare uppskrivna kolv-

diametermåtten (se avsnitt 7) för att beräkna spelet mellan kolv och lopp. Tillverkaren har inte angett gränsvärden, så rådfråga en Audi/VAG-återförsäljare eller en specialist på motorrenoveringar.

14 Placera motorblocket på en plan arbetsyta med vevhuset nedåt. Använd stållinjal och bladmått för att mäta om det finns skevhet i fogytan till topplocket i något av planen. Tillverkaren har inte angett gränsvärde men 0,05 mm som en ungefärlig tumregel. Om skevheten överstiger detta värde kan det gå att reparera med fräsning – rådfråga en Audi/VAG-verkstad.

15 Innan motorn kan sättas ihop måste cylinderloppen honas. Detta innebär att man använder ett slipverktyg för att skapa ett fint kryssmönster på loppets inre yta. Effekten av detta är att ge kolvringarna möjlighet att sätta sig med god tätning mellan kolv och cylinder. Det finns två typer av honare som används av hemmamekaniker, båda drivs av ett roterande elverktyg, exempelvis en borrmaskin. "Flaskborsten" är en styv cylindrisk borste med slipstenar på borsten. Den mer konventionella hemmahonaren har slipstenar monterade på fjäderbelastade ben. Mindre rutinerade hemmamekaniker får lättare ett tillfredsställande resultat med flaskborsten. **Observera:** *Om du inte vill utföra detta moment själv kan en maskinverkstad utföra det till en rimlig kostnad.*

16 Börja med att införskaffa ett av de honingsverktyg som beskrivs ovan, en borrmaskin, rena trasor, honingsolja och skyddsglasögon.

17 Montera honaren i borrchucken. Smörj loppen med honingsolja och stick in honaren i det första loppet, tryck ihop stenarna så att de passar. Starta verktyget och för det upp och ned i loppet medan det roterar, så att ett fint kryssmönster uppstår på ytan. Linjerna i mönstret ska helst korsas kring 50 och 60° **(se bild)**, men vissa tillverkare kan ange andra vinklar, så kontrollera den dokumentation som följer med kolvringarna.

⚠️ *Varning: Använd skyddsglasögon för att skydda ögonen mot skräp som lossnar från honaren.*

18 Använd rikligt med olja under honingen. Ta inte bort mer material än vad som krävs för att ge önskad yta. När honaren dras ut ur loppet får den inte längre rotera, fortsätt rörelsen upp och ner till dess att chucken har stannat, dra sedan ut honaren samtidigt som du vrider chucken för hand i normal rotationsriktning.

19 Torka av olja och spån med en trasa och gå vidare till nästa lopp. När alla fyra honats ska hela motorblocket rengöras noga i varmt tvålvatten för att avlägsna alla spår av honingsolja och skräp. Blocket är att betrakta som rent när en trasa, fuktad med ren motorolja inte tar upp grå avlagringar när den dras utmed loppet.

20 Lägg på ett tunt lager motorolja på fogytor och i cylinderlopp för att förhindra rost.

21 Montera tillbaka alla de delar som togs bort i punkt 1.

---

11 Ram- och storändslager – inspektion och urval

Inspektion

1 Även om ram- och storändslagren ska bytas vid renoveringen ska de gamla lagren behållas för undersökning, eftersom de kan ge värdefull information om motorns skick **(se bild)**.

2 Lagren kan skära på grund av otillräcklig smörjning, förekomst av smuts eller andra främmande partiklar, överbelastning av motorn eller korrosion. Oavsett orsak måste den åtgärdas innan motorn sätts ihop så att det inte inträffar igen.

3 När lagerskålarna undersöks ska de tas ut

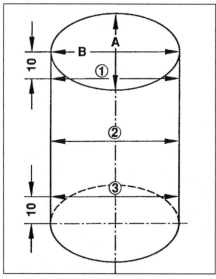

10.12 Punkter för mätning av lopp

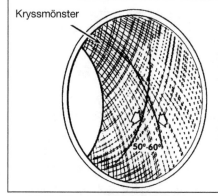

Kryssmönster

50° 60°

10.17 Slipmönster för cylinderlopp

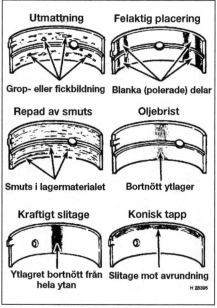

Utmattning	Felaktig placering
Grop- eller fickbildning	Blanka (polerade) delar
Repad av smuts	Oljebrist
Smuts i lagermaterialet	Bortnött ytlager
Kraftigt slitage	Konisk tapp
Ytlagret bortnött från hela ytan	Slitage mot avrundning

H 28395

11.1 Typiskt lagerslitage

ur blocket/vevhuset, liksom ramlageröverfallen, vevstakarna och storändslageröverfallen. Lägg ut dem på en ren yta i ungefär samma läge som deras placering i motorn. Detta gör att du kan matcha lagerproblem med motsvarande vevtapp. *Vidrör inte* någon skåls inre lageryta med fingrarna vid kontrollen eftersom den ömtåliga ytan kan repas.

4 Smuts och andra främmande ämnen kan komma in i motorn på många sätt. Det kan bli lämnat kvar i motorn vid hopsättning, eller komma in genom filter eller vevhusventilation. Det kan komma in i oljan och därmed lagren. Metallspån från bearbetning och normalt slitage förekommer ofta. Slipmedel lämnas ibland kvar i motorn efter renovering, speciellt om delarna inte rengjorts noga på rätt sätt. Oavsett var de kommer ifrån hamnar dessa främmande föremål ofta som inbäddningar i lagermaterialet och är där lätta att känna igen. Större partiklar bäddas inte in utan repar lager och tapp. Bästa sättet att förebygga lagerhaverier är att rengöra alla delar noga och hålla allt perfekt rent under hopsättningen av motorn. Täta och regelbundna oljebyten är också att rekommendera.

5 Brist på smörjning (eller smörjningshaveri) har ett antal sammanhörande orsaker. Överhettning (som tunnar ut oljan), överbelastning (som tränger undan olja från lagerytan) och oljeläckage (från överdrivna lagerspel, sliten oljepump eller höga motorvarv) bidrar alla till sammanbrott i smörjningen. Igensatta oljekanaler, som vanligen är ett resultat av att oljehålen i lagerskålen inte är korrekt uppriktade, svälter lagren på olja och förstör dem. I de fall brist på smörjning orsakar lagerhaveri pressas lagermaterialet ut från skålens stödplatta. Temperaturen kan stiga så mycket att stålplattan blåneras av överhettning.

6 Körstil kan ha en avgörande inverkan på lagrens livslängd. Full gas från låga varv (segdragning) belastar lagren mycket hårt och tenderar att pressa ut oljefilmen. Dessa belastningar kan även orsaka att lagret flexar, vilket ger fina sprickor på lagerytan (uttröttning). Förr eller senare kommer stycken av lagermaterialet att lossna och slitas bort från skålens stålplatta.

7 Korta körsträckor leder till korrosion i lagren därför att det inte alstras nog med värme i motorn för att driva ut kondensvatten och frätande gaser. Dessa produkter samlas i motoroljan och bildar syra och slam. När oljan leds till motorlagren angriper syran lagermaterialet.

8 Felaktig installation av lagren vid hopsättning leder också till att lagren skär. Tätt åtsittande lager ger för litet spel och resulterar i oljesvält. Smuts eller främmande partiklar som fastnar bakom en lagerskål ger höga punkter i lagret vilket leder till haveri.

9 *Vidrör inte* någon lagerskåls inre yta med fingrarna under hopsättningen, eftersom det

finns en risk att den ömtåliga ytan repas eller att smutspartiklar lämnas på ytan.

10 Som nämndes i början av detta avsnitt ska lagerskålarna bytas som rutinåtgärd vid motorrenovering. Att inte göra det är detsamma som falsk ekonomi.

Ram- och storändslager – urval

11 Ram- och storändslager till de motorer som tas upp i detta kapitel finns i standardstorlek och i ett antal understorlekar för att passa till renoverade vevaxlar. Se specifikationerna för detaljerad information.

12 Lagerspelen måste kontrolleras när vevaxeln monteras med nya lager (se avsnitt 13).

12 Motorrenovering –
ordningsföljd för hopsättning

1 Innan hopsättningen påbörjas, kontrollera att alla nya delar har skaffats och att alla nödvändiga verktyg finns tillgängliga. Läs igenom hela arbetsbeskrivningen för att bekanta dig med vad som ska göras och kontrollera att allt som behövs verkligen finns tillgängligt. Förutom alla normala verktyg och material krävs flytande gänglåsningsmedel. Packningsmassa på tub krävs för fogar som saknar packningar. Vi rekommenderar att tillverkarens egna produkter används, eftersom de är speciellt utformade för sitt ändamål. Relevanta produktnamn anges i texten i varje avsnitt, där så krävs.

2 För att spara tid och undvika problem ska motorn helst sättas ihop i följande ordning:

a) *Vevaxel (se avsnitt 8).*

b) *Kolvar och vevstakar (se avsnitt 7).*

c) *Oljepump (se kapitel 2A, 2B, 2C eller 2D).*

d) *Sump (se kapitel 2A, 2B, 2C eller 2D).*

e) *Svänghjul/drivplatta (se kapitel 2A, 2B, 2C eller 2D).*

f) *Topplock (se kapitel 2A, 2B, 2C eller 2D).*

g) *Kamremsspännare, drev och kamrem (se kapitel 2A, 2B, 2C eller 2D).*

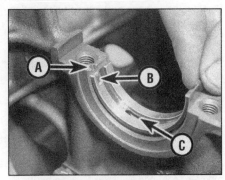

13.3 Korrekt monterade lagerskålar

A *Försänkning i lagersadeln*
B *Klack på lagerskål*
C *Oljehål*

h) *Insugnings- och avgasgrenrör (se kapitel 4).*

i) *Motorns yttre komponenter och hjälpaggregat.*

j) *Drivremmar, remskivor och spännare.*

3 I detta skede ska alla motorkomponenter var absolut rena och torra med alla fel åtgärdade. Komponenterna ska läggas ut (eller placeras i individuella behållare) på en fullständigt ren arbetsyta.

13 Vevaxel – montering och
kontroll av lagerspel

1 Montering av vevaxeln är det första steget i hopsättning efter en renovering. I detta skede förutsätts att vevaxel, block/vevhus och lager är rengjorda, undersökta och renoverade eller bytta. Om oljemunstyckena tagits bort måste de nu sättas tillbaka och deras fästbultar skruvas fast till angivet moment.

2 Placera motorblocket på en ren, plan yta med vevhuset vänt uppåt. Torka av de inre ytorna på ramlagren och vevhuset med en ren trasa – de måste vara absolut rena.

3 Rengör de nya lagerskålarnas bakre ytor med en ren trasa och lägg ner dem i lagersadlarna i vevhuset. Kontrollera att styrklackarna på skålarna greppar i sadelurtagen och att oljehålen är korrekt uppriktade **(se bild)**. Lagerskålarna får inte hamras eller på annat sätt tvingas på plats. Det är ytterst viktigt att lagerytorna skyddas från skador och föroreningar.

4 Sätt tillbaka de två tryckbrickslagren på vardera sidan av lagersadel 3 (på 4-cylindriga motorer) eller lagersadel 4 (på 5-cylindriga motorer). Använd lite fett för att hålla dem på plats. Se till att de placeras på rätt sätt i försänkningarna, med oljespåren utåt **(se bild)**.

5 Rengör de nymonterade lagerskålarna och vevaxeltapparna en sista gång med en ren trasa. Kontrollera att oljehålen i vevaxeln är fria från smuts eftersom smuts här bäddas in i de nya lagren när motorn startas.

6 Lägg försiktigt vevaxeln på plats i vevhuset

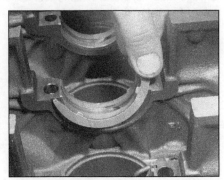

13.4 Montering av vevaxelns trycklager

13.8 Lägg en bit Plastigauge på varje
axeltapp, i linje med vevaxeln

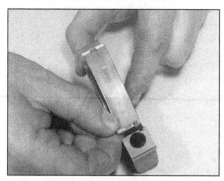

13.9 Placera de nya nedre halvorna av
ramlagerskålarna i överfallen

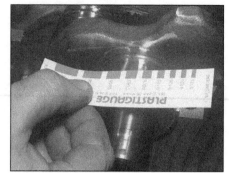

13.12 Mät bredden på den hoptryckta
biten Plastigauge med hjälp av den
medföljande skalan

13.15 Smörj de övre lagerskålarna . . .

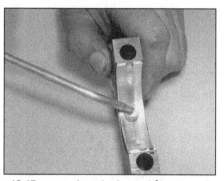

13.17a . . . och undre lagerskålarna med
ren motorolja . . .

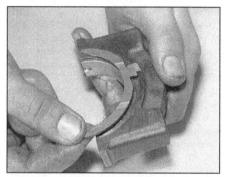

13.17b . . . sätt sedan tryckbrickorna på
varsin sida om lageröverfallet

och var noga med att inte rubba lager-skålarna.

Kontroll av lagerspel

7 När vevaxel och lager monterats måste det finnas ett spel mellan dem så att smörjolja kan cirkulera. Detta spel går inte att kontrollera med bladmått, så istället används Plastigauge. Detta är en tunn remsa mjukplast som kläms mellan lagerytan och tappen när överfallen dras åt. Plastremsans breddändring visar spelet.
8 Skär till några bitar Plastigauge som är något kortare än lagertappens längd. Lägg en bit på varje tapp längs med axeln (se bild).
9 Torka av de bakre ytorna på de nya nedre ramlagerskålarna, passa in dem i överfallen och se till att styrklackarna greppar på rätt sätt (se bild).
10 Torka av de främre ytorna på lager-skålarna och täck dem lätt med lite silikonbaserat släppmedel om det finns till hands – detta förhindrar att Plastigauge fastnar på lagret. Montera överfallen på sina respektive platser på lagersadlarna, använd tillverkarens markeringar. Kontrollera att de är vända åt rätt håll – överfallen ska vara monterade så att urtagen för lagerskålarnas styrklackar är på samma sida som dem i lagersadeln.
11 Börja med det mittre ramlagret och dra åt alla bultar ett halv varv i taget till korrekt moment för första steget eller det enda

momentet. Låt inte vevaxeln rotera medan Plastigauge är på plats. Skruva stegvis loss överfallen och ta bort dem, var noga med att inte rubba Plastigauge.
12 Bredden på den hopklämda Plastigauge-remsan mäts sedan med den medföljande tolken (se bild). Använd rätt skala, både metriska och imperiemått är tryckta. Detta mått indikerar lagerspelet – jämför det med specifikationerna. Om spelet ligger utanför gränsvärdet kan detta bero på smuts under lagerytan, försök att rengöra dem igen och upprepa kontrollen. Om resultatet fortfarande inte är acceptabelt, kontrollera tapparnas diameter och lagerstorleken igen. Om Plastigauge-remsan är tjockare i ena änden kan tapparna vara koniska, vilket kräver omslipning.
13 När spelet är tillfredsställande ska alla spår av Plastigauge avlägsnas från axeltapps-och lagerytorna. Använd en mjuk skrapa av plast eller trä, metall kan skada ytorna.

Vevaxel – slutlig montering

14 Lyft ut vevaxeln ur vevhuset. Torka av lagerytorna i vevhuset och på lageröverfallen.
15 Täck lagerskålarna i vevhuset med rikligt med ren motorolja av korrekt typ (se bild).
16 Sänk ner vevaxeln i läge så att vevstaks-tappen för cylinder nr 1 befinner sig vid ND, klar att passas in i kolv nr 1.
17 Smörj de nedre lagerskålarna i ramlager-

överfallen med ren motorolja och sätt tryck-brickorna på var sida om överfall 3 eller 4 (efter tillämplighet). Notera att de klackar som sticker ut från brickorna ska greppa i urtagen på överfallets sidor (se bilder). Kontrollera att styrklackarna på lagerskålarna fortfarande greppar i respektive urtag i över-fallen.
18 Montera ramlageröverfallen i korrekt ordning med rätt riktning – överfall nr 1 ska vara vid motorns kamremssida och lager-skålarnas styrurtag i sadlar och överfall ska vara bredvid varandra (se bilder). Skruva in överfallsbultarna och dra åt dem med fingrarna.
19 Arbeta från det mittre ramlagret och utåt och dra överfallsbultarna till angivna moment och vinklar. Om åtdragningsmomentet anges i

13.18a Ramlageröverfall nr 4 monteras på
en 5-cylindrig motor

13.18b Montering av ramlageröverfall nr 1

13.19a Dra åt ramlageröverfallets bultar till angivet moment . . .

13.19b . . . och angiven vinkel

flera steg, dra först samtliga bultar till första steget och upprepa åtdragningen i samma följd för återstående steg **(se bilder)**.
20 Kontrollera att vevaxeln roterar fritt genom att vrida den för hand. Om motstånd märks, kontrollera lagerspelen enligt beskrivningen ovan.
21 Kontrollera vevaxelns axialspel enligt beskrivningen i början av avsnitt 8. Om vevaxelns tryckytor kontrollerats och nya trycklager monterats ska axialspelet ligga inom specificerade toleranser.
22 Sätt tillbaka kolvarna och vevstakarna eller återanslut dem till vevaxeln enligt beskrivningen i avsnitt 15.
23 Se lämpligt kapitel 2A, 2B, 2C eller 2D och gör följande:
a) *Montera vevaxelns bakre oljetätningshus med ny tätning, se kapitel 2A, 2B, 2C eller 2D.*
b) *På 4-cylindriga motorer, montera det främre oljetätningshuset tillsammans med den nya oljetätningen enligt beskrivningen i kapitel 2A eller 2C.*
c) *Montera oljepump och oljeupptagningsrör, skvalpskott och sump enligt beskrivningen i kapitel 2A, 2B, 2C eller 2D.*
d) *Montera svänghjul och koppling eller drivplatta (vilket som är aktuellt) enligt beskrivning i kapitel 2A, 2B, 2C eller 2D.*
e) *Montera vevaxeldrev och kamrem enligt beskrivning i kapitel 2A, 2B, 2C eller 2D.*

14 Kolvar och kolvringar – hopsättning

1 I detta skede förutsätts att kolvarna är korrekt hopsatta med respektive vevstakar och att spelet mellan kolvringar och spår kontrollerats. Om så inte är fallet, se slutet på avsnitt 7.
2 Innan ringarna kan monteras på kolvarna måste ändgapet kontrolleras med ringarna i loppen.
3 Lägg ut kolvar/stakar och de nya ringsatserna på en ren arbetsyta så att respektive cylinders delar hålls samman både före och efter kontrollen av ändgapet. Placera vevhuset liggande på sidan på en arbetsyta så att loppets båda ändar är åtkomliga.
4 Ta övre ringen till kolv nr 1 och för in den i loppets överdel. Använd kolv nr 1 som påskjutare och tryck ner ringen till nära loppets underkant, vid den lägsta punkten på kolvens slag. Kontrollera att ringen är helt vinkelrätt mot loppet genom att trycka den ordentligt mot kolvkronan.
5 Använd en uppsättning bladmått för att mäta mellanrummet mellan ändarna på kolvringen. Det rätta bladet kan nätt och jämnt passera genom mellanrummet med minsta möjliga motstånd **(se bild)**. Jämför erhållet mått med specifikationerna. Kontrollera att du

har korrekt kolvring innan du avgör att avståndet inte är korrekt. Upprepa med resterande kolvringar.
6 Om nya kolvringar monteras är det inte troligt att mellanrummen är för små. Om ett mått visar understorlek måste detta korrigeras, i annat fall finns risken att kolvringsändarna kommer i kontakt när motorn går, vilket kan leda till allvarliga motorskador. Avståndet kan ökas genom att man filar kolvringsändarna med en fil som är uppsatt i ett skruvstycke. Placera kolvringen så att bägge ändarna är i kontakt med filens båda sidor. För ringen utmed filen och avlägsna små mängder material i taget. Var mycket försiktig eftersom kolvringar är spröda och bildar vassa kanter om de bryts. Kom ihåg att hålla ihop ringar och kolvar cylindervis, i rätt ordning.
7 När alla kolvringars ändgap verifierats ska de monteras på kolvarna. Börja med den nedersta ringen (oljeskrapringen) och arbeta uppåt. Lägg märke till att oljeskrapringen består av två sidoskenor åtskilda av en expanderring. Lägg även märke till att de två kompressionsringarna har olika tvärsnitt och därför måste monteras i rätt spår vända åt rätt håll med hjälp av ett kolvringsverktyg. Båda kompressionsringarna har instansade märken på ena sidan för att ange övre sida. Se till att dessa märken är vända uppåt när ringarna monteras **(se bild)**.

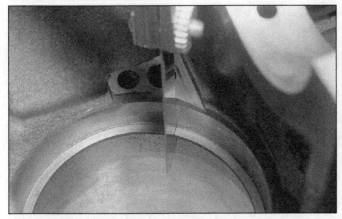

14.5 Kolvringens ändgap kontrolleras med ett bladmått

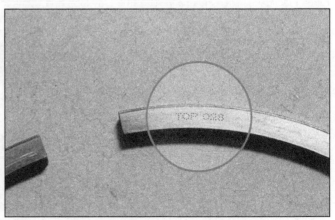

14.7 TOP-markering på kolvringen

8 Fördela ändgapen jämnt runt kolven med 120° mellanrum. **Observera:** *Om kolvring-tillverkaren anger specifika monterings-instruktioner ska dessa följas.*

15 Kolvar och vevstakar – montering och kontroll av storändslagerspel

Kontroll av storändslagerspel

Observera: *I detta skede förutsätts att vevaxeln monterats i vevhuset enligt beskrivningen i avsnitt 13.*

1 Liksom ramlagren måste storändslagren och deras lagerskålar ha ett spel så att olja kan cirkulera. Det finns två sätt att kontrollera spelets storlek, dessa beskrivs i följande paragrafer:

2 Placera motorblocket på en ren, plan yta med vevhuset vänt uppåt. Placera vevaxeln så att tapp nr 1 befinner sig vid ND.

3 Den första metoden är minst exakt och den går ut på att montera lageröverfallen på vevstakarna, demonterade från vevaxeln, men med lagerskålarna på plats. **Observera:** *Rätt uppriktning av överfallen är kritisk, se avsnitt 7 punkt 21.* Den inre diametern på den hopsatta storänden mäts sedan med ett invändigt skjutmått. Motsvarande vevtapps diameter dras sedan från detta mått, resultatet är lagerspelet.

4 Den andra metoden för kontroll av spelet är att använda Plastigauge på samma sätt som vid kontroll av ramlagerspelet (se avsnitt 13) och den är mycket mer exakt än förgående metod. Rengör alla vevtappar med en ren trasa. Börja med att ställa tapp nr 1 i ND och placera en bit Plastigauge på lagertappen.

5 Montera den övre storändslagerskålen på vevstaken, kontrollera att styrklacken greppar på rätt sätt i urtagen. Montera kolven och vevstaken provisoriskt på vevaxeln och skruva fast överfallen, och följ tillverkarens markeringar så att de monteras rätt sätt.

6 Dra åt lageröverfallets muttrar/bultar till momentet för steg 1. Var noga med att inte rubba Plastigauge eller vrida på vevstakarna under åtdragningen.

7 Ta isär den sammansatta enheten utan att vrida på vevstaken. Använd den tryckta tolken på kuvertet med Plastigauge till att fastställa storändens lagerspel och jämför resultatet med specifikationerna.

8 Om spelet avviker betydligt från det förväntade kan lagerskålarna vara av fel storlek (eller utslitna om de gamla återanvänds). Kontrollera att inte smuts eller olja fastnat mellan skålarna och överfallet eller vevstaken när spelet mättes. Kontrollera också vevtappens diameter. Observera att om Plastigauge-massan var bredare i ena änden kan vevtappen vara konisk. När problemet hittats, montera nya lagerskålar eller slipa om vevtapparna till en listad understorlek efter tillämplighet.

15.12a Smörj kolvarna . . .

15.12b . . . och de övre storändslager-skålarna med ren motorolja

9 Avsluta med att försiktigt skrapa bort alla spår av Plastigauge från vevaxeln och lager-skålarna. Använd en skrapa av plast eller trä som är mjuk nog att inte repa lagerytorna.

Kolv och vevstake – avslutande montering

10 Observera att följande arbetsbeskrivning förutsätter att vevaxelns ramlageröverfall är på plats (se avsnitt 13).

11 Kontrollera att lagerskålarna är korrekt monterade enligt beskrivningen i början av detta avsnitt. Om nya lagerskålar används, kontrollera att alla spår av skyddsfett avlägsnats med fotogen. Torka av skålar och stakar med en luddfri trasa.

12 Smörj cylinderloppen, kolvarna, kolv-ringarna och de övre lagerskålarna med ren motorolja **(se bilder)**. Lägg ut varje kolv/vevstaksenhet i korrekt ordningsföljd på en arbetsyta. Där lageröverfallen är fästa med bultar, linda in de gängade ändarna av bultarna med isoleringstejp för att hindra att de skadar vevstakstappar och lopp när kolvarna sätts tillbaka.

13 Börja med kolv/vevstakstapp 1. Kontrollera att kolvringarna är placerade enligt beskrivningen i avsnitt 14 och kläm ihop dem i läge med en kolvringskompressor.

14 Stick in kolven/vevstaken genom toppen av lopp nr 1. Sänk storänden först och styr den så att cylinderloppet skyddas. Om det

finns oljemunstycken längst ner i loppen måste man vara extra försiktig så att de inte bryts av när vevstakarna ansluts till vevstaks-tapparna.

15 Kontrollera att kolven är rättvänd – kolvkronan, vevstakarna och storändskåporna har märken som ska peka framåt mot motorns kamremssida när kolven installeras i loppet – se avsnitt 7 för detaljer.

16 Använd en träkloss eller ett hammarskaft på kolvkronan och knacka ner kolven i loppet till dess att kolvkronan är i jämnhöjd med cylinderns överkant **(se bild)**.

17 Kontrollera att lagerskålen fortfarande är korrekt monterad. Smörj vevtappen och båda lagerskålarna rikligt med ren motorolja. Var noga med att inte repa loppet och knacka ner vevstaken/kolven genom loppet och på vevtappen. Ta bort eventuell isoleringstejp från bultarnas gängade del och olja in gängorna och bultskallarna. Montera stor-ändslageröverfallen och dra åt muttrar/bultar med fingrarna till att börja med **(se bild)**. Kom ihåg att lageröverfallets riktning i relation till vevstaken måste vara korrekt när de två sätts ihop. Vevstaken och överfallet har båda urfrästa urtag nära fogytorna – dessa urtag måste vara vända åt samma håll som pilen på kolvkronan (d.v.s. mot motorns kamremssida) för att vara korrekt monterade – se bilderna i avsnitt 7 för detaljer.

15.16 Ett hammarskaft används till att knacka in kolven i dess lopp

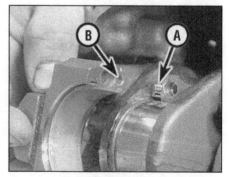

15.17 Montering av ett storändslageröverfall

A *Styrhylsa (endast dieselmotorer)*
B *Styrhål (endast dieselmotorer)*

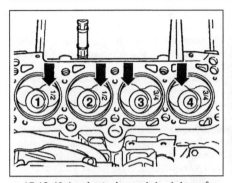

15.18 Kolvorientering och kodning på dieselmotorer (4-cylindrig visad)

15.19 Dra åt storändslageröverfallets bultar/muttrar till momentet för steg 1 . . .

18 På 4-cylindriga dieselmotorer med koderna 1Z och AHU och 5-cylindriga dieselmotorer med koderna ABP, AAT och AEL, är kolvkronorna speciellt utformade för att förbättra motorns förbränningsegenskaper. Därför skiljer sig kolvarna 1 och 2 från de övriga kolvarna. Om kamrarna är korrekt monterade ska de större insugsventilkamrarna på kolv nr 1 och nr 2 vara vända mot motorns svänghjulssida och de större insugsventilkamrarna på övriga kolvar ska vara vända mot motorns kamremssida. Nya kolvar har nummermarkeringar på sina kronor för att ange typen – 1/2 betecknar kolv 1 eller 2, 3/4 anger kolv 3 eller 4 och 3/4/5 anger kolvarna 3, 4 eller 5 (se bild).

19 Skruva in fästbultarna/muttrarna och dra dem stegvis till momentet angivet för steg 1 (se bild).

20 Vinkeldra fästbultarna/muttrarna och dra dem till angivet steg 2 (se bild).

21 Montera resterande kolvar/vevstakar på samma sätt.

22 Dra runt vevaxeln för hand. Kontrollera att den snurrar fritt. En viss strävhet kan förväntas om nya delar monterats, med det ska inte förekomma kärvningar eller snäva punkter.

Dieselmotorkod 1Z, AHU, AAS, ABP, AAT och AEL

23 Om nya kolvar ska monteras eller om en ny kort motor installeras måste kolvkronornas utstick från topplockets fogyta vid ÖD mätas för att man ska kunna avgöra vilken typ av topplockspackning som ska monteras.

24 Vänd på motorblocket (så att vevhuset är vänt nedåt) och ställ det på träklossar eller i ett motorställ. Montera en mätklocka på blocket och nollställ den på topplockets fogyta. Ställ sedan mätsonden på kronan till kolv nr 1 och vrid sakta vevaxeln för hand så att kolven når till ÖD. Mät och notera det maximala kolvutsticket vid ÖD (se bild).

25 Upprepa mätningen för återstående kolvar och notera värdena.

26 Om måtten skiljer sig mellan kolvarna, använd det högsta värdet för att bestämma vilken topplockspackning som ska användas – se specifikationerna för detaljer.

27 Observera att om originalkolvarna har satts tillbaka, måste en ny topplockspackning av samma typ som originalet sättas dit.

Alla motorer

28 Se del A, B, C eller D i det här kapitlet för att sätta tillbaka oljepump och oljeupptagare,

sump och skvalpskott, svänghjul och topplock.

16 Motor – första start efter renovering och hopsättning

1 Montera resterande motordelar i den ordningsföljd som anges i avsnitt 12 i detta kapitel, se del A till D om så behövs. Montera motorn i bilen enligt beskrivningen i avsnitt 4 i detta kapitel. Dubbelkontrollera nivån för motorolja och kylvätska och gör en sista kontroll att allt anslutits ordentligt. Försäkra dig om att inga verktyg eller trasor glömts kvar i motorrummet.

Bensinmodeller

2 Skruva ur tändstiften, se kapitel 1A för detaljer.

3 Motorn måste göras orörlig i den meningen att den kan köras runt med startmotorn utan att själva motorn startas. Koppla loss bränslepumpen genom att koppla bort bränslepumpsreläet från reläkortet enligt beskrivningen i de relevanta delarna i kapitel 4, och koppla också bort tändsystemet genom att ta bort kabeln från tändspolen enligt beskrivningen i kapitel 5B.

Varning: Det är viktigt att man kopplar bort bränslesystemet för att undvika skador på katalysatorn.

4 Vrid runt motorn med startmotorn till oljetryckslampan slocknar. Om lampan inte släcks efter ett flertal sekunders runddragning, kontrollera motorns oljenivå och att oljefiltret sitter fast. Om dessa är som de ska, kontrollera att kablarna till oljetryckskontakten sitter fast ordentligt – fortsätt inte förrän du är säker på att oljan pumpas runt i motorn med tillräckligt tryck.

5 Skruva i tändstiften och koppla tillbaka pumpreläet och tändspolen.

15.20 . . . och sedan till vinkeln för steg 2

15.24 Kolvens utstick mäts med en mätklocka

Dieselmodeller

6 Dra ur den elektriska kabeln till bränsle-avstängningsventilen vid bränslepumpen – se kapitel 4C för detaljer.

7 Dra runt motorn med startmotorn till dess att oljetryckslampan släcks.

8 Om lampan inte släcks efter flera sekunders runddragning, kontrollera motorns oljenivå och att oljefiltret sitter fast. Om dessa är som de ska, kontrollera att kablarna till oljetrycks-kontakten sitter fast ordentligt – fortsätt inte förrän du är säker på att oljan pumpas runt i motorn med tillräckligt tryck.

9 Koppla in bränsleavstängningsventilen.

Alla modeller

10 Starta motorn, var beredd på att det kan ta lite längre tid än vanligt eftersom bränsle-systemets delar rubbats.

11 Låt motorn gå på tomgång och undersök om det förekommer läckage av bränsle, vatten eller olja. Var inte orolig om det förekommer ovanliga dofter och tillfälliga rökpuffar medan delarna värms upp och bränner bort oljeavlagringar.

12 Under förutsättning att allt är som det ska, låt motorn gå på tomgång till dess att man kan känna att varmvatten cirkulerar genom övre kylarslangen.

13 På dieselmotorer, kontrollera bränsle-pumpens inställning och tomgångens varvtal enligt beskrivningen i kapitel 4C.

14 Kontrollera på nytt, efter några minuter, oljans och kylvätskans nivåer och fyll på efter behov.

15 För samtliga motorer, med undantag av 5-cylindriga dieselmotorer, som tas upp i detta kapitel gäller att topplocksbultarna inte behöver efterdras när motorn körts efter hopsättning.

16 Om nya kolvar, kolvringar eller vev-axellager monterats ska motorn behandlas som ny och köras in de första 100 milen. *Ge inte* full gas och segdra inte på någon växel. Det rekommenderas att man byter motorns olja och oljefilter efter denna körsträcka.

Kapitel 3
System för kylning, värme och ventilation

Innehåll

Svårighetsgrader

Enkelt, passar novisen med lite erfarenhet 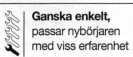	Ganska enkelt, passar nybörjaren med viss erfarenhet	Ganska svårt, passar kompetent hemmamekaniker	Svårt, passar hemmamekaniker med erfarenhet	Mycket svårt, för professionell mekaniker

Specifikationer

Allmänt
Maximalt systemtryck .... 1,2 till 1,5 bar

Termostat
Öppningstemperatur (ungefärlig) .... 87°C
Minsta ventillyft .... 7 mm

Åtdragningsmoment   Nm
Generatorns/servostyrningspumpens fästbygel 20
Kylfläktens viskoskoppling 20
Kylvätskepump:
　4-cylindrig motor:
　　Pinnbultar/bultar mellan hus och block:
　　　Bensinmotor: 20
　　　Dieselmotor:
　　　　Steg 1 20
　　　　Steg 2 .... Vinkeldra ytterligare 90°
　　Bultar mellan pump och hus 10
　　Remskivebultar 25
　5-cylindriga motor:
　　Fästbultar 20
Kylfläktkontakt 25
Termostathusets bultar 10

1 Allmän information och föreskrifter

Allmän information

1 Kylsystemet är trycksatt och består av en kylvätskepump, en kylare av aluminium med vattengenomströmningen i horisontalled, en eller flera kylfläktar, en termostat, ett värmepaket och tillhörande slangar och kontakter. På 4-cylindriga motorer drivs kylvätskepumpen av drivremmen, medan kylfläktarna är elektriska. På 5-cylindriga motorer drivs kylvätskepumpen av kamremmen och huvudkylfläkten av drivremmen via en fast koppling. På de flesta modeller finns även en ytterligare elektrisk kylfläkt. Systemet fungerar enligt följande.

2 När motorn är kall pumpas kylvätskan i motorn runt i passagerna i motorblocket och topplocket och genom oljekylaren (om en sådan finns). Efter det att cylinderloppen, förbränningsytorna och ventilsätena kylts passerar kylvätskan genom värmepaketet och returneras sedan via motorblocket till kylvätskepumpen. Termostaten är till att börja med stängd för att förhindra att kall kylvätska från kylaren kommer in i motorn.

3 När kylvätskan i motorn når en bestämd temperatur öppnas termostaten. Den kalla kylvätskan från kylaren kan då komma in i motorn via den undre slangen, och den heta kylvätskan från motorn rinner genom den övre slangen till kylaren. När kylvätskan cirkulerar genom kylaren kyls den av fartvinden när bilen rör sig. Om det behövs förstärks luftflödet av en eller flera kylfläktar. När kylvätskan nått botten av kylaren är den nedkyld och processen börjar om.

4 På modeller med elektriska kylfläktar styrs fläktarna av en termostatkontakt. Vid en bestämd temperatur på kylarvätskan startar kontakten/givaren fläkten.

5 På 5-cylindriga motorer styrs huvudkylfläkten av en viskoskoppling. Kopplingen drivs av drivremmen och överför kraften till fläkten via en temperaturkänslig hydraulisk koppling. Vid lägre temperaturer kan fläktbladet snurra fritt på kopplingen. Vid en bestämd temperatur (ungefär 75°C) öppnas en ventil i kopplingen så att kopplingen låses, och kraften överförs till fläkten. Om temperaturen faller igen, stängs ventilen och fläkten kan snurra fritt igen.

6 På modeller med automatväxellåda finns en kylenhet för växellådsoljan inbyggd i kylaren. Växellådan är ansluten till kylaren med två rör och vätskan cirkuleras runt kylenheten för att hålla temperaturen stabil vid hög belastning.

Föreskrifter

 Varning: Försök inte ta av expansionskärlets lock eller lossa någon del av kylsystemet *när motorn är varm, eftersom detta medför en stor skållningsrisk. Om expansionskärlets lock måste tas bort innan motorn och kylaren har svalnat helt (även om detta inte rekommenderas), måste kylsystemet först tryckutjämnas. Täck locket med ett tjockt lager trasor för att undvika skållning, och skruva sakta upp locket till dess att ett väsande hörs. När väsandet upphör anger detta att trycket sjunkit, skruva då sakta upp locket till dess att det kan tas bort. Om mer väsande hörs, vänta till dess att det upphör innan locket skruvas av helt. Håll dig alltid så långt ifrån öppningen som möjligt och skydda händerna.*

 Varning: Låt inte frostskyddsmedel komma i kontakt med huden eller lackerade ytor på bilen. Spola omedelbart bort eventuellt spill med stora mängder vatten. Lämna aldrig frostskyddsmedel i ett öppet kärl eller i en pöl på uppfarten eller garagegolvet. Barn och husdjur kan attraheras av den söta doften och frostskyddsmedel kan vara livsfarligt att förtära.

 Varning: Om motorn är varm kan det hända att den elektriska kylfläkten börjar snurra, även om motorn inte är igång. Se till att hålla händerna, håret och lösa klädesdelar ur vägen vid arbete i motorrummet.

 Varning: Se avsnitt 10 för föreskrifter vid arbete på modeller med luftkonditionering.

2 Kylsystemets slangar – losstagning och byte

Observera: *Se varningarna i avsnitt 1 i detta kapitel innan du fortsätter. På grund av skållningsrisken bör slangarna inte kopplas loss förrän motorn svalnat helt.*

1 Om de kontroller som beskrivs i kapitel 1 påvisar en defekt slang måste den bytas enligt följande.

2 Tappa först ur kylsystemet (se kapitel 1). Om det inte är dags att byta kylvätska kan den återanvändas om den förvaras i ett rent kärl.

3 Ta loss en slang genom att lossa slangklämmorna med en skruvmejsel och sedan dra dem utmed slangen så att de går fria från anslutningen. Lossa sedan slangen försiktigt – de kan tas loss ganska enkelt om de är nya, men på en äldre bil kan de ha fastnat.

4 Om en slang är svår att få bort, pröva med att vrida dess ändar för att få loss den. Bänd försiktigt mot slangens ände med något trubbigt verktyg (t.ex. en vanlig skruvmejsel), men ta inte i för mycket, och se till att inte skada slangfästena eller slangen. Särskilt kylarens slangfäste är ömtåligt, ta inte i för mycket när du försöker få loss slangen. Om det inte går att få loss slangen, skär upp den med en vass kniv och skala av den i två delar. Även om detta kan verka kostsamt om slangen i övrigt är oskadad, är det att föredra framför att tvingas att köpa en ny kylare. Se dock först till att ha tillgång till en ny slang.

5 När en slang ska monteras, trä på klämmorna på slangen och lirka denna på plats. På vissa slanganslutningar finns monteringsmarkeringar på slangen och anslutningen och dessa måste i så fall passas in mot varandra.

6 Kontrollera att slangen är korrekt dragen, skjut sedan slangklämmorna tillbaka längs slangen över den utskjutande delen av relevant anslutning och dra åt klämman ordentligt.

 Om slangen är stel kan lite tvålvatten användas som smörjmedel, eller så kan slangen mjukas upp med ett bad i varmvatten. Använd inte olja eller fett eftersom detta kan skada gummit.

7 Fyll på kylsystemet igen enligt beskrivningen i kapitel 1.

8 Så snart arbete utförts på någon del av kylsystemet måste du undersöka om någon läcka uppkommit.

3 Kylare – demontering, inspektion och montering

Observera: *Om läckage är anledningen till att kylaren demonteras, tänk på att mindre läckor ofta kan åtgärdas med kylartätningsmedel med kylaren på plats.*

Demontering

1 Koppla loss batteriets minusledare och demontera den främre stötfångaren enligt beskrivningen i kapitel 11.

2 Tappa ur kylsystemet enligt beskrivningen i kapitel 1.

3 Demontera motorhuvens låstvärbalk för att lättare komma åt kylaren. Rita runt konturerna av tvärbalkens fästbultar och skruva loss dessa bultar och kylarens övre fästbultar. Frigör tvärbalken, lossa motorhuvens låsvajer från låshakarna och skjut bort balken från kylaren. Om tvärbalken ska sitta kvar, ta bort gummitätningsremsan från dess framkant **(se bild)**.

4 Skruva loss fästskruven och ta bort fäst-

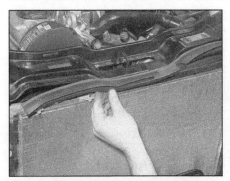

3.3 Ta bort tätningsremsan från motorhuvens främre kant om motorhuvens tvärbalk ska lämnas på plats

3.4 Skruva loss fästskruven och ta bort fästbygeln från båda strålkastarna

3.5a Kylfläktskablage (1) och jordledare (2) - A6 diesel

bygeln från innerkanten av båda strålkastarna **(se bild)**. Observera att byglarna ser olika ut och inte kan bytas ut mot varandra.

5 Koppla loss kontaktdonet/donen från kylfläkten/fläktarna och fläktbrytaren som sitter fastskruvad i kylaren (där tillämpligt). Skruva loss fästbulten och lossa kylfläktens jordledning från karossen **(se bilder)**.

6 Lossa slangklämmorna, koppla loss alla kylvätskeslangar från kylaren och notera var de sitter **(se bild)**.

7 På modeller med automatväxellåda, torka rent runt röranslutningarna på kylaren. Skruva loss fästbultarna och dra försiktigt ut båda rören från kylaren. Plugga igen öppningarna

på rören och kylaren för att minimera spill och förhindra att smuts kommer in i hydraulsystemet. Kasta bort tätningsringarna från röranslutningarna, nya måste användas vid monteringen.

8 På modeller med luftkonditionering, skruva loss muttrarna och bultarna som håller fast kondensatorn vid kylaren och alla muttrar/bultar som håller fast kylvätskeslangarnas klämmor. Lossa kondensatorn från kylaren och palla upp den så att rören inte böjs. Koppla **inte** loss rören (se avsnitt 10).

9 På alla modeller, skruva loss fästskruvarna och ta bort plastkåporna från vänster och höger sida av kylaren. Om det behövs, skruva

även loss fästskruvarna som håller fast luftintagets lufttrumma på kylarens ovansida **(se bilder)**.

10 Skruva loss bultarna som håller fast servostyrningsvätskans kylenhet på kylarens framsida och dra den åt sidan **(se bild)**. Bind fast kylenheten vid karossen så att inte rören riskerar att böjas.

11 Skruva loss de muttrar som fäster kylarens sidofästen vid karossen och ta bort specialbrickorna **(se bild)**.

12 Om tvärbalken fortfarande sitter på plats, skruva loss kylarens övre fästbultar **(se bild)**.

13 Dra kylaren åt sidan **(se bild)**. På modeller med luftkonditionering måste man vara

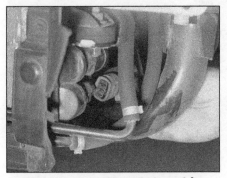

3.5b Koppla loss kontaktdonet från kylfläktsbrytaren som sitter fastskruvad i kylaren

3.6 Lossa slangklämmorna och koppla loss kylvätskeslangarna från kylaren

3.9a Skruva loss fästskruvarna och ta bort den högra respektive vänstra kåpan från kylaren . . .

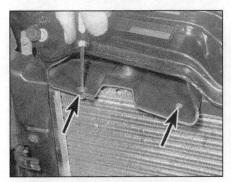

3.9b . . . och luftintagstrumman (om monterad) från överdelen av kylaren

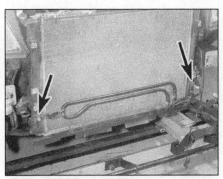

3.10 Skruva ur fästbultarna (vid pilarna) och lösgör servostyrningens vätskekylare från främre delen av kylaren

3.11 Skruva loss de nedre muttrarna från sidofästena och ta bort brickorna

3.12 Om tvärbalken är på plats, lossa och ta bort kylarens övre fästbultar

3.13 Kylaren demonteras från bilen

4.4 Lossa fästklämman och koppla loss kylvätskeslangen . . .

försiktig så att inte kondensatorn skadas när kylaren tas bort.

Inspektion

14 Om kylaren demonterats p.g.a. av misstänkt stopp, spola ur den baklänges enligt beskrivningen i kapitel 1. Rensa bort smuts från kylflänsarna med tryckluft (använd i så fall skyddsglasögon) eller en mjuk borste. Var försiktig! Flänsarna är vassa och de kan också lätt skadas.

15 Om det behövs kan en kylarspecialist utföra ett flödestest på kylaren för att ta reda på om det är stopp i den.

16 En läckande kylare måste lagas av en specialist. Försök inte svetsa eller löda ihop en läckande kylare, eftersom detta kan skada plastdelarna.

17 Om kylaren ska skickas till reparation eller om den ska bytas ut, ta loss alla slangar och kylfläktskontakten (om en sådan finns).

18 Undersök skicket på kylarens fästgummin och byt ut dem om det behövs.

Montering

19 Monteringen sker i omvänd ordning, och tänk på följande:
a) Se till att kylaren är korrekt placerad mot fästgummina och dra åt muttrar och bultar ordentligt.
b) På modeller med automatväxellåda, sätt på nya tätningsringar på rörändarna och

smörj dem med ny växellådsolja för att underlätta monteringen. Sätt båda rören helt på plats, skruva sedan i fästbultarna och dra åt dem ordentligt.
c) Se till att alla kylvätskeslangar sitter korrekt och att de hålls fast ordentligt av slangklämmorna.
d) Fyll kylsystemet enligt beskrivningen i kapitel 1.
e) På modeller med automatväxellåda, kontrollera växellådans oljenivå när du är klar och fyll på mer om det behövs, se beskrivningen i kapitel 1.

---

4 Termostat – demontering, test och montering

Demontering

1 Lossa batteriets jordledning.
2 Tappa ur kylsystemet enligt beskrivningen i kapitel 1. Termostaten sitter på vänster sida på framsidan av motorblocket. På 4-cylindriga motorer sitter den på undersidan av kylvätskepumphuset och det är lättast att komma åt den från undersidan av bilen om man först demonterar motorns undre skyddskåpa. På 5-cylindriga motorer sitter den i motorblocket, direkt bakom kylvätskepumpen.

3 Om det behövs för att förbättra åtkomligheten kan servostyrningspumpen skruvas loss från dess fästbygel (se kapitel 10) och flyttas från termostatkåpan. Man behöver inte koppla loss hydraulrören/slangarna från pumpen.
4 Om så behövs för att förbättra åtkomligheten kan man också lossa slangklämman och ta loss kylvätskeslangen från termostatkåpan **(se bild)**.
5 Skruva loss fästbultarna och ta bort termostathuskåpan och tätningsringen från motorn **(se bild)**. Kasta tätningsringen, en ny måste användas vid monteringen.
6 Notera hur termostaten är monterad och ta sedan loss den **(se bilder)**.

Test

7 Termostaten kan grovtestas genom att den hängs upp i ett snöre i en behållare full med vatten. Koka upp vattnet – termostaten måste ha öppnats när vattnet börjar koka. Om inte, byt ut termostaten.
8 Med hjälp av en termometer kan man ta reda på termostatens exakta öppningstemperatur. Jämför med värdena i specifikationerna. Öppningstemperaturen ska även stå på termostaten.
9 En termostat som inte stängs när vattnet svalnar måste också bytas ut.

Montering

10 Montera termostaten, se till att den sitter rätt i huset, och sätt på den nya tätnings-

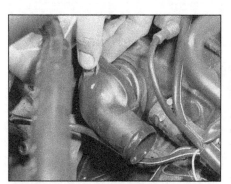

4.5 . . . skruva sedan loss termostatkåpan från motorn (5-cylindrig motor visad)

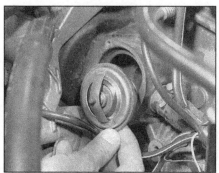

4.6a Termostaten tas bort – 5-cylindrig motor

4.6b Termostaten tas bort – 4-cylindrig motor

4.10 Försäkra dig om att termostaten är rätt placerad och förse den med en ny tätningsring

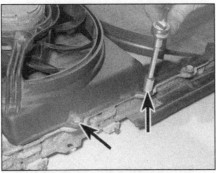

5.7a Skruva loss fästbultarna (vid pilarna) . . .

5.7b . . . och ta bort fläkthöljet från kylaren (5-cylindrig dieselmotor visad)

ringen **(se bild)**. Montera termostatkåpan och dra åt dess fästbultar till angivet moment.

11 Återanslut kylvätskeslangen till kåpan och fäst den med slangklämman.

12 Montera servostyrningspumpen (om den tagits bort) och drivremmen (se kapitel 1 och 10).

13 Fyll på kylsystemet enligt beskrivningen i kapitel 1 och återanslut batteriet.

---

5 Kylfläktar – test, demontering och montering

1 Alla 4-cylindriga motorer använder en eller flera elektriska kylfläktar. På 5-cylindriga motorer drivs huvudfläkten av drivremmen via en koppling, medan den extra fläkten (om en sådan finns) är elektrisk.

Elektrisk kylfläkt

Testning

2 Strömmen till kylfläktarna går via tändningslåset och en säkring (se kapitel 12). Kretsen sluts av kylfläktens termostatkontakt som sitter på kylarens vänstra sida.

3 Om en fläkt inte verkar fungera, kör motorn tills normal arbetstemperatur uppnås och låt sedan motorn gå på tomgång. Fläkten ska starta inom ett par minuter (innan temperaturmätaren står på rött, eller innan varningslampan för kylvätsketemperatur tänds). Om inte, slå av tändningen och koppla loss kontaktdonet från kylfläktsbrytaren. Kortslut de två kontakterna i kontaktdonet (se kopplingsschemat i slutet av denna handbok – de flesta modeller har tvåstegsbrytare) med en bit kabel, och slå på tändningen. Om fläkten nu går, är det antagligen kontakten som är defekt och måste bytas.

4 Om fläkten fortfarande inte går, kontrollera att batterispänningen går fram till kabeln till kontakten. Om inte är det något fel på kabeln (möjligen beroende på ett fel i fläktmotorn, eller en säkring som har gått). Om det inte är något problem med spänningen, kontrollera att det är god kontakt mellan kontaktens jordningspol och en bra jordningspunkt på karossen. Om inte är det jordningen som är felaktig och måste göras om.

5 Om både kontakten och alla kablar är i god ordning måste felet ligga i själva motorn. Denna kan kontrolleras genom att man kopplar loss den från kablarna och ansluter ett 12-voltsbatteri direkt till motorn.

Demontering

6 Demontera kylaren enligt beskrivningen i avsnitt 3.

7 Skruva loss fästbultarna och ta bort fläkthöljet från baksidan av kylaren **(se bilder)**.

8 Koppla loss motorkablarna från baksidan av höljet, skruva loss fästmuttrarna och ta loss motorn från höljet. På vissa modeller måste man ta bort fläktbladet från motorn för att få plats. Böj tillbaka låsbrickans flik och skruva loss fästmuttern (muttern kan vara vänstergängad på vissa modeller) för att få loss fläkten **(se bilder)**. Om motorn är defekt måste hela paketet bytas ut, eftersom det inte finns några separata reservdelar.

Montering

9 Montera motorn i höljet och dra åt fästmuttrarna ordentligt. Se till att motorkablarna är korrekt dragna och att de sitter fast säkert i sina fästklamrar. Om det behövs, placera fläktbladet på motoraxeln och sätt tillbaka låsbrickan och fästmuttern. Dra åt muttern och säkra den genom att böja upp en av låsbrickans flikar.

10 Sätt tillbaka fläktskyddet på kylaren och dra åt fästbultarna ordentligt.

11 Montera kylaren enligt beskrivningen i avsnitt 3.

Drivremsdriven kylfläkt – 5-cylindriga motorer

Testning

12 Kopplingens funktion är inte lätt att kontrollera på egen hand. Den enda kontroll som kan utföras är en visuell undersökning efter tecken på läckage och andra skador. När

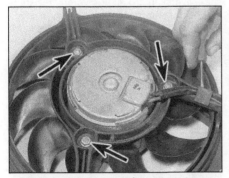

5.8a Lossa kablarna från höljet, skruva loss fästmuttrarna (vid pilarna) och sära på motor och hölje

5.8b Bänd vid behov tillbaka fliken och skruva sedan loss fästmuttern . . .

Observera: Muttern kan vara vänstergängad

5.8c . . . och sära på motor och fläktblad för att kunna ta isär motor och hölje

kopplingen är kall ska fläkten snurra fritt på kopplingen, och när den är varm (temperaturen över ungefär 75°C) ska den låsas. Om kopplingens funktion är det minsta tveksam bör den bytas ut.

Demontering

Observera: *Antagligen kommer en haknyckel (Audi-verktyg nr 3212 eller likvärdigt alternativ) att krävas för att hålla fast remskivan medan kopplingen skruvas loss.*

13 Haka försiktigt loss hylsorna för motorhuvens låsvajer från låshakarna.

14 Skruva loss fästbultarna som håller fast kylarens övre fästbyglar till motorhuvslåsningens tvärbalk.

15 Gör justeringsmarkeringar mellan fästbultarna och motorhuvslåsningens tvärbalk med en filtpenna, skruva sedan loss fästbultarna och flytta bort tvärbalken från kylaren.

16 Skruva loss kopplingen från remskivan med en fast nyckel på baksidan av kopplingen. För att förhindra rotation när kopplingen skruvas loss, håll fast remskivan med en haknyckel i de små hålen runt remskivans kant.

17 Ta loss fläkten och kopplingen och ta ut alltihop. Om så behövs, skruva loss fästbultarna och skilj kopplingen och fläktbladet, notera åt vilket håll fläkten är monterad.

Montering

18 Sätt tillbaka fläktbladet (om det tagits bort) på kopplingen och se till att det monterats åt rätt håll, och dra åt fästbultarna ordentligt.

19 Sätt alla delar på plats och skruva fast kopplingen på remskivan. Dra åt kopplingen till angivet moment samtidigt som remskivan hålls fast med en haknyckel.

20 Montera motorhuvslåsningens tvärbalk och sätt i fästbultarna. Se till att tvärbalken sitter korrekt och dra åt fästbultarna ordentligt.

21 Montera kylarens övre fästbyglar och dra åt fästbultarna ordentligt.

22 Fäst motorhuvslåsvajerns hylsor på tvärbalken. Kontrollera motorhuvslåsets funktion och justera vajern om det behövs (se kapitel 11).

6 Kylsystemets elektriska kontakter och givare – test, demontering och montering

Elektrisk termostatkontakt för kylfläkt

Test

1 Test av kontakten beskrivs i avsnitt 5, som en del av testet av den elektriska kylfläkten.

Demontering

Observera: *Motorn och kylaren måste vara kalla innan kontakten tas bort.*

2 Kontakten sitter på vänster sida av kylaren och på de flesta modeller går den att nå ovanifrån. Om detta inte är fallet, dra åt handbromsen och ställ framvagnen på pallbockar. Skruva loss fästskruvarna och hållarna och ta bort den undre skyddskåpan för att komma åt kontakten underifrån.

3 Lossa batteriets jordledning.

4 Tappa ur kylsystemet till just under nivån för kontakten (enligt beskrivningen i kapitel 1). Alternativt, ha en passande plugg redo att stoppa igen hålet i kylaren när kontakten tagits bort. Om en plugg används måste man vara noga med att inte skada kylaren och att inte använda en plugg som låter skräp eller annat komma in i kylaren.

5 Koppla loss kontaktdonet från kontakten.

6 Skruva försiktigt loss kontakten från kylaren och ta loss tätningsbrickan (om det finns någon sådan). Om systemet inte har tappats ur, sätt i en plugg i hålet så att inte mer kylvätska rinner ut.

Montering

7 Om kontakten ursprungligen monterats med en tätningsring, använd en ny tätningsring vid monteringen. Om det inte fanns någon tätningsring, rengör kontaktens gängor noga och stryk in dem med nytt tätningsmedel.

8 Monteringen sker i omvänd ordning. Dra åt kontakten till angivet moment och fyll på kylsystemet enligt beskrivningen i kapitel 1.

9 Starta motorn och kör den tills den når normal arbetstemperatur. Låt motorn fortsätta gå och kontrollera att kylfläkten startar och stoppar som den ska.

Givare för kylvätsketemperatur/varningslampa

Testning

10 Givaren för kylvätsketemperatur/varningslampa sitter som följer.

a) *1.8 och 2.0 liters bensinmotor – på kylvätskeutloppets anslutning på vänster sida/baksidan av topplocket. Om det finns två givare är temperaturmätarens den yttre (den inre givaren är till insprutningssystemet).*

b) *2.3 liters bensinmotor – ovanpå kylvätskeutloppets anslutning på vänster sida av topplocket.*

c) *1.9 liters dieselmotor – på kylvätskeutloppets anslutning på baksidan av topplocket.*

d) *2.4 liters dieselmotor – på kylvätskeutloppets anslutning på topplockets vänstra sida.*

e) *2.5 liters dieselmotor – på undersidan av kylvätskeutloppets anslutning på vänster sida av topplocket.*

11 Temperaturmätaren matas med stabiliserad spänning från instrumentbrädans matning (via tändningslåset och en säkring). Mätarjorden styrs av givaren. Givaren innehåller en termistor – en elektronisk komponent vars elektriska motstånd minskar med given hastighet när temperaturen stiger. När kylvätskan är kall är givarens resistans hög, strömmen genom mätaren är låg och mätarens visare pekar mot den blå (kalla) delen av skalan. Allt eftersom kylvätskans temperatur stiger och givarens resistans minskar, ökar strömmen och mätarens visare rör sig mot den övre delen av skalan. Om givaren är defekt måste den bytas.

12 Temperaturvarningslampan matas med spänning från instrumentbrädan. Lampans jord styrs av givaren. Givaren är i stort sett en kontakt som slås till vid en bestämd temperatur för att jorda lampan och sluta kretsen.

13 Givarna för både mätaren och lampan sitter tillsammans i en enda enhet **(se bilder)**.

14 Om mätaren visar fel, kontrollera först de

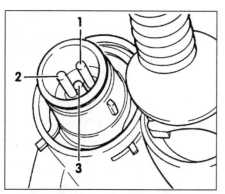

6.13a Givaranslutning för kylvätskans temperaturmätare/varningslampa (3-stiftsgivare)

1 *Anslutning för temperaturvarningslampa*
2 *Jordanslutning*
3 *Temperaturmätaranslutning*

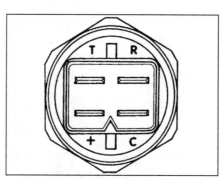

6.13b Givaranslutning för kylvätskans temperaturmätare/varningslampa (4-stiftsgivare)

+ *Spänningsanslutning*
C *Anslutning för temperaturvarningslampa*
R *Luftkonditioneringssystemets avstängningsspol*
T *Temperaturmätaranslutning*

övriga instrumenten. Om de inte fungerar alls, kontrollera instrumentbrädans strömförsörjning. Om värdena ändras hela tiden kan det föreligga ett fel i spänningsstabilisatorn, som då måste bytas ut (stabilisatorn ingår som en del av instrumentbrädans kretskort – se kapitel 12). Om enbart temperaturgivaren är defekt ska den kontrolleras enligt följande:

15 Om mätarens visare står kvar på den kalla delen av skalan när motorn är varm, koppla loss givarens anslutningskontakt och jorda relevant kabel mot topplocket. Om visaren rör sig när tändningen slås på är givaren defekt och måste bytas. Om visaren fortfarande inte rör sig, demontera instrumentbrädan (kapitel 12) och kontrollera kablarna mellan givaren och mätaren, och matningen till mätaren. Om det inte är något fel på kablarna men felet kvarstår, är det fel på mätaren som då måste bytas ut.

16 Om mätarens visare står kvar på den varma delen av skalan när motorn är kall, koppla loss givarens kablar. Om visaren återgår till den kalla delen av skalan när tändningen slås på är givaren defekt och måste bytas. Om visaren fortfarande inte rör sig, kontrollera resten av kretsen enligt beskrivningen ovan.

17 Samma grundläggande principer gäller testning av varningslampan. Lampan ska tändas när relevant givarkabel jordas.

Demontering

18 Tappa antingen ur kylsystemet till just under givarens nivå (enligt beskrivningen i kapitel 1) eller ha en lämplig plugg till hands att täppa igen hålet med när givaren tagits bort. Om en plugg används måste man vara noga med att inte skada givaröppningen och att inte använda en plugg som låter skräp eller annat komma in i kylsystemet.

19 På en dieselmotor, bänd loss kåporna, skruva loss fästmuttrarna och ta bort den övre skyddskåpan från motorn för att komma åt givaren.

20 På alla motorer, koppla loss kontaktdonet från givaren och se efter om givaren är av typen som trycks fast eller skruvas fast.

21 På givare som skruvas fast, skruva loss givaren från motorn och ta loss tätningsbrickan.

22 På givare som trycks fast, tryck ner givarenheten och dra ut dess fästklämma. Dra ut givaren från motorn och ta loss tätningsringen.

Montering

23 På givare som skruvas fast, sätt på en ny tätningsbricka, sätt tillbaka givaren och dra åt den ordentligt.

24 På givare som trycks fast, sätt på en ny tätningsring, tryck in givaren helt i öppningen och fäst den med fästklämman.

25 Återanslut kontaktdonet och fyll på kylsystemet enligt beskrivningen i kapitel 1 eller i *Veckokontroller*. På en dieselmotor, montera den övre skyddskåpan på motorn.

Temperaturgivare för bränsleinsprutningssystem

26 Temperaturgivaren för bränsleinsprutningssystemet sitter enligt följande:

a) *1.8 och 2.0 liters bensinmotor med enkel överliggande kamaxel – på kylvätskeutloppets anslutning på vänster sida/ baksidan av topplocket. Om det finns två givare är insprutningssystemets givare den inre (den yttre givaren är till temperaturmätaren).*

b) *2.0 liters bensinmotor med dubbla överliggande kamaxlar – på baksidan av topplocket.*

c) *2.3 liters bensinmotor – på undersidan av kylvätskeutloppets anslutning på vänster sida av topplocket.*

d) *1.9 liters dieselmotor – på kylvätskeutloppets anslutning på topplockets vänstra sida.*

e) *2.5 liters dieselmotor – ovanpå kylvätskeutloppets anslutning på vänster sida av topplocket.*

27 Givaren är en termistor (se avsnitt 11). Bränsleinsprutningens/motorstyrningens styrenhet förser givaren med en bestämd spänning och därefter, genom att mäta strömmen i givarkretsen, beräknar den motorns temperatur. Denna information används sedan tillsammans med andra mätvärden till att styra insprutarsynkroniseringen, tomgångshastigheten, etc.

28 Om givarkretsen inte ger korrekt information, ersätter styrenhetens reservfunktion givarens signal. I sådana fall använder styrenheten en förutbestämd inställning som gör att bränsleinsprutningen/motorstyrningssystemet kan fungera, även om det är med minskad effekt. Om detta sker tänds varningslampan på instrumentbrädan och du bör kontakta en Audi/VAG-verkstad. Själva givaren kan bara testas med speciell utrustning (se kapitel 4). Försök *inte* testa kretsen själv, risken är stor att du skadar styrenheten.

Demontering och montering

29 Se punkt 18 till 25.

7.5a På 4-cylindriga motorer, skruva ur och ta bort fästbultarna . . .

Förvärmningssystemets temperaturgivare – 2.4 liters dieselmotor

Testning

30 Se kapitel 5C för information om förvärmningssystemets funktion.

Demontering och montering

31 Givaren sitter fastskruvad på baksidan av topplocket. Demontering och montering sker enligt beskrivningen i punkt 18 till 25.

---

7 Kylvätskepump – demontering och montering

Demontering

1 Tappa ur kylsystemet enligt beskrivningen i kapitel 1 och fortsätt enligt beskrivningen under relevant underrubrik.

4-cylindriga motorer

Observera: *På dieselmotorer krävs nya bultar/pinnbultar vid montering av pumphuset till motorblocket.*

2 Demontera drivremmarna enligt beskrivningen i kapitel 1.

3 På modeller med bensinmotor, demontera generatorn enligt beskrivningen i kapitel 5A.

4 På modeller med servostyrning, demontera servostyrningspumpen enligt beskrivningen i kapitel 10. Observera att hydraulrören/ slangarna inte behöver kopplas loss från pumpen. Skruva loss pumpen från dess fästen och skjut bort den från kylvätskepumpens hus.

5 På alla modeller, skruva loss fästbultarna och ta bort remskivan från kylvätskepumpen **(se bilder)**.

6 Skruva loss muttrarna/bultarna och ta bort generatorns och/eller servostyrningspumpens fästen från motorn för att få det utrymme som krävs för att kunna demontera kylvätskepumphuset.

7 Lossa fästklämmorna och koppla loss kylvätskeslangarna från baksidan av kylvätskepumphuset och termostathuset.

7.5b . . . och ta bort drivremsskivan från kylvätskepumpen

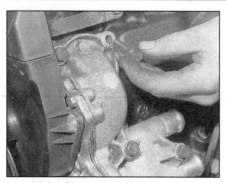

7.8a Skruva loss fästbultarna/ pinnbultarna . . .

7.8b . . .ta bort pumphuset från motorn . . .

7.8c . . . och ta vara på tätningsringarna

8 Skruva loss fästbultarna/pinnbultarna som håller fast kylvätskepumphuset/termostathuset till blocket och ta bort huset från motorn. **Observera:** *På vissa motorer måste man skruva loss de bultar som håller fast kamremskåpan till huset (se kapitel 2).* Ta loss tätningsringen som sitter mellan huset och blocket och kasta den, en ny måste användas vid monteringen **(se bilder).**

9 Lägg alla delar på en arbetsbänk, skruva loss fästbultarna och ta ur pumpen ur huset **(se bild).** Kasta packningen, en ny måste användas vid monteringen. Observera att det inte går att renovera pumpen, om den är defekt måste den bytas.

5-cylindriga motorer

10 Demontera den bakre kamremskåpan enligt beskrivningen i kapitel 2.

11 Skruva loss de två bultarna som håller servostyrningspumpens fästbygel till motorblocket och flytta bort pumpen/bygeln från kylvätskepumpen.

12 Skruva loss de bultar som håller pumpen till motorblocket och flytta bort pumpen. Ta loss tätningsringen och kasta den, en ny måste användas vid monteringen **(se bild).**

Montering

4-cylindriga motorer

13 Se till att pumpens och husets fogytor är rena och torra, och sätt på en ny packning på huset.

14 Sätt på kylvätskepumpen på huset och dra åt fästbultarna jämnt till angivet moment.

15 Sätt på en ny tätningsring i urtaget på huset och sätt tillbaka huset på motorblocket. På en bensinmotor, skruva i fästbultarna/ pinnbultarna och dra åt dem till angivet moment. På en dieselmotor, skruva i de nya fästbultarna/pinnbultarna och dra först åt dem till angivet moment för steg 1, sedan till vinkeln för steg 2.

16 Återanslut kylvätskeslangarna till huset och dra åt fästklämmorna ordentligt.

17 Montera generatorns/servostyrningspumpens fästbyglar och dra åt fästmuttrarna/ bultarna till angivet moment.

18 Sätt tillbaka remskivan på kylvätske-

pumpen och dra åt dess fästbultar till angivet moment (detta kan göras efter det att drivremmen satts på och spänts).

19 Montera servostyrningspumpen/generatorn och sätt tillbaka drivremmarna (se kapitel 1, 5 och 10).

20 Fyll på kylsystemet igen enligt beskrivningen i kapitel 1.

5-cylindriga motorer

21 Sätt på en ny tätningsring på pumpen och sätt pumpen på motorblocket **(se bild).** Skruva i pumpens fästbultar och dra åt dem till angivet moment.

22 Sätt tillbaka servostyrningspumpens fästbygel och dra åt dess fästbultar till angivet moment.

23 Montera den bakre kamremskåpan enligt beskrivningen i kapitel 2.

24 Fyll du på kylsystemet igen enligt beskrivningen i kapitel 1.

---

8 Värme- och ventilationssystem – allmän information

1 Värme- och ventilationssystemet består av en helt justerbar fläkt (som sitter bakom instrumentbrädan), ventiler i mitten och på sidorna av instrumentbrädan, samt ventiler i de främre fotbrunnarna.

7.9 Skruva loss fästbultarna och ta bort kylvätskepumpen och packningen från huset

2 Styrenheten sitter i instrumentbrädan och reglagen styr klaffventiler som riktar och blandar luften som strömmar igenom de olika delarna av värme-/ventilationssystemet. Klaffarna är placerade i luftfördelningshuset som fungerar som en central fördelningsenhet och leder luften till de olika trummorna och munstyckena.

3 Kalluft kommer in i systemet via grillen i bakre delen av motorrummet. Om det behövs förstärks luftflödet av fläkten, och luften strömmar sedan igenom de olika ventilerna enligt inställningen på instrumentbrädan. Gammal luft pressas ut genom trummor placerade baktill i bilen. Om varmluft krävs

7.12 Kylvätskepumpen tas bort – 5-cylindrig motor

7.21 På 5-cylindriga motorer, sätt en ny tätningsring på pumpen innan den monteras

leds kalluften igenom värmepaketet, som värms av motorkylvätskan.

4 Tillförseln av utomhusluft till kupén kan stängas av för att förhindra att dålig lukt kommer in. Detta gör man antingen genom att stänga av fläkten eller genom att ställa om cirkulationsreglaget (beroende på fläktsystemets konstruktion). Denna funktion bör endast användas kortvarigt, eftersom den återcirkulerade luften inuti kupén snabbt blir dålig.

9 Värme- och ventilationssystem – demontering och montering av komponenter

Observera: *Följande information gäller endast modeller som inte är utrustade med luftkonditionering och sådana som har manuellt styrd luftkonditionering. På modeller med automatisk luftkonditionering bör demontering och montering av värme-/ventilationssystemet överlåtas till en Audi/VAG-verkstad. De har tillgång till den specialutrustning som krävs för att återställa systemet efter monteringen. Den enda enhet som enkelt kan tas bort är styrenheten (se punkt 1 till 7 och bortse från alla referenser till reglagekablar).*

Styrenhet för värme/ventilation

Demontering

1 Lossa batteriets jordledning.
2 Demontera mittkonsolen enligt beskrivningen i kapitel 11.
3 Skruva loss fästskruvarna och lossa reglagepanelen från instrumentbrädan **(se bild)**.
4 Koppla loss kontaktdonen från baksidan av panelen **(se bild)**.
5 Notera kablarnas korrekta position (kablarna är färgkodade) och koppla sedan loss dem från reglagepanelen. De yttre kablarna sitter antingen fast med klämmor, och kan då lossas genom att man försiktigt bänder tillbaka panelens fasthållningsflikar

9.3 Skruva loss fästskruvarna (vid pilarna) . . .

9.4 . . . lossa reglagepanelen från instrumentbrädan och koppla ifrån dess kontaktdon

underifrån med en skruvmejsel, eller med en självgängande skruv **(se bilder)**.
6 Ta bort reglagepanelen när alla kablar är losstagna.

Montering

7 Montering sker i omvänd ordning, men se till att reglagekablarna (där sådana finns) sitter fast ordentligt på sina ursprungliga platser. Kontrollera reglagets funktion innan mittkonsolen monteras. **Observera:** *Om kabelns fasthållningsflikar blivit skadade vid borttagningen finns det hål i styrenheten där den yttre kabeln kan fästas med självgängande skruvar* **(se bild)**.

Fläktmotor

Högerstyrda modeller och vänsterstyrda modeller med luftkonditionering

8 Demontera värme-/ventilationshuset enligt beskrivningen i detta avsnitt.
9 Skruva loss fästskruvarna och ta bort luftintagstrumman/klaffen från sidan av värme-/ventilationshuset.
10 Med hjälp av en låsringstång, ta bort låsringen, brickan och tätningen från motorn och dra ut motorn ur huset. Undersök tätningen och byt den om den visar tecken på skador eller åldrande.
11 Smörj motorlagren med vaselin vid monteringen och sätt sedan enheten på plats.

12 Passa in tätningen på motorn och sätt sedan på brickan och sätt tillbaka låsringen. Se till att låsringen sitter korrekt i spåret i motorn och återanslut kontaktdonet.
13 Sätt tillbaka luftintaget på huset, dra åt fästskruvarna ordentligt och montera huset.

Vänsterstyrda modeller utan luftkonditionering

14 Öppna motorhuven, lossa försiktigt vattenavvisaren och ta bort den från baksidan av torpedväggen i motorrummet. Ta bort batteriet (se kapitel 5A).
15 Ta bort pollenfiltret (om ett sådant finns) enligt beskrivningen i kapitel 1.
16 Koppla loss reglagekabeln från luftintagsklaffen och lossa sedan försiktigt den yttre kabeln från huset.
17 Skruva loss fästskruvarna och ta bort luftintagsklaffen från sidan av värme-/ventilationshuset.
18 Koppla loss kontaktdonet från fläktmotorn.
19 Med en låsringstång, ta bort motorns låsring, bricka och tätning och dra ut motorn ur huset. Undersök tätningen och byt den om den visar tecken på skador eller åldrande.
20 Smörj motorlagren med vaselin vid monteringen och sätter sedan enheten på plats.
21 Sätt på tätningen på motorn, skjut sedan på brickan och sätt tillbaka låsringen. Se till

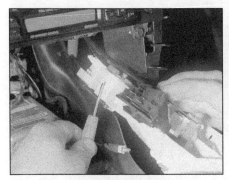

9.5a Lossa reglagekablarna . . .

9.5b . . . och/eller skruva ur fästskruvarna och lossa kablarna från reglagepanelen

9.7 Om någon av fästflikarna skadats kan kablarna hållas på plats med självgängande skruvar i de befintliga hålen

9.25a Koppla ifrån kontaktdonet . . .

9.25b . . . skruva loss fästskruvarna (vid pilarna)

9.25c . . . och ta bort fläktmotorns resistor från sidan av huset

att låsringen sitter korrekt i spåret i motorn och återanslut sedan kontaktdonet.

22 Sätt tillbaka intagsklaffen på huset, dra åt dess fästskruvar ordentligt och återanslut reglagekabeln. Kontrollera klaffens funktion och sätt tillbaka pollenfiltret (om sådant finns).

23 Sätt tillbaka vattenavvisaren (se till att den sitter rättvänd) och återanslut batteriet.

Fläktmotorresistor

Demontering

24 Öppna motorhuven, lossa vattenavvisaren och ta bort den från baksidan av torped-väggen i motorrummet. Lossa batteriets jordledning.

25 Koppla loss kontaktdonet från resistorn, skruva loss fästskruvarna och ta bort resistorn från sidan av värme-/ventilationshuset **(se bilder)**.

Montering

26 Monteringen sker i omvänd ordning, se till att vattenavvisaren sitter rättvänd.

Värme-/ventilationshus

Demontering

27 Demontera torkarmotorn enligt beskrivningen i kapitel 12.

28 På modeller där batteriet sitter bredvid värme-/ventilationshuset, ta bort batteriet ur bilen (se kapitel 5A).

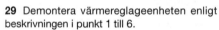

9.32 Skruva loss den mittersta fästkonsolen och ta bort den från instrumentbrädan på förarsidan

29 Demontera värmereglageenheten enligt beskrivningen i punkt 1 till 6.

30 Öppna handskfacket, skruva loss de övre och nedre skruvarna som håller de inre och yttre kanterna av fästramen vid instrumentbrädan, och ta ur handskfacket ur bilen.

31 Skruva loss fästskruvarna och ta bort förvaringsfackspanelen från förarens sida av instrumentbrädan.

32 Skruva loss fästbultarna och ta bort instrumentbrädans mittre fästkonsol på förarsidan **(se bild)**.

33 Skruva loss fästbultarna som håller

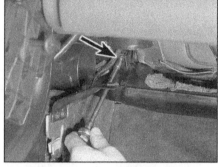

9.33a Skruva loss fästbultarna . . .

lufttrummorna för vänster och höger främre fotbrunn till huset och ta bort lufttrummorna **(se bilder)**.

34 Koppla loss lufttrummornas krökar till instrumentbrädan från både vänster och höger sida av huset och lösgör gummi-damasken till ventilen för den bakre fot-brunnen från husets undersida **(se bilder)**.

35 Följ kablarna bakåt från huset och koppla loss dem vid kontaktdonet mitt på instrumentbrädans baksida. På en A6 dieselmodell med elektrisk värmefläkt måste man även koppla loss värmarenhetens

9.33b . . . och ta bort lufttrumman på passagerarsidan. . .

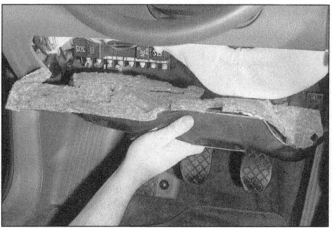

9.33c . . . och på förarsidan

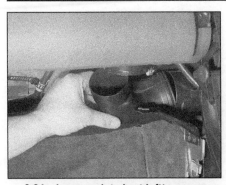

9.34a Lossa och ta bort lufttrumme-
krökarna på den vänstra . . .

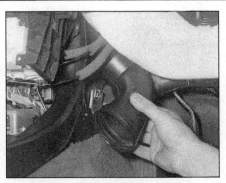

9.34b . . . och den högra sidan av
instrumentbrädan

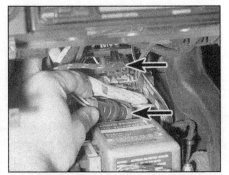

9.35a På A6 dieselmodeller, koppla ifrån
kontaktdonen (vid pilarna) . . .

9.35b . . . skruva sedan ur bulten och lossa
värmarenhetens jordledning från golvet

kontaktdon och skruva loss jordledningen från golvet **(se bilder)**.

36 Om ett pollenfilter finns monterat (i motorrummet), demontera detta från intaget i huset (se kapitel 1).

37 På modeller med luftkonditionering, lossa fästklämmorna och ta bort lufttrumman mellan huset och förångarenheten.

38 På alla modeller bör värmepaketets kylvätskeslangar strypas med klämmor för att förhindra kylvätskeläckage. Lägg en trasa under värmepaketets anslutningar för att fånga upp kylvätska som läcker ut, lossa

sedan slangklämmorna och koppla loss båda slangarna **(se bild)**. Torka upp all kylvätska som läckt ut och spola av med vatten. Lägg trasor runt basen av huset för att fånga upp ytterligare kylvätska som kan läcka ut när huset demonteras.

39 Skruva loss fästskruvarna, haka av de två halvorna av husets fästband och ta loss huset **(se bild)**.

40 Huset kan nu lyftas bort. Se till att ingen kylarvätska droppar ner på mattan genom hålet i torpedväggen. Huspackningen sitter fast i torpedväggen och det kan krävas avsevärd kraft för att få loss den. Vicka huset från sida till sida tills packningen lossnar och lyft sedan ut enheten, se till att reglage-kablarna inte fastnar **(se bild)**. Torka upp all kylvätska som läckt ut och torka efter med en fuktig trasa.

Montering

41 Monteringen sker i omvänd ordning, tänk på följande.
a)   Använd en ny huspackning om den gamla är skadad.
b) Se till att lufttrummorna, krökarna och damasken sitter fast ordentligt vid huset och att alla kablar är rätt dragna innan du huset fästs på plats med fästbandet.

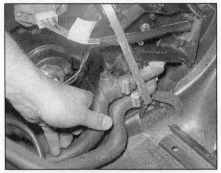

9.38 Lossa fästklamrarna och koppla ifrån
kylvätskeslangarna från
värmepaketsanslutningen

c)   Se till att kylvätskeslangarna är ordentligt fästa vid värmepaketet. Slangen från motorn måste vara ansluten till den övre anslutningen och returslangen till kyl-vätskepumpen till den nedre anslut-ningen.
d)   Fyll på kylsystemet enligt beskrivningen i kapitel 1.

Värmepaket

Demontering

Observera: Silikontätningsmedel krävs för att täta fogen mellan värmepaketet och huset.

9.39 Lossa fästskruven och ta bort fästbandet från värmarhuset

9.40 Värmarhuset demonteras från bilen

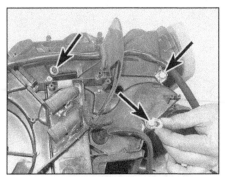

9.43 Ta bort fästklämmorna (vid pilarna) från vänstra sidan av husklafftapparna

9.44 Bänd bort fästklämmorna (tre vid pilarna) som håller ihop hushalvorna

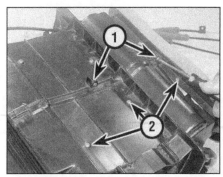

9.45a Skruva loss alla skruvar som håller ihop hushalvorna (1) och de skruvar som fäster överplattan till vänster halva (2) . . .

Audi rekommenderar tätningsmedlet D 176001 A3 (tillgängligt från närmaste Audi/ VAG-verkstad).
42 Demontera värme-/ventilationshuset enligt beskrivningen i detta avsnitt.
43 Lägg huset på en arbetsbänk, ta bort fästklämmorna från vänster sida av husets klafftappar och dra av brickorna **(se bild)**.
44 Lossa försiktigt fästklämmorna som håller ihop de två halvorna av huset **(se bild)**.
45 Arbeta runt huset och skruva loss alla skruvar som håller ihop de två delarna. Notera att skruvarna skruvats i från båda sidor och att många sitter dolda i fördjupningar i huset **(se bilder)**.

46 Skruva loss de tre skruvarna som håller fast den övre plattan till vänstra halvan av huset.
47 När alla fästskruvar har tagits bort, lossa huspackningen från ena halvan och skilj försiktigt de två hushalvorna åt **(se bilder)**.
Varning: Ta inte i för mycket när huset delas. Om de två halvorna inte går lätt att få isär, kontrollera först att alla fästskruvar har tagits bort.
48 Värmepaketet kan nu tas ut ur huset **(se bild)**.
49 Innan värmepaketet sätts tillbaka, kontrollera att värmepaketets tätningsskum är i gott skick.

50 Skjut värmepaketet på plats och se till att det sitter rätt i hushalvan.
51 Se till att alla klaffar, värmepaketet och (om en sådan finns) den elektriska fläkten sitter korrekt, sätt sedan ihop de två hushalvorna. Detta kan vara ganska petigt och ta lite tid, eftersom alla delar måste sitta alldeles rätt.
Varning: Försök inte tvinga ihop de två hushalvorna. Går det inte lätt att få ihop dem beror det på att någon del inte sitter rätt, och om då stor kraft används kommer den delen att gå sönder.
52 När hushalvorna sitter ihop som de ska, sätt tillbaka fästskruvarna och dra åt dem ordentligt. Kontrollera husklaffarnas funktion, de ska gå att röra mjukt och lätt, innan klamrarna sätts tillbaka runt husets utsida.
53 Sätt tillbaka fästskruvarna som håller fast den övre plattan till vänstra halvan, sätt sedan på brickorna och låsringarna på vänstra änden av klafftapparna.
54 Se till att huset sitter ihop korrekt, täta fogen mellan värmepaketets ände och husöppningen genom att fylla den med silikontätningsmedel **(se bild)**. Var noga med att verkligen få till en lufttät fog mellan de två delarna, eftersom en läcka försämrar värme-/ ventilationssystemets effektivitet.
55 Kontrollera husklaffarnas funktion innan huset sätts tillbaka i bilen (se stycke 41).

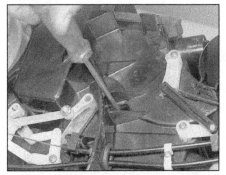

9.45b . . . och lägg märke till att vissa skruvar är dolda i husets försänkningar

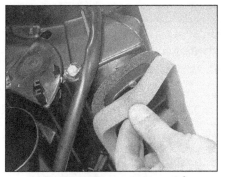

9.47a Dra av huspackningen från ena hushalvan . . .

9.47b . . . och lyft försiktigt bort en hushalva från den andra halvan

9.48 Värmepaketet demonteras

9.54 Se till att fogen mellan värmepaketet och huset blir fullständigt tätad med lämpligt tätningsmedel

Extra värmare – Audi A6 med dieselmotor

Demontering

56 Demontera värme-/ventilationshuset enligt beskrivningen i detta avsnitt, skilj sedan hushalvorna åt enligt beskrivningen i stycke 43 till 47.
57 Lossa den extra värmaren och ta ut den ur huset **(se bild)**.

Montering

58 Montera värmaren i huset och sätt ihop huset igen enligt beskrivningen i punkt 51 till 55.

10 Luftkonditionering – allmän information och föreskrifter

Allmän information

1 Ett luftkonditioneringssystem finns monterat i vissa modeller. Det kan sänka den inkommande luftens temperatur och även avfukta luften, vilket ger snabbare borttagning av imma och ökad komfort.
2 Den kylande delen av systemet fungerar på samma sätt som ett vanligt kylskåp. Kylmedia i gasform sugs in i en remdriven kompressor och passerar en kondenserare som är monterad framför kylaren, där värmen avges och gasen övergår till flytande form. Vätskan passerar genom en expansionsventil till en förångare där den omvandlas från vätska under högt tryck till gas under lågt tryck. Denna förändring åtföljs av ett temperaturfall som kyler ner förångaren. Kylmediet återvänder sedan till kompressorn och processen upprepas.

9.57 Den extra värmaren demonteras - A6 dieselmodeller

3 Luft blåses genom förångaren till värme-/ventilationshuset, där den blandas med varmluft från värmepaketet för att få önskad temperatur i kupén.
4 Värmedelen av systemet fungerar på samma sätt som på bilar utan luftkonditionering (se avsnitt 8).
5 Det finns två typer av luftkonditioneringssystem, ett manuellt system som har en vanlig panel med reglageknappar, och ett automatiskt system som har en panel med tryckknappar och en LCD-display. För båda systemen gäller att problem bör hanteras av en Audi/VAG-verkstad.

Föreskrifter

6 Om ett luftkonditioneringssystem är installerat måste särskilda säkerhetsåtgärder följas när man arbetar med systemet eller dess associerade komponenter. Om systemet av någon anledning måste kopplas loss bör du överlåta detta till en Audi/VAG-verkstad eller en mekaniker som är specialiserad på luftkonditioneringssystem.

 Varning: Kylkretsen kan innehålla flytande kylmedium (freon) och det är därför farligt att koppla loss någon del av systemet utan specialkunskaper och utrustning.

7 Kylmediet är potentiellt farligt, och bör endast hanteras av kvalificerade personer. Om det stänker på huden kan det orsaka köldskador. Det är inte giftigt i sig, men bildar i närvaro av öppen eld (inklusive en tänd cigarett) en giftig gas. Okontrollerade utsläpp av köldmediet är riskabelt och potentiellt miljöfarligt.
8 Använd inte luftkonditioneringen om du vet att kylmedienivån är låg, eftersom detta kan skada kompressorn.

11 Luftkonditionering – demontering och montering av komponenter

Varning: Försök inte öppna kylmediakretsen. Läs säkerhetsföreskrifterna i avsnitt 10.

1 Det enda moment som enkelt kan utföras utan att kylmediet läcker ut är byte av kompressorns drivrem. Detta beskrivs i kapitel 1. Alla övriga reparationer måste utföras av en Audi/VAG-verkstad eller en luftkonditioneringsspecialist.
2 Om det behövs kan kompressorn skruvas loss och flyttas åt sidan, utan att dess slangar kopplas loss, efter det att drivremmen demonterats.

Anteckningar

Kapitel 4 Del A:
Bränslesystem – enpunktsinsprutning, bensin

Innehåll

Svårighetsgrader

Enkelt, passar novisen med lite erfarenhet	Ganska enkelt, passar nybörjaren med viss erfarenhet	Ganska svårt, passar kompetent hemmamekaniker	Svårt, passar hemmamekaniker med erfarenhet 	Mycket svårt, för professionell mekaniker

Specifikationer

Systemtyp
Motorkod AAE . . . .   Bosch Mono-Motronic

Bränslesystemdata
Bränslepump, typ . . . .   Elektrisk, nedsänkt i tanken
Bränslepump, matning . . . .   1 400 cm^3/min (batterispänning 12,5 V)
Reglerat bränsletryck . . . .   0,8 till 1,2 bar
Tomgångens varvtal . . . .   750 - 1 000 varv/minut (ej justerbart, elektroniskt styrt)
Maximalt motorvarvtal . . . .   6 400 varv/minut (elektroniskt styrt)
Insprutarens elektriska motstånd . . . .   1,2 till 1,6 ohm vid 15°C

Rekommenderat bränsle
Minsta oktantal:
   74 kW motor . . . .   91 oktan

Åtdragningsmoment   Nm

Bränslematningsrörets anslutningsbult till bränsletankens
   givare/pump/filter   20
Bränslepumpens polmuttrar:
   M5   4
   M6   7
Dämparens fästmutter   10
Fäste för CO-provtagningsrör till insugningsrör   20
Gasspjällhusets fästskruvar   10
Gasspjällhusets luftbehållare, fästskruv   10
Gasspjällhusets mellanfläns till insugningsröret   13
Gasspjällhusets övre del   6
Gasspjällventilens lägesmodul, skruvar   6
Insprutarlock/hus för insugsluftens temperaturgivare, skruv   5
Insugningsrörets fästbultar   25
Insugningsrörets värmares fästskruvar   10
Lambdasond   50
Varmluftshölje till avgasgrenrör   20

1 Allmän information och föreskrifter

Allmän information

Systemet Bosch Mono-Motronic är ett helomfattande motorstyrningssystem som styr både bränsleinsprutning och tändning. Detta kapitel tar endast upp bränsleinsprutningens komponenter – se kapitel 5B för detaljer om tändsystemet.

Bränsleinsprutningssystemet består av en bränsletank, en elektrisk bränslepump, ett bränslefilter, matnings- och returledningar för bränsle, ett gasspjällhus med en integrerad elektronisk bränsleinsprutare och en elektronisk styrenhet samt tillhörande givare, aktiverare och ledningar.

Bränslepumpen matar konstant bränsle till gasspjällhuset via en filterpatron med ett tryck som är något högre än vad som krävs. Tryckregulatorn (integrerad i gasspjällhuset) upprätthåller ett konstant tryck till insprutaren och returnerar överskottet till tanken via returledningen. Detta system med konstant flöde hjälper till att sänka bränslets temperatur och förhindrar förångning.

Insprutaren öppnas och stängs av den elektroniska styrenheten som beräknar tidpunkten för insprutningen samt dess varaktighet utifrån signaler om motorns varvtal, gasspjällets position och öppningstempo, insugsluftens temperatur, kylvätskans temperatur, bilens hastighet och avgasernas syreinnehåll. Dessa signaler kommer från givare placerade på motorn.

Insugsluften dras in i motorn genom luftrenaren, som innehåller ett utbytbart pappersfilter. Insugsluftens temperatur styrs av en vakuummanövrerad ventil placerad på luftrenaren. Den blandar omgivande luft med varmluft som hämtas från grenrörets ovansida.

Styrning av tomgångsvarvtalet uppnås delvis med en elektronisk lägesmodul för gasspjället, placerad på gasspjällhusets sida, delvis av tändsystemet, som fininställer varvtalet genom att justera tändläget. Detta resulterar i att manuell justering av tomgångsvarvtalet inte är nödvändig.

Start och tomgång i kyla (liksom bränsleekonomi) förbättras av ett elektriskt värmeelement som är placerat under insugningsröret. Detta förhindrar att bränsleångor kondenseras när motorn är kall. Värmaren får ström från ett relä som styrs av styrenheten.

Avgasernas syrehalt övervakas konstant av styrenheten via Lambdasonden som är monterad i avgasröret. Styrenheten använder informationen från denna till att modifiera tidpunkt och varaktighet för insprutningen så att optimal bränsleblandning erhålls – ett resultat av detta är att manuell justering av CO-halten inte behövs. Dessutom är alla modeller försedda med en katalysator i avgassystemet – se kapitel 4D för närmare information.

Styrenheten reglerar även i förekommande fall kolkanisterns avdunstningsreglering – se kapitel 4D för ytterligare detaljer.

Observera att diagnostisering av fel på systemet Bosch Mono-Motronic endast kan utföras med speciell elektronisk utrustning. Problem med systemets funktion måste därför överlåtas till en Audi/VAG-verkstad för utvärdering. Arbetsbeskrivningarna i följande avsnitt anger hur tillämpliga komponenter byts ut efter behov när fel har identifierats.

Observera: *I detta kapitel betecknas motorer genomgående med sina respektive motorkoder snarare än slagvolymen – se kapitel 2 för en lista över motorkoder.*

Föreskrifter

Varning: Många av procedurerna i detta kapitel kräver att man kopplar loss bränsleslangar och anslutningar, vilket kan resultera i bränslespill. Läs igenom säkerhetsföreskrifterna i början av denna handbok innan något arbete utförs på bränslesystemet. Slå alltid av tändningen innan arbetet påbörjas. Bensin är en ytterst brandfarlig vätska och säkerhetsföreskrifterna för hantering kan inte nog betonas.

Varning: Övertrycket kommer att vara kvar i bränsleledningarna långt efter att bilen senast kördes. Innan någon bränsleledning kopplas loss måste bränslesystemet tryckutjämnas enligt beskrivningen i avsnitt 9.

2 Luftrenare och luftintag – demontering och montering

Demontering

1 Öppna klamrarna och lyft av den övre kåpan från luftrenaren. Ta ut filtret (se kapitel 1A för detaljer).
2 Lossa slangklämmorna och koppla bort slangen för luftintag från kåpan och gasspjällhusets luftbehållare.
3 Öppna slangklämman och koppla bort varmluftslangen från den övre kåpan.
4 Koppla loss slangen till vevhusventilationen från gasspjällhusets luftbehållare.
5 Koppla loss vakuumslangarna från temperaturgivaren på gasspjällhusets luftbehållare, ta sedan bort plasthattarna, skruva bort fästbultarna och lyft bort luftbehållaren från gasspjällhuset **(se bild)**. Ta vara på tätningen.
6 Koppla loss vakuumslangen från kontrollklaffen för lufttemperatur.
7 Skruva loss den övre fästbulten från luftrenarhuset. Skruva även bort muttern och den självgängande skruven från luftinloppstrumman.
8 Lyft luftrenarhuset från fästgummimuffarna och ta bort det från motorrummet tillsammans med luftinloppstrumman.
9 Ta loss inloppstrumman från luftrenarhuset.

Montering

10 Montera luftrenaren i omvänd ordning.

3 Insugsluftens temperaturregulator – demontering och montering

Demontering

1 Lossa vakuumslangarna från temperaturregulatorn, anteckna deras placeringar.
2 Ta bort gasspjällhusets luftbehållare enligt beskrivningen i avsnitt 2.
3 Bänd bort fjäderns spännbricka av metall **(se bild)** och ta bort temperaturregulatorn från gasspjällhusets luftbehållare. Ta vara på packningen.

Montering

4 Montering sker i omvänd arbetsordning.

2.5 Fästbultar för gasspjällhusets luftbehållare

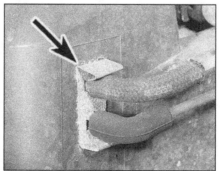

3.3 Spännbricka av metall för temperaturregulator

4 Gasvajer – demontering, montering och justering

Demontering

1 Koppla loss innervajern från gasspjällets axelplatta på gasspjällhuset.
2 Ta loss vajerhöljet från monterings-konsolen.
3 Demontera den nedre instrumentbrädan under rattstången inne i bilen.
4 På modeller med automatväxellåda, koppla loss kickdownkontaktens kablar från vajer-höljet.
5 Lossa klammern och koppla loss inner-vajern från överdelen av gaspedalen.
6 Dra loss vajerhöljet från torpedväggen i motorrummet, lossa sedan vajern från dess fästen och ta bort den.

Montering

7 Monteringen sker i omvänd ordning, men justera vajern enligt följande. Se till att den fyrkantiga delen av vajerhöljet sitter korrekt i torpedväggen.

Justering

Med manuell växellåda

8 Justera metallklammerns läge på vajerhöljet på gasspjällhuset så att gasspjället öppnas helt när gaspedalen trycks ner och håller sig öppen tills gaspedalen släpps upp igen. När pedalen är helt uppsläppt får det vara ett spel på högst 1 mm i innervajern

Med automatväxellåda

9 På bilar med automatväxellåda, lägg en 9 mm tjock träkloss mellan gaspedalens undersida och stoppet på golvet och tryck sedan ner pedalen mot träklossen. Om det behövs kan en medhjälpare hålla pedalen nedtryckt tills justeringen är klar.
10 Dra ut vajerhöljet från dess fäste på gasspjällhuset tills gasspjället är vidöppet och ligger mot stoppklacken, och fäst sedan kabeln i denna position med metallklammern.
11 Ta bort träklossen under gaspedalen och släpp pedalen.
12 Tryck in tryckkolven på gasspjäll-positioneraren helt med en skruvmejsel och kontrollera att gasspjällarmen följer med kolven och hela tiden är i kontakt med den. **Observera:** *Gasspjället justerar automatiskt tomgången efter motorbelastningen.* Kontroll-era om så behövs funktionen hos den auto-matiska justeringen enligt beskrivningen i avsnitt 5.
13 När gasvajern är ordentligt justerad, kontrollera kickdownkontakten enligt beskriv-ningen i kapitel 7B.

5 Bränsleinsprutningssystem – demontering och montering av komponenter

Observera: *Läs igenom föreskrifterna i avsnitt 1 innan arbete påbörjas med komponenterna i bränslesystemet.*

Gasspjällhus

Demontering

1 Se avsnitt 2 och ta bort gasspjällhusets luftbehållare.
2 Tryckutjämna bränslesystemet enligt beskrivningen i avsnitt 9 och koppla loss batteriets jordledning (minus) (se kapitel 5A).
3 Lossa klamrarna och koppla loss bränsletillförsel- och returslangarna från portarna på sidan av gasspjällhuset. Observera pilarna på portarna som anger bränsleflödets riktning och märk slangarna efter dessa.
4 Koppla bort kablarna från kontakterna på gasspjällhuset och märk dem för att under-lätta monteringen senare.
5 Lossa klammern och koppla bort kol-kanisterns bränsleförångningsslang.
6 Koppla loss gasvajern från gasspjällhuset enligt beskrivningen i avsnitt 4.
7 Ta bort de genomgående bultarna och lyft bort gasspjällhuset från insugningsrörets fläns och ta vara på packningen. Mellanflänsen kan vid behov tas bort från insugningsröret genom att fästbultarna skruvas loss **(se bild)**.

Montering

8 Montering sker i omvänd arbetsordning, men byt ut packningen. Kontrollera gasvajern och justera den vid behov. Om den nedre delen av gasspjällhuset har bytts ut (med en gasspjällpotentiometer i ett stycke) i bilar med elektronisk automatväxelstyrning, måste den nya potentiometern vara anpassad till växellådans styrenhet; vänd dig till en Audi/VAG-handlare för hjälp eftersom det här momentet kräver tillgång till särskild test-utrustning.

Bränsleinsprutare

Demontering

9 Se avsnitt 2 och ta bort gasspjällhusets luftbehållare.
10 Se avsnitt 9 och tryckutjämna bränsle-systemet, koppla sedan ur batteriets jord-ledning (minuspol) (se kapitel 5A).
11 Koppla loss insprutarkablarna från kontaktdonet.
12 Skruva loss skruven och lyft bort insprutarlocket/huset för insugsluftens temp-eraturgivare **(se bild)**.
13 Lyft bort insprutaren ur gasspjällhuset och ta vara på O-ringstätningarna.
14 Kontrollera insprutarens elektriska mot-stånd med en multimeter och jämför resultatet med specifikationerna.

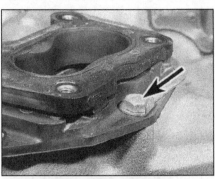

5.7 Mellanflänsens fästbultar

Montering

15 Monteringen sker i omvänd arbets-ordning, men byt ut O-ringstätningarna. Dra åt fästskruven till angivet moment. **Observera:** *När insprutarlocket/huset för insugsluftens temperaturgivare monteras, ta först bort skyddskåpan från insidan av huset.*

Insugsluftens temperaturgivare

16 Insugsluftens temperaturgivare utgör en del av insprutarlocket. Demontering av temperaturgivaren beskrivs under ovan-stående underavsnitt. Kontrollera den elektriska resistansen med en multimeter.

Bränsletrycksregulator

Demontering

17 Om bränsletrycksregulatorn inte fungerar som den ska, ta isär den enligt beskrivningen nedan. Undersök sedan de inre kompo-nenterna med avseende på smuts och skador.

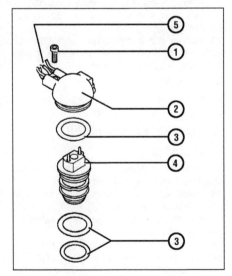

5.12 Insprutarkomponenter

1 *Skruv*
2 *Insprutarlock/hus för insugsluftens temperaturgivare*
3 *O-ringsförslutningar*
4 *Insprutare*
5 *Kablar*

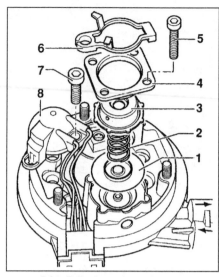

5.21 Bränsletryckregulatorns komponenter

1 Membran	6 Kabelstyrning
2 Fjäder	7 Fästskruvar till
3 Övre kåpa	insprutare
4 Bärram	8 Insprutarlock
5 Skruvar	

18 Ta bort gasspjällhusets luftbehållare enligt beskrivningen i avsnitt 2.
19 Se avsnitt 9 och tryckutjämna bränslesystemet, koppla sedan loss batteriets jordledning (minuspol) (se kapitel 5A).
20 Skruva loss skruven och ta bort insprutarlocket/huset till insugsluftens temperaturgivare.
21 Skruva loss fästskruvarna och lyft bort bränsletrycksregulatorns bärram (se bild).
22 Lyft bort den övre kåpan, fjädern och membranet.
23 Rengör alla komponenter noggrant och undersök om membranet har sprickor och/eller repor – byt ut det om så behövs.

Montering

24 Sätt ihop tryckregulatorn i omvänd ordning mot demonteringen.

Gasspjällets lägesmodul

Demontering

25 Demontera gasspjällhusets luftbehållare enligt beskrivningen i avsnitt 2.
24 Lossa batteriets jordledning och för undan den från polen (se paragraf 2).
27 Koppla loss kontakten från sidan av gasspjällets lägesmodul.
28 Ta bort fästskruvarna och lyft bort modulen och gasvajerns yttre fästkonsol från gasspjällhuset.

Montering

29 Monteringen sker i omvänd ordning mot demonteringen, men se till att tomgångsbrytaren endast kan styras med stoppskruvslaget på brytarens plastskiva. Lossa vid behov fästskruvarna och flytta på fästkonsolen, dra sedan åt skruvarna.

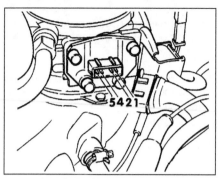

5.31a Gasspjällpotentiometerns anslutningspoler i modeller med manuell växellåda . . .

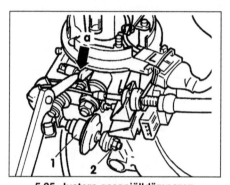

5.35 Justera gasspjälldämparen

1 Dämpare   2 Låsmutter   a = 0,05 mm

Gasspjällpotentiometer

Demontering och montering

30 Demontera gasspjällhuset enligt beskrivningen ovan i detta avsnitt. Gasspjällpotentiometern utgör en del av gasspjällhusets nedre del och kan inte bytas ut separat.

Test

31 Potentiometern kan kontrolleras med en ohmmätare. Ta först bort anslutningskontakten, koppla sedan in ohmmätaren mellan pol 1 och 5 (manuell växellåda) eller 1 och 7 (automatväxellåda) (se bilder) och kontrollera att resistansen är mellan 520 och 1300 ohm. Koppla nu in ohmmätaren mellan pol 1 och 2 och kontrollera att resistansen ökar från 600 till 3500 ohm när gasspjället från att ha varit slutet öppnas till en fjärdedel. Koppla slutligen in ohmmätaren mellan pol 1 och 4 (manuell växellåda) eller 1 och 6 (automatväxellåda) och kontrollera att resistansen ökar från 600 till 6600 ohm när gasspjället öppnas till en fjärdedel från att ha varit helt stängt. Observera att i den sista kontrollen förblir resistensen konstant till att börja med, men ökar efter ett tag.

Tomgångsbrytare

Demontering och montering

32 Demontera gasspjällets lägesmodul enligt beskrivningen ovan i detta avsnitt. Tomgångsbrytaren utgör en del av modulen och kan inte bytas separat.

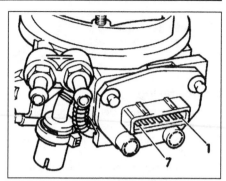

5.31b . . . och på modeller med automatväxellåda

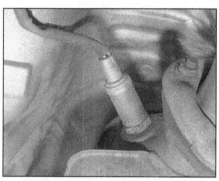

5.36 Lambdasonden på avgasgrenröret

Gasspjälldämpare

Demontering

33 Ta hjälp av någon som kan pressa ner gaspedalen eller lägg en träkloss på pedalen för att trycka ner den i botten.
34 Observera dämparens läge på fästet, skruva sedan bort låsmuttern och brickan och ta loss dämparen från fästet.

Montering och justering

35 Monteringen görs i omvänd arbetsordning mot demonteringen, men kontrollera att gasspjällarmen flyttar dämparens tryckkolv mellan 4 och 8 mm när gasspjället är stängt. Om inte, utför följande justeringar. Kontrollera att gasspjället är helt stängt när tändningen är avslagen – Audi/VAG-mekaniker stänger gasspjället genom att skicka ström genom gasspjällpositioneraren med en särskild adapterpropp. Adaptern ska kopplas loss innan de återstående justeringarna utförs. Lossa dämparens låsmutter, använd sedan ett 0,05 mm bladmått för att justera dämparens läge tills utrymmet mellan gasspjällets begränsningsskruv och spärren är 0,05 mm (se bild). När detta är gjort, dra åt låsmuttern för att fästa dämparen.

Lambdasond

Demontering

36 Lambdasonden gängas in i grenröret (se bild). Se kapitel 4D för detaljer.
37 Koppla loss batteriets jordkabel (minus-

pol) (se kapitel 5A), koppla sedan bort kabelhärvan från lambdasonden vid kontaktdonet.

38 Lossa och dra bort sonden, var försiktig så att den inte skadas när den tas bort. **Observera:** *Eftersom tråden fortfarande är fäst vid givaren är en blocknyckel det bästa verktyget för att få loss den. Dessa säljs i biltillbehörsbutiker.*

Montering

39 Lägg lite antikärvningsfett på sondens gängor, men bara där – håll toppen på sonden ren.
40 Sätt tillbaka sonden på grenröret, dra åt den till rätt moment. Återanslut kablarna.

Temperaturgivare för kylvätska

Demontering

41 Koppla loss batteriets jordledning (minuspol) (se kapitel 5A), tappa sedan ur ungefär en fjärdedel av kylvätskan ur motorn (se kapitel 1).
42 Temperaturgivarna är placerade på den bakre vänstra sidan av topplocket, ovanpå kylvätskans utloppsslangar till kylarvätskan. Den inre givaren är till för temperaturmätaren och den yttre givaren för motorstyrningssystemet.
43 Skruva loss givarna från huset och ta vara på tätningsbrickan – räkna med att förlora en del kylvätska.

Montering

44 Montera givaren i omvänd arbetsordning, men använd en ny tätningsbricka. Fyll på kylsystemet enligt beskrivningen i kapitel 1A.

Elektronisk styrenhet (ECU)

Observera: *Vänta alltid minst 30 sekunder efter det att tändningen slagits av innan kablarna kopplas loss från styrenheten. När kablarna kopplas loss försvinner alla värden, men innehållet i felminnet finns kvar. När kablarna återanslutits måste de ursprungliga inställningarna göras om av en Audi/VAG-mekaniker med ett speciellt testinstrument. Observera även att om styrenheten byts ut måste identifieringen av den nya styrenheten överföras till stabilisatorns styrenhet av en Audi/VAG-handlare.*

Demontering

45 Se till att tändningen är avslagen.
46 I höger fotbrunn (vänsterstyrda bilar) eller i vänster fotbrunn (högerstyrda bilar), skruva bort skruvarna och ta bort sidoklädselpanelen. Bänd även bort mittkåpan från sparkplåten och skruva sedan loss själva sparkplåten.
47 När klädselpanelen är borttagen, vik undan de främre mattorna och den nedre mattan.
48 Skruva loss skruvarna och ta försiktigt bort den övre och nedre plastkåpan från styrenheten.
49 Dra loss korsstaget, skruva sedan ur de

två fästskruvarna och lossa styrenheten från tappen på hållaren.
50 Vänd på styrenheten, tryck upp fliken och koppla loss kontaktdonet.

 Varning: *Vänta minst 30 sekunder efter det att tändningen slagits av innan kablarna kopplas loss från styrenhetens kontaktdon.*

51 Dra ut styrenheten ur bilen.

Montering

52 Passa in styrenheten i dess hållare, återanslut kontaktdonet och tryck in det tills det hålls fast av fliken.
53 Placera styrenheten åt rätt håll och passa in tappen på hållaren.
54 Sätt i och dra åt fästskruvarna och tryck sedan korsstaget på plats.
55 Placera den nedre kåpan så att tapparna går in i urtagen. Sätt tillbaka den övre kåpan på samma sätt, skruva sedan fast de båda kåporna.
56 Lägg tillbaka mattorna och klädselpanelen och skruva fast skruvarna.

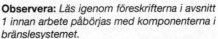

6 Bränslefilter – byte

Observera: *Läs igenom föreskrifterna i avsnitt 1 innan arbete påbörjas med komponenterna i bränslesystemet.*
1 Bränslefiltret är fäst i bränsletillförselledningen, på motorrummets högra sida, bakom luftrenaren.
2 Tryckutjämna bränslesystemet enligt beskrivningen i avsnitt 9.
3 Observera pilen ovanpå bränslefiltret som anger riktningen på bränsleflödet. Det nya filtret måste placeras med pilen åt samma håll, detta är dock inget problem eftersom filtren är utformade så att de bara kan monteras åt ett håll.
4 Lägg tygtrasor under oljefiltret för att suga upp spill.
5 Skruva loss anslutningsbulten från den främre delen av filtret, lossa banjoanslutningen med röret och ta vara på tätningsbrickorna.
6 Skruva loss anslutningsmuttern och koppla bort bränsleröret från filtrets bakre del.
7 Skruva loss klammer- och fästbultarna och ta bort det gamla filtret.
8 Montera det nya bränslefiltret i omvänd ordning, men sätt nya tätningsbrickor på sidorna av banjoanslutningen innan anslutningsbulten dras åt till angivet moment.

7 Bränslepump och bränslemätarens givare – demontering och montering

Observera: *Läs igenom föreskrifterna i avsnitt 1 innan du arbete påbörjas med komponenterna i bränslesystemet.*

Demontering

1 Bränslepumpen och nivågivaren är sammanbyggda till en enhet som är monterad ovanpå bränsletanken **(se bild nästa sida)**. Man kommer åt den via en lucka i bagageutrymmets golv. Vid demontering exponeras tankens innehåll och brandrisken är hög, så iakttag största försiktighet för att undvika brand. Bilen och området runt den måste vara välventilerat så att ansamlingar av bränsleångor förhindras.
2 Tryckutjämna bränslesystemet (avsnitt 9).
3 Se till att bilen är parkerad på plant underlag, koppla sedan loss batteriets jordkabel (minuspol) (se kapitel 5A).
4 Ta bort klädseln från golvet i bagageutrymmet enligt beskrivningen i kapitel 11.
5 Skruva loss luckan och lyft bort den från golvet.
6 Koppla loss kabelkontaktdonet från pumpen/givarenheten.
7 Lägg trasor under bränsle- och ventilationsslangarna för att suga upp bränslespill. Lossa slangklämmorna och koppla loss bränslereturoch ventilationsslangarna. Notera de olika slangarnas plats.
8 Skruva loss anslutningsbulten som håller matningsslangen till pumpen/givarenheten och ta vara på tätningsbrickorna.
9 Plugga igen eller tejpa över slangarnas ändar så att inte damm eller smuts kommer in i bränslesystemet.
10 Skruva bort fästringen av plast och lyft ut pumpen/givarenheten, var försiktig så inte kablarna skadas. Audi/VAG-mekaniker använder ett specialverktyg för att skruva bort ringen, men två korsade skruvmejslar fästa i skårorna i ringen brukar fungera lika bra. Ett annat alternativ är att använda en vattenpumptång.
11 Lossa slangklämmorna och koppla loss matnings- och returslangarna från insidan av enheten.
12 Koppla loss kablarna från bränslepumpen.
13 Vrid pumpen moturs ungefär 15 mm för att lossa den från bajonettfästet, lyft sedan ut den och håll den ovanför bränslenivån i tanken tills allt överflödigt bränsle runnit ur. Ta loss gummitätningen.
14 Undersök flottören i änden av givarenhetens svängarm med avseende på hål och bränsleintrång, och byt ut den om den verkar skadad. Undersök gummitätningen från bränsletankens öppning och byt ut den om så behövs. Undersök givarenhetens torkare och spår; ta bort all eventuell smuts och allt skräp och titta efter sprickor i spåret.

Montering

15 Montera pumpen/givarenheten i omvänd arbetsordning mot demonteringen. Placera bränslepumpen så att V-märket är i linje med det första märket, vrid sedan pumpen medurs tills V-märket är i linje med det andra märket. Smörj tanköppningens gummitätning med ren olja innan den sätts på plats.

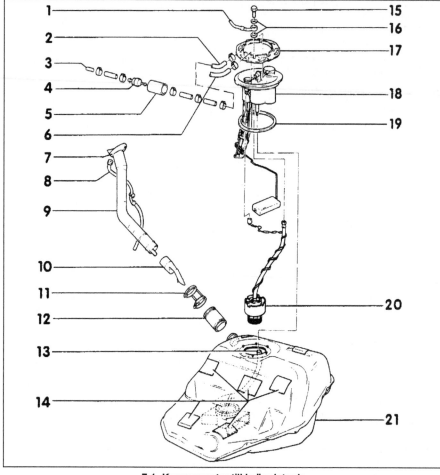

7.1 Komponenter till bränsletank

1 Bränslematarledning till motor	7 Påfyllningshals 8 Skvallerrör	15 Anslutningsbult 16 Tätningsbrickor
2 Ventilationsledning	9 Påfyllningsrör	17 Fästring
3 Ventilationsledning till kolkanister	10 Inlägg 11 Dubbel klammer	18 Bränslemätargivare 19 O-ring
4 Ventil	12 Slang	20 Bränslepump
5 Stöd	13 Returledning i tank	21 Bränsletank
6 Returledning	14 Dämpningskloss	

8 Bränsletank – demontering och montering

Observera: *Läs igenom föreskrifterna i avsnitt 1 innan arbete påbörjas med komponenterna i bränslesystemet.*

Demontering

1 Innan tanken tas bort måste den tömmas på så mycket bränsle som möjligt. Eftersom det inte finns någon avtappningsplugg på tanken är det lättast att demontera den när den är så gott som tom.

2 Lossa batteriets jordledning (minuspolen) (se kapitel 5A). Använd om möjligt en handpump eller en hävert för att få bort bränslerester från botten av tanken.

3 Klossa framhjulen, lyft sedan med hjälp av en domkraft upp bakvagnen och stöd den på pallbockar (se *Lyftning och stödpunkter*). Ta bort det högra bakhjulet.

4 Tryckutjämna bränslesystemet (avsnitt 9).

5 Ta bort klädseln från golvet i bagageutrymmet enligt beskrivningen i kapitel 11.

6 Skruva loss luckan och lyft bort den från golvet.

7 Koppla loss kabelkontaktdonet från pumpen/givarenheten.

8 Lägg trasor under bränsle- och ventilationsslangarna för att suga upp bränslespill. Lossa slangklämmorna och koppla ur bränslereturoch ventilationsslangarna. Notera de olika slangarnas plats.

9 Skruva loss anslutningsbulten som håller fast matningsslangen till pumpen/givarenheten, ta vara på tätningsbrickorna.

10 Plugga igen eller tejpa över slangarnas ändar så att inte damm eller smuts kommer in i bränslesystemet.

11 Placera en garagedomkraft under tankens

mitt, men lägg en träbit mellan domkraften och tanken för att undvika skada på tankytan. Höj domkraften tills den precis stöder tankens vikt.

12 Lossa klamrarna i det högra hjulhuset och koppla loss påfyllningsslangen från bränsletanken. Skruva vid behov bort skruvarna som fäster påfyllningshalsen inuti hjulhuset. Öppna tankluckan och dra bort gummitätningen från karossen.

13 Om så behövs, ta bort avgassystemets värmeskydd från bränsletankens vänstra sida.

14 Skruva loss fästbultarna från tankens fästband och håll en hand på tanken för att stödja den när den lossas ur sina fästen. Observera att muttrarna är placerade i bandens vänstra ändar och att högerändarna kan hakas loss från fästena på underredet.

15 Sänk ner tanken från underredet och dra ut den under bilen.

16 Om tanken är förorenad av avlagringar eller vatten, ta bort bränslepumpen/givarenheten (se avsnitt 7) och skölj ur tanken med rent bränsle. Tanken är gjuten i syntetmaterial och om den är skadad bör den bytas ut. I bland kan det dock vara möjligt att reparera smärre läckor eller skador. Ta hjälp av en specialist innan du försöker reparera bränsletanken.

Montering

17 Monteringen sker i omvänd ordning, men tänk på följande:

a) *När tanken lyfts tillbaka på sin plats, se till att fästgummina är korrekt placerade och kontrollera att ingen av slangarna kläms mellan tanken och bilens underrede.*

b) *Se till att alla rör och slangar är rätt dragna och att de hålls ordentligt på plats med sina fästklämmor.*

c) *Dra åt muttrarna till fästbanden.*

d) *Fyll avslutningsvis tanken med bränsle och undersök noga om det förekommer läckor innan bilen tas ut i trafiken.*

9 Bränsleinsprutningssystem – tryckutjämning

Observera: *Läs igenom föreskrifterna i avsnitt 1 innan arbete påbörjas med komponenterna i bränslesystemet.*

 Varning: Följande moment kommer endast att minska trycket i bränslesystemet – kom ihåg att det fortfarande kommer att finnas bränsle i systemkomponenterna, och vidta lämpliga säkerhetsåtgärder innan någon av dem kopplas bort.

1 Med bränslesystem avses i det här avsnittet bränslepumpen på tanken, bränslefiltret, bränsleinsprutaren, bränsletrycksregulatorn på gasspjällhuset och bränsleledningarna (metallrör och mjuka slangar) mellan dessa komponenter. Systemet innehåller bränsle under tryck när motorn är igång och/eller

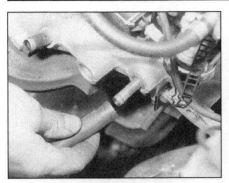

10.3 Lösgör kylvätskeslangen . . .

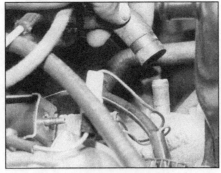

10.4 . . . och vakuumslangen från insugningsröret

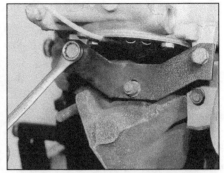

10.6a Skruva bort bultarna och muttern . . .

tändningen sätts på. Trycket kommer att bestå ett tag efter det att tändningen slagits av och måste släppas ut innan arbete kan påbörjas med någon av komponenterna. Helst bör motorn få svalna helt.

2 Bränslepumpreläet sitter på säkringsdosan under instrumentbrädans vänstra sida (se vid behov kapitel 12), och bränslepumpens säkring sitter i säkringsdosan i vänstra änden av instrumentbrädan. Ta bort reläet eller säkringen, starta sedan bilen i några sekunder. Motorn kanske tänder och går i gång ett tag, men den kommer inte att starta ordentligt utan stanna. Bränsleinsprutaren bör ha öppnats tillräckligt många gånger under igångdragningen av motorn för att bränsletrycket ska ha minskat.

3 Lossa batteriets jordledning (minuspolen) (se kapitel 5A).

4 Placera en lämplig behållare under den anslutning som ska kopplas loss, och ha en stor trasa till hands för att suga upp allt bränsle som inte hamnar i behållaren.

5 Lossa anslutningsmuttern långsamt för att undvika plötsligt tryckfall och vira trasan runt anslutningen för att fånga upp eventuellt bränslespill. När övertrycket försvunnit, koppla loss bränsleledningen och sätt i pluggar i ändarna för att minimera bränsleförlusten och för att hindra att smuts kommer in i bränslesystemet.

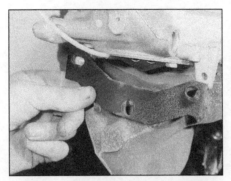

10.6b . . . och ta bort insugningsrörets stödfäste . . .

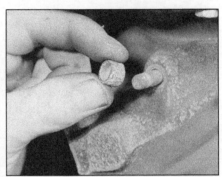

10.6c . . . distans . . .

kylvätskeslangarna från insugningsröret (se bild).

4 Koppla loss bromsservons vakuumslang från insugningsröret (se bild).

5 Om så behövs, skruva loss muttrarna och ta bort varmluftshöljet från grenröret.

6 Skruva loss bultarna och muttern och ta bort stödfästet från insugningsröret. Observera att en av bultarna fäster stödet till grenrörets CO-provtagningsrör. Observera även distanshylsan på den mittersta pinnbulten (se bilder).

7 Koppla loss kablarna från insugningsrörets förvärmare vid kontaktdonet (se bild).

8 Skruva stegvis loss fästbultarna/muttrarna och dra bort insugningsröret från topplocket. Ta loss grenrörspackningen och tätningen från kylsystemets öppning (se bilder).

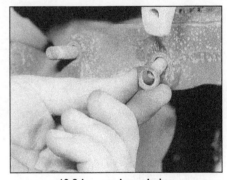

10.6d . . . och packning

10 Insugningsrör – demontering och montering

Observera: *Läs igenom föreskrifterna i avsnitt 1 innan arbete påbörjas med komponenterna i bränslesystemet.*

Demontering

1 Koppla loss batteriets jordledning (minuspol) (se kapitel 5A), tappa sedan ut kylvätskan ur motorn enligt beskrivning i kapitel 1.

2 Se beskrivningen i avsnitt 5, ta bort gasspjällhuset och mellanflänsen från insugningsröret. Ta vara på packningen.

3 Lossa klamrarna och koppla loss

10.7 Koppla loss kablaget till insugningsrörets förvärmare

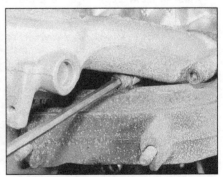

10.8a Använd en insexnyckel för att lossa fästbultarna . . .

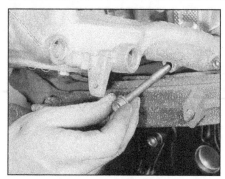

10.8b ... ta bort dem ...

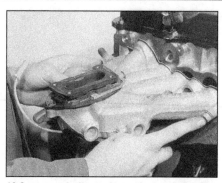

10.8c ... och dra sedan ut insugningsröret från topplocket ...

10.8d ... och ta bort packningen

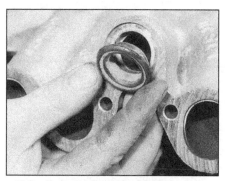

10.8e Ta bort kylsystemets tätningsring från insugningsröret

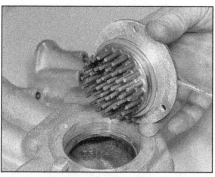

10.9 Insugningsrörets förvärmningsenhet

Observera: *En insexnyckel kan behövas för att ta bort insugningsrörets fästbultar.*
9 Om så behövs, ta bort fästskruvarna och lyft ut grenrörets förvärmare. Ta loss packningen och O-ringen **(se bild).**

Montering

10 Monteringen sker i omvänd ordning, men tänk på följande:
a) Se till att grenrörets och värmarenhetens fogytor är rena och torra och sätt dit en ny packning och O-ring. Montera värmaren och dra åt fästbultarna till angivet moment.
b) Se till att grenrörets och topplockets fogytor är rena och torra. Montera insugningsröret med en ny packning och tätning till kylaröppningen, och dra åt fästbultarna/muttrarna till angivet moment.
c) Se till att relevanta slangar återansluts på sina rätta platser och att de fästs ordentligt med slangklämmor (om nödvändigt).
d) Montera gasspjällhuset enligt beskrivningen i avsnitt 5.
e) Fyll avslutningsvis på och lufta kylsystemet enligt beskrivningen i kapitel 1.

11 Bränsleinsprutningssystem – test och justering

1 Om ett fel uppstår i bränsleinsprutningssystemet, kontrollera först att alla kontakter är väl anslutna och fria från korrosion. Försäkra dig sedan om att felet inte beror på dåligt underhåll, d.v.s. kontrollera att luftfiltret är rent, att tändstiften är i god kondition och har rätt elektrodavstånd, att cylinderkompressionstrycken är korrekta, att tändinställningen är korrekt och att motorns ventilationsslangar är rena och oskadade, enligt beskrivning i kapitel 1A, 2A och 5B.
2 Om dessa kontroller inte påvisar orsaken till problemet måste bilen tas till en lämpligt utrustad Audi/VAG-verkstad för test. En diagnoskontakt finns i motorstyrningens kabelhärva och speciell elektronisk testutrustning kopplas till denna. Testutrustningen kan fråga ut styrenheten elektroniskt och komma åt dess interna fellogg. Det gör att fel kan hittas snabbt och enkelt även om de uppträder oregelbundet. Att testa alla systemkomponenter en och en för att försöka

hitta felet är tidsödande och kommer knappast att lyckas (särskilt om felet bara uppkommer lite då och då). Det föreligger också en risk att styrenhetens interna komponenter skadas.
3 Erfarna hemmamekaniker utrustade med en precisionsvarvräknare och en noggrant kalibrerad avgasanalyserare kan kontrollera avgasernas CO-halt och tomgångens varvtal. Om dessa ligger utanför specifikationerna måste bilen tas till en Audi/VAG-verkstad för kontroll. Varken luft/bränsleblandningen (CO-halten i avgaserna) eller tomgången kan justeras för hand, och därför kan felaktiga testresultat indikera ett fel i bränsleinsprutningssystemet.

12 Blyfri bensin – allmän information och användning

Observera: *Informationen i detta kapitel är korrekt i skrivande stund. Vid behov av uppdaterad information, vänd dig till en Audi/VAG-handlare. Om du ska resa utomlands, hör efter med en motororganisation eller liknande vilken sorts bränsle som finns tillgängligt.*
1 Vilket bränsle som rekommenderas av Audi/VAG för AAE motorer anges i specifikationsavsnittet i det här kapitlet.
2 Alla modeller som tagits upp i det här kapitlet är gjorda för att köras på 95-oktanigt bränsle, men de kan även köras på 91-oktanigt bränsle (se specifikationer) som kan finnas tillgängligt i vissa länder. Användning av bränslet med den lägre oktanhalten kommer att innebära något mindre kraft.
3 Alla modeller är utrustade med katalysator och kan därför endast köras på blyfritt bränsle. Blyat bränsle får under inga omständigheter användas eftersom detta kommer att skada katalysatorn.

Kapitel 4 Del B
Bränslesystem – flerpunktsinsprutning, bensin

Innehåll

Svårighetsgrader

Enkelt, passar novisen med lite erfarenhet	Ganska enkelt, passar nybörjaren med viss erfarenhet	Ganska svårt, passar kompetent hemmamekaniker	Svårt, passar hemmamekaniker med erfarenhet	Mycket svårt, för professionell mekaniker

Specifikationer

Systemtyp
Motorkod AAR .... Bosch KEIII Jetronic
Motorkod ACE, AAD .... Bosch KE Motronic
Motorkod ADR .... Bosch Motronic 3.2
Motorkod ABK .... Bosch Digifant

Rekommenderat bränsle
Minsta oktantal:
 74 kW motor .... 91 oktan
 85 kW, 98 kW, 103 kW och 110 kW motorer:
  För bästa prestanda .... 95 oktan
  Något minskad effekt .... 91 oktan
 128 kW och 169 kW motorer .... 95 oktan

Bränslesystemdata

Bränslepump, typ .... Elektrisk, nedsänkt i tanken
Bränslepumpens tillförseltakt (batterispänning 12 V):
    Motorkod AAR .... 1 600 cm³/min
    Motorkod ACE .... 2 000 cm³/min
    Motorkod AAD .... 2 600 cm³/min
    Motorkod ADR .... 1 600 cm³/min
    Motorkod ABK .... 2 600 cm³/min
Reglerat bränsletryck vid tomgång:
    Motorkod ACE .... 6,1 till 6,6 bar
    Motorkod AAD, AAR .... 6,1 till 6,5 bar
    Motorkod ADR:
        Vakuumslang på .... 3,5 bar
        Vakuumslang av .... 5,0 bar
    Motorkod ABK:
        Vakuumslang på .... 2,5 bar
        Vakuumslang av .... 3,0 bar
Minsta hålltryck (efter 10 minuter):
    Motorkod AAR .... 3,5 bar
    Motorkod ACE, AAD .... 3,3 bar
    Motorkod ADR .... 2,5 bar
    Motorkod ABK .... 2,0 bar
Motorns tomgångshastighet (icke justerbar, elektroniskt styrd):
    Motorkod AAR .... 720 ± 70 varv per minut
    Motorkod ACE .... 800 till 1 000 varv per minut
    Motorkod AAD .... 750 till 950 varv per minut
    Motorkod ADR .... 820 till 900 varv per minut
    Motorkod ABK .... 820 ± 50 varv per minut
CO-halt vid tomgång (icke justerbar, elektroniskt styrd):
    Motorkod AAR:
        Modeller med katalysator .... 0,1 till 1,1 %
        Modeller utan katalysator:
            Kontroll .... 0,5 till 1,5 %
            Inställning .... 1,0 ± 0,2 %
    Motorkod ACE .... 0,2 till 0,3 %
    Motorkod AAD .... 0,2 till 1,2 %
    Motorkod ADR .... N/A
    Motorkod ABK .... 0,6 ± 0,4 %
Insprutarens elektriska motstånd (vid rumstemperatur):
    Motorkod ADR .... 11 till 13 ohm
    Motorkod ABK:
        Bosch .... 15 till 17 ohm
        Siemens .... 13,5 till 15,5 ohm
Motorvarvtalsgivarens motstånd:
    ADR motorer .... 450 till 1000 ohm

Åtdragningsmoment

	Nm
Bränslefördelarskena	10
Bränslefördelarskenans fästbult	10
Gasspjällhus	25
Kallstartsventil (ABK motor)	10
Lambdasond	50
Luftrenarens fästbult	20
Munstyckets fäste (ADR motor)	10
Tomgångsbrytare	10

1 Allmän information och föreskrifter

Allmän information

Bosch flerpunktsinsprutningssystem för bensin som beskrivs i det här kapitlet är ett helomfattande motorstyrningssystem som styr både bränsleinsprutning och tändning. Detta kapitel tar endast upp bränsleinsprutningens komponenter, se kapitel 5B för detaljer om tändsystemet.

Bränslesystemet består av en bränsletank, en elektrisk bränslepump, ett bränslefilter, bränsletillförsel- och returledningar, ett gasspjällhus, en luftmängdsgivare och en elektronisk styrenhet (ECU).

På systemen KEIII Jetronic och KE Motronic (se bilder) är luftmängdsgivaren och bränslefördelaren sammansatta till en enhet. Luftmängdsgivaren består av en spak och en skiva som är placerade i motorns lufttillförselsystem. Spaken rör en tryckkolv som kontrollerar mängden bränsle som ska fördelas bland alla insprutarna samtidigt. Insprutningen är fortgående och insugningsrörets vakuum suger ständigt bränsle från insprutarna.

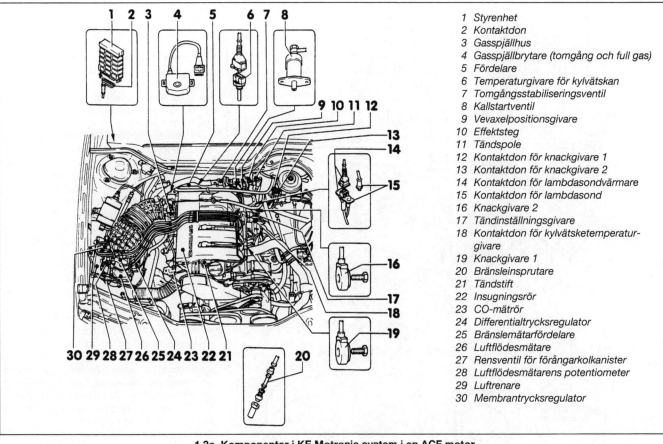

1. Styrenhet
2. Kontaktdon
3. Gasspjällhus
4. Gasspjällbrytare (tomgång och full gas)
5. Fördelare
6. Temperaturgivare för kylvätskan
7. Tomgångsstabiliseringsventil
8. Kallstartventil
9. Vevaxelpositionsgivare
10. Effektsteg
11. Tändspole
12. Kontaktdon för knackgivare 1
13. Kontaktdon för knackgivare 2
14. Kontaktdon för lambdasondvärmare
15. Kontaktdon för lambdasond
16. Knackgivare 2
17. Tändinställningsgivare
18. Kontaktdon för kylvätsketemperatur-givare
19. Knackgivare 1
20. Bränsleinsprutare
21. Tändstift
22. Insugningsrör
23. CO-mätrör
24. Differentialtrycksregulator
25. Bränslemätarfördelare
26. Luftflödesmätare
27. Rensventil för förångarkolkanister
28. Luftflödesmätarens potentiometer
29. Luftrenare
30. Membrantrycksregulator

1.3a Komponenter i KE Motronic system i en ACE motor

1. Styrenhet
2. Kallstartventil
3. Gasspjällhus
4. Tomgångsbrytare och fullgasbrytare
5. Kontaktdon för knackgivare
6. Kontaktdon för lambdasondvärmare
7. Kontaktdon för lambdasond
8. Tomgångsstabiliseringsventil
9. Tändspole och effektsteg
10. Temperaturgivare för kylvätskan
11. Knackgivare 1
12. Fördelare
13. Bränsleinsprutare
14. Insugningsrör
15. CO-mätrör
16. Differentialtrycksregulator
17. Bränslemätarfördelare
18. Luftflödesmätare
19. Rensventil för förångningskolkanister
20. Membrantrycksregulator
21. Luftrenare

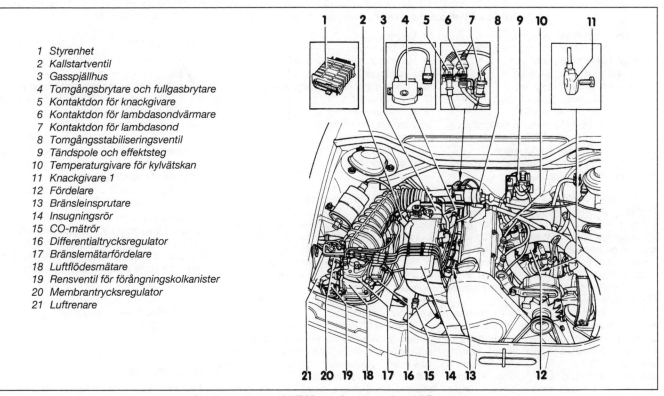

1.3b Komponenter i KE Motronic system i en AAD motor

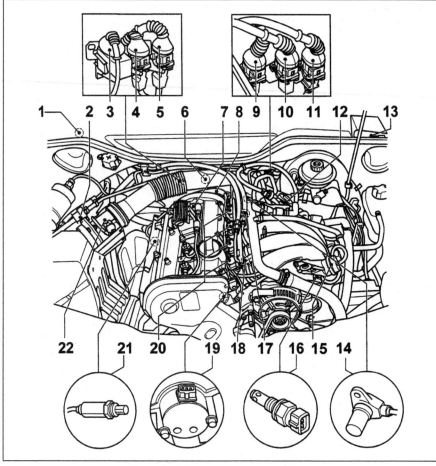

1.4 Motronic 3.2 komponenter i en ADR motor

1 Styrenhet (främre fotbrunn)
2 Rensventil för förångningskolkanister
3 Kontaktdon för lambdasond
4 Kontaktdon för knackgivare 1
5 Kontaktdon för knackgivare 2
6 Temperaturgivare för kylvätskan
7 Tändspolar och effektsteg
8 Justeringsventil för kamaxelsynkronisering
9 Kontaktdon (svart) för oljegivare
10 Kontaktdon (brun) för oljegivare
11 Kontaktdon för varvtalsgivare
12 Styrenhet för gasspjäll

13 Diagnosuttag
14 Varvtalsgivare
15 Variabel strypningskontroll för insugningsröret
16 Insugsluftens temperaturgivare
17 Knackgivare 1
18 Knackgivare 2
19 Tändningens Hallgivare
20 Bränsleinsprutare
21 Lambdasond och värmare
22 Luftmängdsmätare

På systemen Motronic 3.2 **(se bild)** och Digifant är luftmängdsgivaren en separat enhet placerad i luftrenarens utsläpp till gasspjällhuset. Bränslet transporteras under tryck till en bränslefördelarskena, och skickas sedan vidare till fyra elektroniska insprutare. Insprutningstidens längd kontrolleras av styrenheten som slår av och på insprutarna efter behov.

Bränslepumpen pumpar in en konstant mängd bränsle genom ett filter. På KE-system passerar bränslet genom en tryckreglerare till bränslefördelaren och överflödigt bränsle pumpas tillbaka till bränsletanken. På Motronic- och Digifant-systemen kommer bränslet till en bränslefördelarskena, bränsletrycksregulatorn upprätthåller ett konstant

bränsletryck på bränsleinsprutarna och pumpar tillbaka överflödigt bränsle via returledningen. Systemet med konstant bränsleflöde hjälper till att sänka bränslets temperatur och förhindrar förångning.

Alla system har en elektronisk styrenhet (styrmodul) och tillhörande givare. Styrenheten styr start och uppvärmning samt reglering av tomgångshastigheten och Lambdasonden.

På KE- och Digifant-systemen kontrolleras tomgångshastigheten av en tomgångsventil som, genom att reglera mängden luft som passerar gasspjället, upprätthåller den förbestämda hastigheten. På Motronicsystem kontrolleras tomgångshastigheten dels av en elektronisk lägesmodul för

gasspjället på sidan av gasspjällhuset, dels av tändsystemet. Manuell justering av tomgångshastigheten är inte möjlig på något av systemen.

Insugsluften dras in i motorn genom luftrenaren, som innehåller ett utbytbart pappersfilter. På vissa motorer justeras insugsluftens temperatur genom att luft från huvudinsuget och varmluft från höljet runt grenröret blandas.

Avgasernas syrehalt övervakas konstant av styrenheten via Lambdasonden som är monterad i grenröret. Styrenheten använder sedan Lambdasondens information för att justera luft-/bränslehalten. Med undantag för KEIII-systemet är manuell justering av CO-halten i tomgångsutsläppen varken nödvändig eller möjlig. En katalysator finns monterad på avgassystemet på alla utom mycket tidiga modeller.

Om bilen är utrustad med ett system för bränsleförångning är det styrenheten som styr kolkanistern – se kapitel 4D för närmare information.

Lägg märke till att en omfattande felsökning av de motorstyrningssystem som tas upp i detta kapitel endast kan utföras med speciell elektronisk testutrustning. Problem med systemens funktion måste därför överlåtas till en Audi/VAG-verkstad för utvärdering. Arbetsbeskrivningarna i följande avsnitt anger hur tillämpliga komponenter byts ut efter behov när fel har identifierats.

Observera: *I detta kapitel betecknas motorer genomgående med sina respektive motorkoder snarare än slagvolymen – se kapitel 2 för en lista över motorkoder.*

Föreskrifter

> **Varning: Många av arbetsmomenten i detta kapitel kräver att bränsleslangar och anslutningar kopplas loss, vilket kan resultera i bränslespill. Läs igenom säkerhetsföreskrifterna i början av denna handbok innan något du arbete utförs på bränslesystemet. Slå alltid av tändningen innan arbetet påbörjas. Bensin är en ytterst brandfarlig vätska och säkerhetsföreskrifterna för hantering kan inte nog betonas.**

Observera: *Övertrycket kommer att vara kvar i bränsleledningarna långt efter det att bilen senast kördes. Innan någon bränsleledning kopplas loss måste bränslesystemet tryckutjämnas enligt beskrivningen i avsnitt 9.*

2 Luftrenare – demontering och montering

Demontering

1 Öppna klämmorna och lyft av locket från luftrenaren. Observera att på modeller med

3.1a Gasvajerns anslutning till gasspjällhuset (ADR motor)

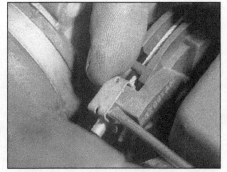

3.1b På vissa modeller måste man först lossa en klammar . . .

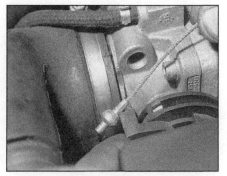

3.1c . . . för att sedan kunna ta loss gasvajern

ACE, AAD och AAR motor, är luftflödes-mätaren och bränslefördelaren kopplade till den övre kåpan.

2 Ta bort luftrenarens filter (se kapitel 1A för mer information).

3 Lossa klammern och koppla bort luft-trumman från luftflödesmätaren på luft-renaren. Koppla även bort slangarna till vevhusventilationen.

4 Koppla loss kablarna från luftflödes-mätaren.

5 På ABK motorer, koppla loss kablar och slangar från tomgångshastighetens styrventil på luftrenarens kåpa. Ta alternativt bort hela ventilen. Koppla även loss varmluftslangen och luftintagsslangen från luftrenarens hus.

6 På ACE, AAD och AAR motorer, ta bort luftflödesmätaren och bränslefördelaren enligt beskrivningen i avsnitt 4.

7 Skruva loss fästbulten och ta bort luft-renarens hus från motorrummet. Ta vid behov bort gummifästena från huset. Kontrollera fästenas skick och byt ut dem om det behövs.

Montering

8 Montering sker i omvänd arbetsordning.

3 Gasvajer – demontering, montering och justering

Demontering

1 Koppla loss gasvajern från gasspjällhuset genom att vrida segmentet på huset för att öppna gasspjället, ta sedan bort vajern och ändinfästningen. På vissa modeller kan man behöva bända bort en klammer från seg-mentet **(se bilder)**.

2 Observera placeringen av justerings-klammern på beslaget i vajerhöljets ena ände, dra sedan ut vajern från gummimuffen på stödet. Ta bort muffen från stödet **(se bild)**.

3 Lossa gasvajern från dess stöd i motor-rummet.

4 Demontera instrumentbrädans nedre kläd-selpanel under ratten.

5 Lossa klammern under instrumentbrädan

och koppla loss innervajern från gaspedalens överdel.

6 På modeller med automatväxellåda, koppla loss kickdownkontaktens kablar från vajer-höljet.

7 Dra bort vajerhöljet från torpedväggen i motorrummet och ta bort den.

Montering

8 Monteringen sker i omvänd ordning, men justera vajern enligt följande. Se till att den fyrkantiga delen av vajerhöljet sitter korrekt i torpedväggen.

Justering

Med manuell växellåda

9 Justera metallklammerns läge på ytter-vajern på gasspjällhuset så att gasspjället öppnas helt när gaspedalen trycks ner och sedan håller sig öppen tills gaspedalen släpps upp igen **(se bild)**. När pedalen är helt uppsläppt får det vara ett spel på högst 1 mm i innervajern.

Med automatväxellåda

10 På bilar med automatväxellåda, lägg en 9 mm tjock träkloss mellan gaspedalens undersida och stoppet på golvet och tryck ner pedalen mot träklossen. Om det behövs kan en medhjälpare hålla pedalen nedtryckt tills justeringen är klar.

11 Dra ut vajerhöljet från sitt fäste på

gasspjällhuset tills gasspjället är vidöppet och ligger mot stoppklacken, fäst sedan vajern i denna position med metallklammern.

12 Ta bort träklossen under gaspedalen och släpp pedalen.

13 Tryck in tryckkolven på gasspjäll-positioneraren helt med en skruvmejsel och kontrollera att gasspjällarmen följer med kolven och hela tiden är i kontakt med den.

Observera: *Gasspjället justerar automatiskt tomgången efter motorbelastningen.*

Kontrollera vid behov funktionen hos den automatiska justeringen enligt beskrivningen i avsnitt 4 eller 5.

4 Motronic/Jetronic, bränsle-insprutningskomponenter – demontering och montering

Observera: *Följ föreskrifterna i avsnitt 1 innan arbete påbörjas med någon del av bränsle-systemet. Tändningen måste vara avslagen hela tiden.*

Luftflödesmätare (Motronic 3.2)

Demontering

1 Luftflödesmätaren är placerad på luft-renarens lock **(se bild på nästa sida)**. Öppna fästklämmorna och lyft av locket från luftrenaren.

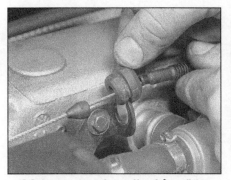

3.2 Lossa gasvajermuffen från stödet

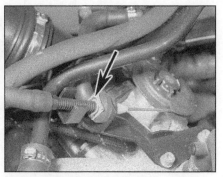

3.9 Justera gasvajerns spänning genom att placera metallklammern (vid pilen) i passande spår

4.1 På en ADR motor sitter luftflödesmätaren på luftrenarens lock

4.2 Koppla loss lufttrumman från luftflödesmätaren (ADR motor)

4.3 Koppla loss kablarna från luftflödesmätaren (ADR motor)

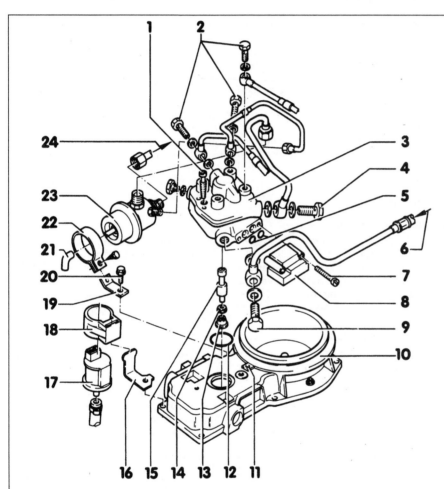

4.10 Luftflödesmätarens komponenter på en ACE motor

1 Fästskruv
2 Anslutningsbult
3 Bränslemätningsfördelare
4 Anslutningsbult
5 O-ringar
6 Bränsletillförselrör
7 Fästskruv
8 Differentialtrycksregulator
9 Anslutningsbult
10 Luftflödesmätare
11 Plugg
12 O-ring
13 Styrkolvens stoppskruv
14 Tätningsring
15 Styrkolv
16 Fästbygel
17 Rensventil för förångningskolkanister
18 Gummihållare
19 Fästbygel
20 Skruv
21 Ventilationsslang till luftrenare
22 Fästbygel
23 Membrantrycksregulator
24 Bränslereturrör

2 Lossa klammern och koppla bort lufttrumman från luftflödesmätaren (se bild).
3 Koppla loss kablarna från luftflödesmätaren (se bild).
4 Skruva loss fästskruvarna och ta bort luftflödesmätaren. Observera att skruvarna sitter på insidan av kåpan. Ta vara på packningen.

Montering

5 Montering sker i omvänd arbetsordning, men byt ut packningen eller O-ringen efter tillämplighet.

Luftflödesmätare (KE Motronic/Jetronic)

Demontering

6 Tryckutjämna bränslesystemet enligt beskrivningen i avsnitt 9.
7 Märk alla bränsleledningar och deras kopplingsöppningar på bränslemätarens fördelare, koppla sedan loss bränsleledningarna. Spara kopparbrickorna vid varje anslutning.
8 Skruva bort ledningsanslutningen för tryckregleraren från bränslemätarens fördelare.
9 Lossa klamrarna och ta bort luftintagsröret.
10 Ta bort bultarna som fäster luftflödesmätaren vid luftrenaren och ta bort mätaren tillsammans med bränslemätarens fördelare. Se till att inte bränslemätarens tryckkolv ramlar ut. Om den gör det, rengör den i bränsle och sätt tillbaka den med den fasade ytan nedåt (se bild).

Montering

11 Montering sker i omvänd arbetsordning, men packningen mellan luftflödesmätaren och luftrenaren måste bytas ut.

Bränslemätarens fördelare (KE Motronic/Jetronic)

Demontering

12 Tryckutjämna bränslesystemet enligt beskrivningen i avsnitt 9.
13 Märk alla bränsleledningar och deras kopplingsöppningar på fördelaren, koppla sedan ur bränsleledningarna. Spara kopparbrickorna vid varje anslutning.

14 Skruva loss ledningsanslutningen för tryckregleraren från bränslemätningsfördelaren.

15 Skruva loss de tre fästskruvarna från bränslemätningsfördelaren

16 Lyft bort bränslemätningsfördelaren, se till att tryckkolven inte faller ut. Om tryckkolven ändå faller ut, rengör den med bränsle och sätt tillbaka den med den fasade änden nedåt.

Montering

17 Innan mätningsfördelaren sätts tillbaka, se till att tryckkolven rör sig obehindrat upp och ner. Om tryckkolven fastnar måste fördelaren bytas ut eftersom tryckkolven inte kan repareras eller bytas ut separat.

18 Montera fördelaren med en ny tätningsring och försegla skruvarna med färg när de dragits åt.

19 Återanslut bränsleledningarna på deras ursprungliga platser.

Gasspjällpotentiometer (Motronic 3.2) eller gasspjällbrytare (KE Motronic/ Jetronic)

Demontering

20 Koppla loss kabelhärvans kontaktdon från potentiometern/gasspjällbrytaren.

21 Ta bort fästskruvarna och lyft bort potentiometern/gasspjällbrytaren från gasspjällhuset. Ta vara på tätningen.

Montering

22 Monteringen sker i omvänd ordning, men tänk på följande:

a) Byt vid behov O-ringstätningen.

b) Kontrollera att drivningen greppar korrekt i gasspjällaxelns förlängning.

c) Om bilen har automatväxellåda måste potentiometern matchas med växellådans elektroniska styrenhet – detta kräver tillgång till specialutrustning, rådfråga en Audi/VAG-verkstad.

Insugningsrörets lufttemperaturgivare (Motronic 3.2)

Demontering

23 Givaren är inskruvad i insugningsröret nära gasspjällhuset.

24 Koppla loss kontaktdonet från givaren.

25 Skruva loss bultarna och ta bort givaren från grenröret.

Montering

26 Montering sker i omvänd arbetsordning, se till att dra åt bultarna till korrekt moment.

Gasspjällets justerare (Motronic 3.2)

Demontering och montering

27 Gasspjällets justerare är integrerad i samma hus som gasspjällpotentiometern och tomgångsbrytaren. Förutom att styra motorns tomgångshastighet fungerar justeraren även som dämpare när gasspjället är stängt.

28 Rutinerna för demontering och montering av justeraren liknar i stort de för potentiometern som beskrivs ovan i detta avsnitt. Observera dock att när strömmen till enheten bryts så ställer sig gasspjället i ett mekaniskt inställt grundläge. När enheten monterats måste justeringen utföras av en Audi/VAG-verkstad med testredskapet VAG 1551.

29 Försök inte öppna det gemensamma huset.

Hastighetsgivare (Motronic 3.2)

Demontering och montering

30 Hastighetsgivaren är integrerad i hastighetsmätaren och signalen behandlas av Motronics styrenhet. Signalen används för att stabilisera tomgångskörningen och för att minimera bilens hoppande när automatväxellådan byter växel. Alla fel på givaren måste kontrolleras av en Audi/VAG-mekaniker och, om så behövs måste hastighetsmätaren bytas ut enligt beskrivningen i kapitel 12.

Temperaturgivare för kylvätskan (alla system)

Demontering

31 Temperaturgivaren för kylvätska är placerad på bakre delen av topplocket på alla motorer utom AAD och AAR motorer. På AAD motorn är den placerad på kylvätskeutloppets krök på vänstra bakre sidan av topplocket. På AAR motorn är den placerad på kylvätskeutloppets krök på vänstra främre sidan av topplocket.

32 Tappa ur ungefär en fjärdedel av kylvätskan från motorn enligt beskrivningen i kapitel 1A.

33 Koppla loss kablarna från givaren.

34 Skruva loss givaren från topplocket och ta bort brickan.

Montering

35 Montering sker i omvänd arbetsordning, men sätt dit en ny bricka och dra åt givaren till angivet moment. Fyll på kylsystemet enligt beskrivningen i kapitel 1A.

Varvtalsgivare (alla system)

Demontering

36 Varvtalsgivaren är fäst på motorblockets bakre vänstra sida, i angränsning till kontaktytan mellan blocket och växellådans balanshjulskåpa, direkt bakom oljefiltret. Tappa vid behov ur motoroljan och ta bort oljefiltret och oljekylaren för att få bättre åtkomlighet enligt beskrivningen i kapitel 2A eller 2B.

37 Koppla loss kontaktdonet från givaren.

38 Skruva ur fästbulten och dra bort givaren från motorblocket.

Montering

39 Montering sker i omvänd arbetsordning.

Gasspjällhus (alla system)

40 Se avsnitt 3 och lossa gasvajern från gasspjällarmen.

41 Lossa klamrarna och dra av insugningsröret från gasspjällhuset.

42 Koppla loss kabelkontaktdonet från potentiometern eller gasspjällbrytaren (efter tillämplighet).

43 Koppla loss vakuumslangen från gasspjällhuset och lossa om nödvändigt kablarna från styrklammern.

44 Skruva loss de genomgående bultarna, lyft sedan bort gasspjällhuset från insugningsröret. Ta ut och kassera packningen.

45 Vid behov, se relevant underavsnitt och demontera gasspjällpotentiometern eller gasspjällbrytaren.

Montering

46 Monteringen sker i omvänd ordning, men tänk på följande:

a) Använd en ny packning mellan gasspjällhuset och insugningsröret.

b) Kontrollera att alla vakuumslangar och kontakter är väl anslutna.

c) Se avsnitt 3, kontrollera gasvajern och justera den efter behov.

Bränsleinsprutare och bränslefördelarskena (Motronic 3.2)

Demontering

47 Lossa batteriets jordledning (minuspolen) (se kapitel 5A).

48 Koppla loss vakuumslangen från bränsletrycksregulatorn på bränslefördelarskenan.

49 Ta tillfälligt bort bränsletankens påfyllningslock och sätt tillbaka det för att släppa ut eventuellt övertryck.

50 Vira en trasa runt bränsletillförselledningens anslutning över bränslefördelarskenan och placera en lämplig behållare under anslutningen för att suga upp eventuellt bränslespill. Skruva loss anslutningsmuttern medan anslutningsbulten hålls fast med en annan skiftnyckel, släpp ut bränslet i behållaren. Ta bort trasan.

51 Skruva loss returanslutningen och koppla loss returbränsleledningen.

52 Koppla loss kablarna från insprutarna.

53 Koppla loss kablarna från Hallgivaren (se kapitel 5B).

54 Skruva loss fästbultarna, lyft försiktigt bort bränslefördelarskenan och insprutarna från insugningsröret.

55 Lägg alltsammans på en arbetsbänk och dra ut klamrarna och ta loss insprutarna från bränslefördelarskenan. Spara O-ringstätningarna.

Montering

56 Montera insprutarna och bränslefördelarskenan i omvänd ordning, och tänk på följande:

a) Byt insprutarnas O-ringstätningar och smörj in dem med lite ren motorolja innan de monteras. När du sätter dit den främre O-ringen, ta inte bort plastkåpan från insprutaren utan lyft O-ringen över den.

b) *Kontrollera att insprutarnas fästklämmor sitter ordenligt.*

c) *Kontrollera att bränsletillförsel- och returledningarna är korrekt anslutna. Undersök tätningsbrickorna och byt ut dem om det behövs.*

d) *Använd en ny packning när överdelen av insugningsröret monteras.*

e) *Kontrollera att alla elektriska och vakuumanslutningar är korrekta och sitter säkert.*

f) *När monteringen är klar, undersök om det förekommer bränsleläckage.*

Bränsletrycksregulator (Motronic 3.2)

Demontering

57 Tryckutjämna bränslesystemet enligt beskrivningen i avsnitt 9.
58 Koppla loss vakuumslangen från tryckregulatorn.
59 Placera en trasa under regulatorn för att suga upp eventuellt bränslespill.
60 Dra ut fästfjäderklammern och lyft bort regulatorn från bränslefördelarskenan. Ta vara på O-ringstätningarna.

Montering

61 Montering sker i omvänd arbetsordning, men byt ut O-ringstätningarna och se till att regulatorns fästklammer sitter ordentligt.

Hallgivare (Motronic 3.2)

Demontering

62 Demontera den yttre kamremskåpan enligt beskrivningen i kapitel 2A.
63 Lossa klammern och koppla loss multikontakten från Hallgivaren.
64 Skruva loss fästbultarna och dra ut Hallgivaren från topplockets främre ände. Ta reda på packningen.

Montering

65 Monteringen sker i omvänd ordning, men byt ut packningen och dra åt fästbultarna ordentligt.

Lambdasond (alla system)

Demontering

66 På ADR motorer sitter Lambdasonden på grenröret på höger sida om motorn **(se bild)**. På alla andra motorer sitter den på katalysatorn.
67 Lambdasondens kontaktdon sitter på torpedväggens högra sida. Koppla loss kablarna och lossa dem från plastfästena.
68 Lossa och dra bort sonden, var försiktig så att den inte skadas när den tas bort. **Observera:** *Eftersom tråden sitter kvar på givaren är det lämpligt att använda en blocknyckel för att ta bort sonden.*

Montering

69 Lägg på lite antikärvningsfett på sondens gängor, men se till att hålla sondspetsen ren.

70 Montera sonden och dra åt den till rätt moment.
71 Återanslut kablarna och fäst dem med plastfästena.

Elektronisk styrenhet (styrmodul)

Varning: Vänta alltid minst 30 sekunder efter det att tändningen slagics av innan kablarna kopplas loss från styrenheten. När kablarna kopplas loss försvinner alla värden, men innehållet i felminnet finns kvar. När kablarna återanslutits måste de ursprungliga inställningarna göras om av en Audi/VAG-mekaniker med ett speciellt testinstrument. Observera att om styrenheten byts ut måste identifieringen av den nya styrenheten överföras till stabilisatorns styrenhet av en Audi/VAG-handlare.

Demontering

72 Se till att tändningen är avslagen.
73 I höger fotbrunn (vänsterstyrda bilar) eller vänster fotbrunn (högerstyrda bilar), skruva loss skruvarna och ta bort sidoklädselpanelen. Bänd även bort mittkåpan från sparkplåten och skruva loss själva sparkplåten.
74 Med klädselpanelen borttagen, vik undan de främre mattorna, inklusive den nedre.
75 Skruva loss skruvarna och ta försiktigt bort de övre och nedre plastkåporna från styrenheten.
76 Dra loss korsstaget, skruva sedan ur de två fästskruvarna och lossa styrenheten från tappen på hållaren.
77 Vänd på styrenheten, tryck upp fliken och koppla loss kontaktdonet.

> ⚠️ *Varning: Vänta minst 30 sekunder efter det att tändningen slagits av innan kablarna kopplas loss från styrenhetens kontaktdon.*

78 Dra ut styrenheten ur bilen.

Montering

79 Passa in styrenheten i dess hållare, återanslut sedan kontaktdonet och tryck in det tills det hålls fast av fliken.

80 Placera styrenheten åt rätt håll, passa sedan in tappen på hållaren.
81 Sätt i och dra åt fästskruvarna, tryck sedan på korsstaget.
82 Placera den nedre kåpan så att tapparna fäster i urtagen. Sätt tillbaka den övre kåpan på samma sätt, skruva sedan fast de båda kåporna.
83 Lägg tillbaka mattorna och klädselpanelen och skruva fast skruvarna.

Bränsleinsprutare (KE)

Demontering

84 Tryckutjämna bränslesystemet enligt beskrivningen i avsnitt 9.
85 Koppla loss kablarna från insprutarna
86 Ta bort kylartrumman om sådan finns.
87 Demontera bränslefördelarskenan (där tillämpligt), skruva sedan loss anslutningsmuttrarna och koppla loss insprutarrören.
88 Lossa insprutarna från fästena. Bänd bort O-ringstätningarna.

Montering

89 Montering sker i omvänd arbetsordning, men montera nya O-ringar och mjuka upp dem med bränsle innan de sätts på plats.

---

5 Digifant, bränsleinsprutningskomponenter – demontering och montering

Observera: *Följ föreskrifterna i avsnitt 1 innan arbete påbörjas med någon del av bränslesystemet.*

Luftflödesmätare

Demontering

1 Luftflödesmätaren är placerad på luftrenarens övre kåpa. Öppna fästklämmorna och lyft av locket från luftrenaren.
2 Lossa klammern och koppla bort lufttrumman från luftflödesmätaren.
3 Koppla loss kablarna från luftflödesmätaren **(se bild)**.
4 Skruva loss fästskruvarna och ta bort luftflödesmätaren. Observera att skruvarna sitter på insidan av kåpan. Ta vara på tätningen.

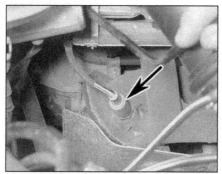

4.66 Lambdasondens placering (ADR motor)

5.3 Koppla loss kablarna från luftflödesmätaren (Digifant system)

Montering

5 Monteringen sker i omvänd ordning, men byt ut tätningen. **Observera:** *När monteringen är färdig måste luftflödesmätaren matchas elektroniskt med Digifants elektroniska styrenhet (styrmodul). Detta kräver tillgång till avancerad elektronisk testutrustning och bör utföras av en Audi/VAG-mekaniker.*

Gasspjällpotentiometer

Demontering

6 Gasspjällpotentiometern sitter på gasspjällhusets nedre yta på bakre delen av insugningsröret. Observera att på modeller med automatväxellåda är växellådans potentiometer kombinerad med gasspjällpotentiometern. Koppla först loss kablaget **(se bild)**.
7 Skruva ur fästskruvarna och lyft bort potentiometern från gasspjällhuset.
8 Om tomgångsbrytaren är placerad på potentiometern, skruva loss de båda skruvarna och ta bort brytarens kablar.

Montering

9 Montering sker i omvänd arbetsordning, lägg märke till följande:
a) Kontrollera att potentiometerns drivning greppar korrekt i gasspjällaxelns förlängning.
b) När potentiometern är monterad måste den matchas elektroniskt med Digifants elektroniska styrenhet (styrmodul). Detta kräver tillgång till avancerad elektronisk testutrustning och måste utföras av en Audi/VAG-mekaniker.
c) På bilar med automatväxellåda måste potentiometern matchas med växellådans elektroniska styrenhet. Detta kräver tillgång till avancerad elektronisk testutrustning och måste utföras av en Audi/VAG-mekaniker.

Insugsluftens temperaturgivare

10 Givaren är integrerad i luftflödesmätaren och kan inte bytas separat.

Tomgångens stabiliseringsventil

Demontering

11 Tomgångens stabiliseringsventil är placerad på den främre delen av luftrenarens övre kåpa. En port är kopplad till lufttrumman som leder till gasspjällhuset och den andra till insugningsröret. När gasspjället är stängt kontrolleras motorns tomgångshastighet automatiskt med luft som passerar genom ventilen.
12 Koppla loss kablarna från ventilen.
13 Lossa klamrarna och koppla loss slangarna från ventilen.
14 Ta bort ventilen från gummimuffen i luftrenarens övre kåpa.
15 Om så behövs, lossa slangklämmorna och koppla loss slangarna från insugningsröret och lufttrumman.

Montering

16 Montering sker i omvänd arbetsordning.

Hastighetsgivare

Demontering och montering

17 Hastighetsgivaren är fäst på växellådan. Se kapitel 7A eller 7B.

Knackgivare

Demontering

18 Knackgivaren är placerad på vänstra sidan av motorblocket, bakom växelströmsgeneratorn. Koppla först loss kablarna vid kontakten på torpedväggen.
19 Skruva sedan ur fästbultarna och ta bort knackgivaren från motorblocket.

Montering

20 Montering sker i omvänd arbetsordning.

Temperaturgivare för kylvätska

Demontering

21 Temperaturgivarna för kylvätskan är placerade på ovansidan av utloppskröken på vänster sida av topplocket **(se bild)**. Den inre är till Digifants motorstyrningssystem och den yttre är till temperaturmätaren och kontakten till varningslampan för överhettning.
22 Koppla loss kablarna från givaren.

23 Se kapitel 1A och tappa ur cirka en fjärdedel av kylvätskan.
24 Skruva loss givaren och ta loss O-ringtätningen.

Montering

25 Monteringen sker i omvänd ordning, men byt ut O-ringen. Fyll på kylsystemet enligt beskrivningen i kapitel 1A.

Kallstartsventil

Demontering

26 Kallstartsventilen sitter på bakre delen av insugningsröret.
27 Tryckutjämna bränslesystemet enligt beskrivningen i avsnitt 9.
28 Koppla loss kablarna från kallstartsventilen.
29 Skruva loss anslutningsbulten och koppla loss bränsletillförselledningen från kallstartsventilens baksida. Ta vara på tätningsbrickorna.
30 Skruva loss och dra ut kallstartsventilen från insugningsröret. Ta ut och kassera packningen.

Montering

31 Montering sker i omvänd arbetsordning, använd en ny packning.

Gasspjällhus

Demontering

32 Koppla loss gasvajern från gasspjällarmen och stödet enligt beskrivningen i avsnitt 3.
33 Lossa klammern och koppla loss trumman för insugsluftrening från gasspjällhuset.
34 Koppla loss kablarna från gasspjällpotentiometern.
35 Koppla loss vakuumslangarna från portarna på gasspjällhuset och märk dem.
36 Lossa skruvarna och ta bort potentiometerns värmeskydd från sidan av gasspjällhuset.
37 Skruva loss fästskruvarna och lyft bort gasspjällhuset från insugningsröret **(se bild)**. Ta ut och kassera packningen.

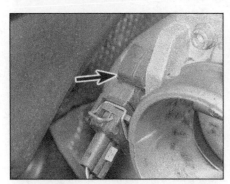
5.6 Koppla loss kontaktdonet (vid pilen) från gasspjällets potentiometer (Digifant system)

5.21 Temperaturgivare för kylvätskan på topplockets vänstra sida (Digifant system)

5.37 Gasspjällhusets övre fästbultar (Digifant system)

38 Vid behov, se punkt 6 till 9 i det här avsnittet och ta bort gasspjällpotentiometern.

Montering

39 Montering sker i omvänd arbetsordning, men byt ut packningen och justera vid behov gasvajern enligt beskrivningen i avsnitt 3.

Bränsleinsprutare och bränslefördelarskena

Demontering

40 Tryckutjämna bränslesystemet enligt beskrivningen i avsnitt 9.
41 Lossa klammern och koppla loss luftrenartrumman från gasspjällhuset.
42 Koppla loss gasvajern från gasspjällarmen och stödet enligt beskrivningen i avsnitt 3.
43 Lossa klammern och koppla loss bromsservons vakuumslang från insugningsröret.
44 Lossa skruvarna och ta bort potentiometerns värmeskydd från sidan av gasspjällhuset.
45 Skruva loss fästskruvarna, lyft bort gasspjällhuset från insugningsröret och lägg det åt sidan. Ta ut och kassera packningen.
46 Skruva loss kallstartsventilens tillförselrörsanslutning vid bränslefördelarskenan och lägg röret åt sidan.
47 Märk bränslematnings- och returslangarna och placera sedan en trasa under anslutningarna. Skruva loss anslutningsmuttrarna och koppla loss slangarna från bränslefördelarskenan.
48 Koppla loss kablarna från insprutarna.
49 Skruva loss bränslefördelarskenans fästbultar från insugningsröret och kamaxelkåpan, lyft sedan försiktigt bort bränslefördelarskenan tillsammans med insprutarna från insugningsröret.
50 Lägg alltsammans på en arbetsbänk, dra ut klamrarna och ta loss insprutarna från bränslefördelarskenan. Ta loss O-ringstätningarna och ta vid behov bort munstyckena från insugningsröret.

Montering

51 Montera insprutarna och bränslefördelarskenan i omvänd ordning, och tänk på följande:

a) Byt insprutarnas O-ringstätningar och smörj in dem med lite ren motorolja innan de monteras. Byt munstyckena om så behövs.
b) Kontrollera att insprutarnas fästklämmor sitter ordenligt.
c) Kontrollera att bränsletillförsel- och returslangarna är korrekt anslutna.
d) Kontrollera att alla elektriska och vakuumanslutningar är korrekta och sitter säkert.
e) När monteringen är klar, undersök om det förekommer bränsleläckage.

Bränsletrycksregulator

Demontering

52 Bränsletrycksregulatorn sitter framför bränslefördelarskenan. Tryckutjämna bränslesystemet enligt beskrivningen i avsnitt 9.

53 Koppla loss vakuumslangen från bränsletrycksregulatorn.
54 Lägg en trasa under bränsletrycksregulatorn, ta bort klammern och dra bort regulatorn från bränslefördelarskenan. Spara O-ringstätningarna.

Montering

55 Monteringen sker i omvänd ordning, använd nya O-ringstätningar.

Lambdasond

Demontering

56 Lambdasonden är iskruvad i katalysatorn som sitter på den bakre delen av grenröret. Se kapitel 4D för mer information.
57 Koppla loss kablarna från kontaktdonet på torpedväggen.
58 Lossa och dra bort Lambdasonden, var försiktig så att den inte skadas när den tas bort. *Observera: Eftersom tråden sitter kvar på sonden är det lämpligt att använda en blocknyckel för att ta bort sonden.*

Montering

59 Lägg på lite antikärvningsfett på sondens gängor, men se till att hålla sondspetsen ren.
60 Montera sonden och dra åt den till rätt moment.
61 Återanslut kablarna.

Elektronisk styrenhet (styrmodul)

Varning: Vänta alltid minst 30 sekunder efter det att tändningen slagits av innan kablarna lossas från styrenheten. När kablarna kopplas loss försvinner alla värden, men innehållet i felminnet finns kvar. När kablarna återanslutits måste de ursprungliga inställningarna göras om av en Audi/VAG-mekaniker med ett speciellt testinstrument. Observera även att om styrenheten byts ut måste identifieringen av den nya styrenheten överföras till stabilisatorns styrenhet av en Audi/VAG-mekaniker.

Demontering

62 Se till att tändningen är avslagen.
63 I höger fotbrunn (vänsterstyrda bilar) eller vänster fotbrunn (högerstyrda bilar), skruva loss skruvarna och ta bort sidoklädselpanelen för att komma åt styrenheten. Bänd även bort mittkåpan från sparkplåten och skruva loss själva sparkplåten.
64 Med klädselpanelen borttagen, vik undan mattorna, inklusive den nedre.
65 Skruva loss skruvarna och ta försiktigt bort de övre och nedre plastkåporna från styrenheten.
66 Dra loss korsstaget, skruva sedan ur de två fästskruvarna och lossa styrenheten från tappen på hållaren.
67 Vänd på styrenheten, tryck sedan upp fliken och koppla loss kontaktdonet.

Varning: Vänta minst 30 sekunder efter det att tändningen slagits av innan kablarna lossas från styrenhetens kontaktdon.

68 Dra ut styrenheten ur bilen.

Montering

69 Passa in styrenheten i dess hållare, återanslut sedan kontaktdonet och tryck in det tills det hålls fast av fliken.
70 Placera styrenheten åt rätt håll och passa in tappen på hållaren.
71 Sätt i och dra åt fästskruvarna, tryck sedan korsstaget på plats.
72 Placera den nedre kåpan så att tapparna fäster i urtagen. Sätt tillbaka den övre kåpan på samma sätt, skruva sedan fast båda kåporna.
73 Lägg tillbaka mattorna och klädselpanelen och skruva fast skruvarna.

6 Bränslefilter – byte

Se kapitel 4A, avsnitt 6.

7 Bränslepump och bränslemätarens givare – demontering och montering

Se kapitel 4A, avsnitt 7.

8 Bränsletank – demontering och montering

1 Se kapitel 4A, avsnitt 8. Observera att på modeller med ADR motor är tanken något större **(se bilder)**.

9 Bränsleinsprutningssystem – tryckutjämning

Se kapitel 4A, avsnitt 9.

10 Insugningsrör – demontering och montering

Observera: *Läs igenom föreskrifterna i avsnitt 1 innan arbete påbörjas med komponenterna i bränslesystemet.*

Demontering

1 Ta bort den övre kåpan från överdelen av motorn om så behövs.
2 Demontera gasspjällhuset enligt beskrivningen i avsnitt 5.
3 På ADR motorer (Motronic 3.2), ta bort bränslefördelarskenan och insprutarna enligt

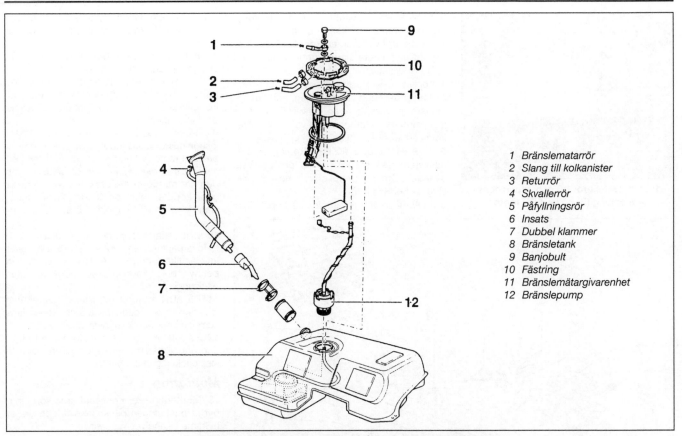

1 Bränslematarrör
2 Slang till kolkanister
3 Returrör
4 Skvallerrör
5 Påfyllningsrör
6 Insats
7 Dubbel klammer
8 Bränsletank
9 Banjobult
10 Fästring
11 Bränslemätargivarenhet
12 Bränslepump

8.1a Bränsletankens komponenter på modeller med ADR motor

1 Anslutningsbult
2 Kopparbrickor
3 Fästring
4 Bränslemätargivare
5 O-ring
6 Klammer
7 Tryckackumulator
8 Bränslepump
9 Bränslereturrör i
   bränsletanken
10 Bränsletank
11 Dämpningsklossar
12 Påfyllningsslang
13 Dubbel klammer
14 Inlägg
15 Påfyllningsrör
16 Skvallerrör
17 Bränslereturrör
18 Skyddsslang
19 Ventilationsventil
20 Ventilationsrör
21 Bränsletillförselledning

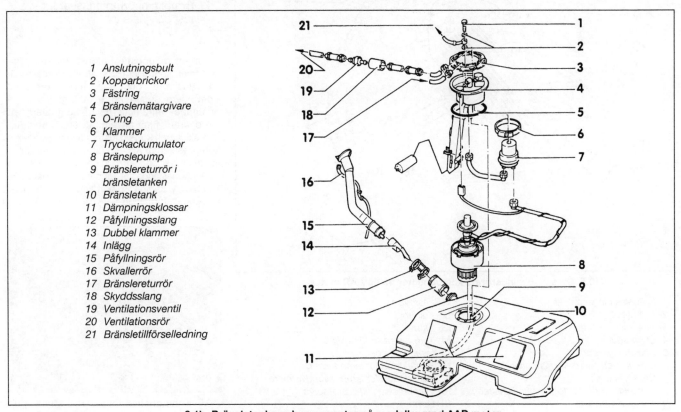

8.1b Bränsletankens komponenter på modeller med AAD motor

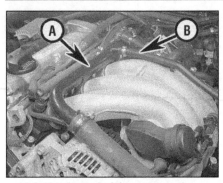

10.3 Kylvätskerör (A) och expansionskärlsslang (B) på en ADR motor

beskrivningen i avsnitt 5. Om ytterligare arbetsutrymme önskas, tappa ur en del kylvätska ur kylsystemet, koppla sedan loss expansionskärlets slang från kylvätskeröret över insugningsröret **(se bild)**.

4 Koppla loss bromsservons vakuumslang och vevhusventilationsslangen från insugningsröret. Koppla även loss kablarna från insugsluftens temperaturgivare i förekommande fall.

5 På AAR motorer (KEIII Jetronic), ta bort gasvajern från stödet på insugningsrörets ovandel. Om så behövs kan hela stödet skruvas bort **(se bild)**.

6 På ADR motorer (Motronic 3.2), koppla loss kablarna och vakuumslangarna från den ställbara strypventilen på insugningsröret **(se bild)**.

7 Skruva loss och ta bort stödfästena från insugningsröret, efter tillämplighet.

8 På AAR motorer (KEIII Jetronic), skruva loss bultarna och ta bort den övre delen av insugningsröret från den nedre delen. Ta vara på packningen.

9 Skruva stegvis loss bultarna som fäster insugningsröret vid topplocket. Observera att på ADR motorer kan insugningsröret tas bort separat från munstycket om så behövs – om den här metoden föredras, lossa klamrarna och koppla loss de korta anslutningsslangarna från insugningsröret och munstycket.

10 Lyft undan grenröret från topplocket och ta loss packningen. Observera att alla bultar inte är lika långa. På ADR motorer, ta vid behov bort munstycket och ta loss packningen.

11 På ADR motorer (Motronic 3.2), skruva loss och ta bort den ställbara chokeventilens komponenter från insugningsröret.

12 På AAR motorer, skruva loss och ta bort den undre delen av insugningsröret och ta loss packningen **(se bild)**.

Montering

13 Montering sker i omvänd arbetsordning, byt ut packningen/packningarna och dra åt bultarna till angivet moment.

11 Bränsleinsprutningssystem – test och justering

1 Om ett fel uppstår i bränsleinsprutningssystemet, kontrollera först att alla kontakter är väl anslutna och fria från korrosion. Kontrollera sedan att felet inte beror på bristande underhåll; d.v.s. kontrollera att luftrenarens filter är rent, att tändstiften är i gott skick och korrekt justerade, att cylinderns kompressionstryck är korrekt, att tändinställningen är korrekt och att motorns ventilationsslangar är rena och oskadade, se kapitel 1A, kapitel 2A och kapitel 5B för mer ingående information.

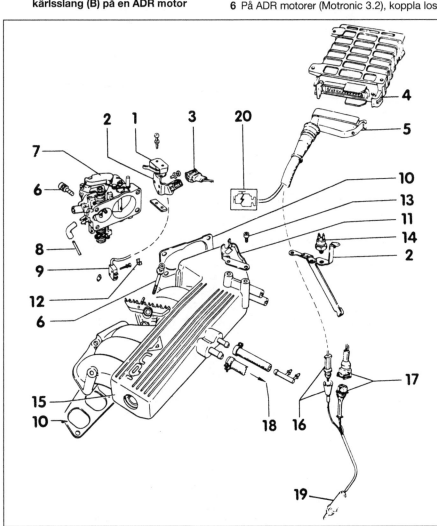

10.5 Övre insugningsrörets komponenter på en AAR motor

1 Fullbelastningskontakt
2 Fästbygel
3 Anslutningskontakt
4 Styrmodul
5 Anslutningskontakt
6 Övre insugningsrörets fästbultar
7 Gasspjällhus
8 Rensningsventil för förångarkolkanister
9 Tomgångsbrytare
10 Packning
11 Fästbygel
12 Klammer
13 Skruv
14 Termokontakt för kylfläkt
15 Insugningsrör
16 Kontaktdon för lambdasond
17 Kontaktdon för lambdasondvärmare
18 Vakuumslang till bromsservo
19 Lambdasond
20 Felvarningslampa

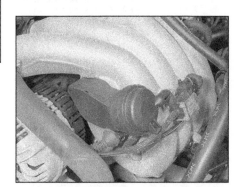

10.6 Komponenter för variabel strypventil på insugningsröret (ADR motor)

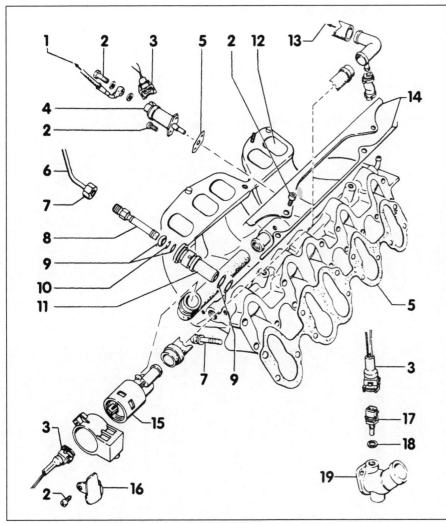

10.12 Nedre insugningsrörets komponenter på en AAR motor

1 Slang till bränslemätnings-
   fördelare
2 Anslutningsbult
3 Anslutningskontakt
4 Kallstartsventil
5 Packning
6 Rör från bränslemätnings-
   fördelare

7 Anslutningsmutter
8 Bränsleinsprutare
9 O-ringstätningar
10 Låsring
11 Inlägg
12 Nedre insugningsröret
13 Lufttillförselslang från tom-
   gångsstabiliseringsventil

14 Insprutarhållare
15 Tomgångsstabiliserings-
   ventil
16 Fästbygel
17 Temperaturgivare för
   kylvätskan
18 Tätning
19 Utmatningskrök

2 Om dessa kontroller inte påvisar orsaken till problemet måste bilen tas till en lämpligt utrustad Audi/VAG-verkstad för test. En diagnoskontakt finns i motorstyrningens kabelhärva och speciell elektronisk test-utrustning kopplas till denna. Testutrust-ningen kan fråga ut styrenheten elektroniskt och komma åt dess interna fellogg. Det gör att fel kan hittas snabbt och enkelt även om de uppträder intermittent. Att testa alla system-komponenter en och en för att försöka hitta felet är tidsödande och kommer knappast att lyckas (särskilt om felet uppkommer lite då och då), och du riskerar också att skada styrenhetens interna komponenter.

3 Erfarna hemmamekaniker utrustade med en precisionsvarvräknare och en noggrant kalibrerad avgasanalyserare kan kontrollera avgasernas CO-halt och tomgångens varvtal. Om dessa ligger utanför specifikationerna måste bilen tas till en Audi/VAG-verkstad för kontroll. Varken luft/bränsleblandningen (CO-halten i avgaserna) eller tomgången kan justeras för hand, därför kan felaktiga test-resultat indikera ett fel i bränsleinsprutnings-systemet.

12 Blyfri bensin – allmän information och användning

Observera: *Informationen i detta kapitel är korrekt i skrivande stund. Om du tror att du behöver uppdaterad information, vänd dig till en Audi/VAG-handlare. Om du ska resa utomlands, hör efter med en motor-organisation eller liknande vilken sorts bränsle som finns tillgängligt.*

1 Vilket bränsle som rekommenderas av Audi/VAG anges i specifikationsavsnittet i det här kapitlet.

2 Alla modeller som tagits upp i det här kapitlet är gjorda för att köras på 95-oktanigt bränsle, men vissa modeller kan även köras på 91-oktanigt bränsle (se specifikationer) som kan förekomma i vissa länder. Om 91-oktanigt bränsle används istället för 95-oktanigt försämras effekten något.

3 Alla modeller med katalysator får endast köras på blyfritt bränsle.

Anteckningar

Kapitel 4 Del C
Bränslesystem – diesel

Innehåll

Svårighetsgrader

Enkelt, passar novisen med lite erfarenhet	Ganska enkelt, passar nybörjaren med viss erfarenhet	Ganska svårt, passar kompetent hemmamekaniker	Svårt, passar hemmamekaniker med erfarenhet	Mycket svårt, för professionell mekaniker

Specifikationer

Allmänt
Tändföljd:
4-cylindriga motorer	1-3-4-2
5-cylindriga motorer	1-2-4-5-3

Maxvarvtal:
1Z och AHU	5 200 varv/minut
ABP, AAT och AEL	5 500 varv/minut
AAS	4 800 ± 100 varv/minut

Tomgångshastighet:
1Z och AHU (icke justerbara)	780 till 900 varv/minut
ABP (icke justerbara)	800 till 840 varv/minut
AAT och AEL (icke justerbara)	710 till 820 varv/minut
AAS	800 till 900 varv/minut

Bränsleinsprutningspump
Insprutningspumpens tidsinställning, avläsning med mätklocka:
Test:	
ABP	0,28 till 0,42 mm
AAT och AEL	0,18 till 0,32 mm
AAS	0,93 till 1,07 mm
Inställning:	
1Z och AHU	0,70 ± 0,02 mm
ABP:	
Inledande värde	0,42 mm
Slutligt värde	0,35 ± 0,02 mm
AAT och AEL:	
Inledande värde	0,32 mm
Slutligt värde	0,25 ± 0,02 mm
AAS	1,00 ± 0,02 mm

Bränsleinsprutare

Öppningstryck:	Ny	Minimum
1Z, AHU och AAT	190 till 200 bar	170 bar
ABP	190 till 195 bar	165 bar
AAS	130 till 138 bar	120 bar

Åtdragningsmoment

	Nm
Bränslerör till insprutningspump och insprutare (1Z och AHU)	25
Bränslerör till insprutningspump och insprutare (ABP, AAT och AEL)	30
Bränsletank	20
Insprutare (AAS)	70
Insprutarens fästbultar (1Z, ABP, AAT och AEL)	20
Insprutningspumpens bränsletillförsel och retur, banjobultar (1Z och AHU)	25
Insprutningspumpens bränsletillförsel och retur, banjobultar (ABP, AAT och AEL)	20
Insprutningspumpens drev	45
Insprutningspumpens drivremsspännarmutter (ABP, AAT och AEL)	45
Insprutningspumpens fäste (ABP, AAT och AEL)	20
Insprutningspumpens fästbygel (ABP, AAT och AEL)	45
Insprutningspumpens fäste och fästbygel (1Z och AHU)	25
Insprutningspumpens tidsinställningsplugg (ABP, AAT och AEL)	20
Insprutningspumpens toppkåpa	10
Kamaxelns bakre drev, bult (ABP, AAT och AEL)	160
Konstanttrycksventil till insprutningspump	45
Returslangsanslutning till insprutningspump	28
Startinsprutningsventil	12
Ventil för bränsleavstängning (1Z och AHU)	20
Ventil för bränsleavstängning (ABP, AAT och AEL)	40

1 Allmän information och föreskrifter

Allmän information

Motorkoder utom AAS

Bränslesystemet består av en bränsletank, en bränsleinsprutningspump, ett motorrums-monterat bränslefilter med inbyggd vatten-avskiljare, slangar för bränsletillförsel och retur, samt bränsleinsprutare.

Insprutningspumpen drivs med halva vevaxelhastigheten via en drivrem från drevet på kamaxelns bakände. Bränsle matas från bränsletanken via filtret till insprutnings-pumpen, som sedan sprutar in bränslet under mycket högt tryck till insprutarna via separata tryckledningar.

Insprutarna är fjäderbelastade mekaniska ventiler som öppnas när trycket på det bränsle som matas till dem överstiger ett visst värde. Bränslet sprutas sedan in från insprutarmunstyckena till virvelkamrarna ovanpå kolvarna (direktinsprutning).

Direktinsprutningssystemet kontrolleras elektroniskt av ett motorstyrningssystem, som består av en elektronisk styrenhet (styrmodul) och tillhörande givare, aktiverare och kablar.

Tidpunkten för insprutningen justeras mekaniskt efter pumpens läge i monterings-konsolen. Dynamisk tidpunkt och insprut-ningens varaktighet kontrolleras av styr-enheten och är beroende av motorvarvtal, gasspjällets läge och öppningsgrad, insugs-luftflödet, insugsluftens temperatur, kyl-vätskans temperatur, bränsletemperatur, omgivande tryck och information om undertrycket i grenröret, förvärvad från givare på och runt motorn. Kontroll över insprut-ningens tidpunkt i en sluten krets sker via en nållyftsgivare i insprutaren. Observera att nållyftsgivaren sitter på insprutare nr 3 på 4-cylindriga motorer och på nr 4 på 5-cylindriga motorer.

Eftersom tvåstegsinsprutare används för-bättras motorns förbränningsegenskaper vilket i sin tur ger tystare gång och bättre avgasvärden.

Styrenheten styr också EGR-systemet, turboaggregatets kontrollsystem för tryck-ökning samt kontrollsystemet för glödstift (kapitel 4D).

Observera att diagnostisering av fel på motorstyrningssystemet endast kan utföras med speciell elektronisk utrustning. Problem med systemets funktion måste därför över-låtas till en Audi/VAG-verkstad för ut-värdering. Arbetsbeskrivningarna i följande avsnitt anger hur tillämpliga komponenter byts ut efter behov när fel har identifierats. Observera även att på tidiga motorkoder, ABP och AAT, används glödstiftens varningslampa till att indikera fel i motorstyrningens styrenhet.

Motorkod AAS

Bränslesystemet består av en bränsletank, en bränsleinsprutningspump, ett motorrums-monterat bränslefilter med inbyggd vatten-avskiljare, slangar för bränsletillförsel och retur, samt bränsleinsprutare.

Insprutningspumpen drivs med halva vevaxelhastigheten via en drivrem från drevet på kamaxelns bakände. Bränsle matas från bränsletanken via filtret till insprutnings-pumpen, som sedan sprutar in bränslet under mycket högt tryck till insprutarna via separata tryckledningar.

Insprutarna är fjäderbelastade mekaniska ventiler som öppnas när trycket på det bränsle som matas till dem överstiger ett visst värde. Bränslet sprutas sedan in från insprutarmunstyckena till virvelkamrarna ovanpå kolvarna (direktinsprutning).

Tidpunkten för insprutningen justeras mekaniskt efter pumpens läge i monterings-konsolen. När motorn är i gång styrs tidigare-läggning eller fördröjning av insprutnings-tidpunkten mekaniskt av insprutningspumpen och beror främst på gasspjällets läge och motorvarvtalet.

Motorn stängs av via en solenoidstyrd bränsleavstängningsventil som stryper bränsleflödet till insprutningspumpen när den avaktiveras.

På modeller som kom innan oktober 1994 kan motorns varvtal ökas manuellt vid kallstart genom en gasvajer för kallstart som styrs med ett reglage på instrumentbrädan. På senare modeller är gasvajern för kallstart utbytt mot en automatisk aktiverare, fäst på sidan av insprutningspumpen, som ökar tomgångs-hastigheten.

Observera att från och med oktober 1994 är bränsleinsprutningspumpen utrustad med elektronisk självdiagnostik och ett fel-sökningssystem. Översyn och reparationer av

det här systemet kräver elektronisk special-utrustning. Problem med systemets funktion måste därför överlåtas till en Audi/VAG-verkstad för utvärdering. Arbetsbeskrivning-arna i följande avsnitt anger hur tillämpliga komponenter byts ut efter behov när fel har identifierats.
Observera: *I detta kapitel betecknas motorer genomgående med sina respektive motor-koder, inte slagvolym – se kapitel 2B för en lista över motorkoder.*

Föreskrifter

Många av de arbeten som beskrivs i detta kapitel omfattar losskoppling av bränsle-ledningar, vilket orsakar ett visst bränslespill. Läs föreskrifterna och informationen i avsnittet *Säkerheten främst!* i början av handboken innan arbetet påbörjas.

 Varning: Undvik direkt kontakt med dieselbränsle – använd skyddskläder och handskar vid hantering av bränslesystemets komponenter. Se till att arbetsplatsen är välventilerad för att undvika ansamling av dieselångor.

Bränsleinsprutare arbetar vid extremt höga tryck och bränslestrålen som kommer från munstycket är stark nog att gå igenom huden, vilket kan få ödesdigra följder. Var mycket noga med att inte komma i vägen för bränslestrålen vid arbete med insprutare under tryck. Vi rekommenderar att alla trycktester av bränslesystemets komponenter överlåts till en specialist på dieselbränslesystem.

Dieselbränslesystem är mycket känsliga för förorening av smuts, luft och vatten. Var extra noga med renligheten för att undvika att smuts kommer in i systemet. Rengör noga området runt bränsleanslutningarna innan de kopplas loss. Förvara demonterade komponenter i lufttäta behållare för att förhindra nedsmutsning och kondensbildning. Använd bara dammfria trasor och ren olja vid rengöring av komponenter. Undvik användning av tryckluft om komponenterna rengörs på plats.

2 Luftrenare – demontering och montering

Demontering

1 Utom på ABP motorer, koppla loss luft-trumman av plast från insugningsröret och det mellanliggande röret som leder till luftrenaren.
2 Lossa slangklämman och koppla bort luftintagsslangen från luftflödesmätaren.
3 Öppna klämmorna och lyft av locket från luftrenaren tillsammans med luftflödes-mätaren. Koppla loss kablarna från mätaren och ta bort enheten.
4 Ta bort luftrenarens filterelement.

5 Skruva loss fästbulten och ta bort luft-renarens hus från motorrummet **(se bilder)**. Ta om nödvändigt bort gummifästena från huset. Kontrollera fästenas skick, och byt ut dem om det behövs.
6 Vid behov kan luftflödesmätaren och skyddet skruvas loss från den övre kåpan, och det mellanliggande luftröret tas bort. Hantera luftflödesmätaren varsamt – den är ömtålig.

Montering

7 Montering sker i omvänd ordning.

3 Gasvajer och gaspedal – demontering och montering

Gasvajer (AAS motorer)

Demontering

1 Se kapitel 11 och ta loss klädselpanelerna under rattstången.
2 Sträck in handen under instrumentbrädan och lossa gasvajern från pedalens övre del.
3 Ta bort fästklammern och koppla loss vajeränden från den mellanliggande armen i motorrummet.
4 Lossa vajerhöljet från stödfästet och torpedväggen, dra sedan bort hela vajern från motorrummet. Vid behov kan kopplingsstaget kopplas loss från bränsleinsprutningspumpen och den mellanliggande armen.

Montering och justering

5 Montering sker i omvänd arbetsordning, men innan vajern sätts tillbaka, justera kopplingsstången enligt följande. Sätt först tillbaka stången, lossa sedan justerings-muttern i mitten av stången så att varje del av stången kan röras separat. Placera justerings-hålen i linje med hålen på insprutnings-pumpens arm och på den mellanliggande armen, använd en 3,5 mm borr om så behövs, dra sedan åt justeringsmuttern. Ta bort borren.
6 Montera vajern och justera den enligt följande. Vid den mellanliggande armen intill pumpen, fixera vajerhöljets position i monteringskonsolen genom att sätta fast en

metallklammer i ett av placeringsspåren, så att gasspjället är vidöppet när gaspedalen är nedtryckt.

Manuell gasvajer (AAS motorer)

Demontering

7 Vrid justeringsreglaget moturs så långt som möjligt.
8 Skruva loss klämmuttern som håller inner-vajern vid ändfästet, lossa sedan vajern från stöden i motorrummet.
9 Demontera de delar av instrumentbrädan som behövs för att komma åt vajern.
10 Dra bort vajern när den är lossad från stöden.

Montering

11 Monteringen sker i omvänd ordning, men justera vajern enligt följande. Med justerings-reglaget vridet så långt moturs som det går, koppla innervajern till ändfästet så att fästet vilar på insprutningspumpens arm utan att vajern är slak eller spänd, dra sedan åt klämmuttern.

Pedallägesgivarvajer och remskiva (alla utom AAS motorer)

Demontering

12 Gasvajern är kopplad till en elektrisk pedallägesgivare som sitter på pedalfästet under instrumentbrädan. Det finns ingen direkt länk till insprutningspumpen. För att ta bort vajern, ta först bort klädselpanelerna under rattstången.
13 Sträck in handen under instrumentbrädan och lossa gasvajern från pedalens övre del.
14 Skruva loss muttern och ta bort brickan, ta sedan bort vajern och sektorn upptill på givaren.

Montering

15 Montering sker i omvänd arbetsordning, men utför vid behov de justeringar som tas upp senare i det här avsnittet. Innan remskivans fästmutter dras åt, dra upp pedalen tills den når stoppet på fästet, vrid sedan remskivan moturs och dra åt fäst-muttern. Observera att remskivan är försedd med 17 mm plattor för att hålla remskivan på plats medan muttern dras åt.

2.5a Skruva loss fästbulten . . .

2.5b . . . och ta bort luftrenaren från motorrummet

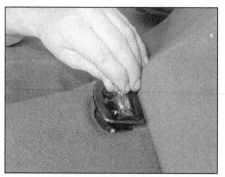

4.4 På kombimodeller, ta bort fästhandtagen från golvet

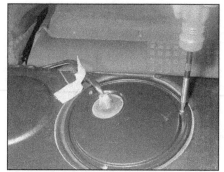

4.5a Skruva loss skruvarna . . .

4.5b . . . och lyft upp locket från golvet

4 Bränsletankens givarenhet – demontering och montering

Observera: *Se föreskrifterna i avsnitt 1 innan arbetet påbörjas.*

Demontering

1 Bränsletankens givarenhet sitter på tankens ovansida och man kommer åt den genom en lucka i bagageutrymmets golv. Enheten skickar ut en reglerbar spänning som driver bränslemätaren på instrumentbrädan och fungerar dessutom som anslutningspunkt för bränsletillförsel- och returslangarna.
2 Enheten sitter delvis i bränsletanken och

demontering av enheten innebär att tankens innehåll exponeras för luft.

 Varning: Undvik direkt kontakt med dieselbränsle – använd skyddskläder och handskar vid hantering av bränslesystemets komponenter. Se till att arbetsplatsen är välventilerad för att undvika ansamling av dieselångor.

3 Se till att bilen är parkerad på en plan yta, koppla sedan loss batteriets jordkabel (minuspol) och ta bort den från polen.
4 Ta bort klädseln från bagageutrymmets golv. På kombimodeller, vik fram baksätena och skruva loss skruvarna som fäster mattan vid golvet, ta bort fästhandtagen från golvet och ta bort mattan **(se bild)**.

5 Skruva loss skruvarna ur luckan och lyft bort den från golvet **(se bilder)**.
6 Koppla loss kontaktdonet från givarenheten **(se bilder)**.
7 Täck området runt tillförsel- och retur-slangarna med trasor för att suga upp eventuellt bränslespill, lossa sedan klamrarna och koppla loss slangarna från portarna på givaren **(se bilder)**. Notera pilmarkeringarna på bränsleslangarnas portar – märk slangarna på samma sätt för att garantera korrekt återmontering. Observera också att pilen på enheten är riktad bakåt; på vissa modeller finns ett hack fram på enheten, som är i linje med ett märke på bränsletanken.
8 Lossa fästringen av plast och lyft ut givar-enheten. Håll den ovanför tankens bränslenivå tills överflödigt bränsle runnit ut **(se bilder)**.

4.6 Koppla loss kablaget från givarenheten

4.7a Koppla loss bränslereturslangen . . .

4.7b . . . och tillförselslangen från givarenheten

4.8a Skruva loss fästringen av plast med en griptång . . .

4.8b . . . och ta bort den

4.8c Ta bort givarenheten

9 Ta bort givaren från bilen och lägg den på en absorberande kartongbit eller trasa. Undersök flottören i änden av svängarmen med avseende på hål och bränsleintrång. Byt givaren om den är skadad.

10 Bränsleupptagaren som är integrerad i givarenheten är fjäderbelastad för att garantera att den alltid hämtar bränsle från botten av tanken. Kontrollera att oljeupptagaren kan röra sig fritt under fjäderspänning med avseende på givarenhetens hus.

11 Ta loss gummitätningen från bränsletankens öppning och undersök om den är sliten. Byt ut den om så behövs.

12 Undersök givarenhetens kontakter, ta bort eventuell smuts och leta efter sprickor i spåret. Audi ger inga specifikationer för givarenheten, men skicket på kontakterna kan kontrolleras om man kopplar en multimeter, inställd på resistans, över givarenhetens kopplingsspoler. Motståndet bör ändras när flottörarmen rörs upp och ner. Visar mätaren på kretsavbrott betyder det att givaren är defekt och måste bytas ut.

Montering

13 Montering sker i omvänd arbetsordning, men se till att pilmarkeringarna på givarhuset och bränsletanken är i linje med varandra som de var vid demonteringen **(se bild)**.

---

5 Bränsletank – demontering och montering

Observera: *Läs säkerhetsanvisningarna i avsnitt 1 innan arbetet påbörjas.*

Demontering

1 Innan tanken kan demonteras måste den tömmas på bränsle så väl som möjligt. Eftersom det inte finns någon avtappningsplugg är det lättast att göra detta när tanken redan är så gott som tom.

2 Koppla loss batteriets jordledning och flytta undan den från polen. Använd om möjligt en handpump eller en hävert för att få bort bränslerester från botten av tanken.

5.10a Fästmuttern till bensintankens bakre fästband kommer man åt via ett hål i värmeskölden

4.13 Justera givarenhetens markeringar innan fästringen sätts på plats

3 Se avsnitt 4 och gör följande:
a) *Koppla loss kablarna uppe på givarenheten vid multikontakten.*
b) *Koppla loss bränsletillförsel- och returslangarna från givarenheten.*

4 Öppna bränsletankens lucka och skruva loss skruven som fäster påfyllningshalsen vid karossen.

5 Lyft upp bakvagnen med hjälp av en domkraft och stöd den på pallbockar (se *Lyftning och stödpunkter*). Klossa framhjulen.

6 Ta bort det högra bakhjulet och skruva sedan bort hjulhusfodret.

7 Koppla loss överflödesslangen från påfyllningshalsen och stödet.

8 Lossa klammern och koppla bort påfyllningsslangen från bränsletanken, dra sedan bort påfyllningsslangen under bilen **(se bild)**.

9 Placera en garagedomkraft under tankens mitt. Placera en träbit mellan domkraften och tanken för att undvika skada på tankytan. Höj domkraften tills den just tar upp tankens vikt.

10 Skruva loss muttrarna som håller tankens fästband vid underredet och ta bort banden **(se bilder)**.

11 Sänk ner domkraften medan tanken hålls fast ordentligt, dra sedan fram den under bilen.

12 Om en ny tank monteras, ta bort värmeskölden från den gamla enheten och montera den på den nya.

13 Om tanken förorenats med avlagringar

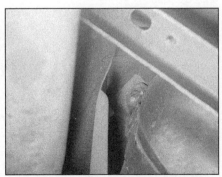

5.10b Fästmutter för tankens främre fästband

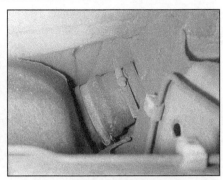

5.8 Bensintankens påfyllningsslang och fästklammer

eller vatten, ta bort givarenheten (se avsnitt 4) och skölj ur tanken med rent bränsle. Tanken är gjuten i syntetmaterial, och om den är skadad bör den bytas ut. I vissa fall kan det dock gå att reparera mindre läckor eller skador. Be en specialist om råd.

Montering

14 Monteringen sker i omvänd ordning, men tänk på följande:
a) *När tanken lyfts tillbaka, se till att fästgummina och packningen är korrekt placerade och var noga med att inte klämma någon av slangarna mellan tanken och karossen.*
b) *Se till att alla rör och slangar är rätt dragna och att de hålls ordentligt på plats med sina fästklämmor.*
c) *Fyll avslutningsvis tanken med bränsle och undersök noga om det förekommer läckor innan bilen tas ut i trafiken.*

---

6 Bränsleinsprutningspump – demontering, montering och justering

Observera: *Observera föreskrifterna i avsnitt 1 innan arbetet påbörjas. För montering av insprutningspumpen krävs en mätklocka och en adapter.*

1Z och AHU motorer

Demontering

1 Lossa batteriets jordledning (minuspolen) (se kapitel 5A) och för undan den från polen.

2 Skruva loss muttrarna och ta bort plastkåpan från motorns ovansida.

3 Lösgör och ta bort den övre yttre kamremskåpan.

4 Demontera kamaxelkåpan enligt beskrivningen i kapitel 2C.

5 Ställ motorn till ÖD-läge för cylinder nr 1 enligt beskrivningen i kapitel 2C. För detta behövs en låsbalk för kamaxeln.

6 Skruva loss anslutningsbultarna och koppla loss bränsle- och returslangarna från insprutningspumpen. Observera att bulten till

6.6 Bränslereturens anslutningsbult är utrustad med en backventil (1.9 liters motor visas)

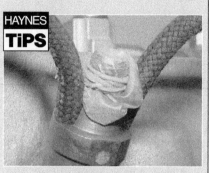

Klipp av fingertopparna på ett par gamla gummihandskar och fäst dem över bränsleportarna med gummiband

Fäst en liten bit av en slang över banjobulten (vid pilen) så att borrhålen täcks, trä sedan tillbaka bulten i dess insprutningspumpport

backventilen är fäst vid returledningen **(se bild)**. Spara tätningsbrickorna.

7 Notera och identifiera kabelanslutningarna på bränsleinsprutningspumpen, koppla sedan loss dem.

8 Skruva loss anslutningsmuttrarna som håller fast bränslerören till insprutarna och bränsleinsprutningspumpen och ta bort dem i ett stycke. Var noga med att inte böja rören.

9 Täck de öppna rören och portarna för att hindra damm och smuts från att komma in **(se Haynes tips)**.

10 Se kapitel 2C och demontera kamremsspännaren.

11 Håll insprutningspumpens drev på plats med ett lämpligt verktyg fasthakat i hålen på drevet (se kapitel 2C, avsnitt 5).

12 Lossa insprutningspumpens drevmutter ungefär ett varv.

13 Lossa drevet från insprutningspumpens axel med en lämplig avdragare.

14 Skruva loss muttern och ta bort drevet. Ta loss woodruffkilen från spåret i axeln.

15 Markera vid behov insprutningspumpens läge i förhållande till fästbygeln så att den sedan kan sättas tillbaka på rätt plats. Skruva loss de främre bultarna som fäster insprutningspumpen vid fästbygeln. De två inre bultarna kommer man åt från framdelen på den inre kamremskåpan, och den andra bulten kommer man åt från insprutningspumpens sida av fästbygeln.

16 Skruva loss den bakre fästbulten och dra bort insprutningspumpen från fästbygeln.

Montering och justering

17 Placera insprutningspumpen i fästbygeln och sätt tillbaka den bakre fästbulten. Dra åt bulten och den koniska muttern till angivet moment för att centrera pumpen.

18 Vrid vid behov insprutningspumpen för att centrera den mellan hålen frampå fästbygeln, skruva sedan i de främre fästbultarna och dra åt dem för hand. Om den gamla pumpen sätts tillbaka, placera den så att inställningsmärkena kommer i linje och dra åt fästbultarna ordentligt.

19 Sätt woodruffkilen i spåret på axeln, sätt

sedan tillbaka drevet och muttern. Håll drevet på plats med verktyget som användes vid demonteringen och dra åt muttern till angivet moment.

20 Placera ÖD-hålen i linje och sätt i sprinten för att låsa drevet i ÖD-läge.

21 Montera kamrem och spännare enligt beskrivningen i kapitel 2C.

22 Utför följande justering innan kablar och bränsleledningar sätts tillbaka.

23 Kontrollera att ÖD-inställningsmärkena är korrekt i linje med varandra enligt beskrivningen i kapitel 2C, ta sedan bort låsbalken från den bakre delen av kamaxeln samt sprinten från pumpdrevet.

24 Skruva loss tidsinställningspluggen bak på insprutningspumpen och montera en mätklocka. En passande adapter krävs.

25 Förladda mätklockan med 2 mm, vrid sedan långsamt motorn moturs tills nålen på mätaren slutar röra sig. Förladda nu mätklockan med 1 mm och nollställ mätaren.

26 Vrid långsamt motorn medurs tills ÖD-märket på svänghjulet/drivplattan är i linje med kanten på tändinställningsöppningen i växellådans hus. Vrid inte motorn längre än till ÖD-märket – om du råkar vrida motorn för långt, upprepa proceduren en gång till.

27 Läs av mätklockans utslag som anger när insprutningen kommer att börja. Det bör vara 0,7 ± 0,02 mm.

28 Om justering krävs, lossa pumpens fästbultar med ungefär 1 varv, vrid sedan pumpen så långt som behövs tills mätaren visar att inställningen är riktig.

29 Dra åt pumpens fästbultar till angivet moment, upprepa sedan proceduren och kontrollera att insprutningens tidsinställning är korrekt.

30 Ta bort mätklockan och sätt tillbaka och dra åt tidsinställningspluggen.

31 Sätt tillbaka bränslerören på insprutarna och bränsleinsprutningspumpen och dra åt anslutningsmuttrarna till angivet moment.

32 Återanslut kablarna till insprutningspumpen.

33 Montera bränsletillförsel- och retur-

slangarna tillsammans med nya tätningsbrickor och dra åt anslutningsbultarna till angivet moment. Se till att anslutningsbulten till backventilen är fäst vid returslangen.

34 Montera kamaxelkåpan enligt beskrivningen i kapitel 2C, sätt sedan tillbaka den övre yttre kamremskåpan.

35 Återanslut batteriets jordledning (minuspol).

36 Insprutningspumpen måste nu tappas av med hjälp av en handstyrd vakuumpump. Audis vakuumpump har en behållare på slangen för bränslet som matas från pumpen. Koppla pumpen till returanslutningen på insprutningspumpen och använd vakuumpumpen tills bränslet som rinner ner i behållaren inte har några bubblor. Låt inte bränsle komma in i vakuumpumpen.

37 Montera returslangen, starta sedan motorn och undersök om det förekommer bränsleläckage.

38 Insprutningsinställningen måste nu kontrolleras och justeras hos en Audi/VAG-verkstad som har nödvändig utrustning. Testenheten kopplas till diagnostikurtaget som sitter i säkringsdosan på höger sida av torpedväggen i motorrummet.

39 Efter justering av insprutningspumpens inställning, lossa alltid bränslerörets anslutningsmuttrar och dra åt dem igen för att undvika att röret är för spänt – det kan leda till att röret går av när det utsätts för vibrationer.

40 Montera plastkåpan överst på motorn.

ABP, AAT och AEL motorer

Demontering

41 Lossa batteriets jordledning (minuspolen) (se kapitel 5A) och för undan den från polen.

42 Om det behövs, skruva loss muttrarna och ta bort plastkåpan från motorns ovansida.

43 Ta bort kamaxelkåpan enligt beskrivningen i kapitel 2D.

44 Skruva loss kåpan från motorns baksida för att komma åt insprutningspumpens drivrem **(se bild)**.

45 Ställ motorn i ÖD-läge för cylinder nr 1

6.44 Ta bort den bakre motorkåpan för att komma åt insprutningspumpen

6.45 Markera pumphuset i förhållande till ÖD-märket på remskivan (1), och markera också huset i förhållande till ÖD-märket på fästkonsolen (2)

6.46a Ett hemgjort verktyg används för att hålla kamaxeldrevet medan bulten lossas

enligt beskrivningen i kapitel 2D, märk ut ÖD-märkets position på bränsleinsprutningspumpens drev/remskiva i förhållande till pumphusets ÖD-märke innan insprutningspumpens drivrem och det bakre kamaxeldrevet demonteras. Märk även insprutningspumpens position i förhållande till fästkonsolen **(se bild)**. Se kapitel 2D angående rutiner för demontering av insprutningspumpens drivrem, man måste dock inte montera låsstången eftersom detta endast krävs vid återmonteringen av kamremmen.

46 Lossa bulten/muttern som fäster dreven/remskivorna vid kamaxeln och insprutnings-

pumpens drivaxel med ett eller två varv. När detta görs, håll dreven på plats, det ena efter det andra, med hjälp av ett verktyg som hakar i drevet. Vad gäller insprutningspumpens drev kan verktyget vid behov skruvas fast på drevet med bultar **(se bilder)**.

47 Ta bort insprutningspumpens drev genom att skruva fast en passande avdragare på det. När drevet är lossat, skruva loss muttern och ta bort drevet. Ta loss woodruffkilen från drivaxeln **(se bilder)**.

48 Skruva loss anslutningsmuttrarna som håller fast bränslerören till insprutarna och bränsleinsprutningspumpen, och ta bort dem i

ett stycke. Täck för bränslerörens öppningar för att undvika att damm och smuts tränger in i bränslesystemet **(se bilder)**.

49 Skruva loss anslutningsbultarna och koppla loss bränsle- och returslangarna från insprutningspumpen. Ta vara på tätningsbrickorna.

50 Koppla loss röret till motorns stopp.

51 Notera och märk kabelanslutningarna på bränsleinsprutningspumpen, koppla sedan loss dem.

52 Markera insprutningspumpens position i förhållande till fästbygeln så att den sedan kan sättas tillbaka på rätt plats. Skruva bort

6.46b Specialverktyget används för att hålla pumpens remskiva på plats

6.47a Skruva loss muttern . . .

6.47b . . . ta bort drevet/remskivan . . .

6.47c . . . och ta ut woodruffkilen

6.48a Ta bort bränslerören

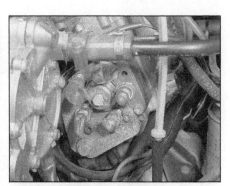

6.48b Täck över bränslerörens öppningar för att undvika att damm och smuts kommer in i bränslesystemet

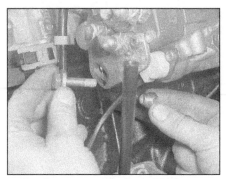

6.52a Skruva loss pumpens fästbultar . . .

6.52b . . . och dra bort insprutnings-
pumpen från fästbygeln

6.53a Originaltillverkarens
justeringsmärken

pumpens fästbultar och dra bort insprutnings-
pumpen från fästbygeln (se bilder).

Montering och justering

Observera: *På AAT motorer måste den
statiska tändinställningsproceduren följas av
en dynamisk tändinställningsprocedur. Det
behövs inte på andra motorer.*

53 Sätt i insprutningspumpen i fästbygeln
och skruva i fästbultarna löst. Vrid pumpen så
långt som behövs tills fästbultarna ligger mitt i
de avlånga fästhålen, och dra sedan åt
bultarna till angivet moment. Original-
tillverkarens inställningsmärken ska vara i linje
i det här stadiet (se bilder). Märkena stannar i
linje vid den statiska tändinställningen men
under den dynamiska tändinställningen kan

insprutningspumpen flyttas så att märkena
inte längre är i linje med varandra.
54 Montera insprutningspumpens drev/rem-
skiva och woodruffkilen på drivaxeln och dra
åt muttrarna till angivet moment medan drevet
hålls fast med samma verktyg som användes
vid demonteringen (se bild).
55 Placera drevet på kamaxelns bakre del,
sätt dit bulten och brickan och dra åt den till
angivet moment medan drevet hålls på plats
med verktyget.
56 Montera och spänn insprutningspumpens
drivrem enligt beskrivningen i kapitel 2D.
Observera att korrekt inställning av insprut-
ningspumpen är beroende av att motorns
kamrem är riktigt monterad och spänd, så
kontrollera detta innan arbetet fortsätter.
57 Ställ motorn och insprutningspumpen till

ÖD, lossa sedan kamaxelns bakre drevbult ett
varv så att drevet kan vridas fritt oberoende av
kamaxeln.
58 Skruva loss och ta bort inställnings-
pluggen från den främre delen av insprut-
ningspumpen och montera en mätklocka. En
lämplig adapter krävs (se bilder).
59 Förladda mätklockan med 2 mm, avgör
sedan pumpkolvens ND-läge (nedre död-
punkt) genom att vrida insprutningspumpens
remskiva långsamt i båda riktningarna.
Observera att ÖD-markeringen på remskivan
är **motorns** ÖD-markering, men att pump-
kolven i själva verket just håller på att höjas
från sitt ND-läge. Detta kan vara förvirrande,
så det är viktigt att hålla ett öga på mätaren så
att **pumpens** ND-läge hittas. Insprutnings-
pumpen kan vridas runt med hjälp av ett
passande verktyg som sticks in i hålen i
kamaxelns bakre drev.
60 När pumpen är i ND, nollställ mätaren och
vrid insprutningspumpen långsamt moturs
(sett bakifrån) med hjälp av verktyget på
kamaxelns bakre drev, tills mätaren visar
0,42 mm (motorkod ABP) eller 0,32 mm
(motorkod AAT) (se bild). Detta värde kallar vi
för inledande värde.
61 Kontrollera att svänghjulets/drivplattans
ÖD-markering fortfarande är inpassad mot
växellådsöppningen och dra åt bulten som
håller fast drevet på kamaxelns bakdel
ordentligt till angivet moment, samtidigt som
du håller fast drevet med verktyget instucket i

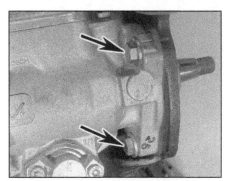

6.53b Insprutningspumpens fästbultar

6.54 Fästmuttern till insprutningspumpens
drev/remskiva dras åt

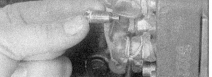

6.58a Skruva loss inställningspluggen . . .

6.58b . . . anslut en lämplig adapter. . .

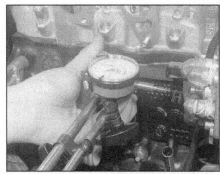

6.58c . . . och en mätklocka

6.60 Vrid insprutningspumpen sakta moturs (sett bakifrån) tills mätaren visar 0,32 mm (AAT motor)

drevhålen. Se till så att inte insprutningspumpens inställning ändras.
62 Vrid runt motorn två hela varv medurs och passa in ÖD-markeringarna igen på svänghjulet/drivplattan och växellådan. Vrid inte runt motorn längre än till ÖD-markeringarna.
63 Notera värdet på mätaren. Beroende på den uppkomna spänningen i kamremmen kommer det avlästa värdet nu att vara något under det inledande värdet. På ABP motorer ska värdet vara 0,35 ± 0,02 mm och på AAT motorer 0,25 ± 0,02 mm. Om mätaren visar något annat värde, gör om justeringsproceduren.
64 Ta bort mätklockan och adaptern, sätt sedan tillbaka inställningspluggen och dra åt den till angivet moment.
65 Återanslut kablarna till insprutningspumpen och röret till motorns stopp.
66 Återanslut bränsletillförsel- och returslangarnas tillsammans med nya brickor och dra åt anslutningarna till angivet moment.
67 Montera bränslerören till insprutarna och bränsleinsprutningspumpen och dra åt anslutningsmuttrarna till angivet moment.
68 Montera insprutningspumpens kåpa på motorns baksida.
69 Sätt tillbaka kamaxelkåpan enligt beskrivningen i kapitel 2D.
70 Återanslut batteriets jordledning (minuspol).
71 Helst ska insprutningspumpen nu snapsas med bränsle. För att göra detta, koppla loss bränslereturanslutningen från pumpens ovansida och koppla in en vakuumpump, en adapter och 1,0 meter plastslang. Kör vakuumpumpen tills bränsle kommer ut ur returöppningen. Var noga med att inte släppa in bränsle i vakuumpumpen. Återanslut och dra åt bränslereturanslutningen.
72 Starta motorn och undersök om det läcker bränsle från anslutningarna.
73 På AAT motorer måste insprutningspumpens inställning kontrolleras dynamiskt med speciell utrustning. Ta bilen till en Audi/VAG-verkstad eller dieselspecialist för att få detta gjort.
74 Montera plastkåpan överst på motorn.

AAS motor
Demontering
75 Lossa batteriets jordledning (minuspolen) (se kapitel 5A) och för undan den från polen.
76 Om det behövs, skruva loss muttrarna och ta bort plastkåpan från motorns ovansida.
77 Notera och märk kabelanslutningarna på bränsleinsprutningspumpen, koppla sedan loss dem.
78 Koppla loss gasspjällänkaget från styrarmen, skruva sedan bort länkagets fästbygel.
79 Koppla loss tomgångsvajern.
80 Skruva loss anslutningsbultarna och koppla loss bränsle- och returslangarna från insprutningspumpen. Ta vara på tätningsbrickorna. Observera att anslutningsbulten till returslangen är märkt "OUT".
81 Skruva loss anslutningsmuttrarna som håller fast bränslerören till insprutarna och bränsleinsprutningspumpen, och ta bort dem i ett stycke.
82 Skruva loss kåpan från insprutningspumpen.
83 Sätt motorn till ÖD-läge för cylinder nr 1 enligt beskrivningen i kapitel 2D och se till att ÖD-märkena på insprutningspumpens remskiva är i linje med märkena på fästbygeln.
84 Ta bort insprutningspumpens drivrem enligt beskrivningen i kapitel 2D.
85 Lossa insprutningspumpens drevmutter ungefär ett varv, ta sedan bort låssprinten.
86 Ta bort insprutningspumpens drev genom att skruva fast en passande avdragare på det. Med drevet lossat från drivaxeln, skruva loss muttern helt och ta bort drevet. Ta loss woodruffkilen.
87 Markera insprutningspumpens position i förhållande till fästbygeln så att den sedan kan sättas tillbaka på rätt plats. Skruva loss pumpens fästbultar och dra bort insprutningspumpen från fästbygeln. Använd en lång hylsnyckel för att komma åt den bakre bulten.

Montering och justering
88 Sätt insprutningspumpen i fästbygeln och skruva i fästbultarna löst. Vrid pumpen så långt som behövs för att fästbultarna ska hamna mitt i de avlånga fästhålen, och dra sedan åt bultarna till angivet moment.
89 Montera tillbaka insprutningspumpens drev/remskiva och woodruffkilen på drivaxeln och dra åt muttrarna till angivet moment medan drevet hålls fast med samma verktyg som användes vid demonteringen.
90 Montera och spänn insprutningspumpens drivrem enligt beskrivningen i kapitel 2D.
91 Ställ motorn och insprutningspumpen till ÖD, lossa sedan kamaxelns bakre drevbult med ett halvt varv så att drevet kan vridas fritt oberoende av kamaxeln.
92 Skruva loss och ta bort inställningspluggen från den främre delen av insprutningspumpen och montera en mätklocka. En passande adapter krävs.
93 Förladda mätklockan med 2 mm, avgör sedan pumpkolvens ND-läge genom att vrida insprutningspumpens remskiva långsamt i båda riktningarna. Observera att ÖD-

markeringen på remskivan är **motorns** ÖD-markering, men att pumpkolven i själva verket just håller på att höjas från sitt ND-läge. Detta kan vara förvirrande, så det är viktigt att hålla ett öga på mätaren så att **pumpens** ND-läge hittas. Insprutningspumpen kan vridas runt med hjälp av ett passande verktyg som sticks in i hålen i kamaxelns bakre drev.
94 När pumpen är i ND, nollställ mätaren och vrid långsamt insprutningspumpen moturs (sett bakifrån) med hjälp av verktyget på kamaxelns bakre drev, tills mätaren visar 1,00 ± 0,02 mm. Detta värde kallar vi för inledande värde.
95 Kontrollera att svänghjulets/drivplattans ÖD-markering fortfarande är inpassad mot växellådsöppningen och dra åt bulten som håller fast drevet till kamaxelns bakdel ordentligt till angivet moment, samtidigt som drevet hålls fast med verktyget instucket i drevhålen. Se till så att inte insprutningspumpens inställning ändras.
96 Vrid runt motorn två hela varv medurs och passa in ÖD-markeringarna igen på svänghjulet/drivplattan och växellådan. Vrid inte runt motorn längre än till ÖD-markeringarna.
97 Notera värdet på mätaren. Beroende på den uppkomna spänningen i kamremmen kommer det avlästa värdet nu att vara något under det inledande värdet. Observera den här avvikelsen så att den kan läggas till det inledande värdet vid den andra justeringen. Om mätaren till exempel visar 0,94 mm, är avvikelsen 0,06 mm.
98 Upprepa justeringsproceduren genom att först lossa kamaxelns bakre drevbult med ett halvt varv så att drevet kan vridas fritt oberoende av kamaxeln.
99 Förladda mätklockan med 2 mm, avgör sedan pumpkolvens ND-läge (nedre dödpunkt) genom att vrida insprutningspumpens remskiva långsamt i båda riktningarna (se punkt 93). Insprutningspumpen kan vridas runt med hjälp av ett lämpligt verktyg som sticks in i hålen i kamaxelns bakre drev.
100 När pumpen är i ND, nollställ mätaren och vrid långsamt insprutningspumpen moturs (sett bakifrån) med hjälp av verktyget på bakre kamaxeldrevet tills mätaren visar 1,00 mm **plus** avvikelsen från punkt 97 (t.ex. 1,00 + 0,06 mm = 1,06 mm i exemplet).
101 Kontrollera att svänghjulets/drivplattans ÖD-markering fortfarande är inpassad mot växellådsöppningen och dra åt bulten som håller fast drevet till kamaxelns bakdel ordentligt till angivet moment, samtidigt som drevet hålls fast med verktyget instucket i drevhålen. Se till så att inte insprutningspumpens inställning ändras.
102 Vrid runt motorn två hela varv medurs och passa in ÖD-markeringarna igen på sväng-hjulet/drivplattan och växellådan. Vrid inte runt motorn längre än till ÖD-markeringarna.
103 Observera mätarens utslag som nu bör vara 1,00 ± 0,02 mm.
104 Ta bort mätklockan och adaptern, sätt

tillbaka inställningspluggen och dra åt den till angivet moment. Om pluggen är försedd med en tätning måste denna bytas ut.

105 Montera kåpan på insprutningspumpen.

106 Montera bränslerören till insprutarna och bränsleinsprutningspumpen och dra åt anslutningarna till angivet moment.

107 Återanslut bränsletillförsel- och returslangarna tillsammans med nya tätningsbrickor och dra åt dem till angivet moment.

108 Montera tomgångsvajern, fästbygeln och gasspjällänkaget.

109 Återanslut kablarna till pumpen.

110 Återanslut batteriets minuspol.

111 Montera tillbaka plastkåpan på överdelen av motorn där så är tillämpligt.

112 Starta motorn och undersök om det läcker bränsle från anslutningarna.

7 Tomgångshastighet och maximalt varvtal (AAS motor) – kontroll och justering
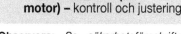

Observera: *Se säkerhetsföreskrifterna i avsnitt 1 innan arbetet påbörjas.*

Tomgångshastighet

1 Motorn måste ha normal arbetstemperatur innan detta moment utförs och alla elektriska tillbehör ska vara avslagna. Dra åt handbromsen och ställ växeln i friläge. Se till att kallstartsknappen är helt intryckt till läge "off".

2 Starta motorn och låt den gå på tomgång.

3 Använd en varvräknare för dieselmotorer och kontrollera att tomgångshastigheten stämmer överens med vad som anges i specifikationerna.

4 Om justering krävs, lossa låsmuttern och vrid tomgångsjusteringsskruven efter behov, dra sedan åt låsmuttern igen.

5 Slå av motorn.

Maximalt motorvarvtal

6 Starta motorn, dra åt handbromsen och lägg växeln i neutralläge, låt sedan en medhjälpare trycka gaspedalen i botten.

7 Använd en varvräknare för dieselmotorer och kontrollera att det maximala motorvarvtalet stämmer överens med vad som anges i specifikationerna.

Observera: Behåll inte det höga varvtalet längre än två eller tre sekunder.

8 Justera vid behov motorns maxvarvtal genom att lossa låsmuttern och vrida justeringsskruven.

9 När detta är gjort, dra åt låsmuttern.

8 Snabbtomgång (AAS motor) – kontroll och justering

Observera: *Observera föreskrifterna i avsnitt 1 innan du börjar arbeta med komponenter i bränslesystemet. En kylspray kommer att behövas för att kyla ner expansionselementet under följande moment.*

1 Snabbtomgången styrs av ett elektriskt uppvärmt expansionselement placerat på ovansidan av insprutningspumpen. När motorn är kall ökar tomgångshastigheten till 900 ± 50 varv per minut. Efter högst två minuter återgår motorvarvtalet till normalhastighet.

2 Motorn måste ha normal arbetstemperatur och alla elektriska tillbehör måste vara avslagna. Dra åt handbromsen och ställ växeln i friläge. Se till att kallstartsknappen är helt intryckt till läge "off".

3 Starta motorn och låt den gå på tomgång.

4 Koppla loss kablarna från expansionselementet, använd sedan kylsprayen för att kyla ner elementet till en temperatur under 30° C. Motorns tomgångshastighet måste öka till 900 ± 50 varv per minut.

5 Om snabbtomgångens hastighet inte är korrekt, lossa låsmuttern på expansionselementet och vrid elementet tills rätt hastighet uppnås. Dra åt låsmuttern.

6 Anslut kablarna till elementet och kontrollera att motorns varvtal går tillbaka till normalhastighet inom två minuter.

7 Om expansionselementet inte fungerar tillfredsställande måste det bytas ut.

9 Restvolym (AAS motor) – justering

1 Justeringsskruven för restvolym är placerad på insprutningspumpens övre främre del, framför tomgångshastighetens justerskruv. Inställningen görs av tillverkaren och justerskruven är förseglad med en justersäkring.

2 Justering av restvolymen behövs endast utföras vid följande symptom:

a) *Motorns varvtal ökar och det är inte möjligt att justera tomgångshastigheten. I det här fallet är restvolymen för stor och justerskruven har skruvats i för långt.*

b) *Bilen har dålig effekt vid döda punkter vid acceleration från låg hastighet, eller hoppar oavsett växel. I det här fallet är restvolymen för liten och justerskruven har skruvats ut för långt.*

3 Motorn måste ha normal arbetstemperatur innan detta moment utförs och alla elektriska tillbehör måste vara avslagna. Dra åt handbromsen och ställ växeln i friläge. Se till att kallstartsknappen är helt intryckt till läge "off".

4 Starta motorn och låt den gå på tomgång.

5 Ta bort justersäkringen och lossa låsmuttern.

6 Vid för högt motorvarvtal, skruva ut justerskruven tills varvtalet inte sjunker längre, skruva sedan in den tills varvtalet precis börjar öka. Skruva nu ut skruven ett halvt varv. Dra åt låsmuttern och sätt på en ny justersäkring.

7 Vid dålig motoreffekt, skruva in justerskruven tills motorns varvtal precis börjar öka. Skruva nu ut skruven ett halvt varv. Dra åt låsmuttern och sätt på en ny justersäkring.

10 Bränsleinsprutare – allmän information, demontering och montering

Observera: *Se säkerhetsföreskrifterna i avsnitt 1 innan arbetet påbörjas.*

⚠️ *Varning: Var väldigt försiktig vid arbete med bränsleinsprutarna. Utsätt aldrig händer eller andra delar av kroppen för insprutarstrålarna eftersom arbetstrycket är så högt att bränslet kan gå igenom huden, vilket kan få ödesdigra konsekvenser. Vi rekommenderar starkt att allt arbete som omfattar test av insprutarna under tryck utförs av en återförsäljare eller en specialist på bränsleinsprutning. Se föreskrifterna i avsnitt 1 i detta kapitel innan arbetet fortsätter.*

Allmän information

1 Insprutare slits ut efter lång användning och man kan räkna med att de behöver bytas efter ca 10 000 mil. Riktiga tester, renovering och kalibrering av insprutarna måste överlåtas till en specialist. En felaktig insprutare som orsakar tändningsknack eller rök kan lokaliseras utan demontering enligt följande.

2 Kör motorn på snabbtomgång. Lossa alla insprutaranslutningar i tur och ordning. Placera en trasa runt anslutningen för att suga upp bränsle och var noga med att inte utsätta huden för skvätt eller strålar. När anslutningen på den defekta insprutaren lossas kommer knackningarna eller röken att upphöra.

Demontering

Observera: *Var noga med att inte släppa in smuts i insprutarna eller bränslerören när detta görs. Tappa inte insprutarna och låt inte nålarna skadas i spetsarna. Insprutarna är precisionstillverkade och får inte hanteras vårdslöst.*

3 Lossa batteriets jordledning (minuspolen) (se kapitel 5A).

4 I förekommande fall, ta bort toppkåpan från motorn.

5 Rengör försiktigt runt insprutarna och röranslutningsmuttrarna och koppla loss spillslangarna från insprutarna. På vissa motorer kan man behöva lossa några klamrar innan man kopplar bort slangarna **(se bild)**.

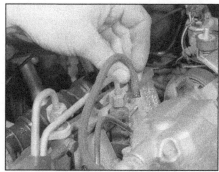

10.5 Koppla loss spillslangarna

10.6a Skruva av bränslerörens anslutningsmuttrar medan insprutaren hålls fast med en annan nyckel

10.6b Håll fast insprutningspumpens adaptrar medan anslutningsmuttrarna skruvas av

10.6c Ta bort bränslerören

6 Rengör röranslutningarna och lossa anslutningsmuttrarna som fäster insprutarrören vid insprutarna. Lossa även anslutningsmuttrarna som fäster rören vid bakdelen av insprutningspumpen (rören tas bort som en enhet). Medan alla anslutningsmuttrar lossas, håll fast insprutar- eller pumpadaptern med lämplig skiftnyckel för att hindra den från att röra sig. Med anslutningsmuttrarna urskruvade, ta bort insprutarrören från motorn. Täck för insprutarnas och rörens anslutningar för att hindra att smuts kommer in i systemet **(se bilder)**.

> *Klipp av fingertopparna från en gammal gummihandske och fäst dem runt de öppna anslutningarna med gummiband för att skydda systemet från smuts.*

Alla motorer utom AAS motor

7 Skruva loss fästmuttrarna/bultarna till insprutarklamrarna (i förekommande fall). Ta bort brickorna, ta sedan bort klamrarna och distanserna **(se bilder)**.
8 Dra bort insprutarna från topplocket. Om de sitter hårt, försök lossa dem genom att vrida dem med en skiftnyckel **(se bild)**. Om de riktigt har kärvat fast använder sig Audi-mekaniker av ett glidhammarverktyg som skruvas på röranslutningsgängorna.

Observera att den andra insprutaren bakifrån är högre än de övriga (cylinder nr 3 på 4-cylindriga motorer, cylinder nr 4 på 5-cylindriga motorer), och även innehåller en nållyftsgivare som skickar signaler till styrenheten.
9 Använd en skruvmejsel och haka bort värmesköldens brickor från insprutar-fördjupningarna på topplocket.

AAS motor

10 Man kommer åt insprutare 4 och 5 genom att flytta expansionselementets fäste och fästet till tomgångsstyrningens länkage.
11 Torka rent runt basen på insprutarna, skruva sedan bort dem från topplocket.
Varning: Se till att skruva loss insprutarhållarna från topplocket och ta

bort hela insprutarenheterna, inte skruva loss själva insprutarna från hållarna. Om en insprutare skruvas loss från sin hållare kommer dess små inre komponenter att störas. Händer detta måste de tas till en specialist som sätter ihop dem och testar dem innan de kan monteras.
12 Ta bort värmesköldsbrickorna från insprutarurtagen på topplocket.

Montering

Alla motorer utom AAS

13 Rengör insprutarurtagen på topplocket.
14 Placera nya värmesköldsbrickor på insprutarna eller på topplocket **(se bild)**.
15 Montera insprutarna och se till att spillslanganslutningarna är riktade bort från

10.7a Skruva loss bulten . . .

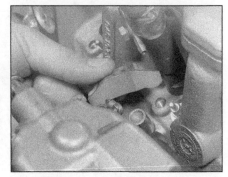

10.7b . . . ta bort klammern . . .

10.7c . . . och distansen

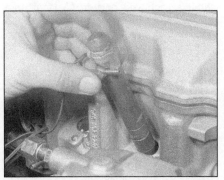

10.8 En insprutare tas bort från topplocket

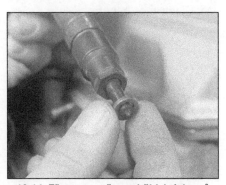

10.14 Fäst en ny värmesköldsbricka på insprutaren innan den sätts tillbaka

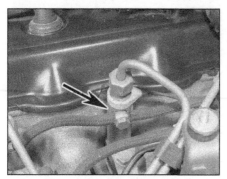

10.15 Insprutaren med nållyftsgivaren är den andra bakifrån på alla motorer (1Z motor visad)

10.16 Klämbultarna dras åt (AAT motor)

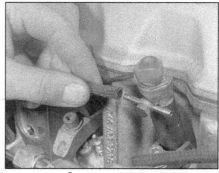

10.22 Återanslut spillslangarna

motorn, och att insprutaren med nållyfts-givaren monteras som den andra bakifrån (se bild).
16 Sätt tillbaka distanserna och klamrarna, sätt sedan dit brickorna och dra åt muttrarna och bultarna till angivet moment (se bild).

AAS motor

17 Rengör insprutarfördjupningarna och gängorna i topplocket.
18 Placera nya värmesköldsbrickor i topp-locket och se till att de placeras åt rätt håll. Den yttre kanten måste vara riktad uppåt så att den runda sidan pekar nedåt.
19 Applicera lite antikärvningsfett på insprutargängorna, skruva sedan ner dem i topplocket och dra åt till angivet moment.
20 Montera fästet till tomgångsstyrningens länkage och expansionselementets fäste och dra åt bultarna.

Samtliga motorer

21 Montera insprutarrören till insprutarna och insprutningspumpen och dra åt muttrarna samtidigt som insprutarna eller pumpadaptern hålls fast med en skiftnyckel.
22 Återanslut spillslangarna och dra åt slangklämmorna om så behövs (se bild).
23 I förekommande fall, montera tillbaka toppkåpan på motorn.
24 Återanslut batteriet.

---

11 Diesel motorstyrnings-system – demontering och montering av komponenter

Observera: Läs igenom föreskrifterna i avsnitt 1 innan arbetet påbörjas.

Pedallägesgivare

Observera: Pedallägesgivaren finns inte monterad på modeller med AAS motor.

Demontering

1 Demontera instrumentbrädan under ratt-stången.
2 Sträck in handen under instrumentbrädan och lossa gasvajern från pedalens övre del.

3 Notera hur pedalens returfjäder sitter, ta sedan bort de två klamrarna och dra bort bussningarna från pedalaxelns ändar.
4 Dra bort pedalen från fästet.
5 Skruva loss muttern och ta bort brickan, ta sedan bort vajern och sektorn från toppen av givaren.
6 Markera givarens läge i fästets avlånga hål för att underlätta återmonteringen. Skruva loss specialbultarna och sänk givaren från sitt fäste, koppla sedan loss kablarna och dra bort givaren.

Montering

7 Återanslut kablarna, placera givaren i fästet och skruva in bultarna löst. Om en full-gasinställningsjigg finns tillgänglig, vrid givarenheten ett varv moturs i de avlånga hålen, dra sedan åt bultarna ordentligt. Om ingen jigg finns till hands, placera givar-enheten i dess tidigare noterade läge och dra åt bultarna.
8 Montera vajern och sektorerna på toppen av givaren och dra åt muttern.
9 Montera pedalen och bussningarna och fäst de två klamrarna.
10 Återanslut vajeränden på gaspedalens ovansida och utför momenten som beskrivs i punkt 15.
11 Om en fullgasinställningsjigg finns till-gänglig, skruva loss gasspjällstoppet från golvet och placera jiggen i dess ställe. Lås jiggen i monteringsläget, lossa sedan givarens fästbultar och vrid givaren så långt som behövs för att pedalen precis ska vila på jiggen. Dra åt givarens fästbultar, sätt sedan tillbaka gasspjällstoppet.

Temperaturgivare för kylvätska

Demontering

12 På 1Z och AHU motorer är tempera-turgivaren för kylvätskan placerad på motorns bakre vänstra sida. På ABP, AAT och AEL motorer är den placerad på motorns främre vänstra sida. På AAS motorer är den placerad på bakre delen av topplocket.
13 Se kapitel 1B och tappa ur ungefär en fjärdedel av motorns kylvätska.

14 Koppla loss kablarna och skruva loss givaren.

Montering

15 Montering sker i omvänd arbetsordning, dra åt givaren till angivet moment. Fyll på kylsystemet enligt beskrivningen i kapitel 1B.

Varvtalsgivare

Demontering

16 Varvtalsgivaren är fäst på motorblockets bakre högra sida, i angränsning till fogytan mot växellådans balanshjulskåpa.
17 Följ kablarna bakåt från givaren till kontaktdonet och koppla loss dem.
18 Skruva loss fästbultarna och dra bort givaren från motorblocket (se bild).

Montering

19 Montering sker i omvänd arbetsordning.

Bränsleavstängningsventil

Demontering

20 Avstängningsventilen för bränsle är placerad ovanpå fördelarhuvudet på bränsleinsprutningspumpen. Rengör först området runt ventilen så att inte damm och smuts kommer in i bränslesystemet.
21 För att ta bort ventilen, skruva loss muttern och koppla loss kablaget (se bild).
22 Skruva loss ventilen och ta bort O-ringen, fjädern och tryckkolven.

11.18 Varvtalsgivaren tas bort (AAT motor)

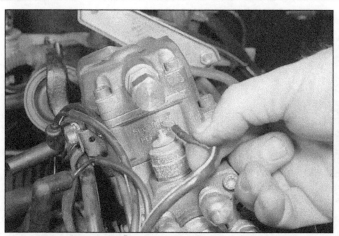

11.21 Ta bort kablaget från bränsleavstängningsventilen

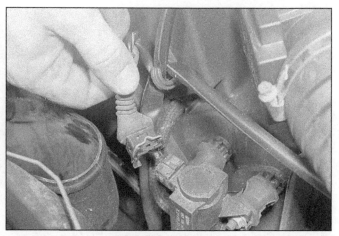

11.30 Ta loss kablar . . .

Montering

23 Montering sker i omvänd arbetsordning, Rengör alla komponenter innan de sätts tillbaka och dra åt ventilen till angivet moment.

Startinsprutningsventil

Demontering

24 Startinsprutningsventilen är placerad strax under fördelarlocket på bränsleinsprutningspumpen. Rengör först området runt ventilen så att inte damm och smuts kommer in i bränslesystemet.
25 Skruva loss skruven och dra bort ventilen från insprutningspumpen. Var beredd på visst bränslespill.
26 Ta loss den yttre O-ringen, filtret och den inre O-ringen.
27 Koppla loss kablarna vid kontaktdonet.

Montering

28 Montering sker i omvänd arbetsordning. Rengör alla komponenter innan de sätts tillbaka och dra åt skruven ordentligt.

Kontrollventil för laddtryck (1Z och AHU motorer)

Demontering

29 Laddtrycksventilen är placerad bakom den högra strålkastaren. Ta först loss lufttrumman av plast från insugningsröret och det mellanliggande röret som leder till luftrenaren.
30 Koppla loss kablarna (se bild).
31 Ta bort vakuumslangarna, notera deras kopplingsordning för att underlätta monteringen (se bild).
32 Skruva loss fästmuttrarna och dra bort ventilen (se bild).

Montering

33 Montering sker i omvänd arbetsordning.

Insugsluftens temperaturgivare (ABP motorer)

Demontering

34 Insugsluftens temperaturgivare är placerad i lufttrumman mellan mellankylaren och insugningsröret.
35 Koppla loss kablarna.
36 Lossa klammern från trumman och ta loss tätningen.

Montering

37 Montering sker i omvänd ordning.

11.31 . . . och vakuumslangar . . .

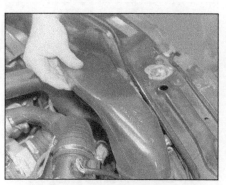

11.39 Ta bort plastlufttrumman för att komma åt luftflödesmätaren

Luftflödesmätare (utom AAS motorer)

Demontering

38 Luftflödesmätaren är placerad i luftrenarens övre kåpa. Insugningsluftens temperaturgivare är integrerad med luftflödesmätaren och kan inte demonteras separat.
39 Koppla loss lufttrumman av plast från insugningsröret och det mellanliggande röret som leder till luftrenaren (se bild).
40 Lossa klammern och koppla loss luftintagsslangen från luftflödesmätaren (se bilder).

11.32 . . . och ta bort laddtrycksventilen (1Z motor)

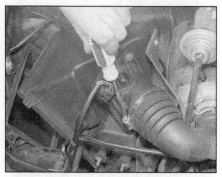

11.40a Koppla loss luftintagsslangen från luftflödesmätaren (1Z motor)

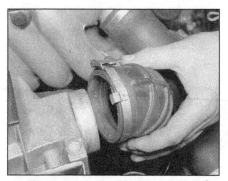

11.40b Koppla loss luftintagsslangen från luftflödesmätaren (AAT motor)

11.41a Lossa fjäderklamrarna på luftrenarens övre kåpa

11.41b Ta loss kablaget . . .

41 Öppna klamrarna och lyft av den övre kåpan från luftrenaren tillsammans med luftflödesmätaren. Koppla loss kablarna från mätaren och ta bort enheten **(se bilder)**.
42 Luftflödesmätaren och skyddet kan skruvas loss från den övre kåpan och den mellanliggande lufttrumman kan tas bort. Hantera luftflödesmätaren varsamt, den är ömtålig. Ta loss tätningskragen på AAT motorer **(se bilder)**.

Montering
43 Montering sker i omvänd arbetsordning.

Elektronisk styrenhet (styrmodul)

Observera: Vänta alltid minst 30 sekunder efter det att tändningen slagits av innan kablarna kopplas loss från styrenheten. När kablarna kopplas loss försvinner alla värden, men innehållet i felminnet finns kvar. När kablarna återanslutits måste de ursprungliga inställningarna göras om av en Audi/VAG-mekaniker med ett speciellt testinstrument. Observera även att om styrenheten byts ut måste identifieringen

av den nya styrenheten överföras till stabilisatorns styrenhet av en Audi/VAG-verkstad.

Demontering
44 Se till att tändningen är avslagen.
45 I höger fotbrunn (vänsterstyrda bilar) eller vänster fotbrunn (högerstyrda bilar), skruva loss skruvarna och ta bort sidoklädsel-panelen. Bänd även bort mittkåpan från sparkplåten och skruva loss själva sparkplåten.
46 Med klädselpanelen borttagen, vik undan de främre mattorna, inklusive den nedre.

11.41c . . . och ta bort övre kåpan och luftflödesmätaren (1Z motor)

11.41d Ta bort kablaget . . .

11.41c . . . och ta bort övre kåpan och luftflödesmätaren (AAT motor)

11.42a Skruva loss luftflödesmätarens skydd (1Z motor) . . .

11.42b . . . och skruva sedan loss mätarens fästbultar

11.42c Luftflödesmätarens fästbultar sedda från insidan av luftrenarens övre kåpa (1Z motor)

11.47 Ta bort plastkåpan/kåporna . . .

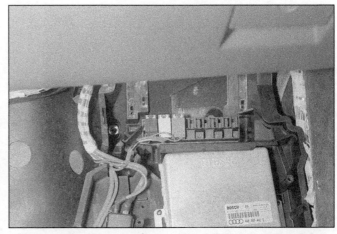

11.48 . . . för att komma åt den elektroniska styrenheten (ECU)

47 Skruva loss skruvarna och ta försiktigt bort den övre och nedre plastkåpan från styrenheten (se bild).
48 Dra loss korsstaget, skruva loss de två fästskruvarna och ta loss styrenheten från tappen på hållaren (se bild).
49 Dra runt styrenheten, tryck upp fliken och koppla loss kontaktdonet.

 Varning: Vänta minst 30 sekunder efter det att tändningen slagits av innan kablarna kopplas loss från styrenhetens kontaktdon.

50 Dra ut styrenheten ur bilen.

Montering

51 Passa in styrenheten i dess hållare, anslut kontaktdonet och tryck in det tills det hålls fast av fliken.
52 Placera styrenheten åt rätt håll och passa in tappen på hållaren.
53 Sätt i och dra åt fästskruvarna, tryck sedan korsstaget på plats.
54 Placera den nedre kåpan så att tapparna fäster i urtagen. Sätt tillbaka den övre kåpan och skruva fast de båda kåporna.
55 Lägg tillbaka mattorna och klädselpanelen och skruva fast skruvarna.

Systemrelä

Demontering

56 Systemreläet är placerat bakom panelen i passagerarsidans fotbrunn.
57 Bänd bort plastlisten, skruva loss skruvarna och dra bort sparkplåten längst ner i dörröppningen.
58 Ta bort skruven och dra bort fotbrunnens sidopanel, ta sedan bort reläet.

Montering

59 Montering sker i omvänd arbetsordning.

Kopplings- och bromspedalsbrytare

Demontering och montering

60 Kopplings- och bromspedalsbrytarna skickar signaler till styrenheten som auto-

matiskt justerar insprutningspumpens inställning. Se kapitel 6 och 9 för information om deras demontering och montering.

Bränsletemperaturgivare

Demontering

61 Bränsletemperaturgivaren är placerad på insprutningspumpens ovansida, under kåpan.
62 Skruva loss skruvarna och lyft bort kåpan från insprutningspumpen. Ta vara på packningen.
63 Skruva loss skruvarna och ta bort bränsletemperaturgivaren.

Montering

64 Montering sker i omvänd arbetsordning. Dra åt pumpkåpans skruvar ordentligt.

12 Insugningsrör – demontering och montering

Observera: Läs igenom föreskrifterna i avsnitt 1 innan arbetet påbörjas.

Demontering

1 Bänd bort skyddslocken och skruva loss muttrarna som fäster motorns övre skyddskåpa och ta bort den.
2 Demontera luftrenaren enligt beskrivningen i avsnitt 2.

3 I förekommande fall, skruva loss muttrarna och bultarna och ta bort EGR-ventilen och rörenheten från insugningsröret och avgasgrenröret. Koppla loss vakuumröret och ta loss packningarna.
4 Lossa klammern och koppla bort lufttrumman från adaptern (1Z och AHU) eller främre delen av insugningsröret (ABP, AHU, AEL och AAS).
5 Lossa klamrarna och koppla loss vakuumslangarna (se bild).
6 På AAT motorer, lösgör och ta bort värmeskyddet från topplockets främre del (se bild).

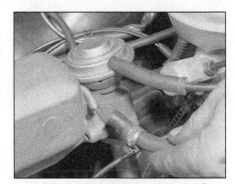

12.5 Koppla loss vakuumslangen från insugningsröret (AAT motor)

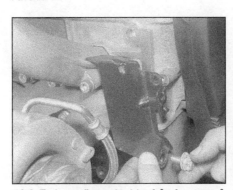

12.6 Ta bort värmeskyddet från fronten på topplocket (AAT-motor)

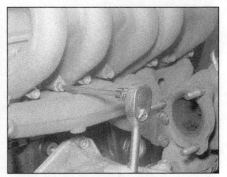

12.7a Använd en insexnyckel för att lossa insugningsrörets bultar . . .

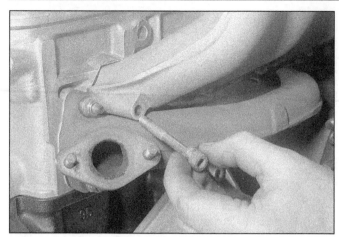

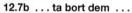
12.7b ... ta bort dem ...

12.7c ... ta loss insugningsröret från topplocket ...

7 Använd en insexnyckel och skruva stegvis loss bultarna som fäster insugningsröret vid topplocket, dra sedan bort grenröret och ta bort packningen **(se bilder).**
8 På 1Z och AHU motorer, skruva loss skruvarna och ta bort adaptern uppe på insugningsröret, ta sedan loss värmeskyddet. Ta vara på packningen.
9 På ABP, AAT, AEL och AAS motorer, skruva loss lufttrummans adapter och ta loss packningarna.
10 Rengör packningsytorna på grenröret och topplocket.

Montering

11 Montering sker i omvänd arbetsordning. Använd en ny packning och dra åt bultarna till angivet moment.

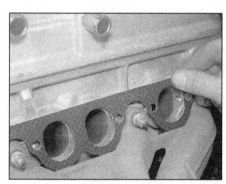
12.7d ... och ta vara på packningen (AAT motor)

Kapitel 4 Del D
Avgassystem och avgasrening

Innehåll

Svårighetsgrader

| Enkelt, passar novisen med lite erfarenhet | Ganska enkelt, passar nybörjaren med viss erfarenhet | Ganska svårt, passar kompetent hemmamekaniker | Svårt, passar hemmamekaniker med erfarenhet | Mycket svårt, för professionell mekaniker |

Specifikationer

Turboaggregat

Typ:
1Z- och AHU dieselmotorer	Garrett
ABP, AAT och AEL dieselmotorer	KKK

Åtdragningsmoment	**Nm**
Avgasgrenrör	25
EGR-ventil	25
EGR-ventilens återföringsrör	25
Kolkanister	10
Turboaggregat:	
1Z, AHU	25
AAT, ABP och AEL	40
Turboaggregatets oljereturrör, banjo till block (1Z och AHU)	30
Turboaggregatets oljereturrör till block (AAT, ABP och AEL)	30
Turboaggregatets oljereturrör till turboaggregat (1Z och AHU)	40
Turboaggregatets oljereturrör till turboaggregat (AAT, ABP och AEL)	30
Turboaggregatets oljetillförselrör, banjo och anslutning (1Z och AHU)	25
Turboaggregatets oljetillförselrör till motor (AAT, ABP och AEL)	10
Turboaggregatets oljetillförselröranslutning (AAT, ABP och AEL)	25

1 Allmän information

Avgasreningssystem

Alla modeller med bensinmotor körs på blyfri bensin och styrs av motorstyrningssystem som är inställda att ge den bästa kompromissen mellan körbarhet, bränsleförbrukning och avgasutsläpp. Ett antal system finns som hjälper till att reducera utsläpp av skadliga ämnen: ett vevhusventilationssystem som minskar utsläppet av skadliga ämnen från motorns smörjningssystem finns installerat i alla modeller, en katalysator som minskar avgasutsläppen finns installerade på alla modeller och ett system för avdunstnings-reglering som minskar utsläppet av kolväten från bränsletanken finns installerat på de flesta modeller.

Alla modeller med dieselmotor har vevhus-ventilationssystem och katalysator och de flesta har ett EGR-system.

Vevhusventilation

För att minska utsläppet av ej förbrända kolväten från vevhuset i atmosfären är motorn tätad och genomblåsningsgaser och oljeånga dras från vevhuset genom en oljeavskiljare till insugningsröret och förbränns på normalt sätt av motorn.

På bensinmotorer gäller att när högt undertryck råder i insugningsröret (tomgång, inbromsning), sugs gaserna ut ur vevhuset. När lågt undertryck råder i insugningsröret (acceleration, fullgaskörning), tvingas gaserna ut ur vevhuset av det (relativt) högre trycket i vevhuset.

På dieselmotorer styr en tryckregleringsventil (på kamaxelkåpan) gasflödet från vevhuset.

Om motorn är sliten gör det högre vevhustrycket (p.g.a. ökad genomblåsning) att en viss del av flödet alltid går tillbaka genom insugningsröret.

Avgasrening – bensinmotorer

För att minimera mängden föroreningar som släpps ut i atmosfären är alla modeller försedda med en katalysator i avgassystemet. Bränslesystemet är av typen sluten slinga, där en Lambdasond i avgassystemet ger motorns styrenhet konstant information så att styrenheten kan justera bränsleblandningen för optimal förbränning.

Lambdasonden har ett inbyggt värmeelement som styrs av styrmodulen via ett relä för att snabbt få upp sondspetsen till optimal arbetstemperatur. Sondens spets känner av syrehalten i avgaserna och skickar en spänningssignal till styrenheten som varierar med mängden syre i avgaserna. Om bränsleblandningen är för fet är avgaserna syrefattiga och sonden sänder då en låg spänning till styrenheten. Signalspänningen stiger om blandningen magrar och syrehalten i avgaserna därmed stiger. Maximal omvandlingseffekt för alla större föroreningar uppstår när bränsleblandningen hålls vid den kemiskt korrekta kvoten för fullständig förbränning av bensin, som är 14,7 delar (vikt) luft till 1 del bensin (den stoikiometriska kvoten). Sondens signalspänning ändras ett stort steg vid denna punkt och styrenheten använder detta som referens och korrigerar bränsleblandningen efter detta genom att modifiera insprutningens pulsbredd (duration).

Avgasrening – dieselmotorer

En oxideringskatalysator är monterad i avgassystemet på modeller med dieselmotor. Denna avlägsnar en stor del gasformiga kolväten, koloxid och partiklar från avgaserna.

Ett EGR-system (avgasåterföring) finns på de flesta dieselmodeller. Detta reducerar halten kväveoxider från förbränningen genom att föra tillbaka en del av avgaserna till insuget via en kolvventil under vissa arbets-förhållanden. Systemet styrs elektroniskt av dieselmotorns motorstyrningssystemets styrenhet.

Avdunstningsreglering – bensinmotorer

För att minimera utsläpp av ej förbrända kolväten till atmosfären finns ett system för avdunstningsreglering monterat på de flesta bensinmodeller. Tanklocket är tätat och en kolkanister är monterad i höger hjulhus för att samla upp bensinångor från tanken. Dessa sparas i kanistern till dess att de sugs ut (under kontroll av bränsleinsprutningens/tändsystemets styrenhet) via rensventilen/-erna till insugningsröret och motorn, där de förbränns under den normala förbränningen.

För att säkerställa korrekt motorgång när den är kall och/eller går på tomgång och för att skydda katalysatorn från en för fet bränsleblandning öppnas inte ventilen av styrenheten förrän motorn är varmkörd och belastas. När förhållandena är de rätta öppnas och stängs rensventilen/-erna för att leda sparade ångor till insuget.

Avgassystem

Avgassystemet består av avgasgrenröret, en eller två ljuddämpare (beroende på modell och specifikation), en katalysator, ett antal upphängningar och en serie anslutningsrör.

På dieselmotorer med koderna 1Z, AHU, ABP, AAT och AEL finns ett turboaggregat monterat på grenröret.

2 Avdunstningsreglering

Allmän information

1 Avdunstningsregleringen finns monterad på bensinmodeller och består av en rensventil, en kanister med aktivt kol och en serie anslutande vakuumslangar.
2 Rensventilen är monterad på ett fäste bakom luftrenarhuset och kolkanistern är monterad i höger främre hjulhus.

Byte av delar

Rensventil

3 Koppla loss kablarna från rensventilen på höger sida av motorrummet.
4 Lossa klamrarna och koppla loss vakuumslangarna från rensventilens portar. Notera hur de sitter, så att det blir lättare att sätta tillbaka dem senare.
5 Dra ut rensventilen ur fästringen och lyft ut den ur motorrummet.
6 Montering sker i omvänd ordning.

Kolkanister

7 Lossa klamrarna och dra ut fodret från det främre högra hjulhuset.
8 Lossa klamrarna och koppla loss vakuumslangarna ovanpå kanistern.
9 Lossa klammern och koppla loss friskluftsventilens slang på undersidan av kanistern.
10 Skruva loss fästbultarna/muttrarna och ta ut kanistern från hjulhuset.
11 Montering sker i omvänd ordning, dra åt fästbultarna/muttrarna till angivet moment.

3 Vevhusventilation – allmän information

Vevhusventilationen består av en serie slangar som ansluter vevhusventilen till kamaxelkåpan och luftintaget, en tryckregleringsventil (i förekommande fall) och en oljeavskiljare.

Systemet kräver inget underhåll, förutom regelbunden kontroll att slangarna är hela och fria från igensättningar.

4 EGR-system (avgasåterföring)

Allmän information

1 EGR-systemet finns bara installerat på modeller med 1Z eller AAT dieselmotorer. Systemet består av en återföringsventil (här kallad EGR-ventil), en modulatorventil och en serie anslutande vakuumslangar.
2 EGR-ventilen sitter monterad på en flänsfog på insugningsröret och är ansluten till en andra flänsfog på avgasgrenröret via ett halvstyvt rör.
3 Modulatorventilen sitter på höger främre fjäderbenstorn på modeller med 1Z motor, och på torpedväggen på modeller med AAT motor.

4.4a Vakuumslang på EGR-ventilen
(AAT motor)

4.4b Vakuumslang på EGR-ventilen
(1Z motor)

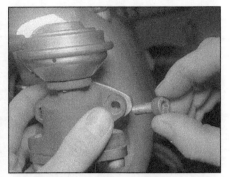

4.5a Skruva loss bultarna som fäster EGR-
ventilen vid insugningsröret . . .

Byte av delar

EGR-ventil

4 Koppla loss vakuumslangen från porten på
EGR-ventilen **(se bilder)**.
5 Skruva loss de bultar som håller fast EGR-
ventilen till insugningsrörets fläns och ta bort
packningen. Kasta packningen **(se bilder)**.
6 Skruva loss de muttrar som håller fast det
halvstyva anslutningsröret till grenröret och
lyft av hela EGR-ventilen. Ta loss och kasta
packningen **(se bilder)**.
7 Om det behövs, skruva loss bultarna och
tar bort det halvstyva röret från ventilen. Ta ut
och kassera packningen.
8 Monteringen sker i omvänd ordning, och
tänk på följande:
a) Använd nya flänsfogspackningar och
    självlåsande muttrar.
b) När det halvstyva röret återansluts ska
    bultarna först fingerdras. Kontrollera
    sedan att röret inte är utsatt för
    belastningar innan bultarna dras åt till
    angivet moment.

Modulatorventil

9 Koppla loss kablarna från ventilen.
10 Notera var vakuumslangarna sitter mont-
erade, koppla sedan loss dem från ventilen.
11 Skruva loss fästbultarna och ta bort
ventilen från det högra främre fjäderbens-
tornet.
12 Montering sker i omvänd ordning.

4.5b . . . och ta bort packningen
(AAT motor)

**Varning: Se till att vakuumslangarna sitter
korrekt – förbränningen och avgaserna
kan påverkas drastiskt av ett felaktigt
fungerande EGR-system.**

5 Avgasgrenrör – demontering
och montering

Bensinmotorer

Demontering

1 Dra åt handbromsen och ställ framvagnen
på pallbockar (se *Lyftning och stödpunkter*).
2 Demontera den undre skyddskåpan under
motorrummet.

4.5c EGR-ventil och fästbultar (1Z motor)

3 Skruva loss muttrarna och koppla loss det
främre avgasröret från grenröret. Stöd avgas-
röret på en pallbock och ta loss packningen.
4 Skruva loss muttrarna och ta bort varm-
luftshöljet från grenröret.
5 Om det sitter en syresensor på grenröret,
skruva loss och tar bort den.
6 På en ACE eller AAR motor, skruva loss
anslutningsmuttern och skruva loss CO-
utdragarröret från grenröret.
7 Skruva stegvis loss fästmuttrarna och ta
bort brickorna, dra sedan bort grenröret från
pinnbultarna på topplocket. Ta loss pack-
ningarna. Notera platserna för insugnings-
rörets fästbyglar.
8 På en AAR motor är grenröret i två delar
som kan skiljas från varandra genom att man

4.6a Ta bort EGR-ventilen . . .

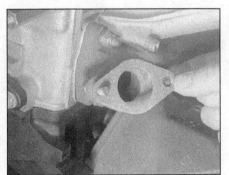

4.6b . . . och ta bort packningen
(AAT motor)

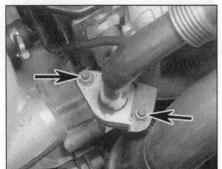

4.6c Muttrar som fäster EGR-ventilröret
vid avgasgrenröret (1Z motor)

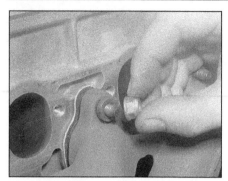

5.24a Skruva loss muttrarna . . .

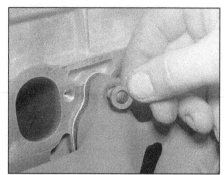

5.24b . . . ta loss brickorna . . .

lossar klämbultarna. Ta bort klämmorna, anslutningsröret och det korrugerade röret.

Montering

9 Rengör grenrörets och topplockets fogytor, sätt nya packningar på pinnbultarna.
10 På en AAR motor, rengör de inre ändarna av de två delarna och sätt sedan ihop dem igen och dra åt klämbultarna löst.
11 Sätt tillbaka grenröret och dra stegvis åt fästmuttrarna till angivet moment.
12 På en AAR motor, dra åt klämbultarna helt.
13 På en ACE eller AAR motor, sätt tillbaka koloxidutdragarröret och dra åt anslutningsmuttern och fästbulten.
14 Om en sådan finns, sätt tillbaka syresensorn och dra åt till angivet moment (se kapitel 4A, 4B eller 4C).
15 Sätt tillbaka varmluftshöljet och dra åt muttrarna.
16 Sätt tillbaka det främre avgasröret och dra åt muttrarna till angivet moment.
17 Montera motorns undre skyddskåpa.
18 Sänk ner bilen.

Dieselmotorer

Demontering

19 På motorer med turboaggregat (alla utom AAS) rekommenderas att aggregatet demon-

teras tillsammans med grenröret och att de sedan skiljs åt på en arbetsbänk. Detta eftersom vissa av turboaggregatets fästmuttrar inte går att komma åt med en vanlig skiftnyckel, även om det är möjligt med en böjd nyckel. Åtkomligheten på dessa motorer förbättras än mer om man först tar bort insugningsröret.
20 Dra åt handbromsen och ställ framvagnen på pallbockar (se *Lyftning och stödpunkter*).
21 Demontera den undre skyddskåpan under motorrummet.
22 Skruva loss muttrarna och koppla loss det främre avgasröret från turboaggregatet eller grenröret. Stöd avgasröret på en pallbock och ta loss packningen.
23 På alla motorer utom AAS, koppla loss vakuumslangarna och luftintagsslangen från turboaggregatet. Skruva även loss anslutningsmuttrarna och koppla loss rören för oljetillförsel och retur. Skruva loss returröret från vevhuset och ta loss packningen.
24 Skruva stegvis loss fästmuttrarna och ta bort brickorna, dra sedan loss grenröret från pinnbultarna på topplocket. Ta loss packningarna **(se bilder)**.
25 Lägg grenröret på en arbetsbänk, skruva loss fästmuttrarna och ta bort turboaggregatet. Ta loss packningarna. Kasta muttrarna och använd nya vid monteringen.

Montering

26 Rengör grenrörets och topplockets fogytor och sätt nya packningar på pinnbultarna.
27 Sätt tillbaka turboaggregatet på grenröret med en ny packning och dra åt de nya fästmuttrarna till angivet moment.
28 Sätt tillbaka grenröret på pinnbultarna på topplocket och dra åt muttrarna till angivet moment.
29 På alla motorer utom AAS, återanslut rören för oljetillförsel och retur med nya packningar eller O-ringar. Dra åt muttrarna och bultarna till angivet moment.
30 Montera det främre avgasröret på turboaggregatet eller grenröret med en ny packning. Dra åt muttrarna till angivet moment.
31 Montera den undre skyddskåpan och sänk ner bilen.

6 Turboaggregat – allmän information, demontering och montering

Allmän information

1 Turboaggregat finns på motorer med kod 1Z, AHU, ABP, AAT och AEL och det är monterat direkt på grenröret. Smörjning sker via ett oljetillförselrör från motoroljefiltret. Oljan leds tillbaka till sumpen via ett returrör som är anslutet till motorblockets sida. Turboaggregatet har en integrerad övertrycksventil och ett vakuumaktiverat membran som används till att reglera det laddtryck som leds till insugningsröret.
2 Turboaggregatets interna delar roterar med mycket hög hastighet och är därmed mycket känsliga för föroreningar. Stora skador kan orsakas av små smutspartiklar, speciellt om dessa slår mot de ömtåliga turbinbladen.
Varning: Var ytterst noga med rengöringen kring alla oljerörsanslutningar innan de öppnas, så att smutsinträng förhindras. Förvara demonterade komponenter i en

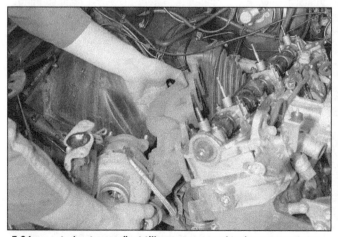

5.24c . . . ta bort grenröret tillsammans med turboaggregatet . . .

5.24d . . . och ta bort packningarna (AAT motor)

6.5a Muttrar som fäster främre avgasröret vid turboaggregatet (1Z motor)

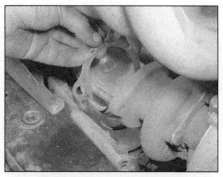

6.5b Ta bort packningen mellan främre avgasröret och turboaggregatet (AAT motor)

6.6 Turboaggregatets oljetillförselrör och anslutningsmutter (1Z motor)

lufttät behållare för att undvika förorening. Täck över turboaggregatets luftintag för att förhindra att skräp kommer in och rengör endast med luddfria trasor.

⚠ **Varning: Kör inte motorn med turboaggregatets luftintagsslang demonterad. Undertrycket i intaget kan byggas upp mycket snabbt om motorns varvtal höjs, och det finns då risk att främmande föremål sugs in och sedan slungas ut med mycket hög hastighet.**

Demontering

Observera: *Följande procedur beskriver demontering av turboaggregatet utan att*

grenröret tas bort. Denna metod kräver dock tillgång till böjda skiftnycklar för att det ska gå att komma åt de inre fästmuttrarna. Den alternativa metoden är att demontera grenröret tillsammans med turboaggregatet, och sedan montera isär dem på en arbetsbänk, enligt beskrivningen i avsnitt 5.

3 Dra åt handbromsen och ställ framvagnen på pallbockar (se *Lyftning och stödpunkter*).
4 Demontera den undre skyddskåpan under motorrummet.
5 Skruva loss muttrarna och ta loss det främre avgasröret från grenröret. Stöd avgasröret på en pallbock och ta loss packningen **(se bilder)**.

6 Skruva loss anslutningsmuttern och koppla loss oljetillförselröret från turboaggregatet **(se bild)**.
7 Om det behövs, skruva loss bultarna och koppla loss oljetillförselröret ovanpå oljefilterhuset. Ta loss packningen **(se bild)**.
8 Lossa slangklämman och koppla loss lufttillförselslangen från turboaggregatet **(se bild)**.
9 Skruva loss och ta bort hela oljereturröret från turboaggregatet och vevhuset **(se bilder)**. Ta loss packningarna eller O-ringarna.
10 Koppla loss vakuumslangen från turboaggregatets laddtrycksstyrningsventil **(se bilder)**.
11 Skruva loss fästmuttrarna och lyft bort

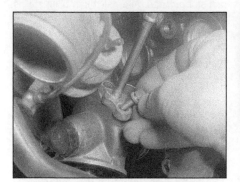

6.7 Turboaggregatets oljetillförselrör lossas från ovansidan av oljefilterhuset (AAT motor)

6.8 Koppla loss lufttillförselslangen från turboaggregatet (AAT motor)

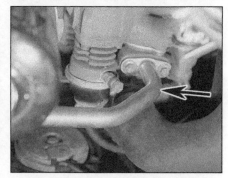

6.9a Turboaggregatets oljereturrör (AAT motor)

6.9b Skruva loss oljereturröret från vevhuset

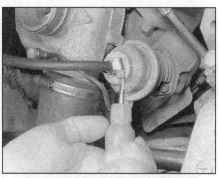

6.10a Koppla loss vakuumslangen från turboaggregatets laddtrycksventil (AAT motor)

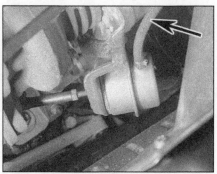

6.10b Vakuumslang på turboaggregatets laddtrycksventil (1Z motor)

7.3 Luftslangsanslutning till mellankylaren (1Z motor)

7.5 Mellankylarens bakre fästbult (1Z motor)

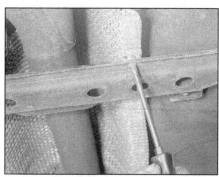

8.9 Demontera tvärbalken under växellådans bakre del

turboaggregatet nedåt från grenröret. Kasta muttrarna och använd nya vid monteringen.

Montering

12 Rengör turboaggregatets och grenrörets fogytor.
13 Sätt turboaggregatet på grenröret och smörj in gängorna på pinnbultarna med lite fett med hög smältpunkt. Sätt tillbaka och dra åt fästmuttrarna stegvis till angivet moment.
14 Återanslut vakuumslangarna.
15 Montera oljereturröret med nya packningar eller O-ringar och dra åt bultarna till angivet moment.
16 Återanslut lufttillförselslangen och dra åt slangklämman.
17 Innan oljetillförselröret sätts tillbaka, häll i lite ny olja i öppningen i turboaggregatet. Detta är viktigt för att turbinen ska få tillräckligt med smörjning när motorn startas.
18 Sätt tillbaka oljetillförselröret och dra åt anslutningsmuttern.
19 Återanslut avgasröret till grenröret med en ny packning och dra åt muttrarna till angivet moment.
20 Montera den undre skyddskåpan och sänk ner bilen.
21 När bilen startas igen är det viktigt att den får gå på tomgång i flera minuter, så att oljetrycket hinner byggas upp.

7 Mellankylare – demontering och montering

Demontering

1 Demontera den främre stötfångaren enligt beskrivningen i kapitel 11. Detta omfattar demontering av motorns undre skyddskåpa.
2 Demontera luftrenaren enligt beskrivningen i kapitel 4C.
3 Lossa slangklämmorna och koppla loss båda luftslangarna från mellankylaren **(se bild)**.
4 Lossa den lilla slangen från stödet.
5 På mellankylarens baksida, skruva loss och ta bort fästbulten **(se bild)**.
6 På en 1Z eller AHU motor, sänk ner mellan-

kylarens bakdel, lossa den sedan från de främre fästgummina och dra ut den nedåt.
7 På en AAT, ABP eller AEL motor, skruva loss de främre fästbultarna och sänk ner mellankylaren från karossen.

Montering

8 Monteringen sker i omvänd ordning.

8 Avgassystem – allmän information och byte av komponenter

Allmän information

Modeller med bensinmotor

1 Avgassystemet består av ett främre avgasrör från grenröret eller turboaggregatet, en katalysator, ett mellanrör och en mellanljuddämpare, och ett bakre avgasrör och en bakre ljuddämpare. Det främre avgasröret har en flexibel koppling, och på vissa modeller har det främre stödfästet fjädrar som gör att det kan röra sig.
2 På modeller med ACE motor har mellanröret två ljuddämpare som sitter på tvären på underredet istället för på längden.
3 Systemet är i hela sin längd fastsatt med gummifästen som är monterade på bilens undersida med metallbyglar.

Modeller med dieselmotor

4 På modeller med 1Z eller AHU motor består avgassystemet av ett främre avgasrör från

grenröret, en katalysator, ett mellanrör och en mellanljuddämpare, ett bakre avgasrör och en bakre ljuddämpare.
5 På modeller med ABP, AAT eller AEL motor består avgassystemet av ett främre avgasrör, en katalysator, ett mellanrör och en mellanljuddämpare, ett bakre avgasrör och en bakre ljuddämpare.
6 Systemet är i hela sin längd fastsatt med gummifästen som är monterade på bilens undersida med metallbyglar.

Demontering

7 Varje del av avgassystemet kan demonteras separat. Börja med att ställa framvagnen eller bakvagnen på pallbockar (se *Lyftning och stödpunkter*). Alternativt kan bilen ställas över en smörjgrop eller på en ramp.

Främre avgasrör (inklusive katalysator på 1Z och AHU)

8 Demontera den undre skyddskåpan under motorrummet.
9 Om en sådan finns, skruva loss tvärbalken under bakre delen av växellådan **(se bild)**.
10 Skruva loss bultarna och ta bort fjädrarna och kragarna från fästet på den bakre delen av det främre avgasröret. Notera var de olika delarna sitter så att de enkelt kan monteras tillbaka **(se bilder)**.
11 Skruva loss muttrarna och koppla loss avgasröret från grenröret.
12 Stöd katalysatorn på en domkraft eller ett träblock.

8.10a Stödfäste för främre avgasröret

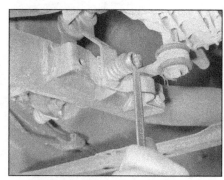

8.10b Skruva loss bultarna . . .

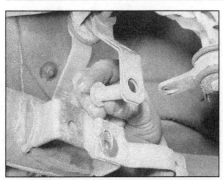

8.10c . . . och ta loss fästets delar

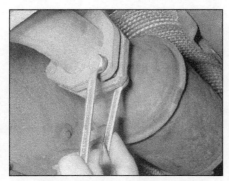

8.13a Skruva loss bultarna . . .

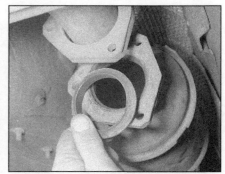

8.13b . . . och ta bort tätningsringen mellan främre avgasröret och katalysatorn

13 Skruva loss bultarna och ta bort det främre avgasröret från katalysatorn. Ta loss tätningsringen och ta bort avgasröret **(se bilder)**.

Katalysator

14 Skruva loss bultarna och ta loss det främre avgasröret från katalysatorn. Ta vara på tätningen.
15 Lossa klämbultarna på baksidan av katalysatorn och dra av kragen **(se bild)**.
Observera: *På modeller med ABP, AAT eller AEL motor tillverkas katalysatorns bakre fog som en fläns, men om någon del byts skärs flänsarna bort och en krage monteras istället.*
16 Ta bort katalysatorn. Om en syresensor finns, skruva loss den från katalysatorn.

Mellanrör

17 Stöd katalysatorn på en domkraft eller ett träblock.
18 Lossa klämbultarna och dra av kragen från den främre delen av röret.
Observera: *Se kommentaren i punkt 15.*
19 Skruva loss klämbultarna och koppla loss mellanröret från avgasröret och ljuddämparen. Ta loss ringen.
Observera: *Tappa inte ringen, den kan lätt skadas.*
20 Lossa gummifästena och ta loss mellanröret **(se bild)**.

Bakre avgasrör och ljuddämpare

21 Skruva loss klämbultarna och koppla loss mellanröret från det bakre avgasröret och den bakre ljuddämparen. Ta loss ringen.
Observera: *Tappa inte ringen, den kan lätt skadas.*
22 Lossa gummifästena och ta loss det bakre avgasröret och den bakre ljuddämparen **(se bild)**.

Värmesköldar

23 Värmeskördarna sitter monterade på underredet med skruvar. Varje sköld kan tas bort sedan relevant del av avgassystemet demonterats. Notera att om skölden behöver demonteras för att man ska komma åt någon del bakom den, kan det i vissa fall räcka med att helt enkelt skruva loss skruvarna och sänka ner skölden, så att man inte behöver röra avgassystemet.

Montering

24 Delarna monteras i omvänd ordning, tänk på följande.
a) *Se till att all korrosion har tagits bort från flänsarna/rörändarna, och att alla packningar och tätningsringar bytts ut.*
b) *Undersök om gummifästena är skadade eller åldrade och byt ut dem om det behövs.*

c) *På fogar som hålls samman av klämringar ska avgastätningsmassa läggas på fogytorna för att säkerställa en gastät fog. Dra klämmuttrarna jämnt och stegvis till angivet moment så att spelet mellan klämhalvorna är lika på båda sidorna.*
d) *Innan avgassystemets fästen dras åt, kontrollera att alla gummifästen sitter korrekt och att det finns tillräckligt med utrymme mellan avgassystemet och underredet.*

9 Katalysator – allmän information och föreskrifter

1 Katalysatorn är en enkel och pålitlig enhet som i sig är underhållsfri, men man måste känna till vissa saker om den för att den ska fungera korrekt under hela sin livstid.

Modeller med bensinmotor

a) *Använd INTE blyad bensin i en bil med katalysator – blyet täcker över ädelmetallerna och reducerar deras katalyseringsförmåga och förstör med tiden hela katalysatorn.*
b) *Håll alltid tändnings- och bränslesystemen väl underhållna enligt tillverkarens underhållsschema.*

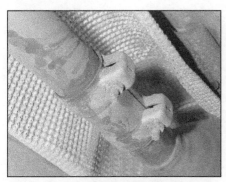

8.15 Anslutning mellan katalysatorn och det mellersta avgasröret

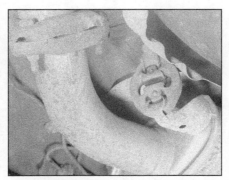

8.20 Gummifäste för mellanröret

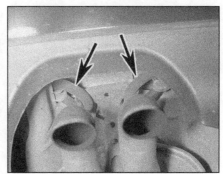

8.22 Avgasrörets och ljuddämparens bakre gummifästen

c)   Om motorn börjar misstända ska bilen inte köras alls (eller åtminstone så lite som möjligt) innan felet åtgärdats.

d)   Starta INTE bilen genom att skjuta eller bogsera igång den – detta dränker katalysatorn med oförbränt bränsle, vilket gör att den överhettar när motorn väl startar.

e)   Slå INTE av tändningen vid höga varvtal.

f)   Använd INTE tillsatser till bränslet eller motoroljan – dessa kan innehålla ämnen som skadar katalysatorn.

g)   Kör INTE bilen om motorn förbränner så mycket olja att den avger blå rök.

h)   Tänk på att katalysatorn arbetar vid mycket hög temperatur. Parkera INTE bilen i torr undervegetation, över långt gräs eller lövhögar efter en längre körsträcka.

i)   Tänk på att katalysatorn är ÖMTÅLIG – slå inte på den med verktyg vid arbete.

j)   Katalysatorn i en väl underhållen och körd bil bör hålla mellan 80 000 och 160 000 km – om den inte längre är effektiv måste den bytas.

Modeller med dieselmotor

2 Se informationen i paragraf f, g, h, i och j ovan.

Kapitel 5 Del A
Start- och laddningssystem

Innehåll

Svårighetsgrader

Enkelt, passar novisen med lite erfarenhet	Ganska enkelt, passar nybörjaren med viss erfarenhet	Ganska svårt, passar kompetent hemmamekaniker	Svårt, passar hemmamekaniker med erfarenhet	Mycket svårt, för professionell mekaniker

Specifikationer

Allmänt
Systemtyp . . . . 12 V, negativ jord

Startmotor
Typ . . . . Föringreppad

Batteri
Kapacitet . . . . 36 till 92 Ah (beroende på modell)

Generator
Typ . . . . Bosch eller Valeo
Kapacitet . . . . 70, 90, 110 eller 120 A
Minsta borstlängd . . . . 5 mm

Åtdragningsmoment   Nm
Batterifästplattans skruvar 15
Batteripolernas bultar 5
Generatorns fästbultar 35
Startmotorbultar 60

1 Allmän information och föreskrifter

Allmän information

1 Motorns elektriska system består av systemen för laddning och start. På grund av deras motorrelaterade funktioner behandlas de separat från karossens elektriska enheter som instrument och belysning etc. (dessa tas upp i kapitel 12). Om bilen har bensinmotor, se del B av detta kapitel för information om tändsystemet. Om bilen har dieselmotor, se del C för information om förvärmningen.

2 Det elektriska systemet är av typen 12 V negativ jord.

3 Batteriet kan vara av typen lågunderhåll eller underhållsfritt (livstidsförseglat) och det laddas av generatorn som drivs med en rem från vevaxelns remskiva.

4 Startmotorn är av föringreppad typ, med en inbyggd solenoid. Vid start trycker solenoiden drevet mot startkransen på svänghjulet innan startmotorn ges ström. När motorn startat förhindrar en envägskoppling att startmotorn drivs av motorn tills drevet släpper från startkransen.

Föreskrifter

5 Mer information om de olika systemen finns i relevanta avsnitt i detta kapitel. Även om vissa reparationer beskrivs är det normala tillvägagångssättet att byta defekta komponenter. Ägare vars intresse går utöver enbart komponentbyte bör skaffa ett exemplar av boken *Bilens elektriska och elektroniska system* från detta förlag.

6 Det är viktigt att iakttaga extra försiktighet vid arbete med elsystemet för att undvika personskador och skador på halvledare (dioder och transistorer). Utöver de säkerhetsföreskrifter som anges i *Säkerhet främst!*, tänk på följande:

7 *Ta alltid av ringar, klockor etc. innan arbete med elsystemet påbörjas.* Även med urkopplat batteri kan en kapacitiv urladdning inträffa om en komponents strömförande pol jordas med ett metallföremål. Detta kan ge en stöt eller elak brännskada.

8 *Kasta inte om batteripolerna.* Generatorn, elektroniska styrenheter och andra komponenter som innehåller halvledare kan skadas så illa att de inte kan repareras.

9 Om motorn startas med hjälpbatteri och startkablar, ska batterierna anslutas *plus till plus och minus till minus* (se *Starthjälp*). Detta gäller även vid inkoppling av batteriladdare.

10 Koppla aldrig loss batteripolerna, generatorn, elektriska kablar eller testinstrument medan motorn är igång.

11 Låt inte motorn dra runt generatorn om generatorn inte är inkopplad.

12 "Testa" aldrig en generator genom att gnistra strömkabeln mot jord.

13 Använd aldrig en ohmmätare av en typ som har en handvevad generator för testning av kretsar eller kontinuitet.

14 Se alltid till att batteriets jordledning är urkopplad innan du börjar arbeta med elsystemet.

15 Innan du elsvetsning görs på bilen, koppla ur batteriet, generatorn och komponenter som styrenheten för bränsleinsprutning/tändning för att förhindra att de skadas.

16 Den ljudanläggning som monteras av Audi som standardutrustning har en inbyggd stöldskyddskod. Om strömmen till anläggningen bryts aktiveras stöldskyddet. Även om strömmen omedelbart återställs kommer enheten inte att fungera förrän korrekt kod angetts. Om du inte känner till koden för ljudanläggningen, lossa inte batteriets jordledning eller ta ut enheten ur bilen. Kontrollera med en Audi/VAG-handlare om ljudanläggningen i din bil har en stöldskyddskod. Se även avsnittet om stöldskydd för radio/kassettbandspelare i *Referenser*.

2 Batteri – test och laddning

Vanliga batterier och lågunderhållsbatterier – test

1 Om bilen körs en kort årlig sträcka är det värt mödan att kontrollera batterielektrolytens densitet var tredje månad för att avgöra batteriets laddningsstatus. Använd en hydrometer för kontrollen och jämför resultatet med följande tabell. Notera att värdena för densiteten förutsätter en elektrolyttemperatur på 15°C. För varje 10°C under 15°C måste man dra bort 0,007. För varje 10°C över 15°C måste man lägga till 0,007

	Omgivande temperatur över 25°C	Omgivande temperatur under 25°C
Fulladdat	1,210 - 1,230	1,270 - 1,290
70% laddning	1,170 - 1,190	1,230 - 1,250
Urladdat	1,050 - 1,070	1,110 - 1,130

2 Om batteriets skick är misstänkt, kontrollera först elektrolytens densitet i varje cell. En variation överstigande 0,040 mellan några celler indikerar förlust av elektrolyt eller nedbrytning av plattor.

3 Om skillnader över 0,040 förekommer i densiteten bör batteriet bytas. Om variationen mellan cellerna är tillfredsställande men batteriet är urladdat ska det laddas upp enligt beskrivning längre fram i detta avsnitt.

Underhållsfritt batteri – test

4 Om ett underhållsfritt batteri är monterat kan elektrolyten inte testas eller fyllas på. Batteriets skick kan därför bara testas med en batteriindikator eller en voltmätare.

5 Vissa modeller kan vara utrustade med ett underhållsfritt batteri med inbyggd laddningsindikator. Denna finns då överst på batterihöljet och indikerar batteriets status med färg.

Om indikatorn är grön är batteriet i gott skick. Om indikatorn mörknar, möjligen ända till svart, behöver batteriet laddas enligt beskrivning längre fram i detta avsnitt. Om indikatorn är klar/gul är elektrolytnivån för låg för fortsatt användning och batteriet ska bytas ut. Försök **inte** ladda eller hjälpstarta ett batteri om indikatorn är klar/gul.

6 Om batteriet testas med voltmätare, koppla den över batteriet och läs av spänningen. Testen är endast rättvisande om batteriet inte fått någon form av laddning under de senaste 6 timmarna. Om så inte är fallet, tänd strålkastarna under 30 sekunder och vänta 5 minuter innan batteriet testas. Alla andra kretsar ska vara frånslagna, så se till att dörrar och backlucka verkligen är stängda.

7 Om den uppmätta spänningen understiger 12,2 V är batteriet urladdat, en avläsning mellan 12,2 och 12,4 V anger delvis urladdning.

8 Om batteriet ska laddas, ta ut det ur bilen och ladda det enligt beskrivning längre fram i detta avsnitt.

Vanliga batterier och lågunderhållsbatterier – laddning

Observera: *Följande är endast avsett som en guide. Följ alltid tillverkarens rekommendationer (ofta på en tryckt etikett på batteriet) vid laddning av ett batteri.*

9 Ladda i en takt som motsvarar cirka 10% av batteriets kapacitet (d.v.s. ett 45 Ah batteri ska laddas med 4,5 A) och fortsätt ladda i denna takt till dess att ingen ökning av elektrolytens densitet noterats under en fyra timmars period.

10 Alternativt kan en droppladdare med takten 1,5 A stå och ladda över natten.

11 Speciella snabbladdare som sägs kunna återställa batteriets styrka på 1-2 timmar är inte att – de kan orsaka allvarliga skador på plattorna genom överhettning.

12 När ett batteri laddas får elektrolytens temperatur aldrig överstiga 38°C.

Underhållsfritt batteri – laddning

Observera: *Följande är endast avsett som en guide. Följ alltid tillverkarens rekommendationer (ofta på en tryckt etikett på batteriet) vid laddning av ett batteri.*

13 Denna batterityp tar avsevärt längre tid att ladda fullt än ett vanligt batteri. Hur lång tid det tar beror på hur urladdat batteriet är, men det kan ta ända upp till tre dygn.

14 En laddare av konstantspänningstyp krävs, som ska ställas till mellan 13,9 och 14,9 V med en laddström under 25 A. Med denna metod bör batteriet vara användbart inom 3 timmar med en spänning på 12,5 V, men detta gäller ett delvis urladdat batteri. Som sagt, full laddning kan ta avsevärt längre tid.

15 Om batteriet ska laddas från fullständig urladdning (under 12,2 V) bör detta överlåtas till en VAG-verkstad eller bilelektriker, eftersom laddningstakten blir högre och konstant övervakning krävs.

3 Batteri – demontering och montering

Observera: *Om bilens ljudanläggning har stöldskyddskod, kontrollera att koden finns uppskriven innan batteriets jordledning lossas. Se varningen i avsnitt 1.*

Demontering

1 På modeller utan luftkonditionering eller pollenfilter sitter batteriet i den bakre vänstra delen av motorrummet under en svart plastkåpa. På modeller med luftkonditionering och/eller pollenfilter sitter batteriet under baksätet, men det finns en kabel som leder till pluspolen under en plastkåpa i motorrummet. Denna fjärranslutning får **inte** användas till att tillfälligt koppla ur batteriet när man arbetar med elsystemet. För detta **måste** batteriets jordledning kopplas loss. Med hjälp av fjärranslutningen kan batteriet laddas eller starthjälp kopplas in utan att man behöver komma åt batteriet under baksätet. I vissa länder finns ett extra batteri för värmeenheten i bagageutrymmet, men detta tas inte upp i den här handboken.
2 För att demontera batteriet, ta först bort plastkåpan eller baksätet enligt beskrivningen i kapitel 11.
3 Lossa klämbulten och koppla loss batteriets jordkabel från polen.

3.4 Koppla loss batteriets pluskabel

4 Koppla loss batteriets pluskabel på samma sätt **(se bild).**
5 Skruva loss klämbulten på batteriets nederdel och ta bort klämman.
6 Lyft ut batteriet ur motorrummet.
7 Om det behövs, skruva loss muttrarna/bultarna och ta bort batteriplattan.

Montering

8 Monteringen sker i omvänd ordning.

4 Generator/laddningssystem – test i bilen

Observera: *Läs säkerhetsföreskrifterna och avsnitt 1 i det här kapitlet innan arbetet påbörjas.*
1 Om laddningslampan inte tänds när tändningen slås på, kontrollera först generatorledningarnas anslutningar. Om de är godtagbara, kontrollera att inte glödlampan är trasig och att glödlampssockeln sitter fast ordentligt i instrumentbrädan. Om lampan fortfarande inte tänds, kontrollera att ström går genom ledningen från generatorn till lampan. Om allt är som det ska är det fel på generatorn, som då måste bytas eller tas till en bilelektriker för test och reparation.
2 Om laddningslampan tänds när motorn är igång, stoppa motorn och kontrollera att drivremmen är hel och korrekt spänd, och att generatorns anslutningar sitter ordentligt. Om inget fel påträffats ännu, kontrollera generatorns borstar och släpringar enligt beskrivningen i avsnitt 6. Om felet ändå kvarstår måste generatorn bytas eller tas till en bilelektriker för test och reparation.
3 Om generatorns utmatning är misstänkt även om laddningslampan fungerar som den ska, kan spänningen kontrolleras enligt följande.
4 Anslut en voltmätare till batteripolerna och starta motorn.
5 Öka varvtalet tills voltmätaren ger ett stadigt värde. Det ska vara ungefär mellan 12 och 13 V, men får inte överstiga 14 V.

6 Slå på så många elektriska tillbehör som möjligt (t.ex. strålkastare, uppvärmd bakruta och värmefläkt), och kontrollera att generatorn upprätthåller en reglerad spänning på mellan 13 och 14 V.
7 Om spänningen inte ligger inom dessa värden kan felet vara slitna borstar, svaga borstfjädrar, defekt spänningsregulator, defekt diod, kapad fasledning eller slitna/skadade släpringar. Borstarna och släpringarna kan kontrolleras (se avsnitt 6), men om något annat fel föreligger är generatorn defekt och måste bytas eller tas till en bilelektriker för test och reparation.

5 Generator – demontering och montering

Demontering

1 Generatorn sitter framtill på motorn antingen till höger eller till vänster (beroende på motortyp) och drivs via en rem från en remskiva framtill på vevaxeln. Dra åt handbromsen och ställ framvagnen på pallbockar (se *Lyftning och stödpunkter*). Demontera motorns undre skyddskåpa.
2 Lossa batteriets jordledning (minuspolen) (se avsnitt 3).
3 Demontera drivremmen från generatorns remskiva (se kapitel 2A, 2B, 2C eller 2D).
4 Koppla loss laddningsvarningslampans kablar från generatorn vid kontaktdonet. På vissa modeller måste man demontera en plastkåpa för att komma åt generatorns baksida.
5 Ta bort skyddslocket och skruva loss muttern, och koppla sedan loss pluskabeln från generatorn vid skruvpolen.
6 Skruva loss först de nedre och sedan de övre fästbultarna, lyft sedan loss generatorn från dess fästbygel. Bultarna har hylshuvuden och om så behövs kan de hållas stilla med en torxnyckel medan muttrarna lossas **(se bilder).**

5.6a På en AAT motor, skruva loss generatorns nedre fästbult . . .

5.6b . . . skruva sedan loss muttern . . .

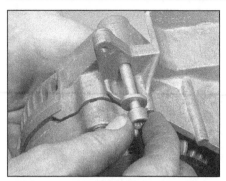

5.6c ... och ta loss generatorns övre fästbult

5.7 Dra åt den övre fästbulten med en torxnyckel och en skiftnyckel

6.3a Skruva loss fästskruvarna (vid pilarna) ...

Montering

7 Monteringen sker i omvänd ordning, se till att dra åt fästbultarna ordentligt (se bild).

6 Generator – byte av borsthållare/regulator

1 Demontera generatorn enligt beskrivningen i avsnitt 5.
2 Lägg generatorn på en ren arbetsbänk med remskivan nedåt.
3 Skruva loss fästskruvarna, öppna klamrarna och lyft av plastkåpan från generatorns bakre del (se bilder).

4 Skruva loss skruvarna och lyft av borsthållaren/regulatorn från generatorn (se bilder).
5 Mät borstkontakternas fria längd – ta måttet från tillverkarens emblem (A), som är inetsat på borstkontaktens sida, till den grundaste delen av borstens krökta yta (B) (se bild). Kontrollera att måttet ligger inom specifikationerna. Byt modul om borstarna är slitna till under minimigränsen.
6 Inspektera ytan på släpringarna på generatoraxelns ände (se bild). Om de verkar mycket slitna, brända eller gropiga måste ett byte övervägas. Rådfråga en bilelektriker.
7 Montera ihop generatorn igen i omvänd ordning. Montera avslutningsvis generatorn i bilen enligt beskrivningen i avsnitt 5.

7 Startsystem – test

Observera: Läs säkerhetsföreskrifterna och i avsnitt 1 i detta kapitel innan arbetet påbörjas.
1 Om startmotorn inte fungerar när tändningsnyckeln vrids till startläget kan något av följande vara orsaken:
a) Fel på batteriet.
b) Någon av de elektriska anslutningarna mellan startnyckel, solenoid, batteri och startmotor släpper inte igenom ström från batteriet genom startmotorn till jord.
c) Fel på solenoiden.
d) Elektriskt eller mekaniskt fel i startmotorn.

6.3b ... öppna klamrarna ...

6.3c ... och lyft av plastkåpan från generatorns bakre del

6.4a Skruva loss skruvarna på borsthållaren/spänningsregulatorn ...

6.4b ... och lyft av hela enheten från generatorn

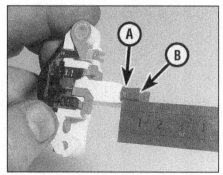

6.5 Mät längden på generatorborstarna – för A och B, se text

6.6 Undersök släpringarnas yta (vid pilarna) på generatoraxelns ände

2 Kontrollera batteriet genom att tända strålkastarna. Om de försvagas efter ett par sekunder är batteriet urladdat. Ladda (se avsnitt 2) eller byt batteri. Om strålkastarna lyser klart, vrid om startnyckeln. Om strålkastarna då försvagas betyder det att strömmen når startmotorn, vilket anger att felet finns i startmotorn. Om strålkastarna lyser klart (och inget klick hörs från solenoiden) indikerar detta ett fel i kretsen eller solenoiden – se följande punkter. Om startmotorn snurrar långsamt trots att batteriet är i bra skick, indikerar detta antingen ett fel i startmotorn eller ett avsevärt motstånd någonstans i kretsen.

3 Om ett fel på kretsen misstänks, koppla loss batterikablarna (inklusive jordningen till karossen), startmotorns/solenoidens kablar och motorns/växellådans jordledning. Rengör alla anslutningar noga och anslut dem igen. Använd sedan en voltmätare eller testlampa och kontrollera att full batterispänning finns vid den positiva batterikabelns anslutning till solenoiden och att jordförbindelsen är god. Smörj in batteripolerna med vaselin så att korrosion undviks – korroderade anslutningar är en av de vanligaste orsakerna till fel i elsystemet.

4 Om batteriet och alla anslutningar är i bra skick, kontrollera kretsen genom att lossa ledningen från solenoidens flatstift. Anslut en voltmätare eller testlampa mellan kabeländen och en bra jord (t.ex. batteriets minuspol) och kontrollera att kabeln är strömförande när tändningsnyckeln vrids till startläget. Om den är strömförande är kretsen god, om inte kan kretsen kontrolleras enligt beskrivning i kapitel 12.

5 Solenoidens kontakter kan kontrolleras med en voltmätare eller testlampa mellan batteriets pluskabel på solenoidens startmotorsida och jord. När tändningsnyckeln vrids till start ska mätaren ge utslag eller

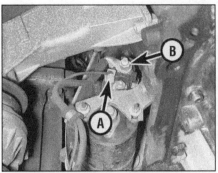

8.4 Startmotorsolenoidens kabel (A) och batterikabel (B)

lampan tändas. Om inget sker är solenoiden defekt och måste bytas.

6 Om både krets och solenoid är felfria måste felet finnas i startmotorn. Om felet inte finns där måste motorns lindning vara defekt. I det fallet kan det vara möjligt att låta en specialist renovera den, men kontrollera först pris och tillgång på reservdelar. Det kan mycket väl vara billigare att köpa en ny eller begagnad startmotor.

8 Startmotor – demontering och montering

Demontering

1 Lossa batteriets jordledning (minuspolen) (se avsnitt 3).
2 Dra åt handbromsen och ställ framvagnen på pallbockar (se *Lyftning och stödpunkter*).
3 Demontera motorns undre skyddskåpa.
4 Notera platserna för de två kablarna på startmotorn. Koppla loss kabeln från solenoiden, skruva sedan loss muttern och koppla loss batterikabeln från huvudpolen **(se bild)**.

8.6 Demontering av startmotorn på en AAT motor

5 Skruva loss bulten som håller fast startmotorns fästbygel till motorblocket, skruva sedan loss muttrarna och ta bort bygeln från startmotorns framsida. Observera att en av muttrarna håller fast kabelklammern.
6 Skruva loss fästbultarna och dra loss startmotorn nedåt från motorn och växellådan. På en AAT motor kan den nedre fästbulten inte tas bort helt från växellådan, eftersom det inte finns tillräckligt med plats mellan huset och underredet **(se bild)**.

Montering
7 Monteringen sker i omvänd ordning, dra åt fästbultarna/muttrarna till angivet moment.

9 Startmotor – test och renovering

Om startmotorn misstänks vara defekt måste den demonteras och tas till en bilelektriker för kontroll. I de flesta fall kan nya borstar monteras för en rimlig summa. Kontrollera dock reparationskostnaderna, det kan visa sig vara billigare med en ny eller begagnad utbytesstartmotor.

Anteckningar

Kapitel 5 Del B
Tändsystem – bensinmotorer

Innehåll

Svårighetsgrader

Enkelt, passar novisen med lite erfarenhet 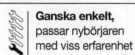	Ganska enkelt, passar nybörjaren med viss erfarenhet	Ganska svårt, passar kompetent hemmamekaniker	Svårt, passar hemmamekaniker med erfarenhet	Mycket svårt, för professionell mekaniker

Specifikationer

Allmänt
Bränsleinsprutning/tändsystem:
Motorkod ADR	Bosch Motronic 3.2
Motorkod AAE	Bosch Mono-Motronic
Motorkod ACE, AAD	Bosch KE Motronic
Motorkod ABK	Bosch Digifant
Motorkod AAR	Bosch KEIII Jetronic

Tändspole
Primärlindningens motstånd*:
Motorkod AAE, ACE, ABK, AAD och AAR .... 0,5 till 1,5 ohm
Sekundärlindningens motstånd*:
Motorkod AAE, ACE, ABK, AAD och AAR .... 5 till 9 kohm
*Observera: Tändspolarna på en ADR motor kan inte testas med vanliga instrument utan kräver en diodtestare.

Rotorarm
Motstånd .... 0,6 till 1,4 kohm

Tändinställning
ADR motor .... Styrs av motorstyrningssystemet
AAE, ACE, ABK och AAD motorer .... 6° ± 1° FÖD
AAR motor .... 15° ± 1° FÖD

Tändstift
Se specifikationerna i kapitel 1A

Åtdragningsmoment
Nm

Fördelarens klämbult:
Motorkod ACE 10
Motorkod AAE, ABK, AAD 25
Motorkod AAR 19
Knackgivarens fästbult 20

1 Allmän information

Motronic 3.2, Mono Motronic, Digifant, KE Motronic och KE III Jetronic är helomfattande motorstyrningssystem som styr både bränsleinsprutning och tändning. Detta kapitel behandlar endast tändsystemets komponenter, se kapitel 4A eller B för detaljer om bränslesystemets komponenter.

Tändsystemet består av tändstiften och tändkablarna, en elektronisk tändspole och en styrenhet med tillhörande givare, aktiverare och kablar. På en ADR motor sitter två tändspolar ovanpå kamaxelkåpan och tändsystemet har ingen fördelare. På övriga motorer finns en fördelare som drivs från mellanaxeln (motorkod AAE, ABK och AAD) eller från kamaxelns bakände (motorkod AAR och ACE). De komponenterna varierar från system till system, men den grundläggande funktionen är densamma för alla modeller (se bilder).

Den grundläggande funktionen är som följer: Styrenheten matar spänning till tändspolens ingång, vilket magnetiserar primärlindningen. Spänningen avbryts med jämna mellanrum av styrenheten, vilket resulterar i att det primära magnetfältet kollapsar, vilket inducerar högspänning i den sekundära spolen. Denna spänning leds via fördelaren och tändkablarna till tändstiftet i den cylinder som för tillfället är i tändläge. Tändstiftets elektrodavstånd är litet nog för att spänningen ska överbrygga det med en båge. Denna gnista antänder bränsle/luft-blandningen i cylindern. Inställningen för denna sekvens är kritisk och styrs helt av styrenheten. En ADR motor har en modul med två tändspolar som hanterar två cylindrar var (en spole hanterar cylinder 1 och 4 och den andra cylinder 2 och 3). Under kontroll av styrenheten ger varje tändstift ifrån sig två gnistor för var och en av motorns cykler – en gång under kompressionstakten och en gång under avgastakten.

Styrenheten beräknar och styr tändinställningen och vilovinkeln utifrån information om motorvarvtal, vevaxelns position och insugsluftens inflödeshastighet, som den får från givare på och runt motorn. Andra parametrar som påverkar tändläget är gasspjällets position och öppningstakt, insugsluftens temperatur, kylvätskans temperatur och i vissa system motorknackningar. Även dessa övervakas av givare på motorn.

I system som använder knackreglering sitter knackgivaren på motorblocket och kan upptäcka om motorn börjar förtända (spika) innan detta blir hörbart. Om förtändning uppstår backar styrenheten tändläget för den knackande cylindern stegvis till dess att förtändningen upphör. Styrenheten flyttar sedan fram tändläget stegvis till det normala, eller till dess att knackning uppstår igen.

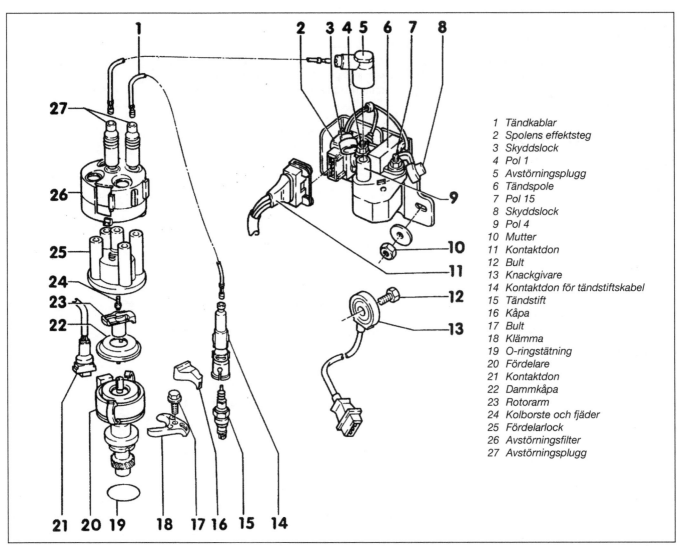

1 Tändkablar
2 Spolens effektsteg
3 Skyddslock
4 Pol 1
5 Avstörningsplugg
6 Tändspole
7 Pol 15
8 Skyddslock
9 Pol 4
10 Mutter
11 Kontaktdon
12 Bult
13 Knackgivare
14 Kontaktdon för tändstiftskabel
15 Tändstift
16 Kåpa
17 Bult
18 Klämma
19 O-ringstätning
20 Fördelare
21 Kontaktdon
22 Dammkåpa
23 Rotorarm
24 Kolborste och fjäder
25 Fördelarlock
26 Avstörningsfilter
27 Avstörningsplugg

1.2a Tändsystemets delar (ABK motor)

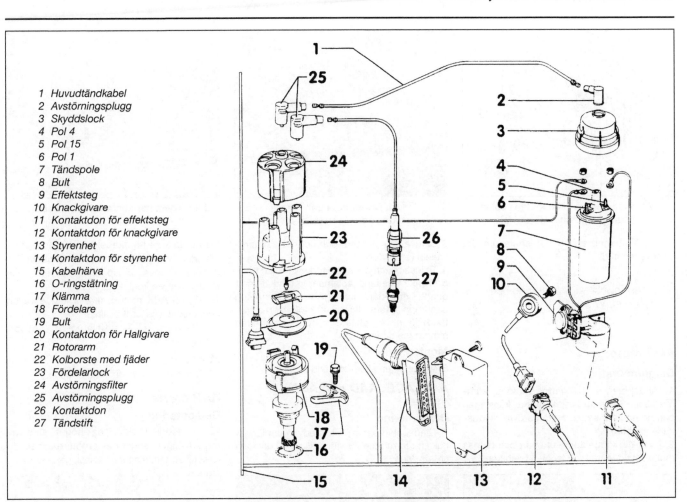

1 Huvudtändkabel
2 Avstörningsplugg
3 Skyddslock
4 Pol 4
5 Pol 15
6 Pol 1
7 Tändspole
8 Bult
9 Effektsteg
10 Knackgivare
11 Kontaktdon för effektsteg
12 Kontaktdon för knackgivare
13 Styrenhet
14 Kontaktdon för styrenhet
15 Kabelhärva
16 O-ringstätning
17 Klämma
18 Fördelare
19 Bult
20 Kontaktdon för Hallgivare
21 Rotorarm
22 Kolborste med fjäder
23 Fördelarlock
24 Avstörningsfilter
25 Avstörningsplugg
26 Kontaktdon
27 Tändstift

1.2b Tändsystemets delar (AAR motor)

På alla system utom Digifant och KE bränsleinsprutningssystemen styrs tomgången dels av en elektronisk gasspjällstyrningsmodul som sitter på sidan av gasspjällhuset, dels av tändsystemet, vilket ger bra kontroll över tomgången genom ändring av tändinställningen. Ett resultat av detta är att manuell justering av tomgångsvarvtalet inte är nödvändig eller ens möjlig.

I vissa system kan styrenheten utföra flera tändcykler vid kallstart. När motorn dras runt tänder varje tändstift flera gånger per arbetstakt till dess att motorn startar. Detta ger en betydande förbättring av kallstartsegenskaperna.

Det bör noteras att en fullständig feldiagnos av samtliga motorstyrningssystem som beskrivs i detta kapitel bara kan göras med speciell elektronisk testutrustning. Problem med en systemfunktion som inte kan fastställas efter de grundläggande riktlinjerna i avsnitt 2 måste därför överlåtas till en Audi/VAG-verkstad för utvärdering. Arbetsbeskrivningarna i följande avsnitt anger hur tillämpliga komponenter byts ut efter behov när fel har identifierats.

Observera: *I detta kapitel betecknas motorer genomgående med sina respektive motorkoder, inte slagvolymen – se kapitel 2A för en lista över motorkoder.*

2 Tändsystem – test

1 Om något fel uppstår i motorstyrningssystemet (bränsleinsprutning/tändning), kontrollera först att felet inte beror på en dålig elektrisk anslutning eller dåligt underhåll (d.v.s. kontrollera att luftfiltret är rent, att tändstiften är i god kondition och har rätt avstånd och att motorventilationsslangarna är rena och oskadade, enligt beskrivningen i kapitel 1). Om motorn går mycket ojämnt, kontrollera kompressionstrycken enligt beskrivningen i kapitel 2.
2 Om dessa kontroller inte påvisar orsaken till problemet måste bilen tas till en Audi/VAG-verkstad som har ett speciellt testinstrument som kan sättas in i diagnostikuttaget baktill till vänster i motorrummet. Testinstrumenten kan hitta felet snabbt och enkelt, så att man slipper testa alla systemkomponenter för sig, vilket är tidskrävande och dessutom riskerar att skada styrenheten.
3 Om motorn feltänder, kontrollera tändkablarna till tändstiften och, om tillämpligt, till tändspolen. De måste vara rena och torra och i god kondition för att förhindra överslag till närliggande motordelar. Har motorn gått långt kan det vara värt att byta ut samtliga tändkablar.
4 På motorer med fördelare kan överslag ske inuti fördelardosan mellan de olika delarna. Ta av fördelardosans lock och undersök insidan efter tecken på överslag. Undersök även kolborsten och fjädern mitt på locket, leta efter tecken på slitage och se till att de kan röra sig fritt. Torka rent locket både inuti och utanpå innan det sätts tillbaka.
5 Förutom på motorer med motorkod ADR kan tändspolen testas enligt följande. Koppla först loss anslutningskontakten och anslut sedan en multimätare mellan lågspänningspolerna 1 och 15 för att kontrollera primärlindningen. Testa sedan sekundärlindningen genom att ansluta multimätaren mellan pol 1 och högspänningspolen (den med tändkabeln ansluten). Jämför värdena med informationen

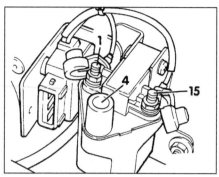

2.5 Placering av tändspolens poler (liknande på en AAR motor)

3.1 Demontera den övre motorskyddskåpan (ADR motor)

3.2a Tryck ner kontaktdonets spärr . . .

i specifikationerna och byt spole om det behövs **(se bild)**.

3 Tändspole – demontering och montering

ADR motor

Demontering

1 Tändspolen sitter ovanpå motorns kamaxelkåpa. Se till att tändningen är frånslagen och demontera sedan motorns övre skyddskåpa **(se bild)**.
2 Tryck ner kontaktdonets spärr och ta loss multikontakten från tändspolen **(se bilder)**.

3 Skruva loss muttern och koppla loss jordkabeln **(se bilder)**.
4 Ta loss bultarna med en torxnyckel **(se bild)**.
5 Koppla loss tändkablarna från tändstift nr 1 och 2, lyft sedan försiktigt hela spolenheten och koppla samtidigt loss tändkablarna från tändstift nr 3 och 4. Ta bort spolen från motorn **(se bilder)**.

Montering

6 Monteringen sker i omvänd ordning.

AAE, ACE, AAD och ABK motorer

Demontering

7 Tändspolen sitter på torpedväggen längst bak i motorrummet. Se först till att tändningen är frånslagen.

8 Koppla loss tändkabeln från tändspolen. Om så behövs, ta även bort skyddskåpan.
9 Koppla loss lågspänningskabeln från tändspolen vid kontaktdonet.
10 På en ABK motor, skruva loss skruven och koppla loss jordkabeln.
11 Skruva loss fästskruvarna och ta bort tändspolen.

Montering

12 Montering sker i omvänd ordning.

AAR motor

Demontering

13 Tändspolen sitter på höger sida av torpedväggen längst bak i motorrummet. Se först till att tändningen är frånslagen.

3.2b . . . och koppla loss multikontakten från tändspolen (ADR motor)

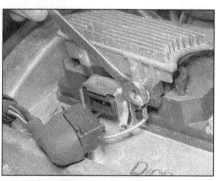

3.3a Skruva loss muttern . . .

3.3b . . . och koppla loss jordkabeln (ADR motor)

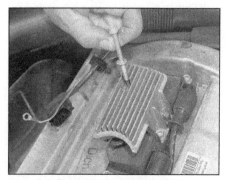

3.4 Skruva loss fästbultarna . . .

3.5a . . . och lyft ur spolen och koppla loss tändkablarna från tändstiften (ADR motor)

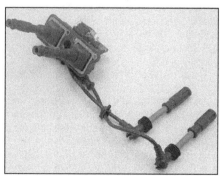

3.5b Tändspole och tändkablar (ADR motor)

14 Koppla loss tändkabeln från tändspolen och ta bort skyddskåpan.
15 Notera lågspänningskablarnas positioner och skruva sedan loss muttrarna och koppla loss dem från spolens poler.
16 Lossa klämbulten och ta bort tändspolen.

Montering

17 Montering sker i omvänd ordning.

4 Fördelare – demontering, inspektion och montering

Demontering

AAE, ABK och AAD motorer

1 Fördelaren sitter till vänster på baksidan av motorn och drivs från överdelen av oljepumpens axel, som i sin tur drivs från mellanaxeln.
2 Ställ motorn till ÖD för cylinder nr 1 enligt beskrivningen i kapitel 2A.
3 Koppla loss tändkabeln från tändspolen på torpedväggen, notera tändkablarnas positioner och koppla sedan loss dem.
4 Koppla loss Hallgivarens kabel från fördelaren vid kontaktdonet (se bild).
5 Skruva loss skruvarna eller bänd loss fästklämmorna (vilket som är tillämpligt) och lyft av fördelarens lock. Kontrollera att mitten av rotorarmens elektrod är i linje med märket för cylinder nr 1 på fördelardosan (se bild).
6 Markera förhållandet mellan fördelardosan och motorblocket genom att rita linjer på båda.
7 Skruva loss bulten och ta bort klämman, dra sedan ut fördelaren från motorblocket. Ta loss O-ringstätningen (se bild).

ACE och AAR motorer

8 Fördelaren sitter på till höger på baksidan av motorn och drivs från kamaxelns bakre del.
9 Ställ motorn till ÖD för cylinder nr 1 enligt beskrivningen i kapitel 2A.
10 Notera tändkablarnas positioner på fördelarlocket och koppla sedan loss dem.
11 Koppla loss Hallgivarens kabel från fördelaren vid kontaktdonet.
12 Ta bort avstörningsfiltret och kåpan från

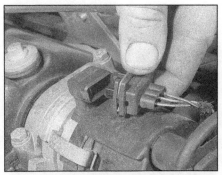

4.4 Koppla loss Hallgivarens kabel från fördelaren vid kontaktdonet

fördelarlocket, skruva sedan loss skruvarna och ta bort fördelarlocket (se bild). Kontrollera att mitten av rotorarmens elektrod är i linje med märket för cylinder nr 1 på fördelardosan.
13 Markera förhållandet mellan fördelardosan och topplocket genom att rita linjer på båda.
14 Skruva loss fästskruvarna och dra ut fördelaren från topplockets baksida. Ta bort O-ringstätningen från spåret i fördelardosan.

Inspektion

15 Undersök O-ringstätningen och byt den om det behövs.
16 Undersök om kuggarna på fördelarens kronhjul visar tecken på slitage eller skada. Varje glapp i fördelardrivningen påverkar tändläget. Byt fördelare om kuggarna är slitna eller skadade.

Montering

17 Kontrollera att motorn fortfarande står i ÖD för cylinder 1.

AAE, ABK och AAD motorer

18 På AAE och ABK motorer, kontrollera att oljepumpaxelns medbringare är i linje med vevaxeln (se bild). På AAD motorer, se till att medbringaren är i linje med fördelarklämmans gängade hål.
19 Sätt på den nya O-ringen, sätt sedan i fördelaren och sätt löst tillbaka klämman och

4.5 Rotorarmelektrodens mitt i linje med markeringen för cylinder nr 1 (AAE, ABK, och AAD motorer)

fästbulten. Det kan hända att axeln måste vridas något för att den ska haka i kuggarna på mellanaxelns kronhjul. Vrid fördelardosan så att uppriktningsmärkena riktas mot varandra.
20 Axeln sitter korrekt om mitten av rotorarmens elektrod pekar direkt mot markeringen för cylinder nr 1 på fördelaren. Man kanske måste pröva ett par gånger för att få till det, eftersom de spiralformade kuggarna gör att det är svårt att bedöma inpassningen. Dra åt fördelarens klämbult.
21 Sätt tillbaka fördelarlocket och säkra den med klämmorna eller skruvarna.
22 Återanslut Hallgivarkabeln.
23 Återanslut tändstiftens tändkablar och huvudtändkabeln till tändspolen.
24 Nu måste tändinställningen kontrolleras och vid behov justeras – se avsnitt 5.

ACE och AAR motorer

25 Sätt en ny O-ringstätning i spåret på fördelardosan.
26 Rengör topplockets yta, sätt sedan fördelaren på plats och vrid runt rotorn så att den hakar i axelklacken.
27 Passa in märkena du gjorde tidigare mot varandra, och skruva sedan i fästskruvarna. Axeln är monterad korrekt när mitten på rotorarmens elektrod pekar rakt mot märket för cylinder 1 på fördelardosan.
28 Sätt tillbaka fördelarlocket och dra åt skruvarna, och sätt sedan tillbaka störningsfiltret och kåpan.

4.7 Skruva loss bulten, ta bort klämman och dra ut fördelaren (AAE, ABK, och AAD motorer)

4.12 Demontering av fördelarlocket (ACE motor)

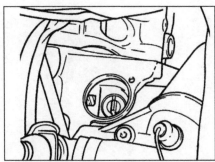

4.18 Oljepumpaxelns medbringare måste vara i linje med vevaxeln (AAE och ABK motorer)

29 Anslut Hallgivarkabeln.
30 Anslut tändkablarna till fördelarlocket.
31 Nu måste tändinställningen kontrolleras och vid behov justeras – se avsnitt 5.

5 Tändinställning – kontroll och justering

Observera: *När tändinställningen har kontrollerats måste tomgången och koloxidhalten också kontrolleras igen enligt beskrivningen i kapitel 4.*

ADR motor

1 Tändinställningen styrs av styrenheten, och kan inte justeras för hand. Den kan kontrolleras med hjälp av ett testinstrument som kopplas in i ett uttag på vänster sida av växellådan, men detta bör utföras av en Audi/VAG-verkstad.

AAE, ACE, ABK, AAD och AAR motorer

2 Varmkör motorn till normal arbetstemperatur.
3 Stäng av motorn och koppla in en tändinställningslampa enligt tillverkarens instruktioner.
4 Slå av alla tillbehör och kör motorn på tomgång.
5 Lys tändinställningslampan genom inställningsfönstret på vänster sida av växellådan. Om tändinställningen är korrekt ska hacket på svänghjulet vara inriktat mot den undre kanten av fönstret. Observera att på vissa modeller finns ingen tändinställningsmarkering på svänghjulet. Om så är fallet måste en tändinställningslampa användas som kan påvisa avståndet till ÖD-markeringen. Alternativt kan bilen tas till en Audi/VAG-verkstad som kan koppla in ett testinstrument i diagnostikuttaget.
6 Om justering krävs, lossa fördelarens klämbult och vrid fördelaren så långt som krävs tills inställningen är korrekt. Dra åt klämbulten.
7 Stäng av motorn och ta bort tändinställningslampan.

6 Tändsystemets givare – demontering och montering

1 Många av motorstyrningssystemets givare ger signaler till både bränsleinsprutningen och tändningen. De som är specifika för tändningen tas upp i detta avsnitt.
2 De givare som är gemensamma för båda systemen behandlas i kapitel 4A eller 4B. Dessa omfattar insugsluftens temperaturgivare, gasspjällpotentiometer, temperaturgivare för kylvätskan, luftflödesmätare (flerpunktsinsprutning), varvtalsgivare och tomgångsbrytare.

Knackgivare
Demontering

3 På ADR och ACE motorer finns två knackgivare på vänster sida av motorblocket. På ABK, AAD och AAR motorer finns det en enda knackgivare på vänster sida av motorblocket. Det finns ingen knackgivare på AAE motorer med Mono Motronic system.
4 Det går lättast att komma åt knackgivaren underifrån. Dra åt handbromsen och ställ upp framvagnen på pallbockar (se *Lyftning och stödpunkter*). Demontera motorns undre skyddskåpa.
5 Följ kabeln från knackgivaren bakåt till kontakten och koppla loss den. På de flesta modeller sitter kontakten på torpedväggen längst bak i motorrummet och den lossas genom att man trycker in en fjäderbelastad spärr.
6 Skruva loss fästbulten och ta bort knackgivaren **(se bild)**.

Montering

7 Rengör givarens och motorblockets ytor. Det är viktigt att givaren har god kontakt med motorblocket och att den dragits åt till rätt moment, så rengör även gängorna på fästbulten och i hålet.
8 Sätt knackgivaren på plats på motorblocket, sätt i bulten och dra åt den till angivet moment.
9 Anslut kablarna.
10 Montera motorns undre skyddskåpa och sänk ner bilen.

Hallgivare (ADR motor med Motronic 3.2)
Demontering

11 Demontera den yttre kamremskåpan enligt beskrivningen i kapitel 2A.
12 Lossa klammern och koppla loss kabelns multikontakt från Hallgivaren **(se bild)**.
13 Skruva loss fästbultarna och dra ut Hallgivaren från topplockets främre ände. Ta bort packningen.

Montering

14 Monteringen sker i omvänd ordning, använd en ny packning och dra åt fästbultarna ordentligt.

Hallgivare (utom ADR motor)

15 Hallgivaren är en integrerad del av fördelaren. Om det blir fel på den måste hela fördelaren bytas.

7 Rotorarm – byte

1 Demontera fördelarlocket enligt beskrivningen i avsnitt 4.
2 Dra bort rotorarmen från änden av fördelaraxeln **(se bild)**. Observera att på motorkod ACE sitter rotorarmen fast vid fördelaraxeln och den kan bara tas bort genom att man förstör den. Detta kan göras med hjälp av en tång, men se till att inte skada fördelaraxeln eller att delar av rotorarmen hamnar i fördelaren.
3 Sätt på den nya rotorarmen på fördelaraxeln, kontrollera att den hakar i ordentligt och tryck fast den hårt. På motorkod ACE måste att passande lim användas för att fästa rotorn till axeln.
4 Undersök insidan av fördelarlocket efter tecken på överslag mellan högspänningsdelarna. Om detta påträffas måste locket bytas ut. Kontrollera även att kolborsten och fjädern sitter korrekt i mitten av locket och att kolborsten kan röra sig fritt.
5 Montera fördelaren enligt beskrivningen i avsnitt 4.

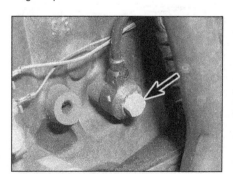

6.6 Skruva loss fästbulten (vid pilen) och ta loss knackgivaren

6.12 Hallgivare (ADR motor)

7.2 Dra loss rotorarmen från fördelaraxelns ände

Kapitel 5 Del C
Förvärmningssystem – dieselmotorer

Innehåll

Svårighetsgrader

Enkelt, passar novisen med lite erfarenhet	Ganska enkelt, passar nybörjaren med viss erfarenhet	Ganska svårt, passar kompetent hemmamekaniker	Svårt, passar hemmamekaniker med erfarenhet	Mycket svårt, för professionell mekaniker

Specifikationer

Glödstift

Strömförbrukning . . . .   8 ampere per glödstift

Åtdragningsmoment   Nm

Glödstift till topplock (motorkod AAS)   30
Glödstift till topplock (motorkoder 1Z och AHU)   15
Glödstift till topplock (motorkoder ABP, AAT och AEL)   15

1 Förvärmningssystem - beskrivning och test

Som hjälp vid kallstart är modeller med diesel-motorer utrustade med ett system för förvärmning som består av ett glödstift monterat på varje cylinder, en varningslampa på instrumentbrädan samt tillhörande elkablar. Systemet styrs av styrenheten som beskrivs i kapitel 4C.

Glödstiften är elektriska värmeelement i miniatyr, inkapslade i ett metallhölje med en spets i ena änden och en kontakt i den andra. Glödstiften är fastskruvade i topplockets förbränningskammare och glödstiftens sonder är placerade i kolvkronornas virvelkammare. När glödstiften aktiveras värms luften i cylindrarna upp, vilket gör att förbrännings-temperaturer kan uppnås snabbt även vid kallstart.

Förvärmningens varaktighet regleras av styrenheten, som övervakar motorns temp-eratur via kylvätskans temperaturgivare och anpassar förvärmningen efter arbetsvillkoren.

En varningslampa på instrumentbrädan meddelar föraren när förvärmning pågår. Lampan slocknar när tillräcklig förvärmning skett för att starta motorn, men glödstiften är aktiva till dess att motorn startar. När motorn håller normal arbetstemperatur eller när den omgivande temperaturen överstiger 8°C, kommer lampan bara att lysa någon sekund innan motorn kan startas. Om inget start-försök görs stängs strömmen till glödstiften av för att förhindra att stiften bränns ut och att batteriet laddas ur. På ABP, AAT och AEL motorer, är varningslampan även kopplad till bränslefiltrets vattenavskiljare och meddelar när för mycket vatten har samlats i filtret (se kapitel 1B för ytterligare information). Lampan blinkar när för mycket vatten har samlats. På tidigare motorkoder, ABP och AAT, används varningslampan till att indikera fel i motor-styrningens styrenhet.

När motorn startats är glödstiften aktiva ytterligare en period. Detta förbättrar för-bränningen medan motorn varmkörs, vilket resulterar i tystare och mjukare motorgång och minskade utsläpp.

2 Glödstift – test, demontering och montering

Test

1 Om systemet inte fungerar korrekt måste det testas genom att man byter ut misstänkt felaktiga delar mot delar man vet fungerar. Vissa kontroller kan dock utföras först, enligt beskrivningen i följande punkter.
2 Anslut en voltmätare eller en 12 volts kontrollampa mellan glödstiftens ström-försörjning och en bra jord på motorn. *Observera: Se till att den strömförande anslutningen hålls på betryggande avstånd från motorn och karossen.*
3 Låt en medhjälpare aktivera förvärmnings-systemet med tändningsnyckeln och kontroll-era att batterispänning ligger på glödstiftets elektriska anslutning. Observera att spänn-ingen sjunker till noll när förvärmnings-perioden är över.
4 Om glödstiftet inte får ström är antingen glödstiftsreläet eller matningskretsen defekt.
5 För att hitta ett defekt glödstift, lossa först batteriets jordledning och för undan den från polen.
6 Ta bort matningskretsens kablage från glödstiftspolen. Mät motståndet mellan glöd-stiftsanslutningen och motorns jord. Ett mätresultat överstigande ett fåtal ohm indikerar att glödstiftet är defekt.
7 Om en passande amperemätare finns tillgänglig, anslut den mellan glödstiftet och strömförsörjningen och mät den konstanta strömförbrukningen (bortse från den inledande strömtoppen som kommer att vara ungefär 50% högre). Jämför mätresultatet med specifikationerna – hög förbrukning (eller ingen alls) indikerar ett defekt glödstift.
8 Som en sista kontroll, skruva bort glöd-stiften och undersök dem enligt beskrivningen i följande punkter.

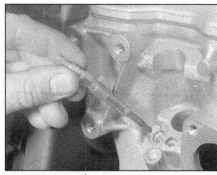

2.11 Ett glödstift tas bort från topplocket

2.13 Dra åt glödstiftet med en momentnyckel

Demontering

9 Lossa batteriets jordledning (minuspolen) (se kapitel 5A) och för undan den från polen.
10 Ta bort muttrar och brickor från glöd-stiftpolen och koppla bort kablaget.
11 Skruva loss och ta bort glödstiftet från topplocket **(se bild)**.
12 Kontrollera om glödstiftssonden är skadad. En svårt bränd eller förkolnad sond indikerar vanligen en defekt bränsleinsprutare. Se kapitel 4C för närmare information.

Montering

13 Montering sker i omvänd ordningsföljd; dra åt glödstiftet till angivet moment **(se bild)**.

Kapitel 6
Koppling

Innehåll

Svårighetsgrader

Enkelt, passar novisen med lite erfarenhet	Ganska enkelt, passar nybörjaren med viss erfarenhet	Ganska svårt, passar kompetent hemmamekaniker	Svårt, passar hemmamekaniker med erfarenhet 	Mycket svårt, för professionell mekaniker

Specifikationer

Allmänt

Kopplingstyp .... Enkel torrlamell, membranfjäder med fjäderlastat nav
Manövrering .... Hydraulisk med slav- och huvudcylinder
Diameter:
  012 växellåda .... 210 mm, 228 mm eller 240 mm (beroende på modell)
  01E växellåda .... 240 mm

Åtdragningsmoment
	Nm
Huvudcylinder, fästbultar	20
Huvudcylinderns tryckstångsgaffel, låsmutter	10
Hydraulslanganslutning till huvud-/slavcylinder	15
Kopplingskåpa till svänghjul, bult	25
Kopplingspedalarmens klämbult (högerstyrda bilar)	40
Kopplingspedalens fäste, fästmutter	25
Slavcylinder, fästbult	25
Urkopplingsarmens fjäderplatta (01E växellåda), fästbult	25

1 Allmän information

Kopplingen är av typen enkel torrlamell. Den innehåller en tryckplatta av membranfjädertyp och manövreras hydrauliskt.

Kopplingskåpan är fastbultad på svänghjulets bakre yta och lamellen är placerad mellan kåpans tryckplatta och svänghjulets friktionsyta. Lamellnavet har splines som passar in med växellådans ingående axel och navet rör sig fritt fram och tillbaka på splinesen. Friktionsmaterial finns fastnitat på vardera sidan av lamellen och lamellnavet är avfjädrat för att absorbera ryck och ge en mjuk upptagning av drivkraften. På vissa modeller består svänghjulet av två delar; friktionsytan har en begränsad dämpad rörelse i förhållande till svänghjulets huvuddel som sitter fastskruvad på bakre delen av vevaxeln. Detta medför att skakningen vid den inledande växlingen dämpas så att bilen får en mjukare utväxling.

När kopplingspedalen trycks ner för slavcylinderns tryckstång urtrampningsarmen framåt och urtrampningslagret tvingas mot membranfjäderns fingrar. När fjäderns centrum trycks in trycks ytterdelen ut, vilket tvingar loss tryckplattan från lamellen. Därmed upphör överföringen av drivkraft till växellådan.

När kopplingspedalen släpps upp tvingar membranfjädern tryckplattan i kontakt med lamellens belägg och trycker samtidigt lamellen något framåt på splinesen till kontakt med svänghjulet. Lamellen kläms då fast mellan tryckplattan och svänghjulet. Detta gör att drivkraften överförs till växellådan.

En fjäder är monterad till kopplingspedalen för att fördela manövereffekten jämnt över hela pedalrörelsen.

I takt med att lamellbeläggen slits flyttas tryckplattans viloläge närmare svänghjulet, vilket lyfter membranfjäderfingrarnas viloläge. Hydraulsystemet kräver ingen justering eftersom mängden hydraulolja i kretsen automatiskt kompenserar för slitage varje gång kopplingspedalen trycks ner.

2 Hydraulsystem – luftning

Varning: Hydraulolja är giftigt; tvätta omedelbart bort eventuella stänk från huden. Kontakta läkare om oljan sväljs eller kommer i ögonen. Vissa hydrauloljor är lättantändliga och kan självantända om de kommer i kontakt med heta komponenter. Hydraulolja är dessutom ett effektivt färgborttagningsmedel. Om olja spills ut på lackerade ytor som kaross och beslag ska den omedelbart tvättas bort med rikliga mängder kallt vatten. Hydrauloljan är också hygroskopiskt, d.v.s.

den tar upp fuktighet från luften. Händer detta förstörs oljan, så gammal hydraulolja som kan innehålla vatten ska därför aldrig användas.

1 Om någon del av det hydrauliska systemet tas i sär, eller om luft på annat sätt tagit sig in i systemet måste systemet luftas. Att det finns luft i systemet indikeras av att kopplingspedalen känns svampig och att det är svårt att byta växel.

2 Utformningen av kopplingens hydraulsystem gör det omöjligt att lufta systemet på traditionellt sätt, genom att pumpa kopplingspedalen upp och ner. För att få bort all luft ur systemet måste man använda sig av tryckluftningsutrustning, vilken kan köpas hos biltillbehörsbutiker.

3 Tryckluftningsutrustningen ska kopplas till bromsarnas/kopplingens hydrauloljebehållare i enlighet med tillverkarens instruktioner. Systemet luftas genom avluftningsskruven på kopplingens slavcylinder, som sitter på ovansidan av växellådshuset.

4 Lufta systemet tills vätskan som kommer ut är fri från luftbubblor. Dra därefter åt avluftningsskruven, koppla loss luftningsutrustningen och ta bort den.

5 Kontrollera att kopplingen fungerar ordentligt. Om det finns luft kvar i systemet, upprepa luftningsproceduren.

6 Kassera all olja som töms ur systemet, även om den ser ren ut. Hydraulolja absorberar fukt och återanvändning av olja kan leda till korrosion inuti huvud- och slavcylindern, vilket i sin tur leder till överdrivet slitage och förstörda tätningar.

3 Koppling – justering

1 Kontrollera att kopplingspedalen är ungefär 10 mm högre än bromspedalen i vilande läge. Om så inte är fallet, demontera klädselpanelen/hyllan och varmluftsutblåsen under rattstången enligt beskrivningen i kapitel 11 och kapitel 3.

2 Lossa låsmuttern bakom gaffeln på huvudcylinderns manöverstång och vrid stången tills kopplingspedalen nått rätt höjd, dra sedan åt låsmuttern.

3 Tryck ner kopplingspedalen och släpp upp den igen för att försäkra att fjädern drar tillbaka pedalen ordentligt. Kontrollera att pedalen inte är i kontakt med pedalstoppet när pedalen återvänt till viloläge. Om pedalen är i kontakt med pedalstoppet när den är i viloläge kan det leda till att kopplingsytan slits ut i förtid. Orsaken till att pedalen är i kontakt med pedalstoppet kan vara luft i hydraulsystemet eller att pedallagret och/eller fjädern fastnat.

4 Sätt slutligen tillbaka varmluftsutblåsen och klädselpanelen/hyllan.

4 Kopplingspedal – demontering och montering

Högerstyrda modeller

Demontering

1 Hela pedalfästet måste tas bort innan kopplingspedalen tas bort från fästet (se bild). Lossa först batteriets jordledning (minuspolen) (se kapitel 5A).

2 Demontera klädselpanelen/hyllan och luftutblåsen under rattstången enligt beskrivningen i kapitel 11 och kapitel 3.

4.1 Pedalfästets delar

1 Fästbygel	9 Distansbussning	18 Fästbygel
2 Mutter	10 Distansring	19 Bricka
3 Bricka	11 Arm	20 Mutter
4 Bromspedal	12 Huvudcylinder	21 Tillförselslang
5 Fjäder	13 Bult	22 Mittfjäder
6 Kompenserings-	14 Gaffelbult	23 Klammer
mellanlägg	15 Sprint	24 Bromsljuskontakt
7 Monteringsrör	16 Låsring	25 Ventil för farthållare
8 Kopplingspedal	17 Bult	

3 Ta bort gaffelbulten från kopplingens huvudcylinder vid pedalarmen, skruva sedan bort huvudcylindern från pedalfästet. Lägg huvudcylindern åt sidan.
4 Ta bort gaffelbulten från bromsservons tryckstång vid bromspedalen.
5 Koppla loss kablarna från bromsljus- och farthållarkontakterna (i förekommande fall) på pedalfästet. Om så behövs, ta bort kabelskyddsplattan.
6 Skruva loss fästmuttrarna och ta bort pedalfäste och pedaler från bilen.
7 Innan du fjädern tas bort måste den hållas ihop den med en klämma. En klämma kan tillverkas av en avlång bit metall med tandade ändar som böjs för att passa över fjäderändarna. Sätt dit klämman, tryck sedan kopplingspedalen i botten och ta bort fjädern från pedalfästet.
8 Skruva loss klämbulten från kopplingspedalarmen, dra sedan bort den från pedalaxeln. På modeller med farthållare, observera placeringen av fästet på armen som styr ventilatorventilens omkopplare.
9 Lossa bromspedalens returfjäder och dra bort kopplingspedalen och pivåaxeln från pedalfästet. Notera brickornas och hylsornas placering och ta loss dem.

Montering

10 Monteringen sker i omvänd ordning, men stryk lite fett på lagerytorna innan delarna sätts ihop. Kontrollera och, om det behövs justera, pedalhöjden enligt beskrivningen i avsnitt 3.

Vänsterstyrda modeller

Demontering

11 Kopplingspedalen kan demonteras utan att pedalfästet tas bort från bilen. Lossa först batteriets jordledning (minuspolen) (se kapitel 5A).
12 Demontera klädselpanelen/hyllan och varmluftsutblåsen under rattstången enligt beskrivningen i kapitel 11 och kapitel 3.
13 Ta bort klammern, ta sedan bort gaffelbulten från huvudcylindern vid pedalen.
14 Innan fjädern tas bort måste den hållas ihop med en klämma. En klämma kan tillverkas av en avlång bit metall med tandade ändar som böjs för att passa över fjäderändarna. Sätt dit klämman, tryck sedan ner kopplingspedalen och ta bort fjädern från pedalfästet efter att du tagit bort klammern.
15 Ta bort klammern och dra bort kopplingspedalen från axeln på fästet.

Montering

16 Monteringen sker i omvänd ordning, men stryk lite fett på lagerytorna innan delarna sätts ihop. Kontrollera, och om det behövs justera, pedalhöjden enligt beskrivningen i avsnitt 3.

5 Huvudcylinder – demontering, renovering och montering

Observera: *Se varningen i början av avsnitt 2 rörande risker med hydraulolja.*

Demontering

1 Kopplingens huvudcylinder är placerad inne i bilen, vid basen av kopplings- och bromspedalsfästet. Systemet förses med hydraulolja från bromshuvudcylinderns oljebehållare **(se bild)**.
2 Demontera klädselpanelen/hyllan och luftutblåsen under rattstången enligt beskrivningen i kapitel 11 och kapitel 3.
3 Skydda golvet under pedalerna mot hydrauloljespill.
4 Kläm ihop den mjuka hydrauloljeslangen som leder från oljebehållaren till huvudcylindern med hjälp av en bromsslangklämma. Kläm ihop tillförselslangen till slavcylindern på samma sätt.
5 Dra försiktigt bort slangen för hydrauloljetillförsel från cylindern. Plugga vid behov änden av slangen med en lämplig bult.
6 Skruva loss hydraulrörsanslutningen längst ner på cylindern och lirka försiktigt ut röret.
7 Ta bort klammern och dra sedan bort gaffelbulten som fäster huvudcylinderns tryckstång vid armen på kopplingspedalen.
8 Skruva loss fästbultarna och dra bort huvudcylindern från bilen.

Renovering

9 Renoveringssatser finns inte att få tag i från Audi, men de kan finnas tillgängliga hos motortillverkare.
10 Börja med att rengöra de yttre ytorna.
11 Dra av damasken och demontera tryckstången. Lossa vid behov låsmuttern, skruva loss gaffeln och låsmuttern och lossa tryckstången från damasken.
12 Dra ut låsringen från cylinderöppningen

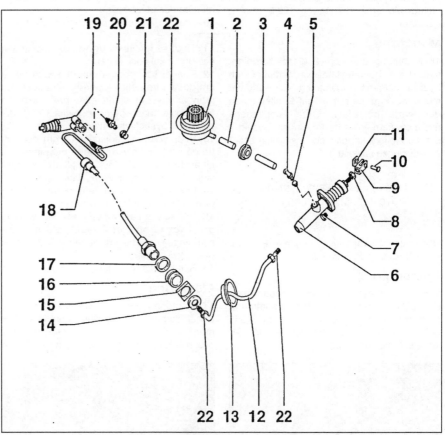

5.1 Kopplingshuvudcylinderns delar

1 Hydrauloljebehållare	9 Gaffel	16 Bussning
2 Slang	10 Gaffelbult	17 Bricka
3 Muff	11 Låsring	18 Slang
4 Adapter	12 Rör	19 Kopplingsslavcylinder
5 Gummiplugg	13 Muff	20 Luftningsventil
6 Kopplingshuvudcylinder	14 Bricka	21 Dammkåpa
7 Bult	15 Hållare	22 Anslutningsmutter
8 Låsmutter		

och dra ut bricka, kolv och fjäder. Lägg märke till att fjäderns mindre ände är i kontakt med kolven.

13 Rengör komponenterna och kontrollera om de är slitna eller skadade. Om kolv och lopp är mycket slitna eller om korrosion förekommer måste cylindern bytas. Om de är i bra skick, ta bort tätningarna från kolven och byt ut dem.

14 Doppa de nya tätningarna i hydraulolja och montera dem på kolven, använd bara fingrarna till att föra dem på plats. Kontrollera att tätningsläpparna är vända mot kolvens fjäderände.

15 För in fjädern i cylindern, doppa kolven i bromsolja och för in den försiktigt.

16 Montera brickan och placera låsringen i spåret.

17 Lägg på lite fett på tryckstångens ände, placera den på kolven och montera damasken. Skruva på låsmuttern och gaffeln och dra åt låsmuttern. På vänsterstyrda modeller, justera gaffelns läge så att avståndet mellan mitten på gaffelns hål och huvudcylinderns fästyta är 109,5 mm ± 0,5 mm.

Montering

18 Montering sker i omvänd arbetsordning, men dra åt huvudcylinderns fästbultar och hydraulslangens anslutning till angivet moment. Lägg lite fett på gaffelbulten innan den sätts på plats. Lufta kopplingens hydraulsystem enligt beskrivningen i avsnitt 2 och kontrollera kopplingens inställning enligt beskrivningen i avsnitt 3.

6 Slavcylinder – demontering, renovering och montering

Observera: Se varningen i början av avsnitt 2 rörande risker med hydraulolja.

Demontering

1 Slavcylindern är placerad ovanpå växellådan. Även om det är möjligt att komma åt slavcylindern från motorrummet så är det ofta bättre att hissa upp framvagnen för att komma åt den underifrån.

2 Dra åt handbromsen och ställ med hjälp av en domkraft upp framvagnen på pallbockar (se Lyftning och stödpunkter).

3 För att förbättra åtkomligheten på 01E växellådan, lägg i sexan på den 6-växlade versionen eller fyran på den 5-växlade versionen för att flytta bort utväxlingsarmarna från slavcylindern.

4 Kläm ihop slavcylinderns hydraulslang med hjälp av en bromsslangklämma.

5 Lossa på slanganslutningen på slavcylindern, skruva inte loss anslutningen helt i det här stadiet.

6 Skruva loss fästbulten och dra bort slavcylindern. När cylindern tas bort, ta loss slangens stödfäste.

7 Skruva loss cylindern från röranslutningen och plugga igen änden på röret (se bild).

Renovering

8 Renoveringssatser finns inte att få tag i från Audi, men de kan finnas tillgängliga hos motortillverkare.

9 Inled renoveringen av slavcylindern med att rengöra den utvändigt.

10 Dra av damasken och demontera tryckstången.

11 Ta ut fjäderclipset ur cylindermynningen och dra ut kolv och fjäder.

12 Rengör komponenterna och kontrollera om de är slitna eller skadade. Om kolv och lopp är mycket slitna eller om korrosion förekommer måste cylindern bytas. Om de är i bra skick, byt kolvens tätning.

13 Doppa den nya tätningen i bromsolja och trä på dem på kolven, använd bara fingrarna till att föra den på plats. Se till att tätningsläppen är vänd mot kolvens fjädersida.

14 För in fjädern i cylindern, doppa kolven i bromsolja och för in den försiktigt.

15 Håll kolven nedtryckt med en skruvmejsel och tryck in ett nytt fjäderclips i cylindermynningen, se till att benen på klämman greppar i cylindern.

16 Sätt tillbaka tryckstången och damasken.

Montering

17 Montering sker i omvänd arbetsordning, dra åt fästbulten och anslutningen till angivet moment och lufta slutligen systemet enligt beskrivningen i avsnitt 2. Smörj in den änden

på tryckstången som är i kontakt med urkopplingsarmen och se till att tryckstången verkligen hakar i fördjupningen i armen. Slavcylindern måste tryckas ner i växellådshuset innan fästbulten kan skruvas i. En speciell fästbult med förlängd styrpinne kan köpas från Audi för att underlätta monteringen. På grund av den begränsade åtkomligheten och det faktum att slavcylindern måste pressas mot den inre returfjädern med betydande kraft, bör återmonteringen göras i etapper. Sätt först tillbaka cylindern (utan slangens stödfäste) och se till att bulthålen är korrekt i linje med varandra. Sätt sedan tillbaka slangens stödfäste så att de främre stiften hakar i fördjupningarna i cylindern. Håll fast cylindern i det här läget, sätt dit fästbulten och dra åt den till angivet moment.

7 Lamell och kåpa – demontering, inspektion och montering

⚠️ *Varning: Dammet från kopplingsslitage som avlagrats på kopplingskomponenterna kan innehålla hälsovådlig asbest. BLÅS INTE bort dammet med tryckluft och ANDAS INTE in det. ANVÄND INTE bensin eller bensinbaserade lösningsmedel för att tvätta bort dammet. Bromsrengörare eller T-sprit bör användas för att spola ner dammet i en lämplig behållare. Rengör kopplingskomponenterna med rena trasor, förvara sedan trasorna och det avsköljda dammet i en behållare som kan förslutas.*

Demontering

1 Man kommer åt kopplingen genom att ta bort växellådan enligt beskrivningen i kapitel 7A (se bild).

2 Markera kopplingskåpans och svänghjulets position i förhållande till varandra.

3 Håll fast svänghjulet, skruva sedan loss kopplingskåpans bultar stegvis i diagonal ordningsföljd med hjälp av en insexnyckel (se bilder). När bultarna skruvats ur 2 – 3 varv,

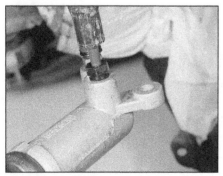

6.7 Demontera anslutningen från kopplingens slavcylinder

7.1 Kopplingen med växellådan borttagen

7.3a Skruva loss bultarna från kopplingskåpan med en insexnyckel

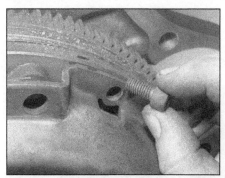

7.3b Kopplingskåpans bultar tas bort

7.4 Ta bort lamellen från svänghjulet

7.11 Lamellen placeras på svänghjulet

kontrollera då att kopplingskåpan inte kärvar på styrstiften. Bänd vid behov loss kåpan med en skruvmejsel.

4 Ta bort alla bultar och lyft av kopplingskåpan och lamellen från svänghjulet **(se bild)**.

Inspektion

5 Rengöra kåpan, lamellen och svänghjulet. Andas inte in dammet, det kan innehålla asbest vilket är hälsovådligt.

6 Undersök membranfjäderns fingrar med avseende på slitage eller repor. Om djupet på en repa överstiger 0,3 mm måste en ny enhet monteras.

7 Kontrollera om tryckplattan är repad, sprucken eller missfärgad. Små repor är godtagbara, men om de är för djupa måste en ny kopplingskåpa monteras.

8 Kontrollera om lamellens belägg är slitna, spruckna eller förorenade av olja eller fett. Beläggen är utslitna om de är slitna ner till eller nära nitskallarna. Kontrollera om lamellens nav är slitet genom att trä på den på ingående växellådsaxeln. Byt lamell vid behov.

9 Kontrollera om svänghjulets friktionsyta är repad, sprucken eller missfärgad (orsakas av överhettning). Om skadorna är stora kan det vara möjligt att få svänghjulet bearbetat på en

mekanisk verkstad, i annat fall måste det bytas.

10 Kontrollera att alla delar är rena och fria från olja eller fett innan monteringen påbörjas. Lägg en mycket liten klick fett med hög smältpunkt i splinesen på lamellen. Observera att nya tryckplattor och kopplingskåpor kan levereras täckta med skyddsfett. Det är endast tillåtet att ta bort fettet från lamellens kontaktyta. Om fettet avlägsnas från andra ytor förkortas kopplingens livslängd.

Montering

11 Inled hopsättningen med att placera lamellen på svänghjulet, med den upphöjda, vridfjäderförsedda sidan av navet utåt. Om så behövs kan centreringsverktyget (se punkt 14) användas för att hålla fast lamellen på svänghjulet **(se bild)**.

12 Placera kopplingskåpan över lamellen och passa in den ovanpå styrstiften **(se bild)**. Om den gamla kåpan monteras ska märkningen följas.

13 Sätt i bultarna och vrid åt dem så hårt du kan med bara fingrarna för att hålla kåpan på plats.

14 Lamellen måste nu centreras för att garantera korrekt uppriktning med växellådans ingående axel och kamaxelns tapp-

lager. För att genomföra detta kan ett specialverktyg användas, alternativt en trädorn som passar inuti lamellen och svänghjulets tapplager. För verktyget genom lamellen in i tapplagret och se till att det är centrerat.

15 Dra åt kopplingskåpans bultar stegvis i diagonal ordningsföljd till rätt moment, ta sedan bort centreringsverktyget **(se bild)**.

16 Kontrollera att urkopplingslagret i den främre delen av växellådan går mjukt och byt ut det vid behov enligt beskrivningen i avsnitt 8.

17 Montera växellådan enligt beskrivningen i kapitel 7A.

8 Urkopplingslager och arm – demontering, inspektion och montering

Demontering

1 Demontera växellådan enligt beskrivningen i kapitel 7A.

2 På modeller utrustade med 012 växellåda, använd en skruvmejsel för att bända bort urkopplingsarmen från kulstiftet inuti växellådans balanshjulskåpa. Om detta visar sig

7.12 Kopplingskåpan placeras över lamellen

7.15 Kopplingskåpans bultar dras åt

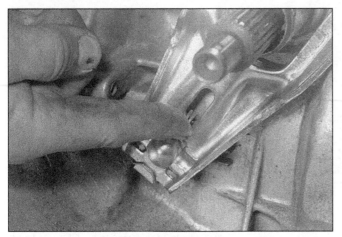

8.2a På en 012 växellåda, tryck på fjäderklammern för att frigöra armen från svängtappen

8.2b Använd en skruvmejsel till att lossa lagret från armen (012 växellåda)

vara svårt, tryck bort fjäderklammern från svängtappens ände av urkopplingsarmen genom att trycka den genom hålet. Detta lossar svängtappsänden av armen från kulstiftet. Dra nu bort armen tillsammans med urkopplingslagret från styrhylsan. Använd en skruvmejsel för att trycka ner plastflikarna och lossa lagret från armen. På senare modeller, ta bort svängtappen av plast från kulstiftet, observera att kulstiftet inte är helt runt som tidigare versioner. Urkopplingsarmen sitter på svängtappen **(se bilder)**.

3 På modeller med 01E växellåda, skruva loss bulten som fäster fjäderplattan inuti växellådans balanshjulskåpa och ta bort plattan **(se bild)**. Dra av urkopplingslagret tillsammans med armen från styrhylsan, över växellådans ingående axel. Ta bort den mellanliggande biten och observera hur den sitter i urkopplingsarmen.

Inspektion

4 Snurra urkopplingslagret för hand och kontrollera att det löper mjukt. Varje tendens till kärvning eller ojämnhet gör det nödvändigt att byta lagret. Om det ska återanvändas, torka rent det med en torr trasa. Under inga som helst omständigheter ska lagret rengöras i flytande lösningsmedel, eftersom detta avlägsnar det interna fettet.

Montering

5 Börja monteringen med att smörja in kulstiftet och svängtappen av plast (i förekommande fall) med lite kopparfett **(se bild)**. Smörj lite fett på urkopplingslagrets kontaktyta med membranfjäderns fingrar och urkopplingsarmen, och även på styrhylsan.

6 På 012 växellådan, montera fjädern på urkopplingsarmen. På senare modeller, se till att svängtappen är rätt placerad på kulstiftet.

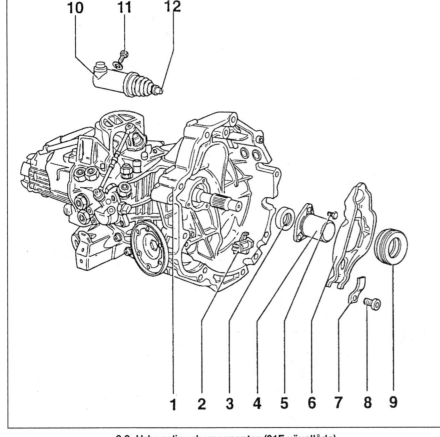

8.3 Urkopplingskomponenter (01E växellåda)

1 Växellåda	4 Styrhylsa	7 Bladfjäder
2 Mellandel	5 Bult	8 Bult
3 Ingående axelns tätning	6 Urkopplingsarm	9 Urkopplingslager

8.5 Smörj kulstiftet med lite kopparfett (012 växellåda)

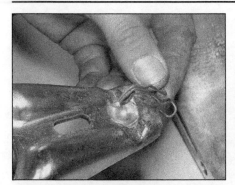

8.6a På en 012 växellåda, placera fjädern över urkopplingsarmens ände . . .

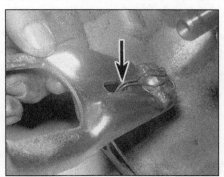

8.6b . . . och tryck in fjädern i hålet

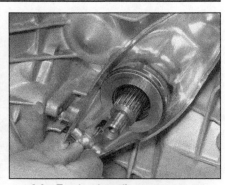

8.6c Tryck urkopplingsarmen mot kulstiftet tills fjäderklammern håller fast den

Montera armen tillsammans med lagret och tryck på urkopplingsarmen på kulstiftet tills fjädern håller den på plats **(se bilder)**.

7 På modeller med 01E växellåda, placera den mellanliggande biten på urkopplingsarmen och se till att tappen hakar i spåret, montera sedan armen tillsammans med urkopplingslagret och fäst med fjäderplattan. Dra slutligen åt bulten.

Anteckningar

Kapitel 7 Del A
Manuell växellåda

Innehåll

Svårighetsgrader

Enkelt, passar novisen med lite erfarenhet	Ganska enkelt, passar nybörjaren med viss erfarenhet	Ganska svårt, passar kompetent hemmamekaniker	Svårt, passar hemmamekaniker med erfarenhet	Mycket svårt, för professionell mekaniker

Specifikationer

Allmänt

Typ	Växellåda monterad på motorns bakre del, med drivflänsar till framhjulen. Fem växlar framåt och en bakåt, synkronisering på alla växlar, odelad slutväxel
Smörjmedelsvolym	Se kapitel 1A eller 1B

Åtdragningsmoment

	Nm
Backljuskontakt	20
Fästplatta för flerfunktionskontakt	25
Fästplatta för växelspak (01E växellåda)	10
Styrhylsebultar:	
012 växellåda	35
01E växellåda	15
Växellådans balanshjulskåpa till motorn, bultar:	
M8	25
M10	45
M12	65
Växellådans drivfläns, mittbult:	
Steg 1	10
Steg 2	Vinkeldra 90°

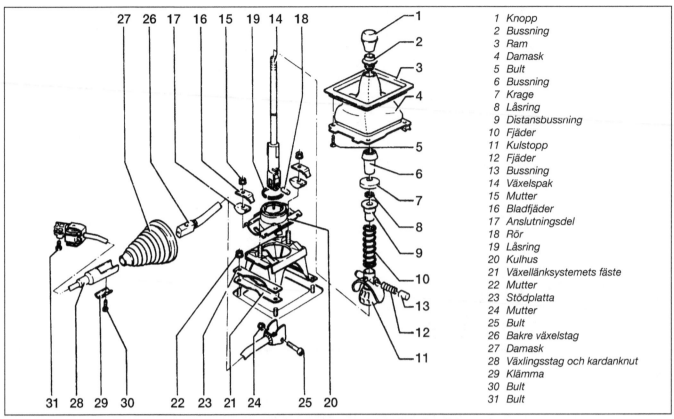

1 Knopp
2 Bussning
3 Ram
4 Damask
5 Bult
6 Bussning
7 Krage
8 Låsring
9 Distansbussning
10 Fjäder
11 Kulstopp
12 Fjäder
13 Bussning
14 Växelspak
15 Mutter
16 Bladfjäder
17 Anslutningsdel
18 Rör
19 Låsring
20 Kulhus
21 Växellänksystemets fäste
22 Mutter
23 Stödplatta
24 Mutter
25 Bult
26 Bakre växelstag
27 Damask
28 Växlingsstag och kardanknut
29 Klämma
30 Bult
31 Bult

1.2a Växelspakens komponenter i en 012 växellåda

1 Allmän information

Den manuella växellådan är fäst med bultar baktill på motorn. Det framhjulsdrivna utförandet gör att kraften överförs till en differentialenhet framtill på växellådan, via drivaxlar, till framhjulen. Alla växlar, inklusive backen, är synkroniserade.

Växlingen sker med en golvmonterad spak. På 012 växellådan ansluter ett enkelt växelstag växelspaken till växellådan, och detta växelstag är i sin tur anslutet till ett enkelt växelstag som skjuter ut från växellådans baksida. På 01E växellådan finns det två

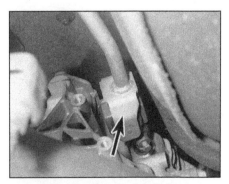

1.2b Växelstagets kardanknut
(012 växellåda)

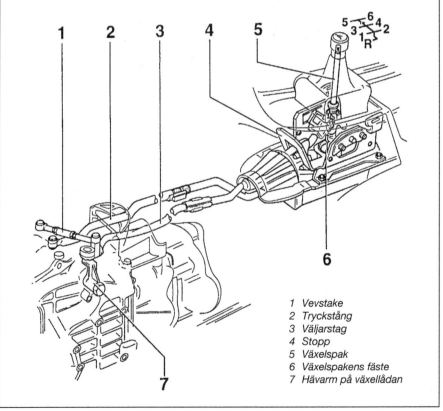

1 Vevstake
2 Tryckstång
3 Väljarstag
4 Stopp
5 Växelspak
6 Växelspakens fäste
7 Hävarm på växellådan

1.2c 01E växellåda

växelstag som ansluter växelspaken till växellådan; det övre styr den fram- och bakåtriktade rörelsen och det undre styr rörelsen i sidled (se bilder).

2 Länksystem för utväxling – justering

012 växellåda

1 Dra åt handbromsen och ställ framvagnen på pallbockar (se Lyftning och stödpunkter).
2 Lägg in växelspaken i neutralt läge, skruva sedan loss växelspakens knopp och lägg den åt sidan. Ta försiktigt loss ramen och ta bort damasken.
3 Skruva loss och ta bort tvärbalken från växellådans bakre del.
4 Skruva loss skruvarna och sänk ner främre delen av underredets värmesköld för att komma åt växlingsstagets justering. För att skapa bättre utrymme, ta bort främre avgasröret och katalysatorn (se kapitel 4D).
5 Lossa justerbulten på växlingsstaget (se bild).
6 Låt en medhjälpare hålla växelspaken i vertikal position så att avståndet mellan ändarna på det rundade kulstoppet är detsamma på båda sidor. Växelspaken måste befinna sig i den 3:e/4:e frilägespositionen (se bilder).
7 Arbeta under bilen, se till att växellådans växlingsstag befinner sig i friläge och dra sedan åt justerbulten.
8 Kontrollera att alla växellägen kan väljas utan problem.
9 Montera underredets värmesköld tillsammans med avgasröret och katalysatorn (om den tagits bort).
10 Sätt tillbaka tvärbalken, växelspaksknoppen, damasken och ramen och sänk ner bilen på marken.

01E växellåda

11 För att undersöka växlingslänksystemets justering, lägg i tvåans växel och flytta växelspaken till vänster mot stoppet. Släpp spaken och kontrollera att den rör sig mellan 3 och 9 mm till frilägesposition – detta är

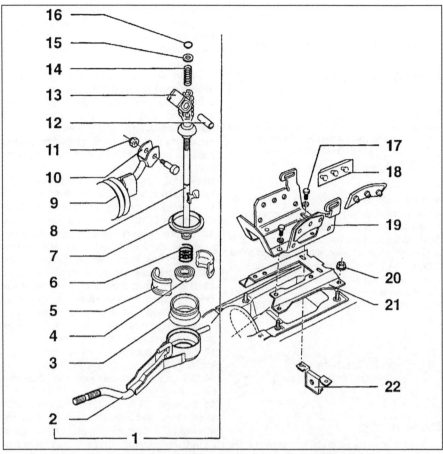

1.2d Växelspakens komponenter i en 01E växellåda

1 Växelspaksenhet	9 Damask	16 Låsring
2 Bakre tryckstång	10 Bakre väljarstag	17 Bult
3 Gummistyrning	11 Mutter	18 Vänster och höger buffert
4 Nedre kula	12 Distansrör	19 Övre stoppsektion
5 Halvcirkulära skålar	13 Styrning	20 Mutter
6 Fjäder	14 Fjäder	21 Nedre stoppsektion
7 Mellanplatta	15 Distansbussning	22 Fästbygel
8 Växelspak		

returfjäderns spelrum. Kontrollera att det går att lägga i alla växlar och att det inte är några problem med att flytta spaken ur backpositionen.
12 Om returfjäderns spelrum inte är det

korrekta, skruva loss och ta bort växelspaksknoppen, ta försiktigt loss ramen och damasken
13 Lossa bultarna och flytta växelspakens fästplatta utmed de avlånga urtagen så

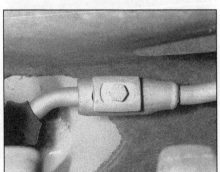

2.5 Växlingsstagets justerbult och klämma (012 växellåda)

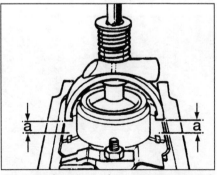

2.6a Avståndet 'a' måste vara lika stort på båda sidor om det rundade kulstoppet (012 växellåda)

2.6b Centrera växelspaken med hjälp av en stållinjal (012 växellåda)

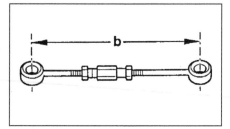

2.14 Justering av den lilla vevstaken (01E växellåda)

b = 168,5 mm

mycket som behövs. Dra åt bultarna till angivet moment och sätt tillbaka damasken, ramen och växelspaksknoppen.

14 Ytterligare justering av växelspak och länksystem kräver speciella jiggar och detta arbete ska därför överlämnas till en Audi/VAG-verkstad. Men om inställningen för den lilla vevstaken har förlorats, ska avståndet mellan dess centra ställas in till 168,5 mm **(se bild)**.

3 Manuell växellåda – demontering och montering

Demontering

1 Parkera bilen på en stabil och plan yta. Se till att ha tillräckligt med arbetsutrymme runt om. Dra åt handbromsen och klossa bakhjulen.

2 Dra åt handbromsen och ställ med hjälp av en domkraft upp framvagnen på pallbockar (se *Lyftning och stödpunkter*).

3 Demontera motorns undre skyddskåpor.

4 Lossa batteriets jordledning (minuspolen) (se kapitel 5A) och för undan den från polen.

5 Om det behövs, skruva loss muttrarna och tar bort den övre kåpan från motorn.

6 Koppla loss kablarna från backljuskontakten och hastighetsmätarens givare. Koppla också bort kablarna på flerfunktionskontakten om så behövs.

7 På modeller med 5-cylindrig motor, skruva

ut och ta bort de bultar som håller fast kardanstagsfästet vid kryssrambalkens framsida. På det här sättet kan motorns bakre del sänkas ner vid demonteringen av växellådan.

8 Skruva loss och ta bort de övre bultar som fäster växellådan vid motorns bakre del.

9 Stöd motorns främre del med en lyftanordning eller en stödbalk placerad på framflyglarnas inre kanaler. Om det behövs, demontera motorhuven enligt beskrivningen i kapitel 11 för att få lyftanordningen på plats över motorn.

10 Skruva loss och ta bort tvärbalken under bakre delen av växellådan **(se bild)**.

11 Ta bort främre avgasröret enligt beskrivningen i kapitel 4D. Observera att det är bättre att ta bort hela avgassystemet på vissa modeller för att få bättre arbetsutrymme. Skruva också loss avgasstödfästena och fjädrarna från växellådan.

12 Demontera startmotorn enligt beskrivningen i kapitel 5A. **Observera:** *Startmotorns nedre fästbult kan inte tas bort helt med växellådan i sin normala position, beroende på otillräckligt avstånd från underredet.*

13 Skruva loss låsbulten och dra av växlingskopplingen från växellådans väljaraxel.

14 Skruva loss värmeskölden från höger inre drivknut.

15 Se kapitel 8 och ta loss drivaxlarna från växellådans drivflänsar. Använd ett snöre för att binda upp dem från växellådan och slå in de inre drivknutarna i plastpåsar så att damm och smuts inte tränger in i dem.

16 Om det fins ett säkerhetssystem av typen Procon-Ten installerat, koppla loss kablarna från växellådan.

17 Demontera kopplingens slavcylinder enligt beskrivningen i kapitel 6, men koppla inte loss den hydrauliska slangen. Bind fast slavcylindern på sidan. **Observera:** *Tryck inte ner kopplingspedalen medan slavcylindern är borttagen.*

18 Ta upp vikten för växellådan på en garagedomkraft eller något annat stöd.

19 Skruva loss växellådans fästbultar men en insexnyckel **(se bild)**.

20 På en 4-cylindrig motor, skruva loss och ta bort balanshjulskåpans platta.

21 Skruva ur och ta bort de nedre bultarna mellan motorn och växellådan.

22 Dra tillsammans med en medhjälpare loss växellådan från styrstiften på motorns baksida, se till att den ingående axeln inte hänger på kopplingen. Sänk ner växellådan på marken.

> **Varning: Se till att växellådan står stadigt på domkraften. Håll växellådan i nivå med motorn till dess att den ingående växellådsaxeln är helt utdragen från lamellen.**

23 Om så krävs, skruva loss muttrarna och ta bort växellådans bakre gummifästen från kryssrambalken. Observera styrstiftet **(se bild)**.

Montering

24 Innan växellådan monteras, se till att styrstiften sitter som de ska på motorblockets bakre yta. Kontrollera också att startmotorns nedre fästbult befinner sig i växellådan, eftersom den inte kan sättas dit när växellådan befinner sig i sin normala position.

25 Monteringen av växellådan sker i omvänd arbetsordning mot demonteringen, men lägg märke till följande:

a) Undersök de bakre gummifästena och byt ut dem om så behövs.

b) Lägg lite temperaturtåligt fett på splinesen på växellådans ingående axel.

c) Dra åt alla muttrar och bultar till angivet moment.

d) Gå till avsnitt 2 och kontrollera justeringen av utväxlingens länksystem.

4 Manuell växellåda, renovering – allmän information

1 Att renovera en manuell växellåda är ett svårt och komplicerat arbete för en amatörmekaniker. Förutom att det omfattar isärtagning och hopsättning av många små delar, måste avstånd mätas upp exakt och om så behövs ändras genom att man väljer mellanlägg och distansbrickor. Interna växellåds-

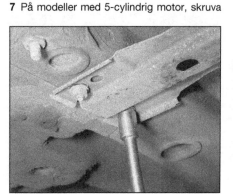

3.10 Demontera den lilla tvärbalken under växellådan

3.19 Växellådans bakre fäste

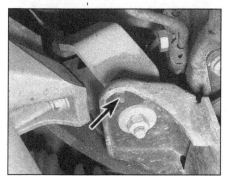

3.23 Växellådans bakre fästgummi, med styrstift (vid pilen)

5.1 Flerfunktionskontakt (012 växellåda)

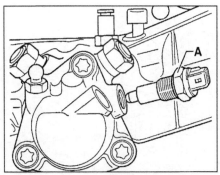

5.10 Backljuskontakt (A) på en 01E växellåda

6.1 Hastighetsmätarens omvandlare (1) och flerfunktionskontaktens kontaktdon (2) på en 012 växellåda

delar är ofta svåra att få tag på och i många fall mycket dyra. Allt detta betyder att om växellådan uppvisar fel eller missljud är det bäst att låta en specialist renovera växellådan eller alternativt skaffa en renoverad utbyteslåda.

2 Det är dock möjligt för en erfaren mekaniker att renovera en växellåda, under förutsättning att de verktyg som behövs finns tillgängliga och att arbetet utförs metodiskt och stegvis, utan att något förbises.

3 De verktyg som krävs är tänger för inre och yttre låsringar, lageravdragare, en glidhammare, en sats drivdorn, en mätklocka och kanske en hydraulpress. Dessutom behövs en stabil arbetsbänk med skruvstycke.

4 Vid isärtagning av växellådan, anteckna och skissa noga hur alla delar är monterade så att hopsättningen blir lättare och mer exakt.

5 Innan växellådan tas isär är det bra om man har en aning om var problemet ligger. Vissa problem kan höra nära samman med specifika delar av växellådan och undersökning och byte av komponenter underlättas om man vet vad man ska inrikta sig på. Se avsnittet *Felsökning* i denna handbok för mer information.

5 Flerfunktionskontakt/ backljuskontakt – demontering och montering

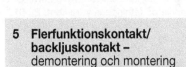

Flerfunktionskontakt (012 växellåda)
Demontering
1 Flerfunktionskontakten finns på växellådans ovansida **(se bild)**.
2 Dra åt handbromsen och ställ med hjälp av en domkraft upp framvagnen på pallbockar (se *Lyftning och stödpunkter*).
3 Koppla loss kontaktdonet, skruva sedan loss bultarna som fäster kontaktens ledning vid växellådans övre del.
4 Anteckna kontaktens monteringsläge och skruva sedan loss bulten och ta bort kontaktens hållplatta.

5 Dra bort flerfunktionskontakten från växellådan. Ta vara på tätningen.

Montering
6 Vid montering av kontakten, rengör först kontaktens plats på växellådan. Sätt dit en ny O-ringstätning och sätt sedan tillbaka kontakten i sin tidigare antecknade position.
7 Montera hållplattan och dra åt bulten.
8 Sätt fast ledningen ovanpå växellådan och dra åt bultarna.
9 Anslut kontaktdonet och sänk ner bilen.

Backljuskontakt (01E växellåda)
Demontering
10 Backljuskontakten sitter på höger sida av växellådan **(se bild)**.
11 Dra åt handbromsen och ställ framvagnen på pallbockar (se *Lyftning och stödpunkter*).
12 Koppla loss kontaktens kablage.
13 Skruva loss och ta bort kontakten från växellådans hus.

Montering
14 Innan kontakten sätts tillbaka, rengör gängorna på kontakten och i huset.
15 Sätt in kontakten och dra åt den till angivet moment.
16 Anslut kablaget och sänk ner bilen.

6 Hastighetsmätarens omvandlare – demontering och montering

Demontering
1 Alla växellådor är utrustade med en hastighetsmätaromvandlare på växellådans vänstra sida, alldeles ovanför drivaxelns drivfläns **(se bild)**. Denna mäter slutväxelns rotationshastighet och omvandlar informationen till en elektronisk signal som sänds till hastighetsmätarmodulen på instrumentbrädan. I vissa modeller används den signalen även som indata för motorstyrningens styrenhet.

6.4a Hastighetsmätarens omvandlare (A) och packning (B) på en 012 växellåda

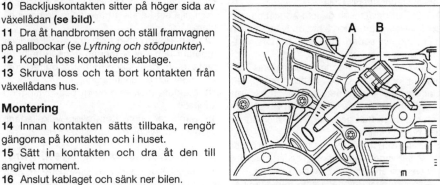

6.4b Hastighetsmätarens omvandlare (B) och O-ring (A) på en 01E växellåda

2 Dra åt handbromsen och ställ med hjälp av en domkraft upp framvagnen på pallbockar (se *Lyftning och stödpunkter*).
3 Koppla loss kontaktens kablage.
4 Tryck ner hållaren, vrid hastighetsmätaromvandlaren och dra bort den från växellådan. Var försiktig så att inte omvandlaren skadas, den innehåller känsliga elektriska komponenter. Ta loss O-ringstätningen eller packningen **(se bilder)**.

Montering
5 Montering sker i omvänd arbetsordning, använd en ny O-ring eller packning.

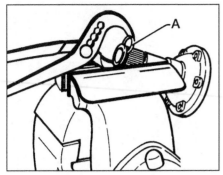

7.10 Sätt en ny låsring i spåret på växellådans drivfläns

7 Oljetätningar – byte

Drivaxelns oljetätningar

1 Dra åt handbromsen och ställ framvagnen på pallbockar (se *Lyftning och stödpunkter*).
2 Se kapitel 8 och skruva loss värmeskölden, skruva sedan loss bultarna och ta bort aktuell drivaxel från växellådans drivfläns. Använd ett snöre för att binda upp drivaxeln från växellådan och slå in den inre drivknuten i en plastpåse så att damm och smuts inte tränger in i dem.
3 Placera en behållare under växellådan för att samla upp utspilld olja.
4 Håll fast drivflänsen genom att sätta in två av drivaxelbultarna och sätta en stång mellan dem, skruva sedan loss och ta bort mitt-bulten.
5 Drivflänsens låsring måste nu frigöras från differentialväxeln. Gör detta genom att placera ett platt metallstycke (t.ex. ett stämjärn) mellan drivflänsen och växellådan och dra åt en bult genom ett av hålen så att den pressar ut flänsen.
6 När flänsen är ute, notera monteringsdjupet för oljetätningen i huset och ta sedan försiktigt ut den med en stor och platt skruvmejsel.
7 Rengöra oljetätningens säte från alla spår av smuts och lägg lite fett på läpparna till den nya oljetätningen.
8 Se till att tätningen är placerad på rätt sätt, d.v.s. med sin tätningsläpp inåt, och knacka den på plats med en lämplig rörformig dorn

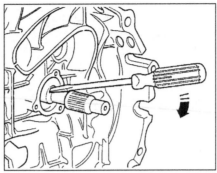

7.18 Tryck ut den ingående axelns oljetätning med en skruvmejsel

(t.ex. en hylsa) som bara vilar på tätningens yttre kant. Se till att tätningen hamnar på samma djup i huset antecknades tidigare. På en 012 växellåda ska den befinna sig 5,5 mm under den yttre kanten på växellådan och på en 01E växellåda ska den befinna sig 6,5 mm under denna kant.
9 Rengör oljetätningen och smörj in dess läppar med universalfett.
10 Vi rekommenderar att låsringen på den inre änden av drivflänsen byts ut varje gång flänsen tas bort. Gör det genom att montera flänsen i ett skruvstäd med mjuka käftar, ta loss den gamla låsringen och sätt på den nya **(se bild)**. Smörj in låsringen lite lätt.
11 Sätt in drivflänsen genom oljetätningen och anslut den till differentialväxeln. Driv in flänsen helt och hållet i växeln med en lämplig dorn tills det känns att låsringen kommer på plats.
12 Sätt i mittbulten och dra åt till angivet moment och vinkel medan flänsen hålls på plats med den stång och de bultar som användes vid demonteringen.
13 Montera drivaxeln enligt beskrivningen i kapitel 8.
14 Sänk ner bilen. Kontrollera växellådans oljenivå och fyll på olja om så behövs.

Den ingående axelns oljetätning

15 Växellådan måste demonteras för att man ska kunna komma åt den ingående axelns oljetätning. Se avsnitt 3 i det här kapitlet.
16 Ta bort kopplingens urkopplingslager och arm enligt beskrivningen i kapitel 6.
17 Skruva loss bultarna och ta bort styr-hylsorna från svänghjulskåpans insida. Ta

vara på packningen. Undvik att komma åt eventuella mellanlägg som kan finnas på den ingående axeln.
18 Anteckna oljetätningens monteringsdjup i växellådshuset, använd sedan en skruvmejsel för att ta bort den, utan att skada den ingående axeln **(se bild)**.
19 Rengör oljetätningens säte och ingående axeln.
20 Smörj in den nya oljetätningens läppar med lite universalfett, placera sedan tätningen över den ingående axeln med tätningsläppen uppåt. Knacka oljetätningen ordentligt på plats med hjälp av ett lämpligt rörformig dorn som bara ska vila på tätningens yttre kant. Se till att tätningen hamnar på samma djup i huset som antecknades tidigare – den ska befinna sig 4,5 mm nedanför styrhylsans fästyta.
21 Sätt tillbaka styrhylsan tillsammans med den nya packningen och de nya bultarna och dra åt bultarna till angivet moment.
22 Montera kopplingens urkopplingslager och arm enligt beskrivningen i kapitel 6.
23 Montera växellådan enligt beskrivningen i avsnitt 3 i detta kapitel.

Väljaraxelns oljetätning

24 Dra åt handbromsen, lyft upp framvagnen och ställ den på pallbockar (se *Lyftning och stödpunkter*).
25 Skruva loss låsbulten och skjut ut växlingskopplingen från väljaraxeln.
26 Ta försiktigt bort oljetätningen från växellådans hus med en liten skruvmejsel, utan att skada väljaraxeln eller huset.
27 Torka ren oljetätningens säte och väljaraxeln, smörj sedan på lite universalfett på oljetätningens läppar och placera tätningen över änden på axeln. Se till att tätningens slutna sida är vänd utåt. Vira tejp runt änden på axeln för att undvika skador på oljetätningen.
28 Knacka oljetätningen ordentligt på plats med hjälp av ett lämpligt rörformig dorn som bara ska vila på tätningens yttre kant. På 012 växellådan ska tätning infogas tills den befinner sig 1,0 mm under kanten på växellådan. På 01E växellådan ska tätningen drivas ända ner till sitt bottensäte.
29 Sätt tillbaka växlingskopplingen och dra åt låsbulten.
30 Sänk ner bilen.

Kapitel 7 Del B
Automatväxellåda

Innehåll

Svårighetsgrader

Enkelt, passar novisen med lite erfarenhet		Ganska enkelt, passar nybörjaren med viss erfarenhet		Ganska svårt, passar kompetent hemmamekaniker		Svårt, passar hemmamekaniker med erfarenhet		Mycket svårt, för professionell mekaniker	

Specifikationer

Allmänt

Växellåda, typ .... Elektrohydrauliskt styrd planetväxel med fyra växlar framåt och en bakåt. Drivkraft överförs via en hydrodynamisk momentomvandlare

Beteckning .... 01N, 097 eller 01K

Oljevolym .... se kapitel 1A eller 1B

Åtdragningsmoment   Nm

Drivplatta till momentomvandlare:
  01N växellåda 85
  097 växellåda 60
Fästbygel för oljerör 10
Oljerör till växellåda 20
Oljerörsanslutning 25
Växellådans balanshjulskåpa till motorn, bultar:
  01N växellåda:
    M10 45
    M12 65
  097 växellåda:
    M10 60
    M12 80
Växellådsfäste 40

1 Allmän information

Automatväxellådan har fyra växlar, en hydrodynamisk momentomvandlare och en planetväxel.

Val av växelläge sker med en golvmonterad växelspak med sju lägen. Lägena är P (parkering), R (back), N (friläge), D (framåt), 3 (3:ans växel), 2 (2:ans växel), 1 (1:ans växel). På vissa modeller finns en SPORT-knapp, med vilken föraren kan välja ett läge där man kan få extra acceleration genom växling upp eller ner i högre hastigheter. Detta är utöver den kickdownfunktion som ger större acceleration om gaspedalen trycks ner helt.

Växellådans funktion styrs av styrenheten och som ett resultat går det inte att göra några justeringar för hand. En uttömmande feldiagnos kan därför bara göras med speciell elektronisk testutrustning.

På grund av komplexiteten hos växellådan och dess kontrollsystem bör större reparationer och renovering överlåtas åt en Audi/VAG-verkstad, som har den utrustning som krävs för feldiagnos och reparationer. Informationen i detta kapitel begränsas därför till en beskrivning av växellådans demontering och montering som en komplett enhet. Även demontering, montering och justering av väljarvajern beskrivs.

2 Automatväxellåda – demontering och montering

Demontering

1 Parkera bilen på en stabil och plan yta. Se till att ha tillräckligt med arbetsutrymme runt om. Dra åt handbromsen och klossa bakhjulen.
2 Ställ framvagnen på pallbockar (se *Lyftning och stödpunkter*).
3 Ta bort motorns undre skyddskåpor.
4 Lossa batteriets jordledning (minuspolen) (se kapitel 5A) och för undan den från polen.
5 Om det behövs, skruva loss muttrarna och ta bort den övre kåpan från motorn.

01N automatväxellåda

6 På motorer med motorkod AAE, ACE, ABK och AAD, koppla loss kablaget för syresensorn vid torpedväggen och lägg det över motorn.
7 Stöd motorn med en lyftanordning eller stödbalk på framflyglarnas inre kanaler. Om det behövs, demontera motorhuven enligt beskrivningen i kapitel 11 för att få lyftanordningen på plats över motorn. På grund av automatväxellådans vikt bör motorn lyftas med både de främre och de bakre lyftöglorna. Demontera de komponenter som behövs för

att lyftanordningen ska kunna sättas fast (varierar beroende på motor).
8 Demontera framhjulen.
9 På en modell med dieselmotor, skruva loss tvärbalken under växellådans bakre del.
10 Demontera det främre avgasröret enligt beskrivningen i kapitel 4D men se till att inte skada det böjliga röret. Om det behövs, skruva även loss det främre avgasrörets fästbygel från växellådan.
11 Identifiera kabelanslutningarna på växellådans baksida, koppla sedan loss dem. Ta loss kabelstödet och flytta kablaget åt sidan.
12 Koppla loss kablaget från hastighetsmätarens givare.
13 Skruva loss värmeskölden från höger drivaxel.
14 Skruva loss drivaxlarna från drivflänsarna enligt beskrivningen i kapitel 8, bind sedan fast dem så högt som möjligt på underredet/kryssrambalken.
15 Demontera startmotorn enligt beskrivningen i kapitel 5A.
16 Vrid runt motorn tills en av muttrarna mellan momentomvandlaren och drivplattan syns i startmotoröppningen. Skruva loss muttern och förhindra samtidigt att motorn vrids runt genom att hålla fast startkransens kuggar på drivplattan med en bredbladig skruvmejsel. Dra runt motorn ett tredjedels varv åt gången för att komma åt de två andra muttrarna och skruva loss dessa.
17 Ta upp vikten för växellådan på en garagedomkraft eller något annat stöd.
18 Koppla loss växelspaksvajern från fästet enligt följande. Skjut gummidamasken framåt, skruva loss muttern och lossa justerbeslaget från fästbygeln, och mata försiktigt igenom innervajern igenom urtaget.
19 Koppla loss växelspaksvajern från armen på växellådan. På modeller som tillverkats före juni 1995 måste man först trycka loss fästklämman. På alla modeller trycker man sedan av kulhylsan från armen och flyttar vajern åt sidan.
20 Skruva loss höger växellådsfäste och fästbygel.
21 Skruva loss vänster växellådsfäste och fästbygel till vänster.
22 Skruva loss växellådsoljerörens fästbyglar från motorn.
23 Ställ en behållare under oljerörens anslutningar för att fånga upp olja som läcker ut. Rengör anslutningarna, lossa dem med två skiftnycklar och skruva loss dem så att vätskan kan tappas ur.
24 Skruva loss fästbulten på växellådan och dra ut de två oljerören **(se bild)**. Ta loss O-ringstätningarna. Plugga igen öppningarna i växellådshuset för att förhindra att damm och smuts kommer in.
25 På modeller med 5-cylindrig motor, skruva loss bultarna som håller fast kardanstagsfästet till den främre delen av kryssrambalken. Då kan motorn sänkas tillräckligt mycket baktill när växellådan ska tas bort.

26 Sänk ner växellådan något. Om det finns ett säkerhetssystem av typen Procon-Ten installerat, koppla loss kablarna från växellådan.
27 Skruva loss bultarna som håller fast växellådan vid motorn.
28 Dra tillsammans med en medhjälpare loss växellådan från styrstiften på motorns baksida, se till att momentomvandlaren hela tiden har full kontakt med växellådans ingående axel. Om så behövs kan man använda en hävarm för att lösgöra momentomvandlaren från drivplattan.
29 När styrstiften har kommit ut ur sina hål, flytta växellådan något åt höger och sänk ner den till marken med domkraften. Spänn fast en balk på balanshjulskåpans framsida för att hålla momentomvandlaren på plats.

> ⚠ **Varning: Se till att växellådan står stadigt på domkraften. Se också till så att inte momentomvandlaren ramlar ur när växellådan tas bort.**

30 Ta vid behov loss mellanplattan från styrstiften.

097 automatväxellåda

31 Koppla loss kablaget från hastighetsmätarens givare.
32 Skruva loss bulten som håller fast oljepåfyllningsröret vid motorn, dra sedan ut röret och ta loss O-ringstätningen.
33 Skruva loss de övre bultarna som håller fast växellådan vid motorn.
34 Stöd motorn med en lyftanordning eller stödbalk placerad på framflyglarnas inre kanaler. Om det behövs, demontera motorhuven enligt beskrivningen i kapitel 11 för att få lyftanordningen på plats över motorn. Beroende på automatväxellådans vikt bör motorn lyftas med både de främre och de bakre lyftöglorna. Demontera tillfälligt de komponenter som behövs för att lyftanordningen ska kunna anslutas (varierar beroende på motor).
35 Skruva loss värmesköldarna från drivaxlarna.
36 Skruva loss tvärbalken under katalysatorn och/eller avgassystemet, beroende på modell.

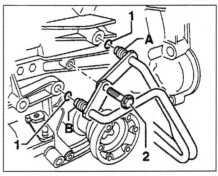

2.24 Oljerör (A och B) med O-ringstätning (1) och fästbult (2)

37 Demontera det främre avgasröret enligt beskrivningen i kapitel 4D.
38 Skruva loss drivaxlarna från drivflänsarna enligt beskrivningen i kapitel 8, bind sedan fast dem så högt som möjligt på underredet/kryssrambalken.
39 Demontera startmotorn enligt beskrivningen i kapitel 5A.
40 Vrid runt motorn tills en av muttrarna mellan momentomvandlare och drivplatta syns i startmotoröppningen. Skruva loss muttern och förhindra samtidigt att motorn vrids runt genom att hålla fast startkransens kuggar på drivplattan med en bredbladig skruvmejsel, eller med en skiftnyckel på bulten på vevaxelns remskiva. Dra runt motorn ett tredjedels varv åt gången för att komma åt de andra två muttrarna och skruva loss dessa.
41 Skruva loss värmeskölden från flerfunktionskontakten.
42 Identifiera kabelanslutningarna på växellådans baksida, koppla sedan loss dem. Koppla loss kabelstödet och flytta kablaget åt sidan.
43 Om det finns ett säkerhetssystem av typen Procon-Ten installerat, lossa klamrarna och flytta upp kablarna från växellådan.
44 Ställ en behållare under oljekylarrörens anslutningar på växellådan för att fånga upp olja som läcker ut. Rengör anslutningarna, lossa dem med två skiftnycklar och skruva lossa dem så att vätskan kan tappas ur.
45 Ta upp växellådans vikt på en garagedomkraft eller något annat stöd.
46 Skruva loss växellådans fästbultar och sänk ner växellådan något.
47 Skruva loss växellådsstödet från höger sida av växellådan, lossa sedan klammern och koppla loss väljarvajern från stödet.
48 Skruva loss resten av bultarna som håller fast växellådan till motorn.
49 Dra tillsammans med en medhjälpare loss växellådan från styrstiften på motorns baksida och se till att momentomvandlaren hela tiden har full kontakt med växellådans ingående axel. Om det behövs kan man använda en hävarm för att lösgöra momentomvandlaren från drivplattan.
50 När styrstiften har kommit ut ur sina hål, sänk ner växellådan till marken med domkraften. Spänn fast en balk på svänghjulskåpans framsida för att hålla momentomvandlaren på plats.

> **Varning: Kontrollera att växellådan står stadigt på domkraften. Se också till så att inte momentomvandlaren ramlar ur när växellådan demonteras.**

Montering

51 Monteringen av växellådan sker i stort sett i omvänd ordning, men tänk på följande:
a) När momentomvandlaren monteras måste man se till att drivstiften i mitten av

momentomvandlarens nav greppar i urtagen i växellådsoljepumpens inre hjul.
b) Dra åt balanshjulskåpans bultar och muttrarna för momentomvandlaren till drivplattan till angivet moment. Använd alltid nya självlåsande muttrar och bultar.
c) Byt O-ringstätningarna på oljerören och påfyllningsröret på växellådshuset.
d) Dra åt växellådans fästbultar till angivet moment.
e) På en 01N växellåda, kontrollera slutväxelns oljenivå och växellådsoljenivån enligt beskrivningen i kapitel 1A eller 1B.
f) Kontrollera avslutningsvis växelväljarkabelns justering enligt beskrivningen i avsnitt 4.

3 Automatväxellåda, renovering – allmän information

Om ett fel uppstår måste man först avgöra om felet är av elektrisk, mekanisk eller hydraulisk natur innan en reparation kan påbörjas. Diagnos kräver detaljkunskaper om växellådans funktion och konstruktion, utöver speciell testutrustning, vilket ligger utanför vad denna handbok tar upp. Det är därför nödvändigt att överlåta problem med en automatväxellåda till en Audi/VAG-verkstad för utvärdering.

Tänk på att en defekt växellåda inte bör demonteras innan den utvärderats, eftersom felsökning utförs med växellådan på plats i bilen.

4 Väljar-/låsvajer – demontering, montering och justering

01N och 097 växellåda

Demontering

1 För växelspaken till läge P.
2 Dra åt handbromsen och ställ framvagnen på pallbockar (se *Lyftning och stödpunkter*).
3 Arbeta under bilen, skruva loss skruvarna och sänk ner värmeskölden från växellådans fästbygel ner på avgasröret.
4 Skruva loss värmeskölden från höger drivaxels inre knut.
5 Skruva loss växelväljarvajern och lossa den från växellådan.
6 På en modell med 2.0 liters motor och 01N växellåda, skruva loss muttern från undersidan av växellådans högra fäste, och skruvar även loss bulten. Ta bort fästet.
Observera: *Man behöver inte stödja växellådan om bara ett fäste tas bort.*
7 Skruva loss fästbygeln från höger sida av växellådan.
8 På modeller som tillverkats före juni 1995 som har 01N växellåda, lossa klammern och

tryck av växelspakens ändhylsa från växellådans väljararm.
9 Demontera mittkonsolen enligt beskrivningen i kapitel 11.
10 Skruva loss fästmuttrarna och lyft växelspaksmekanismen något från golvet. Notera platserna för brickorna under mekanismen.
11 Notera monteringspositionen, lossa sedan klämmuttern och koppla loss innervajern.
12 Dra undan gummidamasken och skruva loss och ta bort muttern och guideröret från vajern.
13 Under bilen, dra ut vajern bakåt från mekanismens undre kåpa.

Montering

14 Montering sker i omvänd ordning, men undersök om gummidamasken är skadad och byt ut den om det behövs. Smörj in vajerns kulhylsa med lite fett innan den trycks fast. Dra åt muttrarna och bultarna till angivet moment.
15 Innan bilen sänks ner eller den inre vajerns klämmutter dras åt, justera vajern enligt beskrivningen nedan.

Justering

16 För växelspaken till läge P.
17 För väljararmen på växellådan till läge P, vilket är det bakersta läget.
18 Se till att vajern inte är vikt eller vriden, dra sedan åt klämmuttern.
19 Kontrollera växelspakens funktion genom att föra den mellan alla lägen och kontrollera att alla lägen kan väljas mjukt och utan fördröjning.
20 Ställ växelspaken i läge R och kontrollera med hjälp av ett bladmått att avståndet mellan låssolenoiden och spaken är 0,6 till 1,4 mm **(se bild)**. Om det behövs, justera låssolenoidens position.
21 Montera mittkonsolen och sänk ner bilen.

Låsvajer på 097 växellåda

Demontering

22 På modeller med 097 växellåda sitter en låsvajer mellan växelspaksmekanismen och tändningslåset. Startnyckeln kan inte tas ur

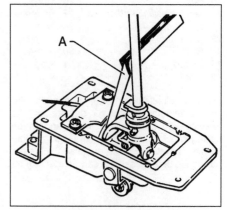

4.20 Solenoidinställningen
A = 0,6 till 1,4 mm bladmått

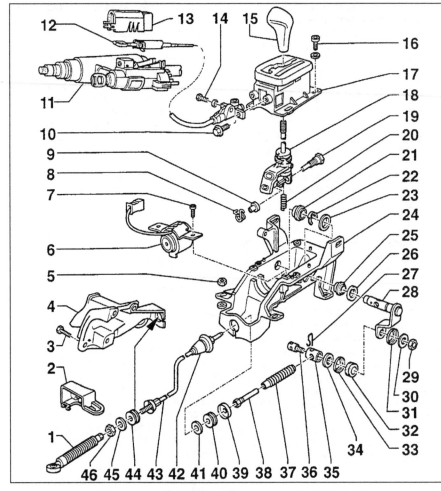

4.22 Automatväxellådans väljarkomponenter (01N visas)

1 Gummidamask	17 Växelspakshus	32 Bussning
2 Hållare	18 Växelspak	33 Krage
3 Bult	19 Styrsprint	34 Bricka
4 Stödfäste	20 Fjäder	35 Hylsa
5 Mutter	21 Bussning	36 Klämsprint
6 Växelspakens låssolenoid	22 Låsring	37 Gummidamask
7 Bult	23 Bricka	38 Mutter och styrrör
8 Fjäder	24 Fästbygel	39 Bricka
9 Bussning	25 Bussning	40 Bussning
10 Bult	26 Krage	41 Bricka
11 Tändningslås/startkontakt	27 Fjäderklammer	42 Muff
12 Låskabel	28 Arm	43 Vajer
13 Kåpa	29 Mutter	44 Bussning
14 Bult	30 Bricka	45 Bricka
15 Knopp	31 Krage	46 Mutter
16 Bult		

om inte växelspaken står i läge P. När startnyckeln har tagits ut går det inte att flytta växelspaken från läge P. Med tändningen påslagen och växelspaken i läge P går det inte att flytta växelspaken om man inte trycker ner bromspedalen. På samma sätt går det inte att

med tändningen påslagen och växelspaken i läge N flytta växelspaken om man inte trycker ner bromspedalen **(se bild)**.
23 För att vajern ska kunna tas bort måste först mittkonsolen demonteras enligt beskrivningen i kapitel 11.

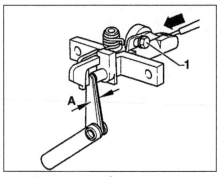

4.32 Kontrollera låsvajerjusteringen

1 Justerbult   A = 1,4 till 1,7 mm

24 Demontera ratten (kapitel 10) och instrumentbrädan (kapitel 11).
25 Ställ växelspaken i läge N.
26 Skruva loss bultarna som håller fast låsvajern till främre delen av växelspaksenheten.
27 Ta bort kåpan vid tändningslåset och bänd sedan loss klammern och lossar vajern från stödet.
28 Vrid vajern 90° och haka av den från tändningslåset.
29 Lossa klammern på lufttrumman och ta bort vajern.

Montering

30 Haka på vajern på tändningslåsets ögla och vrid vajern nedåt 90°.
31 Sätt vajern på plats i stödet och fäst den med klammern. Se till att klammern sitter korrekt, annars går det inte att få kåpan på plats.

Justering

32 Slå på tändningen med nyckeln, håll sedan vajern nära växelspaksenheten på dess normala plats. Lossa justerbulten och stick in ett 1,5 mm bladmått mellan låsklaffen och låssprinten. Flytta vajern tills avståndet är korrekt, och dra sedan åt justerbulten. Aktivera vajern flera gånger och kontrollera att avståndet är mellan 1,4 mm och 1,7 mm **(se bild)**.
33 Ställ växelspaken i läge N, sätt in låsvajern i växelspaksenheten och dra åt bultarna.
34 Kontrollera att vajern inte är vikt eller vriden, fäst den sedan till stödet med klammern.
35 Kontrollera att låsvajern fungerar enligt beskrivningen i punkt 22.
36 Montera instrumentbrädan (kapitel 11) och ratten (kapitel 10).
37 Montera mittkonsolen enligt beskrivningen i kapitel 11.

Kapitel 8
Drivaxlar

Innehåll

Svårighetsgrader

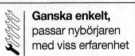 **Enkelt,** passar novisen med lite erfarenhet | **Ganska enkelt,** passar nybörjaren med viss erfarenhet | **Ganska svårt,** passar kompetent hemmamekaniker | **Svårt,** passar hemmamekaniker med erfarenhet  | **Mycket svårt,** för professionell mekaniker

Specifikationer

Smörjning (endast renovering – se text)

Drivknut, typ:
Kula och bur	G-6 fett*
Tripod	G000605 fett*

Mängd fett per drivknut:

Modeller med bensinmotor och manuell växellåda:
Yttre drivknut	90 gm
Inre drivknut	120 gm

Alla övriga modeller:

Yttre drivknut:
Knut med 89 mm diameter	90 g
Knut med 98 mm diameter	120 g
Inre drivknut	140 g

Kontakta din Audi/VAG-återförsäljare för närmare information

Åtdragningsmoment   Nm

Drivaxel till växellåda, flänsbultar:
Modeller med bensinmotor och manuell växellåda	45
Alla övriga modeller	80

Navbult:
Steg 1	200
Steg 2	Vinkeldra ytterligare 90°
Hjulbultar	110

1 Allmän information

1 Drivkraft överförs från differentialen till framhjulen via två drivaxlar av massivt stål. Båda drivaxlarna är räfflade i ytterändarna för att passa in i hjulnaven, och är fästa vid naven med stora bultar. Vardera drivaxelns inre ände är fastbultad på en drivfläns på växellådan.
2 Drivknutar finns i var ände på drivaxlarna för att ge mjuk och effektiv kraftöverföring i alla möjliga hjulvinklar, vartefter hjulen rör sig upp och ner i fjädringen och i sidled vid styrning. På modeller med bensinmotor och manuell växellåda är både den inre och yttre drivknuten av typen kula och bur. På alla modeller med automatväxellåda är den yttre drivknuten av typen kula och bur och den inre av typen tripod.

2 Drivaxlar – demontering och montering

Demontering

Observera: *En ny navbult behövs vid monteringen. Om arbete ska utföras på högersidan behövs dessutom en ny mutter till styrstagets spindelled.*
1 Ta bort navkapseln (i förekommande fall) och lossa navbulten medan bilen vilar på alla fyra hjul. Lossa även hjulbultarna.
2 Klossa bakhjulen, dra åt handbromsen och ställ med hjälp av en domkraft upp framvagnen på pallbockar. Ta av relevant hjul. När hjulet är demonterat, skruva tillbaka minst en hjulbult för att se till att bromsskivan ligger kvar i rätt position i navet.
3 Ta loss fästskruvarna och fästena och ta bort kåpan under motorn/växellådan för att komma åt drivaxlarna. Skruva även bort värmeskölden från växellådshuset vid behov, för att lättare komma åt den inre drivknuten.
4 På modeller utrustade med ABS, ta bort hjulgivaren från navet enligt beskrivningen i kapitel 9.

5 Om det är den högra drivaxeln som ska tas bort, skruva bort fästmuttern från styrstagets spindelled och ta bort spindelleden från navet (se kapitel 10). Kasta muttern och använd en ny vid monteringen.
6 Skruva loss navbulten. Om bulten inte lossades medan bilen stod med alla fyra hjulen på marken, sätt tillbaka minst två hjulbultar på framnavet och dra åt dem ordentligt. Låt sedan en medhjälpare trycka ner bromspedalen för att hindra framnavet från att rotera medan navbulten skruvas loss. Alternativt kan ett verktyg tillverkas av två stålremsor (en lång och en kort) och en mutter och en bult, så att muttern och bulten utgör svängtappen på ett gaffelverktyg.
7 Skruva loss bultarna som fäster den inre drivknuten vid växellådans fläns och ta loss hållbrickorna (i förekommande fall) under bultarna. Stötta drivaxeln genom att hänga upp den med vajer eller snöre – låt den inte hänga fritt eftersom detta kan skada drivknuten.
8 Vrid navet för att lösgöra drivaxelns inre drivknut från växellådans fläns. Flytta knuten till ena sidan, lossa sedan räfflorna på den yttre drivknuten från navet och dra ut drivaxeln under bilen **(se bild)**. På drivaxlar där den inre drivknuten är exponerad, ta bort packningen från framsidan på drivknuten och släng den; använd en ny packning vid monteringen. **Observera:** *Låt inte bilen stå på hjulen med ena eller båda drivaxlarna demonterade eftersom detta kan skada hjullagren. Om bilen måste flyttas, sätt tillfälligt tillbaka drivaxlarnas yttre ändar i naven och dra åt drivaxelbultarna. Stöd drivaxlarnas inre ändar för att undvika skador.*

Montering

9 Innan drivaxeln monteras, undersök om dess oljetätning i växellådan visar tecken på skador eller åldrande och byt vid behov ut den enligt beskrivningen i kapitel 7.
10 Rengör noggrant den yttre drivknutens och navets räfflor samt fogytorna mellan den inre drivknuten och växellådans fläns. Kontrollera att alla damaskklamrar är ordentligt fastsatta och smörj in navräfflorna med molybdendisulfidfett (Audi/VAG rekommend-

erar Moly-Paste AOS 11500001 – finns hos din Audi/VAG-återförsäljare).
11 På en drivaxel där den inre drivknuten exponeras, sätt en ny packning på drivknutens framsida genom att skala bort skyddspappret från packningen och fästa den ordentligt på knuten.
12 Sätt drivaxeln i läge så att räfflorna på drivaxeln hakar i dem på navet och tryck den yttre drivknuten på plats. Sätt i den nya navbulten och dra åt den för hand.
13 Rikta upp den inre drivknuten med växellådans fläns och skruva i bultarna och (i förekommande fall) brickorna. Dra först åt alla bultar för hand och dra sedan åt dem i diagonal ordningsföljd till angivet moment. Om så är tillämpligt, montera värmeskölden på växellådshuset och dra åt fästbultarna ordentligt.
14 Om du arbetar på bilens högra sida, montera styrstagets spindelled på navet, sätt dit fästmuttern och dra åt den till angivet moment (se kapitel 10).
15 På modeller med ABS, montera hjulgivaren på navet enligt beskrivningen i kapitel 9.
16 Sätt tillbaka underkåpan och hjulet, sänk sedan ner bilen till marken och dra åt hjulbultarna till angivet moment.
17 När bilen står på hjulen, dra åt navbulten till angivet moment för steg 1, vinkeldra den sedan till angiven vinkel för steg 2. Använd en vinkelmätare för att försäkra dig om att det blir rätt **(se bilder)**. Om en vinkelmätare inte finns till hands, gör märken mellan bultskallen och navet/hjulet med vit färg innan bulten dras åt. Dessa märken kan då användas för att kontrollera att bulten har dragits åt i rätt vinkel.
18 Montera navkapseln (i förekommande fall).

3 Drivaxelns gummidamasker – byte

1 Ta bort drivaxeln från bilen enligt beskrivningen i avsnitt 2 och fortsätt sedan enligt beskrivningen under relevant underrubrik.

2.8 Demontering av drivaxeln

2.17a Med bilen vilande på hjulen, dra åt navbulten till momentet angivet för steg 1 . . .

2.17b . . . och sedan till vinkeln angiven för steg 2

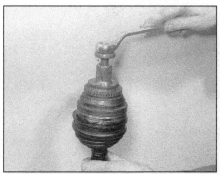

3.4 Med hjälp av navbulten dras den yttre drivknuten av från drivaxeln

Yttre drivknut

Observera: *En lång M16-bult/gängad stång kommer att vara till hjälp under den här proceduren (se punkt 4).*

2 Lås drivaxeln i ett skruvstycke med mjuka käftar och lossa damaskens fästklämmor. Vid behov kan klämmorna kapas för demontering.
3 Vik undan gummidamasken för att frilägga den yttre drivknuten. Ta bort överflödigt fett.
4 Den yttre drivknuten måste nu demonteras från drivaxeln. Detta görs lättast med hjälp av en lång M16-bult/gängad stång som skruvas in i navbultsgängorna tills den kommer i kontakt med änden på drivaxeln. Använd sedan bulten/stången till att tvinga av knuten. **Observera:** *Om originalnavbulten är gängad längs hela skaftet kan denna användas* **(se bild)**. Om en lämplig bult/stång inte finns till hands kan hammare och en lämplig dorn av

3.13 Sätt på den nya låsringen i drivaxelns spår

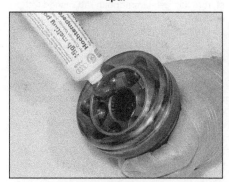

3.14 Arbeta in fettet noga i kulspåren på den yttre drivknuten

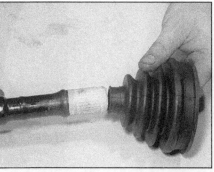

3.11 Tejpa över drivaxelns räfflor och skjut sedan på den nya damasken längs axeln

mjuk metall användas till att slå på den inre delen av knuten och på så sätt driva bort den från axeländen – var försiktig så att inte drivknuten skadas.
5 När drivknuten tagits bort, ta bort låsringen från spåret på drivaxeln och släng den. En ny låsring måste monteras vid hopsättningen.
6 Dra av distansen och den kupade brickan från drivaxeln, notera deras placering, och ta bort gummidamasken.
7 Rengör drivknuten ordentligt, använd fotogen eller något lämpligt lösningsmedel och torka den noggrant efteråt. Undersök drivknuten.
8 För den inre räfflade drivdelen från sida till sida så att varje kula visas i turordning i toppen av sin bana. Undersök om kulorna är spruckna, har platta punkter eller spår av ytgropar.
9 Undersök kulbanorna på de inre och yttre delarna. Om banorna har breddats har kulorna inte längre en tät passning. Kontrollera samtidigt kulburarnas fönster vad gäller slitage eller sprickor mellan fönstren.
10 Om drivknuten visar sig vara utsliten eller skadad måste den bytas ut (om knuten inte går att få tag på separat måste hela drivaxeln bytas ut). Kontakta närmaste Audi/VAG-återförsäljare för information om reservdelar. Om drivknutens skick är tillfredsställande, skaffa en renoveringssats. Audi/VAGs renoveringssats består av en ny damask, låsring, fjäderbricka och distans, fästklämmor och rätt mängd av rätt sorts fett.
11 Tejpa över räfflorna på änden av drivaxeln

3.15a Placera den yttre drivknuten på drivaxelns räfflor . . .

3.12a Sätt på den kupade brickan med den konvexa sidan inåt . . .

3.12b . . . och sätt på distansen med den flata sidan mot den kupade brickan

och trä på den nya damasken **(se bild)**. Ta sedan bort tejpen.
12 Montera den kupade brickan, se till att den konvexa sidan är vänd inåt, trä sedan på distansen med den flata ytan mot den kupade brickan **(se bilder)**.
13 Sätt dit den nya låsringen och se till att den placeras rätt i drivaxelspåret **(se bild)**.
14 Arbeta in fett i kulspåren på den yttre drivknuten, fyll sedan damasken med det som blir över **(se bild)**.
15 Placera den yttre drivknuten på drivaxelns räfflor och trä på den tills den inre delen är i kontakt med låsringen. Knacka på den yttre delen av drivknuten med en hammare och en dorn i mjuk metall för att tvinga den inre delen över låsringen och till sin plats på drivaxeln **(se bilder)**. Dra i drivknuten för att försäkra dig om att den är ordentligt säkrad av låsringen.

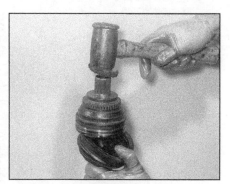

3.15b . . . och knacka den på plats över låsringen

3.16 Placera damasken på den yttre drivknuten och drivaxeln, lyft sedan dess inre kant för att utjämna trycket inuti damasken

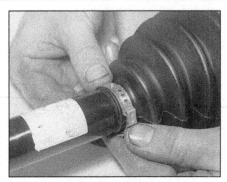

3.17a Sätt på de inre och yttre fästklämmorna . . .

3.17b . . . och fäst dem genom att försiktigt trycka ihop de upphöjda delarna

3.17c Var försiktig så att inte klämman går av

16 Placera damaskens ytterkant i spåret på drivknutens yttre del, lyft sedan damaskens inre kant för att jämna ut lufttrycket inuti **(se bild)**.

17 Sätt på inre och yttre fästklämmor på damasken och säkra dem genom att trycka ihop deras upphöjda delar. Om inget special-verktyg finns till hands kan man försiktigt trycka ihop fästklämmorna med en sido-avbitare, men var försiktig så att de inte går av **(se bilder)**.

18 Kontrollera att drivknuten rör sig fritt i alla riktningar, montera sedan drivaxeln enligt beskrivningen i avsnitt 2.

Inre drivknut – modeller med bensinmotor och manuell växellåda

Observera: Den inre drivknuten sitter väldigt hårt på drivaxeln och därför behövs en hydraulisk press och adaptrar vid demontering och montering. Om du inte har tillgång till sådan utrustning måste damaskbytet överlåtas till en Audi/VAG-återförsäljare eller en verkstad med lämplig utrustning.

19 Lås fast drivaxeln i ett skruvstycke med mjuka käftar, använd sedan hammare och körnare och knacka försiktigt loss damaskens låsplatta från den inre drivknutens yttre del **(se bild)**.

20 Ta bort låsringen från den inre änden av drivaxeln.

21 Ta bort den inre drivknuten från drivaxeln genom att stödja knutens yttre del och pressa ut drivaxeln från den inre delen.

22 Lossa damaskens inre fästklämma och ta bort damasken från drivaxeln.

23 Rengör och undersök den inre drivknuten enligt beskrivningen i punkt 7 till 9.

24 Om drivknuten visar sig vara utsliten eller skadad måste den bytas ut (om knuten inte går att få tag på separat måste hela drivaxeln bytas ut). Kontakta närmaste Audi/VAG-återförsäljare för information om reservdelar. Om drivknutens skick är tillfredsställande, skaffa en renoveringssats; Audi/VAGs renoveringssats består av en ny damask, låsring, styrbricka, fästklämmor och rätt mängd fett av rätt typ.

25 Tejpa över räfflorna på änden av drivaxeln och trä på den nya damasken. Ta sedan bort tejpen och sätt styrbrickan på drivaxel-damasken.

26 Kläm fast drivaxeln ordentligt och tryck sedan på den inre drivknuten på axeln, se till att den sitter åt rätt håll. Fäst drivknuten med den nya låsringen och se till att den är rätt placerad i drivaxelspåret.

27 Arbeta in fett i kulspåren på drivknuten och fyll sedan damasken med det som blir över.

28 Rengör fogytorna mellan damaskens styrbricka och knuten. Lägg ett lager

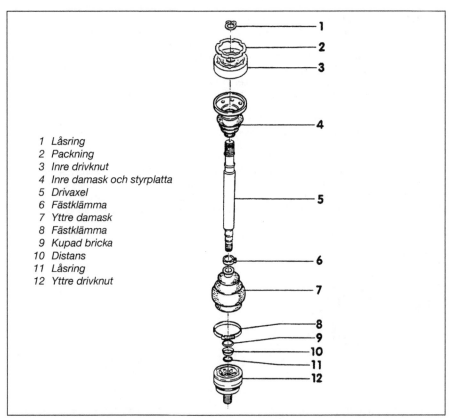

1 Låsring
2 Packning
3 Inre drivknut
4 Inre damask och styrplatta
5 Drivaxel
6 Fästklämma
7 Yttre damask
8 Fästklämma
9 Kupad bricka
10 Distans
11 Låsring
12 Yttre drivknut

3.19 Sprängskiss av drivaxeln – modeller med bensinmotor och manuell växellåda

3.34 Undersök om de inre drivknutsvalsarna och lagren är slitna

3.36 Arbeta in fettet noga i spåren och valsarna

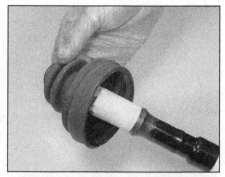

3.38a Tejpa över drivaxelns räfflor och skjut sedan den inre damasken på plats. . .

3.38b . . . och för den försiktigt på plats över kanten på drivaxeln

tätningsmedel (Audi/VAG rekommenderar tätningsmedlet D-3 som finns hos Audi/VAG-återförsäljare) på styrbrickan, rikta sedan in hålen på brickan med hålen på drivknutens yttre del och slå fast brickan på drivknuten.
29 Se till att den yttre kanten hakar i styrbrickan korrekt, lyft sedan damaskens inre kant för att utjämna lufttrycket på insidan.
30 Sätt inre och yttre fästklämmorna på plats på damasken och säkra dem genom att trycka ihop deras upphöjda delar. Om inget specialverktyg finns till hands kan man försiktigt trycka ihop klämmorna med en sidavbitare, men var noga med att inte klippa igenom dem.
31 Kontrollera att drivknuten rör sig fritt i alla riktningar, montera sedan drivaxeln enligt beskrivningen i avsnitt 2.

Inre drivknut – modeller med dieselmotor och automatväxellåda

32 Ta bort den yttre drivknuten enligt beskrivningen ovan i punkt 2 till 6. Vi rekommenderar att även den yttre drivknutsdamasken byts ut, oavsett skick.
33 Lossa fästklämmorna och dra bort den inre damasken från drivaxeln. Skär vid behov i damasken för att få loss den från axeln.
34 Rengör drivknuten ordentligt med fotogen eller lämpligt lösningsmedel och torka den noggrant. Kontrollera drivknutens lager och den yttre delen efter tecken på slitage,

punktkorrosion eller skav på lagerytorna. Kontrollera att lagervalsarna roterar mjukt och lätt utan tecken på ojämnheter (se bild).
35 Om drivknuten eller den yttre delen visar tecken på slitage eller skador måste man byta ut hela drivaxeln, eftersom det inte går att få tag på bara drivknuten. Om knuten är i tillfredsställande skick, skaffa en renoveringssats som består av en ny damask, fästklämmor och rätt mängd fett av rätt typ.
36 Vid hopsättningen, fyll den inre drivknuten med det bifogade fettet. Arbeta in fettet i lagerspåren och valsarna medan drivknuten vrids runt (se bild).
37 Rengör axeln med smärgelduk för att ta bort rost eller vassa kanter som kan skada damasken. Tejpa över räfflorna i änden av drivaxeln och smörj in drivaxelkanterna för att förhindra skador på den inre damasken vid montering.
38 Trä försiktigt på damasken på drivaxeln, var försiktig så at den inte skadas på axelkanten (se bilder). Placera ytterkanten i spåret på drivknutens yttre del och placera innerkanten på rätt plats på drivaxeln.
39 Lyft damaskens innerkant för att tryckutjämna insidan, sätt sedan inre och yttre fästklämmor på plats. Fäst klämmorna genom att trycka ihop den upphöjda delen (se bilder). Om inget specialverktyg finns till hands kan man försiktigt trycka ihop klämmorna med en sidavbitare, men var försiktig så att de inte går av.

40 Montera den yttre drivknuten enligt beskrivningen i punkt 11 till 17.
41 Kontrollera att båda drivknutarna rör sig obehindrat i alla riktningar, montera sedan drivaxeln på bilen enligt beskrivningen i avsnitt 2.

4 Drivaxel, renovering – allmän information

1 Om någon av de kontroller som beskrivs i kapitel 1 visar på slitage i någon av drivknutarna, ta först bort navkapseln (i förekommande fall) och kontrollera att navbulten är ordentligt åtdragen. Om bulten sitter löst,

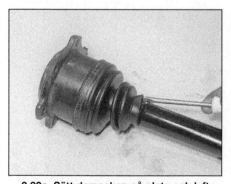

3.39a Sätt damasken på plats och lyft dess inre kant för att utjämna trycket i den

3.39b Sätt på fästklämmorna på damasken . . .

3.39c . . . och fäst dem genom att försiktigt trycka ihop de upphöjda delarna

skaffa en ny bult och dra åt den ordentligt (se avsnitt 2). Om bulten är ordentligt åtdragen, sätt tillbaka navkapseln och upprepa kontrollen på den andra navbulten.

2 Provkör bilen och lyssna efter metalliska klick från framvagnen när bilen körs långsamt i en cirkel med fullt rattutslag. Om ett klickande hörs indikerar detta slitage i den yttre drivknuten. Drivknuten måste i så fall bytas eftersom den inte kan renoveras.

3 Om vibrationer som följer hastigheten känns i bilen vid acceleration, kan det finnas slitage i de inre drivknutarna.

4 För att undersöka om drivknutarna är slitna, demontera drivaxlarna och ta isär dem enligt beskrivningen i avsnitt 3. Om du hittar tecken på slitage eller fritt spel måste den angripna drivknuten bytas ut. Om det är de inre (och på vissa modeller de yttre drivknutarna), måste hela drivaxeln bytas ut eftersom det inte går att få tag på drivknutarna separat. Kontakta din Audi/VAG-återförsäljare för mer information om tillgången på drivaxelkomponenter.

Kapitel 9
Bromssystem

Innehåll

Svårighetsgrader

Enkelt, passar novisen med lite erfarenhet 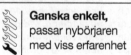	**Ganska enkelt,** passar nybörjaren med viss erfarenhet	**Ganska svårt,** passar kompetent hemmamekaniker
Svårt, passar hemmamekaniker med erfarenhet	**Mycket svårt,** för professionell mekaniker	

Specifikationer

Främre bromsar

Typ	Skivbroms, flytande enkelkolvsok
Skivdiameter	288 mm
Skivtjocklek:	
Solida skivor:	
Nya	15 mm
Minimum	13 mm
Ventilerade skivor:	
Nya	25 mm
Minimum	23 mm
Maximalt kast	0,05 mm
Bromsklossbeläggens tjocklek:	
Nya	14 mm
Minimum	2 mm

Bakre trumbromsar

Trummans inre diameter:	
Nya	230 mm
Maximal diameter efter bearbetning	231 mm
Bromsbacksbeläggens tjocklek:	
Nya	5,25 mm
Minimum	2,50 mm
Maximalt kast	0,07 mm

Bakre skivbromsar

Skivdiameter	245 mm
Skivtjocklek:	
Ny	10 mm
Minsta tjocklek	8 mm
Maximalt kast	0,05 mm
Minsta tjocklek på bromsklossar (Inklusive fästplatta)	7 mm

Åtdragningsmoment

	Nm
ABS hydraulenhet, muttrar	8
Bakhjulscylinderns bultar	10
Bakre bromsok:	
Styrsprintsbult*	35
Fästbult	65
Bromspedalens fästbygel/servoenhet, muttrar*	25
Främre bromsok:	
Styrbultar	25
Fästbygelbultar	125
Bult till kabel-/bromsslangsfäste	25
Hjulbultar	110
Huvudcylinderns fästmuttrar	25
Hydraulrör, muttrar	15
Tryckregleringsventilens fjäderbultsmutter	20

Använd nya muttrar/bultar

1 Allmän information

1 Bromssystemet är av servoassisterad tvåkretstyp. Systemet är arrangerat så att vardera kretsen påverkar en främre och en bakre broms från en tandemarbetande huvudcylinder. Under normala förhållanden arbetar båda kretsarna som en enhet, men om ett hydraulfel uppstår i en krets finns full bromskraft fortfarande på två hjul.

2 De flesta modeller har som standard skivbromsar runt om. Vissa modeller är utrustade med skivbromsar fram och trumbromsar bak. ABS är standard på nästan alla modeller (se avsnitt 22 för mer ingående information om ABS).

3 De främre skivbromsarna aktiveras av flytande enkelkolvsok som ger lika tryck på alla bromsklossar.

4 På modeller med trumbromsar bak har de bakre bromsarna ledande och släpande bromsbackar som aktiveras av tvåkolvs hjulcylindrar. En självjusteringsmekanism ingår och kompenserar automatsikt för slitage av bromsbackarna. När bromsbackens belägg slits ut aktiveras justeringsmekanismen automatiskt, bromsbacksstödet förlängs och bromsbackarna flyttas så att det aldrig blir något spelrum mellan belägg och trumma.

5 På modeller med skivbromsar bak aktiveras bromsarna av flytande enkelkolvsok som ger lika tryck på alla bromsklossar. Handbromsmekanismen är också inbyggd i bromsoken.

6 På tidiga modeller (modeller innan 1996) sitter en tryckregleringsventil i bakbromsarnas hydrauliska krets. Ventilen styr det hydrauliska trycket på bakbromsarna för att hindra att bakhjulen låser sig vid tvära inbromsningar (se avsnitt 20).

7 På alla modeller utgör handbromsen en oberoende mekanisk bakbroms.

8 På alla dieselmotorer och 2.3 liters bensinmotorer finns det för lite vakuum i insugningsröret för att bromsservon alltid ska kunna styras effektivt. Därför är en vakuumpump monterad för att förse bromsservon med tillräckligt vakuum. På 1.9 liters dieselmotorer är pumpen placerad på sidan av motorblocket och drivs av hjälpaxeln, på alla andra modeller är den placerad på sidan av topplocket och drivs av kamaxeln.

Observera: *Vid arbete med någon del av systemet ska arbetet utföras varsamt och metodiskt och klinisk renhet måste iakttagas. Byt alltid ut komponenter (axelvis där tillämpligt) om du tvivlar på deras skick, och använd endast genuina Audi/VAG-reservdelar, eller åtminstone delar av erkänt god kvalitet. Observera varningarna rörande faror med asbestdamm och hydraulolja i "Säkerheten främst!" och i relevanta avsnitt i detta kapitel.*

2 Hydraulsystem – luftning

 Varning: Hydraulolja är giftig. Om olja kommer på huden, skölj omedelbart bort den med mycket vatten. Sök omedelbart läkarhjälp om hydraulolja sväljs eller kommer i ögonen. Vissa typer av hydraulolja är lättantändliga och kan antändas vid kontakt med heta komponenter. Vid underhåll av ett hydraulsystem är det säkrast att förutsätta att oljan är lättantändlig och vidta samma åtgärder som vid bensinhantering. Hydraulolja är dessutom ett effektivt färgborttagningsmedel och angriper många plaster. Om den spills måste den spolas bort med mycket vatten. Hydraulolja är också hygroskopisk (den absorberar luftens fuktighet) – gammal olja kan vara förorenad och oduglig för användning. Vid påfyllning eller byte ska alltid rekommenderad typ användas och den måste komma från en nyligen öppnad förseglad förpackning.

Allmänt

1 Korrekt funktion i ett hydrauliskt system är endast möjlig om all luft avlägsnats från komponenter och kretsar. Detta uppnås genom att systemet luftas.

2 Vid luftning ska endast ren, färsk hydraulolja av rekommenderad typ användas. Återanvänd aldrig olja som tappats ur systemet. Se till att ha tillräckligt med olja innan arbetet påbörjas.

3 Om det finns någon möjlighet att fel typ av olja finns i systemet måste bromsarnas delar och kretsar spolas ur helt med rätt typ av olja utan föroreningar och samtliga tätningar måste bytas.

4 Om systemet förlorat hydraulolja eller luft trängt in från en läcka, se till att åtgärda problemet innan arbetet fortsätter.

5 Parkera bilen på plant underlag, klossa hjulen och släpp handbromsen.

6 Kontrollera att alla rör och slangar sitter fast, att anslutningarna är täta och att avluftningsskruvarna är stängda. Avlägsna all smuts från områdena kring luftningsskruvarna.

7 Skruva loss huvudcylinderbehållarens lock och fyll på behållaren till MAX-markeringen. Skruva på locket löst och kom ihåg att hålla oljenivån ovanför MIN-markeringen under hela proceduren, annars kan ny luft komma in i systemet.

8 Det finns ett antal olika luftningssatser att köpa från tillbehörsbutiker som gör det möjligt för en person att lufta bromssystemet utan hjälp. Vi rekommenderar att en sådan sats används närhelst möjligt eftersom de i hög grad förenklar arbetet och dessutom minskar risken för att avtappad olja och luft sugs tillbaka in i systemet. Om en sådan sats inte finns tillgänglig måste grundmetoden (för två personer) användas, den beskrivs i detalj nedan.

9 Om en luftningssats används, förbered bilen enligt föregående beskrivning och följ tillverkarens instruktioner. Proceduren kan variera något beroende på typen av sats, men generellt sett följer de beskrivningen nedan i relevant underavsnitt.

10 Vilken metod som än används måste ordningen för avluftning (se paragraf 11 till 13) följas för att garantera att all luft avlägsnas från systemet.

Ordningsföljd för avluftning

11 Om systemet bara delvis kopplats ur och lämpliga åtgärder vidtagits för att minimera oljeförlust bör det räcka med att bara lufta den delen av systemet (d.v.s. primär- eller sekundärkretsen).

12 Innan bakbromsarna luftas på Audi 100 modeller utan självreglerande bakfjädring, leta reda på den bakre bromstrycksreglerings-ventilen, (se avsnitt 20) för ventilarmen hela vägen mot bakaxeln och håll/kila den på plats. Detta måste göras för att de bakre hydraul-kretsarna garanterat ska luftas ordentligt.

13 Om hela systemet ska luftas ska det göras i följande ordning med motorn på tomgång:

Audi 100 modeller utrustade med elektroniskt differentiallås (EDL)

a) *EDL-insugningsrörets luftningsskruv på hydraulenheten*
b) *Höger bakbroms*
c) *Vänster bakbroms*
d) *Höger frambroms – se* **Observera** *nedan*
e) *Vänster frambroms*

Observera: *För Audi 100-modeller med EDL anger Audi/VAG att även hydraulenhetens returflödespump ska vara i gång när det högra frambromsoket avluftas. Detta är endast möjligt med den speciella ABS-testenheten från Audi/VAG. Om du inte har tillgång till testenheten, lufta bromsarna på samma sätt som vid konventionella system, men se till att få bromsarnas funktion kontrollerade hos en Audi/VAG-återförsäljare så fort som möjligt.*

Alla övriga modeller

a) *Höger bakbroms*
b) *Vänster bakbroms*

c) *Höger frambroms*
d) *Vänster frambroms*

Luftning – grundmetod (för två personer)

14 Skaffa en ren glasburk, en lagom längd gummislang som sluter tätt över luftnings-skruven samt en ringnyckel som passar skruven. Dessutom behöver du en med-hjälpare.

15 Ta bort dammskyddet från den första skruven i ordningsföljden. Trä nyckel och slang på luftningsskruven och för ner den andra slangänden i glasburken. Häll i tillräckligt med hydraulolja för att väl täcka slangänden.

16 Se till att nivån i huvudcylinderns olje-behållare hela tiden överstiger MIN-mark-eringen.

17 Låt medhjälparen trampa bromsen i botten flera gånger när motorn är igång så att ett tryck byggs upp, och sedan hålla kvar pedalen i botten.

18 Medan pedaltrycket upprätthålls, skruva upp luftningsskruven (ungefär ett varv) och låt den komprimerade oljan/luften strömma ut i burken. Medhjälparen måste hålla trycket på pedalen, ända ner till golvet om så behövs, och inte släppa förrän du säger till. När flödet stannar, dra åt luftningsskruven, låt med-hjälparen sakta släppa upp pedalen och kontrollera sedan nivån i oljebehållaren.

19 Upprepa stegen i punkt 17 och 18 till dess att oljan som kommer ut ur luftningsskruven är fri från luftbubblor. Om huvudcylindern tappats av och fyllts på och luften släppts ut från den första luftningsskruven, låt det gå cirka 5 sekunder mellan cyklerna så att passagerna i huvudcylindern får tid att fyllas på.

20 När inga fler luftbubblor syns, dra åt luftningsskruven till angivet moment, ta bort nyckel och slang och sätt tillbaka damm-skyddet. Dra inte åt luftningsskruven för hårt.

21 Upprepa med resterande luftningsskruvar i ordningsföljd till dess att all luft släppts ut ur systemet och bromspedalen åter känns fast. Lossa armen till bakbromsens tryck-regleringsventil och sänk ner bilen på marken.

Luftning – med envägsventil

22 Som namnet antyder består dessa satser av en slanglängd med en envägsventil som förhindrar att avtappad olja/luft sugs tillbaka in i systemet. Vissa satser har en genom-skinlig behållare som kan placeras så att luftbubblorna lätt kan observeras vid slang-änden.

23 Luftningssatsen kopplas till luftnings-skruven som sedan öppnas **(se bild)**. Användaren går sedan till förarsätet, trampar ner bromspedalen med en mjuk, stadig rörelse och släpper långsamt upp den. Detta upprepas till dess att hydrauloljan som kommer ut är fri från luftbubblor.

24 Observera att dessa satser förenklar arbetet så mycket att det är lätt att glömma bort nivån i oljebehållaren. Se till att den alltid överstiger MIN-markeringen.

Luftning – med tryckluftssats

25 Tryckluftssatser för avluftning drivs vanligen av tryckluften i reservdäcket. Observera dock att det troligen krävs att detta tryck reduceras till under normal nivå, se tillverkarens medföljande instruktioner.

26 Genom att koppla en trycksatt oljefylld behållare till huvudcylinderbehållaren kan man utföra avluftningen genom att helt enkelt öppna luftningsskruvarna i angiven ordnings-följd och låta oljan strömma ut tills den inte längre innehåller några bubblor.

27 Den här metoden har fördelen av att vara extra säker eftersom den stora behållaren hindrar luft från att dras in i systemet under luftningen.

28 Luftning med tryckluft är extra användbart vid luftning av besvärliga system eller när hela systemet luftas vid rutinbyte av all broms-vätska.

Alla metoder

29 Efter avslutad luftning och när pedal-känslan är fast, spola bort eventuellt spill, dra åt luftningsskruvarna till angivet moment och sätt på dammskydden.

30 Kontrollera hydrauloljenivån i huvud-cylinderns behållare och fyll på vid behov (se *Veckokontroller*).

31 Kassera all olja som tappats ur systemet, den kan inte återanvändas.

32 Kontrollera känslan i bromspedalen. Om den känns det minsta svampig finns det fortfarande luft i systemet, så mer luftning krävs. Om fullständig luftning inte uppnås efter ett rimligt antal försök kan detta bero på slitna tätningar i huvudcylindern.

Observera: *Om det visar sig vara svårt att lufta bromskretsen på modeller med ABS kan det bero på att luft har samlats i hydraul-enheten. Om detta inträffar måste bilen tas till en Audi/VAG-verkstad så att systemet kan avluftas med speciell elektronisk utrustning.*

2.23 Luftning av bakre bromsok med envägsventil

3 Hydraulrör och slangar – byte

Varning: På modeller med ABS, koppla ifrån batteriet innan någon hydraulisk anslutning i bromssystemet kopplas loss, och koppla inte in batteriet igen förrän hydraulsystemet har återanslutits och oljebehållaren fyllts på. Om detta inte följs kan det leda till att luft kommer in i hydraulenheten, som då måste tömmas med speciell utrustning på en Audi/VAG-verkstad (se avsnitt 2).

Observera: *Innan arbetet påbörjas, se varningen i början av avsnitt 2 rörande risker med hydraulolja.*

1 Om någon slang eller något rör ska bytas, minimera oljespillet genom att först skruva upp locket på huvudcylinderns behållare och sen skruva på det igen över en bit tunn plast så att det blir lufttätt. Alternativt kan slangar vid behov tätas med bromsslangklämmor och bromsrörsanslutningar av metall kan pluggas igen eller förses med lock så snart de kopplas loss (var mycket försiktig så att inte smuts kommer in i systemet). Placera trasor under de anslutningar som ska lossas för att fånga upp eventuellt spill.

2 Om en slang ska kopplas loss, skruva loss muttern från bromsrörsanslutningen innan fjäderklammern tas bort från slangens fästbygel.

3 När anslutningsmuttrarna ska skruvas loss är det bäst att använda en bromsrörsnyckel av korrekt storlek, de finns att få tag i hos välsorterade tillbehörsbutiker. Om detta inte är möjligt krävs en tätt passande öppen nyckel. Om muttrarna sitter hårt eller är korroderade är det lätt att runddra dem och i så fall krävs ofta en självlåsande nyckel för att lossa en envis anslutning. Detta leder dock till att röret och den skadade muttern måste bytas vid monteringen. Rengör alltid anslutningen och området kring den innan den lossas. Om en komponent med mer än en anslutning lossas, anteckna/skissa hur de är monterade innan de lossas.

4.2a Koppla loss kontakten för bromsklosslitagegivaren . . .

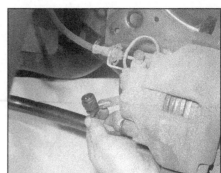

4.2b . . . och ta loss bromsklossens kontaktdon från bromsoket

4 Om ett bromsrör ska bytas kan det nya skaffas från en Audi/VAG-handlare, färdigkapat och med muttrar och flänsar på plats. Allt man då behöver göra innan det monteras är att kröka det med det gamla röret som mall. Alternativt kan de flesta till-behörsbutiker bygga upp bromsrör av satser men detta kräver mycket noggrann upp-mätning av originalet så att utbytesdelen håller rätt längd. Det bästa är att ta med det gamla bromsröret som mall.

5 Dra inte åt anslutningsmuttrarna för hårt vid monteringen. Det krävs inte råstyrka för en tät fog.

6 Se till att rör och slangar dras korrekt, utan veck, och att de monteras ordentligt på klämmor och fästen. Efter monteringen, ta ut plastbiten ur oljebehållaren och avlufta systemet enligt beskrivning i avsnitt 2. Skölj bort all spill och leta efter läckor.

4 Främre bromsklossar – byte

⚠️ **Varning: Byt ut alla främre bromsklossar på en gång – byt aldrig bromsklossar bara på ena hjulet eftersom detta kan ge ojämn bromsverkan. Notera att dammet från bromsklossarnas slitage kan innehålla**

asbest vilket är en hälsorisk. Blås aldrig ut det med tryckluft, och andas inte in det. En godkänd ansiktsmask bör bäras vid arbete med bromsarna. ANVÄND INTE bensin eller petroleumbaserade lösningsmedel för att avlägsna dammet, endast bromsrengöringsvätska eller denaturerad sprit.

1 Dra åt handbromsen och ställ framvagnen på pallbockar. Lyft av framhjulen. När hjulen tagits loss, skruva tillbaka minst en hjulbult i varje nav för att se till att bromsskivorna ligger kvar i rätt position i naven.

2 Koppla loss kontakten från bromskloss-slitagegivarens kontaktdon. Lossa försiktigt kontaktdonet från fästet på bromsoket och ta loss det från den nedre styrbussningens skyddslock **(se bilder)**.

3 Ta försiktigt loss bromsklossens fasthållningsfjäder och ta bort den från bromsoket **(se bild)**.

4 Ta bort skyddslocken från styrbussningarna för att komma åt bromsokets styrbultar **(se bild)**.

5 Skruva loss bromsokets styrbultar och lyft bort bromsoket från fästbygeln **(se bilder)**. Bind bromsoket vid fjäderbenet med en lämplig bit vajer, låt inte oket hänga i broms-slangen utan stöd.

6 Lossa den inre bromsklossen från broms-okskolven och ta bort den yttre bromsklossen från fästbygeln **(se bild)**.

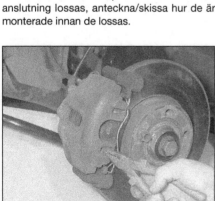

4.3 Ta loss bromsklossens fasthållningsfjäder från bromsoket

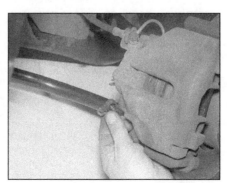

4.4 Ta loss skyddslocken från styrbussningarna . . .

4.5a . . . skruva sedan loss styrbultarna . . .

4.5b ... och lyft bort bromsoket från fästbygeln

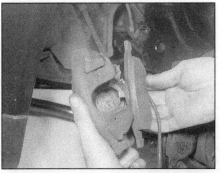

4.6 Lossa den inre bromsklossen från bromsokskolven och ta bort den yttre bromsklossen från fästbygeln

4.7 Mät tjockleken på den främre bromsklossens belägg för att se hur stort slitaget är

7 Mät först tjockleken på bromsklossarnas belägg **(se bild)**. Om endera klossen på någon punkt är sliten ned till eller under angiven minimitjocklek måste alla fyra klossarna bytas. Klossarna ska även bytas om de är förorenade med fett eller olja, det finns inget tillfredsställande sätt att avfetta förorenat friktionsmaterial. Om någon bromskloss är ojämnt sliten eller förorenad måste orsaken spåras och åtgärdas innan hopsättningen.

8 Om bromsklossarna fortfarande är användbara, rengör dem noga med en fin stålborste eller liknande, och var extra noga med stödplattans kanter och baksida. Rengör spåren i beläggen och ta bort eventuella inbäddade större smutspartiklar. Rengör noga bromsklossplatserna i bromsokets fästbygel.

9 Innan bromsklossarna monteras, kontrollera att styrsprintsbultarna glider lätt i bromsoksbussningarna och att de har någorlunda tät passning. Torka bort damm och smuts från bromsoket och kolven, men andas **inte** in det, eftersom det kan vara skadligt. Kontrollera att kolvens dammskydd är intakt och undersök om kolven visar spår av oljeläckage, korrosion eller skador. Om någon av dessa komponenter måste åtgärdas, se avsnitt 10.

10 Om nya bromsklossar ska monteras måste okets kolv tryckas in i cylindern för att ge plats åt dem. Använd en skruvtving eller liknande, eller passande trästycken som hävredskap. Under förutsättning att huvud-

cylinderns behållare inte överfyllts bör det inte bli något spill, men håll ett öga på oljenivån när kolven dras tillbaka. Om oljenivån stiger över MAX-linjen ska överskottet tömmas bort med en hävert eller matas ut genom ett plaströr anslutet till luftningsskruven (se avsnitt 2). **Observera:** *Bromsolja är giftig, så sug inte ut den med munnen, använd en gammal hydrometer eller en bollspruta.*

11 Fäst den inre bromsklossen i bromsokskolven med klämmor, och fäst den yttre bromsklossen i fästbygeln, se till att belägget ligger mot bromsskivan. Om nya bromsklossar ska monteras, ta bort skyddspappret (i förekommande fall) från den yttre bromsklossen och rengör den från eventuella klisterrester.

12 För bromsoket i läge, skruva sedan dit bromsokets styrbultar och dra åt dem till angivet moment **(se bild)**.

13 Sätt tillbaka skyddslocken på bromsokets styrbussningar och fäst slitagegivarens kablage med klämmor på det nedre locket.

14 Sätt på bromsklossfjädern, och se till att dess ändar sitter korrekt i hålen i bromsoket.

15 Se till att kablarna är korrekt dragna, fäst sedan kontaktdonet till bromsklossens slitagegivare i fästet på bromsoket. Återanslut kontakten ordentligt.

16 Tryck ner bromspedalen upprepade gånger till dess att klossarna är i fast kontakt med skivan och normalt (icke assisterat) pedaltryck är återställt.

17 Upprepa ovanstående moment med det andra främre bromsoket.

18 Sätt på hjulen, sänk ner bilen och dra åt hjulbultarna till angivet moment.

19 Kontrollera bromsoljenivån enligt beskrivningen i *Veckokontroller*.

> **HAYNES TiPS** *Nya bromsklossar ger inte full effekt förrän de har bäddats in. Var beredd på detta och undvik i största möjliga utsträckning hårda inbromsningar de första hundra km efter bytet.*

5 Bakre bromsklossar – byte

⚠️ *Varning: Byt alltid ut alla bakre bromsklossar på en gång – aldrig bara på ena hjulet eftersom detta kan ge ojämn bromsverkan. Dammet från bromsklossarnas slitage kan innehålla asbest vilket är en hälsorisk. Blås aldrig ut det med tryckluft, och andas inte in det. En godkänd ansiktsmask bör bäras vid arbete med bromsarna. ANVÄND INTE bensin eller petroleumbaserade lösningsmedel för att ta bort dammet, endast bromsrengöringsvätska eller denaturerad sprit.*

Observera: *Bromsokets styrsprintsbultar måste bytas ut varje gång de skruvas bort.*

1 Klossa framhjulen och ställ bakvagnen på pallbockar. Ta av bakhjulen. När hjulen tagits loss, skruva tillbaka minst en hjulbult i varje nav för att se till att bromsskivorna ligger kvar i rätt position i naven.

2 Se avsnitt 17, lossa handbromsspaken och dra tillbaka handbromsvajerns justerare för att få så mycket rörlighet i vajrarna som möjligt och för att garantera att båda bromsoksarmarna ligger emot sina stopp.

3 Skruva loss styrokets styrsprintsbultar, använd en öppen nyckel till att hålla styrsprintarna på plats **(se bild)**. Kassera bultarna, nya måste användas vid montering.

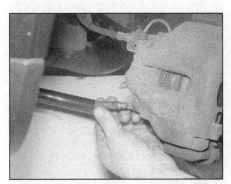

4.12 Se till att bromsoket sitter korrekt, och sätt sedan tillbaka styrbultarna

5.3 Skruva loss styrsprintbultarna medan styrsprintarna hålls fast med en skiftnyckel

5.4 Lyft bort hela bromsoket från fästbygeln . . .

5.5 . . . och ta bort bromsklossarna

5.6 Mät tjockleken på de bakre bromsklossarna (inklusive fästplattan) för att se hur stort slitaget är

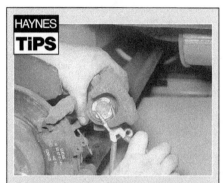

Om inget specialverktyg finns till hands kan kolven skruvas tillbaka i det bakre bromsoket med en låsringstång

4 Lyft bort bromsoket från bromsklossarna och bind upp det på fjäderbenet med en vajer **(se bild)**. Låt inte oket hänga i bromsslangen.
5 Ta bort de två bromsklossarna från bromsokets fästbygel **(se bild)**.
6 Mät först tjockleken på bromsklossarna (inklusive fästplattan) **(se bild)**. Om någon av klossarna på någon punkt är sliten ner till eller under angiven minimitjocklek måste **alla fyra** klossarna bytas ut. Klossarna ska även bytas om de är förorenade med fett eller olja, det finns inget tillfredsställande sätt att avfetta förorenat friktionsmaterial. Om någon bromskloss är ojämnt sliten eller förorenad ska orsaken spåras och åtgärdas innan hop-

sättningen. Nya bromsklossar finns hos din Audi/VAG-återförsäljare.
7 Om bromsklossarna fortfarande är använd-bara, rengör dem noga med en fin stålborste eller liknande, var extra noga med stöd-plattans kanter och baksida. Rengör i förekommande fall spåren i beläggen och ta bort eventuella inbäddade större smuts-partiklar. Rengör klossplatserna i oket/fästet noga.
8 Kontrollera innan klossarna monteras att styrsprintarna löper lätt i okfästet och att styrsprintsdamaskerna är hela. Torka bort damm och smuts från bromsoket och kolven, men andas **inte** in det, eftersom det är skadligt. Kontrollera att kolvens dammskydd är intakt och om kolven visar spår av oljeläckage, korrosion eller skador. Om någon av dessa komponenter måste åtgärdas, se avsnitt 11.
9 Om nya bromsklossar monteras måste kolven dras in helt i bromsoket genom att det vrids medurs **(se Haynes tips)**. Under förutsättning att huvudcylinderns behållare inte överfyllts bör det inte bli något spill, men håll ett öga på oljenivån när kolven trycks tillbaka. Om oljenivån stiger över MAX-linjen ska överskottet tappas av med en hävert eller matas ut genom ett plaströr anslutet till luftningsskruven (se avsnitt 2).
Observera: *Bromsolja är giftig, så sug inte ut den med munnen, använd en gammal hydro-meter eller en bollspruta.*

10 Montera bromsklossarna i fästbygeln, se till att bromsbeläggen ligger korrekt mot bromsskivan.
11 Placera bromsoket i rätt läge över broms-klossarna och se till att stötdämparfjädrarna är korrekt placerade mot bromsokshuset.
12 Tryck in bromsoket i rätt läge, sätt sedan de nya styrsprintsbultarna och dra åt dem till angivet moment medan styrsprintarna hålls fast med en öppen nyckel **(se bilder)**.
13 Upprepa ovanstående arbete på det andra bakre bromsoket. När båda bromsoken är klara, justera bakbromsen enligt följande.
14 Se till att handbromsvajern är fullkomligt lossad så att båda bromsoksarmarna ligger mot sina stopp, fortsätt sedan enligt beskriv-ning under relevant underrubrik.

Audi 100

Modeller utan självreglerande bakfjädring

15 För tryckregleringsventilarmen helt mot bakaxeln och håll/kila fast den (se avsnitt 20).
16 Starta motorn och tryck ner broms-pedalen ett par gånger för att tvinga broms-klossarna i ordentlig kontakt med skivorna. När pedalen känns normal, vrid av motorn och lossa tryckregleringsventilens arm.
17 Kontrollera att skivorna roterar obehindrat och justera sedan handbromsen enligt beskrivningen i avsnitt 17.
18 Sätt på hjulen, sänk ner bilen och dra åt hjulbultarna till angivet moment.
19 Kontrollera bromsoljenivån enligt beskriv-ningen i *Veckokontroller*.

Modeller med självreglerande bakfjädring

20 Sätt hjulen på plats, sänk ner bilen och dra åt hjulbultarna till angivet moment.
21 När bilen vilar på sina hjul, starta motorn och låt den gå på tomgång i ungefär två minuter för att ställa in den självreglerande bakfjädringen.
22 När motorn är igång, tryck ner broms-pedalen några gånger för att tvinga broms-

5.12a Sätt bromsoket på plats och sätt i de nya styrsprintbultarna . . .

5.12b . . . och dra åt dem till angivet moment

klossarna till ordentlig kontakt med skivorna. När pedalen känns normal, stäng av motorn.

23 Lyft med hjälp av en domkraft upp bakvagnen och stöd den på pallbockar, justera sedan handbromsen enligt beskrivningen i avsnitt 17.

24 Sänk ner bilen och kontrollera bromsoljenivån enligt beskrivningen i *Veckokontroller*.

Audi A6

25 Starta motorn och tryck ner bromspedalen ett par gånger för att tvinga bromsklossarna i ordentlig kontakt med skivorna. När pedalen känns normal, stäng av motorn och kontrollera att skivorna roterar obehindrat.

26 Justera handbromsen enligt beskrivningen i avsnitt 17.

27 Sätt tillbaka hjulen, sänk ner bilen och dra åt hjulbultarna till angivet moment.

28 Kontrollera bromsoljenivån enligt beskrivningen i "*Veckokontroller*".

 HAYNES TiPS *Nya bromsklossar ger inte full effekt förrän de har bäddats in. Var beredd på detta och undvik i största möjliga utsträckning hårda inbromsningar de första hundra km efter bytet.*

6 Bakre bromsbackar – byte

 Varning: Bromsbackarna på båda bakhjulen måste bytas samtidigt – byt aldrig bromsbackar bara på ena hjulet eftersom detta kan resultera i ojämn bromsverkan. Observera även att dammet från bromsbackarnas slitage kan innehålla hälsofarlig asbest. Blås aldrig ut det med tryckluft och andas inte in det. En godkänd ansiktsmask bör bäras vid arbete med

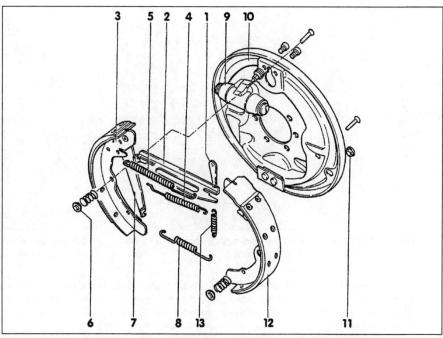

6.2 Sprängskiss av bakre bromsbackar och tillhörande delar

1 Kil
2 Tryckstång
3 Ledande bromsback
4 Spänningsfjäder
5 Över returfjäder
6 Fjädersäte
7 Handbromsarm
8 Nedre returfjäder
9 Hjulcylinder
10 Fästplatta
11 Inspektionsplugg
12 Släpande bromsback
13 Kilfjäder

bromsarna. ANVÄND INTE bensin eller petroleumbaserade lösningsmedel för att avlägsna dammet, endast bromsrengöringsvätska eller denaturerad sprit.

1 Demontera bromstrumman enligt beskrivningen i avsnitt 9.

2 Arbeta försiktigt, följ alla säkerhetsföreskrifter och avlägsna alla spår av damm från bromstrumman, fästplattan och bromsbackarna **(se bild)**.

3 Mät tjockleken på bromsbackarnas belägg på flera ställen på varje bromsback; om en back på någon punkt är sliten ner till minimitjocklek eller under, måste **alla fyra** backarna bytas ut. Backarna ska även bytas om någon är förorenad med fett eller olja

eftersom det inte finns något sätt att avfetta förorenat friktionsmaterial.

4 Om någon av backarna är ojämnt sliten eller förorenad med olja eller fett måste orsaken spåras och åtgärdas innan bromsarna sätts ihop

5 Om allt ser bra ut, montera bromstrumman enligt beskrivningen i avsnitt 9. Vid byte av bromsbackarna, fortsätt enligt följande.

6 Observera monteringsläget för bromsbackar och fjädrar och märk vid behov bromsbackskanterna för att underlätta monteringen.

7 Använd en tång och avlägsna backarnas fästfjädersäten genom att trycka ner och vrida dem 90°. När sätena tagits bort kan fjädrarna lyftas av och sprintarna dras ut **(se bilder)**.

6.7a Ta bort fjädersätet med en tång . . .

6.7b . . . lyft av fjädern. . .

6.7c . . . och dra ut sprinten från fästplattans baksida

6.8 Frigör bromsbackarna från den nedre pivån och haka av den nedre returfjädern

6.9 Lyft ur bromsbackenheten. Observera gummibandet (vid pilen) som håller fast hjulcylinderkolvarna

8 Lirka ut backarna en i taget från nedre pivån för att slaka returfjäderns spänning, haka sedan av nedre returfjädern från bägge bromsbackarna **(se bild)**.

9 Lirka ut backarnas övre ändar från hjulcylindern, var noga med att inte skada cylindertätningarna, och lossa handbromsvajern från den släpande backen. Bromsbackarna kan nu lyftas ut från bromsskölden. Tryck inte ner bromspedalen förrän bromsarna är hopsatta. Linda ett kraftigt gummiband runt hjulcylinderns kolvar för att hålla dem på plats **(se bild)**.

10 Anteckna alla komponenters korrekta monteringslägen, haka sedan av den övre returfjädern och lossa kilfjädern **(se bild)**.

11 Haka av spännfjädern och ta bort tryckstången från den släpande backen tillsammans med kilen.

12 Kontrollera om någon komponent visar spår av slitage eller skador och byt efter behov. Alla returfjädrar bör bytas oavsett synligt skick. Även om separata bromsbelägg (utan backar) finns att få tag i från Audi/VAG är byte av kompletta backar enklare, såvida inte nödvändiga kunskaper och verktyg finns för byte av enbart belägg.

13 Dra undan gummiskydden och undersök

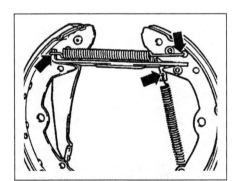

6.10 Notera fjädrarnas korrekta placering (vid pilarna) innan bromsbackarna demonteras

om hjulcylindern läcker olja eller är skadad på annat sätt. Kontrollera att båda kolvarna rör sig fritt. Se vid behov avsnitt 12 för ytterligare information om hjulcylindrar.

14 Lägg på lite bromsfett på kontaktytan mellan tryckstången och handbromsspaken.

15 Haka fast spännfjädern på den släpande backen. Låt tryckstången greppa i den andra änden av fjädern och vrid tryckstången på plats på den släpande bromsbacken.

16 Montera kilen mellan den släpande bromsbacken och tryckstången, se till att den är placerad åt rätt håll.

17 Placera handbromsspaken på den ledande bromsbacken i tryckstången och montera den övre returfjädern med hjälp av en tång.

18 Montera fjädern på kilen och haka fast den på den släpande bromsbacken.

19 Före installation ska bromsskölden rengöras. Lägg på ett tunt lager högtemperaturfett eller antikärvningsmedel på de ytor på skölden som är i kontakt med backarna, speciellt hjulcylinderns kolvar och nedre svängtappen. Låt inte smörjmedlet förorena friktionsmaterialet.

20 Ta bort gummibandet runt hjulcylindern och för upp bromsbackarna.

21 Koppla handbromsvajern till armen och placera de övre delarna av backarna i hjulcylinderns kolvspår.

22 Montera den nedre returfjädern på backarna och bänd på backarnas nederdelar på det nedre ankaret.

23 Knacka på backarna för att centrera dem med fästplattan, montera sedan backarnas fästsprintar och fjädrar och fäst dem med fjädersätena.

24 Montera bromstrumman enligt beskrivningen i avsnitt 9.

25 Upprepa ovanstående arbete med den andra bakbromsen.

26 När båda uppsättningarna bromsbackar bytts ut, justera avståndet mellan belägg och trumma genom att trycka ner bromspedalen

tills normalt (ej assisterat) pedaltryck återställs.

27 Kontrollera och justera vid behov handbromsen enligt beskrivning i avsnitt 17.

28 Avsluta med att kontrollera bromsoljenivån enligt beskrivning i *Veckokontroller*.

> **HAYNES TiPS** *Nya bromsbackar ger inte full bromseffekt förrän de har bäddats in. Var beredd på detta och undvik i största möjliga utsträckning hårda inbromsningar de första hundra km efter bytet.*

7 Främre bromsskiva – inspektion, demontering och montering

Observera: *Innan arbetet påbörjas, se varningen i början av avsnitt 4 rörande riskerna med asbestdamm.*

Kontroll

Observera: *Om ena skivan kräver byte måste BÅDA bytas samtidigt för att jämn och konsekvent inbromsning ska garanteras. Nya bromsklossar ska då också monteras.*

1 Dra åt handbromsen och ställ med hjälp av en domkraft upp framvagnen på pallbockar. Ta av relevant hjul. När hjulet är borta, sätt tillbaka minst en av hjulbultarna för att se till att bromsskivan håller sig på plats på navet. Om det behövs, sätt distansbrickor på hjulbultarna för att klämma fast hjulet.

2 Vrid sakta bromsskivan så att hela ytan på båda sidorna kan undersökas. Demontera klossarna om så behövs för att lättare komma åt insidan. Små repor är normalt på den yta som sveps av klossarna, men om grova repor eller sprickor påträffas måste skivan bytas.

3 Det finns normalt en läpp med rost och

7.4 Kontrollera främre skivans skevhet med en mätklocka (visas med bromsoket borttaget)

bromsdamm runt skivans ytterkant, denna kan vid behov skrapas bort. Men om en läpp uppstått på grund av överdrivet slitage på den bromsklossvepta ytan måste skivans tjocklek mätas med en mikrometer. Mät på flera ställen runt skivan, på in- och utsidan av den svepta ytan. Om skivan på någon punkt är sliten ner till eller under angiven minimitjocklek måste skivan bytas.

4 Om skivan misstänks vara skev kan kastet mätas. Säkra först skivan vid navet genom att skruva tillbaka minst två hjulbultar. Använd antingen en mätklocka monterad på någon passande fast punkt, med långsamt roterande skiva, eller använd bladmått (på flera punkter runt skivan) och mät spelet mellan skivan och en fast punkt som exempelvis okfästet **(se bild)**. Om mätresultatet är vid eller över angivet maxvärde är skivan för skev och måste bytas. Det är dock värt att först kontrollera att hjullagret är i bra skick (kapitel 1 och/eller 10).

5 Kontrollera om skivan är sprucken, speciellt kring hjulbultshålen, eller om den på annat sätt är sliten eller skadad och byt vid behov.

Demontering

6 Skruva loss de två bultarna som håller fast bromsokets fästbygel vid fjäderbenet. Dra av bromsoket från skivan och bind fast det vid den främre spiralfjädern med en bit vajer eller liknande, för att undvika påfrestningar på hydraulbromsslangen.

7 Markera skivans läge i förhållande till navet med krita eller färg, skruva sedan loss alla hjulbultar som håller fast skivan och lyft av den **(se bild)**. Om den sitter fast kan man försiktigt knacka på baksidan med en gummiklubba för att lossa den från navet.

Montering

8 Monteringen sker i omvänd ordning, tänk på följande:

a) *Kontrollera att fogytorna på skivan och navet är rena och släta.*

b) *Vid monteringen, passa in markeringarna som gjordes vid demonteringen mot varandra (om tillämpligt).*

7.7 En främre bromsskiva demonteras från navet

c) *Om en ny skiva monterats ska skyddsmedlet torkas bort från skivan med lämpligt lösningsmedel innan oket monteras. Observera att nya bromsklossar bör monteras om skivan byts ut.*

d) *Rengör bromsoksfästets fästbultar före monteringen. Skjut bromsoket på plats och se till att bromsklossarna hamnar på varsin sida om skivan, dra sedan åt bromsokets fästbultar till angivet moment.*

e) *Montera hjulet, sänk ner bilen och dra åt hjulbultarna till angivet moment. Tryck ner bromspedalen flera gånger för att tvinga bromsklossarna i kontakt med skivan innan bilen körs*

8 Bakre bromsskiva – inspektion, demontering och montering

Observera: *Innan arbetet påbörjas, se varningen i början av avsnitt 5 angående riskerna med asbestdamm.*

Inspektion

Observera: *Om ena skivan kräver byte måste BÅDA bytas samtidigt för att jämn och konsekvent inbromsning ska garanteras. Nya bromsklossar ska då också monteras.*

1 Klossa framhjulen och ställ med hjälp av en

domkraft upp bakvagnen på pallbockar. Ta av relevant bakhjul. När hjulet är borta, sätt tillbaka minst en av hjulbultarna för att se till att bromsskivan håller sig på plats på navet. Om det behövs, sätt distansbrickor på hjulbultarna för att klämma fast hjulet.

2 Undersök skivan enligt beskrivning i avsnitt 7.

Demontering

3 Skruva loss bultarna som fäster bromsokets fästbygel vid bakaxeln. Dra av bromsoket från skivan och bind fast det vid spiralfjädern med en bit vajer eller liknande för att undvika påfrestningar på hydraulbromsslangen **(se bild)**.

4 Markera skivans läge i förhållande till navet med krita eller färg och skruva sedan loss alla hjulbultar som håller fast skivan och lyft av den **(se bild)**. Om den sitter fast kan man försiktigt knacka på baksidan med en gummiklubba för att lossa den från navet.

Montering

5 Monteringen sker i omvänd arbetsordning, men tänk på följande:

a) *Kontrollera att fogytorna på skivan och navet är rena och släta.*

b) *Vid monteringen, passa in markeringarna som gjordes vid demonteringen mot varandra (om tillämpligt).*

c) *Om en ny skiva monterats ska skyddsmedel torkas bort från skivan med lämpligt lösningsmedel innan oket monteras. Observera att nya bromsklossar bör monteras om skivan byts ut.*

d) *Rengör bromsoksfästets fästbultar före monteringen. Skjut bromsoket på plats och se till att bromsklossarna hamnar på varsin sida om skivan, dra sedan åt bromsokets fästbultar till angivet moment.*

e) *Kontrollera och justera vid behov handbromsen enligt beskrivningen i avsnitt 17.*

f) *Sätt tillbaka hjulet, ställ ner bilen och dra åt hjulbultarna till angivet moment.*

8.3 Skruva loss bultarna från bromsokets fästbygel och dra av hela bromsoket från bromsskivan

8.4 En bakre bromsskiva demonteras

9.2 Bänd loss kapseln från bromstrummans mitt

9.3 Ta bort saxsprinten och låshatten . . .

9.4a . . .och skruva loss fästmuttern och ta bort den tandade brickan

9.4b Dra loss det yttre lagret . . .

9 Bakre bromstrumma – demontering, inspektion och montering

Observera: *Innan arbetet påbörjas, se varningen i början av avsnitt 6 angående riskerna med asbestdamm.*

Demontering

1 Klossa framhjulen och ställ bakvagnen på pallbockar. Ta av relevant hjul.

2 Använd hammare och en stor flatklingad skruvmejsel och knacka och bänd försiktigt loss kapseln från bromstrummans mitt **(se bild)**. Byt ut kapseln om den missformas.

3 Dra ut saxsprinten från navmuttern och ta bort låshatten **(se bild)**. Kassera sprinten, en ny måste användas vid montering.

4 Skruva ur baknavsmuttern, dra ut den tandade brickan och ta bort det yttre lagret från trummans mitt **(se bilder)**.

5 Det ska nu vara möjligt att dra bort bromstrumman från axeltappen för hand **(se bild)**. Det kan vara svårt att ta bort trumman beroende på att lagret sitter tätt på axeltappen eller därför att bromsbackarna ligger an mot trumman. Om lagret sitter åt för hårt, knacka på trummans ytterkanter med en mjuk klubba eller använd en universalavdragare fastskruvad i trumman med hjulbultarna och dra av den. Om bromsbackarna ligger an,

kontrollera först att handbromsen inte är åtdragen och fortsätt sedan enligt följande.

6 Se avsnitt 17 och lossa handbromsvajerns justering helt för att erhålla maximalt spel i vajern.

7 För in en skruvmejsel genom ett av hjulbultshålen i bromstrumman och bänd upp kilen så att bromsbackarna kan dras tillbaka hela vägen **(se bilder)**. Dra sedan ut bromstrumman.

Kontroll

Observera: *Om någon av trummorna behöver bytas måste BÅDA trummorna bytas för att säkerställa jämn och konsekvent bromsning. Montera då även nya bromsbackar.*

8 Avlägsna försiktigt alla spår av bromsdamm från trumman och undvik att andas in dammet – det är hälsovådligt.

9 Rengör trummans utsida och leta efter tydliga spår av skador som sprickor kring hjulbultshålen. Byt trumma vid behov.

10 Undersök trummans insida mycket noga. Lätta repor på friktionsytan är normalt men om grova repor finns måste trumman bytas. Vanligen finns en läpp på trummans innerkant som består av rost och bromsdamm. Denna ska skrapas bort och lämna en jämn yta som kan poleras med fin (120 – 150) smärgelduk. Om läppen beror på att friktionsytan är nedsliten måste dock trumman bytas.

11 Om trumman är mycket sliten eller oval måste innerdiametern mätas på flera punkter med en internmikrometer. Gör mätningarna parvis, andra paret i rät vinkel mot det första och jämför måtten för att kontrollera eventuell ovalitet. Under förutsättning att trumman inte förstoras utöver maximal diameter kan det vara möjligt att slipa eller svarva den. Om detta inte är möjligt måste bägge trummorna bytas. Observera att om en trumma måste bearbetas ska BÅDA bearbetas till samma diameter.

Montering

12 Om en ny bromstrumma ska monteras, använd lämpligt lösningsmedel och avlägsna eventuellt skyddslager från dess insida.

9.5 . . . och ta bort bromstrumman

9.7a Om det behövs kan bromsbackarna lossas om man sticker in en skruvmejsel i ett hjulbultshål . . .

9.7b . . . och bänder kilen (vid pilen) uppåt

Installera vid behov lagerbanor, inre lager och oljetätning enligt beskrivning i kapitel 10 och fetta in yttre lagret ordentligt. Observera att nya bromsbackar bör monteras om trumman byts ut.
13 Innan monteringen, dra bromsbackarna helt bakåt genom att lyfta kilen.
14 Lägg lite fett på trummans oljetätning och trä försiktigt trumman på axeltappen.
15 Montera ytterlagret och den tandade tryckbrickan, kontrollera att tanden greppar i axelns spår.
16 Skruva på navmuttern, dra åt den tills den precis kommer i kontakt med brickan, samtidigt som trumman roteras så att lagren sätter sig på plats. Lossa lite på navmuttern, till dess att tandbrickan precis kan föras från sida till sida med en skruvmejsel. **Observera:** *Det ska inte behövas någon större kraft för att flytta brickan, använd inte skruvmejseln som hävarm.* När navmuttern är på rätt plats, sätt tillbaka låskåpan och lås muttern med en ny sprint.
17 Sätt tillbaka kapseln på bromstrummans mitt och driv den på plats.
18 När båda trummorna är på plats, justera avståndet mellan belägg och trumma genom att trycka ner bromspedalen tills normalt (ej assisterat) pedaltryck återställs.
19 Upprepa proceduren med den andra bromstrumman (vid behov) och kontrollera, och eventuellt justera, handbromsvajern (se avsnitt 17).
20 Avsluta med att sätta hjulen på plats, ställa ner bilen och dra åt hjulbultarna till angivet moment.

10 Främre bromsok – demontering, renovering och montering

Varning: På modeller med ABS, koppla ur batteriet innan någon hydraulisk anslutning i bromssystemet kopplas loss, och koppla inte in batteriet igen förrän hydraulsystemet har återanslutits och oljebehållaren fyllts på. Om detta inte följs kan det leda till att luft kommer in i hydraulenheten, som då måste tömmas med speciell utrustning på en Audi/VAG-verkstad (se avsnitt 2).
Observera: *Innan arbetet påbörjas, se varningen i början av avsnitt 2 angående risker med hydraulolja och varningen i början av avsnitt 4 angående risker med asbestdamm.*

Demontering

1 Dra åt handbromsen och ställ framvagnen på pallbockar. Lyft av framhjulen. När hjulen tagits loss, skruva tillbaka minst en hjulbult i navet för att se till att bromsskivan ligger kvar i rätt position i navet.
2 Minimera spill genom att först skruva av

huvudcylinderbehållarens lock och skruva på det igen över en bit tunn plast så att det blir lufttätt. Alternativt, använd en bromsslang-klämma, G-klammer eller liknande och kläm ihop slangen.
3 Koppla loss kontakten från bromskloss-slitagegivarens kontaktdon. Lossa försiktigt kontaktdonet från fästet på bromsoket och ta loss det från det nedre styrbussningslocket.
4 Rengör området runt bromsokets röranslutning, skruva sedan bort anslutningsmuttern. Skruva loss fästbygeln från bromsoket och placera röret fritt. Plugga igen öppningarna på röret och bromsoksanslutningen för att minimera oljespill och förhindra att smuts kommer in i hydraulsystemet. Skölj omedelbart bort eventuellt spill med kallt vatten.
5 Använd en flatbladig skruvmejsel och bänd försiktigt loss bromsklossens fästfjäder och ta bort den från bromsoket.
6 Ta bort locken från styrbussningarna, skruva sedan loss bromsokets styrbultar.
7 Lyft bort bromsoket och lösgör det från kablaget till bromsklossarnas slitagegivare. Ta bort den inre bromsklossen från kolven, den yttre bromsklossen kan lämnas i bromsokets fästbygel.

Renovering

8 Lägg oket på en arbetsbänk och torka bort all smuts och damm, men *undvik att andas in dammet eftersom det är hälsovådligt.*
9 Dra ut den halvt utskjutna kolven ur bromsoket och ta bort dammskyddet.

> **HAYNES TiPS** *Om kolven inte kan dras ut för hand kan den knuffas ut genom att tryckluft kopplas till hålet i bromsslang-anslutningen. Det tryck man får från en fotpump bör räcka för att få bort kolven. Var försiktig så du inte klämmer fingrarna mellan kolven och bromsoket när kolven skjuts ut.*

10 Använd en liten skruvmejsel och ta bort kolvens hydraultätning, var försiktig så att inte bromsoksloppet skadas.
11 Rengör alla komponenter noga, använd endast denaturerad sprit, isopropylalkohol eller ren bromsolja som tvättmedel. Använd aldrig lösningsmedel som bensin eller fotogen eftersom dessa angriper hydraulsystemets gummidelar. Torka omedelbart av delarna med tryckluft eller en ren luddfri trasa. Blås ur oljekanalerna med tryckluft.
12 Undersök alla komponenter och byt de som är slitna eller skadade. Var extra noga med att kontrollera lopp och kolv. Dessa ska bytas (det innebär hela huset) om de är det minsta repade, slitna eller korroderade. Undersök samtidigt skicket på styrbultarna och bussningarna i bromsoket; båda bultarna

ska vara oskadda och (när de är rengjorda) sitta någorlunda tätt i bussningarna. Varje komponent vars skick är det minsta tvivel-aktigt bör bytas ut.
13 Om bromsoket kan användas, skaffa en passande renoveringssats. Komponenter finns hos din Audi/VAG-handlare i olika kombinationer. Alla gummitätningar ska bytas rutinmässigt, de gamla gummitätningarna får aldrig återanvändas.
14 Vid hopsättningen måste alla delar vara rena och torra.
15 Doppa kolven och den nya oljetätningen i ren hydraulolja. Smörj även loppet.
16 Använd fingrarna och montera kolvens oljetätning för hand i spåret i cylinderloppet, använd inga verktyg.
17 Sätt på den nya dammtätningen på kolvens baksida och passa in tätningens yttre kant i bromsokets spår. Sätt försiktigt i kolven helt i cylinderloppet med en skruvande rörelse. Tryck kolven i läge och placera dammtätningens inre läpp i kolvspåret.
18 Om styrhylsorna ska bytas ut, tryck bort de gamla hylsorna från bromsoket och tryck dit de nya, se till att de placeras på rätt sätt.
19 Innan återmonteringen ska oket fyllas med ny bromsolja. Gör det genom att öppna luftningsskruven och pumpa olja genom oket till dess att olja utan bubblor kommer ut ur anslutningens öppning.

Montering

20 Se till att bromsklossarna är korrekt monterade i kolvens och bromsokets fäst-bygel, för sedan bromsoket i läge och dra bromsklosslitagegivarens kablage genom bromsoksöppningen.
21 Sätt i bromsokets styrbultar, dra åt dem till angivet moment och sätt tillbaka locken på styrbussningarna.
22 Återanslut bromsröret till bromsoket och montera fästbygeln på bromsoket. Dra åt fästbygelns fästbult och bromsrörets anslutningsmutter till angivet moment.
23 Sätt på bromsklossfjädern, se till att dess ändar sitter korrekt i hålen i bromsoket.
24 Se till att kablarna är rätt dragna genom öglan på den undre kåpan och fäst sedan bromsklosslitagegivarens kontaktdon i dess fäste på bromsoket. Återanslut kontaktdonet ordentligt.
25 Ta bort bromsslangklämman eller plasten (efter tillämplighet) och lufta hydraulsystemet enligt beskrivning i avsnitt 2. Observera att endast relevant frambroms ska behöva luftas, förutsatt att åtgärder för att minska oljespill vidtagits.
26 Sätt på hjulet, sänk ner bilen och dra åt hjulbultarna till angivet moment.

11 Bakre bromsok – demontering, renovering och montering

Varning: *På modeller med ABS, koppla ur batteriet innan någon hydraulisk anslutning i bromssystemet kopplas loss, och koppla inte in batteriet igen förrän hydraulsystemet har återanslutits och oljebehållaren fyllts på. Om detta inte följs kan det leda till att luft kommer in i hydraulenheten, som då måste tömmas med speciell utrustning på en Audi/VAG-verkstad (se avsnitt 2).*

Observera: *Innan arbetet påbörjas, se varningen i början av avsnitt 2 angående risker med hydraulolja och varningen i början av avsnitt 5 angående risker med asbestdamm.*

Demontering

Observera: *Nya styrsprintsbultar måste användas vid montering.*

1 Klossa framhjulen och ställ bakvagnen på pallbockar. Ta av relevant bakhjul. När hjulet tagits loss, skruva tillbaka minst en hjulbult för att se till att bromsskivorna ligger kvar i rätt position i navet.

2 Se avsnitt 17, lossa handbromsspaken och dra tillbaka handbromsvajerns justerare för att få så mycket spel i vajrarna som möjligt.

3 Lossa handbromsvajern från bromsokets arm, ta sedan bort fästklämman och lossa yttervajern från bromsoket.

4 Minimera spill genom att först skruva av huvudcylinderbehållarens lock och skruva på det igen över en bit tunn plast så att det blir lufttätt. Alternativt, använd en bromsslang-klämma, G-klammer eller liknande och kläm ihop slangen.

5 Rengör området runt bromsoksslangen och lossa anslutningsmuttern.

6 Skruva loss bromsokets styrsprintsbultar med en tunn öppen nyckel så att styr-sprintarna inte roterar. Kassera bultarna – nya måste användas vid montering.

7 Lyft bort bromsoket från fästbygeln och skruva loss det från bromsslangens ände. Plugga igen öppningarna på slangen och bromsoksanslutningen för att minimera oljespill och förhindra att smuts kommer in i hydraulsystemet. Skölj omedelbart bort eventuellt spill med kallt vatten. Broms-klossarna kan lämnas i bromsokets fästbygel.

Renovering

Observera: *Det går inte att renovera broms-okets handbromsmekanism. Om mekanismen är defekt eller om olja läcker från broms-armens tätning måste bromsoket bytas.*

8 Lägg oket på en arbetsbänk och torka bort all smuts och damm, undvik att andas in dammet eftersom det är hälsovådligt.

9 Dra ut kolven ur loppet genom att vrida den motsols. Detta kan utföras med en passande låsringstång som greppar i kolvens spår. När kolven vrids runt fritt men inte kommer längre ut kan den dras ut för hand.

10 Ta bort dammtätningen från kolven, använd sedan en liten skruvmejsel och ta försiktigt bort kolvens hydraultätning från bromsoksloppet. Var försiktig så att inte ytan på bromsoket repas.

11 Dra ut styrsprintarna från bromsokets fästbygel och ta bort gummidamaskerna.

12 Undersök alla bromsokets komponenter enligt beskrivningen i avsnitt 10, punkt 11 till 13, och byt ut dem efter behov. Observera att handbromsmekanismen **inte** får tas isär.

13 Vid hopsättningen måste alla delar vara rena och torra.

14 Doppa kolven och den nya oljetätningen i ren hydraulolja. Smörj även loppet. Använd endast fingrarna och montera kolvens nya oljetätning i spåret i cylinderloppet.

15 Sätt på den nya dammtätningen på kolvens baksida och passa in tätningens yttre kant i bromsokets spår. Sätt försiktigt i kolven helt i cylinderloppet med en skruvande rörelse. Vrid kolven moturs på samma sätt som vid isärtagningen, tills den är helt inne i bromsoksloppet, placera sedan damm-tätningens innerkant i kolvspåret.

16 Lägg på det medföljande fettet, eller ett kopparbaserat bromsfett eller antikärvnings-medel på styrsprintarna. Montera styr-sprintarna på okfästet, kontrollera att damaskerna är korrekt placerade i spåren på både hylsa och fäste.

17 Innan monteringen ska oket fyllas med ny bromsolja. Gör det genom att öppna luftningsskruven och pumpa olja genom oket till dess att olja utan bubblor kommer ut ur anslutningens öppning.

Montering

18 Kontrollera att bromsklossarna fort-farande sitter ordentligt i bromsokets fästbygel, skruva sedan fast bromsoket på bromsslangen.

19 För bromsoket i läge över broms-klossarna, sätt sedan dit de nya styrsprints-bultarna och dra åt dem till angivet moment.

20 Ta bort bromsslangklämman eller plasten (efter tillämplighet) och dra åt bromsslangs-anslutningen ordentligt.

21 Lufta hydraulsystemet enligt beskriv-ningen i avsnitt 2. Observera att endast relevant bakbroms ska behöva luftas förutsatt att åtgärder vidtagits för att minimera oljespill.

22 Återanslut handbromsvajern till broms-oket, fäst vajern med fästklämman och justera den enligt beskrivningen i avsnitt 17.

23 Sätt på hjulet, sänk ner bilen och dra åt hjulbultarna till angivet moment.

12 Bakhjulscylinder – demontering och montering

Observera: *Innan arbetet påbörjas, se varningen i början av avsnitt 2 angående risker med hydraulolja och varningen i början av avsnitt 6 angående risker med asbestdamm.*

Demontering

1 Demontera bromstrumman enligt beskriv-ningen i avsnitt 9.

2 Minimera spill genom att först skruva av huvudcylinderbehållarens lock och skruva på det igen över en bit tunn plast så att det blir lufttätt. Alternativt, använd en bromsslang-klämma, G-klammer eller liknande och kläm ihop slangen så nära hjulcylindern som praktiskt möjligt.

3 Använd en tång och haka försiktigt av övre returfjädern från bromsbackarna. Dra undan övre ändarna av backarna från cylindern så att de lossar från kolvarna.

4 Torka bort all smuts kring bromsrörs-anslutningen på hjulcylinderns baksida och skruva loss anslutningsmuttern. Lirka ut röret ur hjulcylindern och plugga eller tejpa över änden för att förhindra smutsintrång. Torka omedelbart upp eventuellt oljespill.

5 Skruva loss hjulcylinderns två fästbultar från fästplattans baksida och ta bort cylindern, var noga med att inte låta överflödig hydraulolja förorena bromsbackarnas belägg.

6 Observera att det inte är möjligt att renovera cylindern, eftersom delarna inte finns att få tag i separat. Om den inte fungerar måste hela hjulcylindern bytas ut.

Montering

7 Kontrollera att fästplattans och hjul-cylinderns kontaktytor är rena, sära sedan på bromsbackarna och för hjulcylindern i läge.

8 För in bromsröret och skruva in anslut-ningsmuttern två eller tre varv så att den säkert börjat ta gäng.

9 Sätt dit två hjulcylinderbultar och dra åt dem till angivet moment, dra sedan åt bromsrörets anslutningsmutter till angivet moment.

10 Ta bort klämman från bromsslangen eller plasten från huvudcylinderns behållare (efter tillämplighet).

11 Kontrollera att bromsbackarna är korrekt placerade i kolvarna och montera sedan försiktigt den övre returfjädern, använd en skruvmejsel till att sträcka den på plats.

12 Montera bromstrumman enligt beskriv-ningen i avsnitt 9.

13 Lufta bromshydraulsystemet enligt beskrivningen i avsnitt 2. Endast relevant bakbroms ska behöva luftas under förut-sättning att åtgärder vidtagits för att minimera oljespill.

13 Huvudcylinder – demontering, renovering och montering

Observera: På modeller med ABS, koppla ur batteriet innan någon hydraulisk anslutning i bromssystemet kopplas loss, och koppla inte in batteriet igen förrän hydraulsystemet luftats. I annat fall kan det leda till att luft kommer in i hydraulenheten, som då måste tömmas med speciell utrustning på en Audi/VAG-verkstad (se avsnitt 2).

Observera: *Innan arbetet påbörjas, se varningen i början av avsnitt 2 angående risker med hydraulolja.*

Demontering

1 Rengör huvudcylinderns vätskebehållare och ta bort locket.
2 Placera ett kärl under huvudcylinderns vätskeutsläpp. Lossa fästklämman och koppla loss huvudcylinderns slang och (om det behövs) ABS-systemets anslutningsslang. Låt vätskebehållarens innehåll rinna ner i kärlet och plugga igen slangändarna för att minimera oljespill och förhindra att smuts kommer in i systemet.
3 Dra ur kontakten från givaren för bromsoljenivå.
4 Torka rent runt bromsrörsanslutningarna på huvudcylinderns sida och placera trasor under anslutningarna för att absorbera spillet. Anteckna anslutningarnas monteringslägen, skruva loss anslutningsmuttrarna och dra försiktigt ut rören. Plugga eller tejpa över alla öppningar för att minimera spill och förhindra smutsinträng. Skölj omedelbart bort eventuellt spill med kallt vatten.
5 Skruva loss de två muttrarna som fäster huvudcylindern vid vakuumservon, dra sedan ut enheten från motorrummet. Ta loss tätningsringen som sitter på baksidan av huvudcylindern och kasta den. En ny tätningsring måste användas vid monteringen.

Renovering

6 Om huvudcylindern är defekt måste den bytas. Renoveringssatser finns inte att få tag på hos Audi/VAG-återförsäljare, så cylindern måste behandlas som en sluten enhet.
7 Det enda som kan bytas är fästets tätningar för oljebehållaren. Om dessa visar tecken på nedbrytning, dra av behållaren och ta bort de gamla tätningarna. Smörj de nya tätningarna med ren bromsolja och tryck in dem i huvudcylinderns portar. När den bakre tätningen monteras, se till att tätningen passar in korrekt mot påfyllningsslangen och att tätningen sticker ut ungefär 1 mm från husets baksida **(se bild)**. När båda tätningarna sitter ordentligt, för in vätskebehållaren och tryck den på plats.

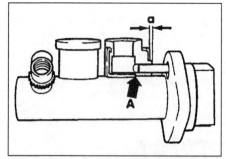

13.7 Se till att den nya tätningen (A) passar in korrekt mot påfyllningsslangen och sticker ut ungefär 1 mm (mått a) från husets baksida

Montering

8 Avlägsna alla spår av smuts från fogytorna mellan huvudcylindern och servoenheten och montera en ny tätningsring på baksidan av huvudcylindern.
9 Montera huvudcylindern på servon, se till att servons tryckstång går in mitt i huvudcylinderns lopp. Sätt tillbaka huvudcylinderns fästmuttrar och dra åt dem till angivet moment.
10 Rengör bromsrörsanslutningarna, montera dem sedan på huvudcylindern och dra åt dem till angivet moment.
11 Återanslut slangarna till vätskebehållaren och dra åt fästklämmorna ordentligt.
12 Anslut kontakten till oljenivågivaren.
13 Fyll på huvudcylinderbehållaren med ny olja och lufta hela hydraulsystemet enligt beskrivningen i avsnitt 2.

14 Bromspedal – demontering och montering

Demontering

1 Koppla från batteriets minuspol.
2 Skruva loss fästskruvarna och ta bort förvaringsfackspanelen från förarens sida av instrumentbrädan. För att förbättra åtkomligheten ytterligare kan man lossa fästskruvarna och sedan frigöra reläfästplattan från instrumentbrädan och flytta den åt sidan.
3 Haka försiktigt loss änden av returfjädern från tryckstången under instrumentbrädan.
4 Dra av fästklämman och dra ut gaffelbulten som fäster servoenhetens tryckstång vid pedalen.
5 Dra av fästklämman från pedalens pivåtapp och koppla sedan loss pedalen från tryckstången. Dra loss pedalen från fästbygeln, komplett med returfjädern, och ta bort den under instrumentbrädan. **Observera:** *På vissa modeller kan det finnas för lite utrymme för att man ska kunna ta bort pedalen medan fästbygeln fortfarande sitter på plats. Om så är fallet, skruva loss fästbygelns fästbultar och*

lösgör fästet från torpedväggen (man behöver inte koppla loss någonting) så att bromspedalen kan tas bort. Om fästet skruvas bort måste nya bultar användas vid monteringen.
6 Undersök alla komponenter efter slitage och skador och byt ut dem efter behov.

Montering

7 Lägg ett lager universalfett på pedalens pivålopp och tryckstångens gaffelbult.
8 Montera returfjädern, se till att dess längre ände är i kontakt med pedalfästet och för pedalen i rätt läge. Haka fast pedalen i tryckstången, trä sedan på den på fästets pivåtapp och fäst den med fästklämman.
9 Om tillämpligt, placera fästbygeln på torpedväggen, sätt i nya fästmuttrar och skruva åt dem till angivet moment.
10 Rikta in pedalen med tryckstången, sätt dit gaffelbulten och fäst den med fästklämman.
11 Se till att returfjäderns inre ände är korrekt placerad, haka sedan fast den på tryckstången.
12 Sätt reläfästplattan på plats och dra åt dess fästskruvar ordentligt. Montera förvaringsfackspanelen på instrumentbrädan.
13 Anslut batteriet, kontrollera och justera vid behov bromsljuskontakten enligt beskrivningen i avsnitt 21.

15 Vakuumservo – test, demontering och montering

Test

1 För test av servofunktionen, tryck ner bromspedalen ett antal gånger för att häva vakuumet. Starta sedan motorn med bromspedalen hårt nedtryckt. När motorn startar ska det finnas ett spel i pedalen medan vakuumet byggs upp. Låt motorn gå i minst två minuter och stäng av den. Om bromspedalen nu trycks ner ska den kännas normal, men fler tryckningar ska göra att den känns fastare med allt kortare pedalväg för varje nedtryckning.
2 Om servon inte arbetar enligt beskrivningen, undersök då ventilen enligt beskrivning i avsnitt 16. På dieselmodeller och 2.3 liters bensinmotormodeller, kontrollera också vakuumpumpen enligt beskrivningen i avsnitt 25.
3 Om servon fortfarande inte fungerar tillfredsställande finns felet i själva enheten. Denna kan inte repareras – om den är defekt måste den bytas.

Demontering

Observera: *Det behövs nya muttrar vid monteringen av servons/pedalens fästbygel.*
4 Demontera huvudcylindern enligt beskrivningen i avsnitt 13.

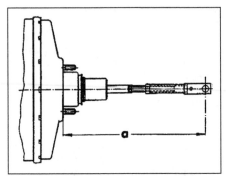

15.10 Se till att längden på vakuum-servons tryckstång är korrekt inställd, så att avståndet 'a' är 230 ± 0,5 mm

5 Dra försiktigt ut vakuumslangen från servon, var noga med att inte skada muffen.
6 Skruva loss fästskruvarna och ta bort förvaringsfackspanelen från förarens sida av instrumentbrädan. För att förbättra åtkomligheten ytterligare kan man lossa fästskruvarna och sedan lossa reläfästplattan från instrumentbrädan och flytta den åt sidan.
7 Haka försiktigt loss änden av pedalens returfjäder från servons tryckstång under instrumentbrädan. Dra av fästklämman och dra ut gaffelbulten som fäster tryckstången vid pedalen.
8 Skruva loss muttrarna som fäster servons/pedalens fästbygel vid torpedväggen.
9 Ta loss servoenheten i motorrummet. Ta loss packningen som sitter mellan servon och torpedväggen. Undersök om packningen är sliten eller skadad och byt ut den vid behov.

Montering

10 Innan monteringen, kontrollera att avståndet mellan mitten av tryckstångens gaffelbultslopp och kontaktytan mellan servon och huvudcylindern är 230 ± 0,5 mm **(se bild)**. Om justering är nödvändig, lossa låsmuttern och vrid tryckstångens klyka. När avståndet är korrekt inställt, håll fast klykan och dra åt låsmuttern ordentligt.
11 Se till att kontaktytorna mellan servoenheten och torpedväggen är rena, montera packningen på servoenhetens baksida och placera servon i läge.
12 Se till att tryckstången hakar i pedalen korrekt och montera sedan de nya fästbygelmuttrarna och dra åt dem till angivet moment.
13 Lägg ett lager universalfett på gaffelbulten, rikta in pedalen med tryckstången och sätt i sprinten. Fäst sprinten med fästklämman och haka fast pedalens returfjäder i sitt läge.
14 Sätt reläfästplattan på plats och dra åt dess fästskruvar ordentligt. Montera förvaringsfackspanelen på instrumentbrädan.
15 Trä vakuumslangens ände över servoenheten, var försiktig så att inte gummimuffen rubbas.

16 Montera huvudcylindern enligt beskrivningen i avsnitt 13 och lufta hela hydraulsystemet enligt beskrivningen i avsnitt 2.

16 Vakuumservons strypventil – demontering, test och montering

Demontering

Observera: *Ventilen utgör en del av servons vakuumslang och går inte att få tag på separat.*
1 Dra försiktigt ut vakuumslangen från servon, var noga med att inte skada muffen.
2 Arbeta bakåt längs slangen och ta loss den från alla relevanta fästklämmor samtidigt som du noterar hur den är dragen.
3 Lossa fästklämmorna, koppla loss vakuumslangen från grenröret och/eller vakuumpumpen (efter tillämplighet) och ta bort den från bilen.

Test

4 Undersök om vakuumslangen är skadad och byt ut den vid behov. Ventilen kan testas genom att man blåser luft genom den i båda riktningarna. Luften ska endast kunna komma igenom ventilen i ena riktningen – när man blåser från den sida av ventilen som är vänd mot servoenheten. Byt ventil om så inte är fallet.
5 Undersök servons gummimuff och slangarna som länkar huvudslangen till grenröret/pumpen (efter tillämplighet), leta efter tecken på skador eller åldrande och byt ut delar efter behov.

Montering

6 Se till att tätningsmuffen är på plats i servon och för sedan försiktigt vakuumslangens ändinfästning på plats, var noga med att inte rubba eller skada muffen.
7 Kontrollera att slangen är korrekt dragen och anslut den sedan till pumpen/grenröret och fäst den med fästklämmorna.

17.9 Se till att båda de bakre bromsoksarmarna ligger helt mot sina stoppklackar innan handbromsen justeras (senare typ av bromsok visas)

8 Avsluta med att starta motorn och leta efter luftläckor kring slanganslutningen.

17 Handbroms – justering

1 Klossa framhjulen och ställ bakvagnen på pallbockar. Släpp handbromsen helt.
2 Lokalisera handbromsens justermutter under bilen, som man kommer åt via luckan i avgassystemets värmesköld.
3 Dra tillbaka justermuttern för att ge vajrarna så mycket spel som möjligt, fortsätt sedan enligt beskrivningen under relevant underrubrik.

Bakre trumbromsar

4 Tryck ner och släpp upp fotbromsen några gånger för att skapa rätt avstånd mellan bromsback och trumma.
5 Lyft långsamt handbromsspaken från sitt urkopplade läge, räkna klicken och sätt den i det tredje hacket på kuggmekanismen.
6 När handbromsspaken är i hack tre, dra åt justermuttern tills dess att båda bakbromsarna börjar dra så pass att det precis är möjligt att snurra hjulen för hand. När justermuttern är rätt iskruvad, släpp handbromsspaken och kontrollera att båda hjulen snurrar fritt.
7 Lägg i handbromsen i läge tre på kuggmekanismen igen och kontrollera justeringen.
8 Sänk ner bilen när handbromsen är korrekt inställd (då båda bromsarna tar när handbromsspaken är i läge tre och hjulen snurrar fritt när handbromsen är urlagd).

Bakre skivbromsar

9 Se till att bromsoksarmarna på båda de bakre bromsoken ligger helt mot sina stoppklackar **(se bild)**.
10 På Audi 100 som inte är utrustade med självreglerande bakfjädring, tryckregleringsventilens arm helt mot bakaxeln och håll/kila fast den (se avsnitt 20). Starta motorn och tryck ner bromspedalen ett par gånger för att tvinga bromsklossarna i ordentlig kontakt med skivorna. När avståndet mellan bromskloss och skiva är korrekt inställt, stäng av motorn och lossa regleringsventilens arm.
11 På Audi 100 med självreglerande bakfjädring, sänk ner bilen och, när bilen vilar på sina hjul, starta motorn och låt den gå på tomgång i ungefär två minuter för att ställa in den självreglerande bakfjädringen. När motorn är igång, tryck ner bromspedalen några gånger för att tvinga bromsklossarna till ordentlig kontakt med skivorna. När avståndet mellan bromskloss och skiva är korrekt inställt, stäng av motorn och hissa upp bakvagnen igen och stöd den på pallbockar.
12 På Audi A6, starta motorn och tryck ner bromspedalen ett par gånger för att tvinga

bromsklossarna i ordentlig kontakt med skivorna. När avståndet mellan bromskloss och skiva är korrekt inställt, stäng av motorn.

13 På alla modeller, lossa handbromsspaken helt, dra åt justermuttern tills båda bakre bromsokens handbromsarmar precis börjar röra sig och inte längre är i kontakt med sina stoppklackar. Skruva nu upp justermuttern två hela varv så att båda armarna återvänder till sina stopp.

14 Kontrollera inställningen genom att växelvis tvinga bromsoksarmarna mot sina stopp. Om den ena bromsoksarmen dras från sin stoppklack samtidigt den andra armen förs mot sin stoppklack är vajern för spänd. Skruva ut justermuttern lite i taget tills båda armarna är i ordentlig kontakt med sina stopp.

15 Kontrollera handbromsens funktion och upprepa justeringsproceduren vid behov.

16 Sänk ner bilen när handbromsen är korrekt inställd (då båda bromsarna låser hjulen med handbromsen ilagd och hjulen snurrar fritt när handbromsen är urlagd).

18 Handbromsspak – demontering och montering

Demontering

1 Demontera mittkonsolens bakre del enligt beskrivningen i kapitel 11.

2 Se kapitel 4D, ta bort avgassystemets värmesköld för att komma åt basen på handbromsspaken.

3 Skruva loss justermuttern från änden på handbromsspakens gängade stång, ta sedan bort kompensatorplattan, observera vilket håll den sitter åt.

4 Dra bort gummidamasken från huset och dra av den från änden på den gängade stången.

5 Ta bort låsringen från handbromsspakens pivåtapp inne i bilen och dra ut tappen **(se bild)**.

6 Lossa handbromsspaken från sitt fäste och ta bort den från bilen.

Montering

7 Montering sker i omvänd arbetsordning, justera handbromsen enligt beskrivningen i avsnitt 17.

19 Handbromsvajrar – demontering och montering

Demontering

1 Handbromsvajern består av två delar, en höger- och en vänstersektion, som är kopplade till spaken med en kompensatorplatta. Båda delarna kan demonteras separat enligt följande.

2 Se kapitel 4D, ta bort avgassystemets värmesköld för att komma åt framänden av handbromsvajern.

3 Lossa justermuttern för att få maximalt spel på vajern, koppla sedan loss innervajern från handbromsspakens kompensatorplatta och lösgör vajern från sin hylsa.

4 Ta bort fästklämman och lossa framänden av yttervajern från huset, arbeta sedan bakåt längs vajern, ta bort alla relevanta fästklämmor och observera vajerns dragning. Skruva loss muttern som fäster vajern vid bakaxeln **(se bild)**.

5 På modeller med bakre trumbromsar, ta bort bromstrumman och koppla sedan loss handbromsvajern från bromsbacksarmen (se avsnitt 9 och 6). Använd hammare och pinndorn och knacka försiktigt ut yttervajern från bromsfästplattan och ta bort den under bilen.

6 På modeller med skivbroms bak, koppla loss innervajern från bromsarmen, ta sedan bort yttervajerns fästklämma och koppla loss vajern från bromsoket.

Montering

7 Montering sker i omvänd arbetsordning, se till att vajern är korrekt dragen och fastsatt med alla nödvändiga klämmor och fästen. Avsluta med att justera handbromsen enligt beskrivningen i avsnitt 17.

20 Bakre tryckregleringsventil (modeller innan 1996) – test, demontering och montering

Varning: På modeller med ABS, koppla ur batteriet innan någon hydraulisk anslutning i bromssystemet kopplas loss och anslut inte batteriet igen förrän hydraulsystemet har återanslutits och oljebehållaren fyllts på. Om detta inte följs kan det leda till att luft kommer in i hydraulenheten, som då måste tömmas med speciell utrustning på en Audi/VAG-verkstad (se avsnitt 2).

Test

1 På tidiga modeller (modeller innan 1996) sitter en tryckregleringsventil i bakbromsarnas hydrauliska krets. Ventilen är fäst på undersidan av bakvagnen, precis framför bakaxeln.

Modeller utan självreglerande bakfjädring

2 Ventilen är fäst vid bakaxeln med en fjäder och använder axelns rörelse till att bedöma belastningen på bakhjulen **(se bild)**. Beroende på belastningen reglerar ventilen det hydrauliska trycket på bakbromsarna för att förhindra att de låser sig vid tvära inbromsningar.

3 Om ventilen misstänks vara defekt, justera den enligt beskrivningen i punkt 16. Om problemet kvarstår ska bilen testas hos en Audi/VAG-återförsäljare. Reparationer är inte möjliga, om ventilen är defekt måste den bytas ut.

Modeller med självreglerande bakfjädring

4 Ventilen är kopplad till hydraulkretsen i bakfjädringens självregleringssystem och använder trycket i systemet till att bedöma belastningen på bakhjulen. Ventilen reglerar det hydrauliska trycket på bakbromsarna för att förhindra att bakhjulen låser sig vid tvära inbromsningar.

5 Det krävs specialutrustning för att testa ventilens funktion, därför måste bilen testas hos en Audi/VAG-återförsäljare om ventilen

18.5 Ta bort låsringen (vid pilen), dra ut pivåtappen och ta loss handbromsspaken

19.4 Skruva loss muttern som håller fast handbromsvajern vid bakaxeln

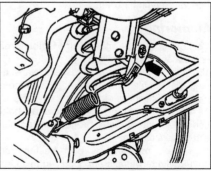

20.2 Bakre bromstryckregleringsventil – modeller utan självreglerande bakre fjädring (ventilarmen borttagen)

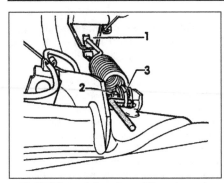

20.16 På modeller utan självreglerande bakre fjädring, justera tryckreglerings-ventilen enligt beskrivningen i texten

1 Ventilarm 2 Fjäderbult 3 Fjäder

misstänks vara defekt. Reparationer är inte möjliga, om ventilen är defekt måste den bytas ut. Ventilen kan inte justeras.

Demontering

Observera: *Innan arbetet påbörjas, se varningen i början av avsnitt 2 angående risker med hydraulolja.*
6 Klossa framhjulen och ställ med hjälp av en domkraft upp bakvagnen på pallbockar.
7 Minimera spill genom att först skruva av huvudcylinderbehållarens lock och skruva på det igen över en bit tunn plast så att det blir lufttätt.
8 På modeller som inte är utrustade med självreglerande bakfjädring, haka loss fjädern från ventilarmen och ta bort den från bakaxeln tillsammans med fästet.
9 På alla modeller, rengör området runt bromsrörsanslutningarna på ventilen och lägg trasor upp runt röranslutningarna för att suga upp eventuellt spill. För att undvika förvirring vid monteringen, gör inställningsmarkeringar mellan rören och ventilenheten.
10 Lossa anslutningsmuttrarna och koppla loss bromsrören från ventilen. Plugga eller tejpa igen rör- och ventilöppningarna för att minimera oljespill och förhindra att smuts kommer in i systemet. Skölj omedelbart bort eventuellt spill med kallt vatten.
11 Skruva loss ventilens fästbultar och ta bort ventilen under bilen.

Montering

12 För ventilen på plats, sätt i fästbultarna och dra åt dem ordentligt.
13 Montera bromsrören till respektive anslutning på ventilen och dra åt anslutnings-muttrarna till angivet moment.
14 På modeller utan självreglerande bak-fjädring, montera fästet på fjäderbulten och sätt tillbaka fjädern.
15 På alla modeller, ta bort plasten från huvudcylinderbehållaren och lufta hela hydraulsystemet enligt beskrivningen i avsnitt 2.
16 På modeller utan självreglerande bak-

fjädring, justera tryckregleringsventilen enligt följande när hydraulsystemet luftats. Klossa framhjulen och lyft med hjälp av en domkraft upp bakvagnen och stöd den så att bakaxeln hänger fritt. Lossa muttern som fäster fjäderbulten vid bakaxeln, sätt sedan in en 7 mm stav mellan bakdelen av fjädern och fästet **(se bild)**. Kontrollera att reglerings-ventilens arm är helt framriktad och placera sedan fjäderbulten så att allt spel tas bort från fjädern utan att ventilarmen belastas. När bulten är korrekt placerad, dra åt muttern till angivet moment, ta sedan bort staven mellan fjädern och fästet. Se till att fjädern sitter rätt i fästet, sänk sedan ner bilen.

21 Bromsljuskontakt – demontering, montering och justering

Demontering

1 Bromsljuskontakten är placerad på pedal-fästet bakom instrumentbrädan. På modeller med farthållare finns det två kontakter på bromspedalen, bromsljuskontakten är den övre av de två **(se bild)**.
2 Skruva loss fästskruvarna och ta bort förvaringsfackspanelen från förarens sida av instrumentbrädan. För att förbättra åtkomlig-heten ytterligare kan man lossa fästskruvarna och lossa reläfästplattan från instrument-brädan och flytta den åt sidan.
3 Koppla loss kontaktdonet, skruva sedan loss kontakten och ta bort den från fästet. Om kontaktens fästklämma sitter löst, ta bort den och förvara den med kontakten.

Montering och justering

4 Se till att klämman sitter ordentligt i pedalfästet.
5 Tryck ner bromspedalen, sätt ihop kon-takten med fästklämman och sätt den försiktigt på plats. Justera kontakten genom att långsamt släppa upp bromspedalen och lyfta upp den helt mot stoppet.
6 Återanslut kontaktdonen och kontrollera bromsljusfunktionen. Om bromsljuskontakten inte fungerar tillfredsställande måste den bytas ut.
7 Sätt reläfästplattan på plats och dra åt dess fästskruvar ordentligt. Sätt tillbaka förvarings-fackspanelen på instrumentbrädan.

22 Låsningsfria bromsar (ABS) – allmän information

Observera: *På modeller med antispinnsystem har ABS-enheten dubbla funktioner och kontrollerar förutom ABS-systemet och det elektroniska differentiallåset (EDL) även systemet för halkskyddsreglering (ASR).*

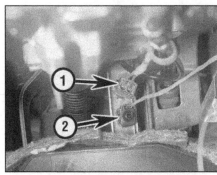

21.1 Bromsljuskontakten (1) är den övre av de två kontakterna på pedalfästet. Den nedre kontakten (2) är till farthållaren (instrumentbrädan borttagen på bilden)

1 ABS är standard på alla modeller i utbudet. Systemet består av en hydraulisk enhet, en elektronisk styrenhet (styrmodul) och fyra hjulgivare. Den hydrauliska enheten innehåller åtta hydrauliska solenoidventiler (två för varje broms – en för insug och en för utsläpp) och en elektroniskt driven returpump. Syftet med systemet är att förhindra att hjulen låser sig vid hård inbromsning. Detta uppnås genom att bromsen på relevant hjul släpps upp för att sedan åter läggas an. För bakhjulen gäller att båda bromsarna släpps och läggs an samtidigt.
2 Solenoidventilerna styrs av styrenheten, som i sin tur tar emot signaler från de fyra hjulgivarna (de främre givarna sitter på naven och de bakre givarna sitter på bakaxeln), som anger rotationshastigheten för respektive hjul. Genom att jämföra dessa signaler kan styrenheten avläsa bilens fart. Med utgångs-punkt från denna hastighet avgörs om ett hjul bromsas onormalt i förhållande till bilens hastighet, vilket låter styrenheten förutsäga när ett hjul är på väg att låsa sig. Under normala förhållanden fungerar systemet som ett utan ABS.
3 Om styrenheten känner att ett hjul är på väg att låsa sig, stänger den av relevanta utsläppsventiler i hydraulenheten. Dessa solenoidventiler isolerar i sin tur bromsen på det hjul som är på väg att låsa sig från huvudcylindern, genom att effektivt stänga in hydraultrycket.
4 Om hjulets rotationshastighet fortsätter att minska med onormal hastighet öppnar styrenheten insläppsventilerna på den relevanta bromsen och startar den elektriskt drivna returpumpen som pumpar tillbaka hydrauloljan till huvudcylindern, så att bromsen släpper. När hjulets rotations-hastighet normaliseras stannar pumpen, solenoidventilerna öppnas och huvud-cylinderns hydrauliska tryck kan återvända till bromsoket, som i sin tur lägger an bromsen igen. Denna cykel kan upprepas flera gånger i sekunden.
5 Solenoidernas och returpumpens agerande

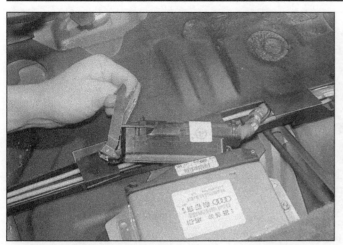

23.13 Lyft fästklämman och koppla loss kontaktdonet . . .

23.14 . . . skruva sedan loss fästmuttrarna (vid pilarna) och ta bort styrenheten

skapar pulser i hydraulkretsen. När ABS arbetar kan dessa pulser kännas i bromspedalen.

6 På modeller med ett antispinnsystem styr ABS-systemet även EDL- och ASR-funktionerna. Om styrenheten under acceleration känner att ett hjul spinner använder det den hydrauliska enheten till att mjukt lägga an bromsen på det hjulet tills det drar igen. När hjulet börjar dra igen släpps bromsen. Antispinnsystemet fungerar bara i hastigheter upp till ungefär 40 km/tim.

7 ABS-systemets funktion är helt beroende av elektriska signaler. För att hindra systemet från att reagera på felaktiga signaler finns en inbyggd skyddskrets som övervakar alla signaler till styrenheten. Om en felaktig signal eller låg batterispänning upptäcks stängs ABS-systemet automatiskt av och varningslampan på instrumentbrädan tänds för att informera föraren om att ABS-systemet inte längre fungerar. Normal bromseffekt ska dock finnas kvar.

8 Om ett fel uppstår i ABS-systemet måste bilen tas till en Audi/VAG-verkstad för felsökning och reparation.

23 Låsningsfria bromsar (ABS) – demontering och montering av komponenter

Hydraulenhet

Varning: Koppla ur batteriet innan någon hydraulisk anslutning i bromssystemet kopplas loss och anslut inte batteriet igen förrän hydraulsystemet har återanslutits och oljebehållaren fyllts på. Om detta inte följs det kan det leda till att luft kommer in i hydraulenheten, som då måste tömmas med speciell utrustning på en Audi/VAG-verkstad (se avsnitt 2).

Observera: Audi anger att hydraulenhetens funktion ska testas med specialutrustning efter montering. Därför rekommenderar vi att

demontering och montering av enheten anförtros till en Audi/VAG-verkstad. Om du beslutar dig för att ta bort/montera enheten på egen hand, se till att bromssystemets funktion kontrolleras av en Audi/VAG-återförsäljare så snart som möjligt.

1 Koppla ifrån batteriets minuspol.
2 Om det behövs, skruva loss fästskruven och ta bort reläkåpan av plast från hydraulenheten.
3 Lossa fästklämman och koppla ur huvudkontaktdonet från hydraulenheten.
4 Om det behövs, skruva loss fästmuttern och koppla ur jordledningen från regulatorn.
5 Rengör området runt röranslutningarna och märk ut placeringen av hydrauloljerören för att garantera korrekt montering. Skruva loss anslutningsmuttrarna och koppla loss rören från regulatorn. Var beredd på oljespill och plugga igen röröppningarna och hydraulenhetens anslutningar för att förhindra ytterligare oljespill samt att smuts tar sig in i systemet.
6 Lossa hydraulenhetens fästmuttrar och ta bort enheten från motorrummet. Om det behövs kan fästbygeln skruvas loss och tas bort från bilen. Byt regulatorfästena om de visar tecken på slitage eller skador. *Observera: Håll hydraulenheten upprätt för att minimera oljeläckage som kan leda till luftfickor i enheten.*

Montering

7 För hydraulenheten på plats i fästbygeln och dra åt fästmuttrarna till angivet moment.
8 Återanslut hydraulrören till respektive anslutning och dra åt anslutningsmuttrarna till angivet moment.
9 Återanslut kontaktdonet till hydraulenheten och (om tillämpligt) montera kåpan.
10 Fyll vätskebehållaren med ny olja (se *Veckokontroller*) och anslut batteriet.
11 Lufta hela det hydrauliska systemet enligt beskrivningen i avsnitt 2 och kontrollera noga bromssystemets funktion innan bilen tas ut i trafiken. Låt en Audi/VAG-verkstad kontrollera

bromssystemets funktion så snart som möjligt.

Elektronisk styrenhet

Demontering

12 Koppla ur batteriets minuspol och ta bort baksätesdynorna enligt beskrivningen i kapitel 11 för att komma åt styrenheten.
13 Lossa fästklämman och koppla loss kontaktdonet från styrenheten **(se bild)**.
14 Skruva loss fästmuttrarna/bultarna (efter tillämplighet) och ta bort styrenheten från bilen **(se bild)**.

Montering

15 Montering sker i omvänd arbetsordning, se till att kontaktdonet är ordentligt anslutet.

Framhjulsgivare

Demontering

16 Lossa batteriets jordledning (minuspolen).
17 Dra åt handbromsen och ställ framvagnen på pallbockar. Ta bort hjulet för att komma åt lättare.
18 Följ kabeln bakåt från givaren, ta loss den från alla relevanta klamrar och observera dess dragning, koppla sedan loss kontaktdonet **(se bild)**.

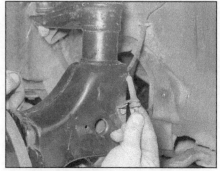

23.18 Frigör hjulgivarens kablar från fästklamrarna och koppla loss kontaktdonet

23.19a Dra ut givaren från fjäderbenet ...

23.19b ... och dra ut klämhylsan

24.6 På en 4-cylindrig motor måste spåret i drevet (vid pilen) vara rätt inpassat mot klacken på drivaxeln vid monteringen

19 Dra försiktigt ut givaren från fjäderbenet och ta bort den från bilen. När givaren är borttagen, dra ut klämhylsan från navet **(se bilder)**.

Montering

20 Se till att givarens kontaktytor, klämringen och fjäderbenet är rena och torra, smörj sedan in klämhylsans och hjulgivarens ytor med lite fett.
21 Pressa in klämhylsan i fjäderbenet och sätt sedan i hjulgivaren. Se till att givarens kabel är riktigt placerad och tryck in givaren på sin plats i fjäderbenet.
22 Se till att givaren sitter ordentligt, arbeta sedan längs givarens kablage och se till att det dragits rätt och fästs med alla relevanta klämmor och band. Anslut kontaktdonet.
23 Sätt på hjulet (om det tagits av), sänk ner bilen och dra åt hjulbultarna till angivet moment. Anslut batteriets minuspol.

Bakhjulsgivare

Demontering

24 Koppla loss batteriets minuspol.
25 Klossa framhjulen och ställ bakvagnen på pallbockar. Ta bort aktuellt hjul för att komma åt lättare.
26 Ta bort baksätesdynorna (se kapitel 11) och leta reda på hjulgivarens kontaktdon. Koppla loss relevant kontaktdon och lossa kabeln från fästklämmorna.
27 Följ kabeln bakåt från givaren och lossa den från alla relevanta klamrar. Skruva loss fästbultarna och ta bort kabelns skyddskåpa från bakaxeln, ta sedan bort kabelgenomföringen från karossen och dra igenom kabeln så att den kan tas bort tillsammans med givaren.
28 Dra försiktigt ut givaren från axeln och ta bort den från bilen. När givaren är borttagen, dra bort klämhylsan.

Montering

29 Se till att givarens kontaktytor, klämringen och axeln är rena och torra, smörj sedan in klämhylsans och hjulgivarens ytor med lite fett.
30 Pressa in klämhylsan i axeln och sätt i hjulgivaren. Se till att givarens kabel är riktigt

placerad och tryck in givaren på sin plats i axeln.
31 Se till att givaren sitter ordentligt, följ sedan givarens kablage och se till att det dragits rätt och fästs med alla relevanta klämmor och band. Montera skyddskåpan på axeln och dra åt fästskruvarna ordentligt, mata sedan upp kontaktdonet genom karossen och placera kabelgenomföringen på rätt plats.
32 Sätt på hjulet (om det tagits av), sänk ner bilen och dra åt hjulbultarna till angivet moment.
33 Anslut givarens kabel, lägg tillbaka sätesdynorna och anslut batteriets minuspol.

---

24 Vakuumpump (dieselmotor eller 2.3 liters bensinmotor) – demontering och montering

4-cylindriga motorer

Demontering

1 Bänd bort hattarna, skruva loss fästmuttrarna och ta bort motorns övre skyddskåpa. Vakuumpumpen är placerad i bakänden av motorblockets vänstra sida.
2 Lossa fästklämman och koppla loss vakuumslangen från pumpens ovansida.
3 Skruva loss bulten och pumpens fästklammer från motorblocket.

24.12a På en 5-cylindrig motor, skruva loss fästmuttrarna och tar bort vakuumpumpen ...

4 Dra ut pumpen ur motorblocket, ta loss O-ringtätningen och kassera den – en ny måste användas vid monteringen.

Montering

5 Placera den nya tätningen på vakuumpumpen och olja in den för att underlätta installationen.
6 För vakuumpumpen på plats och se till att spåret i drevet är i linje med klacken på drivaxeln **(se bild)**.
7 Montera fästklammern och dra åt fästbulten ordentligt.
8 Anslut vakuumslangen till pumpen och säkra den på plats med fästklämman.
9 Montera kåpan på motorn och dra åt dess fästmuttrar ordentligt.

5-cylindriga motorer

Demontering

10 Vakuumpumpen är fäst på vänster sida om topplocket. På en dieselmotor, bänd loss kåporna, skruva loss fästmuttrarna och ta bort den övre skyddskåpan från motorn för att komma åt pumpen.
11 Lossa fästklämman och koppla loss vakuumslangen från pumpen.
12 Skruva loss fästmuttrarna och brickorna, ta sedan bort pumpen från topplocket tillsammans med tryckstången. Ta loss pumpens tätningsring och kassera den – en ny måste användas vid monteringen **(se bilder)**.

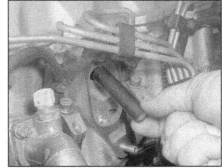

24.12b ... och tryckstången från topplocket

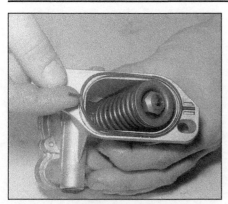

24.12c Ta loss tätningsringen från pumpen och kasta den

Montering

13 Montera en ny tätningsring på pumphuset och för in tryckstången.

14 För pumpen i läge, se till att tryckstången stannar på sin rätta plats. Placera pumpen på pinnbultarna, sätt tillbaka brickor och fästmuttrar och dra åt dem ordentligt.

15 Anslut vakuumslangen och säkra den på plats med fästklämman.

25 Vakuumpump (dieselmotor eller 2.3 liters bensinmotor) – test och renovering

1 Vakuumpumpens funktion kan kontrolleras med en vakuummätare.

2 Lossa vakuumröret från pumpen och anslut mätaren till pumpanslutningen med en lämplig slang.

3 Starta motorn och låt den gå på tomgång, mät sedan det vakuum pumpen alstrar. En tumregel är att efter cirka en minut ska ett minimum om cirka 500 mmHg visas. Om uppmätt vakuum är betydligt mindre än detta är det troligt att pumpen är defekt. Rådfråga dock en Audi/VAG-verkstad innan pumpen döms ut.

4 Det är inte möjligt att renovera vakuumpumpen eftersom delarna inte finns att köpa separat. Om pumpen är defekt måste den bytas som en enhet.

Anteckningar

Kapitel 10
Fjädring och styrning

Innehåll

Svårighetsgrader

Enkelt, passar novisen med lite erfarenhet	**Ganska enkelt,** passar nybörjaren med viss erfarenhet	**Ganska svårt,** passar kompetent hemmamekaniker	**Svårt,** passar hemmamekaniker med erfarenhet	**Mycket svårt,** för professionell mekaniker

Specifikationer

Hjulinställning och styrvinklar

Framhjul:
- Toe-inställning ... 15' ± 10' toe-in
- Camber:
  - Standardinställning:*
    - Standardfjädring (kod 1BA) ... -40' (tolerans på +35' till -25')
    - Självreglerande fjädring (kod 1BG) ... -40' (tolerans på +35' till -25')
    - Sportfjädring (kod 1BE) ... -50' (tolerans på +25' till -35')
    - Fjädring för gropig väg (kod 1BB) ... -15' (tolerans på +35' till -25')
  - Maximal skillnad mellan sidorna ... 30'
- Castor:
  - Standardinställning ... -1° 10' ± 40'
  - Maximal skillnad mellan sidorna ... 1°

Bakhjul:
- Toe-in ... 5' ± 25' toe-in
- Camber:
  - Standardinställning ... -50' ± 30'
  - Maximal skillnad mellan sidorna ... 20'

Fjädringstypens kod finns inpräglad på bilens identifikationsplåt

Hjul

Typ	Pressat stål eller aluminiumlegering (beroende på modell)
Storlek:	
Normala hjul	6J x 15 eller 7J x 15 (beroende på modell)
Reservhjul	4B x 15
Däcktryck	Se Veckokontroller

Åtdragningsmoment

Nm

Främre fjädring

Bärarm:
Klämbultsmutter för spindelled 65
Inre fästbult:
  Steg 1 110
  Steg 2 . . . . Vinkeldra ytterligare 90°
Fjäderben:
  Övre fästmuttrar 30
  Fästmuttrar för stötdämparens bussning 55
  Stötdämparens kåpmutter 240
  Mutter för stötdämparkolv 60
Kryssrambalk:
  Fästbultar:
    Steg 1 110
    Steg 2 . . . . Vinkeldra ytterligare 90°
  Fästbultar för bakre monteringsbussning 60
  Växellådans fästkonsolsmuttrar 40
Krängningshämmare:
  Bärarm muttrar:
    Steg 1 120
    Steg 2 . . . . Vinkeldra ytterligare 90°
  Muttrar till fästklamrarnas muttrar 105
Navbult:
  Steg 1 200
  Steg 2 . . . . Vinkeldra ytterligare 90°

Bakre fjädring

Axelpivåbultar 110
Axeltappsbultar 30
Fjäderben:
  Nedre fästbultsmutter 95
  Mutter för stötdämparkolv 30
  Övre fästmuttrar 25
Krängningshämmarens bultmuttrar 95
Navmutter . . . . Justera enligt beskrivningen i texten
Panhardstag:
  Karossbultmutter 100
  Axelbultmutter 95
Självreglerande fjädringssystem:
  Ackumulatorns fästbultar 20
  Luftningsskruv 15
  Hydraulrörsanslutningar:
    M10-muttrar/bultar 15
    M14-muttrar/bultar 25
  Regulatorventil:
    Muttrar till anslutningslänk 5
    Bultar mellan fästkonsol och kaross 20
    Bultar mellan ventil och fästkonsol 10

Styrning

Rattens fästmutter 40
Rattstång:
  Fästbult för låshus 7
  Fästbultsmuttrar 35
  Klämbultsmutter för kardanknut 25
  Kopplingsbultmuttrar mellan rattstång och kardanknut 25
Servostyrningspump:
  Anslutningsbultar för hydraulrör:
    Rörbult för självreglerande fjädring (om monterad) 25
    Rörbultar för styrningssystem 40
  Fästbultar 25
  Fästbultar för remskiva 25

Åtdragningsmoment

Styrning (forts)

	Nm
Styrstag:	
Låsmuttrar för justerare	50
Mutter spindelled till fjäderben	50
Inre bultar (för styrväxel)	80
Styrväxel:	
Anslutningsbultar för hydraulrör:	
Matnings- och returrörsbultar	40
Bultar mellan drevhus och karossrör/slang	20
Fästbultar:	
Bultar för förarsidan	50
Passagerarsidans fästbultmutter:	
M8-bult	35
M10-bult	55

Hjul

	Nm
Hjulbultar	110

1 Allmän information

1 Framfjädringen är individuell med spiral-fjäderben och teleskopiska stötdämpare. Fjäderbenen är monterade på tvärställda bärarmar som har inre fästbussningar av gummi och en spindelled i yttre änden. Fjäderbenens nedre ände, som bär hjullagren, bromsoken och nav-/skivenheterna, är anslutna till bärarmarna via spindellederna. En främre krängningshämmare finns på alla modeller och är monterad med gummifäste på kryssrambalken samt direkt ansluten till bärarmarna.

2 Den bakre fjädringen består av en torsionsaxel med hängarmar som är anslutna till karossen via gummibussningar. Axeln är kopplad till de nedre ändarna av de bakre fjäderbenen som har spiralfjädrar och teleskopiska stötdämpare. Axelns sidorörelser kontrolleras av ett panhardstag och på vissa modeller finns en bakre krängningshämmare för att reducera karossens rörelser. På vissa modeller finns ett självreglerande bakre fjädringssystem för att hålla bilens bakre del vid samma höjd oavsett vilken last den har (se avsnitt 17 för ytterligare information).

3 Rattstången har en flexibel koppling vid sin nedre del och den är ansluten till styrväxel-drevet med en klämbult. På Audi 100 modeller är rattstången länkad till säkerhetssystemet Procon-ten för att förhindra att ratten träffar föraren i händelse av olycka (se kapitel 11 för detaljer).

4 Styrväxeln är monterad på fordonets kaross och är ansluten med två styrstag, med spindelleder i de yttre ändarna, till styrarmarna som skjuter ut framåt från fjäderbenen. Spindellederna är gängade för att underlätta justering. Det hydrauliska styrningssystemet drivs av en remdriven pump, som i sin tur drivs av vevaxelns remskiva.

5 Det finns två olika typer servostyrning i de modeller som behandlas i den här hand-boken: Antingen kan styrningen vara av standardtypen (icke variabel), eller också av den servotroniska (variabla) typen (beroende på modell). I det servotroniska systemet styrs det hydrauliska trycket i styrväxeln av den servotroniska ventilen i styrväxelns drevhus, under kontroll av en elektronisk styrenhet (ECU). Det gör att styrningsassistansen kan anpassas så att det passar alla slags körförhållanden, d.v.s. öka assistansen när bilen körs långsamt/är parkerad och öka assistansen när bilen framförs med högre hastighet.

2 Främre hjullager – byte

Observera: *Lagret är ett dubbelradigt rullager, tillslutet, förjusterat och förinsmort och det är avsett att klara sig utan underhåll och åtgärder under bilens hela livslängd. Spänn aldrig till navbulten för att försöka justera lagret.*

Observera: *Det behövs en press för att ta isär och sätta ihop enheten. Om ett sådant verktyg inte finns tillgängligt bör man kunna använda ett stort bänkskruvstäd och distanser (t.ex. stora hylsor) istället. Lagrets inre bana har presspassning på navet. Om den inre banan är kvar på navet när det pressas ut ur navhållaren behövs en knivseggad lageravdragare för att ta bort den.*

1 Demontera fjäderbenet enligt beskrivningen i avsnitt 3.

2 Stöd omsorgsfullt fjäderbenets bas på ett block eller i ett skruvstäd. Använd en rör-formad distans som bara vidrör navflänsens inre ände och tryck ut navflänsen ur lagret. Om det yttre lagrets inre bana sitter kvar i navet, ta bort den med en lageravdragare (se ovan).

3 Stöd den yttre ytan på fjäderbensbasen ordentligt och tryck sedan ut hela lager-enheten ur benet med en tubformad distans som bara trycker på den inre banan.

4 Rengör navet och fjäderbenet omsorgsfullt, ta bort alla spår av smuts och fett och polera bort eventuella borrskägg eller upphöjda kanter som kan hindra hopsättningen. Kontrollera om det finns sprickor eller andra tecken på slitage eller skada och byt ut dem om så behövs.

5 Stöd den inre ytan på fjäderbenets bas och placera lagret i fjäderbensloppet. Se till att den inre ytan med större diameter på lagret vetter utåt (mot navflänsen) och tryck sedan ner lagret på plats med en tubformad distans som bara berör den yttre banan. Se till att lagret helt och hållet hamnar i fjäderbenet och trycks i rätt position.

6 Stöd ordentligt den yttre ytan på navflänsen och placera hjullagrets inre bana över änden på navflänsen. Använd en rörformad distans som bara vidrör den inre banan och tryck på lagret över navet tills det sitter mot klacken.

7 Kontrollera att navflänsen roterar fritt, montera sedan fjäderbensenheten enligt beskrivningen i avsnitt 3.

3 Främre fjäderben – demontering och montering

Observera: *En ny navbult och en spindel-ledsklämbult för bärarmen behövs vid monteringen, samt följande nya muttrar: En spindelledsmutter för styrstaget, en klämbults-mutter för bärarmens spindelled, en kläm-bultsmutter för krängningshämmarens fäste samt övre fästmuttrar för fjäderben.*

Demontering

1 Ta bort navkapseln (i förekommande fall) och lossa navbulten medan bilen vilar på hjulen. Lossa även hjulbultarna.

2 Klossa bakhjulen, dra åt handbromsen och ställ upp framvagnen på pallbockar.

3.4a Skruva loss fästbultarna . . .

**3.4b . . . och ta bort krängnings-
hämmarens fästklamrar från
kryssrambalken**

**3.7 På modeller med ABS, ta bort
hjulgivaren från fjäderbenet**

**3.9 En kulledsavdragare används för att
frigöra styrstagets spindelled från
fjäderbenet**

**3.10 Skruva bort muttern och ta bort
spindelledens klämbult från fjäderbenet**

3 Ta bort fästskruvarna och klamrarna och ta bort kåpan under motorn/växellådan.
4 Sänk på nytt ner bilen på marken, skruva loss muttrarna och bultarna som håller de båda fästklamrarna för krängningshämmaren vid kryssrambalken. Ta bort klamrarna och kasta muttrarna – nya måste användas vid monteringen **(se bilder)**.
5 Ställ upp framvagnen på pallbockar och ta bort framhjulen.
6 Ta bort navbulten och kasta den – en ny bult måste användas vid monteringen.

7 På modeller med ABS, ta bort hjulgivaren från fjäderbenet enligt beskrivningen i kapitel 9 och lossa dess kablar från fästklämmorna **(se bild)**.
8 Skruva ur de två bultar som håller bromsoksenheten vid fjäderbenet och dra bort enheten från skivan. Bind upp oket på karossen så att inte bromsslangen belastas. Ta bort bromsskivan från navet (se kapitel 9 för mer information).
9 Lossa muttern som håller fast styrväxelns styrstagsspindelled till fjäderbenet och lämna

den påskruvad med bara ett par gängor. Lossa spindelledens konformade skaft med en universell kulledsavdragare och skruva sedan loss muttern och flytta styrstaget så att det går fritt från stödet **(se bild)**. Kasta muttern – en ny måste användas vid monteringen.
10 Skruva loss muttern och dra bort bärarmens spindelledsklämbult från fjäderbenets bas och notera hur bulten sitter **(se bild)**. Kasta bulten och muttern och använd nya vid monteringen.
11 Lossa bärarmens spindelledskaft från basen av fjäderbenet genom att försiktigt sänka bärarmen/krängningshämmaren och sedan flytta fjäderbenets bas utåt för att frigöra navet från drivaxelns yttre drivknut. *Observera: Stötta drivaxeln genom att hänga upp den med vajer eller snöre – låt den inte hänga fritt eftersom detta kan skada knutarna/ damaskerna.*
12 Ta loss kåpan ovanpå fjäderbenets fästplatta. Stöd fjäderbensenheten och skruva loss de tre muttrarna och brickorna som fäster fjäderbenet vid karossen. Ta ut fjäderbensenheten från under hjulhuset och kasta de övre fästmuttrarna – nya muttrar måste användas vid monteringen **(se bilder)**.

**3.12a Ta bort kåpan och skruva ur och ta bort de övre
fästmuttrarna och brickorna (vid pilarna) . . .**

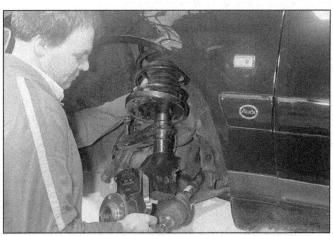

3.12b . . . och ta bort fjäderbenet från under hjulhuset

3.14a Rikta in fästet i linje med karossen och sätt dit brickorna och nya muttrar...

3.14b ... och dra åt dem till angivet moment

4.1 Pressa ihop spiralfjädern tills fjädersätena avlastas

Montering

13 Ta bort alla spår av smuts från drivaxelns yttre drivknut och navets splines och smörj splinesen med molybdendisulfidsfett (Audi/VAG rekommenderar Moly-Paste AOS 11500001 – som kan köpas hos Audi/VAG-försäljare).

14 Sätt tillbaka fjäderbensenheten på plats och justera dess övre fästplatta mot karossen. Passa in brickorna på fästplattans pinnbultar och skruva på de nya muttrarna. Dra åt muttrarna till angivet moment och sätt tillbaka kåpan på fästet (pilen på kåpan ska peka mot hjulet) **(se bilder)**.

15 Anslut drivaxelns yttre drivknut till navets splines och skruva fast den nya navbulten, men skruva bara fast den för hand i det här stadiet.

16 Justera fjäderbenets bas mot bärarmens spindelled och skjut in spindelleden på plats. Fäst den nya klämbulten från benets baksida och skruva sedan på den nya muttern till angivet moment.

17 Passa in styrstagets spindelled på fjäderbenet och skruva på den nya fästmuttern till angivet moment.

18 Montera skivan på navet, och skruva fast den med en hjulbult. Skjut in bromsoket i läge och se till att bromsklossarna hamnar på vardera sidan om skivan, skruva sedan på fästbultarna och dra åt dem till angivet moment (se kapitel 9).

19 Där tillämpligt, montera ABS-hjulgivaren enligt beskrivningen i kapitel 9.

20 Kontrollera att drivaxelns yttre drivknut är dragen ordentligt på plats i navet. Sätt på hjulet och ställ ner bilen på marken.

21 När bilen står på hjulen, montera fästklamrarna på krängningshämmarens fästbussningar och sätt dit fästbultarna och de nya muttrarna. Se till att båda fästklamrarna sitter som de ska och dra sedan lätt åt fästmuttrarna.

22 Dra åt navbulten till momentet angivet för steg 1, dra den sedan till vinkeln angiven för steg 2. Använd en vinkelmätare för att försäkra dig om att det blir rätt. Om en vinkelmätare inte finns till hands kan man göra märken mellan bultskallen och navet/hjulet med vit färg innan bulten dras åt. Dessa märken kan sedan användas för att kontrollera att bulten har dragits åt i rätt vinkel. När bulten är korrekt åtdragen, dra hjulbultarna till angivet moment och montera hjulsidan/-navkapseln.

23 Gunga bilen för att fjädringskomponenterna ska komma på plats och dra sedan åt muttrarna på krängningshämmarens fästklämbultar till angivet moment.

24 Höj framvagnen på bilen igen och stöd den på ett säkert sätt. Montera sedan tillbaka underkåpan innan bilen sänks ner igen.

Observera: *Om fjäderbenet har tagits isär är det klokt att låta en verkstad kontrollera, och om så behövs justera, cambervinkeln (se avsnitt 28).*

4 Främre fjäderben – renovering

Varning: För isärtagning av fjäderbenet behövs ett verktyg för att hålla spiralfjädern hoptryckt. Justerbara spiralfjäderkompressorer finns i de flesta tillbehörsbutiker och rekommenderas för detta arbete. Varje försök att ta isär fjäderbenet utan ett sådant redskap riskerar att leda till skador på person eller material.

Observera: *En ny mutter för stötdämparkolven krävs vid montering. Om stötdämparen ska tas bort från fjäderbensbasen krävs en speciell hylsa (Audi/VAG nr 2069 eller 2069A eller liknande) för att skruva loss stötdämparens fästmutter.*

1 När fjäderbenet tagits bort från bilen, rengör det från all smuts och montera det sedan upprätt i ett skruvstäd. Sätt på fjäderkompressorn och tryck ihop spiralfjädern tills spänningen försvinner från fjädersätena **(se bild)**.

2 Lossa stötdämparkolvens mutter medan kolven hålls på plats med en insexnyckel **(se bild)**.

3 Ta bort muttern och brickan och lyft sedan av fästplattan, följt av lagret, styrbussningen och den övre fjädersätesenheten **(se bilder)**.

4.2 Lossa kolvmuttern medan kolven hålls på plats med en insexnyckel

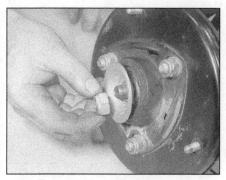

4.3a Ta bort kolvmuttern och brickan ...

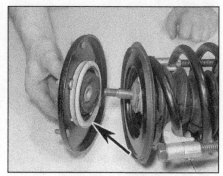

4.3b ... lyft sedan av fästplattan och lagret (vid pilen) ...

4.3c . . . följt av styrbussningen och det övre fjädersätet

4.4a Lyft bort spiralfjädern och ta bort stoppklacken (vid pilen). . .

4.4b . . . och damasken

Den övre fjädersätesenheten består i praktiken av tre delar: lagerskölden, fjäderhållaren och fjädersätet.

4 Lyft bort spiralfjädern och ta bort stoppklacken och damasken från stötdämparkolven **(se bilder).**

5 Om specialverktyget finns tillgängligt, skruva loss kåpmuttern från fjäderbensbasen och lyft ut stötdämparenheten **(se bilder).**

6 Undersök stötdämparen beträffande tecken på vätskeläckage. Undersök kolven efter tecken på punktkorrosion längs hela dess längd och undersök om huset är skadat. Håll stötdämparen upprätt och testa dess funktion genom att dra kolven hela vägen, därefter i korta drag på 5 till 10 cm. I båda fallen bör

motståndet vara jämnt och kontinuerligt. Om motståndet är ryckigt eller ojämnt, eller om det finns synliga tecken på slitage eller skada på stötdämparen, måste den bytas.

Observera: *Stötdämpare måste bytas i par.*

7 Undersök alla övriga komponenter, leta efter tecken på skada eller åldrande och byt ut alla delar som verkar tveksamma.

Observera: *Om stötdämparens övre bussning ska tas bort från den övre fästplattan, märk bussningens position på plattan innan den tas bort. Detta måste göras för att bevara framhjulets cambervinkelinställning (se avsnitt 28). Vid monteringen, sätt tillbaka bussningsplattan på den plats som markerades före demonteringen, sätt sedan dit de nya fäst-*

muttrarna och dra åt dem till angivet moment. Låt kontrollera framhjulets cambervinkel så snart som möjligt efter monteringen.

8 Om tillämpligt, fäst stötdämparen vid fjäderbensbasen och skruva sedan på kåpmuttern. Se till att fjäderbensbasen sitter som den ska och använd sedan specialverktyget för att dra åt kåpan till angivet moment.

9 Dra på gummistoppklacken över kolven och sätt dit dammdamasken. Se till att damaskens nedre del är rätt ansluten till fjäderbensbasen.

10 Montera spiralfjädern på fjäderbensbasen, kontrollera att färgmarkeringen befinner sig i botten och placera änden mot fjädersätets spärr **(se bild).**

11 Fäst det övre fjädersätet vid spiralfjäderns övre del. Placera den övre änden av dammdamasken på basen av enheten, sätt sedan enheten på spiralfjädern, och kontrollera att sätesspärren ligger an mot fjäderänden **(se bild).**

12 Montera lagret på övre fästplattan och kontrollera att dess hål greppar om fästplattans pinnbultar **(se bild).**

13 Dra helt ut stötdämparkolven, sätt sedan dit riktningshylsan följt av den övre fästplattan och lagret, kontrollera att lagret hamnar i rätt position.

14 Sätt tillbaka brickan och skruva på den nya muttern. Sätt dit stötdämparkolven och dra åt kolvmuttern till angivet moment.

4.5a Använd specialverktyget (1) och skruva bort kåpmuttern (2) från fjäderbensbasen . . .

4.5b . . . lyft sedan ut stötdämparenheten

4.10 Se till att fjädern sitter åt rätt håll med sin nedre ände tätt emot sätesspärren

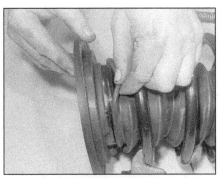

4.11 Fäst det övre fjädersätet och se till att dammdamasken placeras korrekt på säteskanten

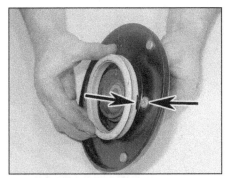

4.12 Montera lagret på den övre fästplattan och se till att dess hål greppar om fästplattans pinnbultar (vid pilarna)

4.15 Se till att både över- och underdelen av fjädern är i kontakt med spärrarna innan fjäderkompressorn släpps

5.5 Håll kolven på plats med en insexnyckel och ta bort kolvmuttern

5.6 Ta bort fästmuttrarna och brickorna och lyft sedan bort stötdämparens bussningsplatta

15 Se till att alla komponenter är korrekt monterade och att båda fjäderändarna har kontakt med sina spärrar och släpp sedan försiktigt upp fjäderkompressorn och ta bort den från fjäderbenet **(se bild)**.
16 Montera fjäderbenet i bilen enligt beskrivningen i avsnitt 3.

5 Främre fjädrings stötdämpare – byte

Observera: *Det här arbetet går bara att utföra om man har tillgång till Audi/VAG:s special-verktyg (2069 eller 2069A) eller någon lämplig motsvarighet. Nya muttrar till fästplattan till stötdämparbussningen och en ny kolvmutter kommer att behövas vid monteringen.*

Observera: *Om en av stötdämparna kräver byte måste BÅDA bytas ut samtidigt för att de ska fungera på bästa sätt. Byt alltså aldrig ut bara en stötdämpare.*

1 Beroende på konstruktionen av de främre fjäderbenen går det att byta ut stötdämparna på följande sätt, utan att ta bort fjäderbenen från bilen.
2 Parkera bilen på plan mark och dra åt handbromsen.
3 Med bilen stående på hjulen, öppna motor-

huven och ta bort kåpan från fjäderbenets övre fäste.
4 Använd en markeringspenna och dra en linje runt stötdämparens bussningsplatta för att märka ut dess rätta läge på fjäderbenets övre fästplatta. Detta måste göras för att bibehålla framhjulets cambervinkelinställning (se avsnitt 28).
5 Skruva loss stötdämparkolvens mutter och kupade bricka. För att förhindra rotation medan muttern skruvas av, håll kolven på plats med en insexnyckel **(se bild)**. Kasta muttern – en ny måste användas vid monteringen.
6 Skruva loss de tre fästmuttrarna och brickorna och ta bort stötdämparens buss-

5.8a Dra av riktningsbussningen från kolven ...

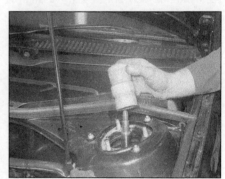

5.8b ... följt av stoppklacken

ningsplatta från överkanten på fjäderbenets övre fästplatta **(se bild)**.
7 Vrid ratten så att stötdämparkolven befinner sig mitt i öppningen på fjäderbenets övre fästplatta. För att hindra att fjädern förflyttas medan stötdämparen tas bort, kila fast den genom att sätta in träblock mellan fjädern och karossen.
8 Lossa stötdämparkolvens damask från fjäderbenet och dra bort riktningsbussningen och stoppklacken från kolven **(se bilder)**.
9 Skruva loss kåpmuttern från fjäderbenet med hjälp av specialverktyget, ta sedan försiktigt bort stötdämparen via hålet i den övre fästplattan **(se bilder)**.
10 Sätt in den nya stötdämparen på plats i

5.9a Skruva loss kåpmuttern från fjäderbenet med specialverktyget ...

5.9b ... lyft bort kåpmuttern ...

5.9c ... och ta bort stötdämparen

5.10 Se till att stötdämparen sitter korrekt, skruva sedan tillbaka kåpmuttern och dra åt den till angivet moment

5.13 Montera stötdämparens bussningsplatta och mellanläggsbrickan och skruva dit den nya kolvmuttern

5.14a Sätt brickorna och de nya muttrarna på den övre fästplattans pinnbultar . . .

stötdämparens bas. Skruva tillbaka kåpmuttern och dra åt den till angivet moment **(se bild)**.

11 Dra stoppklacken och riktningsbussningen över stötdämparkolven och dra sedan ut kolven i sin helhet.

12 Placera bussningsenheten vid änden av kolven och anslut den till den övre fästplattans pinnbultar.

13 Montera brickan och den nya muttern på stötdämparkolven och dra åt den till angivet moment **(se bild)**.

14 Passa in stötdämparens bussningsplatta efter de markeringar som gjordes före demonteringen, sätt sedan dit brickorna och de nya fästmuttrarna och dra åt dem till angivet moment **(se bilder)**.

15 Montera kåpan på det övre fästet och se till att dess pil pekar mot hjulet **(se bild)**.

16 Ta bort träblocken som användes för att hålla spiralfjädern på plats, sätt sedan tillbaka stötdämparkolvens damask på sin plats på fjäderbensbasen. Låt kontrollera framhjulets cambervinkel så snart som möjligt (se avsnitt 28).

5.14b . . . rikta in de märken som gjordes innan demonteringen och dra åt bussningsplattans muttrar till angivet moment

5.15 Montera tillbaka kåpan på fjäderbenets övre fäste och se till att dess pil pekar i riktning mot hjulet

---

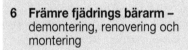

6 Främre fjädrings bärarm –
demontering, renovering och montering

Observera: *En ny fästbult till bärarmen/kryssrambalken, en klämbult och mutter till bärarmens spindelled kommer att behövas för monteringen, liksom en mutter för krängningshämmarens infästning till bärarmen och klämbultsmuttrar till krängningshämmaren.*

Observera: *Troligen behövs en utdragare för att dra ut bärarmens rikthylsa från kryssrambalken. Utdragaren måste kunna få ett ordentligt fäste på insidan av hylsan (som är ca 12 mm i diameter) för att den ska kunna dras ut.*

Demontering

1 Ta bort krängningshämmaren enligt beskrivningen i avsnitt 7.

2 Klossa bakhjulen, dra åt handbromsen och ställ upp framvagnen på pallbockar. Ta av relevant hjul. När hjulet tagits loss, skruva tillbaka minst en hjulbult för att se till att bromsskivorna ligger kvar i rätt position i navet.

3 Skruva loss muttern och dra bort bärarmens spindelledsklämbult från fjäderbenets bas och anteckna hur bulten är fäst. Kasta klämbulten och muttern och använd nya vid monteringen.

4 Skruva loss bulten och brickan som håller den inre änden av bärarmen fäst vid kryssrambalken **(se bild)**. Kasta bulten och brickan och dra sedan ut rikthylsan från den nedre armens inre bussning (se anmärkningen i början av det här avsnittet). **Observera:** *Om rikthylsan är svår att ta bort kan det bli nödvändigt att demontera hela kryssrambalken och knacka ut hylsan ovanifrån (se avsnitt 8).*

5 Lyft försiktigt ut bärarmens spindelled från basen av fjäderbenet och frigör armen från kryssrambalken och ta bort den från bilen.

Renovering

6 Rengör noga bärarmen och området kring fästena, ta bort alla spår av smuts och underredsbehandling om så behövs, undersök sedan om delarna har sprickor, skevheter

eller andra tecken på slitage eller skada, speciellt på den inre pivåbussningen och spindelleden. Spindelleden utgör en integrerad del av bärarmen och kan inte bytas ut separat. Om armen eller spindelleden har skadats måste hela enheten bytas ut.

7 Byte av den inre pivåbussningen kräver en hydraulisk press och flera distanser och det är därför bäst att överlåta arbetet till en Audi/VAG-återförsäljare eller en verkstad som har tillgång till nödvändig utrustning. Om du har tillgång till sådan utrustning, tryck ut bussningen och installera den nya med hjälp av en distans som bara vilar på bussningens

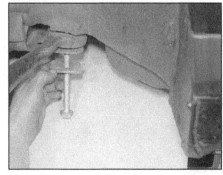

6.4 Skruva loss den bult och bricka som håller bärarmens ände i rätt läge

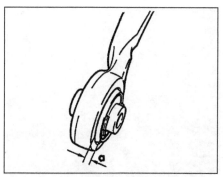

6.7 Vid byte av den inre pivåbussningen, se till att den är i rätt läge så att mått 'a' är 4,5 ± 0,8 mm

6.11 Se till att den inre bultbrickan är riktigt placerad i kryssrambalken (vid pilen) och dra sedan åt den till angivet moment för steg 1 och sedan till angiven vinkel för steg 2

7.2 Skruva vid behov loss fästbultarna och placera kabelhärvan så att den inte är i vägen för krängningshämmaren

yttre kant. Försäkra dig om att bussningen är placerad på rätt sätt, d.v.s. att den skjuter ut från armen i rätt läge **(se bild)**.

Montering

8 Manövrera armen på plats, anslut den till kryssrambalken, och placera sedan spindelledsskaftet i basen på fjäderbenet.
9 Passa in bärarmens inre bussning med hålet i kryssrambalken och sätt in rikthylsan, och knacka den i läge tills den är i jämnhöjd med kryssrambalken. Passa in den nya brickan så att dess tapp hamnar i kryssrambalkens urtag, och skruva in den nya bulten. Dra bara åt bulten lätt än så länge.
10 Passa in den nya klämbulten i bärarmens spindelled från baksidan av fjäderbenet, skruva sedan fast den nya muttern och dra åt den till angivet moment.
11 Dra åt kryssrambalkens/bärarmens inre bult till angivet moment för steg 1 och dra den sedan till angiven vinkel för steg 2 med en vinkelmätare för att värdet ska bli exakt **(se bild)**. Om en vinkelmätare inte finns till hands kan man göra märken mellan bultskallen och kryssrambalken med vit färg innan bulten dras åt. Dessa märken kan sedan användas för att kontrollera att bulten har dragits åt i rätt vinkel.
12 Sätt på hjulet, sänk ner bilen och dra åt hjulbultarna till angivet moment.

13 Montera krängningshämmaren enligt beskrivningen i avsnitt 7.
14 Kontrollera och, om så behövs, justera framhjulsinställningen enligt beskrivningen i avsnitt 28.

7 Främre fjädrings krängningshämmare – demontering och montering

Observera: *Nya muttrar för krängningshämmarens infästning till bärarmen och muttrar till fästklämbultar krävs för monteringen.*

Demontering

1 Krängningshämmaren måste tas bort/monteras medan bilen står på hjulen. Av den anledningen är det mycket lättare att utföra följande åtgärder om bilen placeras över en smörjgrop. Alternativt kan bilen köras upp på en ramp för att öka avståndet mellan bilens front och marken.
2 Ta bort fästena och klämmorna och ta bort plåten under motorn/växellådan för att komma åt krängningshämmarens fästklamrar. Om det behövs, skruva loss fästbultarna och placera kabelhärvan så att den inte är i vägen **(se bild)**.
3 Skruva loss de muttrar och bultar som

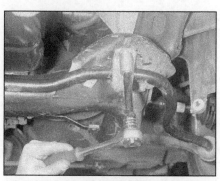

7.3 Skruva loss muttrarna och bultarna och ta bort fästklamrarna från kryssrambalken

fäster krängningshämmarens båda fästklamrar vid kryssrambalken **(se bild)**. Ta bort klämmorna och kasta muttrarna eftersom nya måste användas vid monteringen.
4 Skruva loss muttrarna som fäster krängningshämmarens ändar till bärarmarna och kasta bort dem. Nya muttrar måste användas vid monteringen. Ta bort brickan och bakre bussningen från respektive ände av hämmaren och anteckna deras positioner före demontering **(se bilder)**.
5 Dra ut krängningshämmaren från bilens undersida och ta sedan loss de främre bussningarna och brickorna från bägge ändar på hämmaren. Ta bort fästhylsorna från

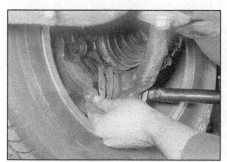

7.4a Skruva bort muttrarna som fäster krängningshämmarens ändar vid bärarmarna . . .

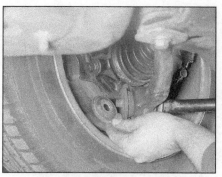

7.4b . . . och ta bort mellanläggsbrickorna . . .

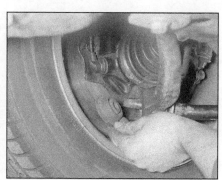

7.4c . . . och de bakre bussningarna

7.5 Frigör ändarna på krängnings-hämmaren från bärarmarna och ta vara på de främre bussningarna och brickorna

7.7 Se till att fästbussningarna placeras korrekt på krängningshämmarklackarna vid monteringen

7.11a Se till att fästklamrarna griper tag om bussningarna på rätt sätt . . .

krängningshämmaren och anteckna deras lägen **(se bilder)**.
6 Undersök noggrant krängningshämmarens komponenter efter tecken på slitage, skada eller åldrande, speciellt på fästbussningarna. Byt ut slitna komponenter om så behövs.

Montering

7 Smörj in fästbussningarna med talk och sätt tillbaka dem på krängningshämmarens klackar **(se bild)**.
8 Sätt sedan tillbaka de främre brickorna och bussningarna på respektive ände av krängningshämmaren och se till att de konvexa ytorna på brickorna ligger mot bussningarna.

9 Placera krängningshämmaren på plats och anslut dess ändar till bärarmarna.
10 Skjut in de bakre bussningarna på krängningshämmarens ändar och sätt sedan på brickorna med de konvexa ytorna mot bussningarna. Skruva på de nya fästmuttrarna men dra bara åt dem lite lätt i det här stadiet.
11 Sätt tillbaka fästklamrarna på krängnings-hämmarens fästbussningar. Se till att båda klamrarna sitter som de ska på bussningarna och sätt sedan fast fästbultarna och de nya muttrarna **(se bilder)**. Dra bara åt fäst-muttrarna lite lätt i det här stadiet.
12 Gunga bilen så att krängningshämmaren hamnar i rätt position. Dra åt båda muttrarna mellan krängningshämmaren och bärarmen till

angivet moment för steg 1 och sedan till vinkeln för steg 2. Dra också åt fästbultarna till krängningshämmarens fästklamrar till angivet moment **(se bilder)**.
13 Montera underkåpan och sänk ner bilen på marken igen (om det behövs).

8 Främre fjädrings kryssrambalk – demontering och montering

Observera: *Nya fästbultar och brickor för kryssrambalken, klämbultar och muttrar för bärarmens spindelled samt muttrar för växellådans fäste till kryssrambalken kommer att behövas vid monteringen.*
Observera: *En stödbalk eller hissanordning för motorn kommer att behövas för att stöda motor/växellådsenhet medan kryssrambalken är borttagen.*

Demontering

1 Klossa bakhjulen, dra åt handbromsen och ställ upp framvagnen på pallbockar.
2 Ta bort de båda framhjulen. När ett hjul tagits loss, skruva tillbaka minst en hjulbult för att se till att bromsskivorna ligger kvar i rätt position i navet.
3 Ta bort fästskruvarna och fästklämmorna och ta bort kåpan under motorn/växellådan.
4 Se beskrivningen i kapitel 2, koppla ett lyftfäste till motorns bakre del och stöd tyngden på motor/växellåda med antingen en stödbalk eller en lyftanordning.
5 Skruva loss muttrarna och ta bort bär-armens spindelledsklämbultar från fjäder-benets bas och anteckna hur bultarna är fästa. Kasta både bultar och muttrar och använd nya vid monteringen.
6 Skruva loss muttrarna och packningarna som håller växellådans fästbyglar vid kryss-rambalken. Kasta muttrarna och använd nya vid monteringen.
7 Skruva loss fästmuttrarna/bultarna och lossa alla kablar/slangar från fästklämmorna på kryssrambalken (om så behövs).

7.11b . . . sätt sedan tillbaka fästbultarna och skruva fast de nya muttrarna

7.12a Dra åt bärarmsmuttrarna till angivet moment för steg 1 . . .

7.12b . . . och därefter till angiven vinkel för steg 2

7.12c Dra åt fästklammermuttrarna till angivet moment

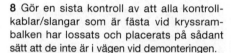

9.3 På modeller med bakre skivbromsar, bänd bort kapseln från mitten av navet . . .

9.4 . . . dra sedan ut saxsprinten och ta bort låshatten

9.5a Skruva loss navmuttern . . .

8 Gör en sista kontroll av att alla kontroll-kablar/slangar som är fästa vid kryssram-balken har lossats och placerats på sådant sätt att de inte är i vägen vid demonteringen.
9 Placera en domkraft och ett träblock under kryssrambalken för att ge stöd åt balken när den sänks ner.
10 Skruva loss och ta bort kryssrambalkens fyra fästbultar och brickor och lossa bär-armarnas spindelleder från fjäderbenen. Sänk ner kryssrambalken från sin plats och ta bort den från bilens undersida. Kasta fästbultarna och brickorna – nya måste användas vid monteringen.
11 Medan kryssrambalken är borttagen, kontrollera om fästbussningarna visar tecken på skada eller förslitning och byt i så fall ut dem. De främre bussningarna är inpressade i kryssrambalken medan de bakre buss-ningarna är fästa med bultar vid karossen. Om en bakre bussning ska bytas ut, märk ut dess position på bussningens fästplatta innan den tas bort från bilen. Sätt dit den nya buss-ningen mot de markeringar som gjordes vid demonteringen och dra sedan åt fästbultarna till angivet moment.

Montering

12 Lyft upp kryssrambalken på plats och se till att inte klämma fast några kablar. Justera in bärarmens spindelleder mot fjäderbenen och passa in växellådans fästbyglar i kryss-rambalkens hål.
13 Se till att klackarna på de bakre fäst-

bussningarna och växellådans fästbyglar sitter som de ska på kryssrambalken och sätt sedan dit kryssrambalkens fästbultar och brickor. Se till att flikarna på de bakre bultbrickorna befinner sig i rätt läge i för-hållande till kryssrambalkens spår och att de främre bultbrickorna ligger med de räfflade ytorna mot fästbussningarna. Dra bara åt fästbultarna lite lätt i det här stadiet.
14 Passa in de nya klämbultarna bär-armarnas spindelleder från baksidan av fjäderbenen, skruva sedan fast de nya muttrarna och dra åt dem till angivet moment.
15 Sätt på brickorna och de nya muttrarna på växellådans fästbygelspinnbultar, men dra bara åt dem helt lätt i det här stadiet.
16 Ta bort motorlyften eller stödbalken och dra sedan åt kryssrambalkens fästbultar, först till angivet moment för steg 1 och sedan till angiven vinkel för steg 2. Dra också åt växellådans fästbygelsmuttrar till angivet moment.
17 Se till att kablar/slangar är korrekt dragna och anslut dem till kryssrambalken.
18 Sätt tillbaka underkåpan och hjulen ordentligt och sänk ner bilen på marken. Dra fast hjulbultarna till angivet moment.
Observera: *Om kryssrambalkens bakre fäst-bussningar har bytts ut, låt kontrollera fram-hjulsinställning och styrvinklar så snart som möjligt (se avsnitt 28).*

9 Bakre nav – demontering och montering

Modeller med bakre trumbromsar

1 Den bakre navenheten utgör en integrerad del av bromstrumman. Se kapitel 9 för demonterings- och monteringsdetaljer.

Modeller med bakre skivbromsar

Demontering

2 Ta bort den bakre bromsskivan enligt beskrivningen i kapitel 9.
3 Använd hammare och en stor och flat skruvmejsel och knacka och bänd försiktigt bort kapseln från navets mitt (se bild). Byt kapsel om den missformas.
4 Dra ut saxsprinten från navmuttern och ta bort låshatten (se bild). Kassera sprinten, en ny måste användas vid montering.
5 Skruva ur navmuttern, dra ut den tandade brickan och ta bort det yttre lagret från navets mitt (se bilder).
6 Det ska nu vara möjligt att dra ut navet för hand (se bild). Om det sitter åt hårt, knacka på navets ytterkant med en mjuk klubba eller använd en universalavdragare fastskruvad i navet med hjulbultarna och dra av det.

9.5b . . . och ta bort den tandade brickan . . .

9.5c . . . och det yttre lagret från navet

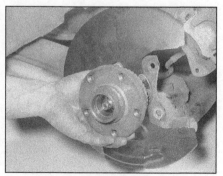

9.6 Det bakre navet tas bort från axeltappen

9.9a Justera det bakre hjullagret på det sätt som anges i texten . . .

9.9b . . . sätt sedan tillbaka låshatten och sätt i en ny saxsprint . . .

9.9c . . . för att fästa navmuttern i rätt läge

9.10 Se till att kapseln är ordentligt fastskruvad i navet innan bromsskivan sätts tillbaka

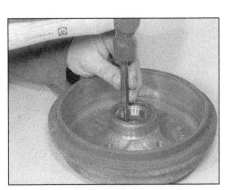

10.3 Bänd bort oljetätningen från den bakre delen av navet

Montering

7 Lägg lite fett på navets oljetätning och trä försiktigt navet på axeltappen.

8 Montera det yttre lagret och den tandade tryckbrickan med tanden i spåret i axeltappen.

9 Skruva på navmuttern, dra den så att den just kommer i kontakt med brickan, samtidigt som navet roteras så att lagren sätter sig på plats. Lossa lite på navmuttern till dess att tandbrickan precis kan föras från sida till sida med en skruvmejsel. **Observera:** *Det ska inte behövas mycket kraft för att flytta brickan.* När navmuttern är på rätt plats, sätt tillbaka låshatten och lås muttern i läge med en ny saxsprint **(se bilder).**

10 Sätt tillbaka kapseln mitt i navet och knacka den på plats **(se bild).**

11 Montera den bakre bromsskivan enligt beskrivningen i kapitel 9.

10 Bakre hjullager – byte

1 På modeller med bakre trumbromsar, ta bort bromstrumman enligt beskrivningen i kapitel 9.

2 På modeller med bakre skivbromsar, ta bort det bakre navet enligt beskrivningen i avsnitt 9.

3 På alla modeller, använd en platt skruv-

mejsel för att bända bort oljetätningen från bakre delen av navet/trumman och anteckna hur den sitter **(se bild).**

4 Ta bort det inre lagret från navet/trumman.

5 Håll i navet och slå det yttre lagrets yttre lagerbana ur läge **(se bild).**

6 Vänd på navet/trumman slå det inre lagrets yttre lagerbana ur läge.

7 Rengör navets/trummans lopp omsorgsfullt, ta bort alla spår av smuts och fett och polera bort eventuella borrskägg eller upphöjda kanter som kan hindra hopsättningen. Undersök om det finns sprickor eller andra tecken på slitage eller skada, och byt ut navet/trumman om så behövs. Lagren och oljetätningen måste bytas så fort man har rubbat dem, eftersom en demontering nästan alltid skadar de yttre lagerbanorna. Skaffa nya lager, en oljetätning och ett universalfett som passar hjullager.

8 För att underlätta installationen, täck de yttre lagerbanorna med ett tunt lager ren motorolja innan monteringen.

9 Håll ordentligt i navet/trumman och sätt in det yttre lagrets yttre lagerbana på plats. Knacka in lagerbanan på plats med en rörformad hylsa som endast ligger an på lagerbanans yttre kant **(se bild).**

10 Vänd på navet/trumman och installera det inre lagrets yttre lagerbana på samma sätt.

11 Kontrollera att båda yttre lagerbanorna sitter som de ska och torka dem rena.

12 Arbeta in fett i båda koniska rullagren och lägg lite fett på de yttre lagerbanorna **(se bild).**

10.5 Slå de yttre lagerbanorna ur läge med hjälp av en hammare och en körnare

10.9 Knacka in de nya yttre lagerbanorna i rätt läge med hjälp av en hylsa som endast ligger an mot lagerbanans yttre kant

10.12 Arbeta in fett i de koniska rullagren innan de monteras

10.14 Se till att oljetätningen är inpassad åt rätt håll och pressa sedan in den i sitt läge

13 Fäst det koniska rullagret i det inre lagrets yttre bana.
14 Tryck in oljetätningen i navets/trummans baksida och kontrollera att dess tätningsläpp är vänd inåt (se bild). Placera tätningen så att den ligger i jämnhöjd med navets/trummans yta eller tills dess läpp skjuter ut från baksidan på navet/trumman. Om så behövs kan man knacka oljetätningen på plats med hjälp av ett lämpligt rörformig dorn som bara ska beröra tätningens hårda yttre kant.
15 Vänd på navet/trumman och passa in det koniska rullagret på den yttre lagerbanan och sätt den tandade brickan på plats.
16 Packa hjullagren med fett och montera navet/trumman i bilen.

11 Bakaxeltapp – demontering och montering

Demontering
1 Klossa framhjulen och ställ bakvagnen på pallbockar. Lyft av relevant bakhjul.

Modeller med trumbromsar bak
2 Ta bort bromstrumman enligt beskrivningen i kapitel 9.
3 Minimera spill genom att först skruva av huvudcylinderbehållarens lock och skruva på det igen över en bit tunn plast så att det blir lufttätt. Alternativt kan en bromsslangklämma, G-klammer eller liknande användas till att

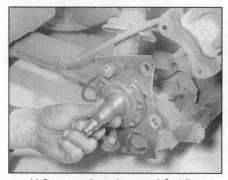

11.8c . . . och axeltappen från bilen

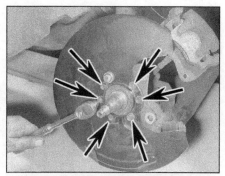

11.8a På modeller med bakre skivbroms, skruva loss fästbultarna (vid pilarna) . . .

klämma ihop den flexibla slangen så nära hjulcylindern som praktiskt möjligt.
4 Torka bort all smuts kring bromsrörsanslutningen på hjulcylinderns baksida och skruva loss anslutningsmuttern. Lirka ut röret ur hjulcylindern och plugga eller tejpa över änden för att förhindra smutsintrång. Torka omedelbart upp eventuellt oljespill.
5 Skruva loss bultarna som håller bromsfästplattan på plats och ta sedan loss fästplattan från axeln och ta bort axeltappen från bilen. Medan axeltappen är borttagen, fäst fästplattan vid axeln med ett par bultar för att undvika att handbromsvajern spänns.
6 Undersök om axeltappens yta är skadad, t.ex. repad, och byt i så fall ut den. Försök inte räta ut den.

Modeller med skivbromsar bak
7 Demontera navet enligt beskrivningen i avsnitt 9.
8 Skruva loss bultarna som håller fästplattan på plats och ta bort den tillsammans med axeltappen (se bilder).
9 Undersök om axeltappen visar tecken på skador, t.ex. skåror, och byt i så fall ut den. Försök inte räta ut den.

Montering
Modeller med trumbromsar bak
10 Se till att fogytorna på axeln, axeltappen och fästplattan är rena och torra. Undersök om fästplattan visar tecken på skada och ta bort eventuella borrskägg med en fin fil eller smärgelduk.

12.4 Skruva loss muttern från det bakre fjäderbenets nedre fästbult

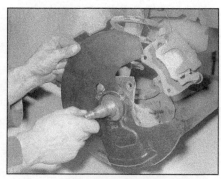

11.8b . . . ta bort fästplattan för skivan . . .

11 För axeltappen och fästplattan i läge och sätt tillbaka fästbultarna. Dra åt fästbultarna till angivet moment i diagonal ordningsföljd.
12 Torka rent bromsröret och anslut det sedan till hjulcylinders bakre del, och dra åt anslutningsmuttern till angivet moment. Ta bort slangklämman eller plasten, sätt sedan tillbaka bromstrumman och lufta hydraulsystemet. Förutsatt att åtgärder vidtagits för att förhindra förlust av bromsolja behöver man bara lufta den relevanta bakbromsen (se kapitel 9 för mer detaljer).

Modeller med skivbromsar bak
13 Sätt tillbaka axeltappen och fästplattan enligt beskrivningen i punkt 10 och 11.
14 Montera navet enligt beskrivningen i avsnitt 9.

12 Bakre fjäderben – demontering och montering

Observera: Nya övre fästmuttrar till fjäderbenet och en nedre fästbultsmutter behövs vid monteringen.

Demontering
1 Klossa framhjulen och ställ upp bakvagnen på pallbockar. Lyft av relevant bakhjul. På modeller med bakre skivbromsar, fäst skivan vid navet med en hjulbult medan navet är borttaget.
2 På modeller med självreglerande bakre fjädring, tryckutjämna det hydrauliska systemet enligt beskrivningen i avsnitt 18, punkt 3. Torka rent området runt hydraulanslutningen ovanpå fjäderbenet, skruva av anslutningsmuttern och koppla loss den hydrauliska röret. Plugga/täck igen slangens ände och fjäderbenets port för att minimera oljespill och förhindra att smuts kommer in i hydraulsystemet.
3 På alla modeller, placera en domkraft under bakaxeln och pumpa upp den tills den bär upp axelns tyngd.
4 Skruva loss muttern och dra sedan loss den nedre fästbulten som fäster fjäderbenet vid axeln (se bild). Kasta muttern och använd en ny vid monteringen.

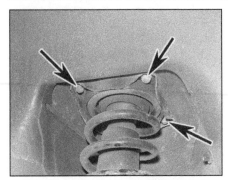

12.5 Skruva loss de övre fästmuttrarna (vid pilarna) och ta bort det bakre fjäderbenet från bilen

5 Skruva loss de övre fästmuttrarna och sänk axeln lite tills fjäderbenet kan tas ut från bilens undersida **(se bild)**. Kasta fästmuttrarna och använd nya vid monteringen.

Montering

6 Sätt armen på plats, sätt tillbaka den nedre fästbulten och skruva fast den med den nya muttern. Dra inte åt muttern ännu.
7 Lyft upp axeln och placera fjäderbenets övre fäste på sina pinnbultar. Sätt på de nya fästmuttrarna och dra åt dem till angivet moment.
8 På modeller med självreglerande bakfjädring, återanslut hydraulröret till fjäderbenet och dra åt anslutningsmuttern till angivet moment.
9 Sätt på hjulet, sänk ner bilen och dra åt hjulbultarna till angivet moment.
10 Med hjulen på marken, gunga bilen så att fjäderbenet hamnar på plats och drar sedan åt den nedre fästbulten till angivet moment.

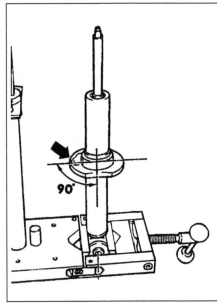

13.9 Se till att den nedre sätesspärren (vid pilen) är placerad i 90° vinkel i förhållande till den nedre fästbultens axel

11 På modeller med självreglerande bakfjädring, avsluta med att kontrollera hydrauloljans nivå enligt beskrivningen i *Veckokontroller*.

13 Bakre fjäderben – renovering

⚠️ *Varning: Innan fjäderbenet kan demonteras måste ett passande verktyg införskaffas för att hålla spiralfjädern hoptryckt. Justerbara spiralfjäderkompressorer finns i de flesta tillbehörsbutiker och rekommenderas för detta arbete. Varje försök att ta isär fjäderbenet utan ett sådant redskap riskerar att leda till skador på person eller material.*

Observera: *En ny mutter för stötdämparkolven krävs vid montering. På modeller med självreglerande bakfjädring krävs också nya tätningsringar till kolvstången.*

1 När fjäderbenet tagits bort från bilen, rengör det från all smuts och montera det sedan upprätt i ett skruvstäd. Gör upprikningsmärken mellan fästplatta, spiralfjäder, nedre säte och stötdämparhuset – det kommer att vara till hjälp vid monteringen.
2 Montera fjäderkompressorn och tryck ihop spiralfjädern tills spänningen försvinner från fjädersätena.
3 Lossa stötdämparkolvens mutter medan kolven hålls på plats med en insexnyckel eller en skiftnyckel.
4 Ta bort muttern och lyft sedan av gummibussningen, fästplattan, övre fjädersätet samt spiralfjädern.
5 På modeller som inte är utrustade med självreglerande bakfjädring, dra av distansbrickan (där sådan finns), stoppklacken och skyddshylsan från kolven och tar sedan bort skyddslocket och fjäderns nedre säte från stötdämparhuset.
6 På modeller med självreglerande bakfjädring, ta loss hydraulanslutningen från kolvens översida och dra sedan av brickan följd av stoppklacken och skyddshylsan. Ta bort skyddslocket från stötdämparhuset och lyft av fjäderns nedre säte. Ta bort tätningsringarna från kolvstagets spår och kasta dem. Nya behövs vid monteringen.
7 På alla modeller, undersök stötdämparen efter tecken på läckage. Undersök kolven längs hela dess längd, leta efter tecken på punktkorrosion, och undersök om huset är skadat. Håll stötdämparen upprätt och testa dess funktion genom att dra kolven hela vägen, därefter i korta drag på 5 till 10 cm. I båda fallen bör motståndet vara jämnt och kontinuerligt. Om motståndet är ryckigt eller ojämnt, eller om det finns synliga tecken på slitage eller skada på stötdämparen, måste

den bytas. **Observera:** *Stötdämpare måste bytas i par.*
8 Undersök alla övriga komponenter, leta efter tecken på skada eller slitage och byt ut alla som verkar tvivelaktiga.
9 Sätt in fjäderns nedre säte i stötdämparen och se till att fjädersätesspärren befinner sig i 90° i förhållande till den nedre fästbultens axel **(se bild)**. Kontrollera att sätet är korrekt placerat och sätt sedan på skyddslocket ovanpå stötdämparen.
10 På modeller som inte är utrustade med självreglerande bakfjädring, dra på skyddshylsan och stoppklacken på kolvstaget och sätt sedan på distansen (om tillämpligt).
11 På modeller som är utrustade med självreglerande bakfjädring, dra på skyddshylsan och stoppklacken på kolven och sätt på packningen. Smörj in de nya tätningsringarna med ren hydraulolja och trä försiktigt på dem på kolven. Dra försiktigt tätningsringen längs kolven och placera den i kolvspåren. Smörj in hydraulanslutningen med ren hydraulolja och fäst anslutningen på kolven, var försiktig så att inte tätningsringarna skadas.
12 På alla modeller, sätt tillbaka spiralfjädern på stötdämparen. Kontrollera att färgmarkeringen på spiralfjädern befinner sig längst ner och att fjäderns ände ligger an mot fjädersätets stopp.
13 Smörj in det övre fjädersätet med talk och anslut det sedan till den övre änden av spiralfjädern. Kontrollera att dess stopp sitter som det ska mot fjäderns ände.
14 Sätt tillbaka fästplattan med hjälp av de markeringar som gjordes vid demonteringen och se till att den befinner sig i rätt läge i förhållande till fjädern och det nedre sätet. På modeller med självreglerande bakfjädring, kontrollera att hydraulanslutningsporten på kolvstången sitter som den ska i mitten av fästplattans utskärning.
15 Smörj in gummibussningen med talk och fäst den sedan ovanpå fästplattan.
16 Dra ut kolvstången i sin helhet och skruva på den nya muttern. Sätt dit stötdämparkolven och dra åt kolvmuttern till angivet moment.
17 Kontrollera att alla komponenter sitter som de ska och ta sedan loss fjäderkompressorn och ta bort den från fjäderbenet.

14 Bakre fjädrings panhardstag – demontering och montering

Observera: *Nya fästbultmuttrar krävs vid montering.*

Demontering

1 Klossa framhjulen och ställ upp bakvagnen på pallbockar.
2 Placera en domkraft under bakaxeln och pumpa upp den tills den bär axelns tyngd.
3 Skruva loss och ta bort muttrarna och

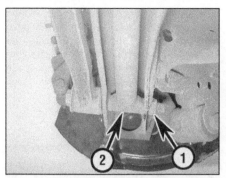

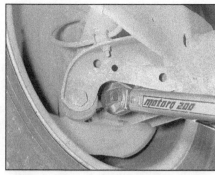

14.3 Skruva bort muttern (1) från panhard-stagets axelbult och notera hur den även håller krängningshämmaren (2) på plats

14.9a När bilen vilar på hjulen, dra åt panhardstagets karossbult . . .

14.9b . . . och axelbult till angivet moment

brickorna från panhardstagets fästbultar **(se bild)**. Kasta muttrarna och använd nya vid monteringen.

4 Ta bort fästbultarna, brickorna och pan-hardstaget från bilen och tappa inte bort den bricka som sitter mellan staget och axeln. På modeller utan bakre krängningshämmare, ta loss distansen som sitter i axelbalken.

5 Undersök om stagets bussningar är skadade eller slitna och byt ut dem om det behövs.

Montering

6 Passa in panhardstaget och se till att det sitter rättvänt, sätt i fästbultarna och brickorna. På modeller som inte har någon krängningshämmare, se till att distansen sitter korrekt i axelbalken och på modeller med krängningshämmare att axelbulten går igenom krängningshämmarens bussning.

7 Sätt på brickorna på fästbultarna och skruva på de nya muttrarna.

8 Sänk ner bilen och gunga den för att få panhardstaget att sätta sig på plats.

9 När bilen står på marken, dra åt båda fästbultarna till angivet moment **(se bilder)**.

15 Bakre fjädrings krängningshämmare – demontering och montering

Observera: *Nya muttrar till fästbultarna krävs vid montering.*

Demontering

1 Klossa framhjulen och ställ upp bakvagnen på pallbockar.

2 Placera en domkraft under bakaxeln och pumpa upp den tills den bär axelns tyngd.

3 Skruva loss muttrarna och brickorna från krängningshämmarens fästbultar **(se bilder)**. Kasta muttrarna och använd nya vid monteringen.

4 Ta loss fästbultarna och brickorna och ta bort krängningshämmaren.

5 Undersök om krängningshämmarens bussningar är skadade eller slitna och byt ut dem om det behövs.

Montering

6 Sätt krängningshämmaren på plats och sätt i fästbultarna. Sätt på brickorna på fästbultarna och skruva på de nya muttrarna.

7 Sänk ner bilen och gunga den för att få krängningshämmaren att sätta sig på plats.

8 När bilen står på marken, dra åt båda fästbultarna till angivet moment.

16 Bakaxel – demontering och montering

Observera: *Vid monteringen behövs nya muttrar till fjäderbenets nedre fästbultar och panhardstagets fästbult.*

Demontering

1 Klossa framhjulen och ställ upp bakvagnen på pallbockar. Koppla loss batteriets minuspol och demontera båda bakhjulen. På modeller med bakre skivbromsar, fäste skivan vid navet med ett par hjulbultar medan hjulen är borttagna.

2 Om det behövs, skruva loss fästskruvarna och tar bort bränsletankens skyddskåpa för att komma åt bakaxeln bättre.

3 Lossa handbromsvajerns justeringsmutter helt, enligt beskrivningen i kapitel 9.

4 På modeller med bakre trumbromsar, demontera bromstrummorna (se kapitel 9) och kopplar loss båda handbromsvajrarna från bromsarna och knackar ut vajerändarnas infästningar från fästplattorna.

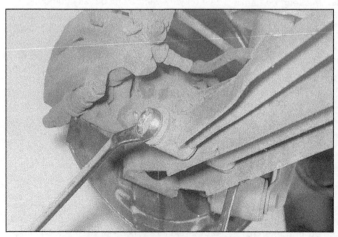

15.3a Skruva loss muttrarna och brickorna från krängningshämmarens vänstra . . .

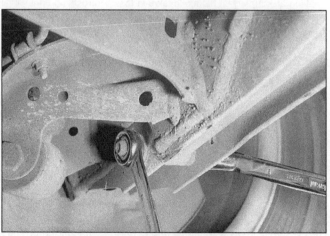

15.3b . . . och högra fästbult

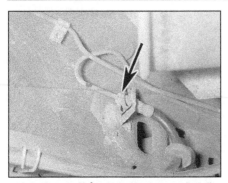

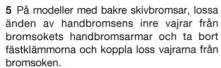

16.8 Koppla ifrån de bakre bromsrören/-slangarna vid anslutningarna precis framför bakaxeln

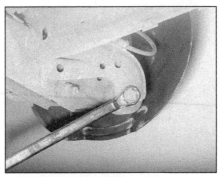

16.11 Skruva loss fästmuttrarna och bultarna som fäster de bakre fjäderbenen vid axeln

5 På modeller med bakre skivbromsar, lossa änden av handbromsens inre vajrar från bromsokets handbromsarmar och ta bort fästklämmorna och koppla loss vajrarna från bromsoken.

6 På alla modeller, lossa handbromsvajrarna från deras fästklämmor och lossa muffarna från axelns hängarmar. Flytta bort vajrarna från armarna så att de inte är i vägen vid demonteringen av axeln.

7 På modeller med ABS, demontera baksätet för att komma åt bakhjulsgivarens kontaktdon (se kapitel 9). Koppla loss kontaktdonen och lossa sedan kablarna från deras fastklämmor. Lossa muffarna under bilen och dra igenom kontaktdonen så att de kan tas loss tillsammans med axeln.

8 Följ bromsrören/-slangarna bakåt från bromsoket/fästplattan till anslutningarna, som sitter alldeles framför bakaxeln (se bild). Ta bort all smuts och lossa sedan anslutningsmuttrarna och koppla loss rören. Lossa fästklämmorna och lossa slangarna från deras fästbyglar, plugga sedan igen slangarnas/rörens ändar för att förhindra att olja läcker ut och så att smuts inte kommer in i hydraulsystemet.

9 På modeller där bromstryckregleringsventilen är kopplad till bakaxeln, skruva loss muttrarna och tar loss fjäderbulten från axelns ovansida (se kapitel 9).

10 Gör en sista kontroll att alla komponenter som krävs har tagits loss och placerats så att de inte är i vägen vid demonteringen, ställ sedan en garagedomkraft mitt under bakaxeln. Höj domkraften tills den tar upp axelns vikt.

11 Skruva loss de muttrar och bultar som håller de nedre fjäderbensfästena vid bakaxeln (se bild). Kasta muttrarna och använd nya vid monteringen.

12 Skruva loss muttern och brickan som håller fast panhardstaget till bakaxeln. Ta loss bulten, se till att inte tappa bort brickan som sitter mellan staget och axeln. På modeller utan bakre krängningshämmare, ta loss brickan som sitter i axelbalken. Kassera fästbulten, en ny ska användas vid monteringen.

13 Skruva loss axelns pivåbultar och sänk försiktigt ner domkraften och axeln och ta bort axeln (se bild).

14 Undersök om axelns pivåbussningar är skadade eller slitna och byt ut dem om det behövs. Byte av pivåbussningar kräver en hydraulisk press och ett antal distansbrickor, varför det är klokast att överlåta arbetet till en Audi/VAG-verkstad som har tillgång till den utrustning som krävs. Om nödvändig utrustning finns tillgänglig, trycke ut de gamla

bussningarna och installerar de nya med hjälp av en distans som bara vilar på bussningen yttre kant. Se till att båda bussningarna sitter korrekt så att deras njurformade urtag sitter som visat i förhållande till hängarmen (se bild). Se till att bussningarna sitter jäms med hängarmens lopp.

Montering

15 Lyft bakaxeln på plats, sätt i pivåbultarna och dra åt dem lätt.

16 Sätt en bricka på var sida av panhardstaget och passa sedan in det med axeln och sätt i fästbulten. På modeller utan bakre krängningshämmare, se till att distansen sitter korrekt i axelbalken, och på modeller med krängningshämmare att bulten går igenom krängningshämmarens bussning. Sätt brickan på änden av bulten, skruva på den nya muttern och dra åt den lätt.

17 Sätt tillbaka fjäderbenets nedre fästbultar, skruva på nya muttrar och dra åt dem lätt.

18 Om tillämpligt, sätt tillbaka den bakre bromstryckregleringsventilens fjäderbult på bakaxeln och se till att den hakar i fjädern korrekt.

19 På modeller med ABS, stick in bakhjulsgivarens kontaktdon genom karossen och sätt muffarna på plats. Fäst kablarna med klämmorna, anslut kontaktdonen och montera baksätet.

20 Sätt tillbaka bromsslangarna i deras fästbyglar och fäst dem med fästklämmorna. Anslut rören till slangarna och dra åt anslutningsmuttrarna till angivet moment (se kapitel 9).

21 Dra handbromsvajrarna tillbaka in genom hängarmarna. Se till att vajrarna är korrekt dragna och fäst dem med alla relevanta klamrar, sätt sedan i muffen ordentligt i armarna.

22 På modeller med bakre skivbromsar, anslut handbromsvajrarna till bromsoken och fäst de yttre vajrarna med fästklämmorna.

23 På modeller med bakre trumbromsar, placera handbromsvajrarna i fästplattorna och anslut de inre vajrarna till bromsbackarna. till att båda vajrarna är korrekt dragna, montera sedan bromstrumman enligt beskrivningen i kapitel 9.

24 Montera bakhjulen, sänk ner bilen och dra åt hjulbultarna till angivet moment.

25 Med bilen på marken, gunga bilen för att få bakaxeln att sätta sig på plats och drar sedan åt båda axelpivåbultarna till angivet moment. Dra även åt panhardstagets och fjäderbenets nedre fästbultar till angivet moment.

26 Lufta hela bromssystemet enligt beskrivningen i kapitel 9 och justera sedan handbromsvajern. På modeller där tryckregleringsventilen är kopplad till bakaxeln, ställ även in ventiljusteringen.

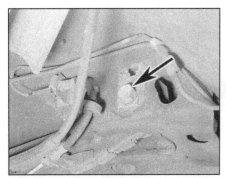

16.13 Skruva loss pivåbultarna och ta bort axeln från bilen

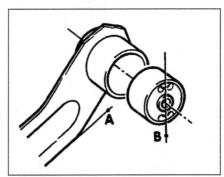

16.14 Se till att bussningsurtagen är placerade på vardera sidan om hängarmens axel (A) så att mittlinjen (B) mellan urtagen är i 90 ± 4° vinkel mot axeln (A)

17 Bakre självreglerande fjädringssystem – allmän information

1 På vissa modeller finns ett självreglerande bakre fjädringssystem för att hålla bilens bakre del vid samma höjd oavsett vilken last det har. Detta system drivs av servostyrningspumpen och består av modifierade bakre stötdämpare, ackumulatorer, en regulatorventil, en oljebehållare samt alla rör och slangar som förbinder de olika delarna.
2 Servostyrningspumpen ger hydraultryck till regulatorventilen, som styr trycket till varje ackumulator (en på var sida) och stötdämpare. Stötdämparna fungerar på samma sätt som vanliga stötdämpare, men har dessutom en inbyggd hydraulbehållare som reglerar chassits höjd över marken.
3 Regulatorventilens arm är kopplad till bakaxeln med en speciell länk. Axelns rörelser styr regulatorventilarmens position. Beroende på armens position ökar eller minskar regulatorventilen trycket till ackumulatorerna och de bakre stötdämparna. Ett ökat tryck i ackumulatorerna och stötdämparnas behållare lyfter bilens bakdel genom att stötdämparkolvarna skjuts ut.
4 Systemets hydraulik kan bara kontrolleras med speciell utrustning. Om något misstänks vara fel kan regulatorventilen justeras enligt beskrivningen i avsnitt 18. Om detta inte löser problemet måste bilen tas till en Audi/VAG-verkstad för test.

18 Bakre självreglerande fjädring – demontering och montering av komponenter

Observera: *Innan någon hydraulisk slang/röranslutning mellan regulatorventilen och stötdämparna kopplas loss hydraulsystemet tryckutjämnas (se stycke 3).*

Hydraulpump

1 Det självreglerande bakre fjädringssystemet drivs av servostyrningspumpen. Se avsnitt 25 för information om demontering och montering.

Regulatorventil

Demontering

2 Klossa framhjulen och ställ upp bakvagnen på pallbockar.
3 Ta bort all smuts runt luftningsskruven på kontaktdonet bredvid den vänstra ackumulatorn. Ta bort locket från luftningsskruven och anslut ett rör till skruven **(se bild)**. Lossa luftningsskruven och låt oljan rinna ut ur ventilen ner i en passande behållare. När trycket har jämnats ut, dra åt luftningsskruven

till angivet moment och ta bort röret. Torka av all hydraulolja som läckt ut och sätt tillbaka skyddslocket på luftningsskruven.
4 Skruva loss fästmuttern och lossa anslutningslänken från regulatorarmen.
5 Torka rent runt hydraulrörens anslutningar på regulatorventilen och lägg trasor under röranslutningarna för att suga upp olja som eventuellt läcker ut. Gör inställningsmarkeringar mellan rören och ventilenheten för att undvika förvirring vid monteringen.
6 Lossa anslutningsmuttrarna och koppla loss rören från ventilen. Plugga eller tejpa igen rör- och ventilöppningarna för att minimera oljespill och förhindra att smuts kommer in i systemet. Torka upp eventuellt spill.
7 Skruva loss bultarna som håller fast ventilfästet och ta bort regulatorventilen. Om det behövs kan ventilen och monteringskonsolen sedan separeras.

Montering

8 Om tillämpligt, montera regulatorventilen på dess monteringskonsol och drar åt dess fästbultar till angivet moment.
9 Sätt ventilen på plats och dra åt konsolens fästbultar till angivet moment.
10 Sätt tillbaka hydraulrören på sina anslutningar på ventilen och dra åt anslutningsmuttrarna till angivet moment.
11 Sätt tillbaka anslutningslänken till regulatorventilens arm och dra åt dess fästmutter till angivet moment.
12 Sänk ner bilen och kontrollera bromsoljenivån enligt beskrivningen i *Veckokontroller*. Om en ny ventil monterats ska den justeras enligt följande.

Justering

Observera: *En 4 mm bult/borr behövs för detta moment.*
13 Ventiljusteringen är knepig om man inte har tillgång till en smörjgrop, eftersom

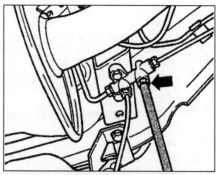

18.3 Montera ett rör på luftningsskruven (vid pilen) och minska på trycket i hydraulsystemet genom att tappa ur lite vätska

justeringen kräver att man kommer åt regulatorventilen medan bilen vilar på hjulen.
14 Skaffa två träblock som är exakt 342 mm långa och ungefär 50 mm breda och höga.
15 Parkera bilen olastad på plan mark och dra åt handbromsen. Lägg träblocken under mätpunkterna på vänster och höger sida av bilen, alldeles framför ackumulatorerna **(se bild)**.
16 Med blocken på plats, lasta bagageutrymmet jämnt tills bilens underrede precis kommer i kontakt med träblocken. Detta kräver c:a 100 kg last.
17 Med bilen korrekt lastad, lossa muttern som håller fast regulatorventilens anslutningslänk till bakaxeln. Passa in hålet i regulatorarmen med hålet i ventilhuset och fäst armen på plats genom att sticka in en 4 mm borr/bult **(se bild)**. Med regulatorarmen fäst, dra åt anslutningslänkens mutter till angivet moment.
18 Ta bort borren/bulten från regulatorventilen, lasta ur bilen och ta bort träblocken.

Ackumulator

Demontering

19 Följ beskrivningen i punkt 2 och 3.
20 Torka rent runt hydraulrörens anslutningar på ackumulatorn och lägg trasor under

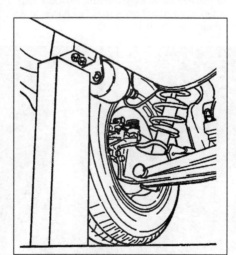

18.15 Placera träblocken under mätpunkterna enligt bilden

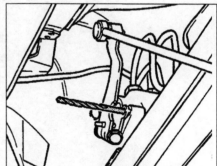

18.17 När bilen är korrekt lastad, lås regulatorn i rätt läge genom att föra in en 4 mm borr/bult genom hålet i regulatorarmen och in i karossen

röranslutningarna för att suga upp olja som eventuellt läcker ut.

21 Lossa anslutningsmuttrarna och koppla loss båda rören från ackumulatorn. Plugga eller tejpa igen rör- och ackumulator-öppningarna för att minimera oljespill och förhindra att smuts kommer in i systemet. Torka upp eventuellt spill.

22 Skruva loss bultarna och ta bort ackumulatorn.

Montering

23 Sätt ackumulatorn på plats och dra åt dess fästbultar till angivet moment.

24 Sätt tillbaka hydraulrören och dra åt anslutningsmuttrarna till angivet moment.

25 Sänk ner bilen och kontrollera hydrauloljenivån enligt beskrivningen i *Veckokontroller*.

Fjäderben

26 Se avsnitt 12.

19 Ratt – demontering och montering

Observera: *Modeller med krockkudde på förarsidan har ordet AIRBAG ingraverat mitt på ratten.*

HAYNES TiPS *Om ratten sitter hårt, knacka loss den nära mitten med handflatan, eller vrid den från sida till sida och dra den samtidigt uppåt.*

Modeller utan krockkudde

Demontering

1 Ställ framhjulen rakt fram och lås rattlåset.

2 Lossa försiktigt rattens mittplatta, först upptill och sedan nedtill, och ta bort den.

3 Skruva loss rattens fästmutter.

4 Märk upp ratten och rattstångsaxeln i

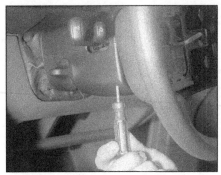

19.8a Skruva loss fästskruvarna . . .

förhållande till varandra och lyft sedan av ratten.

Montering

5 Monteringen sker i omvänd ordning, tänk på följande:

a) Innan monteringen, se till att blinkersarmen står i mittläget. Om det inte gör det kan det hända att den går sönder när ratten sätts på.

b) Passa in markeringarna som gjordes vid demonteringen mot varandra och drar åt fästmuttern till angivet moment.

Modeller med krockkudde

⚠️ **Varning: Läs varningarna i kapitel 12 innan arbetet fortsätter.**

Demontering

6 Demontera krockkudden enligt beskrivningen i kapitel 12.

7 Ställ framhjulen rakt fram och lås rattlåset.

8 Skruva loss de två fästskruvarna och lossa den övre kåpan och ta bort den från rattstången **(se bilder)**.

9 Leta rätt på kontaktdonet för krockkuddens kontaktenhet och koppla loss det **(se bild)**.

10 Skruva loss rattens fästmutter och märk ratten och rattstångens axel i förhållande till varandra **(se bild)**.

19.8b . . .och lyft av rattstångens övre kåpa

11 Lyft av ratten från stången, se till att inte skada kontaktenhetens kablar. Vrid **inte** kontaktenheten medan ratten är demonterad.

Montering

12 Monteringen sker i omvänd ordning, tänk på det som sagts i punkt 5. Montera krockkudden enligt beskrivningen i kapitel 12.

20 Rattstång – demontering, inspektion och montering

Observera: *För modeller med krockkudde på förarsidan, läs varningstexterna i kapitel 12 innan arbetet fortsätter.*

Observera: *En speciell hylsnyckel krävs för att skruva loss rattlåshusets fästbult (Audi/VAG använder hylsa Hazet T30 H), eftersom låshuset hålls fast av en Torx-säkerhetsbult som inte kan skruvas loss med en vanlig Torx-hylsnyckel. Notera att en ny klämbult och mutter för kardanknuten krävs vid monteringen.*

Demontering

1 Koppla från batteriets minuspol.

2 Demontera ratten enligt beskrivningen i avsnitt 19.

3 Demontera kombinationsbrytarna från övre

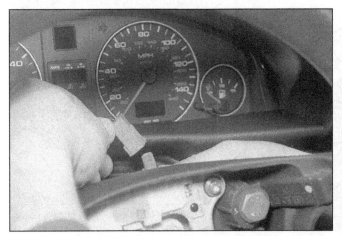

19.9 Koppla ifrån krockkuddens kontaktdon

19.10 Skruva loss fästmuttern som håller ratten på plats

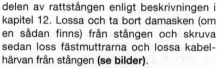

20.3a Ta bort damasken (om en sådan finns) från toppen av rattstången . . .

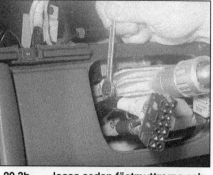

20.3b . . . lossa sedan fästmuttrarna och frigör kabelhärvan från stången

20.6 Koppla ifrån kontaktdonet (vid pilen) från tändningslåset

delen av rattstången enligt beskrivningen i kapitel 12. Lossa och ta bort damasken (om en sådan finns) från stången och skruva sedan loss fästmuttrarna och lossa kabelhärvan från stången **(se bilder)**.

4 Demontera instrumentbrädan enligt beskrivningen i kapitel 12.

5 För att komma åt bättre, skruva loss fästskruvarna och ta försiktigt bort förvaringsfackspanelen från förarens sida av instrumentbrädan.

6 Koppla loss kontaktdonet från tändningslåset och lossa kablarna från rattstången **(se bild)**.

7 Vik undan klädselpanelen för att komma åt klämbulten för rattstångens kardanknut **(se bild)**. Använd färg eller en markörpenna och gör inställningsmarkeringar mellan stångens kardanknut och styrväxeldrevet, skruva sedan loss muttern till klämbulten och ta bort brickan och bulten. Kasta klämbulten och muttern och använd nya vid monteringen.

8 Skruva loss bulten som håller fast rattlåsets/tändningslåsets hus vid stången med en speciell torx-hylsa **(se bild)**.

9 Skruva loss muttrarna och brickorna och ta loss stångens fästbultar **(se bild)**. Lossa stången från dess monteringskonsol, lossa sedan låshuset och ta bort det från sidan av rattstången.

10 Lossa den nedre delen av stången från styrväxelns drev och lyft stången uppåt och ut ur öppningen i instrumentbrädan. På Audi 100 krävs att man kopplar loss Procon-ten säkerhetssystemets vajer från stången när den tas bort.

Inspektion

11 Innan rattstången sätts tillbaka, undersök om den eller dess fästen visar tecken på skada eller deformering och byt ut den om det behövs. Undersök om rattaxeln har spel i stångbussningarna, om kardanknuten visar tecken på skada eller grovhet i ledlagren och om den nedre kopplingen är sliten. Om skada eller slitage hittas på rattstångens kardanknut eller på axelbussningarna måste hela stången bytas.

12 Den enda del som kan bytas separat är kardanknutskopplingen på Audi 100. Om kopplingens bussningar är slitna, gör inpassningsmarkeringar mellan kardanknuten och stången, skruva sedan loss fästmuttrarna och bultarna och skilj de två delarna. Kasta muttrarna – nya måste användas vid monteringen. Ta bort distanserna och bänd loss bussningarna från stångens ände. Tryck på nya bussningar i stångflänsen och sätt på nya distanser. Sätt tillbaka kardanknuten och passa in markeringarna som gjordes före demonteringen mot varandra, sätt sedan i fästbultarna och sätt på brickorna och de nya fästmuttrarna. Dra åt båda kopplingsbultarnas muttrar till angivet moment.

Montering

13 Sätt stången på plats och passa in kardanknuten mot styrväxelns drev så att markeringarna som gjordes före demonteringen passas in mot varandra. På en Audi 100, anslut Procon-ten vajern ordentligt till stången.

14 Passa in rattlåshuset korrekt mot stången och sätt i stången i dess monteringskonsol. Sätt tillbaka fästbultarna och brickorna och skruva på fästmuttrarna ordentligt.

15 Skruva i rattlåshusets bult och dra åt den till angivet moment.

20.7 Skruva bort muttern och ta bort klämbulten (vid pilen) från rattstångens kardanknut

16 Passa in rattlåset/tändningslåset mitt i öppningen i instrumentbrädan, håll allt stadigt och dra åt fästbultarna till angivet moment.

17 Sätt i en ny kardanknutsklämbult, sätt på brickan och en ny fästmutter och dra åt till angivet moment.

18 Resten av monteringen sker i omvänd ordning, tänk på följande.

a) Se till att alla kablar är korrekt dragna och att de hålls fast av alla relevanta klämmor och band.

b) Montera ratten enligt beskrivningen i avsnitt 19.

20.8 Rattlåshuset är fäst vid stången med en särskild torxskruv

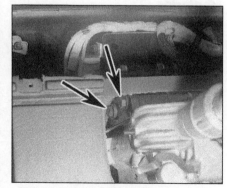

20.9 Rattstångens fästbultar (vid pilarna)

21 Tändningslås/rattlås –
demontering och montering

Demontering

Observera: *En speciell hylsnyckel krävs för att skruva loss rattlåshusets fästbult (Audi/VAG använder hylsa Hazet T30 H), eftersom låshuset hålls fast av en Torx-säkerhetsbult som inte kan skruvas loss med en vanlig Torx-hylsnyckel.*

1 Följ beskrivningen i punkt 1 till 6 i avsnitt 20. Antingen kan hela låsenheten demonteras, eller själva tändningslåset för sig.

Komplett låsenhet

2 Skruva loss bulten som håller fast rattlåsets/tändningslåsets hus vid stången med en speciell torx-hylsa.

3 Skruva loss muttrarna och brickorna och ta loss stångens fästbultar. Lossa stången från dess monteringskonsol, ta sedan loss låshuset och ta bort det från sidan av rattstången. På modeller med automatväxellåda måste man lossa kåpan och koppla loss växelspakens låsvajer för att det ska gå att ta bort låshuset.

4 Om låscylindern ska bytas, borra försiktigt ett 3 mm hål i sidan av låsgodset vid den punkt som visas i **bild 21.4a eller 21.4b**, så att låscylinderns spärrhake/tryckkolv (beroende på modell) syns. Sätt i nyckeln i låset, tryck ner låsets spärrhake/tryckkolv och dra ut cylindern från godset. Sätt en ny låscylinder på plats och kontrollera att den hålls fast ordentligt av spärrhaken/tryckkolven.

Observera: *Att byta låscylinder är knepigt, det bör helst överlåtas till en Audi/VAG-verkstad. Om hålet inte borras på exakt rätt ställe kommer hela låset att förstöras och måste bytas ut.*

Tändningslås

5 Skruva loss fästskruvarna och ta bort kontakten från baksidan av låshuset.

Montering
Komplett låsenhet

6 På modeller med automatväxellåda, haka tillbaka växelspakens låsvajer på låshuset, fäst den yttre vajern på plats och sätt tillbaka kåpan ordentligt.

7 På alla modeller, passa in rattlåshuset korrekt mot stången och sätt sedan stången på plats i dess monteringskonsol. Sätt tillbaka fästbultarna och brickorna och skruva på fästmuttrarna ordentligt.

8 Skruva i rattlåshusets fästbult och dra åt den till angivet moment.

9 Passa in rattlåset/tändningslåset mitt i öppningen i instrumentbrädan, håll allt stadigt och dra åt fästbultarna till angivet moment.

10 Anslut kontaktdonet ordentligt till

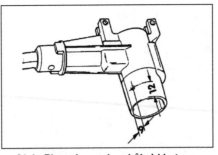

21.4a Placering av borrhål vid byte av rattlåscylinder – Audi 100

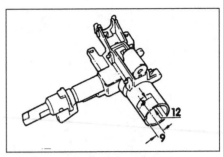

21.4b Placering av borrhål vid byte av rattlåscylinder – Audi A6

tändningslåset, se till att kablarna är korrekt dragna.

11 Montera förvaringsfackspanelen på instrumentbrädan och dra åt dess fästskruvar ordentligt.

12 Montera tillbaka instrumentbrädan och kombinationsbrytarna enligt beskrivningen i kapitel 12.

13 Montera ratten enligt beskrivningen i avsnitt 19.

Tändningslås

14 Se till att kontakten är i korrekt position (vriden så långt moturs som möjligt), sätt sedan tillbaka den på baksidan av låshuset. Se till att kontakten passas in korrekt mot låset, och skjut in den helt på plats.

15 Rengör gängorna på fästskruvarna och lägg lite låsningsmedel på varje skruv. Skruva i skruvarna i låset och dra åt dem ordentligt.

16 Följ beskrivningen i punkt 10 till 13.

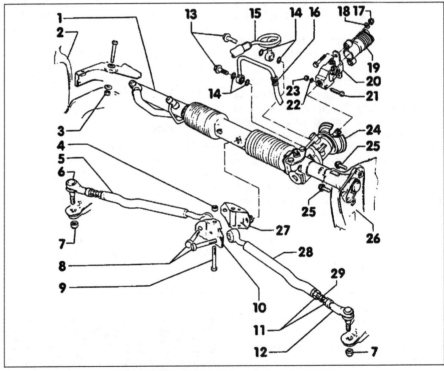

22.1 Styrväxel och tillhörande komponenter

1 Styrväxelhus	9 Bult för styrstagets fästplatta	19 Rattstång
2 Kaross	10 Styrstagets yttre fästplatta	20 Kardanknut
3 Passagerarsidans fästbultmutter	11 Låsmutter för styrstagets justerare	21 Klämbult
4 Bultmutter för styrstagets fästplatta	12 Styrstagets spindelled	22 Bricka
5 Styrstag	13 Anslutningsbult	23 Klämbultsmutter
6 Styrstagets spindelled	14 Tätningsbrickor	24 Torpedväggstätning
7 Mutter till styrstagets spindelled	15 Matningsrör	25 Förarsidans fästbultar
8 Styrstagets inre bultar	16 Returrör	26 Karossen
	17 Kopplingsmutter	27 Styrstagets fästplatta
	18 Bricka	28 Styrstag
		29 Styrstagets justerare

22 Styrväxel – demontering, renovering och montering

Observera: *En ny klämbult och mutter för rattstångens kardanknut behövs vid monteringen, liksom en ny fästbultsmutter för styrväxelns passagerarände. Nya tätningsringar för matnings- och returrören behövs också.*

Demontering

1 Koppla från batteriets minuspol. Det är svårt att komma åt kuggstången med motorn på plats, men det är svårt att göra något åt detta **(se bild)**.
2 Dra åt handbromsen och ställ upp framvagnen på pallbockar. Demontera båda framhjulen. När hjulen är borttagna, fäst skivorna till naven med minst en hjulbult var.
3 Utför följande enligt beskrivningen i kapitel 9.
a) Demontera vakuumservoenheten.
b) På modeller med ABS, demontera bromsrören som ansluter huvudcylindern till hydraulenheten och de bakre bromsrören som ansluter hydraulenheten till anslutningarna på torpedväggen i motorrummet. Märk de olika rören så att de inte blandas ihop vid monteringen och plugga igen eller täck över slangarnas/rörens ändar för att minimera spill och förhindra att smuts kommer in i systemet. Skölj omedelbart bort eventuellt spill med kallt vatten.
c) På modeller utan ABS demonterar du bromsrören som ansluter huvudcylindern till de bakre bromsrörsanslutningarna på torpedväggen i motorrummet. Märk de olika rören så att du inte blandar ihop dem vid återmonteringen, och plugga igen eller täck över slangarnas/rörens ändar för att minimera spill och förhindra att smuts kommer in i systemet. Skölj omedelbart bort eventuellt spill med kallt vatten.
4 Vik undan kåpan för att komma åt klämbulten för rattstångens kardanknut. Använd färg eller en markörpenna och gör inställningsmarkeringar mellan stångens kardanknut och styrväxeldrevet, skruva sedan loss klämbultsmuttern och ta bort brickan och bulten. Kasta klämbulten och muttern och använd nya vid monteringen.
5 Med hjälp av bromsslangklämmor, kläm ihop både matnings- och returslangarna nära behållaren för servostyrningsvätska. Detta minimerar spillet under följande arbetsmoment.
6 Markera anslutningarna så att de kan sättas tillbaka på rätt sätt vid monteringen, skruva sedan loss matnings- och returrörens anslutningsbultar från styrväxeln. Olja kan läcka ut, så ställ en passande behållare under rören när bultarna lossas. Koppla loss båda rören och ta loss tätningsringarna. Kasta

ringarna – nya måste användas vid monteringen. Plugga igen öppningarna på rören och styrväxeln för att minimera spill och förhindra att smuts kommer in i hydraulsystemet.
7 Lossa servostyrningsrören från alla fästklämmor och flytta bort dem från styrväxeln.
8 Bänd upp låsplattans flikar (om sådana finns) och skruva sedan loss de bultar som håller fast vänster och höger styrstag på styrväxeln. Lossa styrstagets inre ändar och ta bort fästplattan från styrväxeln.
9 På modeller med servotronic styrning, koppla loss kontaktdonet från servotronicventilen på styrväxeldrevets hus.
10 Skruva loss bultarna som håller fast styrväxeländen på förarsidan och den mutter och bult som håller fast änden på passagerarsidan. Kasta muttern och använd en ny vid monteringen.
11 Notera hur alla kablar och slangar dragits runt styrväxeln, så att de med säkerhet kan dras rätt vid monteringen.
12 Ta hjälp av någon och lossa styrväxeldrevet från stången, ta sedan ut styrväxeln via hjulhusöppningen. Se till att inte skada några kablar/slangar eller gummidamasken när styrväxeln tas bort. På vissa modeller kan det krävas att man skruvar loss en fästbygel eller två för att få det utrymme som krävs för demonteringen.
13 Med styrväxeln borttagen, undersök om drevhusets damask är skadad eller sliten och byt ut den om det behövs.

Renovering

14 Undersök om styrväxeln visar tecken på slitage eller skada och kontrollera att kuggstången kan röra sig fritt i hela sin längd, utan tecken på grovhet eller för stort spel mellan styrväxeldrevet och kuggstången. Undersök alla styrväxelns oljeanslutningar efter tecken på läckage och kontrollera att alla anslutningsbultar är ordentligt åtdragna.
15 Det är visserligen möjligt att renovera styrväxelns delar själv, men detta arbete bör ändå överlåtas åt en Audi/VAG-verkstad. De enda delar som enkelt kan bytas ut är styrväxeldamasken, styrstagens spindelleder och styrstagen. Hur man byter ut styrstagens kulleder, styrväxeldamasken och styrstagen beskrivs på annan plats i detta kapitel.

Montering

16 Se till att drevhusets damask sitter korrekt i torpedväggen.
17 Ta hjälp av någon och sätt försiktigt styrväxeln på plats, och se till att alla kablar/slangar är korrekt dragna runt styrväxeln.
18 Passa in styrväxeldrevet mot rattstången så att markeringarna som gjordes vid demonteringen passar in mot varandra, sätt sedan damasken på plats på drevhuset.
19 Sätt tillbaka styrväxelns fästbultar och sätt på en ny mutter på bulten på passagerarsidan. Dra först åt bultarna på förarsidan

till angivet moment, därefter bulten på passagerarsidan.
20 Sätt styrstagets inre ändar på plats i fästplattan och passa in fästplattan mot styrväxeln. Skruva i styrstagets inre fästbultar, men dra bara åt dem för hand än så länge.
21 Återanslut matnings- och returrören till styrväxeln, med en ny tätningsring på var sida i varje ände, och skruva i anslutningsbultarna. Se till att rören är korrekt dragna och att de hålls fast av alla relevanta klamrar, dra sedan åt båda anslutningsbultarna till angivet moment. Lossa bromsslangklämman från oljebehållarslangarna.
22 Om tillämpligt, anslut kontaktdonet till styrväxelns servotronicventil.
23 Sätt i en ny klämbult på rattstångens kardanknut, sätt på en ny mutter och dra åt den till angivet moment.
24 Montera bromssystemets servoenhet och huvudcylindern enligt beskrivningen i kapitel 9 och sätt tillbaka alla bromsrör som flyttats. Se till att alla rör är korrekt dragna och att de hålls fast av alla relevanta klamrar, dra sedan åt alla anslutningsbultar till angivet moment.
25 Sätt på hjulen, sänk ner bilen och dra åt hjulbultarna till angivet moment.
26 När bilen står på marken, gunga den så att fjädringens komponenter sätter sig på plats, dra sedan åt styrstagets inre bultar till angivet moment och fäst dem med låsplattans flikar (om sådana finns).
27 Fyll på olja och lufta hydraulsystemet enligt beskrivningen i avsnitt 24.
28 Lufta hela bromssystemet enligt beskrivningen i kapitel 9.
29 Kontrollera framhjulens inställning och justera dem vid behov enligt beskrivningen i avsnitt 28.

23 Styrväxelns gummidamask – byte

1 Demontera styrväxeln enligt beskrivningen i avsnitt 22.
2 Lägg styrväxeln på en arbetsbänk och torka bort all smuts från dess utsida.
3 Skruva loss anslutningsbultarna och demontera hydraulrören som ansluter drevhuset till styrväxelhuset. Ta loss tätningsbrickorna och kasta dem – nya måste användas vid monteringen.
4 Klipp av fästklämmorna och dra av damasken på passagerarsidan av styrväxeln.
5 Tejpa över alla vassa kanter på styrväxeln som kan skada den nya damasken och sätt sedan försiktigt på damasken på styrväxelhuset.
6 Se till att damasken sitter korrekt på styrväxeln och att den inte är vriden. Gör detta med hjälp av linjen som är målad på damasken, den ska vara rak och löpa parallellt med styrväxelhuset. Om det inte finns någon

linje på damasken, använd gjutskarven istället, som bör vara lätt att se.
7 Sätt på nya fästklämmor på damasken och fäst dem genom att klämma ihop de uppstickande delarna. Om inget specialverktyg finns till hands kan man försiktigt trycka ihop klamrarna med en sidavbitare, men var försiktigt så att du inte klipper igenom dem.
8 Montera styrväxeln enligt beskrivningen i avsnitt 22.

24 Servostyrningssystem – luftning

1 Denna procedur behöver bara utföras om någon del av hydraulsystemet har kopplats loss.
2 Skruva loss oljebehållarens påfyllningslock enligt beskrivningen i *Veckokontroller* och fyll på med angiven olja till MAX-markeringen på mätstickan.
3 Ställ framvagnen på pallbockar.
4 Utan att starta motorn, vrid ratten till fullt utslag från sida till sida flera gånger så att all luft tvingas ut, fyll sedan på mer olja i behållaren. Upprepa proceduren tills oljenivån i behållaren inte sjunker mer.
5 Sänk ner bilen igen och fyll på olja till MAX-markeringen.
6 Starta motorn och låt den gå på tomgång i ungefär två minuter med framhjulen riktade rakt fram. Håll ett öga på oljenivån i behållaren medan motorn går. Stäng av motorn när det slutar komma luftbubblor i behållaren.
7 Kontrollera att oljenivån är vid MAX-markeringen i servostyrningens oljebehållare, fyll på mer olja om det behövs och sätt på locket ordentligt. **Observera:** *Om onormala ljud hörs från oljerören när ratten vrids, betyder det att det fortfarande finns luft i systemet och att det behöver luftas mer.*

25 Servostyrningspump – demontering och montering

Observera: *Nya tätningsringar till rören behövs vid monteringen. På modeller med självreglerande bakre fjädring driver servostyrningspumpen även det hydrauliska självregleringssystemet (se avsnitt 17) och en ny anslutningsbult för fjädringssystemets hydraulslang behövs vid monteringen.*

Demontering
1 Dra åt handbromsen och ställ upp framvagnen på pallbockar.
2 Ta bort fästskruvarna och fästena och ta bort kåpan under motorn/växellådan.
3 Lossa bultarna som håller fast remskivan/skivorna till servostyrningspumpen.
4 Lossa drivremmen/remmarna från servo-

styrningspumpens remskiva/skivor enligt beskrivningen i kapitel 1.
5 Med hjälp av bromsslangklämmor, kläm ihop både matnings- och returslangarna nära behållaren för servostyrningsvätska. Detta minimerar spillet under följande arbetsmoment.
6 Skruva loss fästbultarna och ta bort remskivan/skivorna från pumpen.
7 Torka rent runt servostyrningspumpens röranslutningar.
8 På en 4-cylindrig motor, gör inpassningsmarkeringar mellan röranslutningarna och pumpen så att med säkerhet hamnar rätt vid monteringen. Skruva loss anslutningsbultarna och koppla loss rören från pumpen. Olja kan läcka ut, så ställ en lämplig behållare under rören när bultarna skruvas loss. Koppla loss rören och ta loss tätningsringarna. Kasta ringarna och använd nya vid monteringen. Plugga igen öppningarna på rören och servostyrningspumpen för att minimera spill och förhindra att smuts kommer in i hydraulsystemet. **Observera:** *På modeller med självreglerande fjädring, måste fjädringssystemets röranslutningsbult bytas varje gång den skruvats loss (bulten har ett inbyggt filter).*
9 På en 5-cylindrig motor, lossa fästklämman och koppla loss tillförselslangen från pumpen, lossa sedan anslutningsbulten/bultarna och kopplar loss utmatningsröret/rören. Olja kan läcka ut när röret/rören och slangen kopplas loss. Plugga igen ändarna på slangens/rörens och pumpens anslutningar för att minimera läckage och förhindra att smuts kommer in i systemet. Kasta utmatningsrörets tätningsringar och använd nya vid monteringen. **Observera:** *På modeller med självreglerande fjädring måste fjädringssystemets röranslutningsbult bytas varje gång den skruvats loss (bulten har ett inbyggt filter).*
10 Skruva loss pumpens fästbultar och ta loss pumpen från dess fästbygel.
11 Om servostyrningspumpen är defekt måste den bytas. Pumpen är en sluten enhet och kan inte renoveras.

Montering
12 Sätt pumpen på plats och skruva i dess fästbultar. På modeller med fjäderbelastad drivremsspännare, dra åt fästbultarna till angivet moment. På modeller där drivremsspänningen justeras genom att pumpen vrids, dra bara åt bultarna lätt än så länge.
13 Sätt på en ny tätningsring på var sida av hydraulrörets ändar och anslut sedan röret/rören till pumpen och skruva i anslutningsbulten/bultarna. Se till att röret/rören är korrekt dragna och dra sedan åt anslutningsbulten/bultarna till angivet moment. På en 5-cylindrig motor, anslut tillförselslangen till pumpen och fäst den med fästklämman. På alla motorer, ta bort bromsslangklämmorna som använts för att minimera läckage.
14 Montera tillbaka remskivan/skivorna på

pumpen, och skruva sedan i fästbultarna och dra åt dem till angivet moment.
15 Montera drivremmen/remmarna och spänn dem enligt beskrivningen i kapitel 1. Om det inte redan har gjorts, dra åt pumpens fästbultar till angivet moment.
16 Sätt tillbaka den undre skyddskåpan och se till att den hålls ordentligt på plats av alla fästskruvar och fästen.
17 Lufta hydraulsystemet enligt beskrivningen i avsnitt 24.

26 Styrstagets spindelled – demontering och montering

Observera: *En ny spindelledsfästmutter krävs vid montering.*

Demontering
1 Dra åt handbromsen och ställ framvagnen på pallbockar. Ta av relevant hjul. När hjulet är borttaget, säkra bromsskivan till navet med en hjulbult.
2 Om spindelleden ska återanvändas, använd en stållinjal och en ritsspets eller liknande till att markera dess läge i förhållande till styrstagsjusteraren.
3 Håll fast styrstagsjusteraren och skruva loss spindelledens låsmutter ett kvarts varv. Rör inte låsmuttern från detta läge, eftersom den är en praktisk referens vid monteringen.
4 Lossa muttern som håller fast styrstagets spindelled vid fjäderbenet, lämna den påskruvad med bara ett par gängor. Lossa spindelledens konformade skaft med en universell kulledsavdragare och skruva sedan loss muttern och flytta styrstaget så att det går fritt från fjäderbenet **(se bild)**. Kasta muttern och använd en ny vid monteringen.
5 Skruva loss spindelleden och klämringen från styrstagsjusteraren och räkna det **exakta** antal varv som krävs för att göra detta.
6 Rengör spindelleden och gängorna noggrant. Byt ut spindelleden om dess rörelser är för lösa eller för stela, om den är mycket sliten eller skadad på något sätt. Kontrollera bulten

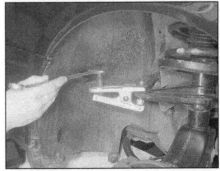
26.4 Använd en kulledsavdragare för att frigöra styrstagets spindelled från fjäderbenet

och gängorna noggrant. Om spindelleds-damasken är skadad måste hela spindelleden bytas. Det går inte att byta bara damasken.

Montering

7 Se till att klämringen sitter ordentligt och skruva sedan på spindelleden på styrstags-justeraren med samma antal varv som krävdes till demonteringen. Detta ska få spindelledens låsmutter att hamna ett kvarts varv från styrstaget, med de inpassnings-markeringar som gjordes vid demonteringen inpassade mot varandra.

8 Sätt spindelledens skaft i fjäderbenet, skruva på en ny fästmutter och dra åt den till angivet moment.

9 Sätt på hjulet, sänk ner bilen och dra åt hjulbultarna till angivet moment.

10 Kontrollera och, om det behövs, justera framhjulsinställningen enligt beskrivningen i avsnitt 28, dra sedan åt spindelledens lås-mutter till angivet moment.

27 Styrstag – demontering och montering

Demontering

Observera: *En ny spindelledsfästmutter krävs vid montering.*

1 Dra åt handbromsen och ställ framvagnen på pallbockar. Ta av relevant hjul och säkra bromsskivan till navet med en hjulbult.

2 Lossa muttern som håller fast styrstagets spindelled vid fjäderbenet och lämna den påskruvad med bara ett par gängor. Lossa spindelledens konformade skaft med en universell kulledsavdragare och skruva sedan loss muttern och flytta styrstaget så att det går fritt från stödet. Kasta muttern och använd en ny vid monteringen.

3 Bänd bort låsplattans flikar (om sådana finns) och skruva loss bulten som håller fast den inre änden av styrstaget till styrväxeln.

4 Lossa styrstaget från styrväxelns fästplatta och ta bort det. **Observera:** *Om båda styrstagen ska tas bort, och markeringarna med L (vänster) och R (höger) inte längre syns, markera stagen för att underlätta monteringen.*

Montering

5 Sätt styrstaget på plats. Om nya styrstag monteras, se till att de sitter rätt **(se bild)**. På

tidiga modeller är styrstagen något böjda och stagets böjning ska då vara riktad nedåt. Senare modeller har raka styrstag.

6 Passa in styrstagets inre ände mot fäst-plattan och skruva i fästbulten. Dra bara åt bulten lätt än så länge.

7 Passa in spindelledens skaft med fjäder-benet, skruva på en ny fästmutter och dra åt den till angivet moment.

8 Sätt på hjulet, sänk ner bilen och dra åt hjulbultarna till angivet moment.

9 Gunga bilen så att fjädringens komponenter sätter sig på plats, dra sedan åt styrstagets inre bult till angivet moment och fäst den med låsplattans flik (om sådan finns).

10 Kontrollera framhjulens inställning och justera dem vid behov enligt beskrivningen i avsnitt 28.

28 Hjulinställning och styrvinklar – allmän information

Definitioner

1 En bils geometri för styrning och fjädring definieras i fyra grundinställningar – alla vinklar anges i grader. Styraxeln definieras som en tänkt linje genom fjäderbenets axel, vid behov förlängd till marken.

2 Camber är vinkeln mellan varje hjul och en vertikal linje dragen genom dess centrum och däckets kontaktyta, sedd framifrån eller bakifrån bilen. Positiv camber är när hjulen lutar ut från vertikalen upptill. Negativ camber är när de lutar inåt. Framhjulens cambervinkel kan justeras genom att stötdämparens bussning flyttas i förhållande till fjäderbenets övre fästplatta (se avsnitt 4 och 5). Bakhjulens cambervinklar anges också, men de kan inte ändras.

3 Castor är vinkeln mellan styraxeln och en vertikal linje dragen genom varje hjuls centrum och däckets kontaktyta, sedd från bilens sida. Positiv castor är när styraxeln är lutad så att den når marken framför vertikalen. Negativ castor är när linjen når marken bakom vertikalen. Castorvinkeln kan inte ändras.

4 Toe är skillnaden, sett uppifrån, mellan linjer dragna genom hjulens mitt och bilens mittlinje. Toe-in är när hjulen pekar inåt mot varandra framtill, medan toe-ut är när framkanterna pekar bort från varandra.

5 Framhjulens toe-inställning kan justeras

genom att man skruvar styrstagsjusteraren in eller ut i spindellederna, vilket ändrar den effektiva längden på styrstagen. Bakhjulens toe-inställning anges också, men kan inte ändras.

Kontroll och justering

6 På grund av den speciella mätutrustning som krävs för att kontrollera hjulinställningen och styrvinklarna, och den skicklighet som krävs för att använda utrustningen korrekt, bör kontroll och justering av dessa inställ-ningar helst överlåtas till en Audi/VAG-verkstad eller annan expert. Många däck-verkstäder har numera avancerad mät-utrustning. Följande information anges som en guide.

Framhjulens toe-inställning

7 För kontroll av toe-inställning måste först en spårviddstolk införskaffas. Två typer före-kommer och de kan köpas hos tillbehörs-butiker. Den första mäter avstånden mellan främre och bakre fälginsidorna med stilla-stående bil. Den andra typen, kallad hasplåt, mäter den faktiska positionen för däckens kontaktyta i relation till vägbanan med bilen i rörelse. Detta uppnås genom att man skjuter eller kör framhjulet över en platta. Plattan rör sig något i enlighet med däckets hasning, vilket visas på en skala. Båda typerna har för- och nackdelar, men båda kan ge goda resultat om de används korrekt och med noggrannhet.

8 För att mätvärdena ska bli korrekta är det viktigt att bilen är olastad, förutom för en full bränsletank, reservhjulet och en verktygslåda, och att däcken har korrekt lufttryck (se *Veckokontroller*). Gunga bilen flera gånger för att sätta alla fjädringskomponenter på plats och se till att framhjulen står rakt fram innan några mått tas.

9 Om justering krävs, dra åt handbromsen och ställ framvagnen på pallbockar.

10 Rengör först styrstagsjusterarens gängor. Om de är korroderade, lägg på inträngande olja innan justeringen påbörjas.

11 Håll justeraren stilla och lossa spindel-ledens och styrstagets låsmuttrar **(se bild)**. Ändra styrstagets längd genom att vrida justeraren så mycket som krävs. Minskning av styrstagets längd minskar toe-ut/ökar toe-in.

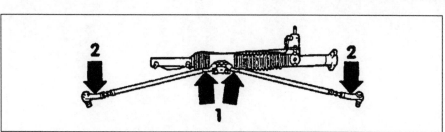

27.5 Försäkra dig om att styrstagen monteras åt rätt håll så att de inre knutarna (1) och spindellederna (2) vrider sig åt rätt håll

28.11 Justering av toe-inställning

12 När längden är den rätta, håll styrstags-justeraren stilla och dra åt båda låsmuttrarna till angivet moment.

13 Om rattekrarna inte längre är horisontella när hjulen pekar rakt fram, demontera ratten och justera dess läge (se avsnitt 19).

14 Kontrollera att toe-inställningen är korrekt genom att ställa ner bilen och mäta igen. Gör om justeringen vid behov.

Framhjulens camberinställning

15 Om utrustning för mätning av camber-vinkeln finns till hands kan vinkeln justeras enligt följande.

16 Koppla mätinstrumenten till bilen och kontrollera att cambervinkeln ligger inom tillåtna gränser.

17 Om justering behövs, ta bort kåporna från fjäderbenets övre fästen och lossa sedan de tre muttrar som håller fast stötdämpar-bussningen vid den övre fästplattan **(se bild)**. Flytta bussningen tills cambervinkeln är korrekt. Håll sedan bussningen stilla och dra åt fästmuttrarna till angivet moment.

18 Kontrollera att cambervinkeln är korrekt och sätt tillbaka kåporna på fjäderbensfästena (pilarna på kåporna ska peka utåt).

28.17 Lossa muttrarna (vid pilarna) och justera framhjulets cambervinkel genom att flytta på stötdämparens bussningsplatta vid övre infästningen

Kapitel 11
Kaross och detaljer

Innehåll

Svårighetsgrader

Enkelt, passar novisen med lite erfarenhet	Ganska enkelt, passar nybörjaren med viss erfarenhet	Ganska svårt, passar kompetent hemmamekaniker	Svårt, passar hemmamekaniker med erfarenhet	Mycket svårt, för professionell mekaniker

Specifikationer

Åtdragningsmoment   Nm

Bagagelucka:
Bultar för gångjärn till kaross	21
Fästmuttrar	21
Låscylindermuttrar	5
Låsfästmuttrar	6

Baklucka:
Fästmuttrar/bultar	21
Handtagsbultar	10
Låscylindermuttrar	4
Låsmuttrar	8

Bakre stötfångare:
Bultar för fästbygel till kaross	23
Fästbultar	15

Bakre säkerhetsbälte:
Sidobälte:
Rullens fästbult	50
Nedre fästbult	50
Bult för mittbälte/spänne	50

Åtdragningsmoment (forts)

	Nm
Baksäte – kombi:	
Gångjärnets pivåbussningsskruv	12
Sittdynans bultar	8
Skruvar för ryggstöd till gångjärn	8
Dörr:	
Bultar för fönsterramen till karossen	30
Bultar för gångjärn till kaross	30
Fästbultar	30
Fönsterhissens fästbultar	10
Låsets fästskruvar	8
Låsgreppets fästskruvar	16
Yttre handtag, skruv	5
Främre stötfångare:	
Bultar för fästbygel till kaross:	
Audi 100	27
Audi A6	23
Fästbultar	23
Främre säkerhetsbälte:	
Bult för höjdjusteringsmekanism	23
Nedre fästbult	50
Rullens fästbult	50
Övre fästmutter	50
Fönstermotorns fästskruvar	5
Motorhuv:	
Fästbultar	21
Gångjärnens fästbultar	21
Gångjärnens pivåbult	15
Låssprintens låsmutter	10
Stoppbult för främre sätets styrskena	8

1 Allmän information

1 Karossen består av sektioner av pressat stål. De flesta delarna är hopsvetsade, men vissa fogar är limmade.
2 Motorhuven, dörrarna och vissa andra utsatta paneler är förzinkade och skyddas ytterligare med ett lager splitterskydds-grundfärg innan de lackeras.
3 Plast används i stor utsträckning, huvudsakligen i kupén, men även i yttre delar. De främre och bakre stötfångarna och grillen är gjutna i ett syntetiskt material som är mycket starkt och samtidigt lätt. Plastdelar, som hjulhusfoder, sitter på undersidan av bilen för att förbättra karossens skydd mot korrosion.

2 Underhåll – kaross och underrede

1 Karossens skick är något som i hög grad påverkar bilens värde. Underhållet är enkelt men måste vara regelbundet. Underlåtenheter, speciellt efter smärre skador, kan snabbt leda till värre skador och dyra reparationer. Det är även viktigt att hålla ett öga på de delar som inte är direkt synliga, exempelvis underredet, under hjulhusen och de nedre delarna av motorrummet.

2 Det grundläggande underhållet av karossen är tvättning – helst med stora mängder vatten från en slang. Detta tar bort all lös smuts som har fastnat på bilen. Det är viktigt att spola bort smutsen på ett sätt som förhindrar att lacken skadas. Hjulhus och underrede kräver tvätt på samma sätt, så att ansamlad lera tas bort. Leran binder fukt och uppmuntrar rostangrepp. Paradoxalt nog är den bästa tidpunkten för tvätt av underrede och hjulhus när det regnar, eftersom leran då är blöt och mjuk. Vid körning i mycket våt väderlek spolas vanligen underredet av automatiskt, vilket ger ett bra tillfälle för inspektion.
3 Periodvis, med undantag för bilar med vaxade underreden, är det en god idé att rengöra hela undersidan med ångtvätt, inklusive motorrummet, så att en grundlig inspektion kan utföras för att se efter vilka småreparationer som behövs. Ångtvätt finns på många bensinstationer och verkstäder och behövs för att ta bort ansamlingar av oljeblandad smuts som ibland kan bli tjock i vissa utrymmen. Om ångtvätt inte finns tillgänglig finns det ett par utmärkta avfettningsmedel som kan strykas på med borste och smutsen kan sedan spolas bort. Kom ihåg att dessa metoder inte ska användas på bilar med vaxade underreden, eftersom de tar bort vaxet. Bilar med vaxade underreden ska inspekteras årligen, helst på senhösten, då underredet tvättas av så att skador i vaxbestrykningen kan hittas och åtgärdas. Det bästa är att lägga på ett helt

nytt lager vax före varje vinter. Det är även värt att överväga att spruta in vaxbaserat skydd i dörrpaneler, trösklar, balkar och liknande som ett extra rostskydd där tillverkaren inte redan åtgärdat den saken.
4 Efter det att lacken tvättats, torka av den med sämskskinn så att den får en fin yta. Ett lager med genomskinligt skyddsvax ger förbättrat skydd mot kemiska föroreningar i luften. Om lacken mattats eller oxiderats kan ett kombinerat tvätt- och polermedel återställa glansen. Detta kräver lite arbete, men sådan mattning orsakas vanligen av slarv med regelbundenheten i tvättning. Metalliclacker kräver extra försiktighet och speciella slip-medelsfria rengörings-/polermedel krävs för att inte ytan ska skadas. Kontrollera alltid att dräneringshål och rör i dörrar och ventilation är öppna så att vatten kan rinna ut. Kromade ytor ska behandlas som lackerade. Glasytor ska hållas fria från smutshinnor med hjälp av glastvättmedel. Vax eller andra medel för polering av lack eller krom ska inte användas på glas.

3 Underhåll – klädsel och mattor

1 Mattorna ska borstas eller dammsugas med jämna mellanrum så att de hålls rena. Om de är svårt nedsmutsade kan de tas ut ur

bilen och skrubbas. Se i så fall till att de är helt torra innan de läggs tillbaka i bilen. Säten och klädselpaneler kan torkas rena med fuktig trasa och speciella rengöringsmedel. Om de smutsas ner (vilket ofta kan vara mer synligt i ljusa inredningar) kan lite flytande tvättmedel och en mjuk nagelborste användas till att skrubba ut smutsen ur materialet. Glöm inte takets insida, håll det rent på samma sätt som klädseln. När flytande rengöringsmedel används inne i bilen får de tvättade ytorna inte överfuktas. För mycket fukt kan komma in i sömmar och stoppning och där framkalla fläckar, störande lukter och till och med röta. Om insidan av bilen blir mycket blöt är det mödan värt att torka ur den ordentlig, speciellt mattorna. *Lämna inte olje- eller eldrivna värmare i bilen för detta ändamål.*

4 Mindre karosskador – reparation

Reparation av mindre repor i karossen

1 Om en repa är mycket ytlig och inte trängt ner till karossmetallen är reparationen mycket enkel att utföra. Gnugga det skadade området helt lätt med lackrenoveringsmedel eller en mycket finkornig slippasta så att lös lack tas bort från repan och det omgivande området befrias från vax. Skölj med rent vatten.
2 Lägg på bättringslack på repan med en fin pensel. Lägg på i många tunna lager till dess att ytan i repan är i jämnhöjd med den omgivande lacken. Låt den nya lacken härda i minst två veckor och jämna sedan ut den mot omgivande lack genom att gnugga hela området kring repan med lackrenoverings-medel eller en mycket finkornig slippasta. Avsluta med en vaxpolering.
3 Om repan gått ner till karossmetallen och denna börjat rosta, krävs en annan teknik. Ta bort lös rost från botten av repan med ett vasst föremål och lägg sedan på rost-skyddsfärg så att framtida rostbildning förhindras. Fyll sedan upp repan med spackelmassa och en spackel av gummi eller nylon. Vid behov kan spacklet tunnas ut med thinner så att det blir mycket tunt vilket är idealiskt för smala repor. Innan spacklet härdar, linda ett stycke mjuk bomullstrasa runt en fingertopp. Doppa fingret i thinner och stryk snabbt över spackelytan i repan. Detta gör att små hål bildas i spackelmassans yta. Lacka sedan över repan enligt tidigare anvisningar.

Reparation av bucklor i karossen

4 Om en djup buckla uppstått i karossen blir den första uppgiften att räta ut bucklan så pass att plåten i det närmaste återtar ursprungsformen. Det finns ingen anledning

att försöka återställa formen helt eftersom metallen i det skadade området sträckt sig vid skadans uppkomst och aldrig helt kommer att återta sin gamla form. Det är bättre att försöka ta bucklans nivå upp till ca 3 mm under den omgivande karossens nivå. I de fall bucklan är mycket grund är det inte värt besväret att räta ut den. Om undersidan av bucklan är åtkomlig kan den knackas ut med en träklubba eller plasthammare. När detta görs ska mothåll användas på plåtens utsida så att inte större delar knackas ut.
5 Skulle bucklan sitta i en del av karossen som har dubbel plåt, eller om baksidan av någon annan anledning är oåtkomlig, krävs en annan teknik. Borra ett flertal hål genom metallen i bucklan – speciellt i de djupare delarna. Skruva sedan in långa plåtskruvar precis så långt att de får ett fast grepp i metallen. Dra sedan ut bucklan genom att dra i skruvskallarna med en tång.
6 Nästa steg är att ta bort lacken från det skadade området och ca 2-3 cm av den omgivande friska plåten. Detta görs enklast med stålborste eller slipskiva monterad på borrmaskin, men kan även göras för hand med slippapper. Fullborda underarbetet genom att repa den nakna plåten med en skruvmejsel eller filspets, eller genom att borra små hål i det område som ska spacklas. Detta gör att spacklet fäster bättre.
7 Fullborda arbetet enligt anvisningarna för spackling och lackering.

Reparation av rosthål och revor i karossen

8 Ta bort all lack från det drabbade området och ca 2-3 cm av den omgivande friska plåten med en sliptrissa eller stålborste monterad i en borrmaskin. Om detta inte finns tillgängligt kan ett antal ark slippapper göra jobbet lika effektivt. När lacken är borttagen kan man mer exakt uppskatta rostskadans omfattning och därmed avgöra om hela panelen (där möjligt) ska bytas ut eller om rostskadan ska repareras. Nya plåtdelar är inte så dyra som de flesta tror och det är ofta snabbare och ger bättre resultat med plåtbyte än om man försöker reparera större rostskador.
9 Ta bort alla detaljer från det drabbade området, utom de som styr den ursprungliga formen (t.ex. lyktsarger). Ta sedan bort lös eller rostig metall med plåtsax eller bågfil. Knacka kanterna något inåt så att du får en grop för spacklingsmassan.
10 Borsta av det drabbade området med en stålborste så att rostdamm tas bort från ytan av kvarvarande metall. Måla det drabbade området med rostskyddsfärg, om möjligt även på baksidan.
11 Innan spacklingen kan ske måste hålet blockeras på något sätt. Detta kan göras med nät av plast eller aluminium eller med aluminiumtejp.
12 Nät av plast eller aluminium eller glasfiberväv är i regel det bästa materialet för ett stort hål. Skär ut en bit som är ungefär lika

stor som det hål som ska fyllas, placera det i hålet så att kanterna är under nivån för den omgivande plåten. Ett antal klickar spackel-massa runt hålet fäster materialet.
13 Aluminiumtejp kan användas till små eller mycket smala hål. Flera remsor kan läggas bredvid varandra om bredden på en inte räcker till. Tryck ner tejpkanterna med ett skruvmejselhandtag eller liknande så att tejpen fäster ordentligt på metallen.

Karossreparationer – spackling och lackering

14 Innan du följer anvisningarna i detta avsnitt, läs de föregående om reparationer av bucklor, djupa repor, rosthål och revor.
15 Många typer av spackelmassa före-kommer. Generellt sett är de som består av grundmassa och härdare bäst vid denna typ av reparationer. Vissa av dem kan användas direkt från förpackningen. En bred och följsam spackel av nylon eller gummi är ett ovärderligt verktyg för att skapa en väl formad spackling med fin yta.
16 Blanda lite massa och härdare på en skiva av exempelvis kartong eller masonit. Följ tillverkarens instruktioner och mät härdaren noga, i annat fall härdar spacklingen för snabbt eller för långsamt. Bred ut massan på det förberedda området med spackeln, dra spackeln över massan så att rätt form och en jämn yta uppstår. Så snart en någorlunda korrekt form uppnåtts bör massan inte bearbetas mer. Om man håller på för länge blir massan kletig och börjar fastna på spackeln. Fortsätt lägga på tunna lager med ca 20 minuters mellanrum till dess att massan är något högre än den omgivande plåten.
17 När massan härdat kan överskottet tas bort med hyvel eller fil och sedan slipas ner med gradvis finare papper. Börja med nr 40 och avsluta med nr 400 våt- och torrpapper. Linda alltid papperet runt en slipkloss, annars blir inte den slipade ytan plan. Vid slut-poleringen med torr- och våtpapper ska detta då och då sköljas med vatten. Detta skapar en mycket slät yta på massan i slutskedet.
18 I detta läge bör bucklan vara omgiven av en ring med ren plåt som i sin tur omges av en lätt ruggad kant av frisk lack. Skölj av reparationsområdet med rent vatten till dess att allt slipdamm försvunnit.
19 Spruta ett tunt lager grundfärg på hela reparationsområdet. Detta avslöjar mindre ytfel i spacklingen. Laga dessa med ny spackelmassa eller filler och slipa av ytan igen. Massa kan tunnas ut med thinner så att den blir mer lämpad för riktigt små gropar. Upprepa denna sprutning och reparation till dess att du är nöjd med spackelytan och den ruggade lacken. Rengör reparationsytan med rent vatten och låt den torka helt.
20 Reparationsytan är nu klar för slutlig lackering. Färgsprutning måste utföras i ett varmt, torrt, drag- och dammfritt utrymme. Detta kan skapas inomhus om man har tillgång till ett större arbetsområde, men om

arbetet måste utföras utomhus är valet av dag kritiskt. Om arbetet görs inomhus är det bra att spola av golvet med vatten eftersom detta binder damm som annars skulle vara i luften. Om reparationsytan är begränsad till en panel ska de omgivande panelerna maskas av. Detta minskar effekten av en mindre missanpassning mellan färgerna. Karossdetaljer (t.ex. kromlister, dörrhandtag, etc.) måste också maskas av. Använd riktig maskeringstejp och flera lager tidningspapper till detta.

21 Innan sprutningen påbörjas, skaka burken ordentligt och spruta på en provbit, t.ex. en konservburk, tills du behärskar tekniken. Täck sedan arbetsytan med ett tjockt lager grundfärg, uppbyggt av flera tunna skikt. Polera sedan grundfärgsytan med nr 400 våt- och torrpapper, till dess att den är slät. Medan detta utförs ska ytan hållas våt och pappret ska periodvis sköljas i vatten. Låt det torka innan mer färg läggs på.

22 Spruta på färglagret och bygg igen upp tjockleken med flera tunna lager färg. Börja spruta i ena kanten och arbeta med sidledes rörelser till dess att hela reparationsytan och ca 5 cm av den omgivande lackeringen täckts. Ta bort maskeringen 10–15 minuter efter det sista färglagret sprutats på.

23 Låt den nya lacken härda i minst två veckor, använd sedan en lackrenoverare eller mycket fin slippasta till att jämna ut den nya lackens kanter mot den gamla. Avsluta med en vaxpolering.

Plastdelar

24 På grund av användningen av mer och mer plastdetaljer i karosserna (t.ex. stötfångare, spoilers och i vissa fall större karosspaneler), blir åtgärdandet av allvarligare skador på sådana detaljer en fråga om att antingen överlämna det till en specialist på området, eller byta ut hela komponenter. Gördet-själv reparationer av sådana skador är inte rimliga på grund av kostnaden för den specialutrustning och de speciella material som krävs. Principen för dessa reparationer är

dock att en skåra tas upp längs med skadan med en roterande rasp i en borrmaskin. Den skadade delen svetsas sedan ihop med en varmluftspistol och en plaststav i skåran. Plastöverskott tas bort och ytan slipas ned. Det är viktigt att rätt typ av plastlod används – plasttypen i karossdelar kan variera, exempelvis PCB, ABS eller PPP.

25 Mindre allvarliga skador (skrapningar, små sprickor) kan lagas av hemmamekaniker med en tvåkomponents epoxymassa. Den blandas i lika delar och används på liknande sätt som spackelmassa på plåt. Epoxyn härdar i regel inom 30 minuter och kan sedan slipas och målas.

26 Om ägaren byter en komplett del själv eller har reparerat med epoxymassa dyker problemet med målning upp. Svårigheten är att hitta en färg som är kompatibel med den plast som används. En gång i tiden kunde inte någon universalfärg användas på grund av det breda utbudet av plaster i karossdelar. Generellt sett fastnar inte standardfärger på plast och gummi. Numera finns det dock satser för plastlackering att köpa. Dessa består i princip av förprimer, grundfärg och färglager. Kompletta instruktioner finns i satserna men grundmetoden är att först lägga på förprimern på aktuell del och låta den torka i 30 minuter innan grundfärgen läggs på. Denna ska sedan torka ca en timme innan det speciella färglagret läggs på. Resultatet blir en korrekt färgad del där lacken kan flexa med materialet. Det senare är en egenskap som standardfärger vanligtvis saknar.

5 Större karosskador – reparation

1 Om allvarliga skador har uppstått, eller om större delar måste bytas p.g.a. dåligt underhåll, betyder det att helt nya paneler måste svetsas fast, vilket bör överlåtas åt specialister. Om det är frågan om en krockskada måste även en komplett kontroll

av ytterkarossens uppriktning utföras, vilket bara kan göras på en Audi/VAG-verkstad med specialutrustning. Förvridna delar kan orsaka stora belastningar på komponenter i styrning och fjädring och möjligen kraftöverföringen med åtföljande slitage och förtida haveri, speciellt i delar som däcken.

6 Främre stötfångare – demontering och montering

Demontering

Audi 100

1 Lossa försiktigt grillpanelerna och ta bort dem från stötfångarens framsida för att komma åt stötfångarens fästbultar.

2 På modeller med främre dimljus, demontera båda dimljusen enligt beskrivningen i kapitel 12.

3 Skruva loss fästskruvarna och ta bort de små skyddskåporna från undersidan av vänster och höger strålkastare. På modeller med strålkastarspolare måste man lossa kåporna från spolarmunstyckena för att det ska gå att ta bort skyddskåporna.

4 Skruva loss fästskruvarna som håller fast vänster och höger främre hjulhusfoder till stötfångaren. Lossa fodren från stötfångaren.

5 Skruva loss bultarna som håller fast stötfångarens främre del till fästbyglarna.

6 Ta hjälp av någon och lossa stötfångarens ändar från sidofästena (lossa först ovansidan av stötfångaren och sedan undersidan) och dra hela stötfångaren framåt och bort från bilen. Om det behövs, koppla loss temperaturgivaren från insidan av stötfångaren när du kommer åt.

7 Undersök om stötfångarens fästen är skadade och byt ut dem om det behövs.

Audi A6

8 Lossa försiktigt grillpanelerna från vänster och höger sida av stötfångaren för att komma åt stötfångarens fästbultar **(se bilder)**.

6.8a På Audi A6, lossa fästklämmorna . . .

6.8b . . . och ta bort grillen från vänster och höger sida om stötfångaren

6.10 Skruva loss fästbultarna . . .

6.11 . . . lossa stötfångarens ändar och lyft bort den från bilen

9 Skruva loss fästskruvarna som håller fast vänster och höger främre hjulhusfoder till stötfångaren. Lossa fodren från stötfångaren.
10 Skruva loss bultarna som håller fast den främre delen av stötfångaren till dess fäst-byglar **(se bild)**.
11 Ta hjälp av någon och lossa stötfångarens ändar från sidofästena (lossa först ovansidan av stötfångaren och sedan undersidan) och dra hela stötfångaren framåt och bort från bilen **(se bild)**. Om det behövs, koppla loss temperaturgivaren från insidan av stötfångaren när den blir åtkomlig.
12 Undersök stötfångarens fästen efter tecken på skada och byt ut dem om det behövs **(se bild)**. Notera att stötfångarens höjd kan ändras genom att man skruvar in eller ut den gängade hylsan i fästet.

Montering

13 Monteringen sker i omvänd ordning. Sätt fast stötfångarens ändar först nedtill i fästena, och sedan upptill. Se till att stötfångarens ändar sitter ordentligt, och dra sedan åt fästbultarna till angivet moment.

7 Bakre stötfångare – demontering och montering

Demontering

Sedan

1 Skruva loss fästskruvarna som håller fast vänster och höger hjulhusfoder till stöt-fångaren. Lossa fodren från stötfångaren.
2 Öppna bagageluckan och lyft upp mattan för att komma åt stötfångarens fästbultar.
3 Lossa fästbultarna till vänster och höger, lossa sedan tillsammans med en medhjälpare stötfångaren från sidofästena och lyft den bakåt och bort från bilen.
4 Undersök om stötfångarens fästen är skadade och byt ut dem om det behövs.

Kombi

5 Öppna bakluckan, lossa spärrarna och fäll upp bagageutrymmets golvpanel.
6 Skruva loss fästskruvarna och ta bort vänster och höger klädselpanel från bagage-

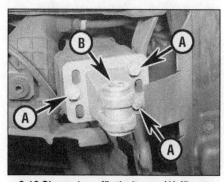

6.12 Skruva loss fästbultarna (A) för att byta ut stötfångarfästet. Stötfångarens höjd justeras genom att man skruvar den gängade hylsan (B) in eller ut i fästet

utrymmesgolvet för att komma åt stöt-fångarens fästbultar **(se bilder)**.
7 Skruva loss fästbultarna till vänster och höger, lossa sedan med en medhjälpare stötfångarens ändar från sidofästena och lyft stötfångaren bakåt och bort från bilen. Stötfångarens ändar lossas från dess fästen

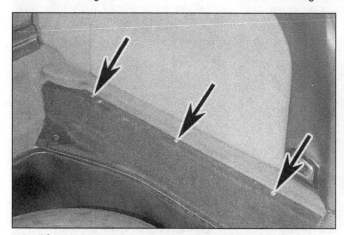

7.6a På kombimodeller, skruva loss fästskruvarna (vid pilarna) . . .

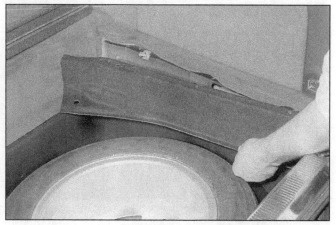

7.6b . . . och ta bort klädselpanelerna från golvet i bagageutrymmet

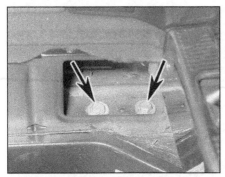

7.7a Skruva loss fästbultarna . . .

7.7b . . . lossa stötfångarens ändar och lyft bort den från bilen

8.2 Koppla loss vindrutespolarslangen från vindrutemunstycket och från motorhuven

genom att man trycker nedåt och sedan drar framåt **(se bilder)**.

8 Undersök om stötfångarens fästen är skadade och byt ut dem om det behövs.

Montering

9 Monteringen sker i omvänd ordning. Sätt fast stötfångarens ändar först nedtill i fästena och sedan upptill. Se till att stötfångarens ändar sitter korrekt och dra åt fästbultarna till angivet moment.

8 Motorhuv – demontering, montering och justering

Demontering

1 Öppna motorhuven helt vertikalt och lägg en trasa under varje hörn för att förhindra eventuella skador om du skulle tappa motorhuven.

2 Koppla loss vindrutespolarslangen från munstycket. Lossa slangen från dess fästklämmor och flytta bort den från motorhuven **(se bild)**.

3 På modeller med uppvärmda spolarmunstycken, ta bort proppen från mitten av motorhuven för att komma åt spolarmunstyckets kontaktdon. Koppla loss båda kontaktdonen från spolarmunstyckena och

knyt fast en bit snöre runt kabeländen på kontaktdonen. Lossa gummimuffen från motorhuven och dra ut kablarna. När snöret kommer fram, knyt loss det och lämna det på plats så att det kan användas för att dra tillbaka kablarna på rätt plats **(se bilder)**.

4 Markera konturen av gångjärnet på motorhuven med en penna för att underlätta monteringen.

5 Låt en medhjälpare hålla fast motorhuven.

6 Lossa fästklämman, dra ut pivåstiftet och ta bort gasfjädern från motorhuven **(se bild)**.

7 Skruva loss bultarna som håller fast gångjärnen till motorhuven på höger och vänster sida och lyft försiktigt av motorhuven från bilen.

8 Undersök om motorhuvens gångjärn visar tecken på slitage och fritt spel vid svängtapparna och byt ut dem om det behövs. Gångjärnen är fastskruvade i karossen.

Montering och justering

9 Med hjälp av en medhjälpare, sätt motorhuven på plats mot gångjärnen. Sätt tillbaka fästbultarna och dra åt dem med enbart handkraft. Rikta in gångjärnen mot de markeringar som gjordes vid demonteringen, dra sedan åt fästbultarna till angivet moment.

10 Återanslut gasfjädern till motorhuven och se till att dess pivåstift hålls fast ordentligt av klämman.

11 Återanslut spolarslangen till spolarmunstyckena och se till att den är korrekt dragen och hålls fast av alla relevanta klamrar. Där tillämpligt, dra även tillbaka kablarna på plats och återanslut dem till munstyckena.

12 Stäng motorhuven och kontrollera att den sitter korrekt i förhållande till kringliggande karossdelar. Om det behövs, lossa gångjärnsbultarna och rikta om motorhuven innan gångjärnsbultarna dras åt till angivet moment. När motorhuven är färdigmonterad, kontrollera att den kan stängas och öppnas korrekt.

13 Motorhuvens höjd kan justeras med låssprintarna. Om justering krävs, öppna motorhuven och lossa låssprintarnas låsmuttrar. Skruva in eller ut låssprintarna i motorhuven (efter vad som krävs) tills motorhuven är korrekt justerad när den är stängd. Håll fast sprintarna och dra åt låsmuttrarna till angivet moment.

9 Motorhuvslåsets vajer – demontering, montering och justering

Demontering

Observera: *Låsvajerns hylsor kommer antagligen att skadas när de tas bort från motorhuvens tvärbalk, så skaffa två nya att använda vid monteringen.*

8.3a På modeller med uppvärmningsbara spolarmunstycken, ta bort proppen från motorhuven, dra ut kablarna och koppla ifrån kontaktdonen . . .

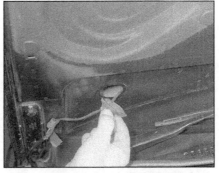

8.3b . . . lossa sedan muffen och dra bort kablarna från motorhuven

8.6 Ta bort fästklämman och dra ur pivåtappen som fäster gasfjädern vid motorhuven

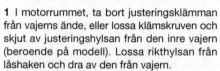

9.2a Ta loss vajerstyrningarna . . .

9.2b . . . och ta bort låsvajerns rikthylsor från låshakarna

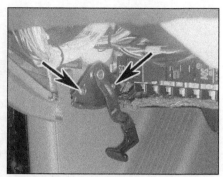

9.6 Skruva ur fästskruvarna och ta bort handtaget från klädselpanelen

1 I motorrummet, ta bort justeringsklämman från vajerns ände, eller lossa klämskruven och skjut av justeringshylsan från den inre vajern (beroende på modell). Lossa rikthylsan från låshaken och dra av den från vajern.
2 Lossa försiktigt vajerstyrningarna från motorhuvslåsplattan och lossa rikthylsan från den andra låshaken **(se bilder)**. Om hylsorna på något sätt skadas vid demonteringen måste de bytas ut.
3 Lossa den inre vajern från både vänster och höger låshake och dra av den andra rikthylsan.
4 Knyt ett snöre runt låsvajerns ände, följ sedan vajern bakåt och lossa den från alla fästklämmor och andra fästen. Lossa vajerns yttre muff från torpedväggen och dra av den från vajern.
5 Inne i kupén, skruva loss fästskruvarna och ta loss förvaringsfackpanelen från förarsidan av instrumentbrädan.
6 Skruva loss fästskruvarna för handtaget till motorhuvslåset och lossa handtaget från klädselpanelen **(se bild)**.
7 Lossa den inre muffen från torpedväggen och ta bort handtaget och dra in vajern i kupén. När snöret kommer fram, knyt loss det och lämna det på plats så att det kan användas vid monteringen för att dra tillbaka vajern på rätt plats.

Montering och justering

8 Se till att den inre muffen sitter korrekt på vajern, använd sedan snöret till att dra ut vajern från kupén till motorrummet. Knyt loss snöret när vajern kommer fram.
9 Passa in låshandtaget mot klädselpanelen, sätt tillbaka fästskruvarna och dra åt dem ordentligt. Sätt den inre muffen på plats i torpedväggen, sätt tillbaka förvaringsfacket på instrumentbrädan och gå tillbaka till motorrummet.
10 Skjut på den yttre muffen på vajern och sätt den på plats i torpedväggen. Följ hela vajern och kontrollera att den dragits rätt och fäst den med klämmorna.
11 Skjut på den första rikthylsan på vajern med den största änden längst in, dra sedan

vajern igenom båda låshakarna. Se till att rikthylsan sitter fast ordentligt vid den första låshaken och fäst vajerhylsorna ordentligt i låsplattan.
12 Skjut på den andra rikthylsan på vajern med den minsta änden längst in, sätt sedan på justeringsklämman/klammern (beroende på modell). Se till att båda rikthylsorna sitter korrekt fästade i låshakarna och justera sedan vajern enligt följande.
13 På modeller med justerare av klämtyp, placera klämman så att allt fritt spel tas bort från vajern, men så att båda låshakarna fortfarande ligger emot stoppklackarna. Håll fast klämman och dra åt justeringsskruven ordentligt. För säkerhets skull bör man böja bort änden på den inre kabeln för att förhindra att justeringsklämman glider av om dess klämskruv skulle lossna.
14 På modeller med justeringsklammer, dra i vajern för att ta bort allt fritt spel utan att låshakarna flyttas från stoppklackarna. Håll fast vajern och fäst justeringklammern ordentligt i det sista synliga spåret på hylsan på kabeländen **(se bild)**.
15 När vajern är korrekt justerad, låt en medhjälpare dra i losskopplingshandtaget och se efter att låshakarna kan röra sig lätt och mjukt till stoppklackarna. Om allt är bra, smörj hakarna och motorhuvssprintarna med lite fett och stäng motorhuven.

10 Motorhuvslås – demontering och montering

Demontering

1 Öppna motorhuven och flytta justeringsklämman på hylsan på vajerns ände, eller lossa klämskruven och skjut klämman längs vajern för att få maximalt fritt spel (beroende på modell).
2 Lossa rikthylsorna från låshakarna och haka loss låsvajern.
3 Rita runt konturerna på fästbultarna för motorhuvslåsets tvärbalk. Skruva loss bultarna som håller fast kylarens övre fästen till tvärbalken, skruva sedan loss fästbultarna. Lossa tvärbalken och för bort den från kylaren.
4 På vissa modeller är det fortfarande mycket svårt att komma åt låshakarna, men enda sättet att komma åt dem bättre är att demontera hela kylaren. **Observera:** *På vissa modeller räcker det att lossa kylaren från dess fästen, så att man inte behöver tappa ur kylsystemet eller koppla loss kylvätskeslangarna.*
5 Haka av låshaken från dess fästen (var försiktig så att inte lacken skadas) och ta bort den **(se bilder)**.

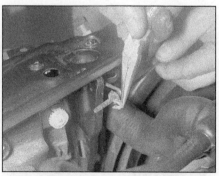

9.14 Eliminera allt fritt spel från låsvajern och fäst justeringsklammern i det sista synliga spåret på ändfästet

10.5a Haka försiktigt bort låshaken . . .

10.5b ... och lösgör den från dess styrningar (visas med kylare och strålkastare borttagna)

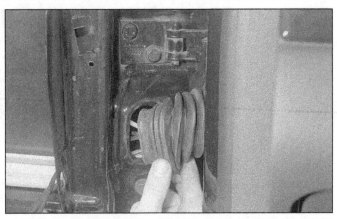

11.2 Ta loss kabeldamasken från dörren och kontrollera om det finns ett kontaktkdon monterat på dörrens kabelhärva

Montering

6 Sätt låshaken på plats och se till att den sitter ordentligt i sina styrningar. Kontrollera låshakens funktion innan arbetet fortsätter.

7 Montera kylaren (om den demonterats) och sätt tillbaka tvärbalken. Sätt tillbaka fästbultarna, justera dem mot de tidigare gjorda markeringarna och dra åt dem ordentligt.

8 Haka tillbaka låsvajern på plats och placera båda rikthylsorna ordentligt i låshakarna.

9 På modeller med justerare av klämtyp, placera klämman så att allt fritt spel tas bort från vajern, men så att båda låshakarna fortfarande sitter mot sina stoppklackar. Håll fast klämman och dra åt justeringsskruven ordentligt. För säkerhets skull bör man böja bort änden på den inre vajern för att förhindra att justeringsklämman glider av om dess klämskruv skulle lossna.

10 På modeller med justeringsklammer, dra i vajern för att ta bort allt fritt spel utan att låshakarna flyttas från sina stoppklackar. Håll fast vajern och fäst justeringklammern ordentligt i det sista exponerade spåret på hylsan på kabeländen.

11 När vajern är justerad, låt en medhjälpare dra i losskopplingshandtaget och se till att låshakarna kan röra sig lätt och mjukt till stoppklackarna. Om allt är bra, smörj hakarna och motorhuvsprintarna med lite fett och stäng motorhuven.

11 Dörr – demontering, montering och justering

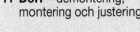

Demontering

1 Koppla loss batteriets minuspol.

2 Ta loss kabeldamasken från dörren och kontrollera om det finns något kontaktdon **(se bild)**. Om det finns ett kontaktdon, koppla loss det från karmen. På modeller med centrallås, koppla även loss vakuumslangen som går igenom kontaktdonet.

3 På modeller utan kontaktdon, demontera dörrens fönsterram enligt beskrivningen i avsnitt 13. Koppla loss kontaktdonet/donen och vakuumslangen från låset (beroende på modell). På framdörrarna måste man först lossa stöldskyddskåpan för att komma åt låset. Lossa kablaget/slangarna från fästklämmorna och dra ut dem helt från dörren **(se bilder)**.

4 På alla modeller, markera med en penna konturen av gångjärnet mot dörren för att underlätta monteringen.

5 Låt en medhjälpare hålla fast dörren.

6 Skruva loss bultarna som håller fast gångjärnen vid dörren och ta bort dörren **(se bild)**.

7 Undersök om gångjärnen visar tecken på slitage eller skada. Om de måste bytas, markera gångjärnens position och skruva sedan loss fästbultarna och ta bort gångjärnen. På bakdörrarna måste man ta bort dörrkarmens klädselpanel för att komma åt bultarna (se avsnitt 29). Sätt på de nya gångjärnen och passa in dem mot markeringarna som gjordes före demonteringen, dra åt fästbultarna till angivet moment.

Montering

8 Ta hjälp av någon och passa in dörren på bilen och sätt tillbaka gångjärnsbultarna. Rikta in gångjärnen mot de markeringar som gjordes vid demonteringen, dra sedan åt fästbultarna till angivet moment.

9 På modeller med ett kontaktdon på dörren/karmen, återanslut kontaktdonet ordentligt och (om en sådan finns) centrallåsslangen.

10 Om det inte finns något kontaktdon, stick in kablarna och vakuumslangen i dörren. Se till att kablaget/slangen är korrekt dragna och hålls fast av alla relevanta klamrar. Återanslut kablaget/slangen ordentligt till låset och sätt sedan tillbaka skyddskåpan (om en sådan finns). Montera fönsterramen enligt beskrivningen i avsnitt 13.

11 Sätt tillbaka gummidamasken på plats och se till att den sitter ordentligt på dörren.

12 Kontrollera dörrens justering och korrigera

11.3a Om inget kontaktdon finns, ta bort fönsterramen och ta loss kablarna/slangarna från sina fästklämmor ...

11.3b ... och ta bort dem från dörren

11.6 Skruva loss fästbultarna och lyft av dörren från gångjärnen

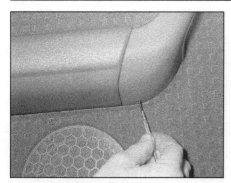

12.2a Lossa fästklämman . . .

12.2b . . . ta bort klädselkåpan . . .

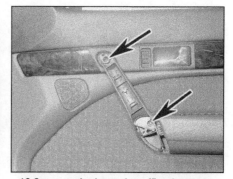

12.2c . . . och skruva loss fästskruvarna och ta bort handtaget från dörren

den om det behövs, anslut sedan batteriets minuspol. Om lacken runt gångjärnen har skadats, måla området med passande bättringslack för att förhindra korrosion.

Justering

13 Stäng dörren och kontrollera dess inpassning mot kringliggande karossdelar. Om det behövs kan dörrens position justeras genom att gångjärnens fästbultar lossas och gångjärnen/dörren riktas om. Observera att det kommer att krävas att dörrkarmens klädselpanel tas bort för att man ska komma åt bultarna för bakdörrens gångjärn (se avsnitt 29).

14 När dörren sitter korrekt, dra åt gångjärnsbultarna till angivet moment. Om lacken runt gångjärnen har skadats, måla området med passande bättringslack för att förhindra korrosion.

1 Koppla från batteriets minuspol.
2 Stick in en liten skruvmejsel i hålet på undersidan av dörrhandtagskåpan, tryck ner fästklämman och ta bort kåpan från handtaget. Skruva loss fästskruvarna och ta bort handtaget från dörren (se bilder).
3 På modeller med manuella fönsterhissar, lossa försiktigt panelen på veven med en skruvmejsel och dra av den från handtaget. Skruva loss fästskruven och ta bort handtaget från dörren. Följ sedan beskrivningen under tillämplig underrubrik.

Framdörr

4 På modeller med elfönsterhissar, om arbete ska utföras på förardörren, ta bort fönsterbrytarna enligt beskrivningen i kapitel 12.
5 På modeller med manuellt justerbara yttre

backspeglar, dra av den yttre knoppen från justeringshandtaget och ta sedan bort den inre knoppen. Lossa försiktigt höljet från justeringshandtaget och ta bort det från klädselpanelen.
6 På modeller med elstyrda yttre backspeglar lossa den lilla klädselpanelen framför dörrlåsets inre handtag (se bild).
7 På alla modeller, lossa dörrlåsets inre handtag och dra ut det från klädselpanelen. Lossa vajerns fästklämma på baksidan av handtaget och koppla sedan loss låsvajern. Koppla loss kontaktdonet från brytaren (om en sådan finns) och ta bort handtaget från dörren (se bilder).
8 Skruva loss de övre fästskruvarna framtill och baktill på klädselpanelen och skruven från låshandtagets öppning (se bilder).

---

12 Dörrens inre klädselpanel – demontering och montering

Demontering

Observera: Dörrarnas klädselpanel har olika utformning beroende på bilens utrustningsnivå, det kan därför hända att vissa klädselpanelfästen i just din bil sitter på andra ställen än de som visas här.

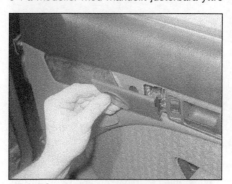

12.6 På modeller med elstyrda speglar, ta bort den lilla klädselpanelen framför låsets inre handtag

12.7a Ta loss låsets inre handtag från dörren och koppla loss kontaktdonet från brytaren (där en sådan finns)

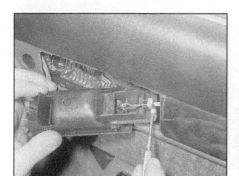

12.7b Bänd bort fästklämman och ta bort handtaget från dörren

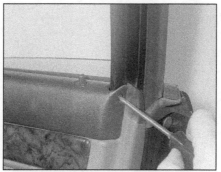

12.8a Skruva ur fästskruvarna fram och bak på panelen . . .

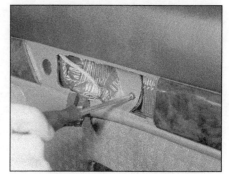

12.8b . . . och i låshandtagets hål

12.9a Tryck klädselpanelen uppåt för att lossa fästklämmorna . . .

12.9b . . . och ta bort den från dörren, koppla loss högtalarkablarna när de blir åtkomliga

12.10a Lossa låsets innerhandtag från bakdörren och lösgör sedan försiktigt fönsterbrytaren (där sådan finns)

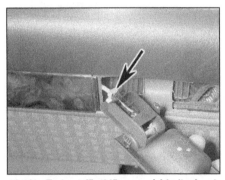

12.10b Ta bort fästklämman (vid pilen) och koppla loss handtaget från vajern

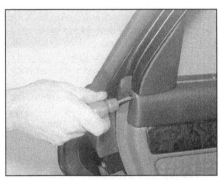

12.11 Skruva ur fästskruvarna från de främre och bakre panelkanterna

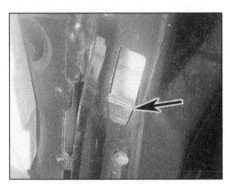

12.13a Vid montering, se till att fästgummina (vid pilen) är riktigt monterade på avsedd plats på dörren . . .

9 Skjut försiktigt panelen uppåt för att lossa den från fästklämmorna. Ta bort panelen från dörren, koppla loss kontaktdonet/donen från högtalaren/högtalarna och lossa kablarna från dörren (om det behövs) **(se bilder)**.

Bakdörr

10 Lossa dörrlåsets inre handtag och dra ut det från klädselpanelen. Lossa fönsterbrytaren (om en sådan finns) från baksidan av handtaget och lossa sedan vajerns fästklämma och koppla loss låsvajern innan handtaget tas bort från dörren **(se bilder)**.
11 Skruva loss de övre fästskruvarna framtill och baktill på klädselpanelen **(se bild)**.

12 Skjut försiktigt panelen uppåt för att lossa den från fästklämmorna. Ta bort panelen från dörren, koppla loss kontaktdonet/donen från högtalaren/högtalarna och lossa kablarna från dörren (om det behövs).

Montering

13 Monteringen sker i omvänd ordning. Innan panelen sätts på plats, se till att fästgummina sitter korrekt i hålen för fästklämmorna i klädselpanelen. Se också till att kablarna (om sådana finns) och låshandtagsvajern är rätt dragna och går igenom rätt öppningar **(se bilder)**.

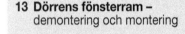

13 Dörrens fönsterram – demontering och montering

Demontering

1 Följ beskrivningen i avsnitt 12 och demontera den inre klädselpanelen från dörren.
2 Bänd loss fästnitarna/kabelklämmorna (efter tillämplighet) och ta därefter försiktigt loss isoleringspanelen från dörren **(se bilder)**.
3 Lossa handtagets inre låsvajer från dörrens inre panel. På bakdörren, lossa också

12.13b . . . och att kablaget dras genom rätt hål i klädselpanelen

13.2 Bänd loss fästnitarna . . .

13.2b . . . och kabelklämmorna och ta bort isoleringen från dörren

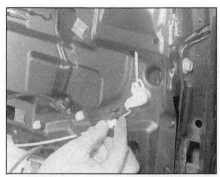

3.3 På bakdörren, ta loss låsknappens inre vajer och lösgör den från knappveven

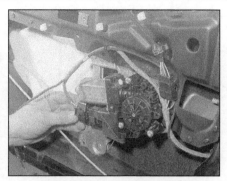

13.4 Koppla loss kablarna från fönstermotorerna och lossa härvan från innerpanelen

13.6 Skruva loss fästbultarna från rampanelen och ta bort justeringskilen från det främre, nedre fästet

13.7a På bakdörren, lossa den bakre tätningslisten från dörren så att den kan tas bort tillsammans med ramen

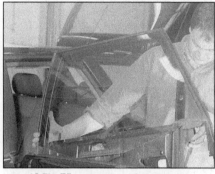

13.7b Fönsterramen demonteras

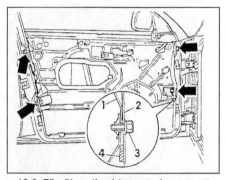

13.8 Försäkra dig vid montering om att justeringskilen (4) är korrekt placerad mellan fönsterramen (1) och dörren (2) och att den främre, nedre fästbulten (3) passerar genom kilspåret

låsknappens inre vajer från dörren och koppla loss den från knappveven **(se bild)**.
4 På modeller med elfönsterhissar eller elstyrda yttre backspeglar, koppla loss kontaktdonet/donen och lossa kablarna från dörrens inre panel **(se bild)**.
5 Markera konturen av fönsterramens fästbultar på dörren med en penna för att underlätta monteringen.
6 Skruva loss fönsterrampanelens fästbultar och ta loss justeringskilen från den främre nedre fästbulten **(se bild)**.
7 Se till att alla relevanta vajrar och kablar har

lossats från den inre panelen, lyft sedan av alltihop från dörren. På bakdörrarna måste man lossa baksidan av dörrens tätningslist från dörren så att den kan tas ut med ramen **(se bilder)**. På modeller med elstyrda backspeglar gäller att om framdörrens ram ska tas bort, måste spegelns kontaktdon kopplas loss när det går att komma åt.

Montering

8 Montera fönsterramen på dörren och se till

13.9 Se till att alla kablar ligger på rätt plats och att de är ordentligt fastsatta med relevanta klamrar

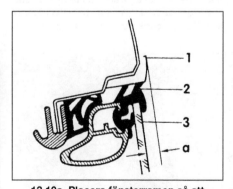

13.10a Placera fönsterramen så att avståndet (a) mellan fönstrets (3) yttre kant och taktets list (1) är 6,5 ± 1 mm (med dörren stängd) och att tätningslisten (2) är något sammanpressad

att alla vajrar, slangar och kablar är korrekt dragna/ansluta (efter tillämplighet), och skruva fast fästbultarna. Se till att justeringskilen sitter korrekt placerad, passa sedan in bultarna med markeringarna som gjordes före demonteringen och dra åt dem till angivet moment **(se bild)**.
9 Återanslut kontaktdonet/donen (beroende på modell) och fäst kablarna och den inre handtagsvajern korrekt vid panelen **(se bild)**. På bakdörren måste man även återansluta låsknappens inre vajer och fästa den ordentligt vid dörren.
10 Stäng dörren och kontrollera att fönsterramen sitter korrekt justerad mot kringliggande paneler. Ramen ska ligga jäms med dörrkarmen och taklisten, och avståndet mellan fönstret och panelens ytterkanter ska vara 6,5 ± 1 mm **(se bild)**. Om justering krävs, stäng dörren och lossa ramens/innerpanelens fästbultar, låt sedan en medhjälpare justera ramen mot takpanelen/dörrkarmen så att dörrens tätningslist kläms ihop något. När ramen väl sitter som den ska, dra åt de övre fästskruvarna lätt och skjut sedan upp justeringskilen tills ett motstånd känns **(se bild)**. Se till att dörramen sitter korrekt, dra sedan åt fästbultarna till angivet moment.

13.10b Justeringar kan göras genom att justeringskilen flyttas (se text)

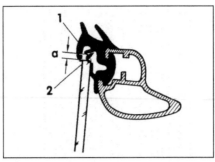

13.11a När dörramen är korrekt placerad, kontrollera att glaset (2) är i kontakt med och pressar samman tätningslisten (1) med 0,5 till 1 mm (mått a)

13.11b Justeringar görs genom att stoppskruven (vid pilen) skruvas in eller ut

14.2 Ta loss stöldskyddskåpan av plast för att komma åt låsenheten

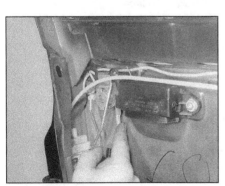

14.4 Lösgör låskragen (vid pilen) och koppla loss den yttre handtagsstången från låset

11 När väl ramen sitter korrekt måste fönsterglasets justering kontrolleras. Stäng dörren, hissa upp fönstret och kontrollera att glaset får kontakt med och trycker ihop tätningslisten med 0,5 till 1,0 mm längs hela ovankanten. Om tätningslisten inte trycks ihop tillräckligt kan vatten läcka in, och om den trycks ihop för mycket kan det bli svårt att stänga dörren. Om justering krävs, ändra fönstrets övre gräns med stoppskruven på fönsterhissen. Skruva in eller ut skruven ur hissen (efter vad som behövs) tills fönstret stannar i rätt position **(se bilder)**.
12 Kontrollera att låset och handtagen fungerar som de ska, och sätt sedan tillbaka isoleringspanelen (om en sådan finns) på dörren och lås fast den med fästklämmorna.
13 Sätt tillbaka den inre klädselpanelen enligt beskrivningen i avsnitt 12.

14 Dörrhandtagets och låsets delar – demontering och montering

Demontering
Dörrlåsets inre handtag
1 Det inre dörrhandtaget kan tas bort utan att man behöver ta bort klädselpanelen. Demontera dörrhandtaget enligt beskrivningen i avsnitt 12 (punkt 2), och ta sedan bort

framdörrens inre låshandtag enligt beskrivningen i punkt 5 och 6, eller bakdörrens låshandtag enligt beskrivningen i punkt 9.

Framdörrens ytterhandtag
2 Följ beskrivningen i avsnitt 13 och demontera dörrens fönsterram. Om det behövs, lossa stöldskyddskåpan från låset **(se bild)**.
3 Lyft det yttre dörrhandtaget och dra försiktigt ut kåpans fästklämma bakifrån och ta bort kåpan. Om det är svårt att ta bort klämman går det att ta bort handtaget med kåpan kvar, men var då extra försiktig med att inte skada lacken. I förebyggande syfte kan handtaget täckas med maskeringstejp.
4 Lossa låskragen genom att skjuta den nedåt och koppla loss handtagsstången från låset **(se bild)**.
5 Vrid loss låsklammern från låscylinderhuset och ta bort den **(se bilder)**.
6 Skruva loss fästskruven och lossa handtaget från låscylindern och ta bort det från insidan av dörren **(se bilder)**. Notera att på modeller med uppvärmda lås måste man koppla loss kontaktdonet från handtagets mikrokontakt.

Framdörrens låscylinder
7 Demontera det yttre handtaget enligt beskrivningen i punkt 2 till 6.
8 Lossa låskragen genom att skjuta den

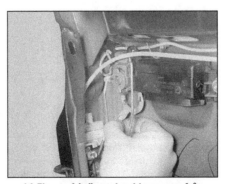

14.5a Vrid låsklammern för att lossa den . . .

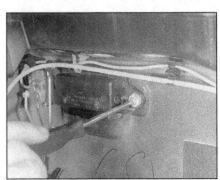

14.5b . . . frigör sedan klammern från låshuset och ta bort den från dörren

14.6a Skruva loss fästskruven . . .

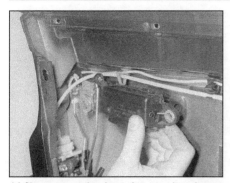

14.6b . . . ta sedan bort det yttre handtaget från dörren

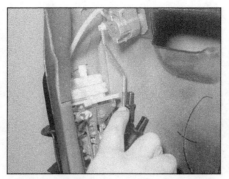

14.8 Tryck låskragen nedåt och ta bort låscylinderstången från låset

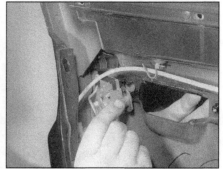

14.10 Ta bort det yttre handtagets infattning från utsidan på dörren och ta loss låscylinderhuset inifrån

nedåt och koppla loss låscylinderstången från låset **(se bild)**.

9 Om det behövs, koppla loss kontaktdonet/donen från låsets mikrokontakt/kontakter.

10 Lossa det yttre handtagets infattning och ta bort den och låscylindern från dörren **(se bild)**.

11 Innan låscylindern tas isär, hör först efter med en Audi/VAG-verkstad om det går att köpa komponenterna separat. Mikrokontakten kan lätt tas loss och bytas ut och på tidiga modeller kan låscylindern bytas ut på följande sätt **(se bild)**. Notera fjäderns plats, stick sedan in nyckeln helt i cylindern. Bänd loss fästklämman från baksidan av låscylindern och ta bort stången och fjädern.

Dra ut låscylindern tillsammans med tätningsringen.

Framdörrens lås

12 Demontera dörrens fönsterram enligt beskrivningen i avsnitt 13. Om det behövs, lossa stöldskyddskåpan från låset.

13 Lossa fästklämman och koppla loss knappens inre stång från låset.

14 Lossa ytterhandtagets och låscylinderns stänger från låset genom att skjuta låskragarna nedåt och lossa stängernas klamrar.

15 Koppla loss kontaktdonet/donen från låset.

16 På modeller med centrallås, koppla loss vakuumslangen från låsmotorn. På senare

modeller måste man trycka ner ändhylsans fästklämmor för att få loss slangen **(se bild)**.

17 Skruva loss fästskruvarna och ta bort låset och tätningen från dörren. Om det behövs, haka av handtagets inre vajer från låset och lossa sedan den yttre vajern från låset genom att vrida den 90° **(se bilder)**.

18 När låset är demonterat kan mikrokontakten lossas och bytas ut (om det behövs).

Bakdörrens ytterhandtag

19 Demontera dörrfönsterramen enligt beskrivningen i avsnitt 13.

20 Tejpa över höljet på dörrens ytterhandtag för att förhindra att lacken skadas vid demonteringen.

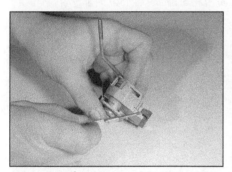

14.11 Om så behövs kan mikrokontakten försiktigt bändas ur läge och tas bort från huset

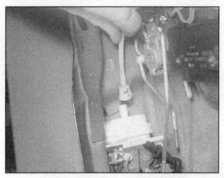

14.16 Koppla loss centrallåsets vakuumslang från låsmotorn

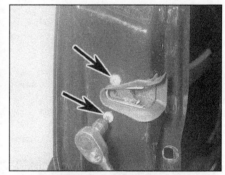

14.17a Skruva loss fästskruvarna . . .

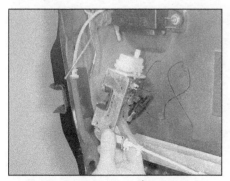

14.17b . . . och ta bort låsenheten. . .

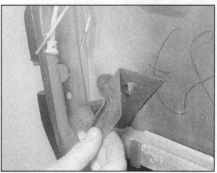

14.17c . . . och fästetätningen från dörren

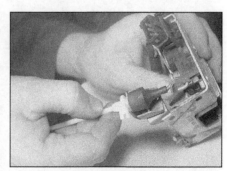

14.17d Vrid den yttre låsvajerns ändfäste 90°, haka loss den inre vajern och lösgör den från låset

14.21 Lossa fästklämman och ta bort låsstången från bakdörrens yttre handtag

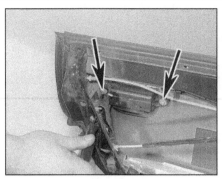

14.22 Skruva loss fästskruvarna . . .

14.22b . . . ta sedan bort det yttre handtaget från bakdörren

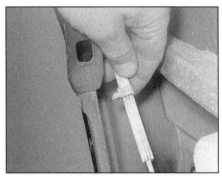

14.25 Lossa låshandtagets och knappens vajrar från dörren så att de går att demontera tillsammans med låset

14.26a Skruva loss fästskruvarna . . .

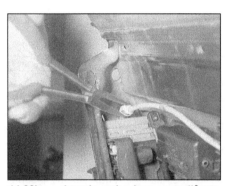

14.26b . . . koppla sedan loss centrallåsets vakuumslang . . .

21 Lossa fästklämman och koppla loss låsstången från handtaget **(se bild)**.
22 Skruva loss fästskruvarna och ta sedan bort handtaget och infattningen från dörren **(se bilder)**.

Bakdörrens lås

23 Demontera dörrfönsterramen enligt beskrivningen i avsnitt 13.
24 Lossa fästklämman och koppla loss låsstången från ytterhandtaget.
25 Lossa det inre handtagets och knappens

vajrar från dörren så att de kan tas bort tillsammans med låset **(se bild)**.
26 Skruva loss fästskruvarna, ta bort låset från dörren och koppla loss centrallåsets vakuumslang från låset när det går att komma åt den. Demontera fästetätningen från dörren. Om det behövs kan vajrarna sedan hakas loss från låset **(se bilder)**.

Montering

27 Monteringen sker i omvänd ordning, tänk på följande.

a) Dra åt alla fästskruvar till angivet moment.
b) Vid montering av låscylindern, se till att fjädern hakar i korrekt med veven och huset. Kontrollera låscylinderns funktion noga innan övriga delar sätts tillbaka.
c) Se till att alla stänger hålls fast ordentligt av sina klamrar och att de är korrekt justerade (där så är möjligt). Om justering är möjlig, ställ in längden på varje stång så att det finns ungefär 1 mm fritt spel i länkaget. Justeringen görs genom att man

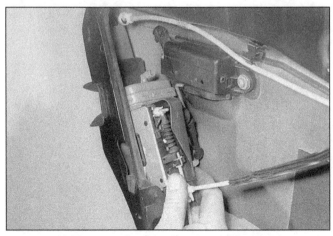

14.26c . . . och ta bort låsenheten från dörren

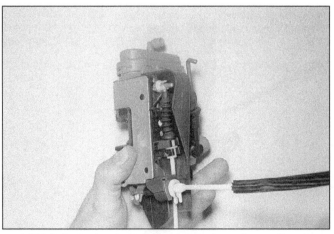

14.26d Vajrarna kan hakas loss och tas bort så snart låset har demonterats

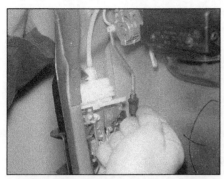

14.27 Placera manöverstängerna så att det finns ungefär 1 mm fritt spel i länkaget och fäst sedan genom att dra upp låskragen

15.4a Dra bort fästklämman . . .

15.4b . . . och ta bort den yttre brickan

skjuter låskragen nedåt och justerar stångens position i ändhylsan. När stången sitter korrekt, fäst den på plats genom att skjuta upp kragen igen (se bild).

d) *Se till att alla vajrar, kablar och vakuumslangar är korrekt dragna och kontrollera att låsen/handtagen fungerar som de ska innan fönsterramen monteras enligt beskrivningen i avsnitt 13.*

e) *Kontrollera avslutningsvis att låset fungerar och att bakdelen av dörren sitter jäms med resten av karossen när dörren är stängd. Om det behövs kan man justera dörren genom att lossa fästskruvarna och flytta låsgreppet något. När låsgreppet sitter korrekt, dra åt fästskruvarna till angivet moment.*

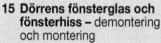
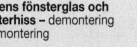

15 Dörrens fönsterglas och fönsterhiss – demontering och montering

Fönsterhiss

Demontering

Observera: *På senare modeller sitter fönsterhissen fäst med popnitar. På dessa modeller krävs en popnitpistol och nya nitar till monteringen. Tillverkaren anger att endast speciella Audi/VAG-nitar bör användas, så frestas inte att använda andra nitar.*

1 Öppna fönstret ungefär till hälften och demontera sedan fönsterramen från dörren enligt beskrivningen i avsnitt 13.

2 På tidiga modeller, skruva loss fästskruvarna som håller fast fönsterhissen till dörrpanelen.

3 På senare modeller, borra försiktigt bort huvudena på popnitarna som håller fast fönsterhissen. Nya popnitar behövs vid monteringen.

4 Markera positionen för den yttre brickan på glasfästet, dra sedan loss fästklämman som håller fast fönsterglaset till fönsterhissen och ta bort den yttre brickan **(se bilder)**.

5 Lossa fönsterglaset från fönsterhissen och lyft sedan upp det helt för att frigöra det från hissen. Om det behövs kan man tejpa fast glaset i ramen för att hålla det på plats.

6 Ta loss den inre brickan från fönsterhissen och lossa sedan fönsterhissen.

Montering

7 Montera fönsterhissen i dörramen.

8 Sätt tillbaka den inre brickan på fönsterhissens sprint och haka sedan fast sprinten i hålet i fönsterglaset. Sätt tillbaka den yttre brickan och passa in den mot markeringen som gjordes före demonteringen, fäst sedan glaset på plats med fästklämman.

9 På tidiga modeller, skruva i fönsterhissens fästbultar och dra åt dem till angivet moment.

10 På senare modeller, passa in fönsterhissen mot panelen och sätt i nya nitar. Se till att alla nitar sitter korrekt och fäst dem sedan med nitpistolen.

11 Montera fönsterramen i dörren enligt beskrivningen i avsnitt 13.

Fönsterglas

Demontering

12 Demontera fönsterhissen enligt beskrivningen i punkt 1 till 6. **Observera:** *Det är visserligen möjligt att ta loss glaset med fönsterhissen på plats, men det är mycket trångt och man riskerar att spräcka glaset.*

13 Ta bort spärren från nederdelen av rutstyrningen. Stoppet sitter på den bakre styrningen på framdörren och på den främre styrningen på bakdörren **(se bild)**.

14 Skjut fönsterglaset nedåt så att dess styrsprintar lossas från styrningarna och ta ut det ur ramen.

Montering

15 Passa in sprintarna mot rutstyrningarna och skjut in glaset i ramen. Kontrollera att glaset kan röra sig mjukt i styrningarna och sätt sedan tillbaka stoppet ordentligt i styrningen.

16 Montera fönsterhissen enligt beskrivningen i punkt 7 till 11.

16 Bagagelucka – demontering och montering

Demontering

Bagagelucka

1 Öppna bagageluckan och koppla loss batteriets minuspol.

2 Skruva loss fästskruvarna och koppla sedan försiktigt loss den inre klädselpanelen och ta bort den från bagageluckan.

3 Koppla loss kontaktdonen från bagageluckans elektriska komponenter, notera deras korrekta platser och knyt en bit snöre runt änden av kablarna. Notera hur kablarna är dragna och dra sedan ut dem. När snöret kommer fram, knyt loss det och lämna det på plats så att det kan användas för att dra tillbaka kablarna på rätt plats.

4 På modeller med centrallås, koppla loss vakuumslangen från låsets aktiveringsslang och dra ut slangen från bagageluckan.

5 Låt en medhjälpare hålla fast bagageluckan och lossa försiktigt fästklämmorna med en liten skruvmejsel och koppla loss gasfjädrarna från deras övre kulleder.

6 Markera konturen av gångjärnet på bagageluckan med en penna för att underlätta monteringen.

15.13 Ta bort spärren från den nedre delen av rutstyrningen och tryck fönsterglaset ur läge (här på en bakdörr)

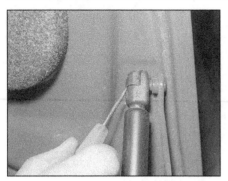

16.9 Lyft fästklämman och lossa gasfjädern från gångjärnets kulled

17.2a Skruva loss fästskruvarna . . .

17.2b . . . lossa sedan den inre klädselpanelen och ta bort den från bagageluckan

7 Skruva loss bagageluckans fästmuttrar och ta bort bagageluckan.

8 Undersök om gångjärnen visar tecken på slitage och fritt spel vid svängtapparna och byt ut dem om det behövs. Gångjärnen sitter fastskruvade i karossen.

Gasfjäder

9 Öppna bagageluckan och lossa försiktigt fästklämman med en liten skruvmejsel och koppla loss gasfjädern från den övre kulleden **(se bild)**. Om båda fjädrarna ska tas bort samtidigt måste bagageluckan stöttas.

Montering

Bagagelucka

10 Montering sker i omvänd ordning, passa in gångjärnen med markeringarna som gjordes vid demontering och dra åt fästmuttrarna till angivet moment.

11 Stäng bagageluckan och kontrollera att den sitter jäms med kringliggande karossdelar. Om det behövs kan luckans position justeras genom att fästbultarna lossas och luckan riktas om på gångjärnen. Om lacken runt gångjärnen har skadats, måla området med passande färg för att förhindra korrosion.

Gasfjäder

12 Monteringen sker i omvänd ordning, se till att fjädern sitter fast ordentligt.

17 Bagageluckans lås – demontering och montering av delar

Demontering

1 Öppna bagageluckan och koppla loss batteriets minuspol.

2 Skruva loss fästskruvarna och koppla sedan försiktigt loss den inre klädselpanelen och ta bort den från bakluckan **(se bilder)**. Följ sedan beskrivningen under tillämplig underrubrik.

Låsmekanism

3 Lossa fästklämman/-klämmorna och koppla loss stången/stängerna från låset.

4 Koppla loss kontaktdonet från låskontakten.

5 Skruva loss fästmuttrarna och dra ut låset.

Låscylinderhus

6 Lossa fästklämman/-klämmorna och koppla loss stången/stängerna från låscylinderhuset **(se bild)**.

7 Följ kablarna bakåt från huset och koppla loss dem från kontaktdonet **(se bild)**. Lossa kablarna från bagageluckan så att de kan tas bort med huset.

8 Skruva loss fästmuttrarna och ta bort låscylindern från bagageluckan **(se bild)**.

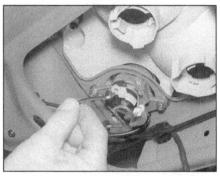

17.6 Lossa fästklämmorna och ta loss manöverstängerna från låscylinderhuset

Montering

9 Monteringen sker i omvänd ordning. Innan klädselpanelen sätts tillbaka, kontrollera att låset och (om tillämpligt) centrallåsmotorn fungerar.

18 Baklucka – demontering och montering

Demontering

1 Öppna bakluckan och koppla loss batteriets minuspol.

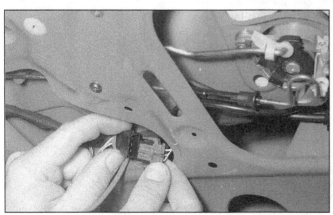

17.7 Koppla ifrån kontaktdonet och lossa låscylinderkablarna från bagageluckan

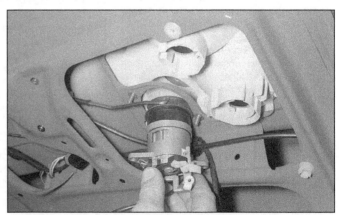

17.8 Skruva loss fästmuttrarna och ta bort låscylindern från bagageluckan

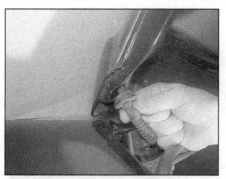

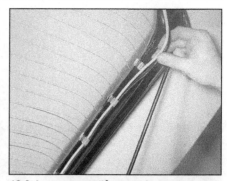

18.4 Lösgör kabel-/slangmuffarna på båda sidorna på bakluckan

18.5 Koppla ur och lossa kablarna och dra loss dem från bakluckan

18.6 Lossa centrallåsets vakuumslang och bakluckans spolarslang och ta bort dem från bakluckan

2 Lossa försiktigt den övre klädselpanelen följt av både vänster och höger sidoklädselpanel **(se bild 19.2a och 19.2b)**.

3 Öppna kåporna över bakljusen på huvudklädselpanelen och skruva loss fästskruvarna inuti öppningarna, på sidorna av panelen och handtagsfördjupningen. Kontrollera att alla skruvar har tagits bort och lossa sedan panelen och ta bort den från bakluckan **(se bild 19.3a till 19.3c)**.

4 Lossa kabel-/slangmuffarna från vänster och höger sida av bakluckan **(se bild)**.

5 Koppla loss kontaktdonen från bakluckans elektriska komponenter och knyt en bit snöre runt änden av kablarna. Lossa kablarna från deras fästklämmor och dra ut dem från bakluckan **(se bild)**. När snöret kommer fram, knyt loss det och lämna det på plats så att det kan användas för att dra tillbaka kablarna på rätt plats.

6 Koppla loss spolarslangen från torkarmotorn, lossa slangen från dess klamrar och dra ut den från bakluckan **(se bild)**. På modeller med centrallås, koppla även loss vakuumslangen från låsmotorn och dra ut den från bakluckan, fortsätt sedan enligt beskrivningen under relevant underrubrik.

Modeller där gångjärnen är fästade i bakluckan med bultar

7 Rita runt konturerna av gångjärnen med en spritpenna på bakluckan för att underlätta monteringen, låt sedan en medhjälpare hålla fast bakluckan.

8 Lossa försiktigt fästklämmorna med en liten skruvmejsel och koppla loss gasfjädern från bakluckans kulleder.

9 Skruva loss bultarna, lossa bakluckan från gångjärnen och ta bort den **(se bild)**.

10 Undersök om gångjärnen är slitna eller skadade. Om de måste bytas, skruva loss fästskruvarna och ta bort kåporna från gångjärnen. Rita runt konturerna av gångjärnen och lossa den övre klädselpanelen från taket. Lossa försiktigt den inre takklädseln och skruva sedan loss fästmuttrarna, brickorna och spännbrickorna och ta loss gångjärnen. Sätt på de nya gångjärnen, passa in dem mot markeringarna som gjordes före demonteringen, sätt tillbaka spännbrickorna, brickorna och fästmuttrarna och dra åt dem

ordentligt. Sätt tillbaka den inre takklädseln, montera den övre klädselpanelen och sätt tillbaka gångjärnskåporna.

Modeller där gångjärnen är fästade i bakluckan med muttrar

11 Skruva loss fästmuttrarna och brickorna och ta bort spoilern från ovankanten av bakluckan, tillsammans med fästetätningarna. Vid behov, koppla loss kontaktdonet från bromsljuset som sitter i spoilern.

12 Ta bort skyddslocken ovanpå bakluckan för att komma åt fästmuttrarna **(se bild)**.

13 Rita runt konturerna av gångjärnen med en penna på bakluckan för att underlätta monteringen, låt sedan en medhjälpare hålla fast bakluckan.

18.9 Skruva loss fästbultarna och ta bort bakluckan från gångjärnen

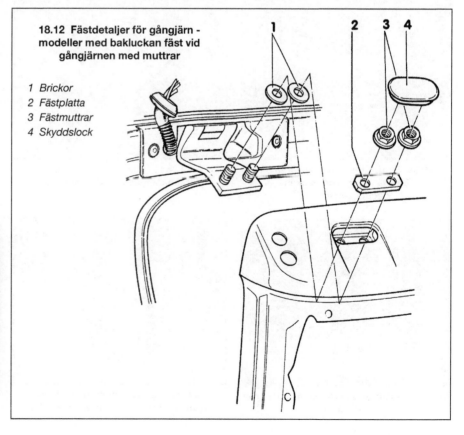

18.12 Fästdetaljer för gångjärn - modeller med bakluckan fäst vid gångjärnen med muttrar

1 Brickor
2 Fästplatta
3 Fästmuttrar
4 Skyddslock

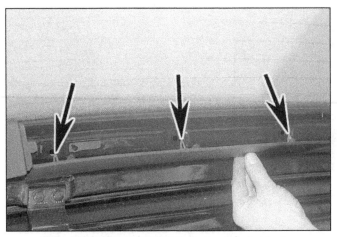

19.2a Lossa den övre klädselpanelen från bakluckan
(fästklämmorna är märkta med pilar) . . .

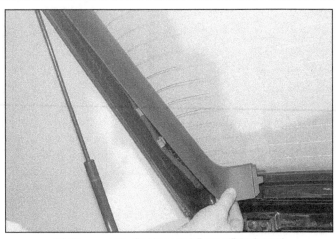

19.2b . . . och vänster och höger klädselpanel

14 Lossa försiktigt fästklämmorna med en liten skruvmejsel och koppla loss gasfjädern från bakluckans kulleder.

15 Skruva loss muttrarna som håller fast bakluckan vid gångjärnen och ta bort spännbrickorna på båda sidorna. Lossa bakluckan från gångjärnen och ta bort den. Ta loss brickorna från gångjärnssprintarna. Undersök om gångjärnen är slitna eller skadade och byt ut dem om det behövs (se stycke 10).

Montering

16 Monteringen sker i omvänd ordning, passa in gångjärnen med markeringarna som gjordes vid demonteringen och dra åt gångjärnsmuttrarna/bultarna till angivet moment. Innan klädselpanelerna sätts tillbaka, återanslut batteriet och kontrollera att alla elektriska komponenter i bakluckan fungerar. Se till att bakluckan sitter jäms med de kringliggande karossdelarna. Luckan kan vid behov justeras genom att man lossar

gångjärnsmuttrarna/bultarna och flyttar bakluckan.

19 Bakluckans lås – demontering och montering

Demontering

1 Öppna bakluckan och koppla loss batteriets minuspol.
2 Lossa försiktigt den övre klädselpanelen följt av både vänster och höger sidoklädselpanel **(se bilder)**.
3 Öppna luckan över bakljusen på huvudklädselpanelen och skruva loss fästskruvarna inuti öppningarna, på sidorna av panelen och handtagsfördjupningen. Kontrollera att alla skruvar har tagits bort, lossa sedan panelen och ta bort den från bakluckan **(se bilder)**. Följ sedan beskrivningen under tillämplig underrubrik.

Låsenhet

4 Lossa fästklämman och ta loss stängerna från relevant lås (det finns två lås) **(se bild)**.
5 Om det behövs, följ kablarna bakåt från låset och koppla loss dem vid kontaktdonet **(se bild)**.

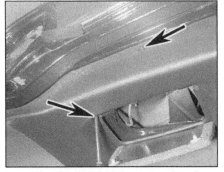

19.3a Skruva loss fästskruvarna på sidorna och bakom luckan i klädselpanelen . . .

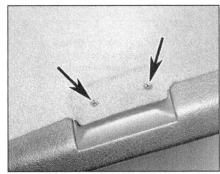

19.3b . . . och de som sitter i försänkningen för handtaget . . .

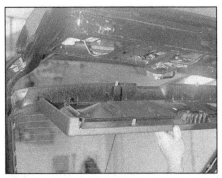

19.3c . . . lossa sedan klädselpanelen från bakluckan

19.4 Lossa fästklämman och lossa manöverstången från bakluckans lås

19.5 Följ eventuella kablar bakåt från låset och koppla loss dem vid kontaktdonet

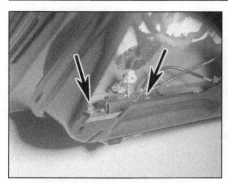

19.6a Skruva loss fästmuttrarna (vid pilarna) . . .

19.6b . . . och ta loss låset från bakluckan

19.7 Lossa fästklämmorna och ta loss manöverstängerna från låscylinderhuset

6 Skruva loss fästmuttrarna och brickorna och ta bort låset från bakluckan **(se bilder)**.

Låscylinderhus

Observera: *Det går att komma åt låscylinderhuset via luckan i klädselpanelen, men det är svårt att demontera det med panelen på plats.*

7 Lossa fästklämmorna och koppla loss stängerna från huset **(se bild)**.

8 Följ kablarna bakåt från låshuset och koppla loss dem vid kontaktdonet (om tillämpligt) **(se bild)**.

9 Skruva loss fästmuttrarna och ta bort låscylindern från bakluckan, tillsammans med dess tätningsring **(se bilder)**. Ta loss brickorna (om sådana finns) som sitter mellan huset och bakluckan.

Låshandtag

10 Demontera torkarmotorn från bakluckan enligt beskrivningen i kapitel 12.

11 Lossa fästklämmorna och koppla loss de tre stängerna från handtaget, och notera deras plats **(se bild)**.

12 Skruva loss fästbultarna och brickorna och lossa handtaget **(se bilder)**.

Montering

13 Montering sker i omvänd ordning, se till att alla stänger sitter fast ordentligt med sina klamrar och att de är korrekt justerade (där så är möjligt). Om justering kan göras, anpassa längden för varje stång så att det finns ungefär 1 mm fritt spel. Justeringen görs genom att man skjuter låskragen bort från den gängade änden och justerar stångens

19.8 Koppla ifrån kontaktdonet och lossa låscylinderkablarna från bakluckan

position i ändhylsan **(se bild)**. När stången sitter korrekt, fäst den på plats genom att skjuta tillbaka kragen. Kontrollera att låset

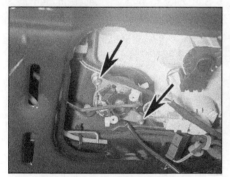

19.9a Skruva loss fästmuttrarna (vid pilarna) . . .

19.9b . . . och ta bort låscylindern från bakluckan

19.11 Lossa fästklämmorna och ta loss manöverstängerna från handtaget

19.12a Skruva loss fästsbultarna (vid pilarna) . . .

19.12b . . . och ta bort handtaget från bakluckan

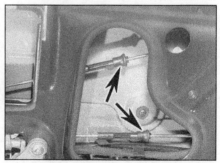

19.13 Vid återmontering, använd justerarna (vid pilarna) för att placera manöverstängerna korrekt (se text)

20.2 Dra ut isoleringen från under fästbandet och ta bort centrallåspumpen

20.3 Koppla ifrån vakuumslangen och kontaktdonet och demontera pumpen från bilen

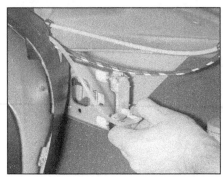

20.13a Koppla ifrån vakuumslangen från tankluckans motor . . .

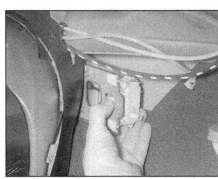

20.13b . . . tryck sedan ner fästklämman och dra motorn ur läge

fungerar innan klädselpanelen monteras på bakluckan.

14 Kontrollera att låsen fungerar och att bakluckan sitter jäms med resten av karossen när den är stängd. Om det behövs kan man justera bakluckan genom att lossa fästmuttrarna och flytta låsgreppen något. När låsgreppen sitter korrekt, dra åt fästmuttrarna till angivet moment.

20 Centrallåsets delar – demontering och montering

Demontering

Observera: *På senare modeller har alla vakuumslangar ändhylsor med fästklämmor som måste tryckas in för att de ska gå att lossa.*

Centrallåsets tryckpump

1 Demontera baksätet (se avsnitt 26) och koppla loss batteriets minuspol.

2 Dra loss isoleringen från dess fästband på höger sida av bilen och lossa pumpen **(se bild)**.

3 Koppla loss kontaktdonet och vakuumslangen från pumpen och ta bort pumpen **(se bild)**.

Dörrlåsmotor

4 Dörrlåsmotorerna sitter ihop med låsen och kan inte bytas separat. Se avsnitt 14 för instruktioner om hur man demonterar och monterar låsen.

Bagageluckans låsmotor – sedan

5 Skruva loss fästskruvarna, ta försiktigt loss den inre klädselpanelen och ta bort den från bakluckan.

6 Lossa fästklämman och dra ut sprinten som håller fast motorn vid stången.

7 Skruva loss fästskruvarna och koppla loss motorn från vakuumslangen och ta bort den från bagageluckan.

Bakluckans låsmotor – kombi

8 Demontera bakluckans klädselpanel enligt beskrivningen i punkt 2 och 3 i avsnitt 19.

9 Lossa fästklämman och koppla loss stången.

10 Skruva loss fästskruvarna och ta loss motorn från bakluckan. Koppla loss vakuumslangen när det går att komma åt den.

Tankluckans motor

11 På en sedan, lyft mattan i bagageutrymmet och bänd loss fästklämmorna som håller fast den högra klädselpanelen vid golvet. Fäll undan klädselpanelen för att komma åt motorn.

12 På en kombi, lossa luckan för bagageutrymmets högra förvaringsutrymme för att komma åt motorn.

13 På alla modeller, koppla loss vakuumslangen och lossa sedan försiktigt fästklämman och dra loss motorn **(se bilder)**.

Montering

14 Montering sker i omvänd ordning, se till att alla vakuumslangar ansluts ordentligt. Kontrollera att centrallåssystemet fungerar korrekt.

21 Elhissarnas delar – demontering och montering

Elhissbrytare

1 Se kapitel 12.

Elhissmotorer

Demontering

2 Stäng fönstret helt och ta bort den inre klädselpanelen enligt beskrivningen i avsnitt 12. För att förbättra åtkomligheten till motorn ytterligare, demontera fönsterramen från dörren enligt beskrivningen i avsnitt 13.

3 Tejpa fast fönsterglaset i ramen så att det inte faller ur när motorn tas bort.

4 Om motorn tas bort med fönsterramen på plats, koppla loss kontaktdonet från motorn.

5 Skruva loss de skruvar som håller fast motorn till fönsterhissmekanismen och ta sedan försiktigt loss motorn **(se bilder)**.

Montering

6 Sätt tillbaka motorn, passa in den mot fönsterhissmekanismen och sätt i fästskruvarna. Dra stegvis och jämnt åt fästskruvarna i diagonal ordningsföljd så att motorn dras rakt ner mot fönsterhissen, dra sedan åt dem till angivet moment.

7 Anslut kontaktdonet till motorn och ta bort tejpen från fönstret.

8 Montera fönsterramen i dörren (om den demonterats) enligt beskrivningen i avsnitt 13.

9 Innan klädselpanelen sätts tillbaka, återanslut batteriet och elhissbrytaren och kontrollera att fönstret fungerar.

Observera: *På modeller där fönstren har ett säkerhetssystem som automatiskt öppnar fönstret om något skulle fastna, måste motorn*

21.5a Skruva loss fästskruvarna (vid pilarna) . . .

21.5b . . . och ta bort motorn från dörramen

initieras enligt följande. Slå av och sedan på tändningen och hissa sedan upp fönstret helt, håll brytaren i stängningsläget i en sekund och öppna sedan fönstret och kontrollera att det öppnas helt.

10 När fönstret fungerar som det ska, montera den inre klädselpanelen enligt beskrivningen i avsnitt 12.

---

22 Yttre backspeglar och tillhörande delar – demontering och montering

Manuellt justerbar spegel

1 Öppna fönstret helt och ta bort dörrens inre klädselpanel enligt beskrivningen i avsnitt 12.
2 Lossa spegelns justeringsspak från dörrpanelen så att den kan tas loss tillsammans med spegeln.
3 På en Audi 100, lossa försiktigt och fäll tillbaka spegelhuset mot dörren för att komma åt den yttre fästskruven. Skruva loss de inre och yttre fästskruvarna och ta bort spegeln och isoleringspackningen från dörren.
4 På en Audi A6, lossa försiktigt spegelns inre klädselpanel och ta bort den från dörren för att komma åt fästskruvarna. Skruva loss fästskruvarna och ta bort spegeln och isoleringspackningen från dörren.

5 Monteringen sker i omvänd ordning, se till att justeringsspaken sitter fast ordentligt i dörrpanelen. Om det behövs kan justeringsarmen justeras enligt följande.
6 Ställ spegelglaset i mitten av dess justeringsområde (parallellt med huset) och dra loss knoppen från justeringsspaken. Se **bild 22.6** och skruva först skruv 1 medurs tills det tar emot lite, skruva sedan skruv 2 moturs till det tar emot lite. Skruva skruv 3 medurs tills det tar emot lite, skruva sedan skruv 4 medurs till det tar emot lite. Sätt tillbaka knoppen och kontrollera att spegeln fungerar. Om så behövs, upprepa justeringsproceduren.

Elektriskt justerbar spegel

Audi 100

7 Öppna fönstret helt och lossa försiktigt och fäll tillbaka spegelhuset mot dörren för att komma åt den yttre fästskruven.
8 Skruva loss de inre och yttre fästskruvarna, lossa spegeln från dörren och koppla loss kontaktdonet när det går att komma åt det. Ta loss spegelisoleringspackningen från dörren.
9 Monteringen sker i omvänd ordning, se till att packningen sitter korrekt.

Audi A6

Observera: *På modeller med elektriskt styrda in-/utvikbara speglar måste dörrens inre klädselpanel tas bort för att det ska gå att ta bort spegeln.*
10 Öppna fönstret och lossa försiktigt spegelns inre klädselpanel från dörren **(se bild)**.
11 Skruva loss fästskruvarna och ta loss spegeln från dörren, koppla loss kontaktdonet när det går att komma åt **(se bilder)**. Ta loss spegelisoleringspackningen från dörren.
12 Monteringen sker i omvänd ordning, se till att packningen sitter korrekt.

Spegelglas

Observera: *Spegelglaset sitter fast med klamrar. Om man inte är ytterst försiktig när glaset tas bort är det stor risk att det spricker.*

13 Luta spegelglaset uppåt så mycket det går och stick in en bred plast- eller träbit mellan glaset och nederkanten av huset. Bänd försiktigt loss glaset från motorn/justeraren – var mycket försiktig, glaset kan lätt spricka.
14 Ta bort glaset och, om det behövs, koppla loss kontaktdonen från spegelns värme-element.
15 Vid monteringen, ansluter du kablarna (om det behövs) till glaset och fäst glaset på motorn/justeraren – var försiktig så att det inte spricker. Se till att glaset sitter fast ordentligt och justera dess position om så behövs.

Spegelbrytare

16 Se kapitel 12.

Spegelmotor

17 Ta bort spegelglaset enligt beskrivningen ovan.
18 Skruva loss fästskruvarna och ta bort motorn, koppla loss dess kontaktdon när det går att komma åt.

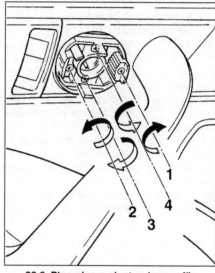

22.6 Placering av justerskruvar för manuellt styrda ytterspeglar

1, 2, 3 och 4 - se text

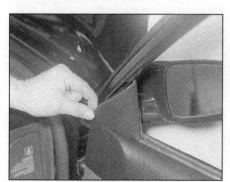

22.10 På Audi A6, knäpp loss den inre klädselpanelen från dörren . . .

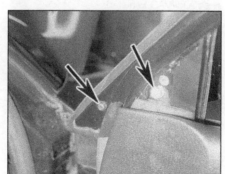

22.11a . . . skruva sedan loss fästskruvarna (vid pilarna) . . .

22.11b . . . och ta bort spegeln. Koppla loss kontaktdonet när det blir åtkomligt

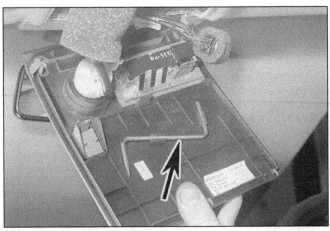
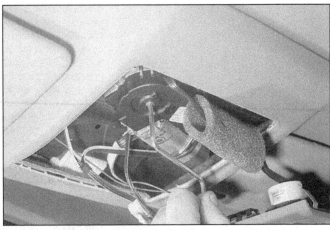

24.2a En insexnyckel är fäst på insidan av luckan i takkonsolen . .

24.2b . . . för att användas vid nödfall om soltaket inte fungerar

19 Vid monteringen, anslut kontaktdonet och dra åt motorns skruvar ordentligt. Kontrollera motorns funktion och montera sedan glaset enligt beskrivningen ovan.

23 Vindruta och bakruta – allmän information

1 Dessa glasrutor sitter fast med en tätningslist i karossen och hålls på plats med ett speciallim. Att byta dessa är svårt, komplicerat och tidskrävande och bör inte utföras av hemmamekanikern. Det är svårt, om man inte har lång tids träning, att få en säker och vattentät passning. Dessutom är det hög risk att glaset spricker. Detta gäller särskilt lamellbyggda vindrutor. Vi rekommenderar alltså starkt att allt arbete av denna typ överlåts till en specialist.

24 Soltak – allmän information

1 På grund av komplexiteten i soltakets mekanism krävs avsevärd expertis för att reparera, byta eller justera soltakets delar. Om soltaket ska demonteras måste först den inre takklädseln tas bort, vilket är komplicerat och tidsödande. Därför bör alla problem med soltaket hänvisas till en Audi/VAG-verkstad.
2 På modeller med elektriskt soltak och detta inte fungerar, kontrollera först att inte säkringen gått. Om felet inte kan spåras och rättas till kan soltaket öppnas och stängas genom att man drar runt motorn med en insexnyckel. För att komma åt motorn lossar man takkonsolens lucka från taket (lossa den främre änden först). Sätt i insexnyckeln (det ska sitta en på insidan av luckan) och vrid motorn för att få soltaket till önskat läge (se bilder).

25 Yttre karossdetaljer – demontering och montering

Hjulhusfoder och underpaneler

1 De olika plastkåpor som sitter under bilen hålls på plats av olika typer av skruvar, muttrar och klämmor, och det bör vara uppenbart hur de ska tas loss. Arbeta metodiskt runt och ta bort alla fästskruvar och fästklämmor tills panelen är lös och kan tas bort. De flesta klämmor bänds helt enkelt loss. Andra klämmor kan lossas genom att man skruvar/bänder loss mittsprinten och sedan tar loss själva klämman.
2 Vid monteringen, byt ut alla fästklämmor som går sönder vid demonteringen och se till att panelen hålls fast ordentligt av alla relevanta klämmor och skruvar.

Dekorlister och dekaler

3 De olika dekorlisterna och dekalerna hålls på plats med en speciell dubbelhäftande tejp. För att ta bort dem måste man värma upp listen/dekalen så att limmet mjuknar och därefter skära loss dem från karossen. Det är stor risk att lacken skadas av detta, så vi rekommenderar att denna typ av arbete utförs av en Audi/VAG-verkstad.

26 Säten – demontering och montering

Demontering

Manuellt justerbart framsäte

1 Skjut sätet helt framåt och bänd loss skyddslocket från ovansidan på änden av sätets inre styrskena. Skruva loss fästskruvarna och ta bort locken från sätets inre och yttre styrskenor.
2 Skjut sätet bakåt och ta bort fjäderklammern/muttern och bulten (beroende på

modell) från framänden av sätets mittre styrskena.
3 Skjut sätet helt bakåt, lossa det från de yttre styrskenorna och ta bort det. På modeller med uppvärmda säten måste kontaktdonet kopplas loss från sätet innan det tas bort.
4 Undersök plaststyrbitarna på sätesskenorna och byt ut dem om de är skadade eller slitna.

Elektriskt justerbart framsäte

5 Flytta sätet helt framåt och bänd loss skyddslocket från ovansidan på änden av sätets inre styrskena. Skruva loss fästskruvarna och ta bort locken från sätets inre och yttre styrskenor.
6 Flytta sätet helt bakåt och lyft sittdynan så högt det går.
7 Ta bort skyddslocken från den främre änden av sätets styrskenor och skruva loss de främre fästbultarna.
8 Lossa sätet från bakre änden av styrskenorna och koppla sedan loss kontaktdonet/donen och lyft ut sätet.
9 Ta loss och undersök plaststyrbitarna på stolsskenorna och byt ut dem om de skadade eller slitna.

Baksätets sittdyna

10 Skruva loss fästskruvarna som håller fast framdelen av sätet (se bild).

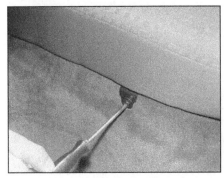

26.10 En fästskruv till baksätets sittdyna skruvas loss

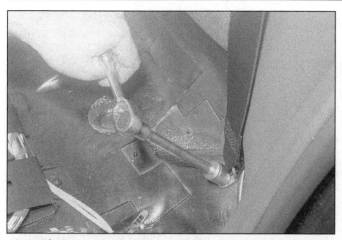

26.16 På kombimodeller, skruva loss de bakre säkerhetsbältenas nedre fästbultar

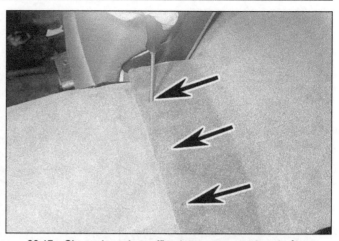

26.17a Skruva loss de tre fästskruvarna som sitter i hålen (vid pilarna) . . .

11 Lyft framänden av sätet och lossa det från fästhakarna genom att skjuta det framåt. På modeller med uppvärmda säten, koppla loss kontaktdonen från sätet när de kan nås.

Baksätets ryggstöd – sedan

12 Demontera baksätets sittdyna enligt beskrivningen i punkt 10 och 11.
13 Fäll bakåt ryggstödets nedre fästbyglar och haka sedan loss de nedre fästklämmorna och lyft ryggstödet så att dess övre fästhakar lossas.
14 Koppla loss kontaktdonen (om det behövs) och ta bort ryggstödet.

Baksätets ryggstöd – kombi

15 Demontera baksätets sittdyna enligt beskrivningen i punkt 10 och 11. Notera att varje ryggstöd kan demonteras separat enligt följande.
16 Skruva loss bulten som håller fast säkerhetsbältets nedre fäste vid golvet (se bild).
17 Fäll tillbaka ryggstödet, skruva loss fästskruvarna och lossa mattan i bagageutrymmet från baksidan av sätet (se bilder).

26.17b . . . och lossa bagageutrymmets matta från baksätesryggen

26.18 Ta bort kåpan från gångjärnsfästet . . .

18 Lossa kåpan från ryggstödets gångjärnsfäste för att komma åt fästskruvarna (se bild).
19 Skruva loss fästskruvarna och lossa ryggstödet från dess nedre pivåstift och ta bort det (se bilder).
20 När båda ryggstöden tagits bort kan gångjärnens fästbyglar demonteras genom att fästskruvarna skruvas loss och pivåbussningen dras ut. Innan de lossas, markera

fästbyglarna med höger och vänster (de är olika) så att de kan monteras tillbaka på rätt plats.

Montering

21 Montering sker i omvänd ordning, se till att alla bultar/skruvar dras åt till angivet moment (där sådana anges). På en kombi, innan ryggstöden monteras, rengör gängorna

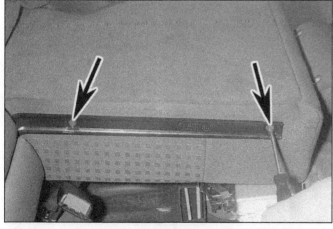

26.19a . . . och skruva loss skruvarna som fäster fästbygeln vid sätesryggen

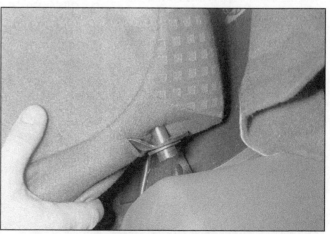

26.19b Lösgör sätesryggen från pivåstiftet och lyft ut den ur bilen

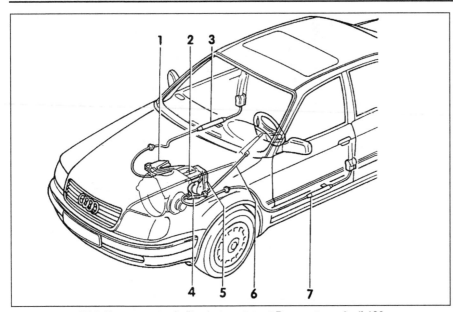

27.2 Komponenter i säkerhetssystemet Procon-ten – Audi 100

1 Vajerspärrblock
2 Vajerbricka
3 Vajerstyrhylsa för höger
säkerhetsbältessträckare
4 Vajerreläblock

5 Vajerhållare
6 Rattstångsvajer
7 Vajerstyrhylsa för vänster
säkerhetsbältessträckare

på ryggstödets skruvar och säkerhetsbältets nedre fästbult och stryk ny fästmassa på dem
.

27 Främre säkerhetsbältes sträckarmekanism – allmän information

1 Alla modeller som beskrivs i den här handboken har sträckningssystem för de främre säkerhetsbältena. Systemet är konstruerat för att omedelbart hämta in varje slack i bältet i händelse av en plötsligt frontalkrock, vilket minskar skaderiskerna för personer i framsätena. Båda framsätena har systemet, som är kopplat direkt till rullbältet.

Audi 100

2 På denna modell är säkerhetsbältessträckaren en del av säkerhetssystemet

Procon-ten **(se bild)**. Systemet består av ett antal vajrar och styrningar som sitter monterade på baksidan av växellådan och är anslutna till båda främre rullbältena och till rattstången.
3 Om bilen skulle råka ut för en frontalkrock som är våldsam nog att flytta motorn/ växellådan på dess fästen, överförs motorns rörelse via vajern och styrningarna till de främre rullbältena och till rattstången. Detta drar in och låser båda rullbältena så att personerna i framsätena hålls kvar i sätena, och drar rattstången framåt (mot torpedväggen) för att undvika kontakt mellan förarens överkropp och ratten.
4 Om systemet har utlösts är rullbältena låsta och rattstången deformerad, vilket gör att alla dessa delar måste bytas. Audi/VAG anger även att alla vajrar och styrningar bör bytas, även om de synbarligen verkar vara i gott skick.

Audi A6

5 På denna modell styrs bältessträckarna av krockkuddens styrenhet (se kapitel 12). Sträckaren utlöses elektriskt vid en frontalkrock vars kraft överskrider ett visst värde. Mindre krockar, inklusive påkörningar bakifrån, utlöser inte systemet.
6 När systemet aktiveras tänds bränslet inuti sträckarens cylinder. Detta drar in och låser rullbältet så att personerna i framsätena hålls kvar i sätena. Om sträckaren väl utlöst, låses bältet permanent och hela enheten måste bytas.
7 För att undvika skador, notera följande varningar innan arbete påbörjas med de främre säkerhetsbältena.

⚠️ *Varning: Om säkerhetsbältet/ sträckarmekanismen tappas i golvet från en höjd över en halv meter måste den bytas ut, även om den verkar oskadd.*

⚠️ *Varning: Låt inte lösningsmedel komma i kontakt med spännarcylindern.*

⚠️ *Varning: Utsätt inte spännarcylindern/rullbältet för stötar, eftersom detta kan utlösa mekanismen av misstag.*

⚠️ *Varning: Utsätt inte spännarcylindern för temperaturer över 100°C.*

28 Säkerhetsbälten – demontering och montering

Främre säkerhetsbälte – Audi 100

Demontering

1 Koppla loss batteriets minuspol.
2 Öppna fram- och bakdörrarna och bänd loss klädsellisterna uppe på tröskelpanelen. Skruva loss tröskelpanelens fästskruvar och lossa panelen från nederdelen av dörrkarmen och ta bort den **(se bilder)**.

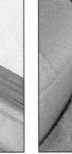

28.2a Bänd bort främre och bakre klädsellister . . .

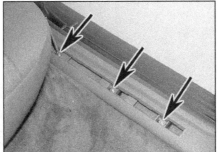

28.2b . . . och skruva sedan loss fästskruvarna (vid pilarna) . . .

28.2c . . . och ta bort tröskelpanelen från bilen

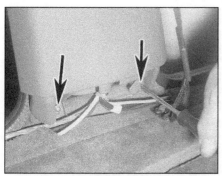

28.3a Skruva loss fästskruvarna
(vid pilarna) . . .

28.3b . . . och ta bort den nedre
klädselpanelen från dörrkarmen

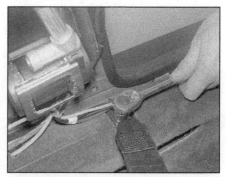

28.8 Skruva loss den nedre fästbulten och
ta loss säkerhetsbältet från golvet.

3 Skruva loss fästskruvarna från nederdelen av dörrkarmen, lossa panelen och ta bort den **(se bilder)**. Om det behövs, koppla loss kontaktdonet från larmkontakten när panelen tas bort.
4 Vik bort mattan från området runt framdörren för att komma åt Procon-ten-vajerns styrhylsa.
5 Lossa vajrarna från fästklämman och skruva sedan loss vajerstyrhylsans fästskruv.
6 Skruva loss skruvarna, lossa sedan fästklämmorna och ta loss de främre och bakre locken från styrhylsan.
7 Lossa Procon-ten-vajern från hylsan och

lossa låshylsan från vajerleden och koppla loss vajern till rullbältet från den främre delen av vajern. Notera hur vajern är dragen och koppla loss den från fästklämmorna så att den kan tas ut med säkerhetsbältet.
8 Skruva loss säkerhetsbältets nedre fästbult och lossa bältet från golvet **(se bild)**.
9 Skruva loss de två fästskruvarna från nederdelen av dörrkarmens övre klädselpanel. Skjut klädselpanelen nedåt så att dess fästklämma lossnar, lossa den från säkerhetsbältet och ta bort den **(se bilder)**.
10 Skruva loss den övre fästmuttern och koppla loss säkerhetsbältet från dess höjdjusterare **(se bild)**.
11 Skruva loss rullbältets fästbult och ta bort säkerhetsbältet.
12 Ta bort höjdjusteringsmekanismen genom att lossa kåpan från nederdelen av dörrkarmens yttre klädselpanel och skruva sedan loss fästskruvarna och ta bort panelen. Skruva loss fästmuttern och bulten och ta bort justeringsmekanismen från karmen.

Montering

13 Monteringen sker i omvänd ordning, tänk på följande.
a) Se till att justeringsmekanismen (om den tagits bort) och rullbältet sitter korrekt monterade på karmen innan fästbultarna sätts tillbaka.

b) Dra åt alla infästningar till angivet moment (där sådant anges).
c) Se till att höjdjusteringsarmen passar korrekt in i mekanismen när den övre klädselpanelen sätts tillbaka på stolpen.
d) Sträck bältet helt, vrid sedan det undre fästet 180° (ett halvt varv) så att bältesspännet är vänt framåt, innan den nedre fästbulten skruvas tillbaka.
e) Se till att vajern för Procon-ten-systemet sitter ordentligt och hålls på plats med låshylsan. Sätt tillbaka locken på styrhylsan och fäst hylsan mot karossen.

Främre säkerhetsbälte – Audi A6

⚠ **Varning: Se varningarna i avsnitt 27 innan arbetet fortsätter.**

Demontering

14 Koppla loss batteriets minuspol och demontera tröskelpanelen och dörrkarmens nedre klädselpanel enligt beskrivningen i punkt 2 och 3.
15 Koppla loss kontaktdonet från spännarcylindern på rullbältet **(se bild)**.
16 Demontera säkerhetsbältet enligt beskrivningen i punkt 8 till 12 och se till att inte stöta till eller skada spännarcylindern. Observera att kontaktdonet måste kopplas loss från

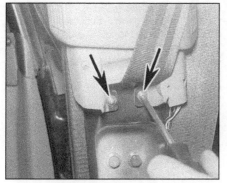

28.9a Skruva loss fästskruvarna
(vid pilarna) . . .

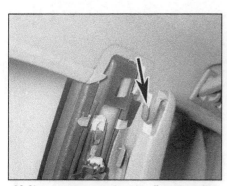

28.9b . . . pressa sedan den övre panelen
nedåt och ta bort den från dörrkarmen
(fästklämman vid pilen)

28.10 Skruva loss den övre fästmuttern
och lösgör bältet från höjdjusteraren

28.15 På Audi A6, koppla loss
kontaktdonet från säkerhetsbältets
spännarcylinder . . .

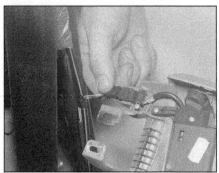

28.16 ... och koppla ifrån kontaktdonet från alarmgivaren när karmens övre klädselpanel tas bort

28.17a Vid montering, se till att rullbältets klack hakar i urtaget i karmen (vid pilarna) ...

28.17b ... och dra åt fästbultarna till angivet moment

alarmgivaren när den övre klädselpanelen tas bort (se bild).

Montering

17 Monteringen sker i omvänd ordning, tänk på följande.

a) Se till att justeringsmekanismen (om den tagits bort) och rullbältet sitter korrekt monterade på karmen innan fästbultarna sätts tillbaka (se bild).

b) Dra åt alla muttrar och bultar till angivet moment (där sådant anges) (se bild).

c) Se till att höjdjusteringsarmen passar korrekt in i mekanismen när den övre klädselpanelen sätts tillbaka på stolpen.

d) Sträck bältet helt, vrid sedan det undre fästet 180° (ett halvt varv) så att bältesspännet är vänt framåt, innan den nedre fästbulten skruvas tillbaka.

e) Se till att spännarcylinderns kontaktdon är ordentligt fastkopplat innan den nedre klädselpanelen sätts tillbaka på dörrkarmen.

Baksätets sidobälte – sedan

Demontering

18 I bagageutrymmet, koppla loss kontaktdonen och skruva loss fästskruvarna och ta bort de bakre högtalarna från bagagehyllan (se kapitel 12).

19 Demontera baksätet och ryggstödet enligt beskrivningen i avsnitt 26.

20 Skruva loss säkerhetsbältenas nedre fästbultar och lossa bältena från golvet.

21 Lossa försiktigt säkerhetsbältenas styrningsklämmor och notera åt vilket håll de sitter, ta sedan loss klädselkåporna från säkerhetsbältets styrningar på bagagehyllan. Lossa fästklämmorna försiktigt och bänd loss styrningarna från bagagehyllan.

22 Skjut bagagehyllan framåt så att den lossnar från fästklämmorna, lossa den sedan från säkerhetsbältena och styrningarna och ta bort den från bilen.

23 Skruva loss rullbältets fästbult i bagageutrymmet.

24 Gå tillbaka till kupén och haka av rullen från karossen och ta bort säkerhetsbältet.

Montering

25 Monteringen sker i omvänd ordning, tänk på följande.

a) Se till att rullbältet sitter korrekt monterad på karossen innan fästbulten sätts tillbaka.

b) Dra åt alla muttrar och bultar till angivet moment (där sådant anges).

c) Se till att säkerhetsbältenas styrningar och kåpor sitter ordentligt på plats och att styrningsklämmorna sitter rättvända med de stora symbolerna vända mot mitten av bilen.

Baksätets sidobälte – kombi

Demontering

Observera: Demontering av bältet kräver att ryggstödets stoppning tas bort. Detta är ganska komplicerat och om det inte utförs korrekt kan sätet skadas. På tidiga modeller krävs nya fästklämmor för stoppningen vid monteringen.

26 Demontera baksätet enligt beskrivningen i avsnitt 26.

27 Skruva loss säkerhetsbältets nedre fästbult och lossa bältet från golvet.

28 Lossa spärren och fäll fram ryggstödet. Skruva loss fästskruvarna och ta bort ryggstödets fästhake (se bild).

29 På modeller med nackstöd, ta bort nackstöden och bänd försiktigt loss hylsorna från ovansidan av ryggstödet (se bild).

30 Ta försiktigt loss klädseln runt det övre hörnet av ryggstödet och dra loss det tills bältesrullen blir åtkomlig (se bild). På tidiga modeller kan det hända att stoppningen hålls fast av klamrar. Om så är fallet, notera deras plats och klipp sedan försiktigt av dem. Nya klamrar krävs vid monteringen.

31 Ta loss de båda halvorna av säkerhetsbältesstyrningen och lossa sedan styrningen från klädseln och dra igenom bältet (se bild).

32 Skruva loss rullbältets fästbult och ta bort bältet från ryggstödet (se bild).

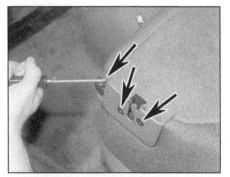

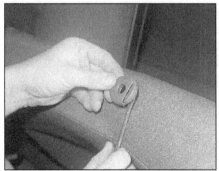

28.28 På kombimodeller, skruva loss fästskruvarna (vid pilarna) och ta bort fästhaken från ryggstödet

28.29 Ta bort nackstödet och bänd försiktigt bort hylsorna från ovansidan av sätet

28.30 Ta försiktigt bort sätesklädseln från sätesryggen för att komma åt rullbältet

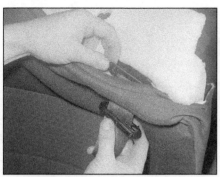

28.31 Lossa de två halvorna av bältesstyrningen från klädseln och dra igenom bältet ...

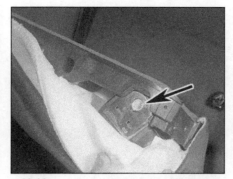

28.32 ... skruva sedan loss rullbältets fästbult och ta bort bältet från bilen

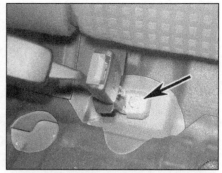

28.35 Mittbälten och bältesspännen är fästa i golvet med en gemensam bult

Montering

33 Monteringen sker i omvänd ordning, tänk på följande.

a) Se till att rullen sitter korrekt monterad på ryggstödet innan fästbulten sätts tillbaka.

b) Dra åt alla infästningar till angivet moment (där sådana anges).

c) Se till att bältesstyrningens halvor sitter fast ordentligt på klädseln och passa sedan in kanten korrekt och noggrant på plats mot ryggstödet. Om det behövs, fäst beklädnaden med nya fästklämmor på de platser som noterades vid demonteringen

Baksätets mittenbälte och spänne

Demontering

34 Demontera baksätets sittdyna enligt beskrivningen i avsnitt 26.

35 Skruva loss fästbulten och ta bort bältet/spännet **(se bild)**. Ta loss distansen som sitter mellan bältets/spännets fäste och golvet.

Montering

36 Se till att distansbrickan sitter på plats mellan fästet och karossen, passa sedan in urtaget i fästet med tappen i karossen.

37 Skruva i fästbulten och dra åt den till angivet moment, montera sedan baksätet (se avsnitt 26).

29 Inre klädsel – demontering och montering

Klädselpaneler

1 Klädselpanelerna hålls på plats antingen med skruvar eller olika typer av fästen, vanligen tryckknappar eller klamrar.

2 Kontrollera att det inte är någon panel som överlappar den som ska demonteras. Vanligen måste en given ordning följas som blir uppenbar vid närmare studie.

3 Ta bort alla synliga fästen. Om panelen inte kan lossas hålls den fast av dolda klamrar eller fästen. Dessa är vanligen placerade runt kanten och kan bändas upp. Lägg dock märke till att de är lätta att bryta sönder, så ha några i reserv. Bästa sättet att öppna sådana klamrar utan därför avsett verktyg är med en stor flatklingad skruvmejsel. I många fall måste den angränsande tätningslisten bändas undan för att en panel ska lossna.

4 Vid demontering av en panel, ta **inte** i för hårt – panelen kan skadas. Kontrollera noga att alla fästen och andra relevanta delar tagits bort eller lossats innan panelen lyfts ut. Om panelen fortfarande sitter fast kan det bero på att den är fasthakad och därför måste skjutas i en viss riktning för att hakarna ska släppa.

5 Monteringen sker i omvänd ordning. Tryck fästena på plats och kontrollera att alla rubbade delar är ordentligt fastsatta för att undvika skaller.

Handskfack

6 Öppna handskfacket, skruva loss de övre och nedre skruvarna som håller fast de inre och yttre kanterna av monteringsramen vid instrumentbrädan och ta bort handskfacket **(se bilder)**.

7 Handskfacket och monteringsramen kan separeras när fästklämmorna har tagits bort från pivåtapparna.

8 Monteringen sker i omvänd ordning.

Mattor

9 Golvmattan i passagerarutrymmet är i ett stycke och fäst runt kanterna med skruvar eller klamrar, vanligen används samma fästen till att säkra omkringliggande klädsel.

10 Demontering och montering är tämligen enkelt, men mycket tidsödande eftersom alla närliggande paneler måste demonteras först, liksom delar som säten, mittkonsol och säkerhetsbältesfästen.

Innertak

11 Innertaket sitter med klamrar i taket och kan bara lossas sedan alla fästen som kurvhandtag, solskydd, taklucka (om monterad), vindruta och bakre kvartsfönster samt

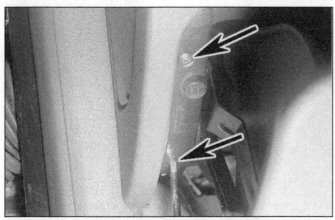

29.6a Skruva loss de övre och nedre fästskruvarna (vid pilarna). . .

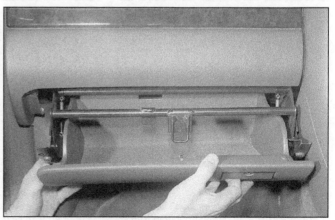

29.6b . . . och ta bort handskfacket från instrumentbrädan

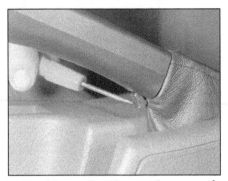

30.2a Bänd ut fästklämman längst ner på
handtaget . . .

30.2b . . . och dra av handtaget från
handbromsspaken

30.3a Bänd försiktigt bort panelen från
mittkonsolen . . .

relaterade klädselpaneler demonterats och dörrarnas, bakluckans och takluckans tätningslister lossats.

12 Demontering av innertaket kräver avsevärd skicklighet och erfarenhet för att det ska kunna utföras utan skador och det bör därför överlåtas till en expert.

30 Mittkonsol – demontering och montering

Demontering

1 Skjut framsätena helt framåt och koppla sedan loss batteriets minuspol.
2 Dra åt handbromsen ordentligt, bänd sedan

loss fästklämman från nederdelen av handbromsspakens grepphandtag och dra loss handtaget från spaken (se bilder).
3 Ta ur den bakre cigarrettändaren (om en sådan finns). Lossa panelen under de bakre luftventilerna i mittkonsolen för att komma åt de bakre fästskruvarna för ventilationen. Dra loss den bakre delen av förvaringsutrymmets foder och skruva loss de främre och bakre fästskruvarna och ta bort ventilationspanelen från baksidan av mittkonsolen, koppla loss kontaktdonen från cigarrettändaren (om en sådan finns) när de går att komma åt (se bilder).
4 På modeller med manuell växellåda, lossa försiktigt växelspakens damask från konsolen och vik tillbaka damasken över spaken. Om konsolens framdel ska tas bort, skruva loss

knoppen från växelspaken och tar bort damasken helt (se bilder).
5 På modeller med automatväxellåda, lossa försiktigt panelen runt växelspaken och tar bort den från mittkonsolen.
6 Skruva loss de främre och bakre fästskruvarna på konsolens bakre del. Lyft framänden av den bakre delen och flytta på den (se bilder). Om den främre delen ska demonteras, fortsätt enligt följande.
7 Bänd försiktigt loss ventilationsmunstyckena från mitten av instrumentbrädan för att komma åt mittkonsolens fästskruvar (se bild). Skruva loss båda skruvarna.
8 Lossa sidotäckplattorna från instrumentbrädans reglagepanel och skruva sedan loss konsolens fästskruvar som sitter där bakom (se bilder).

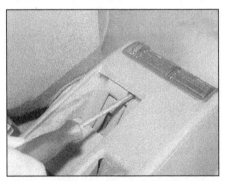

30.3b . . . skruva sedan bort de främre . . .

30.3c . . . och bakre fästskruvarna . . .

30.3d . . . och ta bort ventilationspanelen

30.4a På modeller med manuell växellåda,
ta försiktigt loss damaskpanelen från
ovansidan av konsolen . . .

30.4b . . . skruva sedan vid behov bort
knoppen från växelspaken och tar bort
damasken från bilen

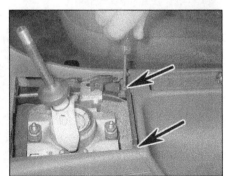

30.6a Skruva bort de främre fästskruvarna
(vid pilarna) . . .

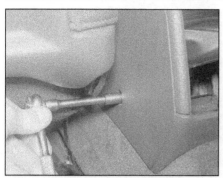

30.6b . . . och de bakre fästskruvarna . . .

30.6c . . . och demontera konsolens bakre del från bilen

30.7 Bänd loss ventilationspanelen och ta bort den från instrumentbrädan

9 På modeller med vanliga värmereglage, dra av knapparna från reglagen och skruva loss fästskruvarna och tar bort plattan **(se bilder)**.
10 På modeller med helt automatisk luftkonditionering, ta försiktigt loss klädselpanelen från luftkonditioneringssystemets styrenhet på mittkonsolen.
11 På alla modeller, skruva loss fästskruvarna, ta bort askfatet och lossa lampan när den går att komma åt **(se bilder)**.
12 Bänd loss skydden från höger och vänster främre hörn av konsolen för att komma åt fästmuttrarna. Om det inte finns några skydd är konsolens mitt bara fastklämd.
13 Skruva loss de främre fästmuttrarna (om sådana finns) och skruva sedan loss de bakre fästskruvarna och dra loss konsolens främre del bakåt **(se bilder)**.

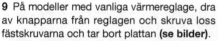
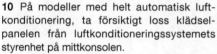
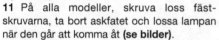

30.8a Ta bort sidotäckplattorna från reglagepanelen . . .

30.8b . . . skruva sedan ur mittkonsolens fästskruvar (vid pilarna)

30.0a Dra av reglageknapparna . . .

30.9b . . . skruva bort fästskruvarna och ta bort värmereglagepanelens täckplatta

30.11a Skruva loss fästskruvarna (vid pilarna) . . .

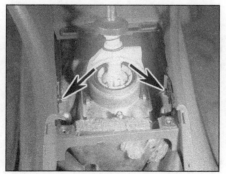

30.11b . . . och ta bort askkoppen och lossa lampan när den blir åtkomlig

30.13a Skruva loss de bakre fästskruvarna (vid pilarna) . . .

30.13b . . . och ta bort konsolens främre del från bilen

31.5a Skruva loss fästskruvarna (vid pilarna) . . .

31.5b . . . och lösgör mittpanelen från instrumentbrädan

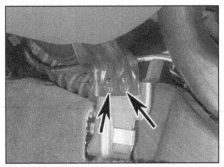

31.7 Skruva bort skruvarna som håller fast instrumentbrädans ram i dess mittfästen (här visas passagerarsidan)

Montering

14 Monteringen sker i omvänd ordning, se till att ventilationsmunstyckena sitter fast ordentligt mot lufttrummorna. Se till att alla kablar är korrekt dragna och att alla skruvar och muttrar är ordentligt åtdragna. Kontrollera avslutningsvis att alla reglage fungerar.

HAYNES
TiPS

Sätt en lapp med en markering på varje kontaktdon när det kopplas loss. Det blir då enklare att sätta tillbaka kontaktdonen på rätt plats vid monteringen.

31.8 Ta bort sidoluckorna för att komma åt instrumentbrädans fästbultar

31.9a Skruva loss de två fästbultarna på förarsidan (märkta med pilar) . . .

31 Instrumentbräda – demontering och montering

Demontering

1 Demontera mittkonsolen enligt beskrivningen i avsnitt 30 och handskfacket enligt beskrivningen i avsnitt 29.
2 Demontera ratten enligt beskrivningen i kapitel 10.
3 Demontera instrumentbrädan och rattstångens kombinationsbrytare enligt beskrivningen i kapitel 12.
4 Skruva loss fästskruvarna och ta bort

förvaringsfackspanelen från förarens sida av instrumentbrädan.
5 Skruva loss fästskruvarna och lossa mittpanelen från instrumentbrädan och flytta den åt sidan **(se bilder)**. Man behöver inte koppla loss kontaktdonen/värmereglagen, dessa kan lämnas anslutna.
6 Bänd försiktigt loss tändningslåsets/rattlåsets hölje och ta bort det.
7 Skruva loss skruvarna som håller fast instrumentbrädans ram i dess mittfästen **(se bild)**.
8 Bänd försiktigt loss sidoluckorna på instrumentbrädan för att komma åt fästbultarna **(se bild)**.
9 Skruva loss säkringsdosans fästskruvar och

lossa säkringsdosan från förarsidans del av instrumentbrädan **(se bilder)**.
10 Koppla loss kontaktdonet för handskfacksbelysningen i handskfacksöppningen, och koppla även loss kontaktdonet från reläet i instrumentbrädesöppningen **(se bilder)**.
11 På modeller med krockkudde på passagerarsidan finns det ytterligare en fästmutter på instrumentbrädan. För att komma åt den lossar man vattenavvisaren baktill i motorrummet och (om det behövs) tar bort batteriet (se kapitel 5A). Skruva loss fästmuttern och brickan som håller fast instrumentbrädans pinnbult till torpedväggen **(se bild)**.

31.9b . . . lossa sedan säkringsdosan och ta bort den från instrumentbrädan

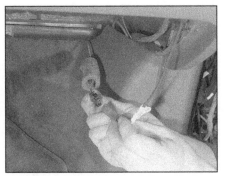

31.10a Koppla loss kontaktdonet till handskfacksbelysningen . . .

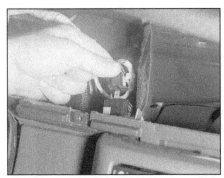

31.10b . . . och koppla loss kontaktdonet från det relä som sitter fäst på instrumentbrädan i instrumentpanelens öppning

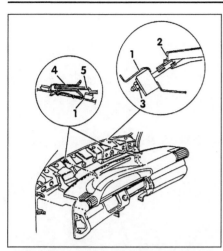

31.11 På modeller med krockkudde på passagerarsidan finns det ytterligare en fästmutter på instrumentbrädan, som måste skruvas bort

1 Kaross
2 Instrumentbräda
3 Fästmutter
4 Fästbygel
5 Ventilationsrörs-tapp

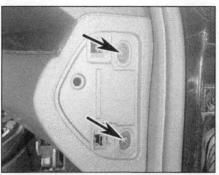

31.12a Skruva bort ändfästbultarna (passagerarsidan vidad) . . .

12 På alla modeller, skruva loss bultarna som håller fast vänster och höger sida av instrumentbrädan till dess fästbyglar. Ta hjälp av någon och lyft försiktigt bort instrumentbrädan från torpedväggen **(se bilder)**. Lossa kabelhärvan från alla klamrar eller fästen och ta bort instrumentbrädan helt.

Montering

13 Montering sker i omvänd ordning, se till

31.12b . . . dra sedan bort instrumentbrädan från torpedväggen och ta bort den från bilen

att alla kontaktdon dras genom rätt öppningar. Innan instrumentbrädan skruvas fast, se till att den sitter korrekt och att alla värmemunstycken i mitten av instrumentbrädan sitter fast ordentligt. Sätt tillbaka fästbultarna och (om en sådan finns) muttern och dra föst åt alla för hand, innan de alla dras åt ordentligt. Anslut batteriet och kontrollera att alla elektriska komponenter och brytare/reglage fungerar som de ska.

Anteckningar

Kapitel 12
Karossens elsystem

Innehåll

Svårighetsgrader

Enkelt, passar novisen med lite erfarenhet	Ganska enkelt, passar nybörjaren med viss erfarenhet	Ganska svårt, passar kompetent hemmamekaniker	Svårt, passar hemmamekaniker med erfarenhet	Mycket svårt, för professionell mekaniker

Specifikationer

Systemtyp . . . .   12 volt, negativ jord

Glödlampor   Styrka (Watt)

Yttre lampor

Backljus	21
Bakre dimljus	21
Blinkers	21
Broms-/bakljus	21/5
Främre dimljus	55 (H3-typ)
Främre parkeringsljus	4
Högt bromsljus	2,1
Nummerplåtsbelysning	4
Sidoblinkers	5
Strålkastare:	
Enhet med en glödlampa	60/55 (H4-typ)
Enhet med flera glödlampor:	
Glödlampa helljus	55 (H1-typ)
Glödlampa halvljus	55 (H1-typ)

Innerbelysning

Åtdragningsmoment

1 Allmän information och föreskrifter

Varning: Innan något arbete utförs på elsystemet, läs igenom säkerhetsföreskrifterna i början av handboken och i kapitel 5.

1 Det elektriska systemet är av typen 12 V negativ jord. Strömmen till lamporna och alla andra elektriska tillbehör kommer från ett bly/syrabatteri som laddas av generatorn.

2 Det här kapitlet tar upp reparations- och servicerutiner för de elkomponenter som inte är direkt kopplade till motorn. Information om batteriet, generatorn och startmotorn finns i kapitel 5A.

3 Observera att batteriets minuspol måste kopplas ur innan arbetet påbörjas, detta för att förebygga kortslutningar och/eller bränder.

2 Elektrisk felsökning – allmän information

Observera: Läs säkerhetsföreskrifterna i avsnittet "Säkerheten främst!" och i avsnitt 1 i detta kapitel innan arbetet påbörjas. Följande tester relaterar till huvudkretsen och ska inte användas för att testa känsliga elektroniska kretsar (som t.ex. ABS-system), speciellt där en elektronisk styrenhet används.

Allmänt

1 En typisk elkrets består av en elektrisk komponent, alla kontakter, brytare, reläer, motorer, säkringar, smältsäkringar eller kretsbrytare som relaterar till denna komponent samt kablage och kontaktdon som kopplar komponenten till både batteriet och karossen. För att underlätta felsökningen i elkretsarna finns kopplingsscheman inkluderade i slutet av den här handboken.

2 Innan försök görs att diagnostisera ett elfel, studera aktuellt kopplingsschema för att helt och hållet förstå den aktuella kretsens olika komponenter. De möjliga felkällorna kan reduceras om man undersöker om andra komponenter relaterade till kretsen fungerar som de ska. Om flera komponenter eller kretsar felar samtidigt är möjligheten stor att felet beror på en delad säkring eller jord.

3 Elproblem har ofta enkla orsaker, som lösa eller korroderade kontakter, jordfel, trasiga säkringar, smältsäkringar eller ett defekt relä (se avsnitt 3 för närmare information om test av reläer). Se över skicket på alla säkringar, kablar och kontakter i en felande krets innan komponenterna testas. Använd bokens kopplingsscheman för att ta reda på vilka terminalanslutningar som behöver kontrolleras för att man ska komma åt felet.

4 De grundläggande verktyg som krävs för elektrisk felsökning är en kretsprovare eller voltmätare (en 12 volts glödlampa med en uppsättning kablar kan också användas för vissa tester), en kontinuitetsmätare, en ohmmätare (för att mäta motstånd), ett batteri samt en uppsättning testkablar och en förbindningskabel, helst försedd med en kretsbrytare eller säkring, som kan användas till att koppla förbi misstänkta komponenter eller kablar. Innan du försöker hitta ett problem med testinstrument, använd kopplingsschemat för att bestämma var kopplingarna skall göras.

5 För att hitta källan till ett periodiskt återkommande kabelfel (beror ofta på en felaktig eller smutsig kontakt, eller skadad kabelisolering), kan ett vicktest göras på kabeln. Detta innebär att man ruskar på kabeln för hand för att se om felet uppstår när kabeln rubbas. Det ska därmed vara möjligt att härleda felet till en speciell del av kabeln. Denna testmetod kan användas tillsammans med vilken annan testmetod som helst i de följande underavsnitten.

6 Förutom problem som uppstår på grund av dåliga anslutningar kan två typer av grundläggande fel uppstå i en elkrets – kretsbrott eller kortslutning.

7 Kretsbrott orsakas av ett brott någonstans i kretsen som hindrar strömflödet. Ett kretsbrott gör att komponenten inte fungerar men det kommer inte att utlösa säkringen.

8 Kortslutningar orsakas av att ledarna går ihop någonstans i kretsen, vilket medför att strömmen tar en alternativ väg med mindre motstånd, vanligtvis till jord. Kortslutning orsakas vanligtvis av att kabelisoleringen nötts så att en ledare kan komma åt en annan ledare eller jordningen, t.ex. karossen. En kortslutning bränner i regel kretsens säkring.

Att hitta ett kretsbrott

9 För att kontrollera om en krets är bruten, koppla den ena ledaren på en kretsprovare eller voltmätare till antingen batteriets minuspol eller till en annan känd jord.

10 Koppla den andra ledaren till en anslutning i kretsen som ska provas, helst närmast batteriet eller säkringen.

11 Slå på kretsen. Tänk på att vissa kretsar bara är strömförande med tändningslåset i ett visst läge.

12 Om ström ligger på (indikeras genom att testlampan lyser eller genom voltmätarutslag), betyder det att delen mellan anslutningen och batteriet är felfri.

13 Fortsätt kontrollera resten av kretsen på samma sätt.

14 När en punkt utan ström nås måste felet ligga mellan den punkten och närmast föregående punkt med ström. De flesta fel kan härledas till en trasig, korroderad eller lös kontakt.

Att hitta en kortslutning

15 När du letar efter en kortslutning, koppla först bort strömförbrukarna från kretsen (d.v.s.

de delar som drar ström, t.ex. lampor, motorer, värmeelement etc.).

16 Ta bort den aktuella säkringen från kretsen och koppla en kretsprovare eller voltmätare till säkringsanslutningen.

17 Slå på kretsen, observera att vissa kretsar bara är strömförande med tändningslåset i ett visst läge.

18 Om ström finns i kretsen (indikeras av att lampan lyser eller ett voltmätarutslag) är kretsen kortsluten.

19 Om ingen ström ligger på, men säkringarna fortsätter att gå sönder när strömförbrukarna är påkopplade, visar detta ett internt fel i någon av de strömförbrukande komponenterna.

Att hitta ett jordfel

20 Batteriets negativa pol är kopplad till jord – metallen på motorn/växellådan och karossen – och de allra flesta system är kopplade så att de bara tar emot en positiv matning, strömmen leds tillbaka genom metallen i karossen. Detta betyder att komponentfästet och karossen utgör en del av kretsen. Lösa eller korroderade infästningar kan därför orsaka flera olika elfel, allt ifrån totalt haveri till ett mystiskt partiellt fel. Lampor kan lysa svagt (speciellt när en annan krets delar samma jord), motorer (t.ex. torkarmotorn eller kylfläktsmotorn) kan gå långsamt och arbetet i en krets kan ha en till synes orelaterad effekt på en annan. Observera att på många fordon används särskilda jordflätor mellan vissa komponenter, såsom motorn/växellådan och karossen, vanligtvis där det inte finns någon direkt metallkontakt mellan komponenterna på grund av gummiupphängningar o.s.v.

21 För att kontrollera om en komponent är korrekt jordad, koppla bort batteriet och koppla den ena ledaren på en ohmmätare till en känd jord. Koppla den andra ledaren till den kabel eller jordkoppling som skall testas. Det motstånd som visas skall vara noll ohm – om så inte är fallet, kontrollera enligt följande.

22 Om en jordanslutning misstänks vara felaktig, ta isär anslutningen och putsa upp metallen på både karossen och kabelfästet eller komponentens jordanslutnings togyta.

Se till att ta bort alla spår av rost och smuts, använd en kniv för att skrapa bort lacken så att en ren kontaktyta uppstår. Dra åt kopplingsfästena ordentligt vid monteringen. Om en kabelterminal monteras, använd låsbrickor mellan terminalen och karossen för att vara säker på att en ren och säker koppling uppstår. Vid återanslutningen, rostskydda ytorna med vaselin, silikonfett eller genom att regelbundet spraya på tändningstätning eller vattenavvisande smörjmedel.

---

3 Säkringar och reläer – allmän information

Säkringar

1 Säkringarna sitter i en säkringsdosa bakom luckan på instrumentbrädan på förarsidan, med ytterligare säkringar (inklusive den automatiska kretsbrytaren) i säkrings-/relädosan i motorrummets bakre hörn. Fler säkringar finns bakom de främre fotbrunnarnas sidopaneler och bakom plastkåpan på golvet i fotbrunnen (se punkt 9 och 10).

2 För att komma åt säkringsdosan, öppna dörren på förarsidan och lossa luckan från instrumentbrädan **(se bild)**. För att komma åt säkringarna i motorrummet, lossa helt enkelt fästklämman och ta bort luckan från säkrings-/relädosan.

3 En lista över kretsarnas säkringar finns på luckan.

4 För att ta bort en säkring, slå först av den berörda kretsen (eller tändningen), ta sedan ur säkringen från sin hållare. Tråden i säkringen skall vara synlig, om säkringen brunnit har tråden gått av eller smält.

5 Byt alltid ut säkringen mot en ny av samma klass, använd aldrig en säkring med annan klassning än den avsedda eller något annat som säkring. Byt aldrig ut en säkring mer än en gång utan att spåra källan till problemet. Säkringens märkning är stämplad på ovansidan, observera också att säkringarna är färgkodade för att underlätta identifieringen.

6 Om en ny säkring går omedelbart, leta reda på orsaken innan en ny sätts i igen. En

kortslutning till jord p.g.a. en felaktig isolering är det mest troliga. När en säkring skyddar mer än en krets, sök efter felet genom att starta varje krets i turordning (om möjligt) tills dess att säkringen går igen. Ha alltid en reservuppsättning säkringar i bilen. En av varje i reserv skall sättas fast i basen på säkringsdosan.

Reläer

7 Större delen av reläerna sitter antingen i säkrings-/relädosan i motorrummet, bakom förarsidans förvaringsfack eller bakom den främre fotbrunnens sidopaneler, både på förarsidan och passagerarsidan.

8 För att komma åt reläerna i motorrummet, lossa helt enkelt locket och ta bort det.

9 För att komma åt reläerna bakom förarsidans förvaringsfack, skruva loss fästskruvarna och ta bort panelen från instrumentbrädan **(se bilder)**.

10 För att ta bort sidopanelen från en fotbrunn, bänd först bort klädsellisten ovanför framdörrens tröskel, skruva sedan loss den främre fästskruven. Ta bort skyddslocket, skruva loss fästskruven och ta bort fotbrunnens klädselpanel. Uppgifter om reläerna finns på en etikett bak på panelen **(se bilder)**. På vissa modeller kan ytterligare reläer vara placerade bakom den främre fotbrunnens golvpanel. Dra undan mattan, ta bort skruvarna/fästena och lyft bort panelen för att komma åt dem.

3.2 Öppna sidoluckan på instrumentbrädan från förarsidan för att komma åt säkringsdosan

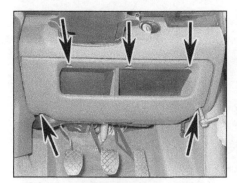

3.9a Lossa fästskruvarna och ta bort förvaringsfacket . . .

3.9b . . . för att komma åt reläerna bakom det

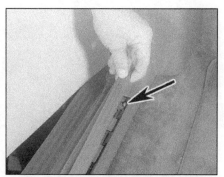

3.10a Ta bort listen från klädselpanelen och skruva loss den främre fästskruven (vid pilen)

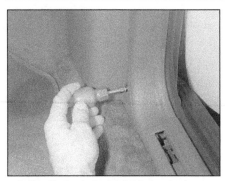

3.10b Ta bort skyddslocket och skruva loss fästskruven . . .

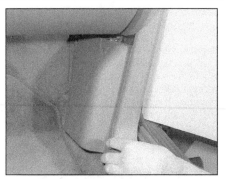

3.10c . . . och ta bort klädselpanelen från sidan av fotbrunnen . . .

3.10d . . . för att komma åt reläerna och säkringarna

11 Om en krets eller ett system som styrs av ett relä blir felaktig kan ofta reläet misstänkas. Aktivera kretsen; om reläet fungerar skall det höras ett klick när reläet magnetiseras. Om så är fallet ligger felet i komponenterna eller kablarna till systemet. Om reläet inte magnetiseras får det antingen ingen ström eller också kommer inte ställströmmen fram, men det kan också bero på att reläet i sig självt är defekt. Test av detta görs genom att man byter ut reläet mot ett nytt som man vet fungerar. Var försiktig, vissa reläer ser lika ut och utför samma funktioner medan andra ser lika ut men utför olika funktioner.

12 När du byter ett relä, se först till att tändningen är avstängd. Reläet kan sedan enkelt tas ut från sockeln och ett nytt relä sättas dit.

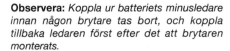

4 Brytare – demontering och montering

Observera: *Koppla ur batteriets minusledare innan någon brytare tas bort, och koppla tillbaka ledaren först efter det att brytaren monterats.*

Tändningslås/rattlås

1 Se kapitel 10.

Rattstångens kombinationsbrytare

2 Demontera ratten enligt beskrivningen i kapitel 10.

3 På modeller med justerbar rattstång, lossa försiktigt höjdjusteringsarmen, ta sedan bort låsskruven (i förekommande fall) och lossa avståndsjusteringsarmen **(se bilder)**.

4 På Audi 100, lossa klämskruven och ta bort brytaren från rattstången, koppla loss kontaktdonen allt eftersom de blir åtkomliga. Klämskruven nås genom hålet i botten på den nedre kåpan. Skruva loss fästskruvarna och ta bort brytaren från kåpan.

5 På Audi A6, skruva loss fästskruvarna och ta bort den nedre kåpan från stången. Lossa klämskruven och ta bort brytarenheten från rattstången, koppla loss kontaktdonen allt eftersom de blir åtkomliga. Ta bort klämman, skruva bort fästskruven och ta isär brytarenheten **(se bilder)**.

6 Montering sker i omvänd arbetsordning, se till att alla kontaktdon återansluts ordentligt.

Instrumentbrädans brytare

7 Använd en liten flat skruvmejsel och bänd försiktigt loss brytaren, var noga med att inte repa brytaren/instrumentbrädan **(se bild)**. Koppla loss kontaktdonet och ta bort brytaren. Om det inte finns tillräckligt mycket slack i kabeln för att man ska kunna dra bort

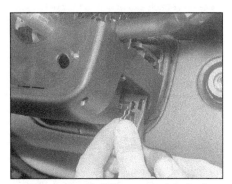

4.3a Lossa fästklämman och ta bort höjdjusteringsarmen från rattstången . . .

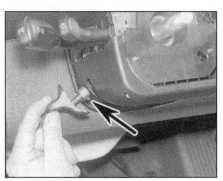

4.3b . . . lossa sedan låsskruven (vid pilen) och ta bort avståndsjusteringsarmen

4.5a På en Audi A6, skruva loss fästskruvarna och tar bort den nedre kåpan från rattstången

4.5b Lossa klämskruven . . .

4.5c . . . koppla loss kontaktdonen och ta bort brytarenheten

4.5d För att ta isär brytarenheten, ta bort klämman . . .

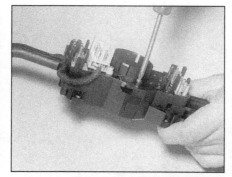

4.5e . . . och skruva loss fästskruven

4.7 Brytarna på instrumentbrädan kan bändas loss och tas ut om kablarna är tillräckligt långa

kontaktdonet helt från brytarpanelen på instrumentbrädan, måste brytarpanelen demonteras från instrumentbrädan enligt följande.

8 Bänd försiktigt bort ventilationspanelen ovanför brytarpanelen, lossa sedan sidotäckplattorna. Skruva loss mittkonsolens fästskruvar och ta loss panelen från instrumentbrädan för att komma åt kontaktdonen **(se bilder)**.

9 Monteringen sker i omvänd ordning. Se till att kontaktdonet återansluts ordentligt och att (om det behövs) ventilationstrumma monteras tillbaka ordentligt.

Brytare till yttre speglar

10 På modeller med vanliga värmereglage, dra av knapparna från reglagen och skruva loss panelen **(se bild)**.

11 På modeller med helt automatisk luftkonditionering, ta försiktigt loss klädselpanelen från luftkonditioneringssystemets styrenhet på mittkonsolen.

12 Skruva loss brytarens fästskruv, ta sedan bort brytaren och koppla bort kontaktdonet när det blir åtkomligt **(se bilder)**.

13 Montering sker i omvänd arbetsordning.

Förarsidans fönsterhissbrytare

14 Stick in en liten flat skruvmejsel under änden på brytaren för att trycka ner dess

4.8a Om kablarna är för korta, ta loss ventilationspanelen . . .

4.8b . . . bänd loss sidotäckplattorna (vid pilarna) . . .

4.8c . . . och skruva loss mittkonsolens fästskruvar (vid pilarna)

4.8d Koppla loss kontaktdonet från baksidan av brytaren och ta loss brytaren från panelen

4.10a Dra loss knapparna från värmereglagen . . .

4.10b . . . skruva loss fästskruvarna (vid pilarna) och ta bort panelen

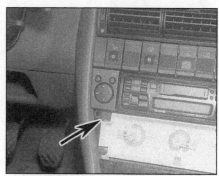

4.12a Skruva loss fästskruven . . .

4.12b . . . ta ut spegelbrytaren och koppla loss kontaktdonet

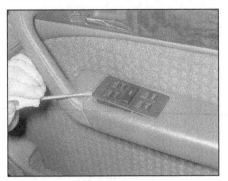

4.14 Bänd försiktigt loss brytarenheten från dörren . . .

4.15a . . . och koppla loss kontaktdonen

fästklämma, bänd sedan försiktigt bort brytarenheten från sin plats (se bild).
15 Koppla loss kontaktdonen och ta bort brytaren från dörren. Varje enskild brytare kan kopplas loss och tas bort från panelen (se bilder).
16 Montering sker i omvänd arbetsordning.

Förardörrens centrallåsbrytare

17 Stick in en liten skruvmejsel i hålet på undersidan av dörrhandtagskåpan och tryck ner fästklämman och ta bort kåpan från handtaget. Skruva loss fästskruvarna och ta bort handtaget från dörren.
18 Lossa den lilla klädselpanelen från

dörrlåsets inre handtag, lösgör sedan handtaget från dörrens klädselpanel och koppla ur kontaktdonet (se bild).
19 Ta loss brytaren från handtagets baksida och ta bort den från bilen.
20 Montering sker i omvänd arbetsordning.

Bakdörrens fönsterhissbrytare

21 Ta bort den inre klädselpanelen från dörren enligt beskrivningen i kapitel 11.
22 Koppla loss kontaktdonet, lossa kablarna från sina klamrar och ta bort brytaren från dörren (se bild).
23 Montering sker i omvänd arbetsordning.

Främre passagerardörrens fönsterhissbrytare

24 Se punkt 17 till 20.

Soltakets brytare

25 Lossa luckan i takkonsolpanelens främre del från taket, koppla loss kontaktdonen och ta bort panelen från bilen (se bild).
26 Dra bort reglageknoppen från brytaren, skruva sedan loss fästmuttern och ta bort brytaren från panelen (se bilder).
27 Montering sker i omvänd arbetsordning mot demonteringen.

4.15b Varje enskild brytare kan sedan kopplas loss från panelen

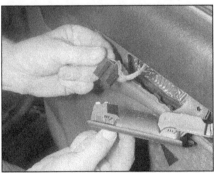

4.18 Koppla loss kontaktdonet och lossa centrallåsbrytaren från innerhandtaget

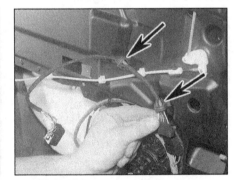

4.22 Koppla loss kontaktdonet, lossa fästklämmorna och ta loss brytaren från bakdörren

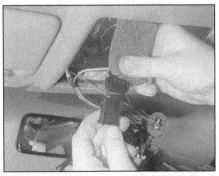

4.25 Lossa luckan i takkonsolen och koppla loss kontaktdonen

4.26a Dra av knoppen och skruva loss fästmuttern (vid pilen) . . .

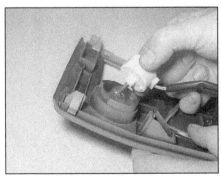

4.26b . . . och ta loss soltaksbrytaren från panelen

4.28 Ta bort gummidamasken . . .

4.29a . . . skruva loss fästskruven . . .

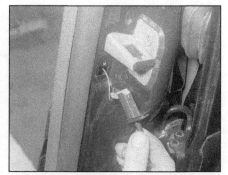

4.29b . . . ta bort kupélampans brytare och koppla loss kablarna

Kupélampans brytare

28 Öppna dörren och ta bort gummidamasken från strömbrytaren **(se bild)**.

29 Skruva loss fästskruven och ta bort brytaren från karossen, koppla loss kontaktdonet när det blir åtkomligt **(se bilder)**. Tejpa fast kontaktdonet vid karossen för att hindra att det försvinner in i stolpen.

30 Montering sker i omvänd arbetsordning, se till att gummidamasken monteras ordentligt på brytaren.

Bromsljuskontakt

31 Se kapitel 9.

Handbromsspakens brytare

32 Demontera mittkonsolens bakre del enligt beskrivningen i kapitel 11.

33 Koppla loss kontaktdonet, skruva sedan loss fästskruven och ta bort brytaren från handbromsspaken **(se bild)**.

34 Montering sker i omvänd arbetsordning. Kontrollera brytarens funktion innan mittkonsolen sätts tillbaka.

Brytare till framsätesjustering

35 Bänd bort kåpan från sätets nedre klädselpanel, skruva sedan bort klädselpanelens fästskruvar.

36 Dra klädselpanelen uppåt och ta bort den från sätet, koppla loss kontaktdonet från brytaren.

37 Skruva loss fästskruvarna och ta bort brytaren från klädselpanelen.

38 Montering sker i omvänd arbetsordning.

Brytare till framsätets/spegelns inställningsminne

39 Använd en liten, flat skruvmejsel och bänd försiktigt bort brytaren från dörrens klädselpanel, koppla ur kontaktdonet när det blir åtkomligt.

40 Montering sker i omvänd arbetsordning.

Brytare för sätesuppvärmning bak

41 Ta ur den bakre cigarettändaren och koppla sedan loss panelen runt tändaren för att komma åt ventilationsmunstyckenas bakre fästskruvar.

42 Dra undan den bakre delen av förvaringsutrymmets foder, skruva sedan loss de främre och bakre fästskruvarna och ta bort värmetrumman/cigarettändaren från mittkonsolens bakre ände. Koppla loss kontaktdonen allt eftersom de blir åtkomliga.

43 Lossa brytaren och ta bort den från panelen.

44 Montering sker i omvänd arbetsordning.

Bagageutrymmets belysning

45 Brytaren till bagageutrymmets belysning är integrerad i låset. På kombimodeller utgör brytaren en del av den högra låsenheten.

46 Ta bort låset enligt beskrivningen i kapitel 11, lossa sedan fästklämman och ta bort brytaren.

47 Vid monteringen, se till att brytaren fästs ordentligt med klämman innan låset sätts tillbaka enligt beskrivningen i kapitel 11.

5 Glödlampor (yttre) – byte

Allmänt

1 När en glödlampa byts, tänk på följande:

a) Koppla loss batteriets minusledare innan arbetet påbörjas.

b) Kom ihåg att om lyset nyss varit på kan lampan vara mycket varm.

c) Kontrollera alltid lampans sockel och kontaktytor, se till att kontaktytorna är rena mellan lampan och dess ledare samt jordningen. Avlägsna all korrosion och smuts innan en ny lampa sätts på plats.

d) När en lampa med bajonettfäste används (se Specifikationer), se till att ledarna ligger tätt mot lampans kontakt.

e) Se alltid till att den nya lampan har rätt specifikationer och att den är helt ren innan den monteras, detta gäller särskilt dimljus- och strålkastarlampor (se nedan).

Strålkastare

Observera: Alla senare modeller och de flesta tidiga turbodieselmodellerna är utrustade med en strålkastarenhet som omfattar separata glödlampor för helljus och halvljus och integrerat dimljus. Alla andra modeller har en strålkastare med en kombinerad glödlampa för helljus/halvljus och är utrustade med separata dimljus.

2 Om arbete ska utföras på högersidan på en 2.5 liters turbodieselmotor, lossa insugslufttrumman av plast och ta bort den från motorrummet för att komma åt strålkastaren **(se bild)**.

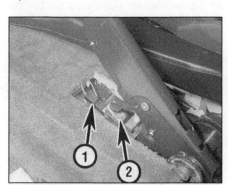

4.33 Koppla loss kontaktdonet (1), skruva loss fästskruven (2) och ta bort brytaren från handbromsspaken

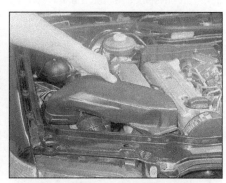

5.2 På en 2.5 liters turbodieselmotor, ta bort insugslufttrumman för att komma åt den högra strålkastaren bättre

5.3 Lossa fästklämman och ta bort kåpan från strålkastarens baksida

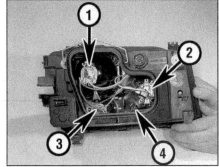

5.4 Strålkastarlampornas placering (höger strålkastare visas)

1	Halvljuslampa	3	Dimljuslampa
2	Helljuslampa	4	Parkeringsljus-
			lampa

5.5a Lossa fästklämman . . .

3 Lossa fästklämmorna och ta bort luckan på strålkastarenhetens baksida **(se bild)**.
4 Koppla loss kontaktdonet från glödlampan, glödlampornas placeringar visas ovan **(se bild)**.
5 Haka loss ändarna på glödlampans fästklämma och ta loss den från baksidan på armaturen. Dra ur glödlampan **(se bilder)**.
6 Vid hantering av den nya glödlampan bör man hålla i den med en bit hushållspapper eller en ren trasa så att man inte vidrör glaset med fingrarna. Fukt och fett från fingrarna kan göra att livslängden för denna typ av glödlampa minskar dramatiskt. Om du råkar vidröra glaset, torka av det med T-sprit.
7 Sätt dit den nya glödlampan, se till att placeringsflikarna är rätt placerade i fördjupningarna, och fäst den med fästklämman.
8 Återanslut kontaktdonet, sätt tillbaka luckan och kontrollera att den sitter ordentligt.

Främre sidoljus

9 Om arbetet ska utföras på högersidan på en 2.5 liters turbodieselmotor måste man lossa insugslufttrumman av plast och ta bort den från motorrummet för att komma åt strålkastaren.
10 Lossa fästklämmorna och ta bort kåpan från strålkastarens baksida.
11 Vrid parkeringsljusets lamphållare och ta

loss den från strålkastarenheten. Glödlampan är av bajonettyp och tas bort genom att man trycker in den en aning och vrider den moturs.
12 Montering sker i omvänd arbetsordning, se till att luckan sätts tillbaka ordentligt.

Främre dimljus

Observera: *På senare modeller och de flesta tidiga turbodieselmodeller är dimljuset inbyggt i strålkastaren (se punkt 2 till 8).*
13 Koppla försiktigt loss grillen från den främre stötfångaren så att dimljusets fästskruvar blir åtkomliga. Grillen består av två delar – en mindre del till höger som täcker det högra dimljuset/den främre bogseringsöglan, och huvuddelen som täcker det vänstra dimljuset.
14 Skruva loss och ta bort dimljuset och koppla loss dess kablar.
15 Lossa fästskruvarna och ta bort kåpan från armaturens baksida.
16 Koppla loss glödlampans kontaktdon, lossa sedan fästklämman och ta bort glödlampan från dimljuset.
17 Vid hantering av den nya glödlampan bör man hålla i den med en bilt hushållspapper eller en ren trasa så att man inte vidrör glaset med fingrarna. Fukt och fett från fingrarna kan göra att livslängden för denna typ av

glödlampa minskar dramatiskt. Om du råkar vidröra glaset, torka av det med T-sprit.
18 Sätt dit den nya glödlampan, se till att placeringsflikarna är rätt placerade i reflektorfördjupningarna och fäst den med fästklämman.
19 Anslut kontaktdonet, sätt tillbaka kåpan på dimljuset och dra åt fästskruvarna ordentligt.
20 Anslut kontaktdonet och montera tillbaka dimljuset på stötfångaren. Dra åt fästskruvarna ordentligt och sätt tillbaka grillpanelerna.

Främre blinkers

21 På Audi 100, leta rätt på blinkersens fästklämma i det främre hörnet av motorrummet. Tryck klämman nedåt och dra bort armaturen.
22 På Audi A6, lossa spärrhaken genom att vrida den moturs ett kvarts varv och trycka den neråt, dra sedan bort armaturen **(se bilder)**.
23 På alla modeller, vrid lamphållaren moturs och ta bort den från armaturens baksida. Glödlampan är av bajonettyp och tas bort genom att man trycker ner den en aning och vrider den moturs **(se bilder)**.
24 Monteringen sker i omvänd ordning, se till att ljusenheten sitter fast ordentligt.

Främre sidoblinkers

25 För försiktigt armaturen något bakåt, haka

5.5b . . . och ta loss glödlampan

5.22a På Audi A6, lossa spärrhaken genom att vrida den moturs 90°. . .

5.22b . . . och sedan dra blinkerslampan åt sidan

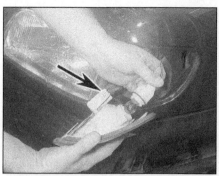

5.23a Lossa lamphållaren från armaturens baksida (pilen pekar på blinkersens spärrhake) . . .

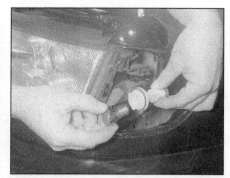

5.23b . . . och ta ut glödlampan ur hållaren

5.25 Lossa försiktigt sidoblinkersens armatur från stänkskärmen . . .

sedan loss framsidan från piggen och ta loss lampan från stänkskärmen (se bild).

26 Lösgör lamphållaren från armaturens baksida och ta bort glödlampan. Glödlampan är gängfri och dras helt enkelt loss ur sin hållare (se bilder).

27 Monteringen sker i omvänd ordning, se till att linsen sitter fast ordentligt.

Bakljus

Armatur monterad på karossen

28 På kombimodeller måste man lossa bagageutrymmets sidoklädselpanel för att komma åt lamporna.

29 På alla modeller, vrid lamphållarspärren moturs, lossa sedan lamphållaren och ta bort den från armaturen (se bild).

30 Alla glödlampor har bajonettfästen. Den relevanta glödlampan kan tas bort genom att den trycks in och vrids moturs (se bild). Observera att glödlampan till bromsljuset/ bakljuset har förskjutna sprintar för att garantera att den monteras åt rätt håll.

31 Montering sker i omvänd arbetsordning, se till att lamphållaren hålls kvar ordentligt av haken.

Armatur monterad på bagage-/bakluckan

32 På sedanmodeller, skruva loss de relevanta fästskruvarna och lossa den inre klädselpanelen från bagageluckan så att armaturens baksida blir åtkomlig.

33 På kombimodeller, öppna luckan i bakluckans klädselpanel för att komma åt armaturens baksida (se bild).

34 På alla modeller, vrid relevant lamphållare moturs och ta bort den från armaturens

5.26a . . . lossa lamphållaren från armaturens baksida . . .

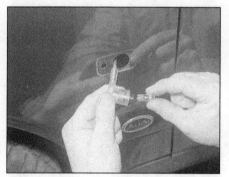

5.26b . . . och ta ut glödlampan ur hållaren

5.29 Vrid spärren moturs och lossa lamphållaren från armaturen (sedanmodell visas)

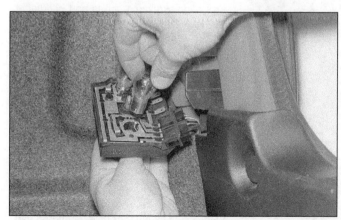

5.30 Varje glödlampa kan tas loss genom att man trycker in den något och vrider den moturs

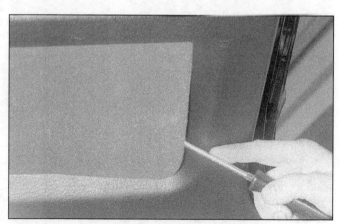

5.33 På en kombimodell, öppna luckan i bakluckans klädselpanel för att komma åt armaturen

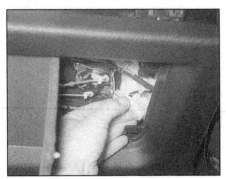

5.34a Vrid lamphållaren moturs för att lossa den från armaturen . . .

5.34b . . . och ta sedan loss glödlampan genom att trycka in den något och vrida den moturs

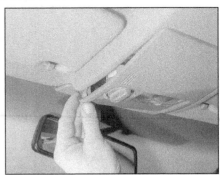

6.2 På modeller med soltak, lossa panelen och frigör den från takkonsolen

baksida. Glödlampan är av bajonettyp och tas bort genom att man trycker ner den en aning och vrider den moturs **(se bilder)**.

35 Montering sker i omvänd arbetsordning, se till att lamphållaren sitter fast ordentligt.

Högt bromsljus

Sedan

36 Lossa försiktigt kåpan från armaturens baksida.

37 Vrid den relevanta lamphållaren moturs och ta bort den från armaturens baksida. Glödlampan har inga gängor och den dras helt enkelt loss ur sin hållare.

38 Montering sker i omvänd arbetsordning.

Kombi

39 På modeller där armaturen är integrerad i

spoilern, skruva loss fästskruvarna och ta bort linsen.

40 På modeller utan spoiler, skruva loss fästskruvarna (om sådana finns) och lossa den övre klädselpanelen från bakluckan. Skruva loss fästskruvarna, ta loss armaturen från bakluckan och lossa linsen försiktigt.

41 Glödlamporna har inga gängor och de kan helt enkelt dras rakt ut.

42 Montering sker i omvänd arbetsordning.

Nummerplåtsbelysning

43 Skruva loss fästskruvarna och ta bort linsen och tätningen från armaturen. Glödlampan är av bajonettyp och tas bort genom att man trycker ner den en aning och vrider den moturs.

44 Vid montering, fäst glödlampan ordentligt

och montera tätningen på armaturen. Se till att linsen sitter åt rätt håll, skruva sedan i fästskruven. Dra inte åt skruvarna för hårt eftersom linsen lätt spricker.

6 Glödlampor (inre) – byte

Allmänt

1 Se avsnitt 5, punkt 1.

Kupélampa

2 På modeller med soltak, lossa den främre delen av takkonsolspanelen från taket och sänk panelen för att komma åt glödlampan **(se bild)**.

3 På modeller utan soltak, använd en liten flat skruvmejsel och bänd försiktigt bort armaturen för att komma åt glödlampan.

4 På alla modeller, lossa kåpan (i förekommande fall), lösgör sedan glödlampan från sina kontakter och ta bort den från armaturen **(se bilder)**.

5 Monteringen sker i omvänd ordning, se till att glödlampan sitter fast ordentligt.

Läslampa

6 Dra ner handtaget och bänd bort skyddslocken för att komma åt fästskruvarna. Skruva loss båda skruvarna och ta bort handtaget, koppla loss kontaktdonet från armaturen **(se bilder)**.

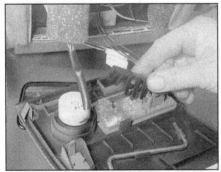

6.4a Lossa kåpan . . .

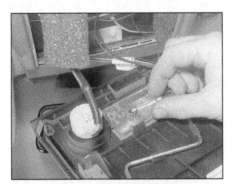

6.4b . . . och ta sedan loss kupéglödlampan från dess kontakter

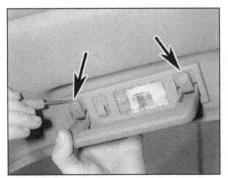

6.6a Bänd loss skyddslocken (vid pilarna) . . .

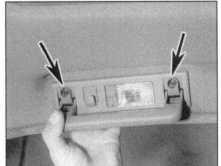

6.6b . . . och skruva loss fästskruvarna . . .

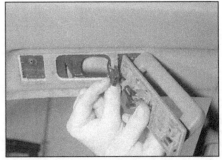

6.6c . . . ta sedan bort hela handtaget och koppla loss kontaktdonet

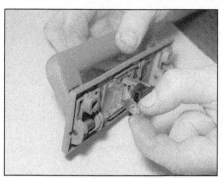

6.7 Tryck in glödlampan och vrid den moturs så att den lossnar från hållaren

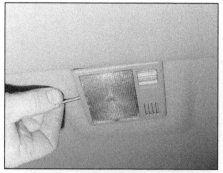

6.9a Bänd försiktigt loss bagage-utrymmeslampan (kombimodell visas) . . .

6.9b . . . lossa kåpan . . .

7 Lossa kåpan (i förekommande fall) och ta bort glödlampan. Glödlampan är av bajonettyp och tas bort genom att man trycker in den en aning och vrider den moturs **(se bild)**.
8 Monteringen sker i omvänd ordning.

Bagageutrymmets belysning

9 Använd en liten flat skruvmejseln och bänd försiktigt bort armaturen för att komma åt glödlampan. Lossa kåpan (i förekommande fall), lösgör sedan glödlampan från sina kontakter och ta bort den från armaturen **(se bilder)**.
10 Monteringen sker i omvänd ordning, se till att glödlampan sitter fast ordentligt.

Sminkspegelsbelysning

11 Fäll ner solskyddet och öppna spegel-klaffen.
12 Använd en liten flat skruvmejsel och bänd försiktigt bort spegeln, ta sedan bort den relevanta glödlampan från sin kontakt.
13 Monteringen sker i omvänd ordning, se till att de båda glödlamporna sitter fast ordentligt.

Instrumentbrädans belysning/varningslampor

14 Ta bort instrumentbrädan enligt beskrivning i avsnitt 9.

15 Vrid den relevanta lamphållaren moturs och ta bort den från baksidan av panelen **(se bild)**.
16 De flesta glödlampor är inbyggda i sina hållare, men några är av den gängfria typen **(se bild)**. Var noga med att kontrollera att de nya glödlamporna har samma kapacitet som de borttagna.
17 Montera lamphållaren på baksidan av instrumentbrädan, sätt sedan tillbaka instrumentbrädan enligt beskrivningen i avsnitt 9.

Handskfacksbelysning

18 Handskfackets lampa sitter på instrumentbrädan och är tillgänglig när handsk-facket är öppet. Det är svårt att komma åt

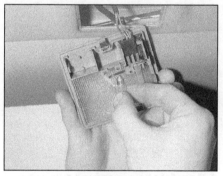

6.9c . . . och ta loss glödlampan från kontaktorna

glödlampan medan handskfacket sitter på plats. Ta bort handskfacket enligt beskrivningen i avsnitt 11 för att komma åt bättre.
19 Glödlampan är av bajonettyp och tas bort genom att man trycker in den en aning och vrider den moturs.
20 Vid montering, se till att glödlampan är ordentligt fäst i hållaren, sätt sedan tillbaka handskfacket.

Värmereglagepanelens belysning

Modeller med standardvärmereglage

21 Dra av knapparna från reglagen, skruva loss fästskruvarna och ta bort panelen **(se bilder)**.

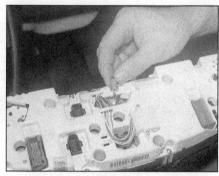

6.15 Vissa lampor på instrumentbrädan sitter ihop med hållarna . . .

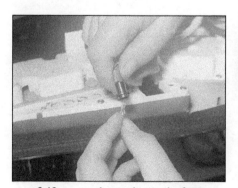

6.16 . . . medan andra trycks fast

6.21a På en modell med vanliga värme-reglage, dra av reglageknapparna . . .

6.21b . . . skruva loss fästskruvarna (vid pilarna) och tar bort panelen

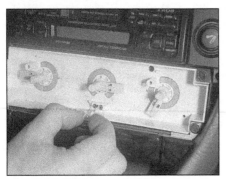

6.22 Glödlampan är fasttryckt i reglagepanelen

7.2 Skruva loss fästskruven och lossa panelen under strålkastaren

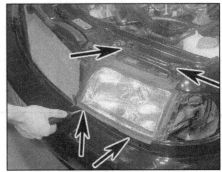

7.3 Skruva loss fästskruvarna (vid pilarna) . . .

22 Glödlampan är gängfri och bara intryckt i reglagepanelen (se bild).
23 Montering sker i omvänd arbetsordning, se till att glödlampan sitter fast ordentligt.

Modell med helautomatisk luftkonditionering

24 Ta bort värmereglagepanelen från instrumentbrädan enligt beskrivningen i kapitel 3, observera att kontaktdonen inte behöver kopplas loss.
25 Vrid den relevanta lamphållaren moturs och ta bort den från reglageenheten. Glödlamporna är i ett stycke med sina hållare.
26 Montera nya lamphållarenheter och sätt tillbaka reglagepanelen på instrumentbrädan (se kapitel 3).

---

7 Yttre lampor – demontering och montering

Observera: *Koppla ur batteriets minusledare innan någon lampa tas bort, och koppla tillbaka ledaren först efter det att lampan satts tillbaka.*

Strålkastare

1 Ta bort den främre blinkerslampan enligt beskrivningen i punkt 7 till 9.
2 Lossa fästskruven och ta bort panelen

under strålkastaren (se bild). På modeller med strålkastarspolare måste man lossa kåpan från spolarmunstycket för att det ska gå att ta bort panelen.
3 Skruva loss fästskruvarna från strålkastarens ovan- och undersida (se bild).
4 Dra bort strålkastaren och koppla loss kablarna efter hand som kontaktdonen blir åtkomliga (se bild).
5 På modeller utrustade med nivåregleringssystem för strålkastarna, ta vid behov bort motorn från armaturens baksida genom att vrida den och försiktigt lossa kulleden från baksidan av reflektorn (se bilder).
6 Montering sker i omvänd arbetsordning, dra åt fästskruvarna ordentligt. Avsluta med att kontrollera strålkastarinställningen enligt beskrivningen i avsnitt 8.

Främre blinkers

7 På Audi 100, leta rätt på blinkersens fästklämma i det främre hörnet av motorrummet. Tryck klämman nedåt, dra bort armaturen och koppla ur kontaktdonet.
8 På Audi A6, lossa blinkersens fästhake genom att vrida den moturs ett kvarts varv och trycka den nedåt. Dra bort armaturen och koppla loss kontaktdonet (se bild 5.22a och 5.22b).
9 Monteringen sker i omvänd ordning, se till att ljusenheten sitter fast ordentligt.

Främre dimljus

Observera: *På senare modeller och de flesta tidiga turbodieselmodeller är dimljuset inbyggt i strålkastaren (se punkt 1 till 6).*
10 Koppla försiktigt loss grillen från den främre stötfångaren så att dimljusets fästskruvar blir åtkomliga. Grillen består av två delar – en mindre del till höger som täcker det högra dimljuset/den främre bogseringsöglan, och huvuddelen som täcker det vänstra dimljuset.
11 Skruva loss och ta bort dimljuset, och koppla loss dess kablar.
12 Montering sker i omvänd arbetsordning. Om det behövs, justera dimljuset med justerskruven på insidan av armaturen.

Främre sidoblinkers

13 För försiktigt armaturen något bakåt, haka sedan loss framsidan från piggen och ta loss lampan från stänkskärmen.
14 Lösgör lamphållaren och ta bort linsen från bilen.
15 Monteringen sker i omvänd ordning, se till att linsen sitter fast ordentligt.

Bakljus

Armatur monterad på karossen

16 På kombimodeller, lossa bagageutrymmets sidoklädselpanel för att komma åt lamporna.

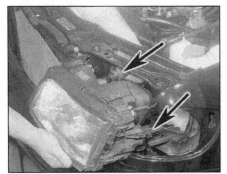

7.4 . . . dra ut armaturen och koppla loss kontaktdonen (vid pilarna)

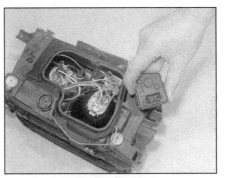

7.5a Ta bort nivåregleringssystemets motor genom att vrida den något för att frigöra motorhuset från strålkastaren . . .

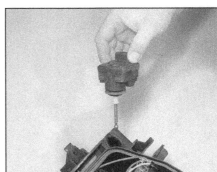

7.5b . . . och lossa sedan motorns kulled från reflektorns baksida

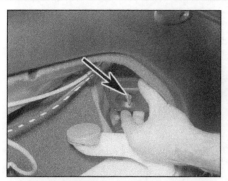

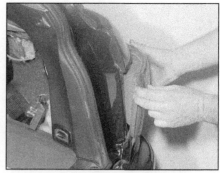

7.17 Vrid spärrhaken (vid pilen) moturs och lossa lamphållaren från armaturens baksida (kombimodell visas)

7.18 Skruva loss fästmuttrarna och ta bort fästplattan . . .

7.19 . . . ta sedan loss armaturen

17 På alla modeller, vrid lamphållsspärren moturs, lossa sedan lamphållaren och ta bort den från armaturens baksida (se bild).
18 Skruva loss fästmuttrarna och ta bort fästplattan från armaturens baksida (se bild).
19 Ta bort armaturen från bilen tillsammans med tätningen (se bild). Undersök om tätningen är skadad eller sliten och byt den om det behövs.
20 Monteringen sker i omvänd ordning, se till att tätningen sitter korrekt.

Armatur monterad på bagage-/bakluckan

21 På sedanmodeller, öppna bagageluckan, skruva bort fästskruvarna och lossa klädselpanelen från bagageluckans insida.
22 På kombimodeller, öppna bakluckan och ta försiktigt loss den övre klädselpanelen från insidan av luckan, följt av den vänstra och den högra sidoklädselpanelen. Öppna kåporna över bakljusen på huvudklädselpanelen och skruva loss fästskruvarna inuti öppningarna, på sidorna av panelen och handtagsfördjupningen. Kontrollera att alla skruvar har tagits bort, lossa sedan panelen och ta bort den från bakluckan (se bild).
23 På alla modeller, skruva loss fästskruvarna och ta bort nummerplåten.
24 Skruva loss fästskruvarna och ta bort den yttre panelen (som håller nummerplåten) från bagage-/bakluckan (se bilder). Observera att panelen ofta är fast med tätningsmedel och

kommer att sitta fast även om alla fästskruvar tagits bort.
25 Om den högra lampan ska tas bort, skruva loss fästmuttrarna och lösgör låscylinderhuset från armaturens pinnbultar. Ta loss brickorna (i förekommande fall) som sitter mellan cylinderhuset och armaturen.
26 Skruva loss fästmuttrarna och ta bort armaturen tillsammans med tätningen (se bild). Undersök om tätningen är skadad eller sliten och byt den om det behövs. Observera att på vissa modeller kan lampan vara fäst med tätningsmedel.
27 Monteringen sker i omvänd ordning, se till att tätningen sitter korrekt. Byt alla skadade fästklämmor på klädselpanelen innan den sätts tillbaka.

Högt bromsljus
Sedan
28 Lossa försiktigt kåpan från armaturens baksida.
29 Koppla loss kontaktdonet, lossa armaturen och ta bort den från fästbygeln.
30 Montering sker i omvänd arbetsordning.
Kombi
31 På modeller där armaturen är integrerad i spoilern, skruva loss fästskruvarna och ta bort lampan, koppla loss kontaktdonen allt eftersom de blir åtkomliga.
32 På modeller utan spoiler, skruva loss

fästskruvarna (i förekommande fall) och lossa den övre klädselpanelen från bakluckan. Skruva loss fästskruvarna, ta loss armaturen från bakluckan och koppla loss kontaktdonet.
33 Glödlamporna är gängfria och kan helt enkelt dras rakt ut.
34 Montering sker i omvänd arbetsordning.

Nummerplåtsbelysning
35 Skruva loss fästskruvarna och ta bort linsen och tätningen från armaturen.
36 För armaturen ur läge och koppla loss kontaktdonet.
37 Vid återmontering, se till att linsen sitter åt rätt håll och skruva sedan i fästskruven. Dra inte åt skruvarna för hårt eftersom linsen lätt spricker.

7.22 Ta bort klädselpanelen i bakluckan – kombimodeller

7.24a Skruva loss fästskruvarna (vid pilarna) . . .

7.24b . . . och ta bort den yttre panelen från bakluckan

7.26 Skruva loss fästmuttrarna och ta bort bakljusarmaturen

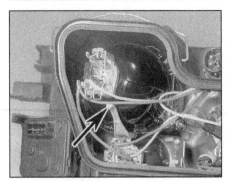

8.3 På strålkastare med separata glödlampor för hel- och halvljus kan halvljuset riktas om med en spak (pil)

8 Strålkastarinställning – allmän information

1 Helt korrekt justering av strålkastarna kan endast utföras med optisk utrustning, detta bör därför utföras av en Audi/VAG-verkstad eller annan lämpligt utrustad verkstad.

2 Strålkastarnas grundinställning kan justeras genom att man vrider på justerskruvarna. Man kommer åt justerskruvarna genom hålen i motorhuvens låsbalk. Den yttre skruven justerar strålkastarstrålen vertikalt och den inre skruven justerar strålen horisontalt. **Observera:** *På modeller utrustade med strålkastarjustering, se till att strålkastarens justerare är i läge 0 innan strålkastarna justeras.*

3 På senare modeller och tidiga turbodieselmodeller (som har strålkastare med separata glödlampor för helljus och halvljus samt integrerat dimljus), är varje strålkastare utrustad med en mekanism som ändrar riktningen på halvljusstrålen. Strålens riktning justeras via en spak som man kommer åt om luckan på strålkastarenhetens baksida tas bort **(se bild)**. När bilen körs i högertrafik ska båda spakarna peka åt vänster så att

9.4a Skruva loss fästskruvarna (vid pilarna) och dra loss instrumentpanelen . . .

9.2a Skruva loss fästskruvarna under panellisten

halvljuset riktas åt höger. Om bilen ska köras i ett land med vänstertrafik och strålarnas riktning ska ändras, ta då helt enkelt bort luckan och för spakarna åt höger. Kom ihåg att återställa halvljusen när du åter ska köra i högertrafik.

9 Instrumentpanel – demontering och montering

Demontering

1 För att förbättra åtkomligheten, demontera ratten enligt beskrivningen i kapitel 10.
2 Skruva loss fästskruvarna och ta bort listen under instrumentpanelen **(se bilder)**.
3 Skruva loss fästskruvarna nedtill på instrumentpanelen.
4 Dra bort instrumentpanelen tills kontaktdonen är åtkomliga, lossa sedan fästklämmorna och koppla loss alla kontaktdon och lamphållare från instrumentpanelen **(se bilder)**. Instrumentpanelen kan sedan tas bort från bilen.

Montering

5 Återanslut kontaktdonen, fäst dem med fästklämmorna och sätt tillbaka lamphållarna på instrumentpanelen. Sätt tillbaka instru-

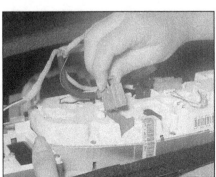

9.4b . . . koppla loss kontaktdonen . . .

9.2b . . . och ta bort listen från instrumentbrädan

mentpanelen på sin plats och dra åt fästskruvarna ordentligt.
6 Sätt tillbaka listen och dra åt fästskruvarna.
7 Montera ratten (om den tagits bort) enligt beskrivningen i kapitel 10.
8 Avsluta med att koppla in batteriet och kontrollera att varningslamporna fungerar som de ska.

10 Instrumentpanelens komponenter – demontering och montering

1 När den här handboken trycktes var det ännu oklart om det går att få tag på separata delar till instrumentpanelen. Vänd dig till din Audi/VAG-återförsäljare för information om reservdelar, de kan ge råd om vad som bör göras vid fel på instrumentpanelen.

11 Cigarettändare – demontering och montering

Demontering
Främre cigarettändare
1 Koppla från batteriets minuspol.
2 På modeller med vanliga värmereglage, dra

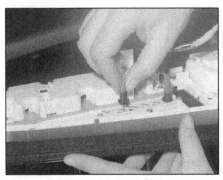

9.4c . . . och lamphållarna

av knapparna från reglagen och skruva loss plattan.

3 På modeller med helautomatisk luftkonditionering, ta försiktigt loss klädselpanelen från luftkonditioneringssystemets reglageenhet på mittkonsolen.

4 Skruva loss fästskruven och dra sedan ut cigarettändaren från instrumentbrädan, koppla loss kabeln när den blir åtkomlig. Om det behövs kan lamphållaren tas bort från cigarettändaren och bytas ut **(se bilder)**.

Bakre cigarettändare

5 Ta ur den bakre cigarettändaren och koppla sedan loss panelen runt tändaren för att komma åt ventilationsmunstyckenas bakre fästskruvar.

6 Dra undan den bakre delen av förvaringsutrymmets foder, skruva sedan loss de främre och bakre fästskruvarna och ta bort värmetrumman/cigarettändaren från mittkonsolens bakre ände. Koppla loss kontaktdonen allt eftersom de blir åtkomliga.

Montering

7 Montering sker i omvänd arbetsordning, se till att alla kontaktdon återansluts ordentligt.

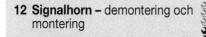

12 Signalhorn – demontering och montering

Demontering

1 Signalhornen är placerade bakom den främre stötfångaren på höger sida. På vissa modeller kan man komma åt signalhornen ovanifrån. Om detta inte är fallet, dra åt handbromsen och ställ upp framvagnen på pallbockar. Skruva loss fästskruvarna, lossa fästena och ta bort den undre skyddskåpan för att komma åt signalhornen.

2 Koppla loss kontaktdonen, skruva loss

11.4a Skruva loss fästskruven (vid pilen) . . .

fästmuttrarna och ta bort signalhornen från bilen.

Montering

3 Montering sker i omvänd arbetsordning.

13 Torkararm – demontering och montering

Demontering

1 Aktivera torkarmotorn och slå sedan av den så att torkararmen återvänder till viloläge.

2 Bänd bort torkararmens skyddslock, skruva loss muttern och ta bort brickan **(se bilder)**.

3 Lyft bladet från rutan och dra loss torkararmen från motorn. Om det behövs, bänd försiktigt bort armen från axeln med hjälp av en stor flat skruvmejsel.

Montering

4 Se till att torkaren och axeln är rena och torra, sätt sedan tillbaka armen. Kontrollera att armen är korrekt placerad, sätt tillbaka brickan och fästmuttern och dra åt den till angivet moment. Sätt tillbaka fästmutterlocket. På bakrutearmen, se till att locket är riktigt monterat med fördjupningen mot torkararmen.

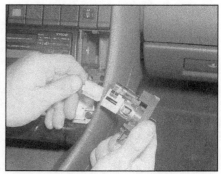

11.4b . . . och dra ut cigarrettändarlampan och koppla loss den

11.4c Cigarrettändarens lamphållare kan lossas från resten av enheten och bytas separat

14 Vindrutetorkarens motor och länksystem – demontering och montering

Demontering

1 Koppla loss batteriets minuspol.

2 Ta bort torkararmarna enligt beskrivningen i föregående avsnitt.

3 Lossa vattenavvisaren och ta bort den från bakom torpedväggen i motorrummet.

4 Skruva sedan loss fästbultarna, ta bort

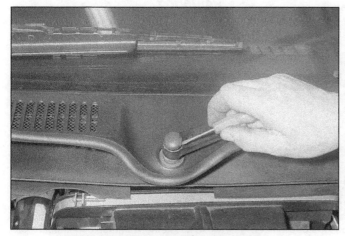

13.2a Bänd loss locket från torkararmen . . .

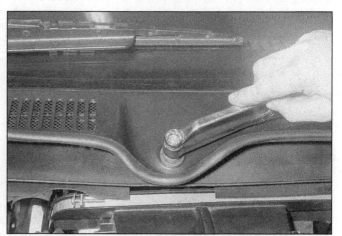

13.2b . . . skruva loss axelmuttern och ta bort brickan

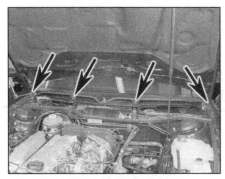

14.4a Skruva loss fästbultarna (vid pilarna) . . .

14.4b . . . och ta bort ventilpanelen . . .

14.4c . . . och kåpan från vindrutans nederkant

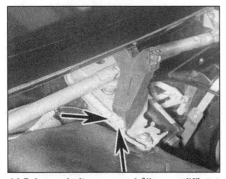

14.5 Lossa bultarna som håller ventilfästet vid länksystemet för att få den plats som krävs för demonteringen

14.6a Skruva loss fästbultarna (vid pilarna) . . .

14.6b . . . ta loss torkarmotorn och koppla loss kontaktdonet

ventilpanelen och kåpan från vindrutans nederdel **(se bilder)**.

5 Lossa bultarna som fäster ventilfästet vid länksystemet **(se bild)**.

6 Skruva loss fästbultarna och ta bort torkarmotorn från sin plats, koppla loss kontaktdonet när det blir åtkomligt **(se bilder)**. Ta loss distansen som sitter på mittfästet.

7 För att skilja motorn från länksystemet, bänd försiktigt bort länksystemets armar från motorns kulled, skruva sedan bort de tre fästbultarna och ta bort motorn.

Montering

8 Montering sker i omvänd arbetsordning, se till att fästbultarna dras åt till angivet moment. Kontrollera även att vattenavvisarpanelen monteras korrekt.

15 Bakrutetorkarens motor (kombi) – demontering och montering

Demontering

1 Koppla från batteriets minuspol.
2 Ta bort torkararmen enligt beskrivningen i avsnitt 13.
3 Skruva loss muttern från motoraxeln och ta bort fästbussningen **(se bilder)**.
4 Öppna bakluckan och ta försiktigt loss den övre klädselpanelen följt av både vänster och höger sidoklädselpaneler.
5 Öppna kåporna över bakljusen på huvud-klädselpanelen och skruva loss fästskruvarna

inuti öppningarna, på sidorna av panelen och handtagsfördjupningen. Kontrollera att alla skruvar har tagits bort, lossa sedan panelen och ta bort den från bakluckan.
6 Lossa fästklämman och koppla loss spolar-slangen från motorn **(se bild)**.
7 Koppla loss kontaktdonet från motorn och lossa kablaget från fästet **(se bild)**.
8 Skruva loss fästbultarna som säkrar motorfästet vid bakluckan, ta sedan bort torkarmotorn från sin plats. Ta loss brickan från torkaraxeln och ta bort tätningsmuffen från bakluckan **(se bilder)**. Byt muffen om den visar tecken på skador eller slitage.

Montering

9 Montera tätningsmuffen på bakluckan och trä brickan på torkarmotoraxeln.

15.3a Skruva loss muttern från bakrutetorkarmotorns axel . . .

15.3b . . . och dra loss fästbussningen

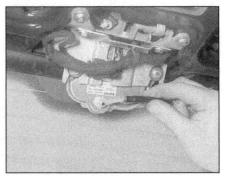

15.6 Lossa fästklämman och koppla loss spolarslangen från motor

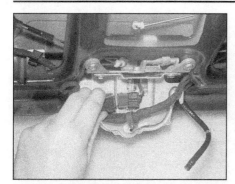

15.7 Koppla loss kontaktdonet och lossa kablaget från motorn

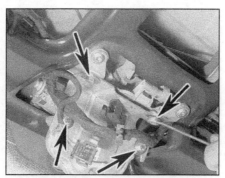

15.8a Skruva loss fästbultarna (vid pilarna) . . .

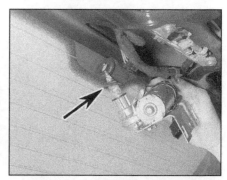

15.8b . . . ta loss torkarmotorn från bakluckan och ta bort brickan (vid pilen)

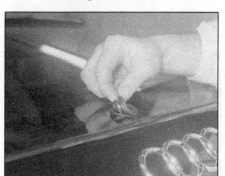

15.8c Ta loss tätningsmuffen från bakluckan

10 Placera motorn på sin plats och skruva dit fästbultarna löst.

11 Trä fästbussningen på motoraxeln och sätt tillbaka axelmuttern. Se till att hylsan ligger rätt i tätningsmuffen, dra sedan åt axelmuttern till angivet moment.

12 Dra åt motorfästets bultar till angivet moment, återanslut sedan spolarslangen och kontaktdonet.

13 Sätt tillbaka huvudklädselpanelen på sin plats och dra åt fästskruvarna ordentligt, sätt sedan tillbaka sidopanelerna och den övre klädselpanelen.

14 Montera torkararmen enligt beskrivningen i avsnitt 13, koppla sedan in batteriet.

16 Vindrute-/strålkastar-/bakrutespolare – demontering och montering av komponenter

1 Vindrutespolarens behållare är placerad i motorrummets främre vänstra hörn. På modeller med strålkastarspolare förser behållaren även strålkastarspolarnas munstycken med spolarvätska via en extra pump. På kombimodeller finns en extra behållare bakom bagageutrymmets högra sidopanel som förser bakrutans spolar-munstycke med spolarvätska. *Observera: På vissa modeller finns ett högeffektivt vindrutespolarsystem monterat, detta system förses med spolarvätska från en särskild behållare bakom motorrummets torpedvägg och använder specialkoncentrerad spolarvätska.*

Vätskebehållare för vindrute-/strålkastarspolare

2 Lossa servostyrningsvätskans behållare från sitt fäste i motorrummet och placera den så att den inte är i kontakt med spolarvätskebehållaren.

3 Skruva loss behållarens nedre fästmuttrar och den övre fästbulten och ta loss behållaren från dess fästen.

4 Lossa fästklämman/klämmorna och koppla loss slangen/slangarna och kontaktdonet/

donen från spolarpumpen/pumparna (efter tillämplighet). Behållaren kan sedan tas bort från bilen.

5 Montering sker i omvänd arbetsordning, se till att slangar och kablage återansluts ordentligt. Fyll på behållaren och leta efter läckor.

Bakrutespolarens behållare – kombi

6 Lyft bort behållaren från sin fästbygel och töm ut innehållet i ett lämpligt kärl.

7 Koppla loss kontaktdonet och spolarslangen från pumpen och ta bort behållaren från bilen **(se bild)**.

8 Montering sker i omvänd arbetsordning, se till att slangen och kablaget återansluts ordentligt. Fyll på behållaren och leta efter läckor.

Spolarpump

9 Ta bort behållaren enligt beskrivningen ovan i detta avsnitt.

10 Töm ut behållarens innehåll i ett lämpligt kärl, ta sedan försiktigt ut pumpen från behållaren och ta loss tätningsmuffen **(se bild)**.

11 Montering sker i omvänd arbetsordning, men byt ut tätningsmuffen om den gamla är skadad eller sliten. Fyll på behållaren och kontrollera pumpmuffen med avseende på läckage.

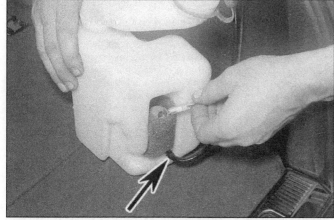

16.7 Koppla loss kontaktdonet och spolarslangen (vid pilen) från pumpen och ta loss spolarvätskebehållaren

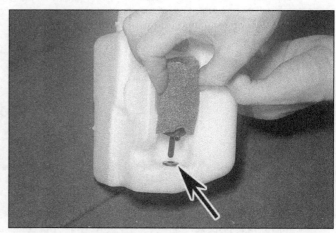

16.10 Dra ut spolarpumpen och ta loss tätningsmuffen (vid pilen)

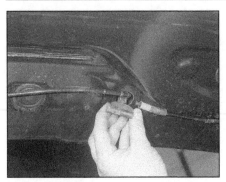

16.12 Koppla loss spolarslangarna och lossa sedan den undre kåpan från spolarmunstycket

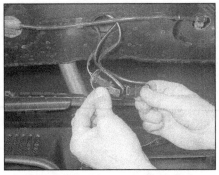

16.13 På modeller med uppvärmda spolarmunstycken, ta bort proppen, dra ut kablarna ur motorhuven och koppla loss kontaktdonet

16.14a Använd t.ex. en böjd svetstråd ...

Vindrutans spolarmunstycken

12 Öppna motorhuven, koppla loss spolarslangarna från respektive munstycke och ta bort den undre kåpan **(se bild)**.

13 På modeller med uppvärmda spolarmunstycken, ta bort proppen från mitten av motorhuven för att komma åt spolarmunstyckets kontaktdon. Koppla loss relevant kontaktdon så att kabeln går att ta bort tillsammans med munstycket **(se bild)**.

14 Använd en liten flat skruvmejsel eller en bit böjd svetstråd, tryck försiktigt ner spolarmunstyckets fästklämma och ta loss munstycket från motorhuven **(se bilder)**.

15 Vid monteringen, fäst munstycket på sin plats i motorhuven, koppla sedan in kontaktdonet (om det behövs). Sätt tillbaka kåpan till nederdelen på munstycket och anslut spolarslangen/slangarna. Kontrollera att munstycket fungerar. Justera vid behov munstyckena med en nål, rikta ett munstycke mot en punkt något över mitten av det torkarsvepta området, och den andra något nedanför mittpunkten för att garantera fullständig vätskespridning.

Bakrutespolarens munstycke – kombi

16 Ta bort locket från torkararmsaxeln, observera åt vilket håll urtaget är vänt **(se bild)**.

17 Notera åt vilket håll spolarmunstyckets hål är riktat och ta försiktigt bort munstycket från sin plats **(se bild)**.

18 Vid monteringen, se till att spolarmunstyckets hål är vänt åt rätt håll och tryck fast munstycket på sin plats. Sätt tillbaka torkararmsaxelns lock och se till att urtaget är riktat mot armen, kontrollera sedan att munstycket fungerar.

Strålkastarspolarmunstycken

19 Om bara munstycket ska tas bort, dra ut teleskoparmen och ta loss kåpan från munstycket. Munstycket kan dras ut från änden av armen. För att ta bort hela spolarenheten, gör enligt följande.

20 Demontera strålkastaren enligt beskrivningen i avsnitt 7.

21 Lossa fästklämman och koppla loss slangen från spolarmunstycket.

22 Skruva loss muttern från framdelen av munstycket och dra av distansen.

23 Skruva loss fästskruven som håller det bakre fästet vid karossen, ta sedan bort spolarenheten från bilen.

24 Montering sker i omvänd arbetsordning. Om spolaren demonterats, dra åt fästskruven och muttern till angivet moment, sätt sedan tillbaka strålkastaren enligt beskrivningen i avsnitt 7.

16.14b ... och tryck ner fästklämman och dra ut spolarmunstycket ur motorhuven

17 Bilstereo – demontering och montering

Observera: *Följande demonterings- och monteringsrutiner gäller för utrustning från Audi/VAG.*

Demontering

1 Koppla loss batteriets minusledare och fortsätt enligt beskrivning under relevant underrubrik.

Radio/kassettbandspelare – Audi 100

Observera: *Man behöver två standard DIN-utdragningsverktyg för att kunna ta bort radion/kassettbandspelaren. Dessa verktyg kan köpas i en radiobutik, eller tillverkas av en 3,0 mm tråd, till exempel svetstråd.*

2 Stoppa in utdragningsverktygen i de fyra små hålen på radioenhetens framsida för att lossa fästklämmorna.

3 Tryck med hjälp av verktygen tillbaka klämmorna på vänster och höger sida, dra ut radioenheten och koppla loss anslutningskontakten och antennkabeln.

Radio/kassettbandspelare – Audi A6

Observera: *Man behöver två särskilda demonteringsverktyg (Audi/VAG nummer 3344 eller liknande) för att kunna ta bort radio/kassettbandspelaren. Dessa verktyg kan köpas hos din Audi/VAG-återförsäljare eller i en radioaffär.*

16.16 Ta loss locket från bakrutetorkararmens axel, och notera åt vilket håll urtaget är vänt ...

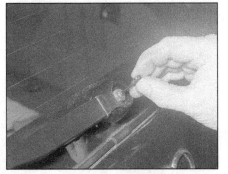

16.17 ... dra sedan ut spolarmunstycket och notera åt vilket håll munstycket pekar

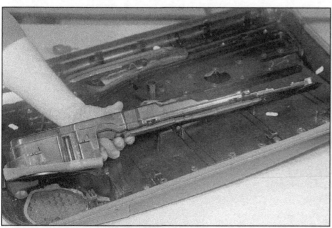

18.4a Skruva loss fästskruvarna och ta loss ljudkåpan från panelen . . .

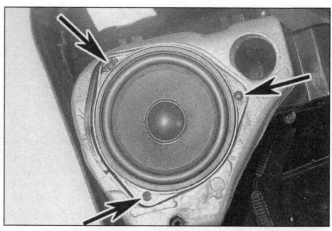

18.4b . . . skruva sedan loss fästskruvarna (vid pilarna) och ta loss högtalaren

4 Stick in specialverktygen i spåren på radioenhetens nedre del för att lossa fästklämmorna, dra sedan ut radion/kassettbandspelaren.

CD-växlare

5 CD-växlaren sitter i bagageutrymmet. På sedanmodeller, skruva loss fästskruvarna, lossa sidoklädselpanelen och dra undan den för att komma åt enheten. På kombimodeller, lossa och ta bort bagageutrymmets sidoklädsel.
6 Skruva loss fästmuttrarna och ta bort CD-växlaren, koppla loss kontakten när den blir åtkomlig.

Montering

7 Montering sker i omvänd arbetsordning. Avsluta med att ansluta batteriets minuspol och knappa in säkerhetskoden.

18 Högtalare – demontering och montering

Demontering

Dörrmonterad högtalare

1 Ta bort dorrklädseln enligt beskrivningen i kapitel 11.
2 Det kan finnas en eller två högtalare på klädselpanelen, huvudhögtalaren längst ner på klädselpanelen, och eventuellt en andra, mindre högtalare i överdelen av panelen.
3 Koppla loss kontaktdonen och ta loss kablarna från klädselpanelen.
4 Skruva loss fästskruvarna eller skruva bort fästringen (efter tillämplighet) och ta bort högtalaren från panelen. Observera att på vissa modeller sitter huvudhögtalaren bakom en ljudkåpa (för att förbättra ljudkvaliteten). Den kåpan måste tas bort för att högtalaren ska bli åtkomlig **(se bilder)**.

Högtalare på bagagehyllan – sedan

5 Arbeta först från bagageutrymmet, skruva

loss fästskruvarna och koppla loss kontaktdonet från relevant högtalare.
6 Arbeta sedan inifrån bilen, lyft bort högtalaren från sin plats och ta bort den från bagagehyllan.

Montering

7 Montering sker i omvänd arbetsordning.

19 Radioantenn – demontering och montering

Sedan

Modeller med en yttre antenn

1 Lossa fästklämmorna och skruvarna (efter tillämplighet) och dra undan bagageutrymmets sidoklädselpanel för att komma åt antennen.
2 På modeller med elstyrda antenner, skruva loss muttrarna och bultarna som fäster antennen och jordledningarna vid karossen. Koppla loss kontaktdonet, antennkabeln och dräneringsslangen, lossa sedan enheten från tätningsmuffen och ta bort den från bilen.
3 På modeller med en manuellt styrd antenn, skruva loss fästmuttern och bulten och lossa jordledningen från karossen. Lossa antennens nedre fästgummi från fästet, lösgör sedan tätningsmuffen och ta bort den från bilen.
4 Montering sker i omvänd arbetsordning. Se till att tätningsmuffen placeras ordentligt på karossen så att den ger ett vattentätt skydd.

Modeller med antennen integrerad i bakrutans värmeelement

5 På dessa modeller sitter antennen i bakrutan, en förstärkare är monterad för att försäkra god upptagning. Demontering och montering görs enligt följande.
6 Ta bort de bakre högtalarna enligt beskrivningen i avsnitt 18.
7 Ta bort baksätets sittdyna och dra bak sätet enligt beskrivningen i kapitel 11.

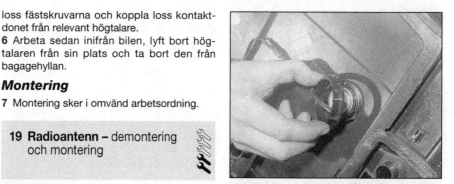

18.4c Vissa högtalare hålls på plats med en gängad ring

8 Skruva loss säkerhetsbältenas nedre fästbultar och ta loss bältena från golvet.
9 Lossa försiktigt säkerhetsbältenas styrningar och notera åt vilket håll de sitter, ta sedan loss kåporna från säkerhetsbältets styrningar på bagagehyllan. Lossa fästklämmorna försiktigt och bänd loss styrningarna från bagagehyllan.
10 Skjut bagagehyllan framåt så att den lossnar från fästklämmorna, frigör den sedan från säkerhetsbältena och styrningarna och ta bort don från bilen.
11 Lossa den vänstra bakre stolpens klädselpanel för att komma åt förstärkaren.
12 Skruva loss fästskruvarna, koppla loss kontaktdonen och antennkabeln och ta bort förstärkaren från bilen.
13 Montering sker i omvänd arbetsordning, se till att klädselpanelen och säkerhetsbältenas styrningar och kåpor sätts tillbaka ordentligt. Kontrollera även att säkerhetsbältets styrningsklämmor monteras åt rätt håll med de stora symbolerna riktade inåt bilen.

Kombi

Audi 100

14 Bänd försiktigt loss lastutrymmeslampan med hjälp av en liten, flat skruvmejsel, och koppla loss den från kontaktdonet.

19.18a På en Audi A6 kombi, skruva loss antennen . . .

15 Koppla loss antennkabeln och kontaktdonet från nederdelen av antennen.
16 Skruva loss fästmuttern och lyft bort antennen från taket, observera gummitätningen.
17 Montering sker i omvänd arbetsordning, se till att gummitätningen är i gott skick.

Audi A6

18 Skruva loss antennen och ta bort tätningskåpan från taket genom att vrida den moturs ett kvarts varv (90°) och lyfta bort den (se bilder). För att ta bort förstärkaren, fortsätt enligt följande.
19 Bänd försiktigt loss bagageutrymmeslampan med hjälp av en liten, flat skruvmejsel, och koppla loss den från kontaktdonet.
20 Koppla loss antennkablarna och kontaktdonet från förstärkaren, skruva sedan loss fästmuttern och tätningen och ta bort förstärkaren från bilen (se bilder).
21 Montering sker i omvänd arbetsordning, se till att tätningen och tätningskåpan återmonteras korrekt för att ge ett vattentätt skydd.

20 Farthållarsystem – allmän information och komponentbyte

Allmän information

1 Farthållarsystemet är vakuumstyrt. Det består huvudsakligen av en elektronisk

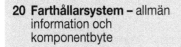

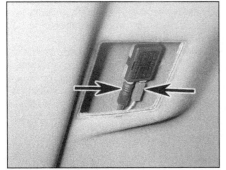

19.20a Ta loss bagageutrymmeslampan och koppla loss kontaktdonet och antennkabeln (vid pilarna) . . .

19.18b . . . lossa tätningskåpan och ta bort den från taket

styrenhet (styrmodul), en vakuum-pump och en aktiverare. Farthållaren styrs med en brytare på rattstången och det finns även brytare på bromsen och (där så är nödvändigt) kopplingspedalen.

Byte av komponenter

Vakuumpump

2 Vakuumpumpen är placerad i motorrummet. Innan demontering, koppla loss batteriets minuspol.
3 Koppla loss kontaktdonet och vakuumslangen från pumpen, skruva sedan loss fästmuttrarna och ta bort pumpen från fästbygeln.
4 Montering sker i omvänd arbetsordning.

Gasspjällets aktiverare

5 Lossa aktiverarens kulled från gasspjällets länksystem.
6 Koppla loss vakuumslangen från aktiveraren, skruva sedan loss fästmuttern och ta bort aktiveraren från motorrummet.
7 Montering sker i omvänd arbetsordning.

Brytare

8 Se avsnitt 4.

Broms- och kopplingspedalsbrytare

9 Skruva loss fästskruvarna och ta bort förvaringsfackspanelen från förarens sida av instrumentbrädan. För att förbättra åtkomligheten ytterligare kan man skruva loss fästskruvarna och lossa reläets fästplatta från instrumentbrädan och flytta den åt sidan.
10 Koppla loss vakuumslangen, skruva loss

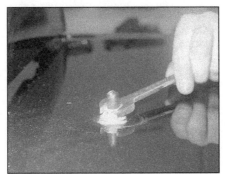

19.20b . . . skruva sedan loss fästmuttern, ta loss tätningen och ta ut förstärkaren

brytaren och ta bort den från fästet. Om brytarens fästklämma sitter löst, ta bort den och förvara den med brytaren.
11 Vid montering, se till att klämman är ordentligt monterad på pedalfästet. Tryck ner pedalen, koppla ihop brytaren med fästklämman och tryck den försiktigt på plats. Justera brytaren genom att långsamt släppa upp pedalen och lyfta upp den helt mot stoppet.
12 Återanslut vakuumslangen, sätt tillbaka reläets fästplatta och dra åt fästskruvarna. Montera förvaringsfackspanelen på instrumentbrädan. Avsluta med att kontrollera farthållarens funktion.

21 Stöldskyddslarm/motorlås – allmän information

Observera: Denna information gäller bara om bilen är försedd med det larm som monterats av Audi/VAG som standardutrustning.

Audi 100

1 På de flesta modeller är stöldskyddslarm/motorlås standardutrustning. Larmet slås på automatiskt när bilen låses med nyckel eller när centrallåset aktiveras, och slås av när bilen låses upp. När systemet aktiveras kommer signalhornet att ljuda en kort stund och larmets indikatorlampa kommer att blinka (snabbt i ungefär 30 sekunder och långsamt efter det).
2 Larmet/låssystemet har kontakter på motorhuven, bakluckan och alla dörrar, och täcker även radion/kassetbandspelaren. Om någon av dörrarna eller bakluckan öppnas utan nyckel, orh motorhuven öppnas eller radion tas bort kommer systemet att utlösas. När systemet är utlöst tjuter signalhornet och lamporna blinkar i ungefär 30 sekunder, samtidigt som låsfunktionen hindrar motorn från att starta. När 30 sekunder har gått återställer sig systemet automatiskt.
3 Skulle larmet gå sönder måste bilen tas till en Audi/VAG-verkstad för undersökning.

Audi A6

4 Larmet/låssystemet på dessa modeller är detsamma som på Audi 100 (se ovan), men det är extrautrustat med ultraljudssensorer. Sensorerna i dörrkarmarna känner av rörelser inuti bilen via sensorer på båda sidor av bilens insida.
5 Om det behövs kan ultraljudssystemet stängas av samtidigt som resten av stöldskyddssystemet fortsätter att fungera. Om ultraljudssensorerna ska stängas av, slå av tändningen och tryck ner larmkontakten (på förarsidans dörrkarm). Indikatorlampan för bakre dimljus på instrumentbrädan ska då lysa upp i ungefär tre sekunder. När dörrarna sedan låses är endast det klassiska larmet i funktion (larmets indikatorlampa kommer att vara släckt i ungefär 30 sekunder för att visa detta innan den börjar blinka). Fördelen med

den här valmöjligheten är att man kan lämna fönster eller soltak öppna, och ändå larma bilen. Om fönster eller soltak lämnas öppna med ultraljudssensorn påslagen, kan larmet utlösas av en vindpust.

6 Skulle larmet gå sönder måste bilen tas till en Audi/VAG-verkstad för undersökning.

22 Elstyrda framsäten – demontering och montering av komponenter

1 Byte av framsätets värmedynor och/eller elektriska motorer ska överlåtas till en Audi/VAG-mekaniker. Byten innebär att den komplexa sätesenheten måste tas isär och särskilt byten av värmedynor är väldigt svåra att genomföra själv utan att förstöra sätet. De enda komponenter som är lätta att demontera/montera är brytarna (se avsnitt 4).

23 Krockkuddar – allmän information och föreskrifter

1 På vissa modeller är krockkudde standard både på förarsidan och passagerarsidan, på andra modeller finns det som tillval. Modeller som endast har krockkudde på förarsidan har ordet AIRBAG stämplat på enheten som sitter i mitten av ratten. Modeller som dessutom är utrustade med en krockkudde på passagerarsidan har ordet AIRBAG även på passagerarsidans enhet som sitter ovanför handskfacket. Systemet består av krockkudde (komplett med gasgenerator), styrenhet (med en inbyggd stötgivare) samt en varningslampa på instrumentbrädan. Tidigare modeller (tillverkade innan juli 1992) har dessutom en kraftförsörjningsenhet och en transformator inkopplade i systemet.

2 Systemet löser ut vid frontalkrockar där kraften överstiger ett förutbestämt värde som beror på var stöten tar. Krockkudden blåses upp inom ett par millisekunder och bildar en luftkudde mellan föraren och ratten eller (i förekommande fall) mellan passageraren och instrumentbrädan. Detta förebygger kontakt mellan överkroppen och ratten/instrument-

brädan och minskar därmed risken för skador. Krockkudden töms sedan omedelbart på luft. På Audi A6 styr styrenheten även de främre säkerhetsbältenas spännarmekanismer samtidigt med krockkuddarna (se kapitel 11).

3 Varje gång tändningen slås på utför krockkuddens styrenhet ett självtest. Självtestet tar cirka tio sekunder och under den tiden lyser krockkuddens varningslampa på instrumentbrädan. När självtestet avslutats skall lampan slockna. Om varningslampan inte slås på (kontrollera glödlampan innan du förutsätter att det är fel i systemet), fortsätter lysa efter tio sekunder eller slås på medan bilen körs, är det något fel på systemet för krockkudden. Bilen måste då så fort som möjligt tas till en Audi/VAG-verkstad för undersökning

 Varning: Innan några arbeten utförs på krockkuddar i bilar tillverkade innan juli 1995, koppla ur batteriets minuspol och kontaktdonet till luftkuddens kraftförsörjning (se avsnitt 24). När arbetet är klart, återanslut kontaktdonet till kraftförsörjningen ordentligt. Se till att ingen befinner sig i bilen när batteriet ansluts, ha förardörren öppen och slå sedan på tändningen från utsidan av bilen.

 Varning: Innan du utför några arbeten på krockkuddar i bilar tillverkade efter juli 1995, koppla ur batteriets minuspol och vänta i minst två minuter. När arbetet är utfört, se till att ingen befinner sig i bilen när du återansluter batteriet, ha förardörren öppen och slå sedan på tändningen från utsidan av bilen.

 Varning: Observera att krockkudden/krockkuddarna inte får utsättas för temperaturer över 100°C. När krockkudden demonterats, se till att den förvaras med rätt sida upp för att förhindra att den blåses upp.

Varning: Låt inga lösningsmedel eller rengöringsmedel komma i kontakt med krockkudden. Den får endast rengöras med en fuktig trasa.

 Varning: Både krockkuddarna och styrenheterna är stötkänsliga. Om en krockkudde eller en styrenhet tappas från en höjd på 50 cm eller mer, eller om de skadas, måste de bytas ut.

 Varning: Koppla bort krockkuddens styrenhetskontakt om någon form av elsvetsning utförs på bilen.

 Varning: Krockkudden måste bytas ut var 15:e år. Krockkuddens utgångsdatum anges på en etikett antingen på solskyddet, inuti handskfacket eller på förarsidans dörrstolpe.

24 Krockkuddar – demontering och montering av komponenter

Observera: Se varningarna i avsnitt 23 innan följande arbeten utförs.

1 Koppla loss batteriets minuspol och vänta i minst två minuter.

2 På modeller tillverkade innan juli 1995, koppla även loss kontaktdonet till krockkuddens kraftförsörjning enligt följande.

a) På modeller tillverkade innan juli 1992, ta bort mittkonsolen (se kapitel 11) för att komma åt kontaktdonet **(se bild)**. Lossa fästklämman och ta isär kontaktdonets båda halvor för att sätta krockkudden ur funktion.

b) På bilar tillverkade mellan juli 1992 och juni 1995, ta bort handskfacket (se kapitel 11) för att komma åt kontaktdonet. Lossa kontaktdonet uppe på elkomponentsdosan och koppla bort det för att försätta krockkudden ur funktion **(se bild)**.

Förarsidans krockkudde

Demontering

3 Skruva loss krockkuddens två fästskruvar från baksidan av ratten. Vrid eventuellt ratten för att lättare komma åt skruvarna **(se bild)**.

4 Räta upp ratten igen och lyft försiktigt bort

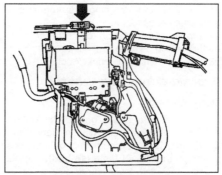

24.2a På modeller äldre än juli 1992 sitter krockkuddesystemets kontaktdon (vid pilen) bakom mittkonsolen

24.2b På modeller som tillverkats mellan juli 1992 och juni 1995 sitter kontaktdonet (vid pilen) bakom handskfacket

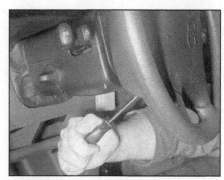

24.3 Skruva loss fästskruvarna . . .

24.4 ... och ta bort krockkudden från ratten och koppla loss dess kontaktdon

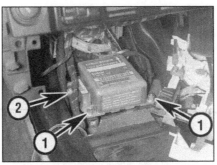

24.25 Skruva loss fästmuttrarna (1), koppla loss kontaktdonet (2) och ta bort krockkuddens styrenhet

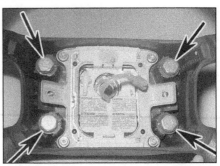

24.29 Krockkuddens kontaktdon hålls fast med fyra skruvar (senare modell visas)

krockkudden från ratten. Lossa fästklämman och koppla loss kontaktdonet från enhetens baksida (se bild). Observera att krockkudden inte får stötas eller tappas och att den måste förvaras med rätt sida upp.

Montering

5 Se till att kontaktdonet återansluts ordentligt och sätt tillbaka fästklämman.
6 Placera krockkudden mitt i ratten, se till att den inte fastnar någonstans. Skruva i fästskruvarna och dra åt dem till angivet moment, observera att den högra skruven ska dras åt först.
7 På modeller tillverkade innan juli 1995, återanslut kontaktdonet till krockkuddens kraftförsörjning och sätt tillbaka kontaktdonet på sin plats. Montera mittkonsolen eller handskfacket (i förekommande fall) enligt beskrivningen i kapitel 11.
8 På alla modeller, se till att ingen befinner sig i bilen och återanslut batteriet. Ha förardörren öppen, vrid om tändningen från utsidan och kontrollera att krockkuddens varningslampa fungerar.

Passagerarsidans krockkudde – modeller tillverkade innan juli 1992

Demontering

9 Ta bort handskfacket enligt beskrivningen i kapitel 11.
10 Skruva loss bultarna som fäster krockkuddens stödfäste på sin plats. Dra försiktigt ner fästet och krockkudden från sin plats tills kontaktdonen går att komma åt.
11 Lossa fästklämman, koppla sedan bort de båda kontaktdonen och ta bort krockkudden från bilen. Observera att krockkudden inte får stötas eller tappas och att den måste förvaras med rätt sida upp.

Montering

12 Sätt tillbaka krockkudden på sin plats, återanslut kontaktdonen och fäst dem med fästklämmorna.
13 Rikta in luftkudden mot fästbygeln och passa in stödbrickan. Sätt tillbaka fäst-

bultarna, se till att den långa mittbulten passerar igenom krockkudden, och dra åt dem till angivet moment.
14 Följ beskrivningen i punkt 7 och 8.

Passagerarsidans krockkudde – modeller tillverkade fr.o.m. juli 1992

Observera: *Vid monteringen måste en ny fästbult användas till krockkudden.*

Demontering

15 Om det inte redan gjorts, demontera handskfacket enligt beskrivningen i kapitel 11.
16 Skruva loss fästmuttrarna och bultarna och ta bort stödplattan under krockkudden.
17 Följ kablaget bakåt från krockkudden och koppla loss det vid kontaktdonet.
Varning: Koppla aldrig loss kablarna direkt från krockkudden. Om kablarna kopplas loss från krockkudden måste hela enheten bytas ut.
18 Skruva loss fästbulten och ta bort krockkudden från bilen. Observera att krockkudden inte får stötas eller tappas och att den måste förvaras med rätt sida upp. Kassera fästbulten, en ny måste användas vid monteringen.

Montering

19 Avlägsna alla spår av fästmassa från gängorna på krockkuddens fästbygel.
20 Sätt krockkudden på sin plats, skruva i den nya fästbulten och dra åt den till angivet moment.
21 Se till att kabeldragningen är korrekt och återanslut kontaktdonet.
22 Montera stödplattan och dra åt fästmuttrarna och bultarna ordentligt.
23 Följ beskrivningen i punkt 7 och 8.

Krockkuddens styrenhet

Demontering

24 Om det inte redan gjorts, demontera mittkonsolen enligt beskrivningen i kapitel 11.
25 Skruva loss fästmuttrarna och ta loss styrenheten från sitt fäste (se bild). Koppla

loss kontaktdonet och ta bort styrenheten från bilen.

Montering

26 Anslut kontaktdonet och sätt tillbaka styrenheten i sina fästen, se till att pilen på enhetens ovansida pekar i bilens färdriktning. Montera fästmuttrarna och dra åt dem ordentligt.
27 Följ beskrivningen i punkt 7 och 8.

Krockkuddens kontaktenhet

Demontering

28 Ta bort förarsidans krockkudde (se punkt 3 och 4), demontera bort ratten enligt beskrivningen i kapitel 10.
29 Gör inställningsmärken mellan kontaktenheten och ratten, skruva sedan loss fästskruvarna och ta isär de båda komponenterna (se bild). **Försök inte** rotera enheten när den är borttagen från bilen.

Montering

30 Montera kontaktenheten på ratten, rikta in märkena som gjordes vid demonteringen (i förekommande fall), och dra åt fästskruvarna ordentligt.
31 Montera ratten enligt beskrivningen i kapitel 10, sätt sedan tillbaka förarsidans krockkudde enligt beskrivningen i punkt 5 till 8.

Krockkuddens kraftförsörjning och transformator – bilar tillverkade innan juli 1992)

Demontering

32 Både kraftförsörjningen och transformatorn sitter under baksätets sittdyna.
33 Ta bort sittdynan (se kapitel 11).
34 Koppla loss kontaktenheten från relevant enhet, skruva sedan loss fästmuttrarna/bultarna (efter tillämplighet) och ta bort enheten från bilen.

Montering

35 Montera enheten och anslut kontaktdonet.
36 Följ beskrivningen i punkt 7 och 8.

H31292

Standardpolernas identifikation (typexempel)

15	Tändningslåsets "tänd"-läge
30	Batteriets pluspol
31	Jord
50	Tändningslåsets "start"-läge
85	Relälindningens inmatning
86	Relälindningens jord
87	Reläutmatning
87a	Reläutmatning

Säkrings-/relädosa

Säkring	Klassning	Skyddad krets
F1	10A	Höger helljus samt helljusindikatorlampa
F2	10A	Vänster helljus
F3	10A	Höger halvljus
F4	10A	Vänster halvljus
F5	5A	Höger parkerings-/bakljus
F6	5A	Vänster parkerings-/bakljus
F7	10A	Nummerplåts-, handskfacks- och motorrumsbelysning, värmereglage, askkoppsbelysning och instrumentbelysning
F8	15A	Klocka, läslampor, bagageutrymmesbelysning, cigarrettändare, kupébelysning, sminkspegelsbelysning, färddator, spegeljustering, sätesminne
F9	10A	Bromsljus
F10	15A	Varningsblinkers
F11	30A	Värmefläkt, luftkonditionering
F12	30A	Uppvärmd bakruta och speglar
F13	25A	Vindrutetorkare, blinkers, kylarfläkt, uppvärmda spolarmunstycken, växellådans oljetemp.-kontakt
F14	15A	Backljus, vindrutespolare, farthållare, differentiallås, flerfunktionsgivare, hastighetsgivare, vattenseparator, automatväxellåda
F15	5A	Instrumentpanel, elstyrda speglar, minikontroll, färddator
F16	15A	Främre/bakre dimljus
F17	20A	Elektrisk bränslepump, uppvärmningsventil
F18	15A	Bakrutetorkare
F19	25A	Diagnossystem, signalhorn, fläktfördröjning
F20	5A	Farthållare, automatväxellåda
F21	15A	ABS

Förklaringar till symboler

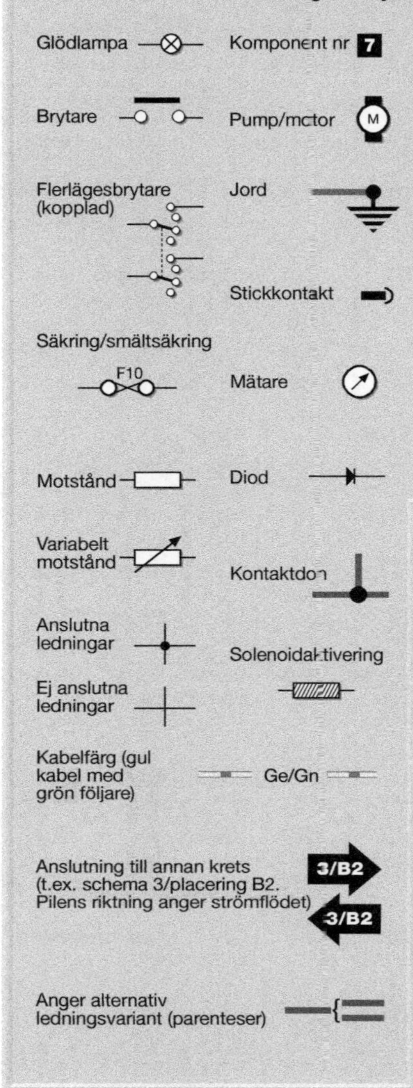

Glödlampa

Brytare

Komponent nr 7

Pump/motor

Jord

Flerlägesbrytare (kopplad)

Säkring/smältsäkring F10

Skärmad kabel

Stickkontakt

Mätare

Streckad kontur anger del av en större komponent, i detta fall innehållande en elektronisk eller solid statisk anordning.

T8b/4 – kontaktdonets identifikation.

30 – standardpolens identifikation d.v.s. batteriets pluspol

Motstånd

Diod

Variabelt motstånd

Kontaktdon

Anslutna ledningar

Ej anslutna ledningar

Solenoidal-tivering

Kabelfärg (gul kabel med grön följare) Ge/Gn

Anslutning till annan krets (t.ex. schema 3/placering B2. Pilens riktning anger strömflödet) 3/B2

Anger alternativ ledningsvariant (parenteser)

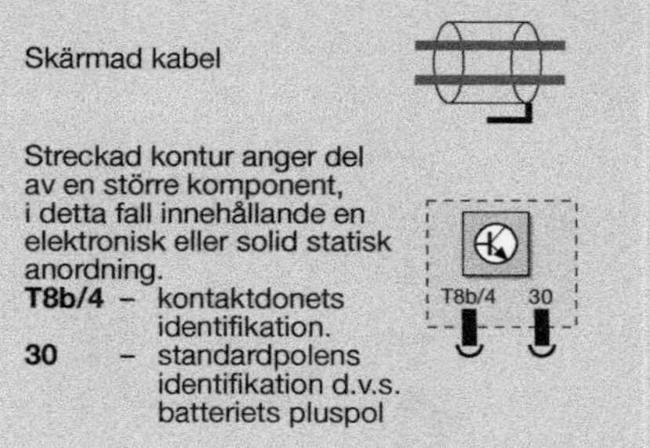

Jordanslutningar

E1	Jordfläta batteri – kaross
E2	Jordfläta motor – generator
E3	Vänster bakom instrumentbräda
E4	I instrumentpanelens kabelhärva
E5	I motorrummets kabelhärva
E6	Vänster i motorrummet
E7	Vänster bakom instrumentbräda
E8	Höger strålkastarhärva
E9	Vänster strålkastarhärva
E10	I motorrummets kabelhärva
E11	I bakre kabelhärva
E12	På motorblock
E13	På insugningsröret
E14	I motorrummets kabelhärva
E15	På insugningsröret
E16	Längst ner på vänster A-stolpe
E17	I bakluckans kabelhärva
E18	I instrumentpanelens kabelhärva
E19	Höger bakre stolpe
E20	I konsolens kabelhärva
E21	I elfönsterhissens kabelhärva
E22	I dörrens kabelhärva
E23	Vänster i bagageutrymmet
E24	I högtalarens kabelhärva

Kopplingsschema 1: Information om kopplingsscheman

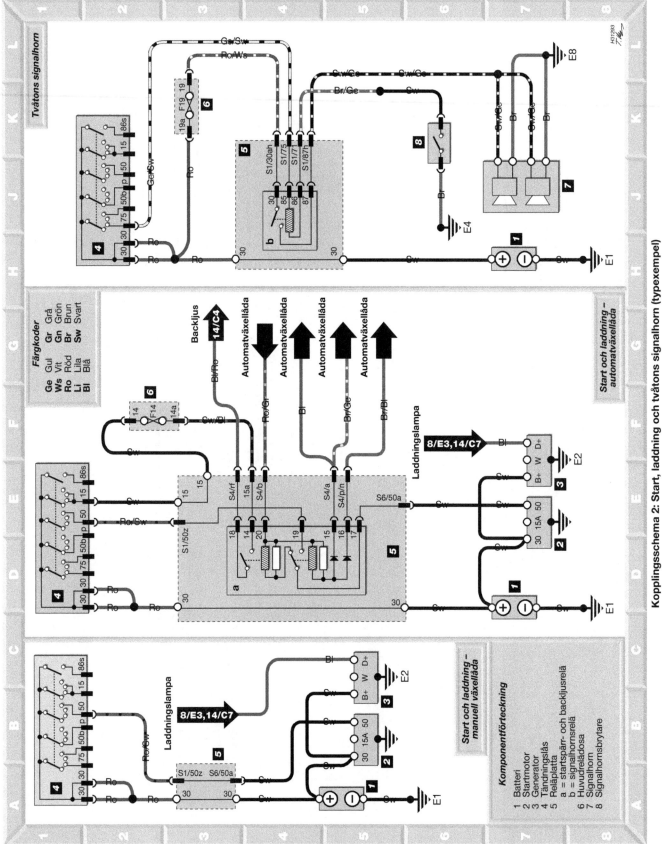

Kopplingsschema 2: Start, laddning och tvåtons signalhorn (typexempel)

Tvåtons signalhorn

Start och laddning – automatväxellåda

Start och laddning – manuell växellåda

Färgkoder

Ge Gul	**Gr** Grå		
Ws Vit	**Gn** Grön		
Ro Röd	**Br** Brun		
Li Lila	**Sw** Svart		
Bl Blå			

Komponentförteckning

1 Batteri
2 Startmotor
3 Generator
4 Tändningslås
5 Reläplatta
  a = startspärr- och backljusrelä
  b = signalhornsrelä
6 Huvudrelädosa
7 Signalhorn
8 Signalhornsbrytare

Backljus 14/C4

Automatväxellåda
Automatväxellåda
Automatväxellåda
Automatväxellåda

Laddningslampa 8/E3,14/C7

Laddningslampa 8/E3,14/C7

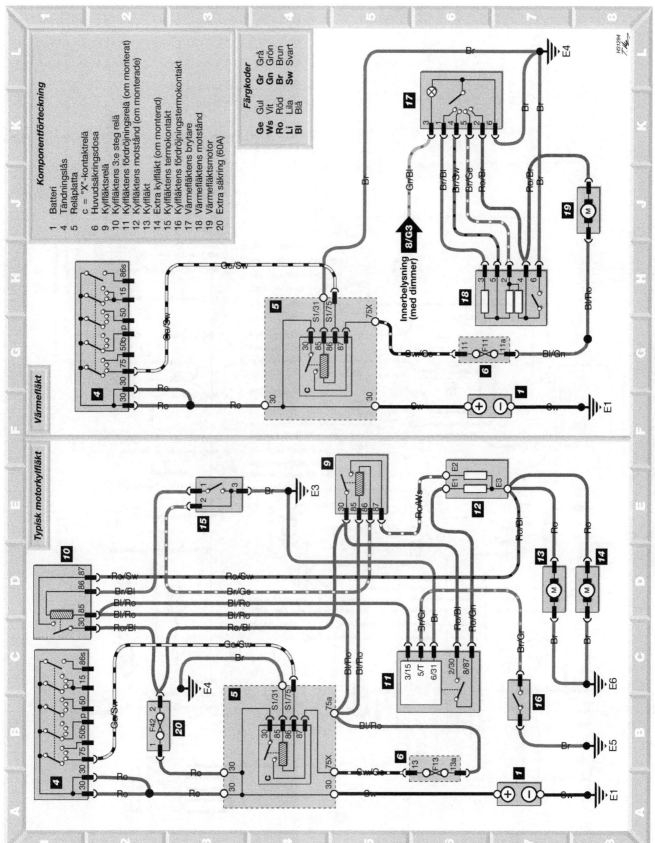

Kopplingsschema 3: Motorkylfläkt och värmefläkt (typexempel)

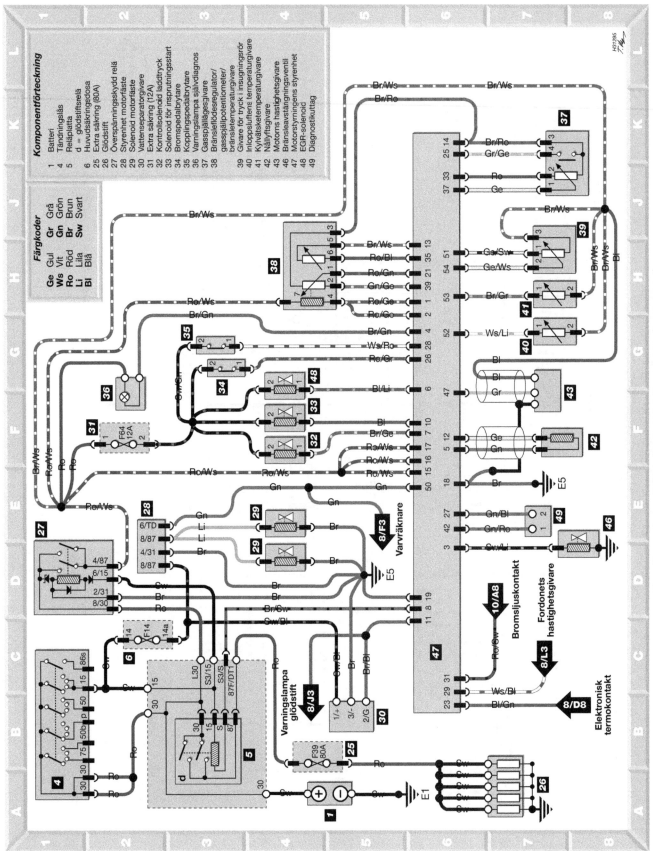

Komponentförteckning

1 Batteri
4 Tändningslås
5 Reläplatta
  d = glödstiftsrelä
6 Huvudsäkringsdosa
  Extra säkring (80A)
26 Glödstift
27 Överspänningsskydd relä
28 Styrenhet motorfäste
29 Solenoid motorfäste
30 Vattenseparatorgivare
31 Extra säkring (12A)
32 Kontrollsolenöd laddtryck
33 Solenoid för insprutningsstart
34 Bromspedalbrytare
35 Kopplingspedalbrytare
36 Varningslampa självdiagnos
37 Gasspjällägesgivare
38 Bränsleflödesregulator/
  gasspjälpotentiometer/
  bränsletemperaturgivare
39 Givare för tryck i insugningsrör
40 Inloppsluftens temperaturgivare
41 Kylvätsketemperaturgivare
43 Nållyftgivare
44 Motorns hastighetsgivare
46 Bränsleavstängningsventil
47 Motorstyrningens styrenhet
48 EGR-solenoid
49 Diagnostikuttag

Färgkoder

Ge	Gul	Gr	Grå
Ws	Vit	Gn	Grön
Ro	Röd	Br	Brun
Li	Lila	Sw	Svart
Bl	Blå		

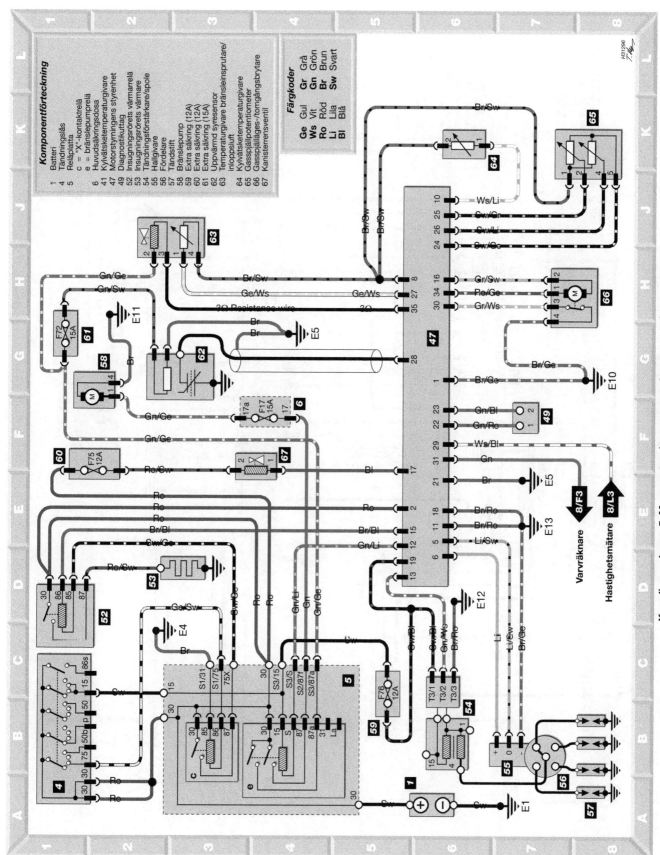

Kopplingsschema 5: Monomotronic motorstyrningssystem (typexempel)

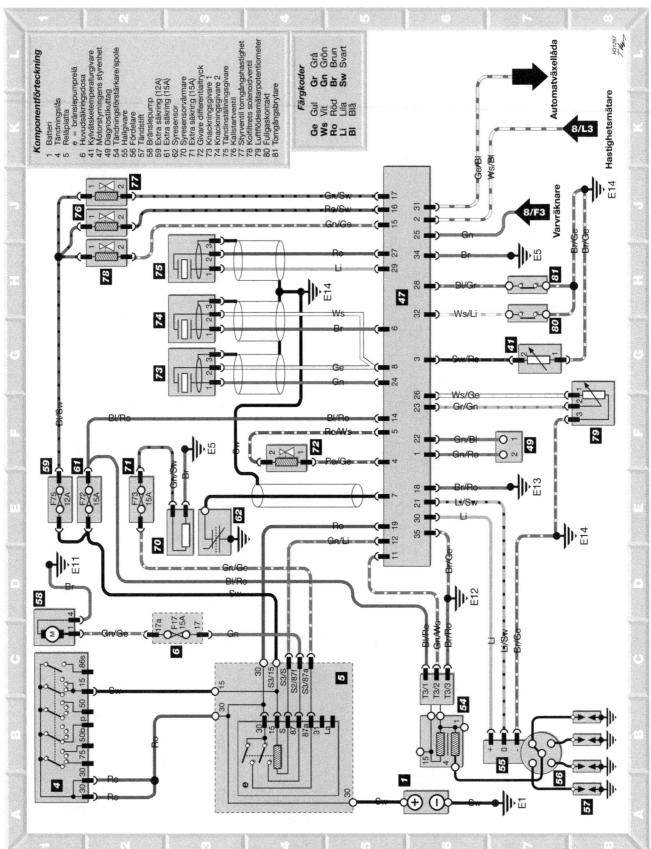

Komponentförteckning

1 Batteri
4 Tändningslås
5 Reläplatta
   e = bränslepumprelä
6 Huvudsäkringsdosa
41 Kylvätsketemperaturgivare
47 Motorstyrningens styrenhet
49 Diagnostikuttag
54 Tändningsförstärkare/spole
55 Hallgivare
56 Fördelare
57 Tändstift
58 Bränslepump
59 Extra säkring (12A)
61 Extra säkring (15A)
62 Syresensor
70 Syresensorvärmare
71 Extra säkring (15A)
72 Givare differentialtryck
73 Knackningsgivare 1
74 Knackningsgivare 2
75 Tändinställningsgivare
76 Kallstartventil
77 Styrventil tomgångshastighet
78 Kolfiltrets solenoidventil
79 Luftflödesmätarpotentiometer
80 Fullgaskontakt
81 Tomgångsbrytare

Färgkoder

Ge	Gul	Gr	Grå
Ws	Vit	Gn	Grön
Ro	Röd	Br	Brun
Li	Lila	Sw	Svart
Bl	Blå		

Kopplingsschema 6: KE-motronic motorstyrningssystem (typexempel)

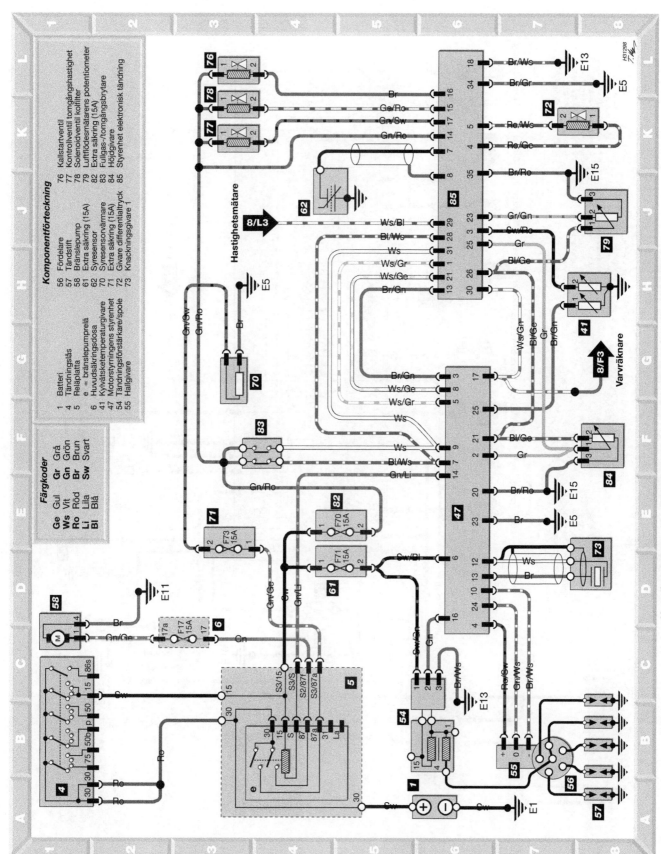

Kopplingsschema 7: KEIII Jetronic motorstyrningssystem (typexempel)

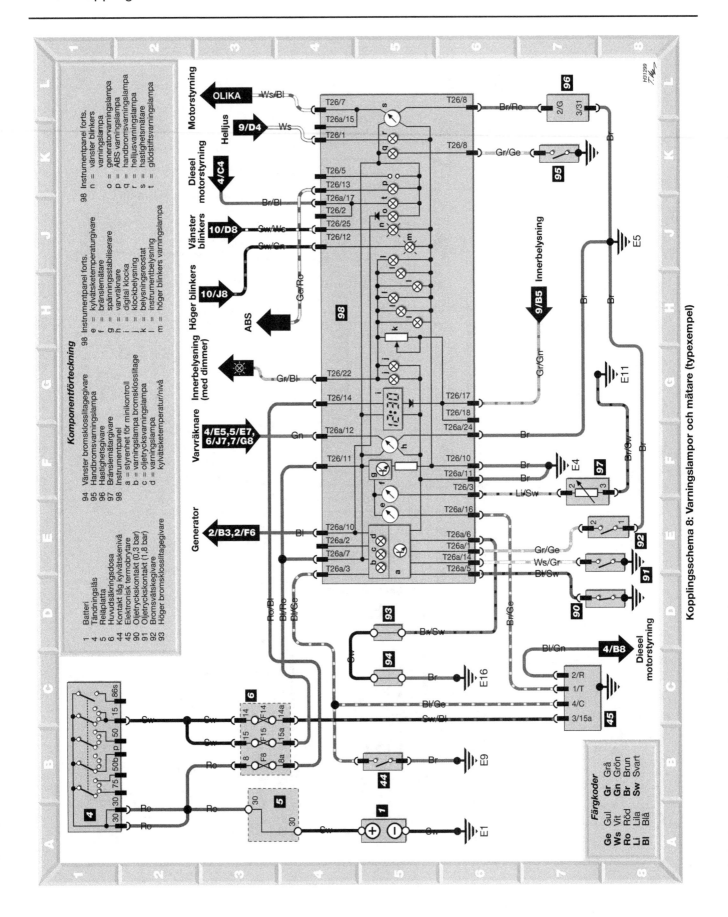

Kopplingsschema 8: Varningslampor och mätare (typexempel)

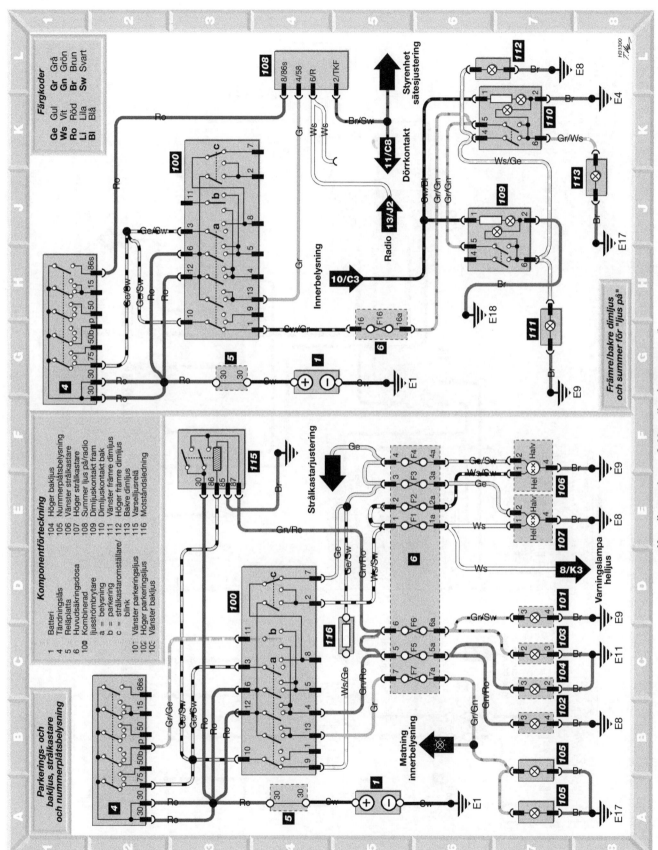

Färgkoder

Ge	Gul	Gr	Grå
Ws	Vit	Gn	Grön
Ro	Röd	Br	Brun
Li	Lila	Sw	Svart
Bl	Blå		

Komponentförteckning

1 Batteri
4 Tändningslås
5 Relaplatta
6 Huvudsäkringsdosa
100 Kombinerad
 ljusströmbrytare
 a = belysning
 b = parkering
 c = strålkastaromställare/
 blink

104 Höger bakljus
105 Nummerplåtsbelysning
106 Vänster strålkastare
107 Höger strålkastare
108 Summer ljus på/radio
109 Dimljuskontakt fram
110 Dimljuskontakt bak
111 Vänster främre dimljus
112 Höger främre dimljus
113 Bakre dimljus
115 Varsellusrelä
116 Motståndsledning

10: Vänster parkeringsljus
10: Höger parkeringsljus
10: Vänster bakljus

Parkerings- och bakljus, strålkastare och nummerplåtsbelysning

Styrenhet sätesjustering

Dörrkontakt

Radio

Innerbelysning

Strålkastarjustering

Matning innerbelysning

Varningslampa helljus

Främre/bakre dimljus och summer för "ljus på"

Kopplingsschema 9: Yttre ljus (typexempel)

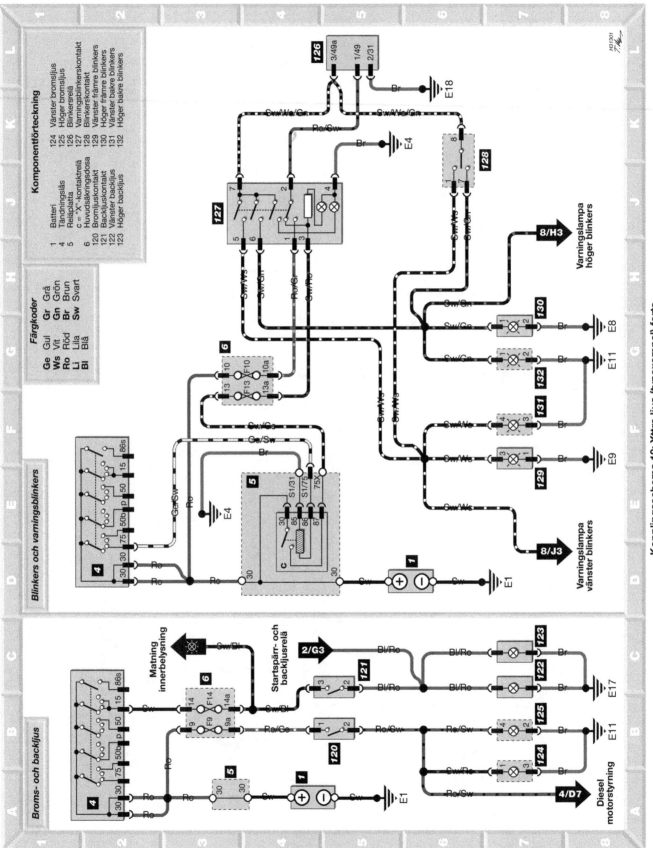

Kopplingsschema 10: Yttre ljus (typexempel) forts.

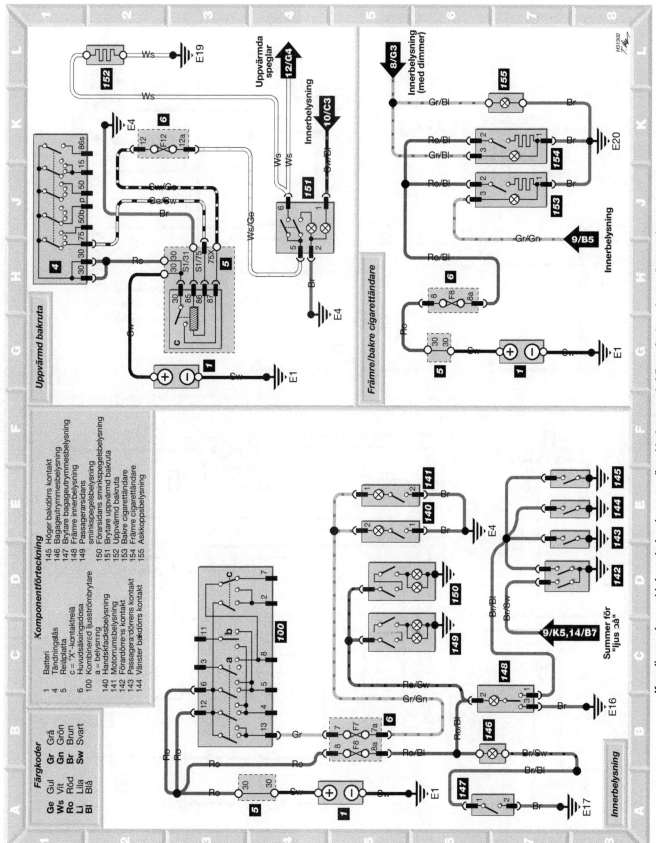

Kopplingsschema 11: Innerbelysning, uppvärmd bakruta och främre/bakre cigarettändare (typexempel)

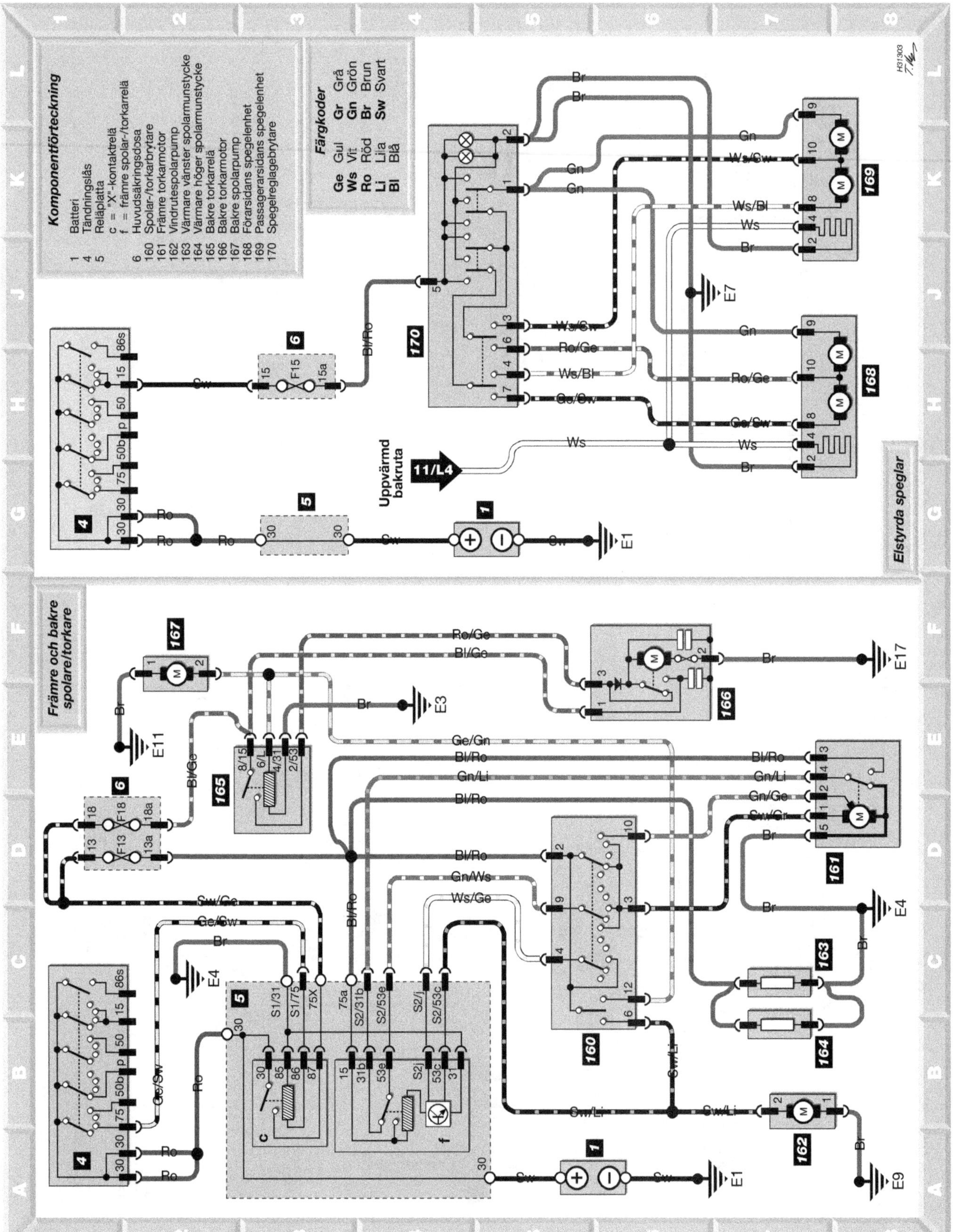

Komponentförteckning

1 Batteri
4 Tändningslås
5 Reläplatta
   c = "X"-kontaktrelä
   f = främre spolar-/torkarrelä
6 Huvudsäkringsdosa
160 Spolar-/torkarbrytare
161 Främre torkarmotor
162 Vindrutespolarpump
163 Värmare vänster spolarmunstycke
164 Värmare höger spolarmunstycke
165 Bakre torkarrelä
166 Bakre torkarmotor
167 Bakre spolarpump
168 Förarsidans spegelenhet
169 Passagerarsidans spegelenhet
170 Spegelreglagebrytare

Färgkoder

Ge	Gul	Gr	Grå
Ws	Vit	Gn	Grön
Ro	Röd	Br	Brun
Li	Lila	Sw	Svart
Bl	Blå		

Elstyrda speglar

Främre och bakre spolare/torkare

Uppvärmd bakruta 11/L4

Kopplingsschema 12: Spolar-/torkarsystem och elstyrda speglar (typexempel)

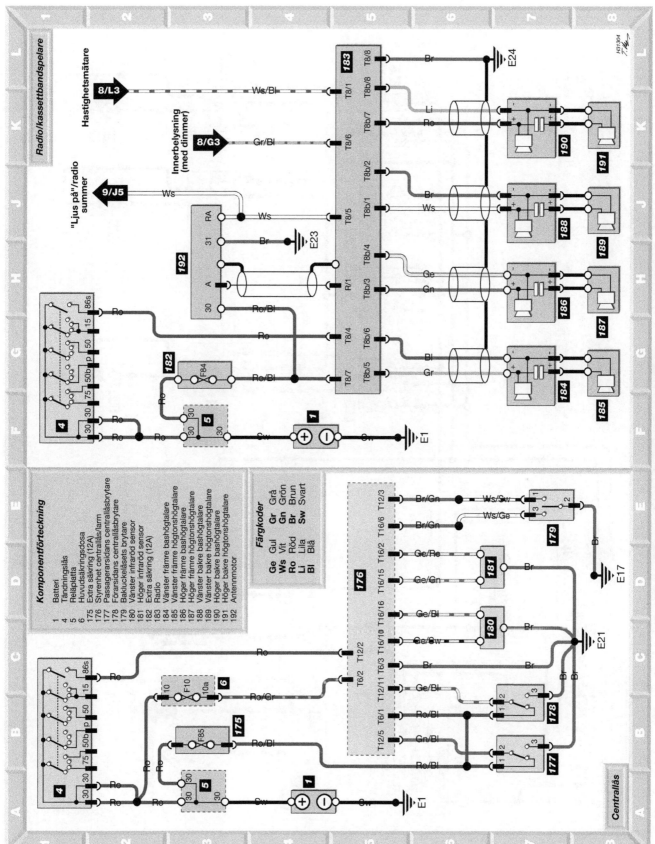

Kopplingsschema 13: Centrallås och radio/kassettbandspelare (typexempel)

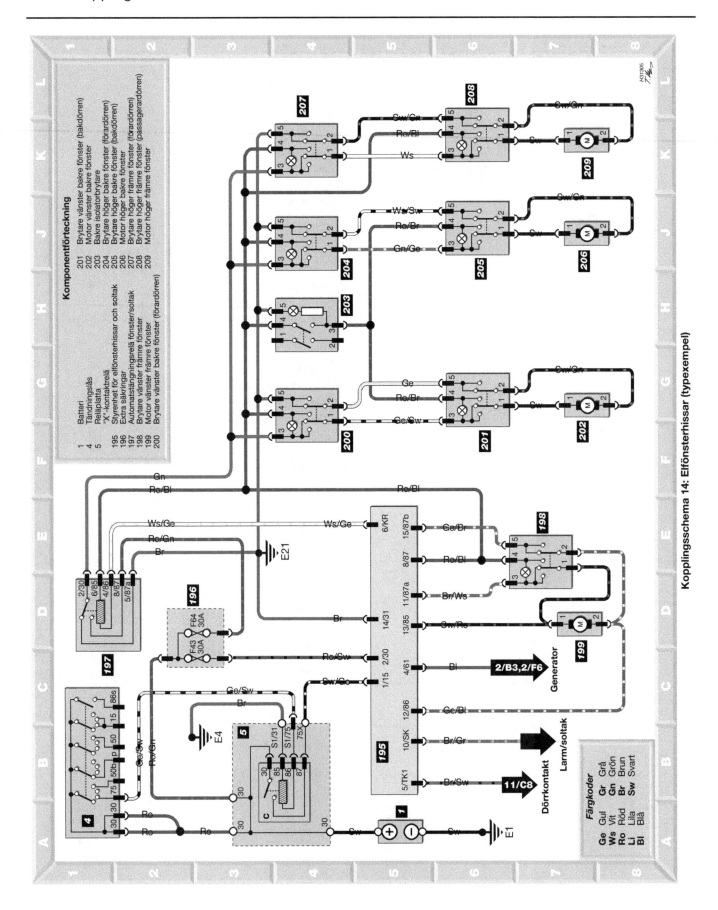

Komponentförteckning

1   Batteri
4   Tändningslås
5   Reläplatta
    "X"-kontaktrelä
195 Styrenhet för elfönsterhissar och soltak
196 Extra säkringar
197 Automatstängningsrelä fönster/soltak
198 Brytare vänster främre fönster
199 Motor vänster främre fönster
200 Brytare vänster bakre fönster (förardörren)

201 Brytare vänster bakre fönster (bakdörren)
202 Motor vänster bakre fönster
203 Bakre isolatorbrytare
204 Brytare höger bakre fönster (förardörren)
205 Brytare höger bakre fönster (bakdörren)
206 Motor höger bakre fönster
207 Brytare höger främre fönster (förardörren)
208 Brytare höger främre fönster (passagerardörren)
209 Motor höger främre fönster

Färgkoder

Ge Gul	**Gr** Grå
Ws Vit	**Gn** Grön
Ro Röd	**Br** Brun
Li Lila	**Sw** Svart
Bl Blå	

Kopplingsschema 14: Elfönsterhissar (typexempel)

Mått och vikter

Observera: *Alla siffror är ungefärliga och kan variera med modell. Se tillverkarens uppgifter för exakta mått.*

Mått

Total längd:
   Audi 100 . . . . .4790 mm
   Audi A6 . . . . .4797 mm
Total bredd:
   Audi 100 . . . . .1777 mm
   Audi A6 . . . . .1783 mm
Total höjd (utan last):
   Audi 100 . . . . .1431 mm
   Audi A6 . . . . .1420 till 1431 mm (beroende på motor)
Axelavstånd . . . . .2687 mm
Spårbredd:
   Fram . . . . .1526 mm
   Bak . . . . .1524 mm

Vikter

Tjänstevikt:
   Audi 100 med bensinmotor . . . . .1310 till 1370 kg*
   Audi 100 med dieselmotor . . . . .1385 till 1425 kg*
   Audi A6 med bensinmotor . . . . .1345 till 1445 kg*
   Audi A6 med dieselmotor . . . . .1380 till 1460 kg*
Max släpvagnsvikt:
   Släpvagn utan bromsar .690 till 730 kg
   Släpvagn med bromsar .1300 till 1750 kg
Max taklast . . . . .100 kg

*För modeller med automatväxellåda, lägg till 25 kg

Reservdelar finns att få tag i från många källor, t.ex. Audi/VAG-handlare, andra bilverkstäder, tillbehörsbutiker och motorspecialister. För att säkert få rätt del krävs att man uppger bilens identifikationsnummer. Ta om möjligt med den gamla delen för säker identifiering. Många delar, t.ex. startmotor och generator finns att få som fabriksrenoverade utbytesdelar - delar som returneras ska alltid vara rena.

Vårt råd när det gäller reservdelar är följande.

Auktoriserade märkesverkstäder

Detta är den bästa källan för delar som är specifika för just din bil och inte allmänt tillgängliga (märken, klädsel, etc.). Det är även det enda stället man bör köpa reservdelar från om bilen fortfarande är under garanti.

Tillbehörsbutiker

Dessa är ofta bra ställen för inköp av underhållsmaterial (olje-, luft- och bränslefilter,

glödlampor, drivremmar, fett, bromsbackar, bättringslack, etc.). Tillbehör av detta slag som säljs av välkända butiker håller samma standard som de som används av biltillverkaren.

Utöver reservdelar säljer dessa butiker även verktyg och allmänna tillbehör, har vanligen bekväma öppettider, tar mindre betalt och ligger ofta på bekvämt avstånd. Vissa tillbehörsbutiker säljer reservdelar rakt över disk.

Motorspecialister

Bra motorspecialister lagerhåller alla viktigare komponenter som kan slitas ut relativt snabbt och kan ibland tillhandahålla enskilda komponenter som behövs för renovering av en större enhet (t.ex. bromstätningar och hydrauliska delar, lagerskålar, kolvar, ventiler, etc.). I vissa fall kan de ta hand om större arbeten som omborrning av motorblocket, omslipning av vevaxlar, etc.

Specialister på däck och avgassystem

Dessa kan vara oberoende handlare eller ingå i större kedjor. De har ofta bra priser jämfört med märkesverkstäder, men det lönar sig att undersöka priser hos flera försäljare. Vid undersökning av priser, kontrollera även vad som ingår – vanligen betalar man extra för ventiler och balansering.

Andra källor

Var misstänksam när det gäller delar som säljs på loppmarknader och liknande. De är inte alltid av usel kvalitet, men det är mycket liten chans att man får upprättelse om de är otillfredsställande. När det gäller säkerhetsmässiga delar som bromsklossar tar man inte bara ekonomiska risker utan även olycksrisker.

Begagnade delar eller delar från en bildemontering kan vara prisvärda i vissa fall, men sådana inköp bör helst göras av en erfaren hemmamekaniker.

Bilens identifikationsnummer

Modifieringar är en fortlöpande och opublicerad process i biltillverkning, utöver större modelländringar. Reservdelskataloger och listor sammanställs på numerisk bas, så bilens chassinummer är nödvändigt för att få rätt reservdel.

Vid beställning av reservdelar, lämna alltid så mycket information som möjligt. Ange

årsmodell och chassi/motornummer efter tillämplighet.

Plåten med chassinumret sitter på den inre högra flygeln i motorrummet. Där står bilens chassinummer, dess vikt samt färg- och klädselkoder. En till plåt med chassinumret sitter i utrymmet för reservhjulet eller på golvet i bagageutrymmet. Chassinumret upprepas

även präglat mitt på torpedväggen i motorrummet **(se bilder)**.

Motornumret är präglat på vänster sida av motorblocket.

Övriga identifikationsnummer eller koder är präglade på sådana saker som växellåda, etc. Dessa nummer är inget en hemmamekaniker normalt behöver bry sig om.

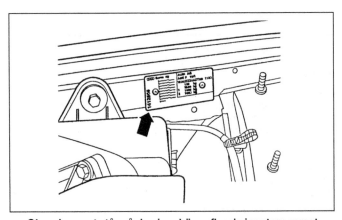

Chassinumret står på den inre högra flygeln i motorrummet

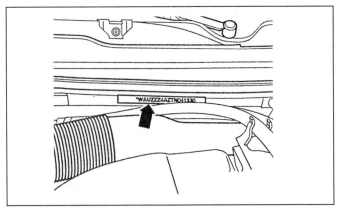

Chassinumret upprepas även präglat mitt på torpedväggen i motorrummet

När service, reparationer och renoveringar utförs på en bil eller bildel bör följande beskrivningar och instruktioner följas. Detta för att reparationen ska utföras så effektivt och fackmannamässigt som möjligt.

Tätningsytor och packningar

Vid isärtagande av delar vid deras tätningsytor ska dessa aldrig bändas isär med skruvmejsel eller liknande. Detta kan orsaka allvarliga skador som resulterar i oljeläckage, kylvätskeläckage etc. efter montering. Delarna tas vanligen isär genom att man knackar längs fogen med en mjuk klubba. Lägg dock märke till att denna metod kanske inte är lämplig i de fall styrstift används för exakt placering av delar.

Där en packning används mellan två ytor måste den bytas vid ihopsättning. Såvida inte annat anges i den aktuella arbetsbeskrivningen ska den monteras torr. Se till att tätningsytorna är rena och torra och att alla spår av den gamla packningen är borttagna. Vid rengöring av en tätningsyta ska sådana verktyg användas som inte skadar den. Små grader och repor tas bort med bryne eller en finskuren fil.

Rensa gängade hål med piprensare och håll dem fria från tätningsmedel då sådant används, såvida inte annat direkt specificeras.

Se till att alla öppningar, hål och kanaler är rena och blås ur dem, helst med tryckluft.

Oljetätningar

Oljetätningar kan tas ut genom att de bänds ut med en bred spårskruvmejsel eller liknande. Alternativt kan ett antal självgängande skruvar dras in i tätningen och användas som dragpunkter för en tång, så att den kan dras rakt ut.

När en oljetätning tas bort från sin plats, ensam eller som en del av en enhet, ska den alltid kasseras och bytas ut mot en ny.

Tätningsläpparna är tunna och skadas lätt och de tätar inte annat än om kontaktytan är fullständigt ren och oskadad. Om den ursprungliga tätningsytan på delen inte kan återställas till perfekt skick och tillverkaren inte gett utrymme för en viss omplacering av tätningen på kontaktytan, måste delen i fråga bytas ut.

Skydda tätningsläpparna från ytor som kan skada dem under monteringen. Använd tejp eller konisk hylsa där så är möjligt. Smörj läpparna med olja innan monteringen. Om oljetätningen har dubbla läppar ska utrymmet mellan dessa fyllas med fett.

Såvida inte annat anges ska oljetätningar monteras med tätningsläpparna mot det smörjmedel som de ska täta för.

Använd en rörformad dorn eller en träbit i lämplig storlek till att knacka tätningarna på plats. Om sätet är försedd med skuldra, driv tätningen mot den. Om sätet saknar skuldra bör tätningen monteras så att den går jäms med sätets yta (såvida inte annat uttryckligen anges).

Skruvgängor och infästningar

Muttrar, bultar och skruvar som kärvar är ett vanligt förekommande problem när en komponent har börjat rosta. Bruk av rostupplösningsolja och andra krypsmörjmedel löser ofta detta om man dränker in delen som kärvar en stund innan man försöker lossa den. Slagskruvmejsel kan ibland lossa envist fastsittande infästningar när de används tillsammans med rätt mejselhuvud eller hylsa. Om inget av detta fungerar kan försiktig värmning eller i värsta fall bågfil eller mutterspräckare användas.

Pinnbultar tas vanligen ut genom att två muttrar låses vid varandra på den gängade delen och att en blocknyckel sedan vrider den undre muttern så att pinnbulten kan skruvas ut. Bultar som brutits av under fästytan kan ibland avlägsnas med en lämplig bultutdragare. Se alltid till att gängade bottenhål är helt fria från olja, fett, vatten eller andra vätskor innan bulten monteras. Underlåtenhet att göra detta kan spräcka den del som skruven dras in i, tack vare det hydrauliska tryck som uppstår när en bult dras in i ett vätskefyllt hål

Vid åtdragning av en kronmutter där en saxsprint ska monteras ska muttern dras till specificerat moment om sådant anges, och därefter dras till nästa sprinthål. Lossa inte muttern för att passa in saxsprinten, såvida inte detta förfarande särskilt anges i anvisningarna.

Vid kontroll eller omdragning av mutter eller bult till ett specificerat åtdragningsmoment, ska muttern eller bulten lossas ett kvarts varv och sedan dras åt till angivet moment. Detta ska dock inte göras när vinkelåtdragning använts.

För vissa gängade infästningar, speciellt topplocksbultar/muttrar anges inte åtdragningsmoment för de sista stegen. Istället anges en vinkel för åtdragning. Vanligtvis anges ett relativt lågt åtdragningsmoment för bultar/muttrar som dras i specificerad turordning. Detta följs sedan av ett eller flera steg åtdragning med specificerade vinklar.

Låsmuttrar, låsbleck och brickor

Varje infästning som kommer att rotera mot en komponent eller en kåpa under åtdragningen ska alltid ha en bricka mellan åtdragningsdelen och kontaktytan.

Fjäderbrickor ska alltid bytas ut när de använts till att låsa viktiga delar som exempelvis lageröverfall. Låsbleck som viks över för att låsa bult eller mutter ska alltid bytas ut vid ihopsättning.

Självlåsande muttrar kan återanvändas på mindre viktiga detaljer, under förutsättning att motstånd känns vid dragning över gängen. Kom dock ihåg att självlåsande muttrar förlorar låseffekt med tiden och därför alltid bör bytas ut som en rutinåtgärd.

Saxsprintar ska alltid bytas mot nya i rätt storlek för hålet.

När gänglåsmedel påträffas på gängor på en komponent som ska återanvändas bör man göra ren den med en stålborste och lösningsmedel. Applicera nytt gänglåsningsmedel vid montering.

Specialverktyg

Vissa arbeten i denna handbok förutsätter användning av specialverktyg som pressar, avdragare, fjäderkompressorer med mera. Där så är möjligt beskrivs lämpliga lättillgängliga alternativ till tillverkarens specialverktyg och hur dessa används. I vissa fall, där inga alternativ finns, har det varit nödvändigt att använda tillverkarens specialverktyg. Detta har gjorts av säkerhetsskäl, likväl som för att reparationerna ska utföras så effektivt och bra som möjligt. Såvida du inte är mycket kunnig och har stora kunskaper om det arbetsmoment som beskrivs, ska du aldrig försöka använda annat än specialverktyg när sådana anges i anvisningarna. Det föreligger inte bara stor risk för personskador, utan kostbara skador kan också uppstå på komponenterna.

Miljöhänsyn

Vid sluthantering av förbrukad motorolja, bromsvätska, frostskydd etc. ska all vederbörlig hänsyn tas för att skydda miljön. Ingen av ovan nämnda vätskor får hällas ut i avloppet eller direkt på marken. Kommunernas avfallshantering har kapacitet för hantering av miljöfarligt avfall liksom vissa verkstäder. Om inga av dessa finns tillgängliga i din närhet, fråga hälsoskyddskontoret i din kommun om råd.

I och med de allt strängare miljöskyddslagarna beträffande utsläpp av miljöfarliga ämnen från motorfordon har alltfler bilar numera justersäkringar monterade på de mest avgörande justeringspunkterna för bränslesystemet. Dessa är i första hand avsedda att förhindra okvalificerade personer från att justera bränsle/luftblandningen och därmed riskerar en ökning av giftiga utsläpp. Om sådana justersäkringar påträffas under service eller reparationsarbete ska de, närhelst möjligt, bytas eller sättas tillbaka i enlighet med tillverkarens rekommendationer eller aktuell lagstiftning.

Den domkraft som medföljer bilen ska endast användas vid hjulbyte - se *Hjulbyte* i början av denna handbok. Vid alla andra arbeten ska bilen lyftas med en hydraulisk garage-domkraft, som alltid ska åtföljas av pallbockar under bilens stödpunkter.

När en garagedomkraft eller pallbockar används, ställ alltid domkraftens eller pall-bockens huvud under, eller alldeles intill, den aktuella stödpunkten under tröskeln **(se bild)**. Använd en träbit mellan domkraften eller pallbocken och tröskeln.

Placera inte domkraften under den främre tvärbalken, sumpen eller någon del av fjädringen.

Den domkraft som medföljer bilen passar in i stödpunkterna under trösklarna - se *Hjulbyte* i början av boken. Se till att domkraftens huvud sitter korrekt innan du börjar lyfta bilen.

Arbeta **aldrig** under eller i närheten av en lyft bil om den inte har ordentligt stöd på minst två punkter.

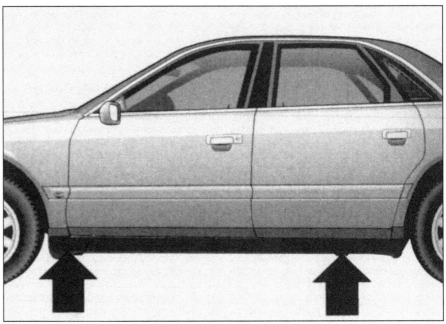

Stödpunkter för hjulbyte (vid pilarna)

Stöldskydd för radio/kassettbandspelare

Den ljudanläggning som monteras av Audi som standardutrustning har en inbyggd stöld-skyddskod. Om strömmen till anläggningen bryts aktiveras stöldskyddet. Även om strömmen omedelbart återställs kommer anläggningen inte att fungera förrän korrekt kod angetts. Om du inte känner till koden för ljudanläggningen, lossa inte batteriets jordledning eller ta ut enheten ur bilen.

Inledning

En uppsättning bra verktyg är ett grundläggande krav för var och en som överväger att underhålla och reparera ett motorfordon. För de ägare som saknar sådana kan inköpet av dessa bli en märkbar utgift, som dock uppvägs till en viss del av de besparingar som görs i och med det egna arbetet. Om de anskaffade verktygen uppfyller grundläggande säkerhets- och kvalitetskrav kommer de att hålla i många år och visa sig vara en värdefull investering.

För att hjälpa bilägaren att avgöra vilka verktyg som behövs för att utföra de arbeten som beskrivs i denna handbok har vi sammanställt tre listor med följande rubriker: *Underhåll och mindre reparationer, Reparation och renovering* samt *Specialverktyg.* Nybörjaren bör starta med det första sortimentet och begränsa sig till enklare arbeten på fordonet. Allt eftersom erfarenhet och självförtroende växer kan man sedan prova svårare uppgifter och köpa fler verktyg när och om det behövs. På detta sätt kan den grundläggande verktygssatsen med tiden utvidgas till en reparations- och renoveringssats utan några större enskilda kontantutlägg. Den erfarne hemmamekanikern har redan en verktygssats som räcker till de flesta reparationer och renoveringar och kommer att välja verktyg från specialkategorin när han känner att utgiften är berättigad för den användning verktyget kan ha.

Underhåll och mindre reparationer

Verktygen i den här listan ska betraktas som ett minimum av vad som behövs för rutinmässigt underhåll, service och mindre reparationsarbeten. Vi rekommenderar att man köper blocknycklar (ring i ena änden och öppen i den andra), även om de är dyrare än de med öppen ände, eftersom man får båda sorternas fördelar.

☐ Blocknycklar - 8, 9, 10, 11, 12, 13, 14, 15, 17 och 19 mm
☐ Skiftnyckel - 35 mm gap (ca.)
☐ Tändstiftsnyckel (med gummifoder)
☐ Verktyg för justering av tändstiftens elektrodavstånd
☐ Sats med bladmått
☐ Nyckel för avluftning av bromsar
☐ Skruvmejslar:
   Spårmejsel - 100 mm lång x 6 mm diameter
   Stjärnmejsel - 100 mm lång x 6 mm diameter
☐ Kombinationstång
☐ Bågfil (liten)
☐ Däckpump
☐ Däcktrycksmätare
☐ Oljekanna
☐ Verktyg för demontering av oljefilter
☐ Fin slipduk
☐ Stålborste (liten)
☐ Tratt (medelstor)

Reparation och renovering

Dessa verktyg är ovärderliga för alla som utför större reparationer på ett motorfordon och tillkommer till de som angivits för *Underhåll och mindre reparationer*. I denna lista ingår en grundläggande sats hylsor. Även om dessa är dyra, är de oumbärliga i och med sin mångsidighet - speciellt om satsen innehåller olika typer av drivenheter. Vi rekommenderar 1/2-tums fattning på hylsorna eftersom de flesta momentnycklar har denna fattning.

Verktygen i denna lista kan ibland behöva kompletteras med verktyg från listan för *Specialverktyg.*

☐ Hylsor, dimensioner enligt föregående lista
☐ Spärrskaft med vändbar riktning (för användning med hylsor) **(se bild)**
☐ Förlängare, 250 mm (för användning med hylsor)
☐ Universalknut (för användning med hylsor)
☐ Momentnyckel (för användning med hylsor)
☐ Självlåsande tänger
☐ Kulhammare
☐ Mjuk klubba (plast/aluminium eller gummi)
☐ Skruvmejslar:
   Spårmejsel - en lång och kraftig, en kort (knubbig) och en smal (elektrikertyp)
   Stjärnmejsel - en lång och kraftig och en kort (knubbig)
☐ Tänger:
   Spetsnostång/plattång
   Sidavbitare (elektrikertyp)
   Låsringstång (inre och yttre)
☐ Huggmejsel - 25 mm
☐ Ritspets
☐ Skrapa
☐ Körnare
☐ Purr
☐ Bågfil
☐ Bromsslangklämma
☐ Avluftningssats för bromsar/koppling
☐ Urval av borrar
☐ Ställinjal
☐ Insexnycklar (inkl Torxtyp/med splines) **(se bild)**

Specialverktyg

☐ Sats med filar
☐ Stor stålborste
☐ Pallbockar
☐ Domkraft (garagedomkraft eller stabil pelarmodell)
☐ Arbetslampa med förlängningssladd

Verktygen i denna lista är de som inte används regelbundet, är dyra i inköp eller som måste användas enligt tillverkarens anvisningar. Det är bara om du relativt ofta kommer att utföra tämligen svåra jobb som många av dessa verktyg är lönsamma att köpa. Du kan också överväga att gå samman med någon vän (eller gå med i en motorklubb) och göra ett gemensamt inköp, hyra eller låna verktyg om så är möjligt.

Följande lista upptar endast verktyg och instrument som är allmänt tillgängliga och inte sådana som framställs av biltillverkaren speciellt för auktoriserade verkstäder. Ibland nämns dock sådana verktyg i texten. I allmänhet anges en alternativ metod att utföra arbetet utan specialverktyg. Ibland finns emellertid inget alternativ till tillverkarens specialverktyg. När så är fallet och relevant verktyg inte kan köpas, hyras eller lånas har du inget annat val än att lämna bilen till en auktoriserad verkstad.

☐ Ventilfjäderkompressor **(se bild)**
☐ Ventilslipningsverktyg
☐ Kolvringskompressor **(se bild)**
☐ Verktyg för demontering/montering av kolvringar **(se bild)**
☐ Honingsverktyg **(se bild)**
☐ Kulledsavdragare
☐ Spiralfjäderkompressor (där tillämplig)
☐ Nav/lageravdragare, två/tre ben **(se bild)**
☐ Slagskruvmejsel
☐ Mikrometer och/eller skjutmått **(se bilder)**
☐ Indikatorklocka **(se bild)**
☐ Stroboskoplampa
☐ Kamvinkelmätare/varvräknare
☐ Multimeter

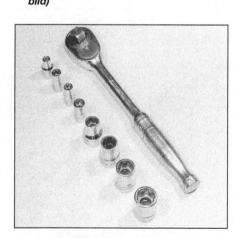

Hylsor och spärrskaft

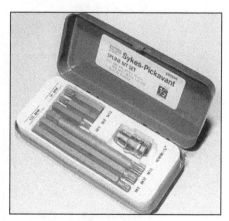

Bits med splines

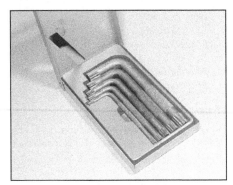

Nycklar med splines

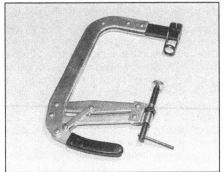

Ventilfjäderkompressor (ventilbåge)

Kolvringskompressor

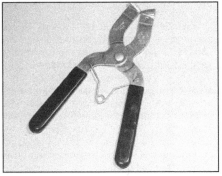

Verktyg för demontering och montering av kolvringar

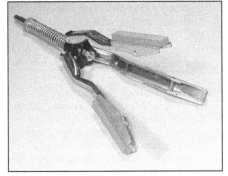

Honingsverktyg

Trebent avdragare för nav och lager

Mikrometerset

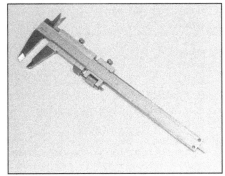

Skjutmått

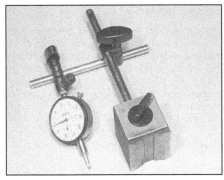

Indikatorklocka med magnetstativ

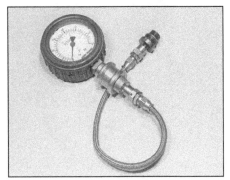

Kompressionsmätare

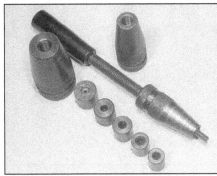

Centreringsverktyg för koppling

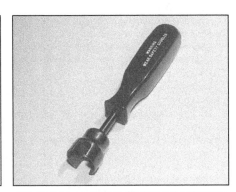

Demonteringsverktyg för bromsbackarnas fjäderskålar

☐ Kompressionsmätare *(se bild)*
☐ Handmanövrerad vakuumpump och mätare
☐ Centreringsverktyg för koppling *(se bild)*
☐ Verktyg för demontering av bromsbackarnas fjäderskålar *(se bild)*
☐ Sats för montering/demontering av bussningar och lager *(se bild)*
☐ Bultutdragare *(se bild)*
☐ Gängverktygssats *(se bild)*
☐ Lyftblock
☐ Garagedomkraft

Inköp av verktyg

När det gäller inköp av verktyg är det i regel bättre att vända sig till en specialist som har ett större sortiment än t ex tillbehörsbutiker och bensinmackar. Tillbehörsbutiker och andra försöljningsställen kan dock erbjuda utmärkta verktyg till låga priser, så det kan löna sig att söka.

Det finns gott om bra verktyg till låga priser, men se till att verktygen uppfyller grundläggande krav på funktion och säkerhet. Fråga gärna någon kunnig person om råd före inköpet.

Vård och underhåll av verktyg

Efter inköp av ett antal verktyg är det nödvändigt att hålla verktygen rena och i fullgott skick. Efter användning, rengör alltid verktygen innan de läggs undan. Låt dem inte ligga framme sedan de använts. En enkel upphängningsanordning på väggen för t ex skruvmejslar och tänger är en bra idé. Nycklar och hylsor bör förvaras i metallådor. Mätinstrument av skilda slag ska förvaras på platser där de inte kan komma till skada eller börja rosta.

Lägg ner lite omsorg på de verktyg som används. Hammarhuvuden får märken och skruvmejslar slits i spetsen med tiden. Lite polering med slippapper eller en fil återställer snabbt sådana verktyg till gott skick igen.

Arbetsutrymmen

När man diskuterar verktyg får man inte glömma själva arbetsplatsen. Om mer än rutinunderhåll ska utföras bör man skaffa en lämplig arbetsplats.

Vi är medvetna om att många ägare/mekaniker av omständigheterna tvingas att lyfta ur motor eller liknande utan tillgång till garage eller verkstad. Men när detta är gjort ska fortsättningen av arbetet göras inomhus.

Närhelst möjligt ska isärtagning ske på en ren, plan arbetsbänk eller ett bord med passande arbetshöjd.

En arbetsbänk behöver ett skruvstycke. En käftöppning om 100 mm räcker väl till för de flesta arbeten. Som tidigare sagts, ett rent och torrt förvaringsutrymme krävs för verktyg liksom för smörjmedel, rengöringsmedel, bättringslack (som också måste förvaras frostfritt) och liknande.

Ett annat verktyg som kan behövas och som har en mycket bred användning är en elektrisk borrmaskin med en chuckstorlek om minst 8 mm. Denna, tillsammans med en sats spiralborrar, är i praktiken oumbärlig för montering av tillbehör.

Sist, men inte minst, ha alltid ett förråd med gamla tidningar och rena luddfria trasor tillgängliga och håll arbetsplatsen så ren som möjligt.

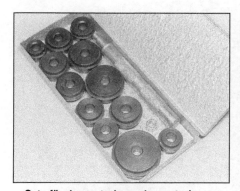
Sats för demontering och montering av lager och bussningar

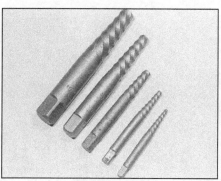
Bultutdragare

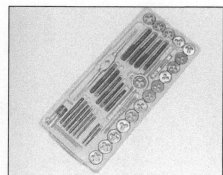
Gängverktygssats

Det här avsnittet är till för att hjälpa dig att klara bilbesiktningen. Det är naturligtvis inte möjligt att undersöka ditt fordon lika grundligt som en professionell besiktare, men genom att göra följande kontroller kan du identifiera problemområden och ha en möjlighet att korrigera eventuella fel innan du lämnar bilen till besiktning. Om bilen underhålls och servas regelbundet borde besiktningen inte innebära några större problem.

I besiktningsprogrammet ingår kontroll av nio huvudsystem – stommen, hjulsystemet, drivsystemet, bromssystemet, styrsystemet, karosseriet, kommunikationssystemet, instrumentering och slutligen övriga anordningar (släpvagnskoppling etc).

Kontrollerna som här beskrivs har baserats på Svensk Bilprovnings krav aktuella vid tiden för tryckning. Kraven ändras dock kontinuerligt och särskilt miljöbestämmelserna blir allt strängare.

Kontrollerna har delats in under följande fem rubriker:

1 Kontroller som utförs från förarsätet

2 Kontroller som utförs med bilen på marken

3 Kontroller som utförs med bilen upphissad och med fria hjul

4 Kontroller på bilens avgassystem

5 Körtest

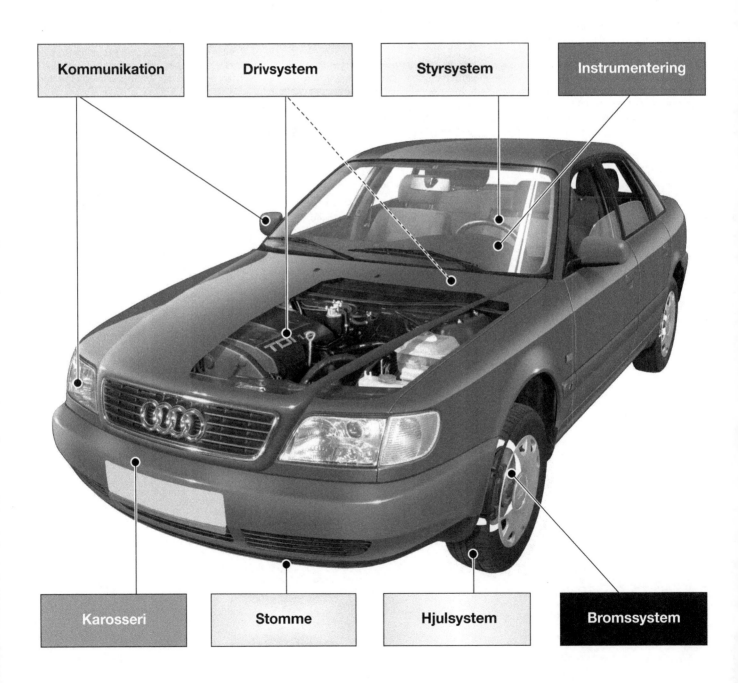

Kommunikation Drivsystem Styrsystem Instrumentering

Karosseri Stomme Hjulsystem Bromssystem

Besiktningsprogrammet

Vanliga personbilar kontrollbesiktigas första gången efter tre år, andra gången två år senare och därefter varje år. Åldern på bilen räknas från det att den tas i bruk, oberoende av årsmodell, och den måste genomgå besiktning inom fem månader.

Tiden på året då fordonet kallas till besiktning bestäms av sista siffran i registreringsnumret, enligt tabellen nedan.

Slutsiffra	Besiktningsperiod
1	*november t.o.m. mars*
2	*december t.o.m. april*
3	*januari t.o.m. maj*
4	*februari t.o.m. juni*
5	*mars t.o.m. juli*
6	*juni t.o.m. oktober*
7	*juli t.o.m. november*
8	*augusti t.o.m. december*
9	*september t.o.m. januari*
0	*oktober t.o.m. februari*

Om fordonet har ändrats, byggts om eller om särskild utrustning har monterats eller demonterats, måste du som fordonsägare göra en registreringsbesiktning inom en månad. I vissa fall räcker det med en begränsad registreringsbesiktning, t.ex. för draganordning, taklucka, taxiutrustning etc.

Efter besiktningen

Nedan visas de system och komponenter som kontrolleras och bedöms av besiktaren på Svensk Bilprovning. Efter besiktningen erhåller du ett protokoll där eventuella anmärkningar noterats.

Har du fått en 2x i protokollet (man kan ha max 4 st 2x) behöver du inte ombesiktiga bilen, men är skyldig att själv åtgärda felet snarast möjligt. Om du inte åtgärdar felen utan återkommer till Svensk Bilprovning året därpå med samma fel, blir dessa automatiskt 2:or som då måste ombesiktigas. Har du en eller flera 2x som ej är åtgärdade och du blir intagen i en flygande besiktning av polisen blir dessa automatiskt 2:or som måste ombesiktigas. I detta läge får du även böta.

Om du har fått en tvåa i protokollet är fordonet alltså inte godkänt. Felet ska åtgärdas och bilen ombesiktigas inom en månad.

En trea innebär att fordonet har så stora brister att det anses mycket trafikfarligt. Körförbud inträder omedelbart.

Kommunikation

- Vindrutetorkare
- Vindrutespolare
- Backspegel
- Strålkastarinställning
- Strålkastare
- Signalhorn
- Sidoblinkers
- Parkeringsljus fram
  bak
- Blinkers
- Bromsljus
- Reflex
- Nummerplåts-
  belysning
- Övrigt

Vanliga anmärkningar:
Felaktig ljusbild
Skadad strålkastare
Ej fungerande parkeringsljus
Ej fungerande bromsljus

Drivsystem

- Avgasrening, EGR-
  system
- Avgasrening
- Bränslesystem
- Avgassystem
- Avgaser (CO, HC)
- Kraftöverföring
- Drivknut
- Elförsörjning
- Batteri
- Övrigt

Vanliga anmärkningar:
Höga halter av CO
Höga halter av HC
Läckage i avgassystemet
Ej fungerande EGR-ventil
Skadade drivknutsdamasker

Styrsystem

- Styrled
- Styrväxel
- Hjälpstyrarm
- Övrigt

Vanliga anmärkningar:
Glapp i styrleder
Skadade styrväxeldamasker

Instrumentering

- Hastighetsmätare
- Taxameter
- Varningslampor
- Övrigt

Hjulsystem

- Däck
- Stötdämpare
- Hjullager
- Spindelleder
- Bärarm fram
  bak
- Fjäder
- Fjädersäte
- Övrigt

Vanliga anmärkningar:
Glapp i spindelleder
Utslitna däck
Dåliga stötdämpare
Rostskadade fjädersäten
Brustna fjädrar
Rostskadade bärarms-
* infästningar*

Bromssystem

- Fotbroms fram
  bak
  rörelseres.
- Bromsrör
- Bromsslang
- Handbroms
- Övrigt

Vanliga anmärkningar:
Otillräcklig bromsverkan på
* handbromsen*
Ojämn bromsverkan på
* fotbromsen*
Anliggande bromsar på
* fotbromsen*
Rostskadade bromsrör
Skadade bromsslangar

Karosseri

- Dörr
- Skärm
- Vindruta
- Säkerhetsbälten
- Lastutrymme
- Övrigt

Vanliga anmärkningar:
Skadad vindruta
Vassa kanter

Stomme

- Sidobalk
- Tvärbalk
- Golv
- Hjulhus
- Övrigt

Vanliga anmärkningar:
Rostskador i sidobalkar, golv
och hjulhus

1 Kontroller som utförs från förarsätet

Handbroms

☐ Kontrollera att handbromsen fungerar ordentligt utan för stort spel i spaken. För stort spel tyder på att bromsen eller bromsvajern är felaktigt justerad.

☐ Kontrollera att handbromsen inte kan läggas ur genom att spaken förs åt sidan. Kontrollera även att handbromsspaken är ordentligt monterad.

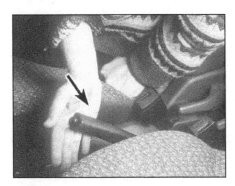

Fotbroms

☐ Tryck ner bromspedalen och kontrollera att den inte sjunker ner mot golvet, vilket tyder på fel på huvudcylindern. Släpp pedalen, vänta ett par sekunder och tryck sedan ner den igen. Om pedalen tar långt ner är det nödvändigt att justera eller reparera bromsarna. Om pedalen känns "svampig" finns det luft i bromssystemet som då måste luftas.

☐ Kontrollera att bromspedalen sitter fast ordentligt och att den är i bra skick. Kontrollera även om det finns tecken på oljeläckage på bromspedalen, golvet eller mattan eftersom det kan betyda att packningen i huvudcylindern är trasig.

☐ Om bilen har bromsservo kontrolleras denna genom att man upprepade gånger trycker ner bromspedalen och sedan startar motorn med pedalen nertryckt. När motorn startar skall pedalen sjunka något. Om inte kan vakuumslangen eller själva servoenheten vara trasig.

Ratt och rattstång

☐ Känn efter att ratten sitter fast. Undersök om det finns några sprickor i ratten eller om några delar på den sitter löst.

☐ Rör på ratten uppåt, neråt och i sidled. Fortsätt att röra på ratten samtidigt som du vrider lite på den från vänster till höger.

☐ Kontrollera att ratten sitter fast ordentligt på rattstången vilket annars kan tyda på slitage eller att fästmuttern sitter löst. Om ratten går att röra onaturligt kan det tyda på att rattstångens bärlager eller kopplingar är slitna.

Rutor och backspeglar

☐ Vindrutan måste vara fri från sprickor och andra skador som kan vara irriterande eller hindra sikten i förarens synfält. Sikten får inte heller hindras av t.ex. ett färgat eller reflekterande skikt. Samma regler gäller även för de främre sidorutorna.

☐ Backspeglarna måste sitta fast ordentligt och vara hela och ställbara.

Säkerhetsbälten och säten

Observera: *Kom ihåg att alla säkerhetsbälten måste kontrolleras - både fram och bak.*

☐ Kontrollera att säkerhetsbältena inte är slitna, fransiga eller trasiga i väven och att alla låsmekanismer och rullmekanismer fungerar obehindrat. Se även till att alla infästningar till säkerhetsbältena sitter säkert.

☐ Framsätena måste vara ordentligt fastsatta och om de är fällbara måste de vara låsbara i uppfällt läge.

Dörrar

☐ Framdörrarna måste gå att öppna och stänga från både ut- och insidan och de måste gå ordentligt i lås när de är stängda. Gångjärnen ska sitta säkert och inte glappa eller kärva onormalt.

2 Kontroller som utförs med bilen på marken

Registreringsskyltar

☐ Registreringsskyltarna måste vara väl synliga och lätta att läsa av, d v s om bilen är mycket smutsig kan det ge en anmärkning.

Elektrisk utrustning

☐ Slå på tändningen och kontrollera att signalhornet fungerar och att det avger en jämn ton.

☐ Kontrollera vindrutetorkarna och vindrutespolningen. Svephastigheten får inte vara extremt låg, svepytan får inte vara för liten och torkarnas viloläge ska inte vara inom förarens synfält. Byt ut gamla och skadade torkarblad.

☐ Kontrollera att strålkastarna fungerar och att de är rätt inställda. Reflektorerna får inte vara skadade, lampglasen måste vara hela och lamporna måste vara ordentligt fastsatta. Kontrollera även att bromsljusen fungerar och att det inte krävs högt pedaltryck för att tända dem. (Om du inte har någon medhjälpare kan du kontrollera bromsljusen genom att backa upp bilen mot en garageport, vägg eller liknande reflekterande yta.)

☐ Kontrollera att blinkers och varningsblinkers fungerar och att de blinkar i normal hastighet. Parkeringsljus och bromsljus får inte påverkas av blinkers. Om de påverkas beror detta oftast på jordfel. Se också till att alla övriga lampor på bilen är hela och fungerar som de ska och att t.ex. extraljus inte är placerade så att de skymmer föreskriven belysning.

☐ Se även till att batteri, elledningar, reläer och liknande sitter fast ordentligt och att det inte föreligger någon risk för kortslutning

Fotbroms

☐ Undersök huvudbromscylindern, bromsrören och servoenheten. Leta efter läckage, rost och andra skador.

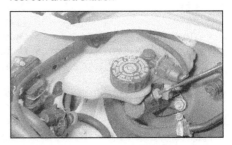

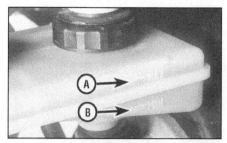

☐ Bromsvätskebehållaren måste sitta fast ordentligt och vätskenivån skall vara mellan max- (A) och min- (B) markeringarna.

☐ Undersök båda främre bromsslangarna efter sprickor och förslitningar. Vrid på ratten till fullt rattutslag och se till att broms-slangarna inte tar i någon del av styrningen eller upphängningen. Tryck sedan ner broms-pedalen och se till att det inte finns några läckor eller blåsor på slangarna under tryck.

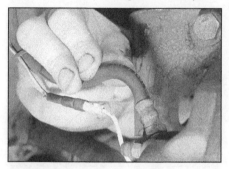

Styrning

☐ Be någon vrida på ratten så att hjulen vrids något. Kontrollera att det inte är för stort spel mellan rattutslaget och styrväxeln vilket kan tyda på att rattstångslederna, kopplingen mellan rattstången och styrväxeln eller själva styrväxeln är sliten eller glappar.

☐ Vrid sedan ratten kraftfullt åt båda hållen så att hjulen vrids något. Undersök då alla damasker, styrleder, länksystem, rörkopp-lingar och anslutningar/fästen. Byt ut alla delar som verkar utslitna eller skadade. På bilar med servostyrning skall servopumpen, driv-remmen och slangarna kontrolleras.

Stötdämpare

☐ Tryck ned hörnen på bilen i tur och ordning och släpp upp. Bilen skall gunga upp och sedan gå tillbaka till ursprungsläget. Om bilen

fortsätter att gunga är stötdämparna dåliga. Stötdämpare som kärvar påtagligt gör också att bilen inte klarar besiktningen. (Observera att stötdämpare kan saknas på vissa fjäder-system.)

☐ Kontrollera också att bilen står rakt och ungefär i rätt höjd.

Avgassystem

☐ Starta motorn medan någon håller en trasa över avgasröret och kontrollera sedan att avgassystemet inte läcker. Reparera eller byt ut de delar som läcker.

Kaross

☐ Skador eller korrosion/rost som utgörs av vassa eller i övrigt farliga kanter med risk för personskada medför vanligtvis att bilen måste repareras och ombesiktas. Det får inte heller finnas delar som sitter påtagligt löst.

☐ Det är inte tillåtet att ha utskjutande detaljer och anordningar med olämplig utformning eller placering (prydnadsföremål, antenn-fästen, viltfångare och liknande).

☐ Kontrollera att huvlås och säkerhetsspärr fungerar och att gångjärnen inte sitter löst eller på något vis är skadade.

☐ Se också till att stänkskydden täcker däckens slitbana i sidled.

3 Kontroller som utförs med bilen upphissad och med fria hjul

Lyft upp både fram- och bakvagnen och ställ bilen på pallbockar. Placera pall-bockarna så att de inte tar i fjäder-upphängningen. Se till att hjulen inte tar i marken och att de går att vrida till fullt rattutslag. Om du har begränsad utrust-ning går det naturligtvis bra att lyfta upp en ände i taget.

Styrsystem

☐ Be någon vrida på ratten till fullt rattutslag. Kontrollera att alla delar i styrningen går mjukt och att ingen del av styrsystemet tar i någonstans.

☐ Undersök kuggstångsdamaskerna så att de inte är skadade eller att metallklämmorna glappar. Om bilen är utrustad med servo-styrning ska slangar, rör och kopplingar kontrolleras så att de inte är skadade eller

läcker. Kontrollera också att styrningen inte är onormalt trög eller kärvar. Undersök bär-armar, krängningshämmare, styrstag och styrleder och leta efter glapp och rost.

☐ Se även till att ingen saxpinne eller liknande låsmekanism saknas och att det inte finns gravrost i närheten av någon av styrmeka-nismens fästpunkter.

Upphängning och hjullager

☐ Börja vid höger framhjul. Ta tag på sidorna av hjulet och skaka det kraftigt. Se till att det inte glappar vid hjullager, spindelleder eller vid upphängningens infästningar och leder.

☐ Ta nu tag upptill och nedtill på hjulet och upprepa ovanstående. Snurra på hjulet och undersök hjullagret angående missljud och glapp.

☐ Om du misstänker att det är för stort spel vid en komponents led kan man kontrollera detta genom att använda en stor skruvmejsel eller liknande och bända mellan infästningen och komponentens fäste. Detta visar om det är bussningen, fästskruven eller själva infäst-ningen som är sliten (bulthålen kan ofta bli uttänjda).

☐ Kontrollera alla fyra hjulen.

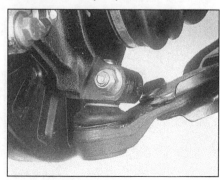

Fjädrar och stötdämpare

☐ Undersök fjäderbenen (där så är tillämpligt) angående större läckor, korrosion eller skador i godset. Kontrollera också att fästena sitter säkert.

☐ Om bilen har spiralfjädrar, kontrollera att dessa sitter korrekt i fjädersätena och att de inte är utmattade, rostiga, spruckna eller av.

☐ Om bilen har bladfjädrar, kontrollera att alla bladen är hela, att axeln är ordentligt fastsatt mot fjädrarna och att fjäderöglorna, bussningarna och upphängningarna inte är slitna.

☐ Liknande kontroll utförs på bilar som har annan typ av upphängning såsom torsionfjäder, hydraulisk fjädring etc. Se till att alla infästningar och anslutningar är säkra och inte utslitna, rostiga eller skadade och att den hydrauliska fjädringen inte läcker olja eller på annat sätt är skadad.

☐ Kontrollera att stötdämparna inte läcker och att de är hela och oskadade i övrigt samt se till att bussningar och fästen inte är utslitna.

Drivning

☐ Snurra på varje hjul i tur och ordning. Kontrollera att driv-/kardanknutar inte är lösa, glappa, spruckna eller skadade. Kontrollera också att skyddsbälgarna är intakta och att driv-/kardanaxlar är ordentligt fastsatta, raka och oskadade. Se även till att inga andra detaljer i kraftöverföringen är glappa, lösa, skadade eller slitna.

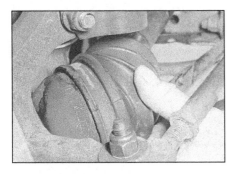

Bromssystem

☐ Om det är möjligt utan isärtagning, kontrollera hur bromsklossar och bromsskivor ser ut. Se till att friktionsmaterialet på bromsbeläggen (A) inte är slitet under 2 mm och att broms-skivorna (B) inte är spruckna, gropiga, repiga eller utslitna.

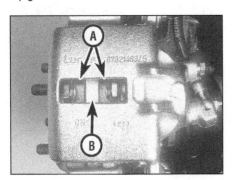

☐ Undersök alla bromsrör under bilen och bromsslangarna bak. Leta efter rost, skavning och övriga skador på ledningarna och efter tecken på blåsor under tryck, skavning, sprickor och förslitning på slangarna. (Det kan vara enklare att upptäcka eventuella sprickor på en slang om den böjs något.)

☐ Leta efter tecken på läckage vid bromsoken och på bromssköldarna. Reparera eller byt ut delar som läcker.

☐ Snurra sakta på varje hjul medan någon trycker ned och släpper upp bromspedalen. Se till att bromsen fungerar och inte ligger an när pedalen inte är nedtryckt.

☐ Undersök handbromsmekanismen och kontrollera att vajern inte har fransat sig, är av eller väldigt rostig eller att länksystemet är utslitet eller glappar. Se till att handbromsen fungerar på båda hjulen och inte ligger an när den läggs ur.

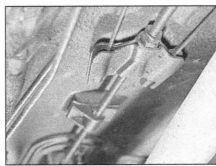

☐ Det är inte möjligt att prova bromsverkan utan specialutrustning, men man kan göra ett körtest och prova att bilen inte drar åt något håll vid en kraftig inbromsning.

Bränsle- och avgassystem

☐ Undersök bränsletanken (inklusive tanklock och påfyllningshals), fastsättning, bränsleledningar, slangar och anslutningar. Alla delar måste sitta fast ordentligt och får inte läcka.

☐ Granska avgassystemet i hela dess längd beträffande skadade, avbrutna eller saknade upphängningar. Kontrollera systemets skick beträffande rost och se till att rörklämmorna är säkert monterade. Svarta sotavlagringar på avgassystemet tyder på ett annalkande läckage.

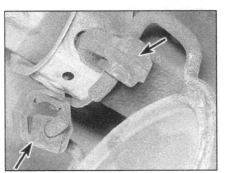

Hjul och däck

☐ Undersök i tur och ordning däcksidorna och slitbanorna på alla däcken. Kontrollera att det inte finns några skärskador, revor eller bulor och att korden inte syns p g a utslitning eller skador. Kontrollera att däcket är korrekt monterat på fälgen och att hjulet inte är deformerat eller skadat.

☐ Se till att det är rätt storlek på däcken för bilen, att det är samma storlek och däcktyp på samma axel och att det är rätt lufttryck i däcken. Se också till att inte ha dubbade och odubbade däck blandat. (Dubbade däck får användas under vinterhalvåret, från 1 oktober till första måndagen efter påsk.)

☐ Kontrollera mönsterdjupet på däcken – minsta tillåtna mönsterdjup är 1,6 mm. Onormalt däckslitage kan tyda på felaktig framhjulsinställning.

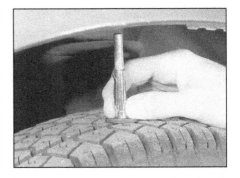

Korrosion

☐ Undersök alla bilens bärande delar efter rost. (Bärande delar innefattar underrede, tröskellådor, tvärbalkar, stolpar och all upphängning, styrsystemet, bromssystemet samt bältesinfästningarna.) Rost som avsevärt har reducerat tjockleken på en bärande yta medför troligtvis en tvåa i besiktningsprotokollet. Sådana skador kan ofta vara svåra att reparera själv.

☐ Var extra noga med att kontrollera att inte rost har gjort det möjligt för avgaser att tränga in i kupén. Om så är fallet kommer fordonet ovillkorligen inte att klara besiktningen och dessutom utgör det en stor trafik- och hälsofara för dig och dina passagerare.

4 Kontroller som utförs på bilens avgassystem

Bensindrivna modeller

☐ Starta motorn och låt den bli varm. Se till att tändningen är rätt inställd, att luftfiltret är rent och att motorn går bra i övrigt.

☐ Varva först upp motorn till ca 2500 varv/min och håll den där i ca 20 sekunder. Låt den sedan gå ner till tomgång och iaktta avgasutsläppen från avgasröret. Om tomgången är onaturligt hög eller om tät blå eller klart synlig svart rök kommer ut med avgaserna i mer än 5 sekunder så kommer bilen antagligen inte att klara besiktningen. I regel tyder blå rök på att motorn är sliten och förbränner olja medan svart rök tyder på att motorn inte förbränner bränslet ordentligt (smutsigt luftfilter eller annat förgasar- eller bränslesystemfel).

☐ Vad som då behövs är ett instrument som kan mäta koloxid (CO) och kolväten (HC). Om du inte har möjlighet att låna eller hyra ett dylikt instrument kan du få hjälp med det på en verkstad för en mindre kostnad.

CO- och HC-utsläpp

☐ För närvarande är högsta tillåtna gränsvärde för CO- och HC-utsläpp för bilar av årsmodell 1989 och senare (d v s bilar med katalysator enligt lag) 0,5% CO och 100 ppm HC.

På tidigare årsmodeller testas endast CO-halten och följande gränsvärden gäller:

årsmodell 1985-88	3,5% CO
årsmodell 1971-84	4,5% CO
årsmodell -1970	5,5% CO.

Bilar av årsmodell 1987-88 med frivilligt monterad katalysator bedöms enligt 1989 års komponentkrav men 1985 års utsläppskrav.

☐ Om CO-halten inte kan reduceras tillräckligt för att klara besiktningen (och bränsle- och tändningssystemet är i bra skick i övrigt) ligger problemet antagligen hos förgasaren/bränsleinsprutningsystemet eller katalysatorn (om monterad).

☐ Höga halter av HC kan orsakas av att motorn förbränner olja men troligare är att motorn inte förbränner bränslet ordentligt.

Dieseldrivna modeller

☐ Det enda testet för avgasutsläpp på dieseldrivna bilar är att man mäter röktätheten. Testet innebär att man varvar motorn kraftigt upprepade gånger.

Observera: *Det är oerhört viktigt att motorn är rätt inställd innan provet genomförs.*

☐ Mycket rök kan orsakas av ett smutsigt luftfilter. Om luftfiltret inte är smutsigt men bilen ändå avger mycket rök kan det vara nödvändigt att söka experthjälp för att hitta orsaken.

5 Körtest

☐ Slutligen, provkör bilen. Var extra uppmärksam på eventuella missljud, vibrationer och liknande.

☐ Om bilen har automatväxellåda, kontrollera att den endast går att starta i lägena P och N. Om bilen går att starta i andra växellägen måste växelväljarmekanismen justeras.

☐ Kontrollera också att hastighetsmätaren fungerar och inte är missvisande.

☐ Se till att ingen extrautrustning i kupén, t ex biltelefon och liknande, är placerad så att den vid en eventuell kollision innebär ökad risk för personskada.

☐ Gör en hastig inbromsning och kontrollera att bilen inte drar åt något håll. Om kraftiga vibrationer känns vid inbromsning kan det tyda på att bromsskivorna är skeva och bör bytas eller fräsas om. (Inte att förväxlas med de låsningsfria bromsarnas karakteristiska vibrationer.)

☐ Om vibrationer känns vid acceleration, hastighetsminskning, vid vissa hastigheter eller hela tiden, kan det tyda på att drivknutar eller drivaxlar är slitna eller defekta, att hjulen eller däcken är felaktiga eller skadade, att hjulen är obalanserade eller att styrleder, upphängningens leder, bussningar eller andra komponenter är slitna.

Inledning

De fordonsägare som själva underhåller sin bil med rekommenderade mellanrum kommer inte att använda denna del av handboken ofta. Modern pålitlighet i delar är sådan att om de inspekteras eller byts med rekommenderade mellanrum är plötsliga haverier tämligen sällsynta. Fel uppstår vanligen inte plötsligt, de utvecklas med tiden. Speciellt större mekaniska haverier föregås vanligen av karakteristiska symptom under hundra- eller tusentals kilometer. De komponenter som vanligen havererar utan föregående varning är i regel små och lätta att ha med i bilen.

All felsökning börjar med att avgöra var sökandet ska inledas. Ibland är detta självklart men ibland krävs detektivarbete. De ägare som gör ett halvdussin lösryckta justeringar eller delbyten kanske lagar felet (eller undanröjer symptomen), men blir inte klokare om felet återkommer och kommer därför i slutänden att spendera mer tid än pengar än nödvändigt. Ett lugnt och metodiskt tillvägagångssätt är betydligt bättre i det långa loppet. Ta alltid hänsyn till varningstecken eller sådant som verkat onormalt före haveriet – kraftförlust, höga/låga mätaravläsningar, ovanliga lukter - och kom ihåg att haverier i säkringar och tändstift kanske bara är symptom på ett underliggande fel.

Följande sidor ger en enkel guide till de mer vanligt förekommande problem som kan uppstå med bilen. Problemen och deras möjliga orsaker grupperas under rubriker för olika komponenter eller system som Motorn, Kylsystemet, etc. Det kapitel som tar upp detta problem visas inom parentes. Oavsett fel finns vissa grundläggande principer. Dessa är:

Bekräfta felet. Detta innebär helt enkelt att se till att du vet vilka symptomen är innan arbetet påbörjas. Detta är särskilt viktigt om du undersöker ett fel för någon annans räkning, denne kanske inte har beskrivit felet korrekt.

Förbise inte det självklara. Exempelvis, om bilen inte startar, finns det verkligen bränsle i tanken? (Ta inte någon annans ord för givet på denna punkt, lita inte heller på bränslemätaren!) Om ett elektriskt fel indikeras, leta efter lösa kontakter och trasiga ledningar innan du plockar fram testutrustningen.

Laga felet, maskera inte bara symptomen. Att byta ett urladdat batteri mot ett fulladdat tar dig från vägkanten, men om orsaken inte åtgärdas kommer det nya batteriet snart att vara urladdat. Ett byte av nedoljade tändstift till nya gör att bilen rullar vidare, men orsaken till nedsmutsningen (om annan än fel värmetal på stiften) måste fastställas och åtgärdas.

Ta inte någonting för givet. Glöm inte att "nya" delar kan vara defekta (speciellt om de skakat runt i bagageutrymmet i flera månader). Utelämna inte komponenter vid felsökning bara för att de är nya eller nyss monterade. När du slutligen påträffar ett svårhittat fel kommer du troligen att inse att alla ledtrådar fanns där redan från början.

Motor

Motorn går inte runt vid startförsök

- [ ] Batteripoler lösa eller korroderade (se *Veckokontroller*).
- [ ] Batteriet urladdat eller defekt (kapitel 5A).
- [ ] Brutna, lösa eller urkopplade ledningar i startmotorkretsen (kapitel 5A).
- [ ] Defekt startmotorsolenoid eller kontakt (kapitel 5A).
- [ ] Defekt startmotor (kapitel 5A).
- [ ] Startmotorns drev eller svänghjulets startkrans har lösa eller brutna kuggar (kapitel 2 och 5A).
- [ ] Motorns jordledning bruten eller urkopplad (kapitel 5A).

Motorn går runt men startar inte

- [ ] Inget bränsle i tanken.
- [ ] Batteriet urladdat (motorn snurrar långsamt) (kapitel 5A).
- [ ] Batteripoler lösa eller korroderade (se *Veckokontroller*).
- [ ] Delar i tändningen fuktiga eller skadade - bensinmodeller (kapitel 1A och 5B).
- [ ] Brutna, lösa eller urkopplade ledningar i tändningskretsen - bensinmodeller (kapitel 1A och 5B).
- [ ] Slitna, defekta eller feljusterade tändstift - bensinmodeller (kapitel 1A).
- [ ] Defekt förvärmning - dieselmodeller (kapitel 5C).
- [ ] Defekt bränsleinsprutningssystem - bensinmodeller (kapitel 4A eller 4B).
- [ ] Defekt avstängningssolenoid - dieselmodeller (kapitel 4C).
- [ ] Luft i bränslesystemet - dieselmodeller (kapitel 4C).
- [ ] Större mekaniskt haveri (t.ex. kamdrivningen) (kapitel 2).

Motorn svår att starta när den är kall

- [ ] Urladdat batteri (kapitel 5A).
- [ ] Batteripoler lösa eller korroderade (se *Veckokontroller*).
- [ ] Slitna, defekta eller feljusterade tändstift - bensinmodeller (kapitel 1A).
- [ ] Defekt förvärmning - dieselmodeller (kapitel 5C).
- [ ] Defekt bränsleinsprutningssystem - bensinmodeller (kapitel 4A el 4B).
- [ ] Andra fel på tändsystemet - bensinmodeller (kapitel 1A och 5B).
- [ ] Dålig kompression (kapitel 2).

Motorn svår att starta när den är varm

- [ ] Smutsigt eller igensatt luftfilter (kapitel 1).
- [ ] Defekt bränsleinsprutningssystem - bensinmodeller (kapitel 4A eller 4B).
- [ ] Dålig kompression (kapitel 2).

Missljud eller kärvhet i startmotorn

- [ ] Startmotorns drev eller svänghjulets startkrans har lösa eller brutna kuggar (kapitel 2 och 5A).
- [ ] Startmotorbultar lösa eller saknas (kapitel 5A).
- [ ] Startmotorns interna delar slitna eller skadade (kapitel 5A).

Motorn startar, men stannar omedelbart

- [ ] Lösa eller defekta ledningar i tändningskretsen - bensinmodeller (kapitel 1A och 5B).
- [ ] Vakuumläcka i gasspjällhus eller insugningsrör - bensinmodeller (kapitel 4A eller 4B).
- [ ] Igensatt insprutare/defekt bränsleinsprutningssystem - bensinmodeller (kapitel 4A eller 4B).

Motor (forts)

Ojämn tomgång

- ☐ Igensatt luftfilter (kapitel 1).
- ☐ Vakuumläcka i gasspjällhus, insugningsrör eller tillhörande slangar - bensinmodeller (kapitel 4A eller 4B).
- ☐ Slitna, defekta eller feljusterade tändstift - bensinmodeller (kapitel 1A).
- ☐ Ojämn eller dålig kompression (kapitel 2).
- ☐ Slitna kamlober (kapitel 2).
- ☐ Felmonterad kamrem (kapitel 2).
- ☐ Igensatt insprutare/defekt bränsleinsprutningssystem - bensinmodeller (kapitel 4A eller 4B).
- ☐ Defekta insprutare - dieselmodeller (kapitel 4C).

Misständning vid tomgång

- ☐ Slitna, defekta eller feljusterade tändstift - bensinmodeller (kapitel 1A).
- ☐ Defekta tändkablar - bensinmodeller (kapitel 1A).
- ☐ Vakuumläcka i gasspjällhus, insugningsrör eller tillhörande slangar - bensinmodeller (kapitel 4A eller 4B).
- ☐ Igensatt insprutare/defekt bränsleinsprutningssystem - bensinmodeller (kapitel 4A eller 4B).
- ☐ Defekta insprutare - dieselmodeller (kapitel 4C).
- ☐ Ojämn eller dålig kompression (kapitel 2).
- ☐ Lös, läckande eller trasig slang i vevhusventilationen (kapitel 4C).

Misständningar vid alla varvtal

- ☐ Igensatt bränslefilter (kapitel 1).
- ☐ Defekt bränslepump eller lågt matningstryck - bensinmodeller (kapitel 4A eller 4B).
- ☐ Tankventilation igensatt eller blockerade bränslerör (kapitel 4).
- ☐ Vakuumläcka i gasspjällhus, insugningsrör eller tillhörande slangar - bensinmodeller (kapitel 4A eller 4B).
- ☐ Slitna, defekta eller feljusterade tändstift - bensinmodeller (kapitel 1A).
- ☐ Defekta tändkablar - bensinmodeller (kapitel 1A).
- ☐ Defekta insprutare - dieselmodeller (kapitel 4C).
- ☐ Defekt tändspole - bensinmodeller (kapitel 5B).
- ☐ Ojämn eller dålig kompression (kapitel 2).
- ☐ Igensatt insprutare/defekt bränsleinsprutningssystem - bensinmodeller (kapitel 4A eller 4B).

Tvekan vid acceleration

- ☐ Slitna, defekta eller feljusterade tändstift - bensinmodeller (kapitel 1A).
- ☐ Vakuumläcka i gasspjällhus, insugningsrör eller tillhörande slangar - bensinmodeller (kapitel 4A eller 4B).
- ☐ Igensatt injektor/defekt bränsleinsprutningssystem - bensinmodeller (kapitel 4A eller 4B).
- ☐ Defekta insprutare - dieselmodeller (kapitel 4C).

Motorn tjuvstannar

- ☐ Vakuumläcka i gasspjällhus, insugningsrör eller tillhörande slangar - bensinmodeller (kapitel 4A eller 4B).
- ☐ Igensatt bränslefilter (kapitel 1).
- ☐ Defekt bränslepump eller lågt matningstryck - bensinmodeller (kapitel 4A eller 4B).
- ☐ Tankventilation igensatt eller blockerade bränslerör (kapitel 4).
- ☐ Igensatt insprutare/defekt bränsleinsprutningssystem - bensinmodeller (kapitel 4A eller 4B).
- ☐ Defekta insprutare - dieselmodeller (kapitel 4C).

Kraftlöshet

- ☐ Felmonterad eller felspänd kamrem (kapitel 2).
- ☐ Igensatt bränslefilter (kapitel 1).
- ☐ Defekt bränslepump eller lågt matningstryck - bensinmodeller (kapitel 4A eller 4B).

- ☐ Ojämn eller dålig kompression (kapitel 2).
- ☐ Slitna, defekta eller feljusterade tändstift - bensinmodeller (kapitel 1A).
- ☐ Vakuumläcka i gasspjällhus, insugningsrör eller tillhörande slangar - bensinmodeller (kapitel 4A eller 4B).
- ☐ Igensatt insprutare/defekt bränsleinsprutningssystem - bensinmodeller (kapitel 4A eller 4B).
- ☐ Defekta insprutare - dieselmodeller (kapitel 4C).
- ☐ Felinställd insprutningspump - dieselmodeller (kapitel 4C).
- ☐ Bromsarna hängda (kapitel 1 och 9).
- ☐ Slirande koppling (kapitel 6).

Baktändning

- ☐ Felmonterad eller felspänd kamrem (kapitel 2).
- ☐ Vakuumläcka i gasspjällhus, insugningsrör eller tillhörande slangar - bensinmodeller (kapitel 4A eller 4B).
- ☐ Igensatt insprutare/defekt bränsleinsprutningssystem - bensinmodeller (kapitel 4A eller 4B).

Oljetryckslampan tänds när motorn går

- ☐ Låg oljenivå eller fel oljetyp (Veckokontroller).
- ☐ Defekt oljetrycksgivare (kapitel 5A).
- ☐ Slitage i motorlager och/eller oljepump (kapitel 2).
- ☐ Motorn överhettar (kapitel 3).
- ☐ Defekt oljeövertrycksventil (kapitel 2).
- ☐ Oljeupptagningens sil igensatt (kapitel 2).

Glödtändning

- ☐ För mycket sot i motorn (kapitel 2).
- ☐ Motorn överhettar (kapitel 3).
- ☐ Defekt bränsleinsprutningssystem - bensinmodeller (kapitel 4A el 4B).
- ☐ Defekt avstängningssolenoid - dieselmodeller (kapitel 4C).

Missljud i motorn

Förtändning (spikning) eller knackning under acceleration eller belastning

- ☐ Defekt tändsystem - bensinmodeller (kapitel 1A och 5B).
- ☐ Fel värmetal på tändstift - bensinmodeller (kapitel 1A).
- ☐ Fel oktantal (kapitel 4).
- ☐ Vakuumläcka i gasspjällhus, insugningsrör eller tillhörande slangar - bensinmodeller (kapitel 4A eller 4B).
- ☐ För mycket sot i motorn (kapitel 2).
- ☐ Igensatt insprutare/defekt bränsleinsprutningssystem - bensinmodeller (kapitel 4A eller 4B).

Visslingar eller väsande ljus

- ☐ Läckande packning till insugningsrör eller gasspjällhus - bensinmodeller (kapitel 4A eller 4B).
- ☐ Läckande avgasgrenrörspackning eller skarv mellan grenrör och nedåtgående rör (kapitel 4).
- ☐ Läckande vakuumslang (kapitel 4 och 9).
- ☐ Trasig topplockspackning (kapitel 2).

Lätta knackningar eller skaller

- ☐ Slitage på ventiler eller kamaxel (kapitel 2).
- ☐ Defekt hjälpaggregat (kylvätskepump, generator, etc.) (kapitel 3, 5, etc.).

Knackningar eller slag

- ☐ Slitna storändslager (regelbundna hårda knackningar, eventuellt minskande under belastning) (kapitel 2).
- ☐ Slitna ramlager (muller och knackningar, eventuellt ökande under belastning) (kapitel 2).
- ☐ Kolvslammer (mest märkbart med kall motor) (kapitel 2).
- ☐ Defekt hjälpaggregat (kylvätskepump, generator, etc.) (kapitel 3, 5, etc.).

Kylsystem

Överhettning

- [ ] För lite kylarvätska (*Veckokontroller*).
- [ ] Defekt termostat (kapitel 3).
- [ ] Igensatt kylare eller grill (kapitel 3).
- [ ] Defekt elektrisk kylfläkt eller termostatkontakt (kapitel 3).
- [ ] Defekt temperaturgivare (kapitel 3).
- [ ] Luftbubbla i kylsystemet (kapitel 3).
- [ ] Defekt expansionskärlslock (kapitel 3).

Överkylning

- [ ] Defekt termostat (kapitel 3).
- [ ] Defekt temperaturgivare (kapitel 3).

Yttre kylvätskeläckage

- [ ] Skadade slangar eller slangklämmor (kapitel 1).

- [ ] Kylare eller värmepaket läcker (kapitel 3).
- [ ] Defekt kylarlock (kapitel 3).
- [ ] Kylvätskepumpens interna tätning läcker (kapitel 3).
- [ ] Tätningen mellan kylvätskepumpen och huset läcker (kapitel 3).
- [ ] Kokning på grund av överhettning (kapitel 3).
- [ ] Frostplugg läcker (kapitel 2).

Internt kylvätskeläckage

- [ ] Topplockspackningen läcker (kapitel 2).
- [ ] Spricka i topplock eller motorblock (kapitel 2).

Korrosion

- [ ] Systemet ej tillräckligt ofta avtappat och spolat (kapitel 1).
- [ ] Felaktig kylvätskeblandning eller kylvätsketyp (se *Veckokontroller*).

Bränsle- och avgassystem

Förhöjd bränsleförbrukning

- [ ] Smutsigt eller igensatt luftfilter (kapitel 1).
- [ ] Defekt bränsleinsprutningssystem - bensinmodeller (kapitel 4A el 4B).
- [ ] Defekta insprutare - dieselmodeller (kapitel 4C).
- [ ] Defekt tändsystem - bensinmodeller (kapitel 1A och 5B).
- [ ] För lågt lufttryck i däcken (se *Veckokontroller*).

Bränsleläckage och/eller bränslelukt

- [ ] Skador eller korrosion på tank, ledningar eller anslutningar (kapitel 4).

För mycket ljud eller gaser från avgassystemet

- [ ] Läckande avgassystem eller grenrörsanslutningar (kapitel 1 och 4).
- [ ] Läckande, korroderade eller skadade ljuddämpare eller rör (kapitel 1 och 4).
- [ ] Brustna fästen som orsakar kontakt med bottenplatta eller fjädring (kapitel 1).

Koppling

Pedalen går i golvet - inget eller ytterst litet motstånd

- [ ] Defekt huvud- eller slavcylinder (kapitel 6).
- [ ] Defekt hydraulurkopplingssystem (kapitel 6).
- [ ] Defekt urkopplingslager eller arm (kapitel 6).
- [ ] Brusten membranfjäder i kopplingens tryckplatta (kapitel 6).

Kopplingen frikopplar inte (går ej att lägga i växlar)

- [ ] Defekt huvud- eller slavcylinder (kapitel 6).
- [ ] Defekt hydraulurkopplingssystem (kapitel 6).
- [ ] Lamellen har fastnat på ingående växellådsaxeln (kapitel 6).
- [ ] Lamellen har fastnat på svänghjul eller tryckplatta (kapitel 6).
- [ ] Felmonterad tryckplatta (kapitel 6).
- [ ] Urkopplingsmekanismen sliten eller felmonterad (kapitel 6).

Kopplingen slirar (motorns varvtal ökar men inte bilens hastighet)

- [ ] Defekt hydraulurkopplingssystem (kapitel 6).
- [ ] Utslitna lamellbelägg (kapitel 6).

- [ ] Lamellbelägg förorenade med olja eller fett (kapitel 6).
- [ ] Defekt tryckplatta eller svag membranfjäder (kapitel 6).

Skakningar vid frikoppling

- [ ] Lamellbelägg förorenade med olja eller fett (kapitel 6).
- [ ] Utslitna lamellbelägg (kapitel 6).
- [ ] Defekt eller skev tryckplatta eller membranfjäder (kapitel 6).
- [ ] Slitna eller lösa motor- eller växellådsfästen (kapitel 2).
- [ ] Slitage på räfflor i lamellnav eller på växellådans ingående axel (kapitel 6).

Missljud när kopplingspedalen trycks ner eller släpps upp

- [ ] Slitet urkopplingslager (kapitel 6).
- [ ] Sliten eller torr kopplingspedaltapp (kapitel 6).
- [ ] Felmonterad tryckplatta (kapitel 6).
- [ ] Tryckplattans membranfjäder brusten (kapitel 6).
- [ ] Lamellens dämpfjädrar brustna (kapitel 6).

Manuell växellåda

Missljud i friläge med gående motor

☐ Slitage i ingående axelns lager (missljud när kopplingspedalen är uppsläppt men inte när den är nedtryckt) (kapitel 7A).*

☐ Slitet urkopplingslager (missljud med nedtryckt kopplingspedal, möjligen minskande när pedalen släpps upp) (kapitel 6).

Missljud när en specifik växel läggs i

☐ Slitna eller skadade kuggar på växellådsdreven (kapitel 7A).*

Svårt att lägga i växlar

☐ Defekt koppling (kapitel 6).
☐ Slitna eller skadade växellänkar (kapitel 7A).
☐ Sliten synkronisering (kapitel 7A).*

Växlar hoppar ur

☐ Slitna eller skadade växellänkar (kapitel 7A).

☐ Sliten synkronisering (kapitel 7A).*
☐ Slitna väljargafflar (kapitel 7A).*

Vibration

☐ Oljebrist (kapitel 1).
☐ Slitna lager (kapitel 7A).*

Oljeläckage

☐ Läckande oljetätning (kapitel 7A).
☐ Läckande husskarv (kapitel 7A).*
☐ Läckage i ingående axelns oljetätning (kapitel 7A).*

Även om nödvändiga åtgärder för beskrivna symptom är bortom vad en hemmamekaniker klarar av är informationen ovan en hjälp att spåra felkällan, så att man tydligt kan beskriva dem för en yrkesmekaniker.

Drivaxlar

Vibration vid acceleration eller inbromsning

☐ Sliten inre drivknut (kapitel 8).
☐ Böjd eller skev drivaxel (kapitel 8).

Klick eller knackningar vid svängar (i låg fart med fullt rattutslag)

☐ Sliten yttre drivknut (kapitel 8).
☐ Brist på smörjning i knut, möjligen p.g.a. skadad damask (kapitel 8).

Bromssystem

Observera: *Innan du förutsätter ett bromsproblem, kontrollera däckens skick och lufttryck, framhjulsinställningen samt att bilen inte är belastad så att viktfördelningen är ojämn. Förutom kontroll av alla anslutningar för rör och slangar bör fel i ABS-systemet tas om hand av en Audi/VAG-verkstad.*

Bilen drar åt ena sidan vid inbromsning

☐ Slitna, defekta, skadade eller förorenade främre eller bakre bromsklossar/-backar på en sida (kapitel 1 och 9).
☐ Skuren eller delvis skuren främre eller bakre bromsoks-/hjulcylinderkolv (kapitel 9).
☐ Olika friktionsmaterial monterade på sidorna (kapitel 9).
☐ Lösa bultar till bromsok eller bakre bromssköld (kapitel 9).
☐ Slitna eller skadade delar i fjädring eller styrning (kapitel 1 och 10).

Missljud (slipljud eller högtonigt gnissel) vid inbromsning

☐ Friktionsmaterial nedslitet till metallstödet (kapitel 1 och 9).
☐ Kraftig korrosion på bromsskiva eller trumma - kan vara fallet när bilen har stått stilla ett tag (kapitel 1 och 9).
☐ Främmande föremål (grus, etc.) klämt mellan bromsskiva och skydd (kapitel 1 och 9).

För lång pedalväg

☐ Defekt självjusterande mekanism för bakre trumbroms (kapitel 9).
☐ Defekt huvudcylinder (kapitel 9).
☐ Luft i hydraulsystemet (kapitel 9).
☐ Defekt vakuumservoenhet (kapitel 9).
☐ Defekt vakuumpump, om sådan är monterad (kapitel 9).

Bromspedalen svampig vid nedtryckning

☐ Luft i hydraulsystemet (kapitel 9).
☐ Defekta bromsslangar (kapitel 1 och 9).

☐ Huvudcylinderns fästen lösa (kapitel 9).
☐ Defekt huvudcylinder (kapitel 9).

För stor pedalkraft krävs för att stoppa bilen

☐ Defekt vakuumservoenhet (kapitel 9).
☐ Urkopplad, defekt eller ej ordentligt fastsatt vakuumservoslang (kapitel 1 och 9).
☐ Defekt vakuumpump, om sådan är monterad (kapitel 9).
☐ Defekt primär- eller sekundärkrets (kapitel 9).
☐ Skuren bromsoks- eller hjulcylinderkolv (kapitel 9).
☐ Felmonterade bromsklossar eller backar (kapitel 9).
☐ Fel typ/klass av bromsklossar eller backar monterade (kapitel 9).
☐ Förorenade belägg på bromsklossar eller -backar (kapitel 9).

Skakningar i bromspedal eller ratt vid inbromsningar

☐ Stort kast eller skevhet på bromsskivor eller trummor (kapitel 9).
☐ Slitage på bromsbelägg (kapitel 1 och 9).
☐ Lösa bultar till bromsok eller bakre bromsfästplatta (kapitel 9).
☐ Slitage i fjädrings- eller styrningsdelar eller fästen (kapitel 1 och 10).

Pedalen pulserar vid hård inbromsning

☐ Normal ABS-funktion (om monterat) - inget fel

Bromsarna hänger sig

☐ Skuren bromsok-/hjulcylinderkolv (kapitel 9).
☐ Feljusterad handbromsmekanism (kapitel 9).
☐ Defekt huvudcylinder (kapitel 9).

Bakhjulen låser vid normal inbromsning

☐ Förorenade bromsbelägg bak (kapitel 1 och 9).
☐ Bakre bromsskivor/trummor skeva (kapitel 1 och 9).

Styrning och fjädring

Observera: *Innan diagnos ställs att fjädring eller styrning är defekt, kontrollera att inte problemet beror på fel lufttryck i däcken, blandning av däcktyper eller hängda bromsar.*

Bilen drar åt ena sidan

☐ Defekt däck (se *Veckokontroller*).
☐ För stort slitage i fjädring eller styrning (kapitel 1 och 10).
☐ Felaktig framhjulsinställning (kapitel 10).
☐ Krockskada på delar i fjädring eller styrning (kapitel 1 och 10).

Hjulwobbel och vibration

☐ Framhjulen obalanserade (vibration känns huvudsakligen i ratten) (kapitel 10).
☐ Bakhjulen obalanserade (vibration känns i hela bilen) (kapitel 10).
☐ Hjulen skadade eller skeva (kapitel 10).
☐ Defekt eller skadat däck (*Veckokontroller*).
☐ Slitage i styrningens eller fjädringens leder, bussningar eller andra komponenter (kapitel 1 och 10).
☐ Lösa hjulbultar (kapitel 1 och 10).

För mycket krängning och/eller nigning vid kurvtagning eller inbromsning

☐ Defekta stötdämpare (kapitel 1 och 10).
☐ Brusten eller svag spiralfjäder och/eller fjädringsdel (kapitel 1 och 10).
☐ Slitage eller skada på krängningshämmare eller fästen (kapitel 10).

Allmän instabilitet

☐ Felaktig framhjulinställning (kapitel 10).
☐ Slitage i styrningens eller fjädringens leder, bussningar eller andra komponenter (kapitel 1 och 10).
☐ Obalanserade hjul (kapitel 10).
☐ Defekt eller skadat däck (*Veckokontroller*).
☐ Lösa hjulbultar (kapitel 10).
☐ Defekta stötdämpare (kapitel 1 och 10).

För trög styrning

☐ Skuren spindelled i styrstagsände eller fjädring (kapitel 1 och 10).
☐ Drivremmen brusten eller feljusterad (kapitel 1).
☐ Felaktig framhjulsinställning (kapitel 10).
☐ Skadad styrväxel (kapitel 10).

För stort glapp i styrningen

☐ Slitage i rattstångens kardanknutar (kapitel 10).
☐ Slitage i styrstagsspindelleder (kapitel 1 och 10).
☐ Sliten styrväxel (kapitel 10).
☐ Slitage i styrningens eller fjädringens leder, bussningar eller komponenter (kapitel 1 och 10).

Brist på servoeffekt

☐ Drivremmen brusten eller feljusterad (kapitel 1).
☐ Fel oljenivå i styrservon (*Veckokontroller*).
☐ Igensatt slang till styrservon (kapitel 10).
☐ Defekt servopump (kapitel 10).
☐ Defekt styrväxel (kapitel 10).

Förhöjt däckslitage

Däck slitna på in- eller utsidan

☐ Felaktig camber- eller castorvinkel (kapitel 10).
☐ Slitage i styrningens eller fjädringens leder, bussningar eller andra komponenter (kapitel 1 och 10).
☐ För hård kurvtagning.
☐ Krockskada.

Däckmönster har fransiga kanter

☐ Felaktig toe-inställning (kapitel 10).

Slitage i däckmönstrets mitt

☐ För högt lufttryck (*Veckokontroller*).

Däck slitna på in- och utsidan

☐ För lågt däcktryck (*Veckokontroller*).
☐ Slitna stötdämpare (kapitel 10).

Ojämnt däckslitage

☐ Obalanserade hjul (*Veckokontroller*).
☐ För stort kast på fälg eller däck (kapitel 10).
☐ Slitna stötdämpare (kapitel 1 och 10).
☐ Defekt däck (*Veckokontroller*).

Elsystem

Observera: *För problem med start, se fel under Motor tidigare i detta avsnitt.*

Batteriet håller laddningen bara ett par dagar

☐ Intern batteridefekt (kapitel 5A).
☐ Batteriets elektrolytnivå låg - där tillämpligt (*Veckokontroller*).
☐ Batteripoler lösa eller korroderade (*Veckokontroller*).
☐ Drivrem sliten - eller feljusterad, om tillämpligt (kapitel 1).
☐ Generatorn ger inte korrekt utmatning (kapitel 5A).
☐ Defekt generator eller spänningsregulator (kapitel 5A).
☐ Kortslutning orsakar kontinuerlig urladdning av batteriet (kapitel 5 och 12).

Laddningslampan förblir tänd när motorn går

☐ Drivremmen brusten, sliten eller feljusterad (kapitel 1).

☐ Internt fel i generator eller spänningsregulator (kapitel 5A).
☐ Bruten, urkopplad eller lös ledning i laddningskretsen (kapitel 5A).

Laddningslampan tänds inte

☐ Trasig glödlampa (kapitel 12).
☐ Bruten, urkopplad eller lös ledning i varningslampans krets (kapitel 12).
☐ Defekt generator (kapitel 5A).

Lysen tänds inte

☐ Trasig glödlampa (kapitel 12).
☐ Korrosion på glödlampa eller sockel (kapitel 12).
☐ Trasig säkring (kapitel 12).
☐ Defekt relä (kapitel 12).
☐ Bruten, lös eller urkopplad ledning (kapitel 12).
☐ Defekt brytare (kapitel 12).

Elsystem (forts)

Instrumentavläsningar missvisande eller ryckiga

Instrumentavläsningar stiger med motorvarvet

☐ Defekt spänningsregulator (kapitel 12).

Bränsle- eller temperaturmätare ger inget utslag

☐ Defekt givarenhet (kapitel 3 och 4).
☐ Bruten krets (kapitel 12).
☐ Defekt mätare (kapitel 12).

Bränsle- eller temperaturmätare ger kontinuerligt maximalt utslag

☐ Defekt givarenhet (kapitel 3 och 4).
☐ Kortslutning (kapitel 12).
☐ Defekt mätare (kapitel 12).

Signalhornet fungerar dåligt eller inte alls

Signalhornet tjuter hela tiden

☐ Hornets kontakter kortslutna, eller tryckplattan har fastnat (kapitel 12).

Signalhornet fungerar inte

☐ Trasig säkring (kapitel 12).
☐ Ledning eller anslutning lös, bruten eller urkopplad (kapitel 12).
☐ Defekt signalhorn (kapitel 12).

Signalhornet avger ryckigt eller otillfredsställande ljud

☐ Glappkontakt (kapitel 12).
☐ Löst signalhornsfäste (kapitel 12).
☐ Defekt signalhorn (kapitel 12).

Vindrute-/bakrutetorkare fungerar dåligt eller inte alls

Torkare går inte alls eller mycket långsamt

☐ Torkarbladen har fastnat på rutan eller kärvande/skurna länkar (*Veckokontroller* och kapitel 12).
☐ Trasig säkring (kapitel 12).
☐ Ledning eller anslutning lös, bruten eller urkopplad (kapitel 12).
☐ Defekt relä (kapitel 12).
☐ Defekt torkarmotor (kapitel 12).

Torkarbladen sveper för stor eller för liten del av rutan

☐ Torkararmarna felmonterade på axlarna (kapitel 12).
☐ För stort slitage i torkarlänkarna (kapitel 12).
☐ Fästen till torkarmotor eller länkar lösa (kapitel 12).

Bladen rengör inte rutan effektivt

☐ Utslitna torkarblad (*Veckokontroller*).
☐ Torkararmens fjäder brusten eller skurna armtappar (kapitel 12).
☐ För lite tvättmedel i spolarvätskan för effektiv rengöring (*Veckokontroller*).

Vindrute-/bakrutespolare fungerar dåligt eller inte alls

Ett eller flera munstycken sprutar inte

☐ Igensatt munstycke (kapitel 12).
☐ Urkopplad, veckad eller igensatt spolarslang (kapitel 12).
☐ För lite spolarvätska (*Veckokontroller*).

Spolarpumpen fungerar inte

☐ Bruten eller urkopplad ledning eller kontakt (kapitel 12).
☐ Trasig säkring (kapitel 12).
☐ Defekt kontakt (kapitel 12).
☐ Defekt spolarpump (kapitel 12).

Spolarpumpen går en stund innan vätska sprutar

☐ Defekt backventil i matarslangen (kapitel 12).

Elektriska fönsterhissar fungerar dåligt eller inte alls

Rutan går bara i en riktning

☐ Defekt brytare (kapitel 12).

Rutan går långsamt

☐ Fönsterhissen skuren, skadad eller behöver smörjning (kapitel 11).
☐ Delar i dörr eller klädsel stör fönsterhissens funktion (kapitel 11).
☐ Defekt motor (kapitel 11).

Rutan rör sig inte

☐ Trasig säkring (kapitel 12).
☐ Defekt relä (kapitel 12).
☐ Bruten eller urkopplad ledning eller kontakt (kapitel 12).
☐ Defekt motor (kapitel 12).

Centrallåset fungerar dåligt eller inte alls

Totalt systemhaveri

☐ Trasig säkring (kapitel 12).
☐ Defekt relä (kapitel 12).
☐ Bruten eller urkopplad ledning eller kontakt (kapitel 12).
☐ Defekt vakuumpump (kapitel 11).

Spärren låser men låser inte upp, eller låser upp men låser inte

☐ Defekt brytare (kapitel 12).
☐ Brutna eller urkopplade manöverstänger (kapitel 11).
☐ Defekt relä (kapitel 12).
☐ Defekt vakuumpump (kapitel 11).

Ett lås fungerar inte

☐ Bruten eller urkopplad ledning eller kontakt (kapitel 12).
☐ Defekt vakuumpump (kapitel 11).
☐ Brutna, kärvande eller urkopplade manöverstänger (kapitel 11).
☐ Defekt dörrlås (kapitel 11).

A

ABS (Anti-lock brake system) Låsningsfria bromsar. Ett system, vanligen elektroniskt styrt, som känner av påbörjande låsning av hjul vid inbromsning och lättar på hydraultrycket på hjul som ska till att låsa.

Air bag (krockkudde) En uppblåsbar kudde dold i ratten (på förarsidan) eller instrumentbrädan eller handskfacket (på passagerarsidan) Vid kollision blåses kuddarna upp vilket hindrar att förare och framsätespassagerare kastas in i ratt eller vindruta.

Ampere (A) En måttenhet för elektrisk ström. 1 A är den ström som produceras av 1 volt gående genom ett motstånd om 1 ohm.

Anaerobisk tätning En massa som används som gänglås. Anaerobisk innebär att den inte kräver syre för att fungera.

Antikärvningsmedel En pasta som minskar risk för kärvning i infästningar som utsätts för höga temperaturer, som t.ex. skruvar och muttrar till avgasrenrör. Kallas även gängskydd.

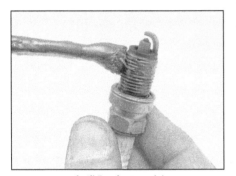

Antikärvningsmedel

Asbest Ett naturligt fibröst material med stor värmetolerans som vanligen används i bromsbelägg. Asbest är en hälsorisk och damm som alstras i bromsar ska aldrig inandas eller sväljas.

Avgasgrenrör En del med flera passager genom vilka avgaserna lämnar förbränningskamrarna och går in i avgasröret.

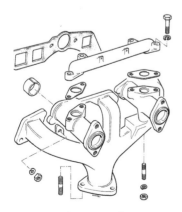

Avgasgrenrör

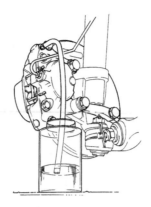

Avluftning av bromsarna

Avluftning av bromsar Avlägsnande av luft från hydrauliskt bromssystem.

Avluftningsnippel En ventil på ett bromsok, hydraulcylinder eller annan hydraulisk del som öppnas för att tappa ur luften i systemet.

Axel En stång som ett hjul roterar på, eller som roterar inuti ett hjul. Även en massiv balk som håller samman två hjul i bilens ena ände. En axel som även överför kraft till hjul kallas drivaxel.

Axel

Axialspel Rörelse i längdled mellan två delar. För vevaxeln är det den distans den kan röra sig framåt och bakåt i motorblocket.

B

Belastningskänslig fördelningsventil En styrventil i bromshydrauliken som fördelar bromseffekten, med hänsyn till bakaxelbelastningen.

Bladmått Ett tunt blad av härdat stål, slipat till exakt tjocklek, som används till att mäta spel mellan delar.

Bladmått

Bromsback Halvmåneformad hållare med fastsatt bromsbelägg som tvingar ut beläggen i kontakt med den roterande bromstrumman under inbromsning.

Bromsbelägg Det friktionsmaterial som kommer i kontakt med bromsskiva eller bromstrumma för att minska bilens hastighet. Beläggen är limmade eller nitade på bromsklossar eller bromsbackar.

Bromsklossar Utbytbara friktionsklossar som nyper i bromsskivan när pedalen trycks ned. Bromsklossar består av bromsbelägg som limmats eller nitats på en styv bottenplatta.

Bromsok Den icke roterande delen av en skivbromsanordning. Det grenslar skivan och håller bromsklossarna. Oket innehåller även de hydrauliska delar som tvingar klossarna att nypa skivan när pedalen trycks ned.

Bromsskiva Den del i en skivbromsanordning som roterar med hjulet.

Bromstrumma Den del i en trumbromsanordning som roterar med hjulet.

C

Caster I samband med hjulinställning, lutningen framåt eller bakåt av styrningens axialled. Caster är positiv när styrningens axialled lutar bakåt i överkanten.

CV-knut En typ av universalknut som upphäver vibrationer orsakade av att drivkraft förmedlas genom en vinkel.

D

Diagnostikkod Kodsiffror som kan tas fram genom att gå till diagnosläget i motorstyrningens centralenhet. Koden kan användas till att bestämma i vilken del av systemet en felfunktion kan förekomma.

Draghammare Ett speciellt verktyg som skruvas in i eller på annat sätt fästs vid en del som ska dras ut, exempelvis en axel. Ett tungt glidande handtag dras utmed verktygsaxeln mot ett stopp i änden vilket rycker avsedd del fri.

Drivaxel En roterande axel på endera sidan differentialen som ger kraft från slutväxeln till drivhjulen. Även varje axel som används att överföra rörelse.

Drivaxel

Drivrem(mar) Rem(mar) som används till att driva tillbehörsutrustning som generator, vattenpump, servostyrning, luftkonditioneringskompressor mm, från vevaxelns remskiva.

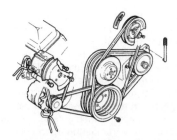

Drivremmar till extrautrustning

Dubbla överliggande kamaxlar (DOHC) En motor försedd med två överliggande kamaxlar, vanligen en för insugsventilerna och en för avgasventilerna.

E

EGR-ventil Avgasåtercirkulationsventil. En ventil som för in avgaser i insugsluften.

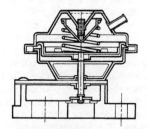

Ventil för avgasåtercirkulation (EGR)

Elektrodavstånd Den distans en gnista har att överbrygga från centrumelektroden till sidoelektroden i ett tändstift.

Justering av elektrodavståndet

Elektronisk bränsleinsprutning (EFI) Ett datorstyrt system som fördelar bränsle till förbränningskamrarna via insprutare i varje insugsport i motorn.

Elektronisk styrenhet En dator som exempelvis styr tändning, bränsleinsprutning eller låsningsfria bromsar.

F

Finjustering En process där noggranna justeringar och byten av delar optimerar en motors prestanda.

Fjäderben Se MacPherson-ben.

Fläktkoppling En viskös drivkoppling som medger variabel kylarfläkthastighet i förhållande till motorhastigheten.

Frostplugg En skiv- eller koppformad metallbricka som monterats i ett hål i en gjutning där kärnan avlägsnats.

Frostskydd Ett ämne, vanligen etylenglykol, som blandas med vatten och fylls i bilens kylsystem för att förhindra att kylvätskan fryser vintertid. Frostskyddet innehåller även kemikalier som förhindrar korrosion och rost och andra avlagringar som skulle kunna blockera kylare och kylkanaler och därmed minska effektiviteten.

Fördelningsventil En hydraulisk styrventil som begränsar trycket till bakbromsarna vid panikbromsning så att hjulen inte låser sig.

Förgasare En enhet som blandar bränsle med luft till korrekta proportioner för önskad effekt från en gnistantänd förbränningsmotor.

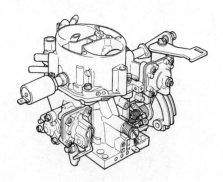

Förgasare

G

Generator En del i det elektriska systemet som förvandlar mekanisk energi från drivremmen till elektrisk energi som laddar batteriet, som i sin tur driver startsystem, tändning och elektrisk utrustning.

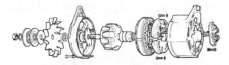

Generator (genomskärning)

Glidlager Den krökta ytan på en axel eller i ett lopp, eller den del monterad i endera, som medger rörelse mellan dem med ett minimum av slitage och friktion.

Gängskydd Ett täckmedel som minskar risken för gängskärning i bultförband som utsätts för stor hetta, exempelvis grenrörets bultar och muttrar. Kallas även antikärvningsmedel.

H

Handbroms Ett bromssystem som är oberoende av huvudbromsarnas hydraulikkrets. Kan användas till att stoppa bilen om huvudbromsarna slås ut, eller till att hålla bilen stilla utan att bromspedalen trycks ned. Den består vanligen av en spak som aktiverar främre eller bakre bromsar mekaniskt via vajrar och länkar. Kallas även parkeringsbroms.

Harmonibalanserare En enhet avsedd att minska fjädring eller vridande vibrationer i vevaxeln. Kan vara integrerad i vevaxelns remskiva. Även kallad vibrationsdämpare.

Hjälpstart Start av motorn på en bil med urladdat eller svagt batteri genom koppling av startkablar mellan det svaga batteriet och ett laddat hjälpbatteri.

Honare Ett slipverktyg för korrigering av smärre ojämnheter eller diameterskillnader i ett cylinderlopp.

Hydraulisk ventiltryckare En mekanism som använder hydrauliskt tryck från motorns smörjsystem till att upprätthålla noll ventilspel (konstant kontakt med både kamlob och ventilskaft). Justeras automatiskt för variation i ventilskaftslängder. Minskar även ventilljudet.

I

Insexnyckel En sexkantig nyckel som passar i ett försänkt sexkantigt hål.

Insugsrör Rör eller kåpa med kanaler genom vilka bränsle/luftblandningen leds till insugsportarna.

K

Kamaxel En roterande axel på vilken en serie lober trycker ned ventilerna. En kamaxel kan drivas med drev, kedja eller tandrem med kugghjul.

Kamkedja En kedja som driver kamaxeln.

Kamrem En tandrem som driver kamaxeln. Allvarliga motorskador kan uppstå om kamremmen brister vid körning.

Kanister En behållare I avdunstningsbegränsningen, innehåller aktivt kol för att fånga upp bensinångor från bränslesystemet.

Kanister

Kardanaxel Ett långt rör med universalknutar i bägge ändar som överför kraft från växellådan till differentialen på bilar med motorn fram och drivande bakhjul.

Kast Hur mycket ett hjul eller drev slår i sidled vid rotering. Det spel en axel roterar med. Orundhet i en roterande del.

Katalysator En ljuddämparliknande enhet i avgassystemet som omvandlar vissa föroreningar till mindre hälsovådliga substanser.

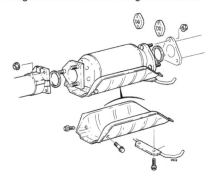

Katalysator

Kompression Minskning i volym och ökning av tryck och värme hos en gas, orsakas av att den kläms in i ett mindre utrymme.

Kompressionsförhållande Skillnaden i cylinderns volymer mellan kolvens ändlägen.

Kopplingsschema En ritning över komponenter och ledningar i ett fordons elsystem som använder standardiserade symboler.

Krockkudde (Airbag) En uppblåsbar kudde dold i ratten (på förarsidan) eller instrumentbrädan eller handskfacket (på passagerarsidan) Vid kollision blåses kuddarna upp vilket hindrar att förare och framsätespassagerare kastas in i ratt eller vindruta.

Krokodilklämma Ett långkäftat fjäderbelastat clips med ingreppande tänder som används till tillfälliga elektriska kopplingar.

Kronmutter En mutter som vagt liknar kreneleringen på en slottsmur. Används tillsammans med saxsprint för att låsa bultförband extra väl.

Kronmutter

Krysskruv Se Phillips-skruv

Kugghjul Ett hjul med tänder eller utskott på omkretsen, formade för att greppa in i en kedja eller rem.

Kuggstångsstyrning Ett styrsystem där en pinjong i rattstångens ände går i ingrepp med en kuggstång. När ratten vrids, vrids även pinjongen vilket flyttar kuggstången till höger eller vänster. Denna rörelse överförs via styrstagen till hjulets styrleder.

Kullager Ett friktionsmotverkande lager som består av härdade inner- och ytterbanor och har härdade stålkulor mellan banorna.

Kylare En värmeväxlare som använder flytande kylmedium, kylt av fartvinden/fläkten till att minska temperaturen på kylvätskan i en förbränningsmotors kylsystem.

Kylmedia Varje substans som används till värmeöverföring i en anläggning för luftkonditionering. R-12 har länge varit det huvudsakliga kylmediet men tillverkare har nyligen börjat använda R-134a, en CFC-fri substans som anses vara mindre skadlig för ozonet i den övre atmosfären.

L

Lager Den böjda ytan på en axel eller i ett lopp, eller den del som monterad i någon av dessa tillåter rörelse mellan dem med minimal slitage och friktion.

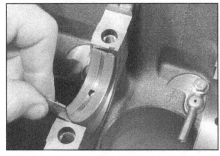

Lager

Lambdasond En enhet i motorns grenrör som känner av syrehalten i avgaserna och omvandlar denna information till elektricitet som bär information till styrelektroniken. Även kallad syresensor.

Luftfilter Filtret i luftrenaren, vanligen tillverkat av veckat papper. Kräver byte med regelbundna intervaller.

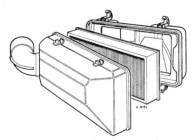

Luftfilter

Luftrenare En kåpa av plast eller metall, innehållande ett filter som tar undan damm och smuts från luft som sugs in i motorn.

Låsbricka En typ av bricka konstruerad för att förhindra att en ansluten mutter lossnar.

Låsmutter En mutter som låser en justermutter, eller annan gängad del, på plats. Exempelvis används låsmutter till att hålla justermuttern på vipparmen i läge.

Låsring Ett ringformat clips som förhindrar längsgående rörelser av cylindriska delar och axlar. En invändig låsring monteras i en skåra i ett hölje, en yttre låsring monteras i en utvändig skåra på en cylindrisk del som exempelvis en axel eller tapp.

M

MacPherson-ben Ett system för framhjulsfjädring uppfunnet av Earle MacPherson vid Ford i England. I sin ursprungliga version skapas den nedre bärarmen av en enkel lateral länk till krängningshämmaren. Ett fjäderben - en integrerad spiralfjäder och stötdämpare - finns monterad mellan karossen och styrknogen. Många moderna MacPherson-ben använder en vanlig nedre A-arm och inte krängningshämmaren som nedre fäste.

Markör En remsa med en andra färg i en ledningsisolering för att skilja ledningar åt.

Motor med överliggande kamaxel (OHC) En motor där kamaxeln finns i topplocket.

Motorstyrning Ett datorstyrt system som integrerat styr bränsle och tändning.

Multimätare Ett elektriskt testinstrument som mäter spänning, strömstyrka och motstånd. Även kallad multimeter.

Mätare En instrumentpanelvisare som används till att ange motortillstånd. En mätare med en rörlig pekare på en tavla eller skala är analog. En mätare som visar siffror är digital.

N

NOx Kväveoxider. En vanlig giftig förorening utsläppt av förbränningsmotorer vid högre temperaturer.

O

O-ring En typ av tätningsring gjord av ett speciellt gummiliknande material. O-ringen fungerar så att den trycks ihop i en skåra och därmed utgör tätningen.

O-ring

Ohm Enhet för elektriskt motstånd. 1 volt genom ett motstånd av 1 ohm ger en strömstyrka om 1 ampere.

Ohmmätare Ett instrument för uppmätning av elektriskt motstånd.

P

Packning Mjukt material - vanligen kork, papp, asbest eller mjuk metall - som monteras mellan två metallytor för att erhålla god tätning. Exempelvis tätar topplockspackningen fogen mellan motorblocket och topplocket.

Packning

Phillips-skruv En typ av skruv med ett korsspår istället för ett rakt, för motsvarande skruvmejsel. Vanligen kallad kryssskruv.
Plastigage En tunn plasttråd, tillgänglig i olika storlekar, som används till att mäta toleranser. Exempelvis så läggs en remsa Plastigage tvärs över en lagertapp. Delarna sätts ihop och tas isär. Bredden på den klämda remsan anger spelrummet mellan lager och tapp.

Plastigage

R

Rotor I en fördelare, den roterande enhet inuti fördelardosan som kopplar samman mittelektroden med de yttre kontakterna vartefter den roterar, så att högspänningen från tändspolens sekundärlindning leds till rätt tändstift. Även den del av generatorn som roterar inuti statorn. Även de roterande delarna av ett turboaggregat, inkluderande kompressorhjulet, axeln och turbinhjulet.

S

Sealed-beam strålkastare En äldre typ av strålkastare som integrerar reflektor, lins och glödtrådar till en hermetiskt försluten enhet. När glödtråden går av eller linsen spricker byts hela enheten.
Shims Tunn distansbricka, vanligen använd till

att justera inbördes lägen mellan två delar. Exempelvis sticks shims in i eller under ventiltryckarhylsor för att justera ventilspelet. Spelet justeras genom byte till shims av annan tjocklek.
Skivbroms En bromskonstruktion med en roterande skiva som kläms mellan bromsklossar. Den friktion som uppstår omvandlar bilens rörelseenergi till värme.
Skjutmått Ett precisionsmätinstrument som mäter inre och yttre dimensioner. Inte riktigt lika exakt som en mikrometer men lättare att använda.

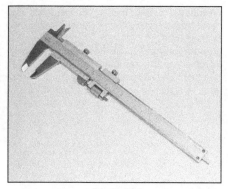

Skjutmått

Smältsäkring Ett kretsskydd som består av en ledare omgiven av värmetålig isolering. Ledaren är tunnare än den ledning den skyddar och är därmed den svagaste länken i kretsen. Till skillnad från en bränd säkring måste vanligen en smältsäkring skäras bort från ledningen vid byte.
Spel Den sträcka en del färdas innan något inträffar. "Luften" i ett länksystem eller ett montage mellan första ansatsen av kraft och verklig rörelse. Exempelvis den sträcka bromspedalen färdas innan kolvarna i huvudcylindern rör på sig. Även utrymmet mellan två delar, till exempel kolv och cylinderlopp.
Spiralfjäder En spiral av elastiskt stål som förekommer i olika storlekar på många platser i en bil, bland annat i fjädringen och ventilerna i topplocket.
Startspärr På bilar med automatväxellåda förhindrar denna kontakt att motorn startas annat än om växelväljaren är i N eller P.
Storändslager Lagret i den ände av vevstaken som är kopplad till vevaxeln.
Svetsning Olika processer som används för att sammanfoga metallföremål genom att hetta upp dem till smältning och sammanföra dem.
Svänghjul Ett tungt roterande hjul vars energi tas upp och sparas till moment. På bilar finns svänghjulet monterat på vevaxeln för att utjämna kraftpulserna från arbetstakterna.
Syresensor En enhet i motorns grenrör som känner av syrehalten i avgaserna och omvandlar denna information till elektricitet som bär information till styrelektroniken. Även kalla Lambdasond.
Säkring En elektrisk enhet som skyddar en krets mot överbelastning. En typisk säkring

innehåller en mjuk metallbit kalibrerad att smälta vid en förbestämd strömstyrka, angiven i ampere, och därmed bryta kretsen.

T

Termostat En värmestyrd ventil som reglerar kylvätskans flöde mellan blocket och kylaren vilket håller motorn vid optimal arbetstemperatur. En termostat används även i vissa luftrenare där temperaturen är reglerad.
Toe-in Den distans som framhjulens framkanter är närmare varandra än bakkanterna. På bakhjulsdrivna bilar specificeras vanligen ett litet toe-in för att hålla framhjulen parallella på vägen, genom att motverka de krafter som annars tenderar att vilja dra isär framhjulen.
Toe-ut Den distans som framhjulens bakkanter är närmare varandra än framkanterna. På bilar med framhjulsdrift specificeras vanligen ett litet toe-ut.
Toppventilsmotor (OHV) En motortyp där ventilerna finns i topplocket medan kamaxeln finns i motorblocket.
Torpedplåten Den isolerade avbalkningen mellan motorn och passagerarutrymmet.
Trumbroms En bromsanordning där en trumformad metallcylinder monteras inuti ett hjul. När bromspedalen trycks ned pressas böjda bromsbackar försedda med bromsbelägg mot trummans insida så att bilen saktar in eller stannar.

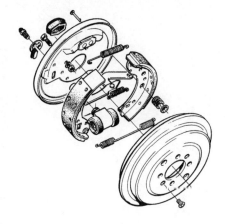

Trumbroms, montage

Turboaggregat En roterande enhet, driven av avgastrycket, som komprimerar insugsluften. Används vanligen till att öka motoreffekten från en given cylindervolym, men kan även primäranvändas till att minska avgasutsläpp.
Tändföljd Turordning i vilken cylindrarnas arbetstakter sker, börjar med nr 1.
Tändläge Det ögonblick då tändstiftet ger gnista. Anges vanligen som antalet vevaxelgrader för kolvens övre dödpunkt.
Tätningsmassa Vätska eller pasta som används att täta fogar. Används ibland tillsammans med en packning.

U

Universalknut En koppling med dubbla pivåer som överför kraft från en drivande till en driven axel genom en vinkel. En universalknut består av två Y-formade ok och en korsformig del kallad spindeln.

Urtrampningslager Det lager i kopplingen som flyttas inåt till frigöringsarmen när kopplingspedalen trycks ned för frikoppling.

V

Ventil En enhet som startar, stoppar eller styr ett flöde av vätska, gas, vakuum eller löst material via en rörlig del som öppnas, stängs eller delvis maskerar en eller flera portar eller kanaler. En ventil är även den rörliga delen av en sådan anordning.

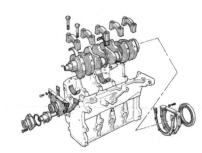

Vevaxel, montage

Ventilspel Spelet mellan ventilskaftets övre ände och ventiltryckaren. Spelet mäts med stängd ventil.

Ventiltryckare En cylindrisk del som överför rörelsen från kammen till ventilskaftet, antingen direkt eller via stötstång och vipparm. Även kallad kamsläpa eller kamföljare.

Vevaxel Den roterande axel som går längs med vevhuset och är försedd med utstickande vevtappar på vilka vevstakarna är monterade.

Vevhus Den nedre delen av ett motorblock där vevaxeln roterar.

Vibrationsdämpare En enhet som är avsedd att minska fjädring eller vridande vibrationer i vevaxeln. Enheten kan vara integrerad i vevaxelns remskiva. Kallas även harmonibalanserare.

Vipparm En arm som gungar på en axel eller tapp. I en toppventilsmotor överför vipparmen stötstångens uppåtgående rörelse till en nedåtgående rörelse som öppnar ventilen.

Viskositet Tjockleken av en vätska eller dess flödesmotstånd.

Volt Enhet för elektrisk spänning i en krets 1 volt genom ett motstånd av 1 ohm ger en strömstyrka om 1 ampere.

Observera: *Referenserna i detta register anges i formen "kapitel" • "sidnummer".*

Anteckningar

Anteckningar